Robert Pullen / Stephen Taylor

Montserrat Caballé

Die First Lady der Oper

Aus dem Englischen von
Anne Winterling

BASTEI LÜBBE

BASTEI-LÜBBE-TASCHENBUCH
Band 61348

Deutsche Erstveröffentlichung

Die englische Originalausgabe erschien 1994 unter dem Titel
MONTSERRAT CABALLÉ – CASTA DIVA
bei Victor Gollancz, London
Printed in Great Britain, November 1995
Einbandgestaltung: Roberto Patelli, Köln
Titelfoto: action press, Hamburg
Lektorat und Satz: Birgit Kiefer, Dettenhausen
Druck und Bindung: Cox & Wyman, Ltd.
ISBN 3-404-61348-1

Inhalt

Zu neuen Taten

Qui la Voce Sua Soave

Vorwort

Die vorliegende Biographie über Montserrat Caballé ist schon lange überfällig. Zum einen, weil der ursprünglich vorgesehene Erscheinungstermin um einiges überschritten wurde, zum anderen, weil dies – auch in Spanien – das erste vollständige Werk über eine der berühmtesten und beliebtesten Künstlerinnen unserer Zeit ist.

Der Platz Caballés in der modernen Geschichte der Oper ist gesichert, nicht zuletzt durch ihre Plattenaufnahmen. Doch obwohl ihr die Menschen seit über 30 Jahren auf der ganzen Welt zujubeln, ist erstaunlich wenig über ihren familiären Hintergrund und ihre Ausbildungsjahre vor ihrem kometenhaften Aufstieg im Jahre 1965 bekannt. Seitdem hat man Sopranistinnen kommen und gehen sehen, aber sie ist noch immer aktiv, trotz ihrer angegriffenen Gesundheit, die ihr das Leben während ihrer gesamten Karriere schwergemacht hat. In den 80er Jahren häuften sich ihre Erkrankungen, so daß sie viele Vorstellungen absagen mußte. Einige mutmaßten deshalb, daß die Tage ihrer Laufbahn gezählt seien. Doch diese Episoden müssen vor dem Hintergrund von 3 800 Aufführungen und Konzerten gesehen werden, die sie in 38 Jahren, seit ihrem Debüt als Opernsängerin 1956, gegeben hat. Auch wenn sie beinahe 200 Aufführungen wegen Krankheit absagen mußte, so sind das gerade mal fünf Prozent ihres gesamten Schaffens.

Caballés Karriere läßt sich nur mit der zweier ihrer berühmtesten Nachkriegs-Kolleginnen vergleichen, die zumindest teilweise ein ähnliches Repertoire sangen: Maria Callas und Joan Sutherland. Die Karriere der griechischen Sopranistin Maria Callas währte von 1947 bis 1965: 18 Jahre, in denen sie, die unbestitten berühmteste Opernsängerin der Welt, insgesamt nur 600 Vorstellungen gab. Selbst auf dem Höhepunkt ihrer öffentlichen Auftritte, in den frühen 50er Jahren, trat die Callas nie öfter als sechsmal pro Jahr auf – und unternahm keinen einzigen Ausflug in die Musikwelt außerhalb der Oper. Joan Sutherlands Karriere dauerte von 1952 bis 1990, 38 Jahre, in denen sie über 1 800mal auftrat, aber nur sehr selten Recitals gab. Neben all den Ähnlichkeiten im Repertoire der drei Sopranistinnen werden auch die Unterschiede sichtbar: Maria Callas sang sehr selten Stücke des deutschen Repertoires, dem die Caballé verhaftet ist, und Joan Sutherland mied nicht nur das deutsche Repertoire, sondern auch die meisten anspruchsvolleren Verdi- und *verismo*-Werke. Bei einem solchen Vergleich bekommen die 3 800 Auftritte von Montserrat Caballé noch eine ganz andere Bedeutung. Abgesehen von der Statistik, gibt es keine Sopranistin, mit der man Caballé angemessen vergleichen könnte.

Auch die große Zahl und Bandbreite von Caballés Bühnenrollen erreicht keine ihrer Kolleginnen. Schätzungsweise 130 verschiedene Rollen kann sie für sich verbuchen. Aber diese Zahl erreicht man erst, wenn man alle Vokalpartien zu den Opernrollen hinzuzählt, so zum Beispiel 30 Oratorien und liturgische Werke oder Konzertstücke wie Beethovens Neunte und Berlioz' *La Mort de Cléopâtre*. In einem in Frankreich erschienenen Buch werden ihr für ihre frühen Jahre in Barcelona, Basel und Bremen eine unglaublich große Zahl unterschiedlicher Rollen zugeschrieben. Recherchen in den Archiven können solche Angaben nicht bestätigen. Wahrscheinlich hat sie die Partien von Elsa, Ilia, Rusalka, Romilda (in Xerxes) und Susanna und viele andere als Zweitbesetzung einstudiert, aber keine sang sie jemals auf der Bühne. Die korrekte Zahl ihrer Opernrollen dürfte bei 88 liegen, und das ist schon bemerkenswert genug. Nicht zu vergessen ihr riesiges Lieder-Repertoire, das sich um die 800 herum bewegen wird.

Die große Zahl der Aufführungen Caballés und das gleichzeitige Fehlen von Dokumentationen über ihr Leben und ihre Laufbahn haben den Erscheinungstermin dieses Buches verzögert und dessen Aussehen und Struktur beeinflußt. Wer heutzutage ein Buch über Maria Callas schreiben will, dessen erste Anlaufstelle ist irgendeine x-beliebige Buchhandlung oder Bibliothek. Denn dort stehen zahlreiche Bände, die alle wohlbekannten Fakten parat halten. Caballés Lebens- und beruflicher Weg mußten dagegen von Grund auf recherchiert werden, eine Aufgabe, die noch dadurch erschwert wurde, daß Caballé weder ein persönliches Tagebuch geführt hat noch vollständige Aufzeichnungen über ihre beruflichen Aktivitäten besitzt. Da von Anfang an geplant war, diese autorisierte Biographie so verständlich wie möglich zu halten, sind die Abschnitte des Buches chronologisch angeordnet, mit Rücksicht auf all die Leserinnen und Leser, die mit dem größeren Rahmen ihrer Aktivitäten nicht so vertraut sind. Diese Herangehensweise hat natürlich ihre Tücken, und ein weiterer Band könnte einen spezifischeren Aspekt ihres künstlerischen Schaffens herausgreifen. Aber mit dieser von Caballé autorisierten Biographie – und sicherheitshalber fügen wir hinzu, daß es die einzige ist – standen wir in der Verantwortung, wenn nicht Mißverständnisse auszuräumen, so doch zumindest der Öffentlichkeit alles zugänglich zu machen. Schließlich bot jedes Kapitel Platz für bestimmte Themen oder spezielle Betrachtungen, die sich nicht nur auf Caballés Karriere beziehen, sondern auch auf den größeren Rahmen der Oper, in dem diese Karriere überhaupt erst möglich war.

Ein solches Buch wäre selbstverständlich nicht denkbar ohne die vielen Menschen, die bei seiner Vorbereitung geholfen haben. Ihnen wollen wir danken. Zuallererst war es Montserrat Caballé selbst, die für dieses Projekt unerwartet viel

Zeit geopfert und Konzentration aufgebracht hat, obwohl sie anfangs nicht ganz von seiner Notwendigkeit überzeugt war. Aber als das Werk konkrete Formen annahm, änderte sie glücklicherweise ihre Meinung und war mit über 40 Arbeitssitzungen sehr aktiv daran beteiligt. Etwa die Hälfte hielten wir in ihrer Wohnung in Barcelona ab, mit gelegentlichen Abstechern zu ihrem Bauernhof in Ripoll oder ihren Hotel-Suiten in Paris und London. Ansonsten trafen wir uns in der Wohnung ihres Bruders und Managers Carlos. Er steuerte eine Menge Anekdoten und Beobachtungen bei und bewahrte das Buch vor zahlreichen Fehlern, die sich einschleichen wollten. Diese intensive Mitarbeit der Geschwister Caballé hat, wie wir hoffen, nicht nur eine autorisierte, sondern auch eine zuverlässige Biographie entstehen lassen.

Zweifellos haben sich diese beiden Hauptpersonen gegenseitig mehr zu verdanken als den Autoren. Denn in den Jahren, seitdem dieses Projekt besteht, seit dem entscheidenden Treffen mit Caballé in Pesaro im Jahre 1987, haben die Stärken des einen wechselseitig die Schwächen des anderen ausgebügelt. Neben den Personen, deren Ansichten in den Text eingegangen sind, gibt es aber noch viele andere Menschen, ohne deren Hilfe das Buch nicht das wäre, was es ist. Deshalb möchten wir den folgenden Personen unseren Dank aussprechen: Claudio Abbado; Frau H. L. Baxter; Maria-Rosa Barbany von der Kulturabteilung der Spanischen Botschaft in London; Manolo Barroso; Manuel Bertrand; Flora Bertrand; Alan Byth; Mark Bonello; dem verstorbenen Edward Bridgewater; Ana Caballé; Isabel Caballé; Neil Cameron; José Carreras; L. D. Castello Cruz; John Cox; Date Crawshaw; Dr. Paul Dakin; Denny Dayviss; Carlos Diaz Du-Pond; Peter Freestone; Bruce-Michael Gelbert; Dr. Albin Hänseroth; Michael Hardy; Marilyn Horne; Peter Katona; Sylvia McNair; Joaquín Martínez; Cristina Ordovás, Condessa Ruiz de Castilla; Cristina Oriols; dem verstorbenen Allen Sven Oxenburg; Jean Paciulli; Michèle Palmer; Elizabeth Picazo; Clive Portbury; Tony Pullen; Ruggero Raimondi; Adelita Rocha; Guillermo Rosal-Bertrand; Sandra Rotondo; Josefa Subirana Villaba; Antonio Sánchez Subirana; Reuel Sherwood; Alan Sievewright; Cheryl Studer; Hermes de la Torre; Nik Walton-Jones; den Mitarbeitern der Barbican Library, der British Library, der Central Westminster Music Library und der British Newspaper Library; RCA / BMG in Frankreich und Spanien; dem Círculo del Liceo; der Zeitschrift *Opera*; *La Vanguardia*; dem Hotel Negresco in Nizza und dem Beauftragten der Le-Meridien-Hotelkette in Barcelona.

Schließlich möchten wir unserem Redakteur danken. Seine Geduld war grenzenlos, obwohl sie hart auf die Probe gestellt wurde. Herzlich bedanken wollen wir uns auch bei Montse Caballé, der Nichte und persönlichen Beraterin Caballés. In all den Jahren hat sie die Reiserouten herausgesucht und ungezählte andere Aufgaben übernommen, die die Entstehung dieses Buches ermöglicht haben. Sie tat dies mit unbeirrbar guter Laune, und ohne sie hätten wir uns um einiges schwerer getan.

Robert Pullen und Stephen Taylor
London, 1. Juli 1994

Robert Pullen möchte einige Worte des persönlichen Dankes an folgende Personen richten: an meine Arbeitgeber Mark Layton und Ron Arnold, ohne deren Geduld es unmöglich gewesen wäre, das Geld und die Zeit für die Fertigstellung dieses Buches aufzubringen; an meine Arbeitskollegen und ganz besonders an die Mitherausgeber Steve Gibbons und Emelia Thorold, für deren Bereitschaft, in die Bresche zu springen – häufig nach einer kurzfristigen Benachrichtigung –, ich sehr dankbar bin; an Mary Garden für ihre Begeisterung und ihren Zuspruch in der schwierigen Anfangsphase. Schließlich sind da noch die Personen, deren Hilfe für mich ebenso inspirierend wie praktisch war. Herzlichen Dank schulde ich Tony Pullen, der mich so unterstützt hat, wie es nur ein Bruder tun kann. Sein Zutrauen in meine Fähigkeiten und seine Ratschläge haben mir viel mehr bedeutet, als es Worte des Dankes ausdrücken können. Unermeßlichen Dank schulde ich ebenso Antonio Sánchez Subirana. Er gab mir den entscheidenden Anstoß, die Biographie über seine katalanische Landsmännin zu schreiben. Vielleicht wird er dies manchmal bedauert haben, da das Projekt viel seiner Zeit und Geduld in Anspruch nahm. Sein größter Beitrag war wohl, daß er, wenn es so war, niemals ein Wort darüber verloren hat. Mit Stephen Taylors Einverständnis möchte ich Tony Pullen und Antonio Sánchez Subirana meinen Anteil an diesem Buch widmen.

Stephen Taylor, der weitgehend aus eigener Kraft gearbeitet hat, dankt Margaret und Tadej und schließt sich der Empfindung Jacks im 3. Akt von Lulu an: »Das war en Stück Arbeit.«

Del Primo Pianto

1. Kapitel
Bis 1940: Herkunft, Geburt und Kindheit

Maria de Montserrat Viviana Concepción Caballé i Folch wurde am 12. April 1933 um neun Uhr abends in Barcelona geboren, im Carrer d'Igualada, in der Nähe der unvollendeten Kirche Sagrada Família von Antoni Gaudí. Das Baby überlebte nur knapp; die lange und schwere Hausgeburt mußte ohne die Errungenschaften der modernen Medizin auskommen. Schlimmer noch: Die Nabelschnur hatte sich fest um den Hals des Neugeborenen geschlungen, und seine Gesichtsfarbe verfärbte sich blau-violett, weil es zu ersticken drohte. Der diensthabende Arzt, Dr. Company, war gezwungen, einige schnelle Schnitte zu machen, um das Baby zu befreien. Dann mußte er es zum Atmen bringen. Seine Anstrengungen waren von Erfolg gekrönt, das Baby stieß einen durchdringenden Schrei aus. Mit vielleicht ganz verständlicher Weitsicht rief Dr. Company aus, daß dieses außergewöhnliche Lungenvolumen auf eine spätere Karriere als Sopranistin hindeute: Aber obwohl das Talent einer großartigen Sängerin aller Wahrscheinlichkeit nach angeboren und nicht erlernbar ist, muß bezweifelt werden, daß es sich schon so früh äußerte.

Montserrat ist eigentlich kein Vorname, sondern ein Zusatz zum Namen, der nur in Katalonien benutzt wird. Es ist eine geographische Bezeichnung und heißt »geschnittener« oder »gezackter Berg«. Der Montserrat liegt etwa 30 Kilometer nordwestlich von Barcelona, mitten in Katalonien. Das Bergmassiv ist eine außergewöhnliche Sehenswürdigkeit, die aus der Ebene in der Umgebung steil aufragt und kilometerweit zu sehen ist. Unbestätigten Vermutungen zufolge ist Richard Wagner von ihm zu seinem Montsalvat in der Oper *Parsifal* inspiriert worden. Sicher ist jedoch, daß Schiller und Goethe sich zu Höhen der Dichtkunst aufschwangen, als sie das geologische Phänomen besangen. Heutzutage verbindet man den Ruhm des Montserrat hauptsächlich mit der Musik: Einmal kann er sich, mit der Escolania de Montserrat, eines exzellenten Knabenchores und ebensolcher Lehrmethoden rühmen. Zum anderen hat er mit dem Llibre Vermell de Montserrat, einer Sammlung von Pilgerliedern des ausgehenden 14. Jahrhunderts, eine der größten Sammlungen mittelalterlicher Musik hervorgebracht, in deren Besitz er noch immer ist.

Die Besiedlung des Massivs durch religiöse Orden geht bis ins neunte Jahrhundert zurück. Aus dieser Zeit ist belegt, daß es dort vier Einsiedeleien gab; eine von ihnen war der heiligen Jungfrau Maria gewidmet. Die Heilige wurde um das Jahr 1200 durch eine geschnitzte Figur geehrt, die das kirchliche Leben noch heute bestimmt. Viele Besucher sind erstaunt, daß die Marienstatue schwarz ist – obwohl die Ikonographie auch andere Beispiele solcher Darstellungen kennt – und die Katalanen sie gewöhnlich La Moreneta, die »kleine Schwarze«, nennen. Heute ist das Bildnis der Jungfrau ein Pilgerziel, und alle Katalanen betrachten das Gebirgsmassiv als einen ihrer wichtigsten und zentralen Punkte kultureller Identität, die über Fragen des Glaubens und religiöser Anschauung hinausgeht und fast mythische Kraft besitzt.

Deutlich sollte man zwischen der Jungfrau Maria und dem Berg Montserrat unterscheiden, nicht zuletzt, weil es durchaus üblich ist, katalanische Mädchen, ohne jeglichen Bezug zur Jungfrau Maria, schlicht Montserrat zu nennen. Aber Caballés Taufname ist Maria de Montserrat, die Betonung liegt also eher auf der Person als auf dem Ort. Wenn man Ana Folchs Erziehung und Religiosität bedenkt, ist es nicht erstaunlich, daß sie zu Zeiten der größten Not, als sie die Qualen einer lebensbedrohenden Geburt durchlebte, ihre Gedanken an die

Jungfrau Maria richtete. So begann sie, während der Arzt um ihr Leben und das ihres Babys kämpfte, zur Moreneta zu beten, wenn nicht für ihr eigenes Leben, so doch wenigstens für das ihres halbgeborenen Kindes. Aus Anas Sicht wurde das Gebet erhört. Deshalb war es keine Frage, wie das Baby heißen sollte. Doch anscheinend hatte niemand – weder Freunde noch Familienangehörige oder Lehrer – Lust, ein Kind auch im Alltag Maria de Montserrat zu nennen. Für einen der beiden Namen mußte man sich entscheiden; und da Montserrat von den Einheimischen im Alltag gewöhnlich mit »Montse« abgekürzt wird, gab dies wahrscheinlich den Ausschlag. Ein weiterer Vorteil war, daß »Montserrat« für ausländische Ohren viel exotischer klingt als der mehr oder minder gewöhnliche Name »Maria«. Montserrat Caballé äußert sich jedenfalls ganz eindeutig zu diesem Problem: »Ich wurde nach der Jungfrau von Montserrat benannt. Ich bin Maria.«

Die Schwierigkeiten während der Geburt waren nur ein Teil einer breiteren Palette familiärer Probleme und Nöte. Doch dies war nicht immer so gewesen. Verfolgt man die Familiengeschichte der Caballés väterlicherseits und mütterlicherseits bis ins 19. Jahrhundert zurück, so stößt man auf zwei außergewöhnliche Vorgeschichten.

Ana Folch i Martínez, Montserrats Mutter, wurde 1911 als einzige Tochter von insgesamt vier Kindern des Ehepaares Arturo Folch und Concepción Martínez* geboren. Zur Zeit ihrer Geburt erlebte die Familie einen leichten materiellen und sozialen Abstieg, obwohl es ihr für damalige Verhältnisse noch recht gutging. Ihr Ansehen war bereits Mitte des

---

* In Spanien ist es üblich, daß eheliche Kinder die Nachnamen des Vaters und der Mutter erhalten, wobei an erster Stelle der Name des Vaters und an zweiter Stelle der Name der Mutter steht. Montserrat Caballé meint dazu: »In Spanien halten wir auch die Mutter in Ehren.«

19. Jahrhunderts durch Anas Großvater Arturo Folch, Montserrats Urgroßvater, begründet worden, der einer der reichsten Familien Spaniens mit Wurzeln in Valencia und vor allem in der Provinzstadt Játiva entstammte. Die Familie Folch wurde von der spanischen Krone als Anerkennung für ihre Verdienste um Staat und Hof in den Adelsstand erhoben. Arturo Folch trat in den diplomatischen Dienst ein, wo er zunächst einen niedrigen Rang bekleidete, und ließ sich später zum Juristen ausbilden. Sein Aufstieg in den höheren diplomatischen Dienst vollzog sich rasant, zweifellos gefördert durch die guten Beziehungen seiner Familie. Schließlich ernannte man ihn zum Botschafter am Spanischen Hof von Kuba. Dort diente er der Spanischen Krone 16 Jahre lang und überdauerte die Regierungszeit von Alfonso XII. (1874–1885) und die Regentschaft seiner Witwe, Königin Maria Cristina (1885–1902). Nachdem Spanien die Kolonien in Mexiko und Südamerika verloren hatte, war Kuba in der zweiten Hälfte des 19. Jahrhunderts Spaniens wichtigste verbliebene Kolonie – nicht nur, weil sie für das Mutterland eine leicht zugängliche Rohstoffquelle für Mineralien, Zucker und Tabak war, sondern weil sie auch der lukrativste Übersee-Markt für Textilien aus Katalonien, dem industriellen Kernland Spaniens, war.

Seiner Stellung entsprechend, heiratete Arturo standesgemäß und gründete eine große Familie von wahrhaft viktorianischen Ausmaßen. Daß er seine Stellung als Diplomat 16 Jahre lang behielt, obwohl die sozialen Unruhen auf Kuba stetig zunahmen und das politische System zu wanken begann, läßt auf einen starken Charakter schließen. Aber er war machtlos gegenüber der unaufhaltsam wachsenden antikolonialistischen Stimmung auf Kuba, die sich 1895 in einem von republikanischen Streitkräften angezettelten Aufstand gegen die spanische Regierung gewaltsam entlud. In drei Jahren gelang es dem spanischen Militär und den Seestreitkräften der von Historikern ausnahmslos als absolut korrupt beschriebenen Kolonialregierung nicht, die Rebellion niederzuschlagen.

Vielleicht wäre ihnen dies noch gelungen, hätten sich die Vereinigten Staaten von Amerika nicht entschlossen, zu intervenieren und Spanien im Namen der Demokratie (wie so oft als Deckmantel für ihre eigene kolonialistische Expansionspolitik dienend) drei Milliarden Dollar anzubieten, wenn sie das Land verließen. Doch dieses Angebot war unakzeptabel, nicht zuletzt für die Textilindustriellen aus Katalanien, die ihren wirtschaftlichen Einfluß am spanischen Hof in Madrid geltend machten, weil sie ihren einzigen lukrativen Absatzmarkt dahinschwinden sahen.

Als Folge brach 1898 der spanisch-amerikanische Krieg aus, der mit einer beispiellosen Demütigung für eine europäische Kolonialmacht des 19. Jahrhunderts in Form von Spaniens vollständiger Niederlage endete. Aber bevor dieses unrühmliche Chaos seinen Höhepunkt erreichte, war Arturo Folch zurückbeordert worden. Er kehrte heim nach Madrid, wo ihn Maria Cristina empfing, die bis zur Volljährigkeit ihres Sohnes Alfonso als Regentin die Regierungsgeschäfte übernommen hatte.

Fast alle Söhne von Arturo schlugen wie der Vater und dessen Brüder die juristische Laufbahn ein. Sie waren eine große Gruppe eng miteinander in Verbindung stehender Juristen und bauten eine Familienkanzlei in Valencia auf, die sich auf internationales Recht spezialisierte. Wenn man an das Renommee Arturos denkt, so kann man sich unschwer vorstellen, welche Klientel von der Anwaltspraxis angezogen wurde. Tatsächlich stand die Familie Folch weiterhin in Diensten der königlichen Familie und beriet sie in juristischen Fragen. Aber Arturos Söhne führten kein geruhsames Leben, denn die meisten von ihnen traten früher oder später in den diplomatischen Dienst ein und handelten im Auftrag der Krone in der einzig verbleibenden Übersee-Besitzung Spaniens, den Philippinen, Geschäfte aus.

Aus den gleichen Gründen wie auf Kuba liefen auch hier die Dinge aus dem Ruder. In der Kolonie kam es immer wieder zu Erhebungen in der Bevölkerung, die von der spanischen Kolonialverwaltung mit roher Gewalt niedergeschlagen wurden. Als Gegenreaktion verübten philippinische Freiheitskämpfer Massaker unter den spanischen Besatzern. Aber während auf Kuba nur einer der Folchs, nämlich Arturo, ähnliche Verhältnisse erlebt hatte, befanden sich auf den Philippinen sechs seiner Söhne als Repräsentanten des verhaßten Regimes, als die Feindlichkeiten ihren Höhepunkt erreichten. Sie wurden alle getötet. Von den älteren Söhnen Arturos blieben nur zwei am Leben: Arturo junior und ein weiterer Sohn, die als Vorgesetzte in der Kanzlei geblieben waren. Das Jahr 1898 war ein Wendepunkt, der der Kolonialmacht Spanien nicht nur ein blutiges und abruptes Ende bereitete, sondern auch großes persönliches Leid in viele Familien aller Schichten brachte, die Verbindungen nach Übersee unterhielten.

Die Hinterbliebenen der Familie Folch blieben in gedämpfter Stimmung zurück und setzten sich zunehmend für wohltätige Zwecke ein. Aber der trauernde Arturo senior lebte nicht mehr lange genug, um die Früchte dieses Einsatzes ernten zu können. Nur wenige Monate nach dem Ende des spanisch-amerikanischen Krieges starb er. Nach diesem Schicksalsschlag beschlossen die beiden Söhne, die Anwaltskanzlei ihres Vaters an die verbleibenden, nicht mit ihnen verwandten Partner zu verkaufen und den Erlös daraus sowie den väterlichen Nachlaß unter sich aufzuteilen. Der jüngere der beiden Brüder hatte erst kürzlich eine Argentinierin geheiratet, und nachdem seine ihm von Kindheit an vertraute Welt offensichtlich aufgehört hatte zu existieren, beschloß er, alles zu verkaufen und mit seiner Frau in deren Heimatland auszuwandern.*

---

* Der Start in das neue Leben gelang, und die Familie Folch genießt in Buenos Aires immer noch einen sehr guten Ruf. Montserrat Caballé traf sie vor einigen Jahren und erinnerte sich wehmütig: »Sie fühlen sich nicht mehr als Spanier, aber ich glaube, nach so langer Zeit ist das normal.«

Arturo junior hatte nicht geheiratet. Er unterstützte den Aufbau einer Waisenhausschule in Valencia, die von französischen Karmeliterinnen geführt wurde. Viele der jungen Waisenmädchen, die hauptsächlich aus der Provinz Valencia kamen, nahmen später ebenfalls den Schleier. Doch das war nicht die unabänderliche Folge ihrer sorgfältigen Ausbildung. Die etwa 25jährige Concepción war zum Beispiel im Konvent geblieben, um den Nonnen bei der Arbeit zu helfen, und nähte und bestickte sakrale Gewänder; aber sie war auch eine kompetente Lehrerin und unterrichtete hautsächlich Französisch. Es ist nicht bekannt, ob auf sie, als erwachsenem Zögling des Waisenhauses, in irgendeiner Weise Druck ausgeübt wurde. Sicher ist dagegen, daß sie in diesen Funktionen tätig war, ohne jemals ein Gelübde abgelegt zu haben. Arturo besuchte das Waisenhaus, dessen Patron er war, recht häufig und begegnete dort Concepción. Mit der Zeit verliebten sich die beiden ineinander und beschlossen zu heiraten. Und damit sind wir am Beginn des 20. Jahrhunderts.

Concepción muß vor der Heirat sehr zurückgezogen im Kloster gelebt haben. Die Hochzeit war für sie die erste Gelegenheit, als Erwachsene das Konventsgebäude zu verlassen. Die Herkunft des Mädchens war nicht bekannt. Und jedes Mädchen, das aus dem Waisenhaus heraus heiratete und keinen eigenen Familiennamen vorweisen konnte, erhielt üblicherweise den Standardnamen »Esposito«. Für die Trägerin dieses Namens war er allerdings ein soziales Stigma. Dies versuchten die Nonnen unter allen Umständen zu vermeiden, zumal die Ehe zwischen Partnern aus zwei sehr unterschiedlichen Gesellschaftsschichten geschlossen werden sollte. Die Äbtissin nahm die Angelegenheit selbst in die Hand und bat einen Freund von ihr, die Vormundschaft für die junge Frau zu übernehmen, was ihr den völlig unverdächtig klingenden Namen Martínez eintrug.

Die Hochzeit wurde in Játiva gefeiert, und das frischvermählte Ehepaar richtete sich in gutbürgerlichen Verhältnissen ein. Arturo war nach wie vor als Jurist tätig, wenn auch nicht mehr als Vorgesetzter im eigenen Unternehmen. Concepción war nach kurzer Zeit ebenfalls sehr beschäftigt, denn sie gebar ihren Sohn José, das erste ihrer vier Kinder. Danach folgten Alfredo und Arturo junior, aber erst 1911 wurde die einzige Tochter Ana – Montserrats Mutter – geboren.

In mancher Hinsicht war Ana Folch die Schlüsselfigur zu Montserrats Entwicklung. Deshalb ist es um so bedauerlicher, daß sie nur wenige Wochen vor den ersten Recherchen zu dieser Biographie starb. So konnten wir bei den Nachforschungen über Montserrats mütterliches Erbe nicht auf Informationen aus erster Hand zurückgreifen, sondern mußten uns auf Montserrat Caballés Erinnerungen verlassen.

Wie zu erwarten war, beschränkten sich Caballés Kenntnisse der Familiengeschichte auf das, was ihr ihre Mutter über Jahrzehnte hinweg in kleinen Häppchen erzählt hatte. Ohne daß es Montserrat bewußt war, hatten sich in diese Erinnerungen aus zweiter Hand Widersprüche eingeschlichen. Da Ana Folch das letzte noch lebende Familienmitglied ihrer Generation gewesen war, gab es niemanden, der diese Widersprüche klären konnte.

Schwierigkeiten bereitete vor allem der New Yorker Börsencrash des Jahres 1929. Mit diesem Ereignis verband Ana Folch den Verlust des Familienvermögens, der ihrer Meinung nach, zusammen mit der fortschreitenden Verarmung infolge der Weltwirtschaftskrise in den frühen 30er Jahren, zum Umzug der Familie von Valencia nach Barcelona geführt hatte. Doch das, was durch ihre Tochter über Ana Folchs Kindheit bekannt ist, läßt auf ganz andere Zeitabläufe schließen. Im zarten Alter von zehn oder elf Jahren wurde Ana zum Arbeiten in eine Wäscherei geschickt, wo sie als Büglerin beschäftigt war. Vier Jahre arbeitete sie dort, bis sie im Alter von 15 Jahren aufhören mußte, weil das andauernde Anheben der schweren Bügeleisen eine beginnende Rückgratverkrümmung zur Folge hatte. Ana war 1911 geboren worden, also muß sie etwa von 1922 bis 1926 in der Wäscherei beschäftigt gewesen sein. Wenn das jüngste Kind einer angeblich wohlhabenden Familie zu solch schwerer Arbeit gezwungen war – sieben Jahre, bevor der Börsencrash Einfluß auf die finanziellen Verhältnisse der Familie nehmen konnte –, dann muß es mindestens zehn Jahre vor diesem Ereignis andere wirtschaftliche Schwierigkeiten gegeben haben. Welche Gründe im einzelnen dafür verantwortlich waren, daß einer der beiden Erben eines ehemals stattlichen Vermögens verarmte, darüber kann man nur noch spekulieren.* Vielleicht hatte Arturo sein Geld unklug angelegt; vielleicht spielten persönliche Faktoren eine Rolle; oder vielleicht forderte sein schlechter Gesundheitszustand, der kurze Zeit nach dem Umzug der Familie nach Barcelona zu seinem Tod führte, schon damals seinen Tribut. Wir wissen es schlicht und einfach nicht. Sicher ist nur, daß die einst wohlhabende Familie Folch in der kurzen Zeit von 20 Jahren, von der Jahrhundertwende bis zu den frühen 20er Jahren, fast verarmt war.

Die Folchs müssen deshalb früher und unter schlimmeren Bedingungen nach Barcelona gezogen sein, als es Ana in Erinnerung war. Denn die Familie wohnte nun im Stadtviertel Sant Andreu, einem Elendsviertel nahe dem Hafen, das zum Poble Nou gehörte.** Arturo versuchte, in der neuen Stadt wieder als Jurist Fuß zu fassen, und trat, nachdem sich Freunde für ihn eingesetzt hatten, in eine große Firma namens Koch ein. Aber dadurch wurden die Probleme der Familie nicht gelöst – 18 Monate nach dem Umzug starb Arturo an Krebs. Wie Montserrat berichtet, versuchte Arturos Witwe, ihre Großmutter Concepción, ihre vier Kinder mit der einzigen Fertig-

---

* Was immer es auch war, wahrscheinlich hatte es nichts mit dem Ersten Weltkrieg zu tun, denn Spanien war in diesem Krieg neutral und profitierte wirtschaftlich beträchtlich von ihm.

** Seine Überreste wurden 1989 abgerissen, um Platz für das Olympische Dorf zu schaffen.

keit durchzubringen, die sie beherrschte: dem Sticken. Aber wiederum müssen die vier Kinder, wenn die Chronologie einen Sinn ergeben soll, wirklich Kinder und keine jungen Erwachsenen gewesen sein, was sie zum Zeitpunkt des Börsencrashs bereits waren. Das bedeutet, daß es zum finanziellen Ruin der Familie nicht später als Mitte der 20er Jahre gekommen sein kann, möglicherweise aber viel früher.

Jedenfalls war es wohl so, daß die verwitwete Concepción 1928 ihre siebzehnjährige Tochter Ana mit in einen jener Sonntags-Clubs nahm, die damals sehr typisch für die spanische Gesellschaft waren. Dort präsentierten angesehene Bürger (und solche, die es werden wollten) ihre wohlerzogenen Söhne und Töchter, die von den besorgten Elten nicht aus den Augen gelassen wurden. Und bei einer dieser Veranstaltungen wurde Ana Folch einem schneidigen und gut eingeführten jungen Chemie-Studenten vorgestellt, der kurz vor dem Abschluß stand: Carlos Caballé.

Montserrat selbst sagt: »Die Geschichte meines Vaters Carlos und seiner Familie ist eine ganz andere.« In der Tat, die eine handelt von Niedergang und Fall einer quasi adeligen Familie, die andere von bürgerlichem Unternehmergeist und -erfolg. Schon Mitte des 19. Jahrhunderts waren die Caballés reiche Fabrikanten in der südkatalanischen Stadt Tarragona. Montserrats Urgroßvater, Pablo Caballé, besaß dort eine Ziegelei. Da Mitte des vorigen Jahrhunderts in ganz Europa städtebauliche Programme aus der Taufe gehoben und Baumaterial gebraucht wurde, gingen seine Geschäfte gut. Wie damals üblich, versuchte er, auch in anderen Zweigen der Bauindustrie Fuß zu fassen. Mit dem Selbstbewußtsein des Selfmade-Mannes und Familienoberhauptes schickte er den jüngsten seiner drei Söhne, dem er den Namen Abundio gegeben hatte, auf die Universität, wo er Maschinenbau studieren sollte. Der Junge mit dem ungewöhnlichen Namen entpuppte sich an der Universität von Barcelona als begeisterungsfähiger und frühreifer Student. Sein Studium schloß er mühelos ab. Er promovierte, und obwohl alle annahmen, er werde sich wie seine Brüder im väterlichen Unternehmen eine Nische schaffen, zog er den risikoreicheren Lebensstil eines selbständigen Erfinders vor.

Es war jedoch weder seine Natur noch die irgendeines anderen Mitglieds der Familie Caballé, untätig herumzusitzen. Er wurde der Hauptproduzent des doppelschiffigen, kugellagerbetriebenen Zahnrades, das den industriellen Webprozeß revolutionierte. Diese geniale Erfindung verdoppelte die Geschwindigkeit industrieller Webstühle, da das Schiffchen in beide Richtungen bewegt werden konnte und dadurch sehr viel schneller webte. Um 1890 war die Kenntnis von dieser Erfindung bis nach England, dem industriellen Zentrum der Baumwollspinnerei, gedrungen, und Abundio Caballé schloß mit den wichtigsten Unternehmern in und um Manchester Lizenzverträge ab. Außerdem erfand er eine Maschine zur Bearbeitung ungegerbten Leders, die er sich ebenfalls patentieren ließ. Aufgrund dieser Geschäfte häufte Abundio ein großes Vermögen an. Durch den Bau einer Fabrik am damaligen Stadtrand von Barcelona machte er sich von seinem Vater völlig unabhängig.

Die Fabrik spezialisierte sich auf die Produktion von Maschinen zur Textilherstellung und Maschinenteilen, die Abundio alle selbst erfunden hatte. Mit ihnen versorgte er ganz Spanien – vor allem die nördlichen Industrieregionen Katalonien und Navarra –, Südfrankreich und Norditalien und trug damit beträchtlich zum Exportaufkommen seines Landes bei. Als er genug Geld angehäuft hatte, beschloß Abundio zu heiraten und eine Familie zu gründen. Abundios einziger Sohn Carlos Caballé wurde 1907 geboren. Er entpuppte sich bald als ein ebenso unabhängigkeitsliebender Mensch wie sein Vater, denn er weigerte sich, den ihm zugedachten Platz im Familienunternehmen einzunehmen. Schon als Schuljunge war er vor allem von den Naturwissenschaften begeistert, und als er in die Fußstapfen seines Vaters treten und das Studium an der Universität von Barcelona aufnehmen sollte, wählte er, mit väterlicher Zustimmung, die Chemie. Wahrscheinlich wollte er seinem Vater mit der Wahl dieses Faches entgegenkommen, doch das Vorhaben scheiterte kläglich.

Carlos blieb an der Universität, bis er 23 Jahre alt war, und arbeitete in den Ferien in der Fabrik seines Vaters. Aber das Vater-Sohn-Verhältnis gestaltete sich zunehmend schwieriger: Abundio erwartete von seinem Sohn, die spezifischen Interessen des Familienunternehmens zu verfolgen, und bestand darauf, daß er sich in die zahlreichen Herstellungsarten von Textilien, in die Produktion und die Unternehmensführung einarbeitete. Carlos liebte diese ihm aufgezwungene Arbeit überhaupt nicht und wollte sich von ihr befreien, um seinen eigenen Interessen nachgehen zu können. Zur entscheidenden Auseinandersetzung kam es in Carlos' letztem Studienjahr, als er sich weigerte, in der väterlichen Fabrik zu arbeiten. Statt dessen nahm er das Angebot eines gewissen Herrn Gaillard, eines Freundes der Familie, an. Dieser besaß eine Fabrik, die Düngemittel herstellte und auf das Spezialwissen eines Chemikers angewiesen war. Vater und Sohn sprachen daraufhin nicht mehr miteinander, und nicht einmal der Studienabschluß des Sohnes im darauffolgenden Jahr konnte die Kluft zwischen den beiden überbrücken. Carlos blieb von 1929 bis zum Ausbruch des Spanischen Bürgerkrieges im Jahre 1936 als festangestellter Chemiker bei Gaillard. Doch zu dieser Zeit war einiges passiert und hatte sich manches in seinem Leben verändert.

Carlos hatte 1928 Ana Folch kennengelernt, ohne daß ihre Freundschaft zunächst ernstere Formen angenommen hätte. Erst gegen Ende seines Studiums, als er schon als Halbtagskraft in der Düngemittelfirma Gaillard arbeitete, begann die Beziehung tiefer zu werden. Die ungeschriebenen Benimmregeln der damaligen Zeit erlaubten keinem von beiden, den anderen zu Hause zu besuchen, ohne daß klare Heiratsabsichten formuliert und ein möglicher Termin für die Hochzeit genannt worden wären. So heirateten die beiden am 11. Juli 1932, in Zeiten wachsender wirtschaftlicher Depression und politischer Umwälzungen im ganzen Land.

Während der 20er Jahre war Barcelona die Speerspitze einer unblutigen Revolution gewesen, die das Gesicht ganz Spaniens veränderte. Im April 1930 hatte Luis Companys vom Balkon des gotischen Rathauses an der Plaça San Jaume die Republik Katalonien ausgerufen, gleichzeitig hatte dies Colonel Marcía in der Generalitat (dem katalanischen Parlament) getan. König Alfonso XIII. dankte daraufhin ab, und Spanien wurde zum zweiten Mal in seiner Geschichte Republik. Das erste Ergebnis dieser kopflosen politischen Aktivitäten war eine nationale, linksgerichtete Koalitionsregierung in Madrid. Zum Programm machte sie sich Säuberungsaktionen im Militär und eine antiklerikale Gesetzgebung, die auch die Auflösung des Jesuitenordens und die Einführung des Scheidungsrechts einschloß. Doch diese Regierung hatte Gegner von links und von rechts: Auf der einen Seite lauerten Kommunisten und Anarchisten; auf der anderen das Militär, die Monarchisten und die Kirche. Das drängendste Problem – die wirtschaftliche Krise – war ein weltweites und lag außerhalb ihres Einflusses, so daß der Nährboden für die Unzufriedenheit von Gruppierungen jeglicher politischer Couleur äußerst günstig war. 1934 kam es immer häufiger zu Streiks und Demonstrationen: In Asturien schlug das öffentliche Chaos in einen Bürgerkrieg um, der erst durch die vereinten Kräfte des spanischen Militärs und der Fremdenlegion, unter Führung von General Francisco Franco y Bahamonde (oder kurz Franco) niedergeschlagen wurde.

Mitte des Jahres 1935 schlossen sich alle linken Parteien zur Volksfront zusammen, um der rechtsgerichteten Falange Paroli zu bieten, die sich nach dem Vorbild der italienischen Faschisten gebildet hatte. Besonders in Barcelona fanden die linksgerichteten Gruppierungen breite Unterstützung, wo zu jener Zeit fast 350 000 Menschen anarchistischen Gruppierungen angehörten, vor allem der CNT – Confederación Nacional de Trabajadores (Nationale Arbeitergewerkschaft). Diese neue Volksfront hatte die spanischen Parlamentswahlen im Februar 1936 knapp gewonnen und wollte ihre gesellschaftspolitischen Ziele mit einem Rachefeldzug durchsetzen: Die Bühne war frei für den Bürgerkrieg.

Zu diesem Zeitpunkt waren Carlos Caballé und Ana Folch vier Jahre verheiratet und ihre Tochter Montserrat war fast drei Jahre alt. Was zunächst wie eine ruhig dahinplätschernde Ehe aussah, wurde durch die politischen Entwicklungen in Barcelona auf eine harte Probe gestellt. Die zahlreichen antiklerikalen Maßnahmen der Regierung gingen Ana sehr nahe. Denn sie war, als Tochter einer ehemaligen Klosterschülerin, streng religiös erzogen worden. Nicht weniger aufgebracht war Carlos über die Heeresreformen, zumal er 1929, als Alfonso XIII. die Weltausstellung in Barcelona besuchte, Mitglied der königlichen Garde gewesen war. Das Ehepaar lebte in einem Haus im Carrer d'Igualada, nördlich der Diagonal, zwischen den Paseos de Gracia und San Juan. Das Haus befand sich im Herzen des Stadtviertels Gracia, eine noch heute hübsche und wohlhabende Wohngegend. Doch der relative Wohlstand in den ersten Jahren des Paares gründete sich auf Carlos' Stellung in der Firma Gaillard und auf die Annäherung zwischen Carlos und seinem Vater Abundio. Nach dessen Heirat hatte Abundio auf seinen Sohn eingewirkt, die Verbindungen zum Familienunternehmen nicht abzubrechen, nicht zuletzt, weil er und seine Schwester es wahrscheinlich erben würden.

Aber im Laufe der 30er Jahre mußten sich Carlos und seine Frau fragen, ob es überhaupt noch etwas zu erben gäbe. Da die Regierung in Barcelona in den Händen eines linksgerichteten Bündnisses lag, wurde die Lage der Fabrikanten und ihrer Sprößlinge immer prekärer. Schon 1932, während eines von der CNT organisierten Streikes, wäre Abundio fast das Opfer eines Attentats geworden, wenn es auch unwahrscheinlich war, daß der Täter aus seiner eigenen Fabrik stammte. Denn die 250 Personen zählende Belegschaft wurde in seinem Betrieb im allgemeinen um einiges besser behandelt als in vielen anderen.

Mit der Gründung der Falange und dem Zusammenschluß linksgerichteter Parteien zur Volksfront verschärfte sich die politische Lage in einem bereits völlig aus den Fugen geratenen Land. Aus der Sicht der Caballés kam es schon im Juli 1936 zur Eskalation: Die Anarchisten brachten alle linken Gruppierungen dazu, sich unter dem Dach des Zentralkomitees der antifaschistischen Milizen zu vereinigen; in dieser Dachorganisation waren die Anarchisten in der Mehrzahl. Am 26. September wurden sie offiziell aufgefordert, sich mit dem katalanischen Parlament zusammenzuschließen. Und obwohl es der anarchistischen Grundüberzeugung widerspricht, sich an der Regierung zu beteiligen, gingen sie auf diesen Vorschlag ein. Innerhalb von ein paar Tagen wurde ein Gesetz verabschiedet, das der CNT die Befugnis gab, alle sich in Privatbesitz befindenden Fabriken und Industrieanlagen zu enteignen.

Carlos Caballé sah sich plötzlich in die Lage versetzt, seine Produktforschung und -entwicklung unter anarchistischer Geschäftsleitung auszuüben. Sein Vater Abundio wurde enteignet. Viele Mitglieder der besitzenden Klasse gerieten in Panik und verließen Katalonien. Der Pesetakurs fiel weltweit in den Keller, und Lenins Voraussage, Spanien würde das zweite Land unter proletarischer Diktatur werden, schien sich zu bewahrheiten. Einige enteignete Fabrikbesitzer inszenierten Sit-ins in ihren eigenen Fabriken. Aber sie unterschätzten die damalige Stimmung auf fatale Weise, denn viele von ihnen wurden niedergeschossen. Auch Abundio entkam ein zweites Mal nur knapp einem Anschlag auf sein Leben. Er war ein beleibter, jovialer Mann, der zu seinem Glück weite, großzügig geschnittene Kleidung trug, um seine Korpulenz zu kaschieren. Als man auf ihn schoß, durchschlug das Geschoß das Vorderteil seiner Jacke am Verschluß. Dieser glückliche Zufall ist natürlich in den Anekdotenschatz der Caballés eingegangen, so auch die Rettung vor der Gefangenschaft, wenn nicht sogar vor der Hinrichtung, als seine Fabrikarbeiter für ihn eintraten und bereit waren, ihn als »aufgeklärten« Arbeitgeber zu verteidigen.

Doch das linke Bündnis saß nur in Barcelona fest im Sattel. Im übrigen Spanien übernahm das Militär die Macht und ernannte Franco zu seinem Führer, nachdem Mitte Juli der Führer des rechten parlamentarischen Flügels ermordet worden war. Nur vier Tage nachdem die linken Parteien in Katalonien am 26. September 1936 völlig legitim die Regierung angetreten hatten, setzte sich General Franco in seiner Militärbasis von Burgos in der Provinz Castilla la Vieja (heute León) als Führer der spanischen Regierung von eigenen Gnaden ein und nannte sich Generalísimo. Die gewählte Regierung in Madrid war nicht stark genug, um diese widerrechtliche Machtergreifung zu verhindern, und Francos faschistische Truppen begannen ihren erbarmungslosen Durchmarsch durch Spanien.

Im August 1937 war nahezu das ganze Land unter Kontrolle nationalistischer Truppen, mit den bemerkenswerten Ausnahmen Katalonien und Madrid. Was dann folgte, war ein Alptraum: Einerseits mangelte es ständig an Lebensmitteln und Rohstoffen, und ein Heer von Arbeitslosen stand kurz vor dem Hungertod; andererseits wurde jedes öffentlich zur Schau gestellte Zeichen bürgerlicher Privilegien oder Autorität in zunehmendem Maße angegriffen. Sie galten als Symbole der nationalistischen Truppen, die man für das Elend im republikanischen, linken Barcelona verantwortlich machte. Restaurant-, Kino- und Ladenbesitzer wurden deshalb enteignet. Von 85 Kirchen in Barcelona wurden mehr als 50 niedergebrannt. Die gotische Kathedrale war eine der wichtigsten Ausnahmen. Auf Befehl der Sozialisten, die im Parlament mittlerweile die Mehrheit hatten, verschonte man sie. Die Werkstätten an Gaudís unvollendeter Sagrada Família wurden geplündert, die Pläne der Architekten vernichtet. Jeder, der die Insignien bürgerlichen Wohlstands trug, begab sich in Gefahr: Eine Krawatte war die Eintrittskarte ins Gefängnis; ein Hut die Einladung zum Mord. Über 1 200 Mönche, Nonnen und Priester wurden allein in Barcelona ermordet.

Inmitten dieses Durcheinanders war Anas einziger Gedanke, Nahrung für ihren Mann und ihre Tochter zu beschaffen, denn die meisten Nahrungsmittel waren für die stetig steigende Zahl republikanischer Soldaten bestimmt. Der Bürgerkrieg – im Gegensatz zum Chaos in der Stadt selbst – erreichte Barcelona schließlich im Januar 1938, als die Stadt zum erstenmal Opfer der zahlreichen schrecklichen Luftangriffe wurde, die italienische Piloten von Mallorca aus flogen. Es gab Hunderte von Verletzten und etwa 60 Tote. Am 16. März, drei Wochen vor dem fünften Geburtstag Montserrats, forderte der schlimmste Bombenangriff fast 2 000 Verwundete und über 1 000 Tote.

Die nationalistischen Truppen setzten ihre Angriffe fort, so daß Katalonien im Juni 1938 fast vollständig eingekesselt war. Die Luftangriffe gingen weiter, und die Zahl der Verhungernden und Obdachlosen nahm erschreckende Ausmaße an, nicht zuletzt aufgrund der zahllosen Flüchtlinge, die sich vor Francos Truppen in Sicherheit zu bringen suchten. Im November kam es zur entscheidenden Schlacht am Ebro: Ein riesiges republikanisches Heer war an den Fluß geschickt worden, um den Vormarsch der Nationalisten aufzuhalten. Die katalanischen Truppen erfuhren eine fürchterliche Niederlage; 25 000 Soldaten wurden getötet. Am 23. Dezember 1938 holte Franco zum letzten Schlag gegen die Stadt Barcelona aus, obwohl der Papst für die Weihnachtszeit um einen zeitweiligen Waffenstillstand gebeten hatte. Am 15. Januar fiel Tarragona im Süden Kataloniens. Nun wurden alle Frauen, Kinder und älteren Personen in Barcelona losgeschickt, um ein dichtes Netz von Gräben um ihre Stadt zu ziehen. Aber es war zwecklos. Die Luftangriffe hörten nicht auf, einer von ihnen zerstörte eine Waffenfabrik – »Elizalde« – in unmittelbarer Nähe des Hauses der Caballés im Carrer d'Igualada, und Carlos wurde zur Verteidigung Barcelonas eingezogen. Am Ende des Monats hatten Francos Truppen Llobregat – den heutigen internationalen Flughafen – erreicht. Nach einem kurzen Gefecht, in dem Carlos an der linken Schulter verwundet wurde, durchbrachen die Nationalisten die verbleibenden Linien.

Am 25. Januar 1939 rollten die Panzer gen Barcelona und fanden eine fast ausgestorbene Stadt vor. Über 500 000 Menschen hatten sich nach Norden aufgemacht, um in die Berge zu fliehen. Die Barcelonier haben eine enge Verbindung zu ihrer Umgebung: Die weite Bergkette des Tibidabo, die die Stadt einrahmt, hat für die Bewohner symbolische Bedeutung. Im Volksmund heißt es, der Name sei die lateinische Übersetzung für die Worte, die der Teufel in der Wildnis zu Jesus sprach, um ihn in Versuchung zu führen: »Das alles werde ich Dir geben!« In Krisenzeiten ist der Berg für die Stadtbewohner ein Zufluchtsort. So war es auch 1939, als er entweder als zeitweiliges Versteck diente oder als erste Etappe auf der Flucht über die Pyrenäen nach Frankreich. Aber die nationalistischen Truppen hatten den Tibidabo schon besetzt, so daß die Flüchtenden sehr geschickt vorgehen mußten, um sicher durch das Gebiet zu gelangen. Wahrscheinlich mußten die wenigsten von ihnen tatsächlich Vergeltungsakte der Besatzer fürchten. Aber in der Panik, die auf die gescheiterte Verteidigung der Stadt folgte, konnte man kaum ein anderes Verhalten von ihnen erwarten.

Die Familie Caballé mit der fast sechsjährigen Montserrat befand sich unter den Flüchtenden. Wie gefährlich die Flucht in die Berge wirklich gewesen war, erfuhr sie erst viele Jahre später. Ihre Eltern hatten alles zusammengerafft, was sie an Eßbarem finden konnten, und Ana hatte es geschafft, zu einem ihrer Brüder, Alfredo, Kontakt aufzunehmen, der sie auf der Reise begleitete. Als sich die Flüchtlingszüge auf jede nur erdenkliche Weise die steilen Hänge des Tibidabo hinaufmühten, war man auf die Initiative einzelner angewiesen, die die sichersten Wege kannten. An einer Wegkreuzung mußte eine große Gruppe, unter ihnen auch die Caballés, eine schicksalhafte Entscheidung treffen: Zwei Tunnel führten nach oben. Der eine folgte der Straße, der andere war ein stillgelegter Streckenabschnitt der Seilbahn. Ein heftiger Streit entbrannte um die Frage, welchem Weg zu folgen sei. Alfredo Folch war sich ziemlich sicher, welcher Weg in Sicherheit führte, und Carlos Caballé unterstützte ihn darin. Aber sie konnten nicht die ganze Gruppe von ihrem Vorhaben überzeugen. Einige trennten sich deshalb von ihnen und folgten dem anderen Weg. Alfredo brachte seine Gruppe in Sicherheit; die zweite Gruppe geriet geradewegs in ein nationalistisches Lager, und alle wurden erschossen.

Das größte Problem war das Überleben, so daß die Caballés wohl kaum ins Grübeln gerieten. Hätten sie über ihre Lage nachgedacht, dann hätten sie wahrscheinlich mit dem bitteren Schicksal und dem Elend gehadert, das ihr Land und sie selbst getroffen hatte. Doch damals mögen sie, von Kälte und Hunger geplagt, kein Dach über dem Kopf gehabt haben, aber wenigstens waren sie zusammen und alle am Leben.

Die Rückkehr nach Barcelona barg viele Gefahren und Unsicherheiten. Nachdem die Nationalisten gegen mutmaßliche republikanische Sympathisanten vorgegangen waren und die Ordnung in der Stadt gewaltsam wiederhergestellt hatten, entschlossen sich die meisten der in die Berge Geflohenen, wieder nach Barcelona zurückzukehren. Die Stadt lag in unheimlicher Stille da; überall waren Spuren von Tod und Zerstörung zu sehen. Die kulturelle Identität der Katalanen war zerstört, die eigene Sprache von den Wänden entfernt. Montserrat Caballé erinnert sich: »Die Lage war schlimmer als jemals zuvor. Es gab nichts zu essen, kein Geld, keine Kleidung, keine Wärme. Nichts. Meine Familie befand sich in einem erbarmungswürdigen Zustand. Aber so ging es vielen anderen auch.«

Ihr Vater Carlos arbeitete wieder in den stark in Mitleidenschaft gezogenen Gebäuden der Fabrik Gaillard. Doch durch den allgemeinen wirtschaftlichen Zusammenbruch konnte in Katalonien zeitweilig niemand richtig entlohnt werden, und die Arbeitsplätze waren unsicher. Schlimmer noch war, daß Carlos erste Krankheitssymptome einer Angina pectoris zeigte. Und obwohl er in dieser ersten Zeit nach dem Bürgerkrieg trotz allem seinen Pflichten nachkam, sollte seine Krankheit bald ein entscheidender Faktor für das dahinschwindende Familienvermögen werden.

Die politische Bühne außerhalb Kataloniens bot folgendes Bild: Die gewählte Regierung in Madrid hielt dem Druck der Nationalisten nach dem Fall Barcelonas weitere zwei Monate stand. Aber Ende März 1939 war auch sie gezwungen zu kapitulieren. Und Franco, sich der Bedeutung des Datums offensichtlich nicht bewußt, erklärte am 1. April das offizielle Ende des Bürgerkriegs. Von nun an war im Land das ganze Gewicht einer faschistischen Diktatur ohne Opposition zu spüren, wobei es der neuen Regierung ungemein half, daß sie von der katholischen Kirche rückhaltlos unterstützt wurde. Ebenso konnte sie auf die Unterstützung der überlebenden Großgrundbesitzer und Geschäftsleute zählen, die froh waren, die rote Geißel, wie sie sie nannten, los zu sein. Zu diesem Zweck erließ die neue Regierung ein Gesetz, das alle Enteignungen während des Bürgerkriegs aufhob und die Besitzungen den früheren Eigentümern zurückgab. In Fällen, in denen die ehemaligen Eigentumsverhältnisse schwer nachzuweisen waren oder die Rückgabe nur teilweise möglich war, mußten die Betroffenen entschädigt werden. Aber wie es sich im Fall der Caballés zeigte, war diese vollmundige Ankündigung nicht mehr als ein politischer Schachzug des neuen Regimes.

Abundio, der Vater von Carlos, war kurz nach dem Ende des Bürgerkriegs gestorben, ohne daß er sein Eigentum wiedergesehen hätte. Es war auch nicht mehr viel zum Zurückgeben übriggeblieben, da die Textilmaschinen entweder gestohlen oder für die Herstellung von Munition eingeschmolzen worden waren. Das Fabrikgebäude war teilweise zerstört. Als Abundio mehr oder weniger mittellos starb, gingen die Reste seines Vermögens theoretisch auf seine zwei Kinder über. Aber erst mit dem Inkrafttreten des neuen Gesetzes konnten sie ihren Anteil einfordern, wobei sich die Betragshöhe am Ist-Zustand der Gebäude und Maschinen orientierte. Da diese ebenso wie die spanische Wirtschaft in einem erbärmlichen Zustand waren, bekamen Carlos und seine Schwester einen Bruchteil des einstigen Wertes erstattet – und die ihnen zustehende Entschädigung machte die Einbußen kaum wett.

Mittlerweile hatte der Zweite Weltkrieg begonnen, und obwohl Spanien wieder neutral war – trotz Bündnissen mit Hitler und Mussolini –, blieb es nicht von den wirtschaftlichen Schwierigkeiten, die überall auf der Welt herrschten, verschont. Zusammen mit den katastrophalen Verlusten infolge des Bürgerkriegs trugen sie zur Verschärfung der prekären wirtschaftlichen Situation während der 40er Jahre bei.

Unstetigkeit und Unsicherheit prägten die ersten Jahre von Montserrats Kindheit. Doch zum erstenmal war es nun möglich, nach all dem endlosen gesellschaftlichen Zwist der zurückliegenden Jahre, Montserrat in die Schule zu schicken. Ihre Schulbildung begann in einer Schule in unmittelbarer Nähe. Aber in dieser Welt des trockenen Lehrstoffs fand das junge Mädchen außer Geschichte und Erdkunde nicht viel, was ihr Interesse weckte. Angeregt wurde ihre Phantasie durch die Musik, die sie häufig zu Hause hörte, entweder im Radio oder wenn ihr Vater seine geliebten 78er Schellackplatten beliebter Sänger und Sängerinnen auflegte. Auf einer von ihnen war Conchita Badía zu hören. Die Arie, die sie sang, hieß sehr vorausschauend »Un bel dì vedremo«.

Die Familie lebte noch immer im teilweise zerstörten Haus des Carrer d'Igualada, und einmal bot sich eine der wenigen Gelegenheiten, in die Oper zu gehen. Als Teil der geschäftigen Spielzeit 1939/40 wurde *Madame Butterfly* mit Mercedes Capsir in der Titelrolle gegeben.* Montserrat Caballé hat die Aufführung noch lebhaft vor Augen:

> Meine erste Oper, *Madame Butterfly*, habe ich im Liceo mit sieben Jahren gesehen. Sie war mit Mercedes Capsir. Ich habe es unheimlich genossen, aber der Tod von Butterfly am Ende war ein ganz schöner Schock, weil ich ihn nicht erwartet hatte. Es hat mich tief beeindruckt. Die ganze Nacht über mußte ich daran denken, und tagelang danach habe ich über die Aufführung geredet, weil es etwas ganz Besonderes für mich war. Es war toll. Die Arie »Un bel dì vedremo« kannte ich vom Plattenhören zu Hause, und so habe ich sie danach, während unseres letzten Jahres im Carrer d'Igualada immer wieder angehört und sie meinen Eltern 1940 als Weihnachtsgeschenk vorgesungen.

Das zerbombte Grundstück neben dem Haus der Caballés in der Carrer d'Igualada war nicht gerade die Umgebung, in der man ein Kind gerne aufwachsen sah. Außerdem begann Carlos' schwaches Herz seine Arbeitsfähigkeit einzuschränken, und er hatte weder die körperliche Kraft noch die finanziellen Rücklagen, Reparaturen am Haus ausführen zu lassen, bis die Frage des väterlichen Nachlasses geklärt war. Als dieses

---

* Mercedes Capsir, 1895–1969. Eine der berühmtesten Sopranistinnen in der Zeit zwischen den beiden Weltkriegen, die sich von Debütrollen wie Gilda und Lucia zu einem anspruchsvollen Repertoire einschließlich Elsa und Tosca hinaufsang. Sie ist ebenfalls ein Produkt des Liceo mit einer Stimme, die man am besten als vollen lyrischen Kolloratur-Sopran beschreiben könnte. Kurioserweise wurde sie im selben Haus geboren wie Maria Barrientos – nur elf Jahre später. Diese war eine Generation früher eine ebenso herausragende Sängerin gewesen.

Problem 1940 endlich gelöst war, entschlossen sich Carlos und Ana, den nun schmerzvollen Schauplatz ihres ehemals von Glück erfüllten Hauses hinter sich zu lassen und ein neues Leben zu beginnen. Mit Carlos' Anteil aus dem Verkauf der Fabrik und der Entschädigung hatten sie genug Geld, um ein Haus in El Guinardó zu bauen, über einen Kilometer nordöstlich von ihrem früheren Haus entfernt und hinter dem größten Krankenhaus der Stadt Santa Cruz y San Pablo gelegen. Der Bau ging nur langsam voran, weil das Baumaterial immer wieder knapp wurde und einer der strengsten Winter der letzten Jahre die Arbeiten zum Erliegen brachte, so daß die Familie die Carrer d'Igualada schließlich erst im Frühjahr des Jahres 1941 verlassen konnte.

In Guinardó erlebten die Caballés zum erstenmal nach mehr als fünf Jahren das Gefühl von Sicherheit und materiellem Komfort. Das ermöglichte auch die Erfüllung eines lang gehegten Traumes der kleinen Montserrat: Sie würde am stadtbekannten und angesehenen Conservatorio del Liceo Musikunterricht erhalten.

2. Kapitel
1940–1955: Die Jahre am Conservatorio

Das Conservatorio del Liceo wurde 1838 gegründet und bald schon in einem Zug mit den besten Ausbildungseinrichtungen Spaniens genannt. Seine ersten eigenen Unterrichtsräume konnte es im Jahr 1847 beziehen. Ganz offensichtlich war es sein Anliegen, das Opernhaus regelmäßig mit eigens ausgebildeten Talenten zu versorgen. Die Ausbildung am Conservatorio war so gut, daß es sehr bald einen überragenden Ruf als Talentschmiede für große Sänger und Instrumentalisten erlangte. Dadurch wiederum wurden immer mehr Schüler und Lehrer angezogen, die über hervorragende musikalische Fähigkeiten verfügten. Diese erstaunliche Institution wirkte sich nicht nur äußerst belebend auf die Musikszene Barcelonas und Spaniens aus, sondern auf die der ganzen Welt. Zusammen mit der zweiten bedeutenden Musikakademie der Stadt, dem Conservatorio Municipal, kann es unter seinen Schülern mit berühmten Namen aufwarten: Francesco Viñas, Pablo Casals, Hipolito Lazaro, Elvira de Hidalgo, Conchita Supervía, Maria Barrientos, Mercedes Capsir, Miguel Fleta, Victoria de los Ángeles, Alicia de Larrocha, Enriquetta Tarrés, Giacomo Aragall, Eduardo Giménez, Vicente Sardinero, Juan Pons und Dalmacio González sowie natürlich Montserrat Caballé. Schwerlich wird man eine Musikakademie finden, die vergleichbar viele Stars hervorgebracht hat. Neben den persönlichen Voraussetzungen der Schüler deutet dies auf einen außergewöhnlich hohen Unterrichtsstandard hin.

Wie schon erwähnt, zeigte sich Montserrats musikalisches Talent erstmals im Jahr 1940. Als sich die Familie ein Jahr später behaglich in dem neuen Haus in El Guinardó eingerichtet hatte, nahm Carlos seine Arbeit wieder auf, und Ana übernahm voller Tatendrang die Rolle einer stolzen Hausfrau. Kurz nach dem Umzug wurde sie wieder schwanger, und am 19. Dezember 1941 gebar sie, diesmal ohne Probleme, ihr zweites Kind und ihren einzigen Sohn. Sie beschlossen, ihm den Namen seines Vater zu geben.* Hier treffen wir zum erstenmal auf den kleinen Carlos Caballé, knapp neun Jahre jünger als seine Schwester. Er sollte nicht nur eine wesentliche Rolle in ihrer Entwicklung und für ihre Laufbahn spielen, sondern auch Einfluß auf die Karrieren anderer Künstler nehmen.

Unterdessen war Montserrat glücklich mit ihren musikalischen Studien beschäftigt. Anfangs waren diese Unterrichtsstunden weder zu anstrengend noch fanden sie zu häufig statt: Eine Stunde in der Woche gehörte dem Klavier, eine weitere Stunde der Gehörschulung, der Musiklehre und der Notation. Am Conservatorio del Liceo interessierte sich Montserrat brennend für all das, was sie in der Grundschule größtenteils vermißt hatte, und sie entwickelte sich in ihrer neuen Umgebung ganz prächtig. Das lag vielleicht nicht nur an den Fächern, sondern auch an der insgesamt lockeren Atmosphäre, in der die Unterrichtsstunden am Conservatorio abgehalten wurden. Während sie in der Schule, wie alle anderen Kinder auch, in eine bestimmte Klasse mit gleichaltrigen Schulkindern gehen mußte, hatte sie am Liceo mit Leuten aller möglichen Gesellschaftsschichten und Altersstufen zu tun, die

---

* Nach dem Geburtenregister der Stadt Barcelona war die Geburt von Carlos am 4. Februar 1942. Aber das Datum ist falsch, und Carlos schreibt diese Unkorrektheit dem Chaos zu, das nach dem Bürgerkrieg in der spanischen Verwaltung herrschte.

aus Liebe zur Musik und nicht aus erzieherischer Notwendigkeit zusammenkamen.

Während Montserrats erstem Jahr am Liceo verschlechterte sich der Gesundheitszustand ihres Vaters jedoch zusehends, und er war gezwungen, immer länger andauernde Krankheitspausen einzulegen. Gaillard bezahlt ihm zwar etwas von seinem Lohn weiter, aber es reichte nicht, um das plötzliche Loch im Familieneinkommen zu stopfen. Die Symptome der Angina pectoris wurden immer problematischer: Neben seinen Schmerzen in der Brust begann er, unter Atemnot und allgemeiner Schwäche zu leiden. Unter diesen Umständen war er auf dem Arbeitsmarkt nicht gut zu vermitteln, obwohl er erst Mitte 30 war. Da es damals noch kein Sozialversicherungsnetz gab, sah er sich nicht in der Lage, für sich, seine Frau und die beiden Kinder zu sorgen. Ende des Jahres 1942 sah sich das Ehepaar gezwungen, das Haus in El Guinardó zu verkaufen. Mit dem Erlös wollten sie den Kauf eines Lebensmittelladens finanzieren, über dem die Familie leben konnte und der ihnen eine unabhängige Existenz als Kleinhändler ermöglichen sollte.

Der Laden befand sich im Carrer de Calàbria, ganz in der Nähe der Gran Via de les Corts Catalanes im äußersten Westen des Eixample, gerade mal einen Katzensprung von der Plaça d'Espanya entfernt.* Es war der erste der vielen Zufälle in Montserrats Leben, daß dieser Lebensmittelladen an die Wohnung von Miguel Fleta angrenzte. Fleta war der berühmteste spanische Tenor seiner Zeit gewesen, und seine Karriere hatte

---

* Das Eixample ist ein ausgedehntes Viertel in der Stadtmitte Barcelonas, das Idelfons Cerdá in den 60er Jahren des 19. Jahrhunderts entworfen hatte und sich an Victor Haussmanns revolutionären neuen Ideen im Pariser Städtebau orientierte. Doch Cerdás Motivation war zutiefst sozialistisch. Seine Rasterstadt, strikt in lauter gleiche Rechtecke unterteilt und von der Plaça d'Espanya im Westen bis zum Poble Nou im Osten reichend, legt davon Zeugnis ab.

ihren Höhepunkt erreicht, als er 1926 in der Erstaufführung des *Turandot* an der Mailänder Scala den Kalaf verkörperte. Kurz vor Ende des Bürgerkriegs war er gestorben. Jahre später sollte bei seinen Kindern der junge Mann aus Aragón wohnen, der später Montserrats Ehemann wurde. Montserrats Eltern, beide musikalisch gebildet, waren sich der Bedeutung ihrer Nachbarn sehr wohl bewußt, und Montserrat erinnert sich daran, daß die Fletas Stammkunden in ihrem Laden wurden.

Das junge Mädchen mußte ihrer Mutter häufig im Laden zur Hand gehen, wenn sie nicht damit beschäftigt war, sich um den kleinen Bruder zu kümmern. Dieser liebte es nämlich über alles, Apfelsinen auf die Straße zu werfen und das kunstvoll aufgeschichtete Obst zum Einstürzen zu bringen. Da es um die Finanzen der Familie schlecht stand, drohte Montserrat das Aus ihrer musikalischen Ausbildung. So wäre es auch geschehen, hätte nicht ihr Klavierlehrer Pedro Vallribera eingegriffen. Als einer der Direktoren am Conservatorio schlug er vor, dem jungen Mädchen ein Stipendium zu gewähren. Ihn hatten Montserrats Ernsthaftigkeit als Schülerin – vor allem, weil sie eine der jüngsten in ihrer kunterbunt gemischten Gruppe war – und ihre außergewöhnliche Willenskraft tief beeindruckt. Grund genug für ihn, sie am Conservatorio weiter ausbilden zu lassen. So wurden die Unterrichtsstunden nicht nur fortgesetzt, sondern nahmen auch bald neue Dimensionen an. Montserrat erinnert sich an die Zeit nach ihrem zweiten Ausbildungsjahr:

> Ich besuchte andere Klassen, in denen Harmonielehre, die Tonarten (einschließlich der Kirchentonarten) unterrichtet und das Gehör geschult wurden. Denn das Gehör ist etwas Trainierbares, zugegebenermaßen nicht das absolute Gehör, aber man kann es schon sehr verbessern. Am Konservatorium gab es eine große Bandbreite an Instrumenten, und zunächst hörten und spielten wir die Schlaginstrumente wie Glocken oder Triangeln. Dann wurden wir jeden

Monat an ein anderes Instrument, Oboe, Violine, Trompete, herangeführt, so daß wir seinen Tonumfang, seine Spielweise und seinen Bau kennenlernten. Wir erfuhren, wie man eine Violine stimmt und wie sich deren Stimmlage von einem Cello oder einem Kontrabaß unterscheidet. Je mehr ich lernte, desto mehr liebte ich die Musik, und desto größer wurde ihr Platz in meinem Leben. Ich erinnere mich, daß ich zur Schule ging und alles so schnell wie möglich erledigte, damit ich ins Liceo gehen konnte, weil nur das wirklich zählte. Es machte mir im allgemeinen nichts aus, schlechte Schulzeugnisse zu bekommen, aber schlechte Noten in Musik zu haben, war schrecklich; das war etwas, was ich nie akzeptieren konnte.

Sofern es seine Gesundheit zuließ, war Carlos senior immer noch in der Firma Gaillard beschäftigt, und das Lebensmittelgeschäft lag ganz in den Händen seiner Frau. Eine Katastrophe bahnte sich an, als Ana 1943 mit Lungenproblemen ins Krankenhaus eingeliefert werden mußte. Sie litt an einer Brustfellentzündung, und nach ihrer Entlassung beschloß man auf ärztlichen Rat hin, daß vollkommene Ruhe und Luftwechsel zu ihrer vollständigen Genesung nötig seien. Deshalb mußten die Caballés das Geschäft nur ein Jahr nach seinem Erwerb wieder verkaufen. Von dem Erlös erstanden sie außerhalb Barcelonas in einem Ort namens Floresta ein kleines Haus. Es lag in den Pinienwäldern des Gebirges hinter dem Tibidabo. Dieser Wohnort war weit entfernt vom Zentrum Barcelonas, und das bedeutete für Montserrat, daß sie die Musikstunden am Liceo nicht länger besuchen konnte. Für die Zehnjährige war dies ein harter Schlag, denn zu jener Zeit war sie sich ziemlich sicher, in der Musik endlich etwas gefunden zu haben, auf das sie stolz sein konnte. Aber damals schoben die prekären familiären Verhältnisse allen weiteren Schritten auf diesem Gebiet einen Riegel vor. Statt dessen übernahm Montserrat nun die Rolle einer »Ersatzmutter«, denn sie wurde immer häufiger damit betraut, sich um ihren zweijährigen Bruder zu kümmern. Die Geschwister waren bald unzertrennlich – und blieben es während der gesamten Kindheit des kleinen Carlos. Nur zu verständlich, daß der kleine Junge damals ganz von seiner älteren Schwester abhängig war; später sollten sich die Machtverhältnisse jedoch häufig in die andere Richtung verschieben.

In der frischen Bergluft von Floresta begann sich der Zustand Anas langsam zu bessern, aber das Krankengeld, das die Düngemittelfirma Gaillard an Carlos auszahlte, reichte hinten und vorne nicht für den Unterhalt der Familie. Um das Defizit auszugleichen, mußte Ana eine Arbeitsstelle suchen. Wie ihre Mutter hatte sie nur eine Fähigkeit, die sie zu Geld machen konnte – das Nähen. Es gab wenige Möglichkeiten, in der dünn besiedelten Gegend um Floresta Arbeit als Näherin zu finden, und wenn, dann weitab. So zuträglich die Luft auch war, die Familie konnte nicht von ihr leben, das war schließlich klar. So mußten die Caballés ihr Haus ein weiteres Mal verkaufen, auch wenn es sie sehr schmerzte.

Diesmal stellte sich die Lage allerdings ganz anders dar. Es war äußerst unwahrscheinlich, daß Carlos jemals wieder eine vollbezahlte Stelle annehmen könnte; und da Ana auf einen Ort angewiesen war, an dem sie problemlos Arbeit finden würde, war ein Umzug in die Stadtmitte Barcelonas unumgänglich. Doch der Verkauf des Hauses in Floresta brachte nicht so viel ein, wie es ursprünglich gekostet hatte, so daß der Erwerb eines Hauses im Zentrum von Barcelona unerschwinglich war. Deshalb mußten die Caballés zum erstenmal eine Wohnung mieten. Sie war bescheiden und lag in der Travessera de les Corts, die an dem ehemaligen Fußballstadion des FC Barcelona vorbeiführt. Dieser letzte Umzug fiel in das Jahr 1945. In weniger als fünf Jahren war die Familie viermal umgezogen. Mit den letzten drei Umzügen war auch ein beträchtlicher sozialer Abstieg verbunden gewesen. Rein geographisch gesehen, wohnten sie jetzt ganz in der Nähe des

Viertels, in dem sie ihren gemeinsamen Lebensweg begonnen hatten. Aber sie hatten im Laufe der Zeit ihr gesamtes Kapital verloren und außerdem noch einmal Zuwachs bekommen. Überdies waren beide Elternteile krank.

Man kann sich leicht vorstellen, wie diese Unbeständigkeit in ihren Kindheitsjahren Montserrat aus dem Gleichgewicht gebracht haben muß. Eine unvermeidliche Folge all dieser erzwungenen Umzüge war, daß sie sich noch einer regelmäßigen formalen Schulbildung unterziehen mußte. Ihre Eltern waren sich dessen sehr wohl bewußt und suchten eine Schule in der Nähe zu finden, die ihre Tochter regelmäßig besuchen konnte. Glücklicherweise stellte sich heraus, daß die Academia Arpí nur zwei Haustüren neben der Mietwohnung der Caballés lag. Montserrat wurde sofort dort eingeschult. Viele Menschen denken voller Wehmut und Zuneigung an die frühen Schuljahre zurück, nicht so Montserrat Caballé: Denn die Schulzeit war für sie eine schmerzliche und demütigende Zeit, die bei ihr bis ins Erwachsenenalter hinein Narben hinterließ. Sie wurde das Opfer jener Grausamkeit, die Kinder ganz besonders erfolgreich anwenden – gnadenlos die schwächste Stelle einer Person herauszufinden und darauf herumzuhacken. Montserrats Schwachstelle war die Armut. Die Familie war so arm und die allgemeine Versorgungslage hatte sich derartig verschlechtert, daß das junge Mädchen, trotz Anas Tätigkeit als Näherin, tagein, tagaus mit demselben Kleid in die Schule gehen mußte.

> Ich war nicht beliebt; ich war sogar sehr verschüchtert. Jahrelang habe ich dasselbe Kleid getragen, als sei es eine Schuluniform. Für ein junges Mädchen ist das sehr unangenehm. Ich war immer sauber und ordentlich, aber für ein Mädchen ist das nicht genug. Kinder können grausam sein, und einige hänselten mich wegen meines ewig gleichen Kleides. Ich fand das sehr verletzend, aber ich konnte ihnen nichts entgegnen, weil es keine Antwort darauf gab.

Das Leben zu Hause war auch nicht einfach. Niemals schien es genug zu essen zu geben, und Ana war immer häufiger damit beschäftigt, Wege zu finden, um die Familie zu ernähren. Montserrat Caballé erinnert sich, daß ihre Mutter fieberhaft arbeitete. Diese Arbeit erschöpfte sich jedoch nicht in den üblichen Verrichtungen wie Putzen und Kochen – obwohl es stimmt, daß Ana besonderen Wert auf saubere weiße Tüllgardinen legte –, denn zu jener Zeit wusch und besserte sie die Kleider anderer Leute aus. Wenn damals, während der wirtschaftlichen Depression nach dem Zweiten Weltkrieg, Wäsche, Socken oder Strümpfe Löcher hatten, warf sie niemand in den Müll – Ersatz war schwer zu bekommen und unverhältnismäßig teuer. Mit der Reparatur dieser Dinge waren viele Heimarbeiterinnen beschäftigt, so auch Ana Folch, und Montserrat mußte ihr dabei helfen. Natürlich war diese Arbeit nicht gerade lukrativ und verschlang eine Menge Zeit, aber sie half den Caballés über die Runden.

Ana bemühte sich, zusätzlich zur sporadischen Heimarbeit eine Anstellung zu finden, und schließlich bekam sie einen Halbtagsjob in einer Krämerei. So hatte sie noch weniger Zeit für ihre Kinder, die immer mehr auf sich selbst gestellt waren und die Zeit gezwungenermaßen gemeinsam verbrachten. Anas Einkünfte ermöglichten es Montserrat, im September 1945 an das Conservatorio zurückzukehren, um ihren Musikunterricht wiederaufzunehmen. Ebenfalls war die normale Schulausbildung an der Academia Arpí gesichert. Im Liceo knüpfte das Mädchen rasch dort an, wo es vor einiger Zeit aufgehört hatte. Montserrat traf dort einige alte Freunde wieder und ging neue Freundschaften ein. Mit zwei oder drei von ihnen hat Montserrat Caballé sogar noch heute Kontakt. Sie erinnert sich gut daran, wie sich die Kinder damals, als es noch keine Fotokopierer gab, zusammentaten, um ganze Orchester-Partituren abzuschreiben. Nach und nach lernten sie, wie Musik komponiert wird und die Notenschrift für die einzelnen Instrumente aussieht, und sie machten sich einen Spaß daraus, neue Harmonien und Instrumentierungen zu erfinden. Die Musikstunden boten Montserrat die Flucht in eine höhere, lohnendere Wirklichkeit, von der sie immer geträumt hatte – selbst wenn ihre Schultage weiterhin und mit schöner Regelmäßigkeit von demütigenden Hänseleien getrübt wurden.

Die finanzielle Situation zu Hause blieb jedoch schwierig, und sie wurde noch prekärer, als der fünfjährige Carlos eingeschult werden sollte. Wie seine Schwester besuchte er die Academia Arpí, und es stellte sich bald heraus, daß er ein begabter und intelligenter Schüler war. Doch Montserrat fand ihre größte Erfüllung nicht in der Schule, sondern in den kostbaren Stunden, die sie am Conservatorio verbrachte. Seit jenem prophetischen Weihnachtsgeschenk im Jahr 1940 – ihr Vortrag von »Un bel dì vedremo« – war das junge Mädchen nicht nur ganz versessen darauf, gesungene Musikstücke auf Schallplatte oder im Radio anzuhören, sondern auch selbst Lieder anzustimmen. Gegen Ende der 40er Jahre waren sich Montserrats Eltern darüber im klaren, daß ihre Tochter eine vielversprechende, wenn auch unausgebildete Stimme hatte. Und auch Montserrat selbst wußte, daß sie nichts lieber als Sängerin werden wollte.

Nur, wie sollte das realisiert werden? Die Bezahlung für ihre drei oder vier Stunden pro Woche am Konservatorium war so weit gesichert. Aber Gesangsstunden zu nehmen bedeutete noch einmal eine ganz andere finanzielle Belastung, weil der Umfang des Lehrstoffes um ein Vielfaches größer war. Dies würde nicht nur ein paar Stunden Unterricht pro Woche in Anspruch nehmen wie bisher, sondern wäre eine Vollzeitausbildung, deren Kosten schlicht und ergreifend die Möglichkeiten der Familie Caballé überschritten. Das Dilemma war groß, als sich 1948/49 das Studienjahr am Conservatorio dem Ende näherte, und es ist leicht vorstellbar, wie sich die Familie Caballé in diesem Sommer den Kopf zerbrach. Wenigstens hatten alle dasselbe Ziel. Aber es schien keine finanzielle Möglichkeit zu geben, das Vorhaben in die

Tat umzusetzen. Ana war jedoch wild entschlossen: Vom ersten Mal an, als sie ihre Tochter hatte singen hören, war sie ihr, ähnlich wie Evangelia, Maria Callas' Mutter, eine ständige Quelle der Ermahnung gewesen.

Im nachhinein ist es nicht überraschend, daß Ana Caballé in ihrer prekären und harten Existenz so ehrgeizig auf das erwachende Talent ihrer Tochter setzte, um es zu Geld zu machen. Es soll nicht vergessen werden, daß Ana in ihrer Kindheit selbst große Not erfahren hatte. Aber sie war eine Ehe eingegangen, von der sie mit gutem Grund erwarten konnte, nicht wieder in eine solche Lage zu geraten. Doch in den vergangenen zehn Jahren hatte sich dieser Traum verflüchtigt und war einer düstereren Realität gewichen, als sie irgend jemand hatte vorhersehen können. Daß Ana es miterleben mußte, ihre Kinder ebenfalls solche Entbehrungen erleiden zu sehen, muß für sie einem Alptraum ähnlich gewesen sein. Kein Wunder also, daß diese Frau eisern entschlossen war, ihrer Tochter den Weg zu ebnen.

> Bevor ich zur Schule ging, hat meine Mutter mein Haar immer so straff mit einem Band zurückgebunden, daß es weh tat. Ich wollte mit einer solchen Verzweiflung etwas haben, auf das ich stolz sein konnte, daß ich unheimlich hart arbeitete, um die Klassenbeste zu werden. Meine Stimme war sehr hoch und hell, und ich war mir sicher, daß ich Sängerin werden würde. Niemals habe ich daran gezweifelt. Wenn Mama verzweifelt war, sagte ich: »Hab Geduld, denn wenn ich berühmt bin, brauchen wir auf nichts mehr zu verzichten.« Und sie glaubte mir. Und der kleine Carlos glaubte mir auch.

Dieser Glaube wurde zu einem Rettungsanker im Leben der Familie Folch: Ana verdoppelte ihre Bemühungen, zusätzlich zu ihrer Heimarbeit Geld zu verdienen. Irgendwie wurden die nötigen Mittel zusammengekratzt, um Montserrat in die Gesangsklassen am Conservatorio einzuschreiben. So begann Montserrat Ende September 1949 mit ihren ersten Gesangsstunden. Sie war begeistert über diese Möglichkeit, aber zugleich auch tief besorgt über die finanziellen Probleme ihrer Familie.

Als Montserrat gerade begonnen hatte, sich an ihr neues Fach zu gewöhnen, wurde ihr Vater schwerkrank und mußte am Herz operiert werden. Ende der 40er Jahre gab es in Spanien kein organisiertes Sozial- oder Krankenversicherungsnetz, so daß Operationen selbst bezahlt werden mußten. Und so wurde entschieden, daß Montserrat neben ihren Studien arbeiten gehen mußte. Ende 1949 nahm Montserrat die Arbeit in einer Taschentuchfabrik auf. Die Casa Comella, wie die Fabrik hieß, stand im Carrer de Petrixol, einer Gasse, die von der Plaça del Pi nordwärts in das alte Stadtzentrum Barcelonas, das Barri Gòtic, führte. Glücklicherweise lag ihr Arbeitsplatz nur wenige Gehminuten vom Liceo entfernt. Tagsüber arbeitete sie in der Fabrik, und danach besuchte sie ihre Musikkurse am Liceo. Die Arbeit begann um acht Uhr morgens und ging bis 13 oder 13.30 Uhr und wurde dann wieder von 15 bis 18 Uhr aufgenommen. Die Arbeitswoche ging von Montag bis einschließlich Samstag.

Montserrat erinnert sich daran, daß sie passende Stücke aus größeren Stoffteilen herausschneiden mußte, eine Arbeit, für die sie wenig Talent zeigte, denn jedes ihrer Stoffstücke war schief und krumm. Aber entweder paßt man sich schnell an die Anforderungen eines ausbeuterischen Arbeitgebers an oder man steht rasch ohne Anstellung da. Und so gewöhnte sie sich an die aufreibende Arbeit, sogar an die Überstunden am Samstag, obwohl ihr die Fusseln, die beim Schneiden des Stoffes aufgewirbelt wurden, einen starken Husten bescherten. Doch die Belastung durch Arbeit und Studium war einfach zu groß. Eines von beidem mußte geopfert werden. Nach dem äußerst armseligen Weihnachtsfest wurde beschlossen, daß Montserrat auf ihre Unterrichtsstunden am Conservatorio verzichten müsse. Das erste Jahr des neuen Jahrzehnts begann damit, daß sie ihren größten Wunsch aufgeben oder zumindest auf unbestimmte Zeit verschieben mußte.

Die Operation ihres Vaters Carlos wurde immer dringender. Das bedeutete, daß Montserrat ab Ostern 1950 nicht nur den ganzen Tag in der Casa Comella arbeitete, sondern ihrer Mutter abends auch beim Sockenstopfen und anderen Näharbeiten half. Ana selbst machte sich die größten Sorgen, einerseits um die Gesundheit ihres Mannes, andererseits, weil ihre Tochter gezwungen war, ihre Unterrichtsstunden zu unterbrechen. Nach wie vor arbeitete sie in der Krämerei und brachte Wäsche mit nach Hause. Schließlich wurden all diese Bemühungen damit belohnt, daß sich Carlos im Frühsommer operieren lassen konnte – erfolgreich, wie sich herausstellte. Nach acht Monaten harter Arbeit konnte Montserrat in der Taschentuchfabrik kündigen. Das minderte zwar ihre Last, schmälerte aber natürlich das Familieneinkommen. Außerdem war ihr Vater nun absolut arbeitsunfähig. Über sechs Monate hatte er im Krankenhaus verbracht und benötigte immer noch Rekonvaleszenz-Zeit.

Zu diesem Zeitpunkt machte Anas Bruder Alfredo einen folgenschweren Vorschlag. Er arbeitete in der wohlhabendsten Region der Stadt, die treffend Bona Nova hieß, als Nachtwächter, und eine der Villen dort gehörte der Familie Bertrand i Mata. Er schlug vor, Ana solle ihnen schreiben und um Hilfe bitten – keine allzu ungewöhnliche Verzweiflungstat, wie es zunächst scheinen mag. Denn unter den reichen Familien Barcelonas hatte das Mäzenatentum eine lange und ehrenvolle Tradition.

Die Familie Bertrand i Mata waren alteingesessene Textilfabrikanten, 1935 vom Bulletin of the Federation of Master Cotton Spinners in Manchester als größte Baumwoll-Unternehmer der Welt ausgewiesen. Das Familienoberhaupt, Eusebio Bertrand, war ein höchst gebildeter Mann und Gesellschafter des Opernhauses in Barcelona, des Gran Teatro del Liceo, und dessen Ehrenpräsident auf Lebenszeit. Natürlich hatte auch sein Unternehmen während des Spanischen Bürgerkrieges unter großen Einbußen gelitten, aber er hatte in großem Umfang in Übersee-Geschäfte investiert, so daß der größte Teil seines Vermögens zusammengehalten werden konnte – ganz im Gegensatz zum Unternehmen der Caballés, deren gesamtes Kapital in der beschlagnahmten Fabrik und den Maschinen gesteckt hatte. Nach dem Krieg gründete Eusebio Bertrand eine Vereinigung von Industriellen, die sich um den Wiederaufbau beschädigter Textilfabriken kümmerte. Auch das Unternehmen der Caballés ist höchstwahrscheinlich darunter gewesen, auch wenn man darüber nur spekulieren kann, weil es keine Dokumente gibt. Daneben engagierte sich die Familie für soziale Projekte und finanzierte das Kinderkrankenhaus San Rafael. Eusebio hatte selbst sechs Kinder – José Antonio, Mercedes, Ines, Flora, Manuel Juan und Eusebio junior –, die sich ebenfalls für wohltätige Projekte einsetzten. Gleich nach seinem Tod 1945 mehrten Eusebios Kinder den Ruf der Familie durch verschiedene Stiftungen.

Carlos Caballé senior konnte sich zunächst nicht mit dem Vorschlag seines Schwagers Alfredo Folch anfreunden, denn, so war seine Begründung, niemand tue etwas ohne Gegenleistung. Seine verbitterte Haltung wurde nicht etwa von Ana in Frage gestellt, die sicher dazu bereit war, alles auszuprobieren, was irgendwie erfolgversprechend klang, sondern von Montserrat selbst. Unbedingt wollte sie ihre Gesangsausbildung fortsetzen:

> Ich war mir absolut sicher, daß die Musik das Wichtigste in meinem Leben war und ich durch sie vielleicht eine bessere Stellung erreichen und Geld verdienen könnte. Dann müßte die Familie nicht länger Mangel leiden. Mein Vater könnte richtig versorgt werden und mein Bruder weiter zur Schule gehen.

Deshalb ließ Carlos sich dazu überreden, in Montserrats Namen einen Brief an die Familie Bertrand aufzusetzen und an sie zu schicken. Er beschränkte sich auf die schlichte Bitte um finanzielle Unterstützung, die es seiner Tochter ermöglichen würde, ihren Gesangsunterricht bis zu ihrem ersten Engagement fortzusetzen. Der Brief wurde Anfang Juli 1950 an die beiden unverheirateten Kinder Bertrands, José Antonio und Mercedes gesandt, die noch in dem Haus ihres Vaters lebten. Die Caballés konnten die Antwort kaum erwarten, und dann, am 21. Juli kam eine Antwort von José Antonio Bertrand. Er bestätigte Montserrats Anfrage, bekräftigte, daß ihr Musiklehrer Pedro Vallribera in den höchsten Tönen von ihrem Talent schwärme und bat um eine exakte Aufschlüsselung der benötigten Summe. Gleich am folgenden Tag wurde die Antwort der Caballés abgeschickt. Am 31. Juli 1950 schrieb Señor Bertrand zurück und stellte einige Berechnungen an: Was es kosten würde, ein Klavier für die Wohnung der Caballés zu mieten und Montserrat Französischunterricht nehmen zu lassen. Außerdem wollte er wissen, welchen zeitlichen Rahmen die Caballés für seine zukünftige Hilfe ansetzten. Die Caballés antworteten am 4. August, doch es folgte eine lange Funkstille. Ende des Monats war immer noch keine Antwort eingetroffen.

In der Zwischenzeit hatten José Antonio und seine Schwester auf der Familienyacht eine Kreuzfahrt auf dem Mittelmeer und nach Ägypten unternommen, und so lag die Antwort schließlich erst am 3. September im Briefkasten. In diesem Schreiben bot Bertrand Montserrat eine genau aufgeschlüsselte Gesamtsumme von 8 000 Peseten* an und bat die Señorita und ihre Mutter in sein Büro, um die Angelegenheit unter Dach und Fach zu bringen. Ana und ihre Tochter folgten der Einladung José Antonio Bertrands, der sich ganz

* Heute wären das etwa 990 DM.

ungezwungen mit ihnen unterhielt. Während des Gesprächs verringerte Ana die angebotene Summe, weil sie so viel Geld auf einmal zweifellos zuerst für die drückendsten Schulden der Familie verwenden würde. Bertrand war über Anas Offenheit eher amüsiert als beleidigt und wollte nun mehr über die Situation und den familiären Hintergrund der Caballés wissen. Als er alles erfahren hatte, dachte er intensiver über eine weiterreichende und längerfristige Hilfe für die ganze Familie nach. Für das Mädchen würde das eine gründlichere Überprüfung ihrer Stimme bedeuten, denn es war eine Sache, einer beharrlichen Mutter den Preis von zwei Jahren Unterrichtsgebühren auszuzahlen, und eine ganz andere, über fünf oder sechs Jahre nicht nur die Musikausbildung, sondern auch den Unterhalt der ganzen Familie zu übernehmen.

Deshalb wurde ein Probesingen angesetzt, bei dem die 17jährige Montserrat vor sechs Zuhörern auftreten sollte. Neben José Antonio und Mercedes Bertrand waren Persönlichkeiten anwesend, die die beiden aus ihrem großen Kreis von Musikerfreunden ausgesucht hatten, darunter der berühmte Wagner-Heldentenor Max Lorenz, der häufig am Liceo (dessen Gesellschafter die Bertrands nach wie vor waren) sang, der angesehene amerikanische Pianist Julius Katchen, der zahlreiche Vorstellungen im Palau de la Música in Barcelona gab und dann unweigerlich Gast im Haus der Bertrands war, und Alicia de Larrocha. Alle taten ihr bestes, damit sich das hoffnungsvolle junge Talent wohlfühlte, denn sie waren sich der Bedeutung bewußt, den dieser Abend zumindest aus ihrer Sicht hatte.

Vor diesem hochkarätigen Publikum begann Montserrat eine kurze Auswahl ihrer Arien und *canciones* zu singen, die wohlwollend aufgenommen wurde. Die Musikexperten wurden von den Bertrands gebeten, schriftliche Beurteilungen abzugeben. Die Berichte von Lorenz und Katchen waren sehr positiv, regelrecht begeistert, und sie empfahlen, daß mit der Stimmausbildung des Mädchens unverzüglich begonnen werden solle. Aufgrund dieser vielverheißenden Empfehlung entschlossen sich die Bertrands, nicht nur Montserrat, sondern die ganze Familie zu unterstützen und die Lösung der drängendsten Probleme in Angriff zu nehmen. Dementsprechend war das Hilfsangebot der Bertrands weitgefaßt und an praktisch keine Bedingungen geknüpft: Sie würden die gesamten Kosten der Ausbildung Montserrats am Conservatorio del Liceo übernehmen; dafür sorgen, daß der jüngere Bruder Carlos eine ordentliche Schulausbildung bekäme (deshalb schickten sie ihn auf eine Schule, die sie finanziell unterstützten und die unter der Leitung des Ordens Los Escolapios stand); und sie würden alles Erdenkliche tun, um den Eltern zu helfen, ja sogar eine Arbeit für den Vater suchen, die seinen begrenzten Kräften entspräche.

Dieses ungewöhnlich großzügige Angebot sollte während Montserrats gesamter Gesangsausbildung und bis zu ihrem ersten dauerhaften Engagement gelten. Die einzige Bedingung, die die Bertrands, wenn auch nicht schriftlich, stellten, war das Versprechen Montserrats, als große Sängerin niemals ihre Heimatstadt zu vernachlässigen und jedes Jahr im Gran Teatro del Liceo zu singen. Einige Jahre später, kurz vor dem Tod José Antonios, besuchte sie ihn, und nachdem er seinen Wunsch wiederholt hatte, sie möge Barcelona zum Mittelpunkt ihrer Aktivitäten machen, fragte sie ihn, warum er so freigiebig sei, nicht nur zu ihr, sondern auch zu vielen anderen. Warum sagte er niemals und zu niemandem »nein«? Er antwortete, daß er sich verpflichtet gefühlt habe, anderen zu helfen. Was wäre gewesen, wenn er Hilfe nötig gehabt hätte und zurückgewiesen worden wäre? Eine Lektion, die sich Montserrat Caballé merkte.

Die sofortige Finanzspritze der Bertrands ermöglichte es Montserrat, zu Beginn des Studienjahres 1950/51 an das Conservatorio zurückzukehren und dort eine ganztägige Gesangsausbildung aufzunehmen. Während dieser Zeit machte sie Bekanntschaft mit drei Lehrmeisterinnen und -meistern, die für ihre Stimmausbildung am prägendsten waren: Eugenia Kemmeny, Conchita Badía und Napoleone Annovazzi.

Eugenia Kemmeny war eine beeindruckende Frau in fortgeschrittenem Alter, die in ihrem Heimatland Ungarn eine Weltklasseschwimmerin und -athletin gewesen war. Sie hatte in Ungarn Gesang studiert, eine bescheidene Karriere durchlaufen und schließlich in Bayreuth Wagner gesungen. Kemmenys Methode der Stimmbildung lehnte traditionelle Auffassungen wie den »Stimmsitz« ab – eine unwissenschaftliche Trennung der Brust-, Misch- und Kopfregister, wobei man diesen bestimmte Körperpartien zuordnet. Statt dessen trat sie für ein ganzheitliches System von Muskelaufbau und Atemstütze ein, das bei jedem Menschen anders funktioniert. Im Vordergrund der Lehre Kemmenys stand das Gefühl für die Musik, und so versuchte sie aus jeder Studentin oder jedem Studenten, ihre oder seine persönliche emotionale Antwort auf die Musik herauszuholen. Eine ihrer Lieblingsübungen war, auf dem Klavier einfache Akkordfolgen anzustimmen und ihre Schüler eine Melodie dazu improvisieren zu lassen, die nicht nur technisch, sondern auch emotional harmonierte. Montserrat erinnert sich daran, wie Kemmeny sie aufforderte,

> in Übereinstimmung mit den verschiedenen Harmonien zu singen, die Kemmeny spielte. Wir mußten selbst spüren, ob sie traurig, fröhlich oder strahlend waren. So ließ sie uns entdecken, wie wir Töne produzieren konnten, die das Gefühl widerspiegelten, das sie in uns geweckt hatten. Einmal improvisierte ich, während sie eine helle Passage spielte, aber dann spürte ich plötzlich, daß sie zu Moll gewechselt hatte, so daß es unmöglich war, den hellen Klang beizubehalten, und ich begann mit trauriger Stimme zu singen. Kemmeny war sehr glücklich. Sie sagte: »Na, Du hast es verstanden: Du hast so hell angefangen, aber bist am Ende dunkler geworden.« Diese Art des Unterrichts war sehr wichtig für meine Entwicklung.

Daß Eugenia Kemmeny auf einem unverbildeten Musizieren aus dem Innersten heraus bestand, war damals außergewöhnlich genug und ist es wahrscheinlich heute noch. Aber die Techniken, die sie vermittelte, waren noch ungewöhnlicher. Im ersten Ausbildungsjahr mußten sich ihre Schüler darauf beschränken, ausschließlich Tonleitern zu singen und Körperübungen zu absolvieren. Dieses Training diente dem Aufbau der Bauchmuskulatur, um die Atmung zu stabilisieren. Kemmeny nannte das Atemgymnastik. Ziel dieser Übungen war es, eine körperlich wahrnehmbare Wand um das Zwerchfell herum aufzubauen. Die Übungen sollten dazu führen, die Bauchmuskulatur zu beherrschen, da diese Muskeln Zwerchfell und Rücken stützen. Alles war auf die Stärkung der Bauchmuskeln ausgerichtet, so daß das Zwerchfell überhaupt nicht zu arbeiten brauchte, sondern nur das gleichmäßige Strömen des Atems über die Stimmbänder gewährleistete oder mit anderen Worten, ordentliches Singen ermöglichte. Kemmeny, die Athletin und Sopranistin, war besser in der Lage, die Mechanismen der Stimmbildung zu verstehen, als die meisten ihrer Kollegen. Außerdem machte sie sich für ihren Unterricht die Läufer-Mentalität zunutze: beim Singen die höchste Leistung für die Zielgerade aufzuheben. Neben anderen Schrullen hatte sie immer eine Stoppuhr dabei und ließ ihre Studenten die Luft so lange wie möglich anhalten, um dann die Zeit des Ausatmens zu messen.

Ich verfahre schon seit Jahrzehnten so, wie es mir Kemmeny beigebracht hat. Jeden Morgen nach dem Frühstück mache ich eine Dreiviertelstunde lang meine Atemübungen. Vor dem Frühstück kann ich das nicht, weil es mir bei den wenigen Gelegenheiten, bei denen ich es versucht habe, sehr schummerig vor Augen wurde. Wenn ich gegessen habe, lege ich mir eine Stoppuhr bereit und messe, wie lange ich brauche, um vollständig auszuatmen. Gewöhnlich schaffe ich eine Minute und 45 Sekunden, aber mein

Ideal sind zwei Minuten. Die schaffe ich, wenn ich gut in Form bin. Und auf diese Art funktioniert es besser, weil ich dann mehr in Reserve habe.

Viele von Montserrats Studienkollegen hielten Kemmenys Akrobatik und die Anordnung, fast ein ganzes Jahr lang nichts als Tonleitern und Improvisationen zu singen, für Schikane. Einige von ihnen und auch ein paar Lehrer beschwerten sich bei der Leitung des Conservatorios. Manche Studenten boykottierten ihre Unterrichtsstunden und hielten sie für völlig übergeschnappt. Montserrat fand die ganze Sache spannend und freute sich, weitermachen zu können, weil sie spürte, daß diese Methode bei ihr Erfolg hatte. Schließlich, als die Gruppe nur noch aus elf Schülern bestand, begannen Kemmenys Lehrmethoden bemerkenswerte Resultate zu zeitigen. Von da an galt ihr Unterricht längst nicht mehr als so exzentrisch, wie man sich ihn zunächst vorgestellt hatte. Kemmenys Behauptung, daß ihre korrekt ausgeführten Tonübungen eine Karriere um mindestens zehn Jahre verlängern würde, brachte ihr vermutlich viele neue Anhänger ein. Ebenso würde ihre Technik – laut Kemmeny – das unkontrollierte Zittern und Ausufern des Vibratos verhindern. Denn, so ihre Überzeugung, diese Erscheinungen hätten nichts mit den natürlichen Schwingungen der Stimmbänder zu tun, sondern wären einzig und allein auf den allmählichen Verlust der stützenden Muskulatur zurückzuführen. Caballé merkt dazu an:

Mit den Körperübungen, die sie uns ausführen ließ – Beugen, Dehnen, Heben –, und wie sie uns auf unsere Atmung aufmerksam machte, wußten wir am Ende unserer Zeit mit ihr, daß wir durch eine harte Schule gegangen waren. Danach preßte niemand von uns jemals die Stimme, und wir suchten auch nie nach einem Ort, an den wir die Stimme »hinsetzen« konnten – sie war einfach da. Wir hatten eine hervorragende Atemstütze, und wir singen immer noch.

Mit der »Suche nach dem Stimmsitz« bezieht sich Montserrat auf eine Lehrmethode, die möglicherweise zum Niedergang in den Standards vieler heutiger Gesangsschulen geführt hat. Diese Methode geht nicht auf die natürlichen körperlichen Gegebenheiten ein, die einem Menschen das Singen ermöglichen. Statt dessen gründet sie sich auf vage, fast mystische Appelle an die »Konzeptionalisierung« oder »Sichtbarmachung« der Stimme als einer selbständigen Einheit, die in den einzelnen Körperteilen »sitzt«. So muß jeder selbst herausfinden, wo Kopf- und Bruststimme liegen oder wo er zumindest glaubt, daß sie liegen könnten. Aber auch nach intensiver Suche läßt sich der »Sitz« der Mischstimme schwer bestimmen. Kemmeny wie auch ihre berühmteste Schülerin lehnten diese Lehrmethode strikt ab. »Den Stimmsitz mußt du in deinem Körper spüren. Den kannst du nicht bestimmen, du fühlst ihn einfach. Das, was du in dir fühlst, ist nicht nur die Stimme, sondern auch der musikalische Ausdruck. Es paßt alles zusammen, weil es derselbe Körper, dieselbe Seele ist, die den Ton hervorbringen, der ausdrückt, was du fühlst.«

Für Montserrat Caballé ist nicht nur die Technik, sondern auch der musikalische Ausdruck und das Gefühl so tief in ihrer unteren Muskulatur verwurzelt oder, wie sie selbst sagt, »verinnerlicht«, daß der gesamte Vorgang des Singens – Ton und Technik – eine untrennbare Einheit bildet. Es ist fast so, als ob das Gefühl für die Musik sich in der Antwort ihrer Muskulatur, mit der sie die Stimme hervorbringt, ausdrücken würde. Daraus resultiert ihre charakteristische Haltung, denn mit diesem Grad der »Verinnerlichung kann dich nichts aus der Ruhe bringen, weil dieser gesamte Vorgang nicht von externen Faktoren abhängt, sondern aus deinem Inneren kommt«. Ihre berühmten *pianissimo*-Passagen sind zum Beispiel das bemerkenswerteste Nebenprodukt ihres Körpertrainings. Sie sind nicht mehr, aber auch nicht weniger als die Manifestation ihres musikalischen Willens: Sie glaubt, daß Musik mehr Substanz und Gefühl, Stimmung und Bedeutung durch ihre Anwendung bekommt. Die Technik, *pianissimo* zu singen, lernte sie bei ihrer Lehrerin Kemmeny, aber der künstlerische Anstoß dazu war schon da, als Montserrat noch keinen Gesangsunterricht nahm.

> Ich war immer sehr beeindruckt, wenn mein Vater die Platten von Miguel Fleta auflegte, der so ein wunderbares *pianissimo* sang, das aber kein Falsett war. Ich dachte bei mir: »Warum kann eine Frau nicht auch so singen?« Es wurde eine Zwangsvorstellung von mir. Zu Hause übte und übte ich, aber es gelang mir nicht. Später, im zweiten Jahr meines Gesangsunterrichts, fragte ich Eugenia Kemmeny danach, und sie sagte: »Natürlich kannst du das. Du mußt einfach mit deinem Atem spielen und lernen, wie du ihn einsetzt. Das hat nichts mit den Tönen als solchen zu tun.« Durch ihre Körperübungen lernte ich es. Die Stimme darf niemals auf dem Atem sitzen, sondern muß immer auf ihm schweben. Mit angespannter Kehle funktioniert es nicht. Man darf sich nicht dabei anstrengen. So singe ich meine *pianissimi* ganz ohne Anstrengung. Man entspannt einfach die Muskeln und atmet ganz wenig Luft aus. Ich mache das nach 40 Jahren immer noch so.

Manchmal reichten Kemmenys Erklärungen nicht aus, um klarzumachen, was sie wollte. Dann legte sie Hand an, damit ihre Studenten eine bestimmte Haltung einnahmen oder bearbeitete ihre Muskeln.* Die Grundzüge für Caballés Gesangstechnik waren im großen und ganzen nach nur zweijähriger Arbeit mit ihrer Lehrerin Kemmeny festgelegt. Fast jeden Tag

---

* Das war so neu nicht: Man rufe sich nur die aufsehenerregende Vorführung von Callas und Schwarzkopf vor Augen, die sich in dem Mailänder Restaurant Biffi gegenseitig auf Rippen und Bauch klopften. Dabei sangen sie – wahrscheinlich zum Erstaunen der anderen Gäste – und versuchten, bestimmte Töne durch Muskelanspannung zu erzeugen.

hatte Montserrat eine Stunde Unterricht bei ihr. Die Beziehung zwischen Lehrerin und Schülern war durch die große Disziplin, die die strikten Methoden der Lehrerin erforderten, und ihre dominante Persönlichkeit eher von gegenseitigem Respekt als von Herzlichkeit geprägt. Wenn Montserrat über Eugenia Kemmeny spricht, weist sie vor allem auf deren Lehrmethoden hin. Die lebhafte persönliche Wärme, die sie dagegen in Erzählungen über ihre andere bedeutende Lehrerin, Conchita Badía, legt, weist auf eine andere Gefühlsebene hin.

Es mag berühmtere spanische Sopranistinnen gegeben haben als Conchita Badía – zum Beispiel Conchita Supervía –, aber wahrscheinlich war keine so wichtig für die Komponisten und keine wurde so von ihnen geliebt. Conchita Badía wurde 1897 in Barcelona geboren, und unter ihren Lehrern waren Enrique Granados (Klavier und Gesang), Pablo Casals (Oratorium und Lieder) und Manuel de Falla (spanische Musik). Ihr Debüt gab sie mit 16 Jahren, als sie in Begleitung des Komponisten Granados bei der Premiere seiner *Canciones amatorias* sang. Danach arbeitete sie mit fast allen bedeutenden spanischen Komponisten der damaligen Zeit zusammen, darunter Eduardo Toldrà, Federico Mompou, Xavier Montsalvatge sowie Rodrigo und Turina Joaquin. Von 1938 bis 1947 wohnte sie hauptsächlich in Buenos Aires, wo sie mit dem im Exil lebenden de Falla bis zu dessen Tod zusammenarbeitete. Sie hatte aber auch Kontakt zu Heitor Villa-Lobos, der in Rio de Janeiro zu Hause war. Schließlich kehrte sie nach Barcelona zurück und wurde zur Leitfigur der Barcelonier Opernszene, obwohl sie einer anderen Autorität, Wilhelm Kempff, zufolge, zumindest eine ebenso großartige Pianistin war.

Noch vor ihrem Aufenthalt in Südamerika war sie mit der Familie Bertrand eng befreundet und regelmäßiger Gast bei Eusebios berühmten Musikabenden gewesen, wo Arthur Rubinstein sie eines Abends auf dem Klavier begleitet hatte.

Deshalb war es nicht weiter überraschend, daß die Erben Eusebios sie nach ihrer Rückkehr einluden, ihren neuen Schützling anzuhören. Montserrat hatte zu dieser Zeit fast zwei Jahre Unterricht bei Eugenia Kemmeny hinter sich. Viele Jahre später erzählte Conchita Badía ihrem Biographen, Joan Alavedra, von diesem inoffiziellen Probesingen. Sie wurde von José Antonio Bertrand aufgefordert, sich ein Mädchen anzuhören, und gebeten, sie am Klavier zu begleiten.

> Das Mädchen war wahrscheinlich um die 17 Jahre alt, hatte ein angenehmes Gesicht und war recht dünn. Als sie ihren Mund öffnete, begann sie uns mit dem schönen und unverwechselbaren Timbre ihrer Stimme zu verzaubern. Die Bertrands hatten sich alle um das Klavier herum versammelt, an dem ich sie begleitete, und warteten ungeduldig auf meine Meinung. Ich sagte: »Aus diesem Mädchen wird eine begnadete Sängerin. Sie verdient eure Hilfe.«

Dieses Zusammentreffen hatte zur Folge, daß Montserrat im September 1952, vom dritten Jahr ihrer Gesangsausbildung an, zusätzlich zu den Stunden bei Eugenia Kemmeny auch bei Conchita Badía Unterricht nahm und deren Lieblingsschülerin wurde. Badías Unterrichtsstunden waren der Erweiterung des Lied-Repertoires, also dem deutschen, französischen, spanischen und italienischen Kunstlied, gewidmet. Conchitas Lektionen beschäftigten sich nicht mit der Stimmbildung, sondern mit den Ausdrucksmöglichkeiten und dem musikalischen Hintergrund der jeweiligen Kunstlieder. Montserrat mußte sich vor allem auf verschiedene Sprachen – Französisch, Deutsch, Spanisch und Italienisch – und deren unterschiedliche Ausdrucksmöglichkeiten und -nuancen konzentrieren, so wie es die bedeutenden Kunstlieder dieser Länder erfordern. Außerdem gab sie Interpretationskurse – Caballé zufolge waren sie mit den späteren Meisterklassen Elisabeth Schwarzkopfs vergleichbar –, die viel Gewicht auf schwierige zeitgenössische Musik legten. Darunter waren nicht nur spanische Komponisten, sondern auch Komponisten der Zweiten Wiener Schule, Schönberg, Berg und Webern.

Dieses außergewöhnlich weitgefaßte musikalische Spektrum begeisterte die junge Studentin und spornte sie an. So wie Conchita Badía Montserrat immer mehr wie eine eigene Tochter sah, so begann Montserrat, sie als ihre musikalische Mutter zu betrachten. Conchita Badía war es auch, die Montserrat an ihren häufig ausgedrückten Glauben des »Einsseins« und der Universalität von Musik heranführte. Montserrat erinnert sich, daß sie immer sagte: »Was immer Du auch singen magst – Oper, Oratorium, Lieder, Volkslieder, egal –, es ist alles Musik, und Musik ist alles. Und so wie es verschiedene Menschen gibt, zwischen denen Du nicht unterscheidest, so muß es auch bei der Musik sein.« Conchita Badías allumfassende Haltung gegenüber der Musik und den Menschen sowie Eugenia Kemmenys Technik sind letztlich der Sockel, auf dem Montserrats Erfolg ruht.

Das Familienleben der Caballés hatte sich zu jener Zeit durch die Hilfe der Bertrands um einiges verbessert. Carlos senior konnte ein bißchen Geld mit Schreibtischarbeit verdienen, die die Bertrands ihm beim Öffentlichen Verkehrssystem Barcelonas vermittelt hatten. Carlos junior machte beständig Fortschritte in der Schule, obwohl er die meisten Unterrichtsstunden an der Schule der Escolapios nicht mochte. Ana konnte zumindest einige ihrer lästigsten Verpflichtungen aufgeben, während Montserrat nicht nur ihre Erfüllung am Conservatorio fand, sondern zusammen mit dem Rest der Familie den neuen Plattenspieler genoß, den ihnen die Bertrands geschenkt hatten. Auf diesem Gerät konnte man die neueste Erfindung jener Zeit, die Langspielplatte, abspielen. Trotzdem fand man Carlos senior häufig beim Polieren seiner geliebten 78er Schellackplatten. Das Klavier, das nun in ihrer Wohnung stand, ermöglichte es Montserrat, auch zu Hause zu üben. Sie mußte Deutsch lernen, darauf hatten die Bertrands bestanden. Sie hatten außerdem dafür gesorgt, daß Montserrat den Umfang ihrer Musikausbildung stetig ausweiten konnte. So nahm sie im Studienjahr 1953/54 nicht nur weiterhin Gesangsunterricht bei Eugenia Kemmeny und Conchita Badía sowie Klavierstunden, sondern hatte sich auch für Komposition, Orchestration und Ballettstunden eingeschrieben.

Aus heutiger Sicht werden wir uns fragen, wie ernst sie ihren Tanzunterricht nahm. Aber Fotografien von damals belegen, daß sie in ihrer Jugend genauso mager war, wie sie es immer wieder betont. Der Unterricht in Komposition und Orchestration sollte sich für Montserrat eher in der Praxis bewähren. Einige dieser Unterrichtsstunden wurden von Napoleone Annovazzi gehalten. Er nahm in der letzten Phase ihrer Ausbildung am Conservatorio eine entscheidende Rolle ein. Harmonie- und Kontrapunktlehre sowie die Improvisation von Kadenzen waren Gegenstand der Kompositionsklassen. Im Praxisunterricht des Fachs Orchestration lernte sie, eine einzelne Melodie als Orchester-Partitur aufzubereiten. Durch diese Übungen entwickelte sie ein feines Gehör für die Balance zwischen Gesangsstimmen und Orchester. Das hat gelegentlich zu heftigen Diskussionen zwischen ihr und Dirigenten geführt, die glaubten, die Partitur besser zu kennen als sie.

Montserrat hatte oft genug Gelegenheit, ihr musikalisches Gehör zu testen. Mit einigen wenigen Mitstudenten, dem harten Kern der einzelnen Gesangsklassen, hastete sie nach dem Unterricht die Treppenstufen im Conservatorio hinunter und stellte sich in die Schlange für die billigen Tageskarten in den oberen Rängen des Opernhauses (bis dahin hatte sie immer mit den Einlassern geschäkert – darunter besonders wichtig ein gewisser Pepuchin –, die sie gratis einließen). Dort saßen die jungen Talente dann verzaubert in den Vorstellungen von Berühmtheiten wie Mario del Monaco, Maria Caniglia, Hans Hotter, Martha Mödl. 1952 gab Kirsten Flagstad hier ihre unvergessene Abschiedsvorstellung. Aber am stärksten hat sich ein anderes Erlebnis dieser Zeit in Montserrats Gedächtnis eingegraben, der letzte Akt der Oper *André Chénier* [*Andrea Chénier*]: Nach dem begeisterten Beifall des Publikums gaben Maria Caniglia und Mario Filippeschi eine Zugabe und sangen das Schlußduett noch einmal. Nicht weniger bedeutsam für Montserrats weitere Entwicklung war das Debüt der Sängerin Renata Tebaldi im November 1953. Innerhalb von nur drei Jahren hörte Montserrat die italienische Diva in vielen ihrer größten Rollen, darunter Violetta, Tosca und Mimi. Sie hat noch vor Augen, wie sie darauf wartete, daß die Sängerin aus dem gut versteckten Bühneneingang – damals wie heute durch die Rückseite eines Bücherstandes getarnt – heraustrat, um an ein Autogramm ihres Idols zu kommen.

Die Gesangsschüler und -schülerinnen diskutierten lautstark über die verschiedenen Qualitäten der Sänger, die sie hörten, und sie waren sich alle darin einig, daß sie so bald wie möglich in ihre Fußstapfen treten würden. Doch nur aus Montserrat ist eine Sängerin von internationalem Ruf geworden, was nicht heißen soll, daß ihre Kollegen kein Talent besaßen. Schließlich schlug jeder der 18 Absolventen, die 1954 aus Kemmenys Klassen entlassen wurden, eine Karriere als Berufsmusiker ein. Unter ihnen waren zum Beispiel Francisca Callao, die regelmäßig am Liceo sang, und Carmen Lluch, die, wie sich Montserrat Caballé erinnert, eine gewaltige Stimme besaß und die Rolle der Turandot fabelhaft interpretierte.

Montserrats letztes Jahr am Conservatorio begann im September 1953. Damals besuchte sie das Conservatorio morgens, mittags und abends. Ihre Gesangsausbildung sollte im Juli 1954 mit einem Abschlußexamen abgeschlossen werden. Diese Prüfung fand in Form eines benoteten Konzerts statt, an dem alle Studienkollegen der letzten Klasse teilnahmen. In der Zwischenzeit schrieb sie sich zusätzlich zu ihren fieberhaften Aktivitäten rund um die vielen Unterrichtsfächer in einen weiteren Gesangskursus ein, der sie – zumindest musikalisch gesehen – auf die Bühnenpraxis vorbereiten sollte. Für diesen Bereich war der aus Italien stammende Napoleone Annovazzi zuständig. Er war Komponist und dirigierte seit Anfang der 40er Jahre regelmäßig am Gran Teatro del Liceo, an dem er auch als Musikdirektor angestellt war. Die mehr oder weniger ausgebildeten Gesangsschüler beriet er in Fragen ihres Repertoires und überwachte die Einübung einiger handverlesener Rollen, die er für jeden von ihnen auswählte. An diesem Punkt ihres Studiums wurden viele Studenten unwissentlich das Opfer unsachgemäßer oder völlig unsinniger Ratschläge. Das betraf ihren Stimmtypus und die Frage, ob ihre Stimme für dieses oder jenes Repertoire geeignet war. Ohne sich dessen bewußt zu sein, war die Gruppe um Caballé bei Annovazzi jedoch in erfahrenen Händen.

Einige Jahre zuvor, im Jahr 1943, war er durch eine Gruppe von fünf Sponsoren als Experte hinzugezogen worden. Sie hatten sich unter José María Lamaña zum sogenannten *Patronato* zusammengeschlossen, um die Gesangsausbildung von Victoria de los Ángeles zu finanzieren. Die Aufgabe Annovazzis bestand darin, wie später am Liceo, das Mädchen bei der Auswahl ihres Repertoires zu beraten und auszubilden. Das brachte ihn schnell in Konflikt mit der Gesangslehrerin Victorias, Dolores Frau, die der Überzeugung war, die Sopranistin sei am besten für dramatische und *spinto*-Rollen geeignet. Annovazzi bezeichnete Fraus Meinung als gefährlichen Unsinn und begann, das junge Mädchen als lyrischen Sopran auszubilden. Der Ärger, der sich daraufhin entspann, war gewaltig, und Dolores Frau bestand weiterhin auf dramatischen Rollen. Annovazzi wollte weder seinen Überzeugungen noch seinen Idealen untreu werden und übte mit de los Ángeles die Opern *Manon*, *Figaro* und *La Bohème* ein. Die Entwicklung von de los Ángeles hat gezeigt, wer recht behielt. Ähnlich scharfsinnig zeigte sich Annovazzi im Falle Caballés – nicht daß irgend jemand zu diesem Zeitpunkt dachte, sie habe das

Zeug zu einem dramatischen Sopran, ganz im Gegenteil. Sie erinnert sich:

> Damals kam ich bis zum hohen F, was natürlich bedeutete, daß die Königin der Nacht im Bereich meiner Möglichkeiten lag – richtig. Aber Annovazzi war sehr deutlich in der Beurteilung meiner Stimme. Er sagte mir, ich sei eigentlich ein voller lyrischer Sopran, und wenn ich dumm genug sei, eine Karriere als Koloratur-Sopranistin anzustreben oder zu lang in diesem Repertoire zu verweilen, dann würde ich wahrscheinlich bald meine Stimme verlieren. In diesem einen Jahr studierte er vier Rollen mit mir ein, zwei waren genau richtig für mich und die anderen zwei waren es nicht, obwohl ich sie noch singen konnte. Dabei lernte ich, wie ich diese Rollen mühelos singen konnte, ohne meine Stimme anstrengen zu müssen.

Die Rollen waren die Susanna in *Figaros Hochzeit* [*Le nozze di Figaro*], die Mimi in *La Bohème*, die Titelrolle in Massenets *Manon* und die Margarethe in *Faust*. Außerdem studierte sie die wichtigsten Arien der Fiordiligi und der Königin der Nacht sowie die Wahnsinns-Szene aus *Lucia di Lammermoor* ein. Alle Lehrer Montserrats waren sich über die Möglichkeiten ihrer Stimme mehr oder weniger einig und rieten ihr dringend davon ab, das Koloratur-Repertoire weiter zu vertiefen, als sie es schon getan hatte. Kemmeny, die, was die Stimme ihrer Schüler betraf, mit ihrer Meinung nie hinter dem Berg hielt und am allerwenigsten um einen Namen für sie verlegen war, bezeichnete Montserrats Stimme als *lirico-pieno* [volltönenden lyrischen Sopran]. Caballés recht klar nach oben zeigende Tonskala war nach Meinung ihrer Lehrerin Kemmeny geeignet, um Koloratur-Verschönerungen vorzunehmen. Auf keinen Fall aber war es der charakteristischste oder schönste Teil ihrer Stimme. Alle waren der Meinung, daß Montserrat eine höhere Stimmlage als die der Violetta in

La Traviata nicht in Betracht ziehen sollte, und diese Rolle ging immerhin auch schon bis zum hohen Des.

Montserrats Leben war im letzten Jahr ihrer Gesangsausbildung nur so dahingerast. Die dünne, eifrige, immer noch äußerst schüchterne 21jährige empfand den Druck, der auf ihr lastete, manchmal als übermächtig. Hinzu kam ein nicht ganz problemloses Familienleben, mit dem sie fertig werden mußte. Im Laufe der Jahre hatte sich Ana Caballé durch das harte und entbehrungsreiche Leben zu einer schwierigen und verbitterten Frau entwickelt. Als Carlos junior in die Pubertät kam und sich seine musikalische Begabung zeigte, wurde die Beziehung zwischen den Geschwistern noch enger. Einige Male hatte ihn Montserrat mit zu den Stunden am Liceo genommen: Viele aus dem Lehrkörper des Conservatorios, auch der Direktor Vallribera, hatten den talentierten Jungen in ihr Herz geschlossen und ihm die Möglichkeit gegeben, Stunden zu nehmen. So teilten Carlos und Montserrat ihre große Leidenschaft für die Musik miteinander, was sie im Gegensatz zu ihrer Mutter, die zwangsläufig eine diszipliniertere und zweckgerichtetere Haltung einnahm, freier machte. Das führte bei den Caballés zu Reibereien, mit dem Ergebnis, daß Montserrat Komplexe hatte und die Beziehung zu ihrer Mutter gespannt war.

> Ich respektierte Mama, aber damals hatte ich Angst vor ihr. Schwächen ließ sie nicht zu. Immer wenn ich etwas Schwieriges zu besprechen hatte oder etwas plante oder irgend etwas, für mich Wichtiges auf dem Herzen hatte, ging ich nie als erstes zu ihr, um sie um Rat zu fragen. Ich ging immer erst zu meinem Bruder und dann zu meinem Vater. Papa konnte besser auf unsere Gefühle eingehen. Er hörte uns zu und gab uns entsprechende Ratschläge. Aber Mama erteilte Befehle, sagte uns, was wir zu tun und zu lassen hatten. Deshalb ließen wir sie an Problemen nicht

teilhaben. Das ist bei einem Menschen, der von vornherein immer »nein« sagt, die einzige Möglichkeit.

Zudem war das Familienleben in keiner Hinsicht verschwenderisch. Die finanzielle Hilfe der Bertrands hatte die Situation zwar um einiges erleichtert und Montserrats Ausbildung gewährleistet. Aber auch wenn die Finanzspritze einige Dinge ermöglichte, so war sie doch kein Wundermittel, das den Lebensstil von mittlerweile vier erwachsenen Caballés komplett umkrempeln konnte. Zumal Carlos senior wegen seiner angegriffenen Gesundheit nicht immer in der Lage war, die Finanzen der Familie aufzubessern. Montserrat besaß deshalb nicht den Schnickschnack, den junge Mädchen gewöhnlich für unverzichtbar halten: Ihre Garderobe war streng und begrenzt, und sie war nicht geschminkt, hauptsächlich weil sie es sich finanziell nicht leisten konnte. Außerdem hatte sie Komplexe, weil sie ihre Nase zu groß fand. Und sie aß zu wenig, was ihre magere Gestalt erklärt.

Hinzu kam ihre Schüchternheit, die seit mehreren Jahren beobachtet worden war, bis Montserrat zum erstenmal mit Margarita Rocha, der Frau von Dr. Alfredo Rocha, dem Hausarzt der Bertrands, in Kontakt kam. Als der Teenager akut an einer Blinddarmentzündung erkrankte, hatte Dr. Rocha auf Bitten der Bertrands die Blinddarmoperation vorgenommen. Zur Nachbeobachtung luden die Rochas Montserrat auf ihr Anwesen ein. Zunächst begann die Frau des Arztes, Montserrat ganz behutsam in die Umgangsformen der Oberschicht, der sie angehörten, einzuführen. Aber bei allem guten Willen hatte das Mädchen wenige Gelegenheiten, diese Umgangsformen im Alltag anzuwenden. Denn da mußte sie sich um weit profanere Dinge kümmern. Zum Teil ist es den taktvollen Anleitungen Margarita Rochas zu verdanken, daß Montserrat nicht nur ihren stark ausgeprägten Charakter entwickelte, sondern auch lernte, ihn in der Öffentlichkeit zu zeigen. Zumindest in manchen Situationen begann die Unsicherheit der

Selbstsicherheit zu weichen. Vielleicht war die noch vorhandene Zurückhaltung Ausdruck ihres Hin- und Hergerissenseins zwischen zwei sozialen Welten. Sie war sich unsicher, wie sie auftreten sollte und was ihre eigentliche Identität sei. Nur das Leben mit der Musik stellte sie vor keine Probleme.

Als der Termin ihres Gesangsexamens näherrückte, wurde Montserrat noch angespannter. Sie schlief schlecht und stellte die Nahrungsaufnahme schließlich ganz ein (niemand in der Familie aß damals übrigens regelmäßig). Ihr Prüfungsprogramm stand in Absprache mit den Lehrern schon fest und bestand aus drei Arien: die Arie »Dove sono i bei momenti« der Gräfin Almaviva (*Figaros Hochzeit*, 2. Akt), Aminas »Ah, non credea mirarti« (*Die Nachtwandlerin* [*La sonnambula*], 2. Akt) und Agathes »Und ob die Wolke« (*Der Freischütz*, 1. Akt). Auch wenn ihr die Familie Trost und Unterstützung spendete, war Montserrat sehr nervös. Die Jury bestand aus zwölf Gesangsexperten, die – außer dem Direktor des Conservatorios, der den Vorsitz übernahm, und dem Vizepräsidenten – nichts mit dem Conservatorio zu tun hatten. Als Montserrat an die Reihe kam, schickte sie ein stilles Gebet gen Himmel und schritt so entschlossen auf das Podium des kleinen Vortragssaals im obersten Stockwerk des Conservatorios, wie es ihre Nerven zuließen. Mozart gelang gut, Bellini mit einer hervorragenden Interpretation des virtuosen Schlußsatzes »Ah, non giunge« noch besser. Und Weber war ebenfalls sehr gut, bis es Montserrat gegen Ende ihres Vortrags immer mulmiger wurde. Mit bestechendem Timing kam sie bis zur vorletzten Note, doch dann war ihr so übel, daß sie plötzlich in sich zusammensackte.

Sie wurde in einen Nebenraum getragen, in dem Dr. Rocha sich um sie kümmerte und feststellte, daß es ihr wirklich sehr schlechtging. Trotzdem war ein Jury-Mitglied der Meinung, daß ihr Ohnmachtsanfall nichts als sorgfältig geplante Schauspielerei gewesen sei, um die Sympathien auf ihrer Seite zu haben. Die anderen waren sich alle einig und versuchten, ihren allzu zynischen Kollegen umzustimmen. Schließlich wurde Montserrats Darbietung für ungültig erklärt, so daß sie keine Medaille gewann. Eine hitzige Debatte entbrannte, und die immer noch benommene Montserrat wurde in den Proberaum zurückgeführt, wo die Jury sie über ihre Entscheidung informierte. Obwohl in allen biographischen Angaben über Caballé zu lesen ist, sie habe an diesem Tag die Goldmedaille des Liceo gewonnen, stimmt das schlicht und ergreifend nicht. Erst zwei Tage später beschloß die Jury, die unter dem Vorsitz von Pedro Vallribera noch einmal zusammengekommen war, ihr den Preis zu verleihen. Aber es kam zu keiner offiziellen Verleihung, und die Medaille blieb während Caballés Auslandsjahren im Conservatorio. Verständlicherweise wollte die Akademieleitung im Jahr 1962 gleich nach der triumphalen Rückkehr Montserrats nach Barcelona ihren Fehler anläßlich ihres Debüts am Liceo wiedergutmachen. Doch als der Moment gekommen war, lehnte sie ab:

> Nun, ich hatte immer schon einen starken Charakter. Ich sagte zu ihnen: »Ihr könnt eure Medaille behalten. Wenn ich sie mal sehen will, komme ich hierher.« Sie hat jahrelang im Conservatorio gelagert. Sie wollten sie mir verleihen, als in der Oper die erste Ehrengala für mich gegeben wurde, nach meiner Rückkehr 1962. Aber ich sagte zu ihnen: »Nein, jetzt noch nicht. Der Tag wird kommen, aber jetzt noch nicht.«

Der Tag kam schließlich am 7. Januar 1987, im Anschluß an die spektakuläre Ehrengala, die anläßlich des 25jährigen Jubiläums ihres Liceo-Debüts gefeiert wurde. Der Direktor des Conservatorio überreichte ihr offiziell ihre über 32 Jahre alte Medaille. Diesmal gab es keine Einwände.

[illegible] Kollegen [illegible]

[illegible] der Summe gekommen [illegible]

[illegible]

Der [illegible] am 7. März 19[illegible] [illegible]

O dei Verd'Anni Miei

3. Kapitel
1955–1959: Basel und anderswo

Immer wieder liest man in den Memoiren von Schriftstellern oder darstellenden Künstlern lange Berichte über ihre ersten harten Berufsjahre. Ein besonders prägnantes Beispiel ist Guiseppe Verdi. Er beschwerte sich in seinen mittleren und späteren Jahren unablässig über die lange Zeit, in der er gezwungen war, wie ein Galeerensklave zu schuften. Einige berühmte Sänger schauen auf die Zeit, in der sie an der Oper nicht viel mehr als Statistenrollen sangen, mit ähnlichen Gefühlen zurück. Häufig können sie es nicht verwinden, daß es einmal düsterere Zeiten für sie gab oder, schlimmer noch, sie in Armut leben mußten. In der Literatur über Montserrat spielt der amerikanische Traum vom Tellerwäscher zum Millionär eine große Rolle, zumal sie in den frühen Jahren ihres Berufsweges gewaltige Anstrengungen unternehmen mußte, um sich als Künstlerin zu etablieren. Das beredste Beispiel dafür ist das Werk des französischen Kritikers André Tubeuf.[1] Zunächst teilt er langatmig polemische Schläge gegen Publikum und Berufsmusiker aus, die gleichermaßen unfähig waren, das überragende Talent zu erkennen. Dann folgt eine mitleiderregende Story über die angeblichen Qualen der Sopranistin, weil ihre Karriere zu langsam voranschritt. Hier wird Montserrat Caballé nicht als angehende Operndiva geschildert, sondern als Trübsal blasendes Aschenputtel, das sich fragt, ob es jemals auf den Ball gehen darf.

Die Wahrheit sieht ganz anders aus. Natürlich hat Montserrat nach ihrer Ausbildung am Conservatorio fast zehn Jahre lang auf den Auftritt hingearbeitet, der sie über Nacht berühmt machen sollte. Aber nie hat sie auch nur die leiseste Andeutung gemacht, daß ihr diese Zeit nichts gebracht habe. Im Gegenteil, sie hatte für sie einen unschätzbaren Trainingseffekt. Montserrat betont immer wieder, daß in diesen Jahren das Fundament für ihre spätere Karriere gelegt wurde und sie ohne diese Erfahrung auf das Folgende äußerst schlecht vorbereitet gewesen wäre. Auch wenn sie gelegentlich Rückschläge hinnehmen mußte, hatte sie nie Grund, mit Verbitterung auf ihre »Lehrjahre« zurückzublicken. Diese Haltung ist letztlich eine Temperamentsfrage: Montserrat neigt kaum zu gefühlsduseliger Nostalgie oder Selbstmitleid, obwohl ihr Weg dornig war und sie hart arbeiten und Opfer bringen mußte, sowohl zu Anfang als auch, eher unerwartet, gegen Ende ihrer »Galeerenjahre«.

Im Sommer 1954 setzte Montserrat alles daran, ihre Studien am Conservatorio del Liceo fortzusetzen. Zwar hatte sie den Gesangsunterricht mit der höchsten Auszeichnung abgeschlossen, aber alle um sie herum und besonders ihr Vater rieten ihr, ein weiteres Jahr am Conservatorio zu bleiben, um das Schlußexamen zu erlangen – die unabdingbare Voraussetzung für den Erhalt der Lehrerlaubnis, zumal der Abschluß am Conservatorio nicht, wie heute, auf gleicher Stufe mit einem Hochschulabschluß stand. Falls alle Stricke reißen sollten, könnte Montserrat als Musiklehrerin ihren Lebensunterhalt bestreiten. Doch dazu hatte sie nicht die geringste Lust, und so begann sie, sich um ihre ersten Engagements als Sopranistin zu kümmern. Napoleone Annovazzi hatte sie in der letzten Zeit ihrer Gesangsausbildung besonders beobachtet, und kaum hatte Montserrat den Abschluß in der Tasche, schlug er ihr vor, zusammen mit seinem Kammerorchester aufzutreten. Dieses Orchester hatte er einige Jahre zuvor in Barcelona gegründet, und für die Spielzeit 1954/55 stand eine stattliche Zahl von Auftritten auf dem Programm.

Montserrats berufliche Verbindung mit dem Orchester begann Ende des Jahres 1954. Damals sang sie in Valencia, wie sie sich erinnert, die Sopranstimme in Beethovens Neunter. Darauf folgte ihr Operndebüt, und sie übernahm die Rolle der Serpina in Pergolesis Oper *Die Magd als Herrin* [*La serva padrona*]. Ort dieses kurzen Auftritts – die Aufführung dieses Werkes, ein komisches Intermezzo, dauerte nur 40 Minuten – war die katalanische Stadt Reus, ein paar Kilometer von Tarragona entfernt, im Landesinnern gelegen. Nach ihrem, wie sie meinte, erfolgreichen Debüt schritt eine stolze Montserrat umher und wartete darauf, daß ihr der Dirigent zu ihrem Gesangsvortrag gratulierte. Statt dessen stürmte Annovazzi hinter die Bühne und fragte, warum sie bei all ihren Bühneneinsätzen dem Dirigenten und dem Publikum den Rücken zugewandt hatte. Montserrat mußte zugeben, daß das Lampenfieber sie gepackt und sie sich kaum getraut hatte, in den Zuschauerraum zu blicken. Sie hatte gehofft, diese Zurückhaltung würde zumindest von Annovazzi als Ausdruck ihrer großen musikalischen Selbstsicherheit gedeutet. Nachdem dieser Trick fehlgeschlagen war, versuchte er, ihr bei diesem nicht so ungewöhnlichen Problem zu helfen. Und da die Vorstellung an verschiedenen Orten viele Male wiederholt wurde, lernte sie schnell, damit umzugehen.

Im Sommer 1955 legte Montserrat ihre Schlußexamen ab. Für ihren Vater war dies eine große Erleichterung, weil er sich in den düstersten Farben ausgemalt hatte, was mit seiner Tochter geschehen würde, wenn sie keinen berufsqualifizierenden Gesangsabschluß vorweisen könnte. Aber nach einem Jahr gelegentlicher Auftritte mit dem Kammerorchester wollte die Sopranistin auf keinen Fall mehr Lehrerin werden, sondern unbedingt auf der Bühne stehen.

Viele Leute müssen die allseits bekannte Redensart im Hinterkopf behalten haben, daß der Prophet im eigenen Land nichts gilt. Im Spanien der 50er Jahre war dieser Spruch nur allzu wahr. Denn in dem Land, zur Zeit der düstersten Jahre der Franco-Diktatur, gab es weder die wirtschaftliche Infrastruktur noch, und das war weitaus wichtiger, den politischen Willen, Kunst in irgendeiner Form, und am allerwenigsten die Oper, zu fördern.* Deshalb beschloß man, daß Montserrat in Italien bei allen größeren Opernhäusern vorsprechen sollte, um an Engagements zu kommen. (Heute ist es an den Opernhäusern Praxis, Spielpläne und Besetzungen mehrere Jahre im voraus festzulegen. Damals konnte man als Sängerin noch ein paar Monate vor Eröffnung der Spielzeit Arbeit finden. Selbst Häuser wie die Mailänder Scala planten nicht länger als eine Spielzeit im voraus.) Die Aussicht auf solch eine unsichere Unternehmung muß auf eine junge Frau, die noch nie im Ausland gewesen war, abschreckend gewirkt haben. Doch zu Hause würde die Karriere wohl lange auf sich warten lassen. Spanien besaß zwar einen guten internationalen Ruf, weil es große Sänger und Sängerinnen hervorgebracht hatte, nur gab es im Land selbst kaum Möglichkeiten, einer oder eine von ihnen zu werden.

> Als ich Ende 1955 zum Probesingen nach Italien fuhr, warnte mich Conchita Badía: »Du bist zu jung, um in die weite Welt zu gehen, so unvorbereitet. Sei vorsichtig. Ich weiß, Du mußt gehen. Ich weiß, Du bist stark genug, aber ich liebe Dich und ich mache mir Sorgen um Dich. Bitte versprich mir, daß Du mir schreibst, wie es Dir ergangen ist.«

Einer der unzähligen Musikerfreunde der Bertrands war Raimundo Torres, ein bekannter spanischer Bariton, der den

---

* Dieses Banausentum hatte eine lange Tradition: Conchita Supervía war nur ein Beispiel. Es ist allgemein bekannt, daß sie lange Zeit in Südamerika gearbeitet und fünf Jahre in Chicago verbracht hatte, bis sie in Spanien als Berühmtheit gefeiert wurde.

Scarpia mit Maria Callas als Tosca gesungen hatte. In der Spielzeit 1955/56 gastierte er am Teatro San Carlo in Neapel. Dort sang er in der Oper *Boris Godunow* die Titelrolle und trat bei der Premiere von Henri Sauguets *Mariannes Launen* [*Les caprices de Marianne*] auf. Er hatte seinen Einfluß geltend gemacht und beim Intendanten des Theaters, di Constanzo, sowie bei einem bedeutenden Agenten in Rom Proben für den Bertrand-Schützling arrangiert. Zumindest dieses Minimum an Vorkehrungen war getroffen, als Montserrat allein aufbrach und nach einer fürchterlichen Zugreise mit häufigem Umsteigen am 4. Dezember 1955 in Neapel ankam. Sie wohnte in einer einfachen Pension, in der Torres ein Zimmer für sie gemietet hatte, und bereitete sich mehrere Tage lang auf das Probesingen vor. Außerdem schaute sie dem Bariton bei den Proben zu Mussorgskijs Oper zu. Eine Woche später wurde sie in einen Proberaum des Teatro San Carlo gerufen, und obwohl sie sehr schüchtern und angespannt war, hinterließ sie einen guten Eindruck. Der Intendant schien von ihr beeindruckt zu sein und äußerte sich positiv zu den Aussichten, sie zukünftig zu engagieren. Konkrete Absprachen wurden allerdings nicht getroffen. Mit diesen dennoch ermutigenden Aussichten fuhr Caballé zum Probesingen nach Rom.

Der Agent, den sie in Rom traf, war sehr freundlich zu ihr und behandelte sie, nach Caballés Worten, wie seine eigene Tochter.

> Er machte mir Komplimente über meine Stimme und ihren besonderen Klang. Aber wegen meiner Schüchternheit und meiner Nervosität meinte er, sei ich ungeeignet für die Bühne. Seiner Meinung nach brauchte die Oper selbstsichere, wenn nicht exhibitionistische Persönlichkeiten, und junge Leute wie ich, die keines von beidem besäßen, sollten es lieber lassen. Er sagte, Musik würde immer etwas sehr Schönes für mich sein, egal was ich auch täte.

Der beste Weg sei für mich, nach Hause zu gehen, zu heiraten und Kinder zu kriegen. Das sei mein Leben.*

Als sie niedergeschmettert aus dem Büro am Foro Romano hinaustrat, entdeckte Montserrat im Schneetreiben dieses ungewöhnlich harten Winters plötzlich ein vertrautes Gesicht, das von Elena Doria. Montserrat Caballé hatte sie ein paar Tage zuvor in Neapel neben Torres in Sauguets Oper singen hören. Dorias Verlobter lebte in Rom, und sie nutzte eine Pause zwischen den Vorstellungen, um ihn zu besuchen. So lief sie vor dem Colosseum einer weinenden Montserrat Caballé in die Arme, und da Doria wissen wollte, was passiert war, lud sie sie zum Essen in ihre Wohnung ein. Dort erfuhr sie, daß die Probe mißlungen war und Montserrat langsam das Geld ausging. Als Elena Doria versuchte, die Schuhe Montserrats zu trocknen, sah sie, wie zerschlissen diese waren. Sie schenkte ihr ein Paar neue und bot Montserrat an, ihr Geld zu leihen. Diese hatte nicht vorgehabt, länger als nötig in Rom zu bleiben, am allerwenigsten nach einer solch deprimierenden Zurückweisung. Aber ganz plötzlich wurde sie krank und war auf ihr dürftiges Hotelzimmer angewiesen. Elena versorgte sie mit Lebensmitteln, Honig und Suppe. Diese Gefälligkeiten hat Montserrat niemals vergessen. Zwar verloren sich die beiden Frauen schließlich aus den Augen, als Montserrat in die Schweiz ging, und erst Jahrzehnte später sollten sie sich in einem anderen Teil der Erde wiedertreffen.

Nach der deprimierenden Rom-Erfahrung kehrte Caballé kurz vor Weihnachten nach Hause zurück. Nach Rücksprache mit den Bertrands wurde eine baldige Rückkehr nach Italien mit einem gezielteren Angriff auf bestimmte Projekte ins

* Montserrat und dieser Mann sind Jahre später Freunde geworden, und obwohl sie den Rat, den er ihr gab, gerne erzählt, bewahrt sie hartnäckig seine Anonymität.

Auge gefaßt. Aber zunächst stand Montserrat Anfang 1956 in ihrer Heimatstadt Barcelona zum erstenmal in einem Solo-Recital auf der Bühne. Die Vorstellung wurde im Palau Güell gegeben. Das Programm dieses Abends war in Zusammenarbeit mit Conchita Badía entstanden, die von Montserrat immer um Rat gefragt wurde. In gewohnter Art war der Rahmen sowohl sprachlich als auch zeitlich weit gespannt. Einige Mitglieder der Familie Bertrand waren beim Konzert anwesend und freuten sich, daß ihr Schützling so gut ankam.

Torres war inzwischen nach Florenz gegangen. Doch bevor er Neapel im April verlassen hatte, konnte er für Caballé einen weiteren Probetermin am Teatro San Carlo arrangieren, diesmal auf der Bühne. Die Probe war ein Erfolg, und Montserrat wurde die Titelrolle in der geplanten Wiederaufnahme von *Mariannes Launen* angeboten. Doch sie hatte bisher nicht mehr als einen kurzen Blick auf Sauguets Partitur geworfen und beschloß deshalb, bevor sie das Angebot annahm, sich zunächst genau anzusehen, auf was sie sich eventuell einließ. Zwar hatte das zeitgenössische Repertoire am Conservatorio zu den Pflichtübungen gehört. Trotzdem war Caballé nicht auf die Überraschung vorbereitet, die sie beim genauen Durchgehen der Gesangsstimme erlebte.* Montserrat weiß noch heute, wie sie die sehr hohe Stimmlage dieser Rolle alarmiert hatte. Deshalb beschloß sie, Raimundo Torres in Florenz um Rat zu fragen. Seine Antwort war unmißverständlich: »Sauguet ist nichts für dich. Ich muß es wissen, ich habe ihn schließlich gesungen.« Daraufhin lehnte sie das Angebot ab, ungeachtet der Tatsache, daß es die einzige Rolle war, die man ihr bis zu diesem Zeitpunkt angeboten hatte. In der Rückschau scheint die stimmliche Zurückhaltung so gar nicht

* In Aix-en-Provence war die Partie der Marianne 1954 zum erstenmal von Graziella Sciutti interpretiert worden, was eine Vorstellung von dem für diese Rolle geeigneten Stimmtyp gibt.

zu einer Frau zu passen, die zwei Jahre später Strauss' Salome sang und in deren Repertoire mit der Zeit mehrere zeitgenössische Werke zu finden waren.

Nach einem weiteren erfolglosen Probesingen in Rom blieb ihr auf ihrer zunehmend entmutigenderen Rundreise nur noch eine Hoffnung: ein Probesingen in Florenz, das wiederum von Torres arrangiert worden war. Dieser Termin sollte vor einem der berühmtesten und einflußreichsten Opern-Intendanten in Europa, Francesco Siciliani, stattfinden. Als der Mailänder Intendant seinerzeit beschlossen hatte, Maria Callas nicht an der Scala auftreten zu lassen, inszenierte Siciliani in Florenz eine mittlerweile legendäre Opernreihe für sie, unter anderem mit *Armida* und *I vespri siciliani*. Diese Inszenierungen begründeten ihren Ruhm in Italien. Caballé war sich der Bedeutung Sicilianis sehr wohl bewußt und dankbar, daß sie durch Torres' Einfluß vor solch einer angesehenen Persönlichkeit singen durfte. Deshalb war sie überglücklich, als ihr Siciliani nach dem Probesingen die Hauptrolle der Salud in Manuel de Fallas *Ein kurzes Leben* [*La vida breve*] anbot. Die Oper sollte 1956 Teil des Frühlingsfestivals Maggio Musicale sein. Dieses Mal sollte das Festival die Wurzeln der modernen Musik feiern und sich deshalb der Musik widmen, die vor dem Ersten Weltkrieg komponiert worden war, darunter Werke von Schönberg, Janáček, Scriabin, Strawinski und de Falla. Montserrat Caballé nahm Kontakt mit den Bertrands auf, um ihnen die großartigen Neuigkeiten mitzuteilen. Für etwa drei Wochen mußte Montserrat in Florenz bleiben, um dort zu proben und ihre Rolle zu lernen. Die Bertrands beschlossen, sie während einer solch wichtigen Zeit nicht ganz allein in einem fremden Land zu lassen, und so reiste Ana Caballé zu ihrer Tochter.

Das avantgardistische Programm Sicilianis stieß jedoch von Anfang an auf wenig Gegenliebe. Die Florentiner Behörden waren schockiert von den – wie sie meinten – zu modernen Stücken, ohne einen einzigen mitreißenden patriotischen

Chor, der die bittere Pille versüßt hätte. Sie waren davon überzeugt, daß ihre Subventionen in diesem Fall nicht gut angelegt waren. Der Gnadenstoß für Sicilianis Pläne kam schließlich vom unerbittlichen Gradmesser für den italienischen Publikumsgeschmack, dem Vorverkauf. Obwohl nur noch zwei Wochen bis zum Festivalbeginn blieben und die meisten Künstler entweder auf dem Weg nach Florenz waren oder schon probten, sah sich Siciliani gezwungen, seine ursprünglichen Pläne, einschließlich *Ein kurzes Leben*, fallenzulassen. Statt dessen schusterte er in aller Eile ein Verdi-Wagner-Programm zusammen, und das Florentiner Publikum, das vor Janáček und Konsorten die Flucht ergriffen hatte, konnte nun massenhaft in *La Traviata* strömen.

Montserrat wurde von den Ereignissen überrollt. Obwohl sie eine finanzielle Abfindung erhielt, wußte sie nur zu gut, daß ihr eine goldene Gelegenheit durch die Lappen gegangen war, sich in der internationalen Opernszene zum erstenmal einen Namen zu machen. Siciliani verhielt sich sehr anständig und war fest entschlossen, etwas für das Vorankommen der Sopranistin zu tun und ihre Enttäuschung zu mildern. Der von ihm geförderte Starbühnenbildner des Maggio-Musicale-Festivals, Cajo Kühnly, hatte in Stuttgart einen Verwandten, Ernst Kühnly, der dort eine erfolgreiche Künstleragentur betrieb. Ernst Kühnly hatte sich darauf spezialisiert, für die Besetzung deutscher Opern außerhalb Deutschlands zu sorgen. Natürlich war er in dieser Funktion auch für das Maggio Musicale tätig. So wurde beschlossen, Montserrat und ihrer Mutter zu einer Reise nach Deutschland zu verhelfen, um bei ihm vorzusingen. Montserrat war es nicht ganz wohl bei der Sache, aber es schien der einzige Weg nach vorne zu sein. Zumindest bot sich ihr damit die Chance, ihr Schuldeutsch aufzufrischen. Mit dem Ausfallgeld aus Florenz bestritt sie die Reise gen Norden, unterbrochen von einem kurzen Aufenthalt in Mailand. Dort hatte Siciliani ein Treffen mit dem Agenten Ansaloni arrangiert, das jedoch ergebnislos verlief.

Das Probesingen bei Ernst Kühnly, das Anfang Juni in Stuttgart stattfand, war sehr kurz und bestätigte im Grunde nur den positiven Eindruck, den Kühnly schon durch die Erzählungen Sicilianis gewonnen hatte. Seiner Meinung nach, so erinnerte sich Siciliani später, war Montserrat Caballé »die Sängerin mit der besten Technik der Welt«. Durch seine weitgestreuten Kontakte im Ausland wußte Kühnly, daß Silvio Varviso, Musikdirektor des Basler Stadttheaters, dringend eine Tosca benötigte. Aber Montserrat war überzeugt, daß diese Partie zu dramatisch für sie sei, und bat um etwas Zeit, über den Vorschlag nachzudenken. Sofort nach dem Gespräch rief sie Raimundo Torres an, der seine Proben in Köln unterbrach und nach Stuttgart reiste, um mit ihr für die Rolle zu proben. Nach drei Tagen benachrichtigte sie Kühnly, daß sie die Rolle probesingen wolle und vereinbarte einen Termin in Basel. Wie bei ihrer Rundreise durch Italiens Opernhäuser hatte sie auch hier Pech. Höchstwahrscheinlich waren dafür zwei Faktoren verantwortlich: zum einen die bei einer solchen Gelegenheit unvermeidliche Nervosität; zum anderen der Umstand, daß beim Probesingen nicht nur der Musikdirektor, sondern auch der Intendant Hermann Wedekind anwesend war. Was auch immer die Gründe gewesen sein mögen, Tatsache ist, daß das hohe Bb auf dem Höhepunkt von »Vissi d'arte« fürchterlich schief klang. Varviso schrieb dies ihrer Unerfahrenheit und der Natur des Ereignisses zu. Doch waren er und Wedekind von der Qualität ihrer Sopranstimme ausreichend beeindruckt, um sich die Möglichkeit einer langfristigen Verbindung mit ihrem Haus zu sichern – wenn nicht als Hauptbesetzung, dann zumindest als nützliche Reservebesetzung. Montserrat erinnert sich, daß Varviso zu ihr sagte:

»Nun, im Moment reicht es noch nicht für die Tosca, aber Ihre Stimme gefällt uns. Dr. Wedekind hat es am meisten beeindruckt, wie Sie nach Ihrem Mißgeschick weitergesungen haben. Brauchen Sie das Geld?« Ich fragte mich, warum er das wohl wissen wollte, und so sagte ich: »Nein, ich brauche es nicht.« Dann fragte mich Varviso: »Können Sie sich dann vorstellen, hier als Reservebesetzung für die Vorstellungen anzufangen, auch wenn Sie vielleicht selbst niemals auf der Bühne stehen werden? Aber Sie bekommen wenigstens die Gelegenheit, viele Rollen zu lernen, die Proben mitzumachen und vielleicht sogar etwas Bühnenerfahrung zu sammeln.« Und ich dachte, daß das wunderbar wäre, weil es genau das war, was ich brauchte. Und so antwortete ich begeistert: »Ja, ja, ich bin einverstanden.«

Natürlich war es eine Lüge, daß sie das Geld nicht brauchte. Aber sie tat es in dem Glauben, momentan keine andere Möglichkeit zu haben, um einen Fuß in die Tür zu bekommen. Montserrat und ihre Mutter brachte dies allerdings in eine prekäre Lage: Sie würden in absehbarer Zukunft in Basel bleiben und hatten kein Geld. Nachdem Ana Caballé ihren Mann in Barcelona über den Stand der Dinge informiert hatte, beschloß sie, wieder ihre Fertigkeiten als Näherin einzusetzen und eine Stelle bei der Schweizer Textilfirma Hanro anzunehmen. Zu zweit gelang es ihnen, gerade so viel zu verdienen, daß Mutter und Tochter eine Dachkammer in der Bachlettenstraße in der Nähe des Basler Zoos mieten konnten. Nach nur wenigen Wochen unerwartet harter Arbeit, die Montserrats unbezahlter Vertrag mit sich brachte, machte ihr Wedekind, von ihrem Fleiß und Talent sehr beeindruckt, einen Vorschlag. Da er befürchtete, sie werde das Stadttheater unter den bisherigen Voraussetzungen über kurz oder lang verlassen, bot er ihr an, kleinere Rollen zu singen. Pro Vorstellung würde sie dafür 100 Schweizer Franken erhalten, außerdem die Garantie mindestens einer Vorstellung pro Monat. Aber die Spielzeit war fast beendet, und Montserrat würde erst nach der Spielpause im September Geld verdienen können. Mittlerweile war sie jeden Tag im Opernhaus und arbeitete mit Josef Biburger, dem Haupt-Korrepetitoren des Hauses.

Mit ihm studierte sie nicht nur ihre bevorstehenden Rollen ein – die Erste Dame in der *Zauberflöte* und Marzelline in *Fidelio* –, sondern sie arbeitete ebenso hart daran, ihr Deutsch zu verbessern, das sie in den Unterrichtsstunden bei dem Kindermädchen der Bertrands gelernt hatte.

Die neue Spielzeit brachte Montserrat Caballé die ersten Bühnenerfahrungen mit einer professionell inszenierten Oper, die in ganzer Länge aufgeführt wurde. So bekam sie aus nächster Nähe mit, welche Schwierigkeiten die Hauptrollen dieser Opern mit sich brachten, ohne (wie später) selbst für sie verantwortlich zu sein. Mit welcher Naivität sie damals an die Oper heranging, läßt sich gut an der Begeisterung ablesen, mit der sie eine neue Rolle in Prokofjews *Der feurige Engel* aufnahm. Die Partitur der Vokalstimmen hatte man ihr in Form einer handgeschriebenen Kopie in die Hand gedrückt, und sie bemerkte, daß ihre Rolle – die Dritte Nonne – kurz, aber anspruchsvoll war. Sie hatte zunächst nicht gemerkt, daß sie kein Solo singen sollte, sondern eine von sechs Stimmen war. Schlimmer noch, die Szene spielte in einem von Dämonen besessenen Konvent.

In dieser Zeit lebten Montserrat und ihre Mutter in der Dachkammer in der Bachlettenstraße, ein dunkler, enger Raum, der in Montserrats Erinnerung geradewegs der Oper *La Bohème* hätte entsprungen sein können. Keine von beiden aß besonders viel, weil sie es sich häufig genug nicht leisten konnten. Während Montserrat zu ihren Proben mit Biburger ins Opernhaus ging, war Ana mit Sticken, Nähen und Ausbessern beschäftigt. Für die Miete reichte es trotzdem nicht, und als die Spielzeit gegen Ende September 1956 endlich begann, waren sie mit den Zahlungen einige Wochen im Rückstand.

Das erste Honorar, das Caballé für ihre Rolle in der *Zauberflöte* erhielt, benötigten sie deshalb vollständig für die Tilgung angehäufter Schulden. Aber da die Sopranistin, die die Partie der Marzelline sang, während der Laufzeit bei guter Gesundheit war, wurde *Fidelio* ihrem Ruf als Rettungsoper nicht gerecht. Was Montserrat bei der Stange hielt, war die Möglichkeit, beim Ausfall der vorgesehenen Sopranistinnen als zweite Besetzung einspringen zu können und plötzlich selbst im Rampenlicht zu stehen. Aber die Voraussetzung dafür war, daß die Partie, für die sie als Zweitbesetzung eingesetzt würde, eine Hauptrolle war. Und Montserrat war noch nicht lange genug in Basel, um in diese Position aufgerückt zu sein. Sie war auch nicht als offizielle Zweitbesetzung der Mimi in *La Bohème* vorgesehen, deren Premiere für den 17. November 1956 angesetzt war. Ein ganzes Heer von Ersatzsängerinnen hätte eigentlich bereitstehen sollen, falls die engagierte kanadische Sopranistin krank würde. Statt dessen rückte Montserrat auf der Liste nach und nach immer weiter nach oben, weil die Zweitbesetzungen alle nicht verfügbar waren. Sie erinnert sich an die Umstände und ihre Folgen:

> Die vorgesehene Mimi, Irene Salemka, war in London und nahm irgend etwas für die BBC auf. Ich glaube, es war *Faust*. Die erste Ersatzsängerin war krank. Die zweite hatte irgendwo anders ein Engagement erhalten und Basel verlassen. So war ich ihre letzte Hoffnung! Sie waren sehr besorgt. Aber ich hatte mich in den vorherigen Monaten gut vorbereitet, und ich kannte *La Bohème* sehr gut, weil ich sie am Ende meiner Laufbahn am Conservatorio mit Annovazzi einstudiert hatte. Und dann hatte ich schon so oft in verschiedenen kleinen Rollen in Basel auf der Bühne gestanden, daß mir die Bühnenarbeit nicht mehr fremd war. So sang ich die Mimi. Ich bin sicher, es war die beste Mimi, die ich jemals gesungen habe, weil meine Stimme damals so rein, naiv und unschuldig klang – genau richtig für die Rolle.* Es lief so gut, daß sie mir gleich darauf die

* Sie muß es beurteilen können: Sie besitzt eine Aufnahme der Aufführung, die ihr lieb und teuer ist.

Rolle der Nedda in *Der Bajazzo* [*I Pagliacci*] gaben, die mir damals ein bißchen schwerfiel. Aber ich fühlte, daß es eine großartige Chance für mich war. Denn nun bat Irene Salemka das Opernhaus in Basel, sie vorzeitig aus ihrem Vertrag zu entlassen, weil sie in London Erfolg gehabt hatte. Die anderen waren auch in keiner viel höheren Stellung als ich, und so rückte ich von der vierten Ersatzsängerin bald zur ersten Sopranistin auf, was ich wunderbar fand. In der gleichen Spielzeit sang ich nicht nur viele Male die Mimi, sondern auch die Rolle der Nedda, der Tosca – die zu hoch war – und der Martha in *Tiefland* – die zu tief war! Aber an diese erste richtige Spielzeit erinnere ich mich mit viel Liebe und Glücksgefühlen. Alles was ich erlebte, war kein Traum, das wußte ich. Es war das Gefühl, auf der Bühne zu sein und die Musik auf die Art und Weise zu spüren, wie es mich Kemmeny gelehrt hatte. Aber auch, das Leben zu leben beginnen, das ich immer wollte. Ein Leben für die Musik.

Ihre Stellung mußte jetzt vertraglich geregelt werden. Als erste Sopranistin wurde sie nicht mehr pro Vorstellung bezahlt, sondern war eine Angestellte des Opernhauses mit vollem Gehalt, Krankengeld, Rentenanspruch und allem, was sonst noch dazugehörte. Ihr Gehalt betrug 500 Schweizer Franken* – nicht gerade ein Vermögen, auch nicht für die damaligen Verhältnisse, aber bei weitem die beste Entlohnung, die die Caballé bis dahin überhaupt erhalten hatte. Auf Grund dieses Arrangements beschloß die Familie, daß Carlos senior und junior sofort von Barcelona nach Basel kommen sollten. Das bedeutete, sie mußten aus der Mansarde, die nicht einmal für zwei, geschweige denn für vier Personen ausreichte, ausziehen. Doch es war nicht so einfach, eine größere

* Das wären heute nicht viel mehr als 600 DM.

Wohnung zu finden, die auch noch bezahlbar war. So hatten die beiden, als sie kurz vor Weihnachten 1956 in Basel eintrafen, keine andere Wahl, als ebenfalls in der winzigen Mansarde in der Bachlettenstraße zu wohnen. Obwohl sie vorhatten, so schnell wie möglich in eine andere Wohnung umzuziehen, blieben die Caballés während ihres gesamten Aufenthaltes in Basel dort.

Zum Jahreswechsel 1957 lebte die Familie zum erstenmal seit 18 Monaten wieder zusammen unter einem Dach. Der fast 15jährige Carlos wurde auf das städtische Gymnasium geschickt, um seine Schulausbildung fortzusetzen. Vor Schulbeginn arbeitete er auf einem Bahnhof. Er half für die fürstliche Entlohnung von zwei Schweizer Franken pro Stunde die Güterzüge zu entladen. Carlos senior wollte ebenfalls zum Lebensunterhalt der Familie beitragen, und nach einigen geschickten Manipulationen an seinem Gesundheitszeugnis gelang es ihm, in einer Umzugsspedition Arbeit zu finden. Montserrat war inzwischen fast 24 Jahre alt und konnte zufrieden feststellen, daß bisher alles, was sie ihrer Familie und sich selbst versprochen hatte, in Erfüllung gegangen war.

Selbst wenn Basel nicht der Mittelpunkt der Opernwelt war, so war sie vernünftig genug, um zu wissen, daß im jetzigen Stadium ihrer Karriere eine engere Verbindung zu diesen Zentren ihr nur schaden würde. So gesehen, gehört Montserrat zur letzten Generation von Opernsängerinnen, die sich noch natürlich entwickeln konnte, entsprechend ihres eigenen Rhythmus, ohne übertriebenen Druck, und die all die unvermeidlichen Fehler in geziemender Abgeschiedenheit machen konnte. Sie muß auch eine der letzten gewesen sein, die noch in den Genuß der rigiden Trainings- und Probemethoden an deutschsprachigen Opernhäusern gekommen ist. Denn an diesen Bühnen war alles darauf ausgerichtet, ein strikt organisiertes Ensemble aufzubauen und zu erhalten. Aufgrund der hierarchischen Strukturen – mit Musikdirektor und Intendant an der Spitze und klar abgegrenzten Kompetenzen bei den rangniedrigeren Positionen – wußte jeder (einschließlich der Sänger) genau, wo er stand und wie gut er sein mußte, um aufzurücken. Das Ensemble stützte und erzog, und als Gegenleistung für die Disziplin sorgte es für seine Mitglieder. Für alle Bereiche einer Opernaufführung brauchte man gut ausgebildete Mitarbeiter, das galt für den Chor ebenso wie für die Beleuchter. Und wenn man von Künstlern erwartete, daß sie sich weiterbildeten und entwickelten, dann gewährte man ihnen die erforderliche Zeit und die angemessenen Bedingungen, dies zu tun. Es war eine andere Welt, eine, die in unserer heutigen mit rasanter Geschwindigkeit dahinrasenden Zeit mehr oder minder unwiederbringlich verschwunden ist.

In den drei Jahren ihres Aufenthalts in Basel sang Caballé neben ihren schon erwähnten Rollen die Elvira in *Don Giovanni*, die Titelrollen in *Aida* und *Tosca* (ihre Stimmlage hatte sie in der Zwischenzeit anscheinend ausgebaut), die Jaroslawna in *Fürst Igor* und die Antonia in *Hoffmanns Erzählungen*. Außerdem hatte die Art, mit der sie sich auf die zeitgenössische Musik stürzte, fast schon etwas Heldenhaftes. Besonders wenn man bedenkt, daß die damaligen Opernstars Renata Tebaldi und Maria Callas in ihrer gesamten Karriere alles mieden, was auch nur im entferntesten modern klang. Im Gegensatz dazu sang Montserrat Caballé im November 1957 die Sopran-Hauptrolle in der Weltpremiere des *Tilman Riemenschneider* von Casmir von Pászthory. Diese Oper war vom Stoff her mit Hindemiths *Mathis der Maler* vergleichbar, denn sie handelte vom künstlerischen Schaffen und Liebesleben eines großen Künstlers (in diesem Fall einer der beiden berühmtesten Holzschnitzer der Renaissance). Die Premiere wurde vom Publikum gut angenommen, denn sie verband eine fesselnde Geschichte mit nicht zu abstrakter Musik. Ähnlich gelagert war Montserrats erste Gastrolle, die ihr Agent Ernst Kühnly in Bielefeld für sie arrangiert hatte. Es war die Martha in d'Alberts *Tiefland*.

Doch die wichtigste Partie in der Basler Zeit war die Titelrolle in Strauss' *Salome*, eine Rolle, die während Caballés gesamter Bühnenkarriere zu ihrem Gepäck gehören sollte. Montserrat hat nie einen Hehl daraus gemacht, daß Strauss ihr Lieblingskomponist ist. Noch heute bedauert sie, daß ihr, nachdem sie als *belcanto*-Sängerin berühmt geworden war, kaum jemand die Chance bot, ihre liebsten Strauss-Partien zu singen: Arabella, Chrysothemis, die Feldmarschallin, Ariadne und natürlich Salome.* Das Stadttheater Basel hatte Anfang 1958 eine neue Inszenierung des Werkes auf dem Spielplan. Anscheinend sollte mit solch einem bedeutenden Ereignis keine der eigenen Sopranistinnen betraut werden, zumindest nicht für den ersten Teil der Spielzeit. Die Rolle sollte die international bekannte Schweizer Sopranistin Inge Borkh übernehmen, und Caballé war die Zweitbesetzung. Ihr hatte man nach dem Ende von Borkhs Gastspiel eigene Aufführungen versprochen. Aber die Sache lief nicht ganz reibungslos:

> Ich war bei allen Proben dabei, fast zwei Monate lang – sie kam nur in der letzten Woche vor der Premiere. Sie sang die ersten sechs oder sieben Vorstellungen, dann übernahm ich die Rolle. Es gab einen Riesenskandal, weil Madame Borkh im Schlußgesang ein Stück gekürzt hatte und der Dirigent Silvio Varsivo wollte, daß ich diese Kürzung beibehielt, als ich die Rolle übernahm. Ich machte ihm eine Szene, weil ich so wütend war. Ich mußte 17 Vorstellungen geben, und nach der ersten, in der sich der Dirigent geweigert hatte, die gekürzte Stelle wieder reinzunehmen, stand in den Basler Nachrichten eine Besprechung, die kritisierte, daß ich diese Kürzung vorgenommen hatte. Da war ich wütend, und nach der zweiten Aufführung ging ich

---

* Salome ist allerdings eher eine Ausnahme, denn sie hat die Rolle über 60mal in zahlreichen verschiedenen Inszenierungen auf der Bühne gesungen, zuletzt 1989.

mit der Zeitung vor den Vorhang, um den Applaus entgegenzunehmen, und sagte in meinem schlechten Deutsch: »In dieser Zeitung steht, daß ich etwas aus Salome herausgenommen habe. Sie sollen alle wissen, daß ich die Salome in den Proben ungekürzt gesungen habe, aber Maestro Varsivo hat sich geweigert, die gekürzte Stelle für mich wieder 'reinzunehmen.« Er hatte den Orchestergraben zu diesem Zeitpunkt schon verlassen. Das war meine erste öffentliche Revolte.

Auch wenn Varsivo den Orchestergraben schon verlassen hatte, war es ein Wunder, daß Caballé nach diesem Auftritt das Opernhaus nicht verlassen mußte, besonders wenn man bedenkt, daß er ihr Musikdirektor war. Diese Strafpredigt vor dem Vorhang war eine Sensation, und wieder berichteten die Zeitungen darüber. Hieran zeigt sich, wie hoch Varsivo Montserrat als Sängerin geschätzt haben muß, denn sie durfte weitermachen, und zwar mit der ungekürzten Fassung der Salome. Dieser Auftritt läutete eine Reihe hitziger Erklärungen in der Öffentlichkeit ein, die sie vor einem verblüfften Publikum abgab. Doch sie hat nie den Wirbel um diese Rolle verstanden und akzeptiert auch Strauss' Vorstellung von der Salome – ein 16 Jahre altes Mädchen mit einer Isolde-Stimme – nur teilweise:

> Salome ist nicht schwer zu singen, war es damals nicht und ist es heute nicht. Es muß nach einem Kind klingen, rein und unschuldig, aber ein bißchen ungezogen – manchmal sogar schizophren. Außer am Schluß, wo es vielleicht hilfreich ist, sich einzubilden, man sei Isolde, ist die Rolle letztlich immer die eines Kindes.

Caballés Leben bestand zu dieser Zeit hauptsächlich aus einer endlosen Reihe von Proben, Zweitbesetzungen und Vorstellungen. Während der Spielzeit stand sie mindestens dreimal wöchentlich auf der Bühne und sehr oft häufiger. Dennoch reiste sie, manchmal in Begleitung ihres Bruders, an den wenigen Tagen, an denen sie nicht gebraucht wurde, zu anderen Opernhäusern in der Schweiz oder gelegentlich in Deutschland. Entweder war es eine bestimmte Oper, die sie interessierte, oder sie wollte, was weitaus häufiger der Fall war, einen bestimmten Sänger oder eine Sängerin hören. Sie erinnert sich noch lebhaft an ihre Fahrt nach Zürich, um die *Tosca*-Inszenierung mit Birgit Nilsson und Jussi Bjørling zu sehen; oder an den langen Trip nach Berlin, um ihre geliebte Elisabeth Grümmer die Donna Anna singen zu hören. Diese Nachtausflüge waren höchst interessant, hatten aber auch ihre Nachteile: »Ich schlief in den Nachtzügen, die zurück nach Basel fuhren, weil ich am nächsten Tag normalerweise frühmorgens eine Probe hatte. Für den Körper war es eine schreckliche Zeit, aber für die Seele war es etwas ganz Besonderes.« Unter den Angehörigen des Basler Ensembles schloß sie mit einigen Freundschaft, darunter besonders mit Ingeborg Felderer. Als Montserrat ganz neu in Basel war, hatte Ingeborg Felderer sich am meisten bemüht, der Neuen einen guten Start zu ermöglichen, und war sogar soweit gegangen, ihr eine Hasenpfote als Talisman zu schenken. Als Donna Anna war die Felderer einfach unübertrefflich, wie Montserrat Caballé noch heute meint.

In einer geplanten Neuinszenierung von *Così fan tutte* hatte Ingeborg Felderer als ältere Sopranistin Anrecht auf die Rolle der Fiordiligi. Nach der Hackordnung an der Oper mußte Montserrat als zweite Besetzung zur Verfügung stehen. Wieder dirigierte Silvio Varsivo alle Aufführungen und leitete die Proben. Die Beziehung zwischen dem Musikdirektor und Montserrat Caballé hatte sich nach der Auseinandersetzung über *Salome* wieder völlig normalisiert, und beide begegneten sich herzlich und respektvoll. Und doch flackerte wieder etwas von dem alten Streit auf, als Caballé in der Mozartoper die Zweitbesetzung übernahm. In einer Probe machte ihr Varsivo

Vorwürfe, weil sie auf einem flexibleren Tempo bestand und seiner Meinung nach die Partitur nicht richtig kannte. Montserrat, die ihre Art sich durchzusetzen noch finden mußte, antwortete ihm weniger mit Samthandschuhen als mit eiserner Faust. Der Maestro rief nur noch aus: »Jetzt haben wir wieder das gleiche Theater wie bei Salome. Sie machen, was Sie wollen!« Montserrat schnappte ziemlich schroff zurück: »Nein Maestro. Ich tue nur, was ich kann.« Ungerührt gab Varsivo zurück: »Wenn Sie das nicht ordentlich singen, werden Sie es an der Oper nie zu etwas Großem bringen.« Mit einem Lächeln – und Grübchen in den Wangen – antwortete sie: »Ich bin sicher, wir werden uns in der Zukunft in irgendeinem großen Opernhaus dieser Welt wiedertreffen.« Und tatsächlich, sie trafen sich wieder. Mehr als zehn Jahre später, nachdem sie schon einige Jahre regelmäßig an der Metropolitan Opera gesungen hatte, gab Varsivo dort sein Debüt als Gastdirigent. Sie liefen sich hinter der Bühne in die Arme und tauschten nostalgische Erinnerungen aus. Während des Treffens erinnerte sich Caballé – die niemals etwas vergißt – an die Stichelei in Basel. Varsivo, mit der Unschuld des Lamms vor dem Schlachter, wagte zu sagen, wie schön es doch für sie beide sei, sich nach so vielen Jahren an der Met wiederzutreffen. Blitzschnell und mit unbewegter Miene antwortete sie: »Ja, ja, ich habe gedacht, Sie würden es nie schaffen.«

Bereits zu Beginn ihrer Basler Zeit war Montserrat so vorausschauend gewesen, in ihren Vertrag eine Klausel aufnehmen zu lassen, die es ihr erlaubte, während der Spielzeit zwei Monate lang abwesend zu sein und an anderen Opernhäusern Rollen anzunehmen. Eine dieser Gelegenheiten nahm sie, wie schon erwähnt, in der ersten Spielzeit mit *Tiefland* in Bielefeld wahr. Dies brachte Caballé den zusätzlichen Vorteil ein, auf die Rolle bereits sehr gut vorbereitet zu sein, als sie danach in Basel in der gleichen Oper als Zweitbesetzung vorgesehen war. Eine spätere Gastrolle war die Aida in Hannover. Aber das wichtigste dieser Gastspiele fand zu Beginn der

Spielzeit 1958/59 statt, die Caballés letztes Jahr in Basel werden sollte. Sie stand unter Druck, den Vertrag um weitere drei Jahre zu verlängern. Aber ihr Gefühl sagte ihr, daß sie hier, trotz des exzellenten musikalischen Standards des Hauses, alles gelernt hatte, was es zu lernen gab. Daß Kühnly für sie ein Debüt an der Wiener Staatsoper arrangiert hatte, war bemerkenswert genug. Aber noch bemerkenswerter und ein Zeichen für den Ruf, den sie sich zu machen begann, war die Rolle, die er ihr gesichert hatte: Salome.

In jeder Hinsicht war das ein großes Ereignis: Statt in einem bescheiden ausgestatteten Opernhaus, das 1 000 Zuschauer aufnehmen konnte und in dem alles auf deutsch gesungen wurde, sollte sie zum erstenmal in einem großen internationalen Haus vor 2 000 Zuhörern singen, das unter den zwei oder drei wichtigsten Opernhäusern der Welt rangierte. Der Musikdirektor des Hauses hieß Herbert von Karajan, der das so liebevoll gepflegte Ensemble von Karl Böhm übernommen hatte und jetzt über die Werke von Mozart und Strauss wachte, die dort gesungen wurden. Jeden Abend zierten Berühmtheiten wie Lisa della Casa, Sen Jurinac, Elisabeth Schwarzkopf, Hilde Gueden, Irmgard Seefried und viele andere die Bühne. Karajan war genau zu der Zeit länger abwesend, als Montserrat ihre Gastvorstellungen in Wien gab. Er überwachte die Sprengungen am Mondberg in Salzburg, wo sein grandioses neues Großes Festspielhaus aus dem Felsen gehauen werden sollte. So fiel Caballés Vorstellung in dieser Hinsicht in ein »Nichts«.

Den damaligen Berichten zufolge feierte Caballé dort einen großen persönlichen Erfolg – im folgenden Jahr wurde ihr sogar der Goldene Lorbeerkranz (entschieden durch Publikumsbefragung) für die beste Strauss-Interpretation verliehen, die 1958 im Haus gehört worden war. Vergegenwärtigt man sich die Namen der oben genannten Sopranistinnen, dann ist diese Auszeichnung für eine junge unbekannte Salome-Darstellerin noch außergewöhnlicher. Karajans Abwesenheit war vielleicht bedauernswert. Denn hätten er und Caballé zu diesem frühen Zeitpunkt ihrer Karriere schon Gelegenheit zu einer Zusammenarbeit gehabt, so wäre Montserrat wahrscheinlich eine entgegenkommendere und nach seinen Wünschen besser formbare musikalische Persönlichkeit gewesen, als sie es später nach ihren internationalen Erfolgen war. Wenn man andererseits von den Erfahrungen vieler anderer Sänger und Sängerinnen hört, ist es vielleicht überhaupt nicht bedauerlich, daß es erst später zu einer Begegnung kam.

Montserrats letzte größere Rolle am Basler Stadttheater war 1959 die Jaroslawna, Fürst Igors schwergeprüfte Gemahlin in Borodins Oper. Kurz vor und sogar noch während der langen Probenphase fuhr sie zu einigen Vorstellungsterminen an anderen Opernhäusern, um ihre Karriere voranzutreiben. Nicht daß Basel sie gerne gehen lassen wollte, im Gegenteil: Sie wußten sehr gut, welches Potential in ihr steckte. Vielmehr hatte der neue Intendant klare Vorstellungen von Montserrats Stimme und wollte sie bei Projekten einsetzen, die der Sopranistin nicht paßten. Wenn man das Repertoire Montserrats in den drei Basler Jahren betrachtet, bestand der Intendant nicht ganz grundlos auf seinen Vorstellungen, auch wenn einige Rollen zu schwierig oder ungeeignet für eine 25jährige gewesen sein müssen: Aida, Tosca, Salome und Martha in *Tiefland* waren alle vier potentiell gefährliche Vorhaben. Doch Montserrat erinnert sich, daß sie ihre Stimme bewußt schonte. Sie hielt bei diesen anstrengenderen Werken strikt ihre damaligen stimmlichen Grenzen ein und setzte das um, was sie bei Eugenia Kemmeny gelernt hatte – besonders im Fall der Martha in *Tiefland*, die sie während ihrer ersten Spielzeit mit erst 23 Jahren gesungen hatte. Die Rolle ist außerordentlich dramatisch und erfordert deshalb eine Überbetonung des Brustregisters. Doch Montserrat Caballé sang die Partie ganz ohne die typische germanische Schwere, die sonst zu der Rolle gehört, und machte statt dessen das Kantige weicher. So zeigte sie dem Basler Publikum eher eine spanische Señorita als eine germanische Walküre, und Montserrat konnte sicher sein, ihre Stimme nie zu überanstrengen.

Aber die Vorschläge des neuen Intendanten lagen jenseits dessen, was Montserrat noch als machbar ansah. Anstatt sie als lyrischen Sopran mit *spinto*-Potential zu respektieren, plante er, sie in hochdramatischem Repertoire einzusetzen. Die Vorstufe dazu sollte unter anderem die Leonore aus *Fidelio* bilden. Montserrat weigerte sich, diese »Vorschläge« anzunehmen, und begann, ihren Stellenwechsel vorzubereiten und in verschiedenen Städten probezusingen: in Frankfurt (vor Georg Solti, dessen Drei-Wörter-Absage sie immer noch liebt), Düsseldorf, Hannover, München und Bremen. Außerdem kehrte sie noch einmal als Nedda für einige Gastspiele nach Wien zurück. In Wien durfte sie vor dem ehrwürdigen Josef Krips singen, der für die Rollenbesetzung verantwortlich war. Das Probesingen, zusammen mit ihren kleinen, aber eindrucksvollen Leistungen an der Staatsoper führten dazu, daß sie in ein Büro gerufen wurde, wo man ihr einen Fünfjahresvertrag anbot. Dieser Vertrag sah ähnlich wie in Basel die Arbeit als Zweitbesetzung vor und garantierte in jeder Spielzeit 15 Vorstellungen an der Staatsoper. Aber Josef Krips fühlte sich verpflichtet, ihr einen Rat zu geben, den sie nicht vergessen hat. Er sagte zu ihr:

> Ihre Stimme ist wie ein strahlender Stern. Aber Sterne müssen an ihrem richtigen Platz sein, sonst kann man sie nicht sehen. Ich glaube, die Staatsoper kann Ihnen heute einen sehr schönen Vertrag mit guten Rollen anbieten, und Sie sind fünf Jahre lang Mitglied des Ensembles. Aber Sie werden viel herumsitzen und nur warten, weil die anderen, die älteren Primadonnen und Kammersängerinnen, die meisten großen Rollen singen und sich die Termine heraussuchen können. Ich glaube, Sie sind keine Stimme, die herumsitzen und warten sollte. Deshalb denken Sie gut nach, bevor Sie den Vertrag unterschreiben.

Er fragte sie, welche Verträge sie noch zur Auswahl habe. München war ähnlich gelagert wie Basel und wollte sie hauptsächlich für das dramatische Repertoire. Sie besprach mit ihm die weiteren Angebote, die ihr die anderen Häuser gemacht hatten, an denen sie probegesungen hatte. Er verglich sie miteinander und kam rasch zu dem Schluß, daß Bremen ihr für ihre Stimme das geeignetste Repertoire anbot. Er sagte: »Sie sind ein lyrischer Sopran mit einem vollen Klang. Dieser Vertrag in Bremen ist der beste für Ihre Stimme. Es wäre schade, wenn Sie bestimmte Dinge zu früh täten. Sie haben ein sehr kostbares Instrument, und sie müssen es sehr gut pflegen.«

Montserrat Caballé dankte Krips für seinen Rat und versprach, gut nachzudenken, bevor sie sich entscheiden würde. Im nachhinein scheint es fast unglaublich zu sein, daß ein junges, hoffnungsvolles Talent von gerade 26 Jahren aus einem Büro an der Wiener Staatsoper herausgehen und einen hieb- und stichfesten Fünfjahresvertrag auf dem Tisch zurücklassen konnte, ohne ihn unterschrieben zu haben. Aber immer wenn es um ihre Stimme und ihre Karriere ging, hatte Montserrat Nerven aus Stahl. Zurück in Basel, ließ sie sich alles noch einmal durch den Kopf gehen und besprach sich mit den anderen Familienmitgliedern, vor allem aber mit ihrem Bruder Carlos. Sie kam zu dem Schluß, daß Krips recht hatte: Sie würde gelangweilt in einer Wohnung in Wien sitzen und entweder darauf warten, daß jemand seine Vorstellung absagte oder sie ein- oder zweimal pro Monat selbst singen durfte. Als sie sich entschieden hatte, rief sie Krips an, um ihm für seinen Rat zu danken und ihm mitzuteilen, daß sie aller Wahrscheinlichkeit nach den Vertrag am Bremer Opernhaus unterzeichnen würde. In jenen Jahren gab es in Wien so viele Starsängerinnen, daß Krips diese Neuigkeit wohl kaum niedergeschmettert hat. Dennoch, nachdem er Montserrat noch einmal versichert hatte, sie habe die richtige Entscheidung getroffen, drückte er sein tiefes Bedauern darüber aus, daß sie nicht Mitglied des Wiener Ensembles würde. Seine Worte zum Abschied hat sie niemals vergessen: »Denken Sie daran, nicht das berühmte Opernhaus macht einen Sänger berühmt. Es sind die berühmten Sänger, die ein Opernhaus berühmt machen.«

Zweifellos ist an Krips' Worten etwas dran. Nur hat Caballé ihren Wahrheitsgehalt nicht in Bremen überprüfen können.

4. Kapitel
1959–1962: Blut, Schweiss und Tränen

Bevor Montserrat Caballé ihren Umzug nach Bremen mit der Unterzeichnung des Vertrages besiegelte, mußte sie noch eine wichtige Formalität erledigen, das rituelle, hausinterne Informations-Gastspiel. Angeblich dazu gedacht, potentielle Ensemblemitglieder mit dem Haus vertraut zu machen, war es in der Praxis für das Opernhaus die letzte Gelegenheit zu entscheiden, ob es mit einem bestimmten Künstler tatsächlich einen Vertrag abschließen wollte. Montserrats Bruder fiel dazu eine wunderschöne Geschichte ein – sie ist wahrscheinlich nicht ganz wahr, aber wenn sie es schon nicht ist, so beschreibt sie den Sachverhalt doch treffend. Sie handelt von einem vielgehaßten Tenor an der Augsburger Oper. Das Augsburger Publikum entdeckte zu seiner Überraschung, daß er ein Gastspiel in Ulm geben wollte. Würde er dort gut ankommen, wäre sein Engagement in Ulm sicher. Die Augsburger kauften jede Eintrittskarte für das Ulmer Gastspiel, an die sie nur kommen konnten, und mieteten Busse, um die Leute nach Ulm zu karren. Der Tenor sang genauso schlecht wie immer, aber diesmal wurde er mit donnerndem Applaus belohnt, was der Intendant des Ulmer Theaters als Beweis für seine Popularität ansah. Sein Engagement war perfekt, und die Augsburger fuhren zufrieden nach Hause.

Montserrats Feuerprobe war eine Aufführung von *La Bohème* mit dem namhaften ungarischen Tenor Sandor Kónya als Rudolf. Sicherheitshalber sei hier angemerkt, daß in Basel keine Busse angemietet worden waren. Wäre es so gewesen, die Schweizer hätten sich bei der Aufführung sehr amüsiert. Denn sie war armselig, und die beiden Hauptdarsteller waren entweder gelangweilt oder verärgert über den glanzlosen Stil des Dirigenten. In der Pause nach dem 1. Akt bildeten Caballé und Kónya einen Kriegsrat und kamen schnell darin überein, daß die Aufführung kaum noch schlimmer werden könnte und sie sich ebensogut einen kleinen musikalischen Streich – und ein Vergnügen dazu – erlauben könnten. Die drei verbleibenden Akte wollten sie auf italienisch singen und nicht mehr auf deutsch, übrigens eine abscheuliche Übersetzung, mit der sie sich bis dahin abgequält hatten. Dem Dirigenten sagten sie jedoch nichts. Wie vorherzusehen gewesen war, verstand er nicht ein Wort Italienisch und mußte plötzlich ganz andere Phrasierungen begleiten und eine andere Dynamik entwikkeln. Unerwarteterweise hatte dies einen belebenden Effekt auf die Aufführung: Sie wurde temperamentvoll und endete mit stürmischem Applaus für beide Sänger. Der Kommentar des Dirigenten war jedoch nicht so wohlwollend.

Nach diesem Erfolg wurde der Dreijahresvertrag mit dem Bremer Opernhaus feierlich unterzeichnet und besiegelt. In Basel verabschiedete sich Montserrat Ende Juni 1959 mit der Jaroslawna in *Fürst Igor*. Bis heute hat sie diese Rolle nicht noch einmal gesungen. Der Übergang vom einen Haus zum anderen war schnell vollzogen. Im Juli zog die ganze Familie in die neue Erdgeschoßwohnung in der Bremer Parkstraße und begann sich während der Sommerspielpause häuslich einzurichten. Montserrat hatte allerdings keine Zeit, sich zu akklimatisieren: Wie es ihre Art war, hatte sie ein Engagement bei den Göttinger Festspielen angenommen. Auf dem Programm standen dort Opern und Oratorien von Händel, und sie gab ihr Debüt in der selten aufgeführten *Ariodante*, in der sie die Ginevra sang. Die Inszenierung wurde sehr gut aufgenommen. Und da die Oper als Koproduktion mit dem Bremer Stadttheater geplant gewesen war, konnte sich Montserrat eines herzlichen Willkommens in Bremen gewiß sein, als nur zwei Wochen später die Spielzeit 1959/60 begann. Ihr Start in Deutschland stand unter einem guten Stern.

Bremen schien – im Gegensatz zu Basel – mit seinem großen Industriehafen und seiner Nähe zum Meer wenigstens etwas Ähnlichkeit mit Barcelona, der Heimatstadt der Caballés, zu haben. Aber damit hören die Gemeinsamkeiten zwischen Barcelona und Bremen auch schon auf. Klima und Temperament der dort lebenden Menschen sind in beiden Städten völlig verschieden, und das hatte im Laufe ihrer Vertragszeit deutliche Auswirkungen auf Montserrats Befinden. Wie in Basel war sie in Bremen die erste Sopranistin des Hauses. Sie war somit eine Angestellte auf Lohnbasis und wurde nicht pro Aufführung bezahlt. Ihr Brutto-Lohn hatte sich im Vergleich zur Schweiz nur geringfügig erhöht. Aber sie hatte nicht mit den wesentlich höheren Lebenshaltungskosten, ganz zu schweigen von den Steuern, gerechnet und war bestürzt, als sie feststellte, daß sie materiell gesehen schlechter dastand als jemals zuvor. Doch in diesen ersten Tagen in einer volkommen fremden Stadt tröstete sie sich mit dem Gedanken an das neue Repertoire, dessentwegen sie ja nach Bremen gekommen war.

Die wichtigste dieser Rollen war die Partie der Violetta Valery in Verdis *La Traviata*. Montserrat hätte sie gerne in Basel gesungen, aber dort durfte sie es nie. Nun hatte sie dazu in einer brandneuen Inszenierung, die unter der musikalischen Leitung des Musikdirektors Heinz Wallberg stand, Gelegenheit. Mehrere Wochen standen für die Vorbereitung und die Proben zur Verfügung bis zur Premiere Anfang September. Wer kennt nicht den Spruch »Hals- und Beinbruch«, mit dem man sich auch unter Theaterleuten vor der Premiere Glück wünscht. Fast hätte Caballé diesen Spruch wörtlich genommen: Violetta hatte sich gerade nach dem Wohlergehen ihrer Gäste erkundigt und die hölzerne Plattform erklommen, auf der sie saßen, als sich einige Holzplanken lösten. Montserrat steckte bis zur Wade in den Planken fest, und der Vorhang mußte heruntergelassen werden, um sie zu befreien. Aber bald hob sich der Vorhang wieder, und die restliche Vorstellung wurde ein beachtlicher Erfolg:

> Erfreulicherweise schnell erholt von dem Schreck über einen kleinen Unfall gleich am Anfang ... erfüllte sie [Montserrat Caballé] die hohen musikalischen und darstellerischen Ansprüche der dominierenden Rolle des Werkes mit überlegenem Können und kultiviertem Empfinden. Ihr Spiel ist überzeugend und gepflegt im Ausdruck, und ihr Sopran hat die Weite zu großer Leidenschaft und zu verhaltener Innigkeit. Ihre Koloraturen wirken nicht wie ein glitzerndes Glasperlenspiel, nicht wie ein Zierwerk, sondern wie ein ins Arabeske sublimiertes gesangliches Espressivo.[1]

Das Repertoire in Bremen bot Caballé die Entwicklungsmöglichkeiten und stellte für sie zugleich eine Herausforderung dar, wie sie dies für den Ausbau ihrer internationalen Karriere benötigte. Aber wie in Basel bedeutete dies nicht, daß sie sich nur auf populäre Werke konzentrierte, obwohl sich viele ihrer früheren Rollen in Bremen wiederholten, so die Donna Elvira, die Aida und die Tosca. Und wie in Basel bestritt sie auch in Bremen beachtlich viele Welturaufführungen. Die erste war *Lady Godiva* von Ludwig Roselius, eine recht ungewöhnliche musikalische Adaption einer englischen Sage, einschließlich des Ritts der nackten Heldin durch die Straßen von Coventry. Neben diesen Premieren gab es eine Reihe neuer Rollen, die Montserrat Caballé zum erstenmal sang. Allein in ihrer Eröffnungs-Spielzeit sang sie ihre erste Tatjana in *Eugen Onegin* und gab mit der Violetta in *La Traviata* ihr Debüt. Diese Rollen zeigen, daß die Leitung der Bremer Oper plante, sie nach und nach in dem schwereren lyrischen Repertoire deutscher Opern einzusetzen. Nach dem Motto: »Wenn sie Tosca, Chrysothemis und Violetta singen kann, dann wahrscheinlich auch Senta, Fidelio und vielleicht sogar Elektra.« Auch in Basel hatte man dies mit ihr vorgehabt, und Montserrat erkannte allmählich, daß die Gründe für ihren Wechsel nach Bremen und die Ablehnung des Angebots in München langsam an Bedeutung verloren. Nach wie vor war sie nicht gewillt, sich in ein anspruchsvolleres Repertoire hineindrängen zu lassen, und nahm deshalb das vertraglich zugesicherte Recht in Anspruch, während der Spielzeit gelegentlich Partien an anderen Opernhäusern zu singen. So konnte sie wenigstens in gewissem Umfang ihr Repertoire bestimmen.

Die erste Gelegenheit zu einem Gastspiel außerhalb Bremens kam im April 1960 mit ihrer geliebten Rolle der Donna Elvira an der Wiener Staatsoper. Die Aufführung war ein Erfolg, und das Ensemble, das in Mozarts Oper so gut zusammengearbeitet hatte – darunter Eberhard Wächter, Teresa Stich-Randall, Erich Kunz und Lisa Otto –, wurde von Ernst Kühnly gefragt, ob es nicht in einer anderen Stadt noch einmal zusammen auftreten wolle. Die Starbesetzung, bei der Montserrat eine der Unbekanntesten war, führte das Werk unter dem Dirigenten Michael Gielen dann im Sommer 1960 am Teatro São Carlo in Lissabon auf. Vom portugiesischen Publikum wurden sie begeistert aufgenommen, aber Lissabon stand noch weniger als Basel oder Bremen im Mittelpunkt des Musikinteresses, und so blieb die Aufführung in der internationalen Opernszene weitgehend unbeachtet. Sie wäre in Vergessenheit geraten, hätte nicht der portugiesische Rundfunk diese Vorstellung live übertragen und für das Archiv aufgezeichnet. Vor kurzem ist diese früheste noch vorhandene Aufführung mit Montserrat Caballé auf CD erschienen. Wenn man sie gehört hat, kann man die uneinsichtig scheinende Haltung der Intendanten in Basel, München und Bremen besser verstehen. Denn diese Stimme mit ihrem kraftvollen Klang und ihrer Sicherheit schien alles singen zu können.

Ernst Kühnly hatte Caballés Wechsel von der Schweiz nach Deutschland wohlwollend zur Kenntnis genommen und fungierte weiterhin als ihr Agent. Nach wie vor vermarktete er seine Künstler äußerst erfolgreich außerhalb Deutschlands. Für Montserrat erzielte er einen beachtlichen Erfolg, als er ihr ein Debüt-Gastspiel an der Mailänder Scala verschaffte. Vier Jahre zuvor war sie dort noch nicht einmal zum Probesingen empfangen worden. Zugegeben, die Rolle war nicht übermäßig bedeutend, es war nur die kleine Partie der Ersten Blumenmagd in *Parsifal*. Aber ebenso wie der Nachtwächter am Ende des 2. Aktes von *Die Meistersinger von Nürnberg* ist es eine durchaus anspruchsvolle Rolle. Die Vorstellungen wurden im Mai 1960 gegeben: Das üppige, neorealistische Bühnenbild hatte Nicòla Benois entworfen; in der ausgezeichneten Besetzung traf die Caballé ihren Bremer Rudolf, Sandor Kónya, wieder, der die Titelrolle sang, Rita Gorr war die Kundry, Gustav Neidlinger sang den Amfortas, und Boris Christoff den Gurnemanz. André Cluytens dirigierte das Orchester. Wahrscheinlich hätte Caballés Debüt in einem Haus, das mehr auf die deutsche Oper und besonders auf Wagner spezialisiert gewesen wäre, mehr Aufmerksamkeit auf sich gezogen.

Als sie nach Bremen zurückkehrte, war ihre nächste Verpflichtung die Rolle der Tatjana in einer Wiederaufnahme der Oper *Eugen Onegin*, die in der vergangenen Spielzeit schon einmal auf dem Programm gestanden hatte. Diese Rolle sollte sie in ihren verbleibenden zwei Bremer Spielzeiten so oft singen, daß sie jeder Wiederaufnahme mit einem gewissen Schrecken entgegensah. Gleichzeitig versuchte Georg Albrecht, erster Dirigent in Bremen, Montserrat dazu zu überreden, die Elektra zu singen, vermutlich aus der zweifelhaften Überlegung heraus, daß sie, wo sie doch schon die Salome gesungen hatte, auch das andere Ungeheuer von Strauss singen könnte. Seine Gedankenspielereien konnte er durch die damals aktuellen Beispiele Inge Borkh und Christel Goltz untermauern, die tatsächlich in beiden Rollen zu hören waren. Hätte Montserrat die Notwendigkeit gesehen, ihm außer ihrer sofortigen Absage ein Gegenargument zu liefern, so hätte sie darauf hinweisen können, daß von keinem dieser Stars erwartet wurde, gleichzeitig die Violetta oder die Fiordiligi im fliegenden Wechsel zu bewältigen. Montserrat wollte sich auf keinen Fall in eine Schublade stecken lassen – und diesem Grundsatz ist sie im Laufe ihrer Karriere als Sängerin stets treu geblieben. So sang sie in den drei Jahren in Bremen neben den erwähnten Rollen die Leonore in *Der Troubadour* [*Il Trovatore*], die Rosalinde in *Die Fledermaus* und die Marie in Smetanas *Verkaufter Braut*.

Wann immer es ihr volles Programm – Üben, Proben, Aufführungen – erlaubte, zog es Caballé, wie in Basel, in die Ferne, um andere Sänger zu hören. Am stärksten ist ihr der Ausflug zu ihrer »Traum-*Tosca*« in Stuttgart in Erinnerung geblieben, mit Renata Tebaldi als Tosca und George London als Scarpia. Während ihrer Bremer Zeit lud man sie immer öfter ein, in anderen deutschen Städten Vorstellungen oder Konzerte zu geben – häufig für den Rundfunk –, darunter zum Beispiel nach Krefeld mit der Rolle der Martha in *Tiefland*.

Das Jahr 1961 hatte spektakulär begonnen, denn Caballé war von der Wiener Staatsoper benachrichtigt worden, sie habe zum zweiten Mal den Goldenen Lorbeerkranz gewonnen, diesmal als Anerkennung ihrer Donna Elvira, der besten Mozart-Interpretation des Hauses im Jahr 1960. Kaum hatte sie diese Neuigkeit erfahren, war es auch schon Zeit, wieder nach Lissabon zu reisen. Nach dem Erfolg von *Don Giovanni* im Vorjahr hatte Kühnly mit dem Teatro São Carlo einen Zyklus von vier deutschen Opern vereinbart.

Montserrats Beitrag zu diesem Repertoire war um einiges gewichtiger als im vorangegangenen Jahr, obwohl ihre Rolle in *Ariadne auf Naxos* eine Fehlbesetzung war. Hier sang sie die Najade, eine Partie, die damals schon unter ihrem Niveau lag, um so mehr als die Ariadne von Teresa Stich-Randall verkörpert wurde, neben der Montserrat in *Don Giovanni* als ebenbürtige Sängerin auf der Bühne gestanden hatte. Aber man hatte sich ihre Zusage mit einem unwiderstehlichen Köder gesichert: mit der Titelrolle in der selten (und jetzt überhaupt nicht mehr) aufgeführten Strausschen Überarbeitung der Gluck-Oper *Iphigenie auf Tauris* [*Iphigénie en Tauride*]. Anläßlich dieser Aufführung fühlte sich die englische Zeitschrift *Opera* zum erstenmal bemüßigt, Montserrat Caballé in einer Kritik mehr als ein Adjektiv zu widmen. »Die spanische Sopranistin Montserrat Caballé, zur Zeit an der Bremer Oper verpflichtet, ließ in der Titelrolle eine guttrainierte, reine und charaktervolle Stimme hören, die aber insgesamt zu jung und unreif klang.«[2]

Niemand erwartet von Kritikern eine hundertprozentige Weitsicht, und vielleicht ist es unfair, als Beispiel diesen unfähigen Kritikers anzuführen. Andererseits kann man von Musikkritikern verlangen, daß sie ihre Ohren richtig »spitzen«. Da sowohl von der Donna Elvira (1960) als auch von der Iphigenie (1961) Tonaufnahmen existieren, kann sich jeder selbst davon überzeugen, daß hier offensichtlich ein außergewöhnliches Talent singt.

Nach ihrer langen Abwesenheit begannen für Caballé in Bremen die intensiven Proben für die große Premiere der Spielzeit 1960/61: die deutsche Uraufführung von *Armida*, Dvořáks letzter Oper, in der sie die Titelrolle sang. Es ist eine der vielen Ironien in Montserrats Leben als Musikerin, daß sie die Armida erstmals in der damals modernsten Opernfassung sang und sich dann, als ihre internationale Karriere begann, zeitlich immer weiter rückwärts bewegte, um Mitte der 80er Jahre über Rossini bei Glucks *Armide* anzukommen. Alle diese Opern haben die gleiche literarische Quelle – Torquato Tassos Epos La Gerusalemme liberata – und thematisieren die Beziehung zwischen der Zauberin Armida und dem Kreuzfahrer Rinaldo während der Kreuzzüge. Die Bremer Oper ließ Dvořáks Werk von seinem Hausdramaturgen bearbeiten, und dieser beschloß zusammen mit dem Regisseur, dem Werk alles Allegorische zu nehmen. Den noch existierenden Fotos nach zu urteilen, war das einzig Erfreuliche an dieser Inszenierung das gelungene Bühnenbild von Günther Schneider-Siemssen, der von 1955 bis 1962 Chef-Bühnenbildner in Bremen war. Die musikalische Leitung hatte Georg Albrecht, der dann zu Anfang der Spielzeit 1961/62 Nachfolger des Musikdirektors Heinz Wallberg wurde.

Diese Aufführung wurde in der Zeitschrift *Opera* ausführlich besprochen. Zwei Drittel der Besprechung verwandte der Kritiker auf die Klage, daß das Publikum durch die Pfuscherei des Dramaturgen und die Kürzungen des Dirigenten wohl kaum in der Lage gewesen sei, das Werk in einer Fassung zu sehen, die dem Komponisten gerecht wurde.* Im vorletzten Satz der Besprechung wird Montserrat, die Armida, schließlich erwähnt: »In den leiseren Passagen war ihre Stimme nicht geschmeidig genug.« Angesichts ihres späteren Ruhms als Sängerin ist diese Kritik nicht nachvollziehbar, besonders wenn man sich die Aufnahme dieser Oper zu Gemüte führt, die seit kurzem erhältlich ist. Die örtliche Presse dagegen war voll des Lobs für Caballés Darstellung und begann langsam zu ahnen, daß da eine besondere Pflanze heranwuchs. Sie selbst konnte sich allerdings überhaupt nicht mit Albrechts Kürzungen und der vollständigen Entmythologisierung des Werkes anfreunden. Nach ihren Erfahrungen in Wien und Lissabon hielt sie immer weniger von dem Bremer Opernhaus. Der bevorstehende Wechsel des Musikdirektors bereitete ihr große Sorgen, denn sie glaubte, er werde erneut Druck auf sie ausüben, schwerere Rollen zu übernehmen. Außerdem hatte sie das Gefühl, daß die Arbeitsmöglichkeiten

---

* 30 Jahre später hat sich daran nicht viel geändert, außer, daß sich die vor allem in Deutschland verbreitete Krankheit, ein Werk »neu zu interpretieren«, nun überall ausgebreitet hat.

in musikalischer Hinsicht bald unakzeptabel wären. Viele Wiederaufführungen wurden ohne angemessene Proben auf die Bühne gebracht; das Gesangsniveau war nicht gut; und der für ein Ensemble so lebenswichtige Zusammenhalt war kaum vorhanden. Mit den meisten ihrer Kollegen verband sie nicht viel, und sie erinnert sich daran, daß die Frauen nur zwei Gesprächsthemen hatten: Frisuren und ihre Freunde. Dies alles stand in starkem Kontrast zur Moral in Basel, wo die Künstler sich und ihren Beruf ernstgenommen hatten und sich mit gegenseitiger Wertschätzung begegnet waren.

Schwer im Magen lagen Montserrat auch ihre schlechten Beziehungen zum Finanzdirektor des Theaters. Ihr Vater war an einer akuten Blinddarmentzündung erkrankt, so daß er sofort operiert werden mußte. Aber die Caballés waren nicht privat krankenversichert, und wieder einmal mußte die Operation von Carlos senior aus eigener Tasche bezahlt werden. Deshalb ging Montserrat zum Finanzdirektor und bat um einen Vorschuß, nachdem sie ihm die Gründe für ihre Bitte genau dargelegt hatte. Als er ihr die Bitte nach einigen Ausflüchten abschlug, war sie wie vor den Kopf gestoßen und schäumte vor Wut. Sie nahm das Tintenfaß von seinem Schreibtisch und schleuderte es mit aller Kraft zu Boden, so daß die Tinte im ganzen Raum umherspritzte. Und als sie die Bürotür hinter sich zuschmetterte, zersprang die Glasscheibe der Tür in tausend Stücke: Für ihre Erneuerung wurde sie – Ordnung muß sein – zur Kasse gebeten. Einige Jahre später rückte der Finanzdirektor in die Leitung der Deutschen Grammophon auf, die Ende der 60er Jahre ebenso wie die EMI versuchte, die nun berühmte Caballé in einen Exklusiv-Plattenvertrag zu locken. Vor allem die Anwesenheit dieses Mannes bei der Deutschen Grammophon war ausschlaggebend dafür, daß die EMI den Zuschlag erhielt.

Neben diesen speziellen Problemen gab es noch andere Gründe, die sich nicht weniger demotivierend auf die Stimmung auswirkten. Das kalte norddeutsche Klima, mit Temperaturen im Winter um den Gefrierpunkt und häufig verregneten Sommern, war für eine Familie aus Barcelona, wo das ganze Jahr über ein mildes Klima herrscht, eine überaus deprimierende Erfahrung. Kein Wunder also, daß Montserrat begeistert davon war, ansonsten unattraktive Rollen wie die dritte Norne in der *Götterdämmerung* und das erste Blumenmädchen in *Parsifal* zu singen. Denn die Opern wurden am Teatro San Carlo in Neapel aufgeführt.

Die Dinge spitzten sich Mitte Oktober 1961 zu, als Montserrat Caballé die Titelrolle in der Wiederaufführung der *Madame Butterfly* sang, die als Neuinszenierung die Spielzeit 1960/61 beschlossen hatte. Im 1. Akt wurde ihr immer übler, und unmittelbar nach dem Liebesduett fiel sie in Ohnmacht. Sie wurde vom Vater des Dirigenten Georg Albrecht versorgt, der als Experte häufig von Musikern und Sängern des Opernhauses konsultiert wurde. Dr. Albrecht untersuchte sie und stellte eine Anämie fest. Er verordnete ihr eine Spielpause von mindestens einem Monat. Das allein war schon beunruhigend genug für Montserrat und ihre Familie. Hinzu kam, daß sie erst kürzlich einen Vertrag für ihr Debüt am Gran Teatro del Liceo in Barcelona unterzeichnet hatte. Dafür hatte sie die Hilfe des Wiener Agenten Vladarski in Anspruch genommen, der in ihrem Auftrag den Intendanten Juan Antonio Pámias überredet hatte, die spanische Premiere von *Arabella* für sie auf die Bühne zu bringen. Die Eröffnungsvorstellung sollte am 4. Januar 1962 sein, die Proben waren für den ganzen Dezember vorgesehen. Nun stand das Projekt auf wackeligen Füßen. Montserrat blieb etwa 20 Tage zu Hause in Bremen und erhielt die notwendigen Medikamente und Spritzen, die ihr der Arzt verschrieben hatte. Außerdem mußte sie Spezialkost zu sich nehmen, zum Beispiel rohe Leber und, wie sie sagt, Hunderte von Äpfeln (kein Wunder, daß es ihr heute schon beim Gedanken an beides den Appetit verschlägt). Ihr gesundheitlicher Zustand besserte sich zusehends, und so konnte sie schließlich viel früher nach Barcelona reisen, als es für das bevorstehende Debüt notwendig gewesen wäre.

Nach Barcelona zurückgekehrt, traf sie sich mit den Bertrands, die sofort einen Termin bei ihrem Hausarzt Alfredo Rocha vereinbarten. Er ordnete weitere Untersuchungen an, die zunächst die Diagnose Anämie bestätigten und zusätzlich eine Hypoglykämie (niedriger Blutzucker) feststellten. Dies war eine Erklärung für ihre zahlreichen Ohnmachtsanfälle in der Vergangenheit. Dr. Rocha vermutete als Ursache ihrer gegenwärtigen Schwäche die leichte Unterernährung in ihrer Kindheit. Er war der Meinung, daß ihr Immunsystem nicht ganz intakt oder sogar geschädigt sei. Infolge der Anämie war ihr Allgemeinzustand geschwächt, und sie war, ihren eigenen Worten zufolge, sehr dünn. Wahrscheinlich hatte sie die Nahrungsdefizite aus ihrer Kindheit in der Basler und Bremer Zeit nie ganz aufgeholt. Zur Bekämpfung der Hypoglykämie verschrieb ihr Dr. Rocha Glucose-Spritzen, die bei der jungen Sopranistin sofort sehr gut anschlugen, so daß sie sich schnell besser fühlte. All dies, verbunden mit dem Aufenthalt in Barcelona, weckte ihre Lebensgeister, und sie schloß daraus, daß ihre Depressionen in Bremen vielleicht köperliche Ursachen gehabt hatten, die nun behoben waren.

Sie warf sich mit einer Entschlossenheit in die Proben für *Arabella*, die sie seit den Basler Tagen nicht mehr gezeigt hatte. Das Ensemble arbeitete gemeinsam daran, diese letzte Frucht der ruhmreichen Zusammenarbeit zwischen Strauss und Hofmannsthal bei ihrer spanischen Premiere zu einem überwältigenden Erfolg zu machen. Auf Montserrat lastete zusätzlich die Bürde, nicht nur ihr Heimatdebüt in Barcelona zu geben, sondern dazu noch in einer glanzvollen Hauptrolle. Obwohl Mandryka und Zdenka beides wichtige Charaktere sind, beschränkt sich deren Hauptfunktion darauf, die Heldin in der Oper gut in Szene zu setzen. Schließlich steht und fällt jede Vorstellung mit der Fähigkeit der Hauptdarstellerin, das Publikum am Schicksal der Arabella teilhaben zu lassen. So im Rampenlicht stehend, muß sich Montserrat immer wieder gefragt haben, ob die anderen Mitglieder des Ensembles und des Produktionsteams genügend Anreiz hatten, sie anzuspornen. Da Montserrats Eltern und ihr Bruder wußten, welche Bedeutung diese Oper für sie hatte, reisten sie von Bremen an, um in der letzten Phase der Proben und bei allen vorgesehenen drei Vorstellungen anwesend zu sein. Nun war die ganze Familie da, um Montserrat zu unterstützen. Und das wichtigste Nebenprodukt dieser Familienzusammenführung war, daß die Caballés nach sechs Jahren im frostigen Norden wieder einmal Weihnachten und Sylvester in ihrer Heimatstadt feiern konnten. Zwar hatten sie kein eigenes Haus mehr und lebten in einer Wohnung, die ihnen Freunde vermietet hatten, aber das beeinträchtigte die Freude über die Wärme, das Licht und die vertrauten Gesichter nur wenig.

Kaum waren die Neujahrs-Feierlichkeiten vorüber, ging es mit neuer Kraft an die Arbeit. Aber es gab Probleme, die Inszenierung an die Bühne des Liceos anzupassen. *Arabella* war die erste von fünf deutschen Opern, die Vladarski für das Opernhaus eingekauft hatte, und viele der Sängerinnen und Sänger sowie das gesamte Produktionsteam waren bei allen fünf Opern beteiligt. Es war fürchterlich, in einem Opernhaus zu arbeiten, in dem es vor Ort keinen Lagerraum gab: Als sich die Generalprobe für *Arabella* näherte, mühten sich die Techniker mit den Bühnenbildern der *Lustigen Weiber von Windsor* und *Don Giovanni* ab, in der Montserrat gleich nach den Strauss-Aufführungen die Donna Elvira singen sollte. Schließlich beschloß der Dirigent Meinhard von Zallinger, die mit Spannung erwartete Premiere um drei Tage zu verschieben. Am 7. Januar 1962 gab Montserrat Caballé schließlich ihr Debüt am Gran Teatro del Liceo, in dem Opernhaus, in dem sie schon als Kind gesessen hatte und in dessen oberen Stockwerken sie als Jugendliche studiert hatte. Die wichtigste Besprechung der Premiere erschien zwei Tage später in der landesweit erscheinenden Zeitung *La Vanguardia* mit Sitz in

Barcelona und stammte aus der Feder des angesehenen katalanischen Komponisten Xavier Montsalvatge. Die Kritik trug die Überschrift: »Dos novedades absolutas para Barcelona: Arabella de Richard Strauss, y la voz de Montserrat Caballé« [»Zwei absolute Neuheiten für Barcelona: Arabella von Richard Strauss und die Stimme von Montserrat Caballé«].

> Mit den Aufführungen von *Arabella*, ihrem Debüt in Spanien ... hat die Sopranistin mit einem Streich ein Niveau erreicht, das sie in die Nähe der beliebtesten Sängerinnen dieser Tage rückt. Es ist bewundernswert, daß Caballé für ihre ersten Aufführungen vor uns ein so extrem schwieriges Werk gewählt hat, das ihre Kräfte bis aufs äußerste auf die Probe stellt, ohne daß sie als Entschädigung dafür mit dem Applaus rechnen konnte, der ihr bei *La Bohème*, *Tosca* oder auch jeder anderen italienischen Oper sicher gewesen wäre ... Es wurde garantiert deshalb ausgewählt, weil Montserrat Caballé ein ausgesprochenes Talent besitzt, deutsche Opern zu singen. Ihre Stimme ist brillant, klar und hat ein Timbre, das durchdringend und trotzdem mühelos die Probleme überwindet, die die Straussche Orchestrierung in Form einer »Klangbarriere« zwischen Sänger und Publikum errichtet. Die Künstlerin muß großes Vertrauen in die Tragfähigkeit ihrer Stimme haben, die sie mit großem Geschick, Freude an *pianissimi* und verfeinerten Phrasierungen einsetzt. Das alles erlaubt ihr, ihre Stimme außerordentlich schön und ausdrucksstark zu formen, womit sie fast an die farbige Bandbreite eines Orchesters heranreicht (was sich wahrscheinlich auch Strauss gewünscht hat). Caballé ist eine große Künstlerin, nicht nur wegen ihrer Stimme, sondern weil sie alle Aspekte gemeistert hat, die notwendig sind, um als Opernsängerin zu bestehen. Ihre Diktion ist von exquisiter Musikalität. Auf der Bühne bewegt sie sich mit Geschick, Würde und Anmut und ist immer ausdrucksstark. Welche Freude, daß all

das von einer unserer Künstlerinnen erreicht wurde, die in der ersten Blüte ihrer Jugend steht.[3]

Montsalvatges Besprechung schloß mit einer Beschreibung der Publikumsreaktion ab: herzlich nach dem ersten Akt, enthusiastisch nach dem zweiten und ekstatisch nach dem dritten. Montserrat hat die Aufführung verständlicherweise noch lebhaft vor Augen:

> Wissen Sie, als ich in dieses große Haus schaute,* in dem alle wie toll schrien, da dachte ich: »Wie wunderbar! Endlich haben sie mich entdeckt!« Ich erinnerte mich daran, wie ich mit sieben Jahren in der Vorstellung von *Madame Butterfly* gesessen hatte, und dann, wie viele Male ich, als ich am Conservatorio war, hier an einer kleinen Tür vorbeigegangen war, die sie für mich öffneten, damit ich die Aufführungen sehen konnte. Und hier stand ich, schaute in den Zuschauerraum und dachte: »So viele Jahre des Wartens, um hier zu sein. Dafür habe ich das alles getan. Ich mußte in ganz Europa arbeiten, um hier anzukommen.« Als Musikschülerin war alles so nah – vom oberen Stockwerk des Hauses nach unten nur ein paar Stufen. Und doch mußte ich solch einen langen Weg gehen, so viele Jahre, durch so viele Länder, nur um diese Treppe hinunterzugehen. Aber es hatte sich gelohnt. Ich war endlich zu Hause angekommen, und ich war sehr, sehr glücklich.

Caballés Verbindung mit dem Liceo sollte ohne Unterbrechung 30 Jahre lang andauern. In all diesen Jahren trat sie in ihrem Stammhaus wenigstens einmal pro Spielzeit auf, sogar

---

* Das ist nicht übertrieben: Der Zuschauerraum des Gran Teatro del Liceo war für fast 3 000 Personen angelegt (bevor er 1994 durch ein Feuer zerstört wurde). Damit war es hinter der Mailänder Scala das zweitgrößte Opernhaus Europas und wiederum halb so groß wie zum Beispiel Covent Garden.

während der langen Zeit, in der das Opernhaus ihre Gage nicht bezahlen konnte, auf die sie deshalb verzichtete. Unmittelbar nach ihrem Debüt folgten weitere 14 Tage der Zusammenarbeit. Auf dem Programm standen noch zwei Vorstellungen von *Arabella* und am 15. Januar 1962 die erste von drei *Don Giovanni*-Aufführungen, in denen sie die Donna Elvira sang. Wieder einmal stand Montserrat Caballé Seite an Seite mit Teresa Stich-Randall als Donna Anna auf der Bühne, während Don Giovanni diesmal von dem ungewöhnlich vielseitigen französischen Bariton Gabriel Bacquier verkörpert wurde. (Francesca Callao, Montserrats ehemalige Mitstudentin am Conservatorio, war die Zerlina.) Das war das erste Mal, daß Bacquier und Caballé zusammenarbeiteten. Doch bauten sie gleich ein sehr enges Verhältnis zueinander auf und traten in den folgenden fünf Jahren regelmäßig gemeinsam auf. Zwar wurde die Vorstellung nicht mit solchen Lobreden wie Caballés Arabella überhäuft, aber die Kritiken waren nichtsdestoweniger äußerst anerkennend. Montserrat Caballé schien zum Liebling des Liceo-Publikums zu werden.

Doch ihre vertraglichen Verpflichtungen zwangen sie, Barcelona wieder hinter sich zu lassen und nach Bremen zurückzukehren. Die ganze Familie kam Anfang Februar dort an, und in der ersten Woche zehrte Montserrat nicht nur vom Erfolg am Liceo, sondern auch von ihrem ungewohnt guten Gesundheitszustand, der Dr. Rochas Behandlung zu verdanken war. Vielleicht hatte sie alles in allem recht damit gehabt, daß ihre frühere Depression in Bremen mit körperlichen Faktoren zusammenhing. Aber sie änderte bald schon ihre Meinung, als sie mit den Proben zu einer nochmaligen Wiederaufnahme von *Eugen Onegin* begann und sie von einem rauhen deutschen Winter eingeholt wurde. Montserrat erinnert sich: »Ich dachte, ich würde sterben, als ich die Tatjana sang.« Der Kontrast zu ihren erst kurze Zeit zurückliegenden Erfahrungen war unerträglich groß. Bald fiel sie in eine noch tiefere Depression als vor ihrer Abreise Ende November. Nichts schien nach Plan zu laufen: Sie fühlte sich desillusioniert wegen des unpassenden Repertoires, das ihr beständig angeboten wurde. Entweder war es keine richtige Herausforderung für sie, oder es war schlichtweg unpassend für ihre Stimmlage. Und vor allem hatte sie genug von Bremens nachlässigem und langweiligen musikalischen Einerlei. Sie fühlte sich, als sei sie freiwillig in ein Gefängnis zurückgekehrt. Auch die Neuigkeit, daß sie Ende der Spielzeit 1961/62 die Rolle der Marie in einer Inszenierung von Smetanas *Verkaufter Braut* übernehmen sollte, war kein Trost.

Ihr Triumph am Liceo war nur einige Wochen alt, da begann sie ernsthaft darüber nachzudenken, das Leben als Sängerin aufzugeben. Wie aus einem Reflex heraus machte sie sich einmal mehr an die trostlose Aufgabe, mit anderen deutschen Opernhäusern in Verhandlungen zu treten. Aber die, die Interesse zeigten, wollten sie für das lyrisch-dramatische Repertoire haben, das sie auf gar keinen Fall singen wollte. Daß sie ihren Vertrag in Bremen unter keinen Umständen verlängern würde, war beschlossene Sache: Die eigentlich drängende Frage war, ob sie es schaffen würde, überhaupt wieder einen Zugang zur Oper zu finden. Bei den noch verbleibenden Möglichkeiten wartete sie ab, so gut sie eben konnte – Hamburg, München und Frankfurt machten alle vage Andeutungen –, und beschloß, über Ostern keinen Gedanken an ihre Situation zu verschwenden. In den dann noch verbleibenden Wochen der Spielzeit nutzte sie die letzte Möglichkeit eines Gastspiels und gab ihr Debüt auf dem Lausanner Festival 1962.

Während die meisten ihrer Gastspiele außerhalb Deutschlands von Ernst Kühnly organisiert worden waren, hatte ihr der in Lausanne ansässige Agent Bernard Lefort diesen Ausflug ermöglicht. Jahre später nahm er in der Opernwelt Frankreichs einige bedeutende Posten ein; er wurde nicht nur ein angesehener Regisseur, sondern auch Künstlerischer Direktor an den Opernhäusern von Marseille, Paris und Aix-en-Provence. Im Gegensatz zu Kühnly, dessen Hauptinteresse bei der Besetzung und Aufführung deutscher Werke lag, fühlte sich Lefort eng mit dem warmen südeuropäischen Klang und dem italienischen Repertoire verbunden. Sein Geschmack und sein Einfluß erweiterten Caballés Repertoire und lenkten es weg von den deutschen Opern, bei denen sie schon so lange in die Lehre gegangen war.

Den ersten Auftritt, den Lefort ihr ermöglichte, war Bestandteil ihres gängigen Opernrepertoires: *Don Giovanni.* Obwohl Montserrat sehr gerne die Donna Anna gesungen hätte, übernahm sie wie immer die Rolle der Donna Elvira. (Sie meint, die Rolle mehr als 130mal gesungen zu haben.)* Neben dem Tapetenwechsel hatte das Engagement in Lausanne noch einen anderen Vorteil: Sie traf wieder auf Bacquier, der die Titelrolle sang. In den anderen Rollen waren der erfahrene Sänger Benno Kusche als Leporello und Magda Laszlo als Anna zu sehen; Dirigent war der zu Unrecht vernachlässigte Jascha Horenstein.

Als sie wieder in Bremen war und für die Smetana-Aufführung probte, erreichten Montserrats düstere Stimmung und Niedergeschlagenheit ihren Tiefpunkt. Ihre Familie hatte sich schon seit mehreren Monaten um sie gesorgt, aber der Aufenthalt in Barcelona und die Tatsache, daß sie dank der Behandlung durch Dr. Rocha kontinuierlich an Gewicht zunahm, hatten sie schließlich beruhigt. Aber ihre Probleme, das wurde nun offensichtlich, hatten nichts mit ihrer körperlichen Verfassung zu tun: Sie steckte in einer schweren psychischen Krise, die sich durch die Kluft zwischen dem Leben in Barcelona und dem in Bremen nur noch mehr zugespitzt hatte.

---

* Leider hat Montserrat Caballé während der ersten Jahre ihrer Karriere nie persönliche oder berufliche Tagebücher geführt, und in vielen Fällen war es unmöglich – die Donna Elviras sind nur ein Beispiel –, die genaue Zahl der Vorstellungen oder die Aufführungsorte herauszufinden.

Kein Angebot der anderen Opernhäuser, die sich alle in etwa glichen, reizte sie auch nur im geringsten. Alle diese Opernhäuser lagen in Deutschland, und sie hatte einfach genug davon. Sie fühlte sich wie eine Gefangene, denn ihr wahres Potential lag ungenutzt und unerkannt in ihr verschlossen. Es sah so aus, als verlöre sie völlig das Interesse an der Musik.

Sie diskutierte tagelang mit ihrem Bruder Carlos, der vor kurzem Brigitte Claus, eine junge Deutsche, geheiratet hatte. (Vor dem Zweiten Weltkrieg war Brigittes Vater Rudolf Claus ein führender Tenor an der Deutschen Staatsoper bzw. Oper Unter den Linden, wie sie damals hieß, gewesen. Sein Repertoire war breitgefächert und reichte von Tamino bis Radamès.) Während ihres gesamten Aufenthaltes in Deutschland hatte sich Montserrat hinsichtlich ihrer Laufbahn immer häufiger auf Carlos' künstlerisches Urteil verlassen. Sie war soweit, mit der Musik ganz aufzuhören, nach Barcelona zurückzukehren, um dort ihr Sprachtalent zu nutzen und Arbeit als Dolmetscherin zu suchen. Da machte ihr Carlos einen folgenreichen Vorschlag: Für die Dauer eines Jahres wollte er sich um das Management ihrer Karriere als Sängerin kümmern. Er würde die notwendigen Verbindungen aufbauen und für sie die richtige Arbeit am richtigen Ort finden. Mit dem Caballéschen Riecher für eine gute Wette nahm Montserrat das Angebot ihres Bruder an. Das war Ende April 1962, und Carlos – 20 Jahre alt – beschloß daraufhin, seine Zelte in Barcelona aufzuschlagen und dort ein Büro aufzubauen. Von da aus wollte er tätig sein, wenn noch nicht als Montserrats Agent, so doch wenigstens als ihr offizieller Sekretär. Ergebnis der Abmachung mit seiner Schwester war, daß er Bremen sofort verlassen und seine junge Frau, die ihr erstes Kind erwartete, mitnehmen sollte. Nach nur wenigen Wochen wurde Carlos von Pámias gebeten, auf inoffizieller Basis auch für das Liceo zu arbeiten.

Pflichtschuldig leistete Montserrat die letzten zwei Monate ihres Vertrags in Bremen ab, wo die Spielzeit am 2. Juli 1962 mit einer Aufführung der *Verkauften Braut* endete. Carlos war in der Zwischenzeit für seine Schwester tätig gewesen, und am folgenden Morgen packten Ana, Carlos senior und Montserrat ihre sieben Sachen und verließen Deutschland Richtung Heimat.

5. Kapitel
1962–1965: Erfüllung

Montserat fühlte sich in Barcelona wie neugeboren: Eine riesige Last aus Depression, Unzufriedenheit und Frustration war von ihren Schultern genommen. Die Familie richtete sich in einer Wohnung in der Avinguda Carles III ein, die sie von Freunden gemietet hatte, und gewöhnte sich schnell wieder an den fröhlichen und schwervermißten Rhythmus des Barcelonier Lebens. Montserrats körperlicher und seelischer Zustand besserte sich zusehends. Dr. Rochas erneut erfolgreiche Behandlung führte zu einer stetigen Gewichtszunahme, die sie selbst mit fast 18 Kilogramm zwischen ihrer Rückkehr und ihrer Hochzeit zwei Jahre später angibt. Dr. Rocha war über diese Entwicklung nicht beunruhigt. Er war der Überzeugung, sie werde die Kilos wieder verlieren, wenn erst einmal die Hypoglykämie durch regelmäßige Glucosezufuhr behoben sei. Seine Voraussage über das Gewicht Montserrat Caballés sollte jedoch ein wenig zu optimistisch sein. Anfangs war Montserrat über diese Entwicklung nicht beunruhigt: Auch wenn sie in die Breite ging, so war dies das erste Mal in ihrem Erwachsenenleben, daß sie bei guter Gesundheit war. Und sicherlich würden sich Dr. Rochas Vorhersagen früher oder später bewahrheiten.

In der Zwischenzeit hatten die Bemühungen von Carlos schon erste Erfolge gezeitigt. Er hatte mehrere Konzerte und Recitals vereinbart, das angesehenste von ihnen waren die Festspiele in San Sebastián. Dort sang Caballé Mitte Juli 1962 die Kantate *La demoiselle élue* von Debussy, *Ein Deutsches*

Requiem von Brahms und *Carmina Burana* von Orff. Carlos war ein erster Durchbruch gelungen, als er für Montserrat die Sopranrolle in mehreren europäischen Premieren von Pablo Casals' *El Pessebre* sichern konnte. Den Komponisten und Cellisten, der seit dem Franco-Regime im sebstgewählten Exil in Puerto Rico lebte, versetzte die junge katalanische Sopranistin in helle Begeisterung. Er war durch seinen Bruder Enrique, der in Barcelona einen Plattenladen hatte und ein guter Freund der Bertrands war, auf Caballé aufmerksam gemacht worden. Pablo Casals war sehr zufrieden, daß eine Landsmännin aus Barcelona die pazifistische Botschaft seines Oratoriums verbreiten sollte. Das Werk war von dem Cellisten als sein persönlicher Beitrag für den Frieden gedacht und bereits Anfang 1962 in Nord-, Mittel- und Südamerika zum erstenmal aufgeführt worden. Nun hatte Montserrat die Ehre, es dem französischen und italienischen Publikum vorzustellen. Die Spanier waren natürlich ausgenommen, denn alle Werke Casals waren in seinem Heimatland verboten. Den ganzen Herbst dieses Jahres über standen Aufführungen von *El Pessebre* unter der Leitung des Komponisten und unter Mitwirkung von Rosario Gomez, Raimundo Torres und Juan Oncina in Florenz, Assisi und Toulouse (im Capitole am 2. und 4. Oktober) auf dem Programm.

Diese Tournee hatte großen Erfolg: Abgesehen davon, daß sie für Montserrat Caballé musikalisch eine immense Befriedigung darstellte, diente sie auch dazu, ihren Namen einem europäischen Publikum bekannt zu machen, und zwar mit mehr Nachdruck, als dies bisher der Fall gewesen war. Während der verbleibenden Spielzeit 1962/63 ging sie auf eine ausgedehnte Recital-Tournee in mehr als 50 verschiedenen Orten Nord- und Zentralspaniens, darunter Salamanca, Valladolid, Vigo, La Coruña, León, Vitoria, Pamplona und Bilbao. Ihr Begleiter auf dieser anstrengenden Tour war kein geringerer als Pedro Vallribera, ihr früherer Klavierlehrer am Conservatorio und der Mann, der sich vor gar nicht so langer Zeit dafür eingesetzt hatte, daß Montserrat ein Stipendium erhielt und ihren Unterricht fortsetzen konnte. Das Tourneeprogramm war äußerst anspruchsvoll, ganz in der Tradition ihrer Lehrerin Conchita Badía und ihrer eigenen Erfahrungen aus der Schweiz und Deutschland stehend. Man fragt sich, wie einige dieser anstrengenden Abende mit Stücken von Brahms, Schubert, Schumann, Händel, Scarlatti, Mozart und Debussy in den spanischen Provinzstädten angekommen sein mögen. Wie auch immer, sie setzten eine Qualitätsmarke, der Montserrat, mit kleinen Abweichungen, in all ihren folgenden Recitals treu blieb.

Währenddessen hatte Carlos weitere Kontakte geknüpft, um die Karriere seiner Schwester voranzutreiben und eine erste Schallplatte mit ihr aufnehmen zu lassen. Er hatte darüber mit Oriol Martorell gesprochen, Chorleiter des San-Jordi-Chors (der in *El Pessebre* gesungen hatte). In seiner Funktion als freischaffender Plattenproduzent arrangierte er ein Treffen zwischen Carlos und Herrn Solís, Geschäftsführer von Vergara Records. Dieser hatte einige Aufnahmen von den ersten Auftritten Montserrats in Basel und Bremen gehört, die sich im Besitz der Familie Caballé befanden. Er war immerhin so beeindruckt, daß er der offensichtlich aufstrebenden jungen Sopranistin einen Plattenvertrag anbot. Diese Zusammenarbeit zeigte schon bald erste Ergebnisse: eine in Barcelona produzierte Platte (30. November 1962), den Orchesterstücken Eduard Toldràs, einem bekannten katalanischen Dirigenten und Komponisten, gewidmet, der ein paar Monate zuvor gestorben war. Montserrat ist immer noch stolz auf diese Einspielung, ihre erste professionelle Studioaufnahme, nicht zuletzt, weil alle Lieder auf katalanisch aufgenommen wurden, unter Franco eine mutige Entscheidung.

Caballés Aktivitäten wurden von ihrem ersten Auftritt am Liceo seit ihrer Rückkehr aus Deutschland unterbrochen. Im Dezember 1962 sang sie dort die Partie der Gräfin in *Figaros Hochzeit*. Diese Rolle war nicht nur ein Zeichen der Wertschätzung, die man ihr entgegenbrachte, sondern auch eine Erfüllung des Versprechens, das sie einst den Bertrands gegeben hatte, dem Liceo immer die Treue zu halten. Der herzliche Empfang machte ihr klar, daß die Rückkehr nach Barcelona das einzig Richtige gewesen war, und der Erfolg ihrer regelmäßigen Liederabende bestärkte sie in diesem Gefühl. Als Carlos Caballé seine Schwester im April 1963, genau ein Jahr nach ihrem Abkommen, fragte, ob sie das Singen immer noch aufgeben wolle, gab sie ihm deutlich zu verstehen: »Vergiß es!« Montserrats Entscheidung, weiter zu singen, stand um so fester, als Carlos und Bernard Lefort äußerst aktiv für sie geworden waren. Der Vertrag, den Carlos mit Vergara ausgehandelt hatte, sollte auf die Aufnahme von Werken des katalanischen Komponisten Frederico Mompou ausgeweitet werden. Mompou begleitete die Sopranistin für die Aufnahme persönlich am Klavier.

Neben diesen beiden beachtlichen ersten Schallplattenaufnahmen, die auf das Konto von Carlos gingen – leider wurden sie nie außerhalb Spaniens veröffentlicht und waren jahrzehntelang nicht erhältlich –, hatte Lefort für Montserrat einige Bühnenverträge geschlossen. Einer davon sorgte in der zweiten Hälfte des Jahres 1963 in Rouen für ihr Operndebüt in Frankreich, und zwar in Verdis *Don Carlos* (alle fünf Akte und in der französischen Originalsprache), gefolgt von *Don Giovanni*. 1964 trat sie in *Don Carlos* und in *Figaros Hochzeit* nochmal in Marseille auf, und alle vier Aufführungen führten sie jedesmal wieder mit Gabriel Bacquier zusammen. Ihr Debüt der Pamina in der *Zauberflöte* gab sie 1963 bei den Festspielen von Lausanne; ihre Kollegen waren Mady Mesplé, Gottlob Frick und Fritz Wunderlich.*

---

* Montserrat zufolge wurde eine der Aufführungen aufgezeichnet, und sie ist sich sicher, daß eine Aufnahme in den Archiven des Schweizer Rundfunks überlebt haben muß.

Schließlich kam es noch zu einer ausgedehnten Mittelamerika-Tournee mit Recitals im Frühherbst, die kurz nach ihrem ersten Auftritt in La Coruña in der Rolle der Cho-Cho-San begann.

All diese Auftritte hatte Carlos in seiner Funktion als Montserrats »Sekretär« abgeschlossen. Aber da er die Wette gewonnen hatte, daß sich nach ihrem Weggang aus Bremen innerhalb eines Jahres alles radikal ändern würde, und Montserrat entschlossen war, weiterzumachen, wurde es nötig, ihrer Beziehung einen offiziellen Charakter zu geben. Sie bat ihn, einen Vertrag aufzusetzen. Er tat es und legte (nicht ganz ernstgemeint) die Grundzüge ihrer Partnerschaft dar: »Ich, Carlos Caballé, werde das Management für die Karriere meiner Schwester, Montserrat Caballé, übernehmen, indem ich ihr Repertoire forme, ihre Auftrittsorte auswähle usw., unter der Voraussetzung, daß ich dafür verantwortlich bin, daß sie keine schlechten Dinge auf der Bühne anstellt, und sie für mich verantwortlich ist und dafür sorgt, daß ich keine schlechten Dinge im Leben anstelle.« So wurde Carlos Montserrats weltweit agierender Manager, denn die Bezeichnung »Agent« mochten beide nicht. Zwei Jahre später, nach Montserrats triumphalen Debüt in New York, war Carlos in der Lage, sein eigenes Büro in der Via Augusta, gleich hinter der Diagonal zu eröffnen. Bis zum heutigen Tag steht dort unter dem Namen Carlos Caballé: Manager für Künstler.

Die Art und Weise, wie Carlos ihr Leben als Sängerin organisierte, brachte für Montserrat große Erleichterungen. Zwar hatte sie als freiberufliche Sopranistin einige Risiken zu tragen, denn sie mußte auf all die Sicherheiten und Gewißheiten verzichten, die sie als Festangestellte eines deutschen Opernhauses genossen hatte. Aber Montserrats Wanderleben stand in scharfem Kontrast zu dem stumpfen Alltag, der sie zuletzt so deprimiert hatte, und sie empfand dies als Befreiung für Musik und Geist. Für ihre zukünftige Entwicklung als Künstlerin war dies eine entscheidende Erkenntnis. Niemals mehr sollte sie sich in ihrer beruflichen Laufbahn der Tyrannei einer Festanstellung unterwerfen. Weder Plattenfirmen noch Opernhäuser konnten sie, als aus ihr eine Berühmtheit geworden war, jemals damit ködern. Vielmehr fand Montserrat im Laufe des Jahres 1963 endlich jene Erfüllung in ihrem Beruf, nach der sie so lange gesucht hatte, und ihre Freude am Musizieren kehrte zurück.

Mitte des Jahres machte Montserrats Karriere unerwartet einen riesigen Schritt nach vorne, als Victoria de los Ángeles durch ihre fortgeschrittene Schwangerschaft gezwungen war, ihre Teilnahme bei den Festspielen in Granada abzusagen. Montserrats hervorragender Ruf, zumindest in ihrem Heimatland Spanien, machten sie zur ersten Wahl als Ersatzsängerin. Da für komplizierte Korrekturen keine Zeit mehr blieb, wurde das Programm nur geringfügig geändert, und Montserrat erbte die Klavierbegleitung von Victoria de los Ángeles, Miguel Zanetti.* Das äußerst abwechslungsreiche Programm, mit Stücken von Schubert, Debussy und de Falla, kam beim Publikum hervorragend an, und man beschloß, eine Langspielplatte mit dem Solo-Programm aufzunehmen. Da Live-Aufnahmen Anfang der 60er Jahre noch nicht beliebt waren, ließ Vergara im Anschluß daran die Höhepunkte des Konzerts im Studio aufzeichnen, und so entstand Caballés dritte Schallplatte.

Nach der *Zauberflöte* in Lausanne fuhr Montserrat zu den Proben für die Einzelvorstellung der *Madame Butterfly* bei den Festspielen in La Coruña (August 1963). Puccinis Oper hatte in ihrem bisherigen Leben immer eine schicksalhafte

---

* Er stand damals am Anfang seiner Karriere und begleitete Montserrat Caballé in der Folge bei Schallplattenaufnahmen und Recitals mehr als 25 Jahre lang. Er arbeitete mit fast allen bedeutenden spanischen Sängern zusammen und ging schließlich als Professor für Klavier an das Conservatorio in Madrid.

Bedeutung gehabt: Schließlich war es die erste Oper, die sie gesehen hatte, und aus ihr stammte die erste Arie, die sie auswendig gelernt und gesungen hatte. Als sie nach La Coruña, einem großen galicischen Industriehafen im äußersten Nordwesten Spaniens gelegen, reiste, muß sie sich gefragt haben, was das Schicksal diesmal für sie bereithalten würde. Die Antwort in diesem Fall war: eine Menge. Die Rolle des Linkerton sang der heute völlig unbekannte Tenor Alfonso de la Morena. Aber Caballé zufolge hatte seine Stimme Ähnlichkeit mit der Pavarottis. Bis zum Tag vor der Generalprobe war alles glattgegangen, doch dann wurde Morena krank und sagte gezwungenermaßen ab. In La Coruña brach Panik aus, denn man hatte für keinen Ersatzsänger gesorgt, und die relativ isolierte Lage des Ortes ließ es unwahrscheinlich erscheinen, so kurzfristig einen zu bekommen. Bevor man gänzlich in Hysterie verfiel, hatte Montserrat eine gute Idee. Sie erinnerte sich an den Tenor, den sie einen Monat zuvor gehört hatte. Damals war die ganze Familie Caballé zur Stierkampfarena in Barcelona gepilgert, in der die Oper *La Bohème* gegeben wurde. Der Name des Tenors war Bernabé Martí. Zum erstenmal hatte ihn Montserrat im August 1962 im Teatro Calderón an der Rambla de Catalunya gehört, in der Rolle des Herzogs von Mantua in *Rigoletto*: Sein Erfolg beim Publikum war so groß gewesen, daß er als Zugabe »La donna è mobile« angestimmt und bei Montserrat einen nachhaltigen Eindruck hinterlassen hatte. Noch heute glaubt Montserrat, daß sie sich bei dieser ersten Begegnung nur von der Qualität seiner Stimme angezogen fühlte. Sie erinnert sich:

> Nachdem ich in Bremen drei Jahre lang das italienische Standardrepertoire mit deutschen Sängern auf deutsch gesungen hatte, hatte ich mich an Stimmen gewöhnt, die klangen wie Stockfische. Aber jetzt dachte ich bei mir: endlich! Eine Stimme, eine richtige Stimme mit Ausdruck und Kraft. Das ist ein Tenor! Und dann sang er »La donna

è mobile« als Zugabe. Das zweite Mal war es sogar noch schöner, und ich erinnere mich, daß ich gedacht habe, wie gerne ich mit ihm singen würde.

Dieser ersten »musikalischen Begegnung« war kein persönliches Treffen der beiden gefolgt, aber bei einem späteren Ausflug in die Stierkampfarena kam es dazu. Die Mimi in *La Bohème* war Mirna Lacambra, Montserrats ehemalige Studienkollegin am Conservatorio, und es war ganz normal, daß Caballé nach der Aufführung hinter die Bühne ging, um ihr zu gratulieren. Außerdem war es möglich, so den Tenor zu treffen, den sie immer faszinierender fand. Mirna nahm die Angelegenheit in die Hand und führte Montserrat zum Umkleideraum des Tenors. Doch das Treffen verlief nicht sehr erfolgreich. »Er war kühl, distanziert und gentlemanlike. Sehr förmlich und höflich, aber überhaupt nicht herzlich. Ich war sehr enttäuscht und dachte bei mir: ›Wieso kann er nicht so wie auf der Bühne sein, so männlich und kraftvoll?‹«

Nachdem sich Morena in La Coruña krankgemeldet hatte, sprach Montserrat mit Diego Monjo, dem Regisseur von *Madame Butterfly*, über jenen Tenor, der sie in Barcelona – zumindest stimmlich – so sehr beeindruckt hatte. Monjo hatte Bernabé bereits bei dessen Debüt am Liceo kennengelernt und in der Folgezeit schon einmal mit ihm zusammengearbeitet, so daß er von Bernabés stimmlichen Qualitäten nicht überzeugt zu werden brauchte und sogleich mit ihm in Kontakt trat. Bernabé nahm die Rolle des Linkerton an, obwohl nur noch zwei Tage bis zur Aufführung blieben. Er hatte allerdings zwei Probleme: Was war der schnellste Weg von Barcelona, wo er bei den Fletas lebte, nach La Coruña? Und wie sollte er, trotz seiner Behauptung, die Rolle zu kennen, sie über Nacht lernen. Denn alles, was er bis jetzt von ihr kannte, waren die Arie »Addio, fiorito asil« aus dem 2. Akt und das Liebesduett. Dieser Zustand seliger Unwissenheit war von keinem geringeren als Miguel Fleta selbst gefördert worden.

Er hatte stets gesagt: »Mußt Du sonst noch etwas von Linkerton wissen?« Dieses geflügelte Wort hatte Bernabé bereitwillig übernommen. Seit Jahren schon lebte er in dem Haus, das Miguel junior, dem Sohn des berühmten Tenors, gehörte. Und dieser fand rasch eine Lösung für diese beiden Probleme: Bernabé sollte nach Madrid fliegen, wo er die Partitur kaufen konnte, und sie im Zug nach La Coruña lernen.

Als Bernabé ankam, mußte er sofort an der Generalprobe teilnehmen, und dabei stellte sich heraus, daß die Rolle, trotz konzentrierten Notenstudiums über Nacht, nicht hundertprozentig saß. Seine Verlegenheit wurde nur noch größer, als ihn der Dirigent ziemlich scharf zurechtwies. Montserrat versuchte ihn, so gut sie konnte, aufzuheitern und sagte ihm, daß er eine wirklich ausgezeichnete Stimme habe. Aber das konnte nicht darüber hinwegtäuschen, daß die Generalprobe danebengegangen war. Die Aufführung war für den nächsten Tag angesetzt, und der Tenor steckte in der verbleibenden Zeit seinen Kopf tief in die Noten. In *Madame Butterfly* steht Linkerton am Anfang ganz allein auf der Bühne und macht sich Gedanken über seine Hochzeitsvorbereitungen, bevor Cho-Cho-San zu singen beginnt. Als der Vorhang sich hob, war Bernabé deshalb ganz auf sich gestellt, und Montserrat hatte gerade noch Zeit für einen letzten Ratschlag, bevor sie davonhuschte: »Was Sie können, können Sie. Und was Sie jetzt noch nicht können, lernen Sie auch nicht mehr. Ich tue, was ich kann, wenn ich auf die Bühne komme!« Zwar war das Duett musikalisch gelungen, aber der Tenor war so sehr damit beschäftigt, sich an seine Rolle zu erinnern, daß er im Verlauf des Bühnendramas kaum je einen aktiven Part übernahm. So vergaß Linkerton am Ende des 1. Aktes, seine Geisha-Braut zu küssen, die ihm hinter ihrem kunstvoll gehaltenen Fächer eifrig Anweisungen zuzischte. Trotz allem ging die Vorstellung einigermaßen gut über die Bühne, und es gab noch einen Sonderapplaus für den Tenor, der die Oper »gerettet« hatte.

Montserrat, enttäuscht darüber, daß dieses Treffen mit Martí folgenlos geblieben war, fuhr zurück nach Barcelona und stürzte sich in die Vorbereitungen für die bevorstehende Recital-Tournee, die sie fast den ganzen Herbst über durch Länder Mittel- und Südamerikas führen sollte. Stationen der Tour waren Mexico City, Chihuahua, Monterey und Puerto Rico. Als sie in Chihuahua gerade mit ihrem Bruder beim Hotel Ritz angekommen war, sah sie eine Gruppe traditionell gekleideter Indianer, die die Straße herunterkamen, und floh, um ihr Leben fürchtend, in das Foyer des Hotels. Ansonsten war Montserrats Rundreise durch die spanischsprachige Musikwelt eine sehr befriedigende Erfahrung, und ihre Auftritte bekamen positive Kritiken, wann immer die Presse vor Ort eines ihrer Konzerte besuchte.

Ende Oktober kehrte sie nach Europa zurück, um einen Vertrag mit dem Théâtre des Arts in Rouen zu erfüllen. Dort sang sie zum erstenmal Elisabeth von Valois in *Don Carlos*. Es war bemerkenswert, daß diese Vorstellungen in der französischen Originalsprache und ungekürzt mit dem 1. Akt in Fontainebleau gesungen wurden. Zwischen diesen Aufführungen und den Proben für *Don Giovanni* reiste Montserrat zusammen mit ihrer Mutter nach Paris. Lefort hatte an der dortigen Oper für sie einen Termin zum Probesingen arrangiert. Im Palais Garnier sang sie in einem der zahlreichen Säle hinter der Bühne »D'amor sull'alli rosee«, die Arie der Leonore aus dem 4. Akt von *Der Troubadour*. Was Montserrat nicht erwartet hatte, geschah: Sie wurde abgelehnt, und es konnte sie nur wenig trösten, daß der Grund ihrer Ablehnung war, sie klinge zu sehr wie Zinka Milanov. Jedes andere Opernhaus der Welt mit einer ähnlich dünnen Finanzdecke wäre froh gewesen, ein ganzes Heer solcher Milanov-»Imitationen« zur Verfügung zu haben; nicht aber das Palais Garnier. Zutiefst desillusioniert trottete Montserrat über die Place de l'Opéra, als sie über Bernabé Martí und Miguel Fleta junior stolperte. Sie waren guter Laune, weil Bernabé gerade erfolgreich für die bevorstehenden Festspiele in St. Etienne probegesungen hatte und ihm die Titelrolle in Massenets *Werther* angeboten worden war. Galant sprach er ihr sein Mitgefühl über das fehlgeschlagene Probesingen aus und erinnerte sie daran, daß sie bald wieder zusammenarbeiten würden. Denn ihr Bruder Carlos hatte eine Wiederholung ihres gemeinsamen Auftritts in La Coruña arrangiert. Im Dezember sollte *Madame Butterfly* am Liceo aufgeführt werden, mit Caballé als Cho-Cho-San und Martí als Linkerton. Mit diesen Aussichten stieg ihre Stimmung wieder etwas, obwohl sie sein Benehmen viel zu förmlich fand.

Zurück in Barcelona standen im November die Proben für *Madame Butterfly* an. Während einer dieser Proben kam sie mit José Damaret, dem Perückenmacher des Liceo, auf Bernabé Martí zu sprechen. Er rückte mit der Information heraus, Bernabé habe zur Zeit eine Affäre mit einer Frau aus Bilbao, aber es sei wahrscheinlich nichts Ernstes. Montserrat hielt in dem Gespräch nicht mit ihrer Meinung zurück, sie halte Bernabé für einen sehr schüchternen, ziemlich zugeknöpften Mann: Er habe es auf dem Höhepunkt des Liebesduetts in *Madame Butterfly* noch nicht einmal fertiggebracht, sie zu küssen. Sie hoffe, es werde diesmal besser werden. Damaret gab – ganz nach der berühmt-berüchtigten Tradition von Bühnenklatsch und -intrige handelnd – die Meinung der Sopranistin weiter. Am Premierenabend, dem 8. Dezember 1963, preßte Bernabé Montserrat heftig an sich und gab ihr einen langen, leidenschaftlichen Kuß, und sie glaubte, er werde überhaupt nicht mehr enden. Das machte sie äußerst nervös und ärgerlich.

> Ich fiel beinahe in Ohnmacht, fühlte mich aber auch sehr beleidigt, und in der Pause schnauzte ich ihn an: »Wie können Sie sich einer Dame gegenüber so vor dem Publikum aufführen!« Und er sagte: »Einer Dame gegenüber nicht, aber einer Frau, die sagt, ich sei schüchtern, schon!« Oh, ich hätte ihn am liebsten auf der Stelle umgebracht.

Zum Glück tat sie es nicht. Denn trotz ihres Ärgers war sie, wenn sie mit kühlem Kopf nachdachte, davon überzeugt, Bernabé sei der Richtige für sie.

> Bernabé war nicht wie die anderen, die mir wegen relativ banaler Dinge Komplimente machten und dann dazu übergingen, über ihre Auftritte zu reden. Der Kuß war eine totale Überraschung. Und obwohl ich ihn erst einige wenige Male gesehen hatte, wußte ich, daß er der Mann fürs Leben war.

Doch zunächst konnte sie die Dinge nicht weiterverfolgen, denn die Aufführung am 8. Dezember war die einzige *Butterfly*, die sie zusammen am Liceo gaben. Zehn Tage später, kurz vor Weihnachten, liefen sich die beiden über den Weg, und zu Montserrats Überraschung lud er sie ein, mit ihm auszugehen. Sie wollten sich um sechs Uhr abends im Café Milan am Passeo de Gràcia treffen. Montserrat Caballé weiß noch genau, wie sie auf ihrem Stuhl saß und ungeduldig wartete. Nach 20 Minuten war sie überzeugt, daß er nicht mehr kommen würde, und sie stellte sich schon auf die demütigende Erfahrung ein, beim ersten Rendezvous ihres Lebens versetzt worden zu sein. Sie beschloß, noch zehn Minuten zu warten, und schließlich tauchte Bernabé atemlos und mit einer Entschuldigung auf den Lippen auf. Mehr als 30 Jahre später kann sie sich an den Grund für seine Verspätung nicht mehr erinnern, aber sie weiß noch, daß sie damals dachte: »Was immer er auch sagen wird, ich glaube ihm. Jemand, der so korrekt, so ernsthaft ist, lügt nicht.« Sie tranken etwas und beteiligten sich dann an der Lieblings-Freizeitbeschäftigung der Barcelonier: die Rambles spätabends hinauf- und hinunterzuschlendern. Er brachte sie nach Hause und nahm ihr das Versprechen ab, in der kommenden Woche mit ihm zum Abendessen zu gehen. Einige Tage später verabredeten sie sich im Restaurant Costa Vasca. Montserrat ließ sich nicht mehr von glanzvollen Restaurants einschüchtern, aber selbst sie war beeindruckt, als sie, nachdem sie Platz genommen hatte, am Nebentisch Orson Welles speisen sah.

Das Gespräch während des Essens wurde von Montserrats Seite aus immer gefühlsbeladener und von Bernabés Seite her immer ehrlicher. Vielsagend erklärte er, daß er nicht viel vom Heiraten halte, da ihm seine Unabhängigkeit sehr wichtig sei. Montserrat war wie vor den Kopf gestoßen, riß sich aber soweit zusammen, ihm zu sagen, sie hielte es für besser, sich nicht mehr zu treffen. Bernabé zeigte sich überrascht von diesem Vorschlag. Verbrachten sie denn nicht eine schöne Zeit miteinander? Darauf erklärte Montserrat wie aus heiterem Himmel, sie sei in ihn verliebt. Und wenn er nicht an eine spätere Heirat glauben würde, so verzichte sie lieber ganz darauf, ihn zu sehen. An diesem Punkt wurde ihm nicht nur die Tiefe ihrer Gefühle für ihn bewußt, sondern auch eine bedeutende Seite ihrer Persönlichkeit. Bisher hatte er vermutet, daß eine solch erfahrene Opernsängerin eine Frau von Welt sein und die ersten Liebeserfahrungen und sexuellen Beziehungen hinter sich haben müßte. Die Wahrheit sah ganz anders aus, das dämmerte Bernabé jetzt. Mit einem Mal verstand er, wie verletzlich und unsicher sie war und die ganze Situation weitaus ernster war, als er angenommen hatte. Diplomatisch versuchte er, das Gespräch auf ein anderes Thema zu bringen, nicht zuletzt deshalb, weil Montserrat ihn, was seine eigenen Gefühle betraf, ins Nachdenken gebracht hatte. Er schlug vor, tanzen zu gehen, aber sie lehnte ab, und der Abend kam zu einem vorzeitigen Ende. Beide brauchten offensichtlich Zeit, um nachzudenken.

Am 15. Januar 1964 rief Bernabé Montserrat zu Hause an: Er stand kurz vor seiner Abreise nach Paris, und sie hatte einen Termin in Madrid. Dort trat sie mit dem Orquestra Nacional de España unter Rafael Frühbeck aus Burgos in Strauss' *Vier letzte Lieder* und der Schlußszene der *Salome* auf. Das Konzert wurde vom spanischen Fernsehen aufgezeichnet. Sie wünschten sich gegenseitig alles Gute, und verabredeten ein Treffen nach Montserrats Rückkehr aus Genf. Dort sollte sie die Hauptrolle im selten aufgeführten Oratorium *Das Paradies und Die Peri* von Schumann singen; begleitet wurde sie vom Orchestre de la Suisse Romande.* Die beiden trafen sich Ende Januar wieder, und Bernabé teilte ihr seine bevorstehenden Verpflichtungen in Frankreich mit: Don José mit der bekannten französischen Sopranistin Géori Boué als Carmen in Paris und etwas später der Werther in Marseille. Er glaube, diese Auftritte würden den Grundstein für eine solide Karriere legen, und er müsse, wenn seine Vermutung richtig wäre, wissen, wo er sie während seiner Abwesenheit erreichen könne. Montserrat hatte fast den ganzen Februar 1964 hindurch ein Engagement in Marseille, wo sie die Rolle der Margarethe im *Faust* übernommen hatte.

Während ihres Aufenthalts in Marseille rief Bernabé sie zweimal aus Paris an. Das erste Mal war es kurz vor der *Faust*-Premiere, am 14. Februar, um ihr Glück zu wünschen. Zwar war das Glück Montserrat hold, aber Bernabé hätte seine guten Wünsche auf die anderen Künstler ausdehnen sollen: Das Publikum hatte sich im ersten Akt so sehr auf den Tenor und den Baßsänger eingeschossen, daß die ganze Jahrmarkt-Szene bis zu Margarethes erstem Auftritt unter rhythmischem Klatschen des Publikums, begleitet von den Rufen »Remboursé! Remboursé!« [Geld zurück!«], aufgeführt wurde. Das zweite Mal rief Bernabé sie gegen Ende ihres Engagements an und meinte nur: »Ich muß Dir etwas sehr Wichtiges sagen. Was ich sagen will, kann ich nicht am Telefon mit-

* Diese Aufführung wurde dort am 28. Januar 1964 gegeben und vom Schweizer Rundfunk aufgezeichnet. Der Kritiker im *Journal de Genève* schrieb, Caballé habe eine ungewöhnlich schöne Stimme, eine der bestausgebildeten, die man in den letzten Jahren gehört habe. Auch hier ist Montserrat der Meinung, daß die Aufnahme noch im Rundfunkarchiv existieren muß.

teilen. Deshalb komme ich morgen nach Marseille.« Aufgeregt fragte Montserrat, was es denn so wichtiges gebe und warum er kommen wolle. Er antwortete nur: »Du stellst immer dieselben dummen Fragen!« und legte auf.

Am folgenden Tag saß sie gespannt wie ein Flitzebogen in der Hotelhalle, wie immer in Begleitung ihrer Mutter. Bernabé betrat das Hotel, ging zu den beiden Frauen hinüber und wandte sich gleich an Montserrats Mutter: »Señora Caballé, ich bin ein einfacher Mann; ich bin nicht sehr diplomatisch, und ich verstehe mich nicht auf geschwungene Reden. Ich möchte Ihre Tochter heiraten.« Den beiden Frauen verschlug es die Sprache; aber dann entgegnete Ana ziemlich ernst: »Das sollten Sie besser meine Tochter fragen.« Als er seine Frage diesmal Montserrat stellte, zögerte sie einen Augenblick: »Wir müssen miteinander reden. Laß uns irgendwo hingehen.« Sie gingen nicht sehr weit, und das Gespräch dauerte nicht sehr lange. Als Ana Caballé ihre Tochter wiedersah, war sie verlobt.

Am nächsten Tag brachen die drei gemeinsam nach Barcelona auf, wo bei den Caballés zu Hause einige hitzige Debatten entbrannten. Carlos senior freute sich sehr für seine Tochter, doch Ana hatte grundsätzliche Einwände gegen die Verbindung, zum Teil wegen einer eventuellen Unterbrechung von Montserrats Karriere, zum Teil wegen des erklärtermaßen bescheidenen finanziellen Hintergrunds Bernabés. Carlos junior wiederum war begeistert und wollte, daß alles, was seine Schwester glücklich machte, so schnell wie möglich in Erfüllung ginge. Diese Auseinandersetzung führte zu beträchtlichen Spannungen in der Familie, woran auch Montserrats überstürzte Abreise nichts änderte. Sie fuhr zu ihrem nächsten Engagement: Zusammen mit Bernabé trat sie in einer weiteren einmaligen Aufführung der Oper auf, die schon zum Leitmotiv ihrer Liebesgeschichte geworden war: *Madame Butterfly*. Nach dieser Vorstellung – mit der bis dato leidenschaftlichsten Umarmung am Ende des 1. Aktes –

machte Bernabé die Verlobung offiziell und schenkte ihr einen Ring.

Aber es mußte noch die Meinung der Eltern bedacht werden. Denn aus den widerstreitenden Standpunkten war eines klar geworden: Die Hochzeit sollte erst gefeiert werden, wenn beide jungen Künstler es sowohl auf der Erfolgsleiter als auch finanziell zu etwas gebracht hätten. Vor allem Ana ließ keinen Zweifel daran, daß dieser »Vorschlag« beherzigt werden müsse. Sie war nicht daran interessiert, daß diese ihrer Meinung nach unpassende Ehe so Hals über Kopf geschlossen würde. Außerdem war nicht zu leugnen, daß Montserrat praktisch bis zu ihrer Hochzeit das Leben eines wohlerzogenen spanischen Mädchens geführt hatte. Sie war selten ohne Begleitung ihrer Mutter zu gesellschaftlichen Empfängen gegangen, und ihr Leben hatte bis dahin fast ausschließlich aus Unterricht und harter Arbeit bestanden. Vor diesem Hintergrund war es nicht allzu erstaunlich, daß sich eine schüchterne, aber doch romantische junge Frau so schnell und nach so kurzer Bekanntschaft verlieben würde. Ebensowenig erstaunt es, daß sich vor allem Ana dieser Situation widersetzte. Für sie muß diese Vernarrtheit wie eine späte Erscheinung der ersten Liebe ausgesehen haben. Montserrat selbst, damals 30 Jahre alt, hatte mehr oder weniger die Hoffnung aufgegeben, persönliches Glück zu finden. Sie erinnert sich:

> Ich glaubte, ich würde niemals heiraten. Ich hatte immer gearbeitet. Innerlich fühlte ich mich wie eine alte Frau. Ich hatte mich an den Gedanken gewöhnt, daß es immer so bleiben würde. Und dann, als ich Bernabé kennenlernte, änderte sich mein Leben. Ich wußte, wer ich war und was ich wollte.

Von frühester Kindheit an war die Musik Flucht von und Trost für all die Entbehrungen ihres Lebens gewesen. Aber Flucht und Trost sind bestenfalls negative Werte. Und doch gelang es Montserrat, daß die Welt der Musik das Fundament für ein glückliches Leben, auch im privaten Bereich, bildete. Vielleicht war es mehr als bloßer Zufall, daß die Rolle, mit der sie ihr Debüt in Barcelona gab, die Rolle der Arabella war. Im nachhinein scheint die Annahme dieser Rolle, mit der sie sich stark identifizierte, eine besondere Bedeutung gehabt zu haben. Wer Hofmannsthals romantische Liebesgeschichte als unglaubwürdige Fiktion abtut, der sollte sich Caballés Liebeswerben vor Augen zu führen. Kann es im wirklichen Leben ein perfekteres Beispiel für Arabellas Credo »Der Richtige« im 1. Akt der Oper geben?

> Der Richtige, wenns einen gibt für mich,
> der wird mich anschaun und ich ihn
> und keine Zweifel werden sein und keine Fragen,
> und selig werd ich sein und ihm gehorsam wie ein Kind.[1]

In Montserrats Fall, daran gab es keinen Zweifel, war »der Richtige« Bernabé Martí.

Auch Bernabé wurde während der *Madame Butterfly*-Aufführung am 8. Dezember 1963 in Barcelona klar, daß seine Gefühle zu Cho-Cho-San etwas tiefer gingen als in Puccinis Vorlage. Auf den ersten Blick mag es erstaunen, daß ein relativ weltläufiger Mann von Mitte 30, der aus der Provinz und einer Familie von Landarbeitern stammte, sich zu ähnlich starken Gefühlen wie Montserrat hinreißen ließ. Er hatte immer so unbeirrbar und selbstsicher gewirkt. Tatsächlich war seine Jugend kaum weniger ärmlich gewesen als Montserrats, nur ohne die stets präsenten Familienerinnerungen an verlorengegangenen Wohlstand und sozialen Status.

Bernabé Martínez wurde als letztes von acht Kindern am 14. November 1928 geboren. Daß er ein unerwarteter Nachkömmling war, kann man am Alter seiner Mutter ablesen, die bei seiner Geburt 51 Jahre alt war. Sein ältester Bruder Manolo war bereits 31 Jahre alt, verheiratet und hatte Kinder. Bis zu seinem 22. Lebensjahr lebte Bernabé in seinem Heimatort Villaroya de la Sierra, in der Nähe Calatayuds in der zentralspanischen Region Aragón gelegen. Die Familie lebte mehr schlecht als recht von der Bestellung eines Stücks Land, und durch den großen Altersunterschied wuchs Bernabé mehr oder weniger bei Manolo und seiner Frau Otilia auf. Es wurde immer offenkundiger, daß der Jüngste gut singen konnte. Deshalb brachte man ihn zu einem Priester in Zaragoza, der den Kinderchor an der berühmten Basílica del Pilar leitete. Bis zu diesem Zeitpunkt hatte Bernabés einzige musikalische Ausbildung darin bestanden, Saxophon zu spielen. Nach dem ersten Gesangsunterricht in Zaragoza wurde er Schüler am Conservatorio in Madrid. Dort verbrachte er zwei Jahre mit Gehörschulung und Stimmbildung bei José Luis Lloret. Obwohl er um einiges älter war als die meisten anderen Schüler, sah man in ihm ein vielversprechendes Talent. Die Stadtverwaltung in Zaragoza gewährte ihm deshalb ein Stipendium, damit er seine Studien weitere drei Jahre an der Accademia di Santa Cecilia in Rom fortsetzen konnte. Daran anschließend studierte er in Mailand und lernte dort den Dirigenten Alberto Erede kennen. Bernabés Karriere begann schließlich 1958 im Jahr seines verspäteten beruflichen Debüts. Zusammen mit Victoria de los Ángeles sang er auf den Festspielen von Granada in *Ein kurzes Leben*, sie als Salud, er in der Rolle des Paco. Weitere Vorstellungen folgten in Brüssel anläßlich der Weltausstellung und bei den Festspielen in Edinburgh.

Wie viele andere spanische Sänger auch, nicht zuletzt seine zukünftige Frau, war er jedoch gezwungen, seine berufliche Karriere im Ausland – und wie es der Zufall so wollte in Deutschland – fortzuführen. Hier hatte er einigen Erfolg als Zwischenfach-Haustenor. Erede, der als Generalmusikdirektor am Düseldorfer Opernhaus das italienische Repertoire förderte, schlug für Martí einen Zweijahresvertrag am Opernhaus heraus. Bernabé kehrte erst 1962 nach Spanien zurück, als er in Barcelona sein Debüt im *Rigoletto* gab, gerade jene Inszenierung, die Montserrat und ihre Familie besucht hatten. Aber ihre Wege hätten sich beinahe schon ein Jahr zuvor gekreuzt. Damals, während seines Engagements in Düsseldorf, sang der Tenor die Rolle des Narraboth in *Salome*. Montserrat, noch in Bremen beschäftigt, erhielt eines Abends einen panischen Anruf vom Düsseldorfer Opernhaus: Sie fragten an, ob sie für ihre erste Sopranistin einspringen könne, die krank geworden war. Pflichtschuldig machte sich Montserrat Caballé mit dem Zug auf den Weg, um die Ersatz-Salome zu singen. Aber gerade für diesen Abend, als sie eigentlich neben ihrem zukünftigen Ehemann auf der Bühne hätte stehen sollen, wurde Bernabé nach Duisburg gerufen, um dort im *Rosenkavalier* die Rolle des Sängers zu übernehmen. Der Ersatz-Narraboth war ein ehemaliger Kollege Montserrats aus der Basler Zeit. Er fand es komisch, daß ausgerechnet sie den spanischen Tenor in dieser Rolle verpaßte, da Bernabé in den vorangegangenen zwei Spielzeiten bei keiner Vorstellung gefehlt hatte.

Trotz dieser verpaßten Gelegenheit und der anfänglichen Wechselhaftigkeit ihrer Beziehung, nachdem sie sich kennengelernt hatten, nahm ihre Liebe zueinander doch sehr schnell ernstere Formen an. Im Gegensatz zu Montserrats Eltern, die davor warnten, einen Hochzeitstermin festzusetzen, hatten Bernabés Verwandte keine Bedenken. Die Menschen aus seinem Dorf waren einfach, direkt, bodenständig und aufrichtig, und für Montserrat Caballé war es eine heilsame Erfahrung, sie kennenzulernen: »Seine Familie war eine Überraschung für mich: Sie waren alle so alt, und darum war ich im Laufe der Jahre bei vielen Beerdigungen. Aber wenn ich mich mit ihnen unterhielt, merkte ich, wie kompliziert ich war. Das Leben war sehr einfach und klar für sie.«

In der Zwischenzeit hatte Carlos Caballé auch das Management für Bernabés Karriere übernommen. Eine strikte Abmachung zwischen den beiden war, daß Carlos Bernabé niemals Arbeit anbieten würde, nur weil er sein zukünftiger Schwager war. Doch es gab eine Ausnahme in der ersten Zeit: Carlos überredete den Geschäftsführer der Vergara Records, eine von Montserrats zukünftigen Plattenaufnahmen für eine Schallplatte mit Opernduetten zu nutzen. Ende Mai 1964 begannen die Aufnahmen, und sie zogen sich bis in die erste Juniwoche hin. Dafür waren sie nach Mailand gefahren, vermutlich um die Beziehungen zwischen Vergara und dem Mailänder Verlag Ricordi zu nutzen – das Orchester auf dem Platten-Cover wird mit dem Namen »Sinfonica Ricordi« angeführt, obwohl zu dieser Zeit kein Orchester diesen Namen trug. Unterdessen schmiedete das Paar Heiratspläne.

Natürlich durfte man den »Vorschlag« von Montserrats Mutter nicht vergessen. Aber wenn das Paar ihre Situation von Mailand aus betrachtete, so schienen Ruhm und Vermögen gar nicht so fern zu liegen. Bernabé, der immer sehr logisch argumentiert und dessen Urteilskraft sich Montserrat gewöhnlich nicht entziehen kann, stellte eine unbeantwortbare Frage: »Wenn wir warten müssen, bis wir berühmt und erfolgreich sind, können wir ewig warten. In diesem Falle könnten wir ebensogut zusammen warten. Warum getrennt warten?« Aufgrund solch wohlüberlegter, stichhaltiger Überlegungen war Montserrat damit einverstanden – sie hatte ohnehin keine Lust, über dieses Thema zu streiten –, einen Hochzeitstermin zu bestimmen. Sie beschlossen, so schnell wie möglich zu heiraten. Als Hochzeitstermin schwebte ihnen der 15. August, Mariä Himmelfahrt, vor Augen. Nach spanischem Brauch hätte die Zeremonie im Heimatort des Bräutigams, Villaroya, stattfinden müssen. Doch in Zeiten, in denen man noch keine Autos oder gar Hubschrauber mieten konnte, war es zu schwierig, den Transport dermaßen vieler Menschen an einen so weit entfernten Ort zu organisieren. Da sich das Paar unbedingt auf einem Berg vermählen wollte, suchte es schließlich nach einem geeigneten Ort in Katalonien, der Heimat Montserrats. Ana, sich in das Unvermeidliche fügend, machte erneut einen Vorschlag: Wie wäre es, im Kloster von Montserrat zu heiraten? Alle fanden dies eine hervorragende Idee. Aber niemand dachte daran, daß die Kirche am Festtag der Schutzheiligen Maria nicht für Hochzeiten freigegeben wurde, sondern allein den Pilgern vorbehalten war. Deshalb mußte der Hochzeitstermin auf den 14. August 1964 gelegt werden. Es sollte der wichtigste Tag in Montserrats Leben werden, obwohl der Ablauf dieses Tages gut in einen Marx-Brothers-Film gepaßt hätte.

Wer im Hochsommer schon einmal in Barcelona war, weiß, daß das Klima normalerweise heiß und trocken ist und Regen praktisch unbekannt ist. So mußte es nun sein, daß es in Strömen goß, als sich der Hochzeitszug von Barcelona auf den einstündigen Weg nach Montserrat machte. Der Regen wurde immer heftiger, als der steile Aufstieg zum Berg begann. Dem Brautwagen, der den anderen in geringem Abstand folgte, war das alles zuviel: Auf halbem Weg streikte der Motor, und der Wagen blieb liegen. Die Gäste waren alle vorausgefahren, so daß es keine Hoffnung gab, von irgend jemandem mitgenommen zu werden. In peitschendem Regen saßen Montserrat und ihre Mutter im Auto und wurden immer hysterischer, da der Hochzeitsbeginn näherrückte. Schließlich gelang es den beiden völlig Verzweifelten, das einzige Fahrzeug, das auftauchte, anzuhalten – ein klappriger, ziemlich schmutziger, alter Viehwagen. So erschien die Braut, nervös und naß, zu spät in der Kirche.

Wenigstens hatte das Paar keine weite Reise in die Flitterwochen. Vielmehr waren sie die ersten fünf Tage in einem nahegelegenen Berghotel. Unmittelbar danach brachen sie für weitere fünf Tage in die Schweiz auf, die sie hauptsächlich am Vierwaldstätter See verbrachten. Dort hatte Montserrat ein Engagement bei den örtlichen Festspielen angenommen und sang in Carl Orffs *Carmina Burana*.

Zurück in Barcelona zog das frischverheiratete Paar in eine Wohnung in der Avenida Infanta Carlota – Montserrats erster

Umzug seit ihrer Rückkehr aus Bremen vor zwei Jahren. Bedeutender aber war, daß sie zum erstenmal nicht mehr mit ihren Eltern unter einem Dach lebte. Zwei Jahre später, 1966, zogen die Martís ein paar hundert Meter weiter Richtung Bahnhof Sants, in eine im siebten Stock gelegene Wohnung, in der das Paar bis heute lebt.

Auf diese Zeit zurückblickend, beschreibt Montserrat, in welchem Ausmaß Bernabé ihr Leben bereichert hat:

> Seit vielen Jahren war mein Leben schwierig. Es hätte fast meine Seele getötet. Ich wußte nicht mehr, was wichtig ist. Ich war fast nur mit praktischen Dingen beschäftigt – Unterricht, Arbeit, Reisen –, so daß ich keine Zeit hatte, mein Innenleben zu entwickeln. Das habe ich erst durch meinen Ehemann gelernt, einen Mann, der nicht weiß, was Neid oder Gemeinheit ist. Er machte mich zum Menschen und öffnete mir die Augen für die Dinge, die wirklich wichtig sind – einen Stern zu betrachten, einen Baum wachsen zu sehen, die Andersartigkeit anderer Menschen zu verstehen. Er gab mir den Mut zu erkennen, daß ich Unrecht haben und es gleichzeitig akzeptieren kann. Durch ihn fand ich meinen Frieden und mein Gleichgewicht. Ohne ihn wäre ich nicht die, die ich bin.

Fast unmittelbar nach den Flitterwochen begann Montserrat, sich auf ihre Tournee durch Mittel- und Südamerika vorzubereiten. Zusätzlich zu zahlreichen Recitals sollte sie auch ihr Operndebüt in Mexiko geben, und zwar in der Titelrolle von Massenets *Manon.* Giuseppe di Stefano, nicht mehr ganz auf dem Höhepunkt seiner Karriere, aber an guten Tagen immer noch ein stimmgewaltiger Sänger, verkörperte in diesen Vorstellungen Des Grieux. Außerdem umgab ihn die Aura der wahrscheinlich glanzvollsten und bestdokumentierten Opern-Partnerschaft dieses Jahrhunderts, der Partnerschaft mit Maria Callas. Montserrat hat die griechische Diva nie live auf der

Bühne gesehen. Di Stefano war deshalb nicht nur ein persönliches Bindeglied, sondern durch ihn stellte sie auch einige ihrer bisher unverrückbar erscheinenden Überzeugungen bezüglich ihres eigenen Repertoires in Frage. Zwar war ihr diesjähriger ungewöhnlicher Ausflug in die französische Oper, so der *Don Carlos*, durch den Einfluß Bernard Leforts zustandegekommen. Aber für eine Frau, die immer gedacht hatte, ihr wahres Fach sei das Mozart / Strauss-Repertoire, erwies sich dieses Abenteuer als überraschend erfolgreich.

Di Stefano legte neuen Kollegen gegenüber traditionsgemäß völlige Gleichgültigkeit an den Tag. Und für Montserrat gab es keinen Grund anzunehmen, daß er sie besser behandeln würde. Tatsächlich, so erinnert sie sich, ließ der berühmte Tenor sich nicht nur auf keiner der Proben sehen, sondern die entsprechenden Instanzen am Palacio de las Bellas Artes waren noch nicht einmal überrascht oder bemüht, etwas dagegen zu unternehmen. Carlos Diaz Du-Pond, der seit den ruhmreichen 50er Jahren am Theater war, als die Callas und di Stefano dort zusammen in fünf Opern gesungen hatten, gab der nervösen jungen Sopranistin ein paar freundliche Ratschläge. Er sagte ihr, sie solle über die Abwesenheit des Tenors nicht beunruhigt sein und es nicht persönlich nehmen, denn Pippo (di Stefanos weltbekannter Spitzname) käme nie zu den Proben. Doch das trug wenig dazu bei, Montserrats Befürchtungen zu zerstreuen. Sie stand kurz vor einem wichtigen Operndebüt und, da das heutige Trio der großen Tenöre – Pavarotti, Domingo und Carreras – noch nicht am Opernhimmel aufgetaucht war, wahrscheinlich zusammen mit dem berühmtesten Tenor der Welt. Aber unter diesen Umständen würden sie sich das erste Mal bei der Premiere hinter der Bühne begegnen.

Caballé beschloß, die Angelegenheit selbst in die Hand zu nehmen: Sie überredete Diaz Du-Pond, ihr di Stefanos Privatnummer zu geben, um ihn zu Hause anzurufen. Sie wollte mit ihm reden und ihm ihre Situation erklären: daß dies ihr

Operndebüt in Mexiko und ihr Debüt in der Rolle der Manon wäre; daß es eine große Hilfe für sie wäre und sie es sehr schätzen würde, wenn er zu den verbleibenden Proben käme. Die Verantwortlichen am Opernhaus fanden ihre Naivität äußerst amüsant und rieten ihr, keine Reaktion auf ihre Bitte zu erwarten. Sie waren am folgenden Tag um so erstaunter, als di Stefano am Theater auftauchte und die Proben wie geplant absolvierte. Dieser Besuch gab Montserrat ihr dringend benötigtes Selbstvertrauen wieder, denn der Tenor benahm sich äußerst zuvorkommend und machte ihr Komplimente. Zudem bestätigen die Kritiken seine Reaktion. Auch wenn jetzt noch niemand über die Nachfolgerin der Callas sprach, bald würde man es tun. Schließlich konnte Ende 1964 noch niemand ahnen, daß die griechische Sopranistin noch genau neun Vorstellungen geben würde, bevor sie sich neun Monate später von der Bühne zurückzog. Die *Opera News* – das Hausmagazin der Metropolitan Opera in New York – schreibt zu der Manon in Mexiko: »Die schönste Manon seit Lucrezia Bori.«* Die englische *Opera* war ebenso begeistert: »Welch aufregende Stimme! Ihre Manon von Massenet ist in jeder Hinsicht ein Vorbild. Ich hoffe, sie wird sich keinen Rollen aussetzen, die zu schwer für sie sind, aber ich kann nur jedes Publikum beneiden, vor dem sie auftritt, wenn sie so singt, wie sie hier gesungen hat.«[2]

Schade, daß anscheinend kein Kritiker die folgenden Vorstellungen dieser arbeitsreichen Spielzeit besucht hat – 13 Auf-

---

* Lucrezia Bori kam ebenfalls ursprünglich aus Spanien und hatte ihre Ausbildung in Valencia absolviert. In ihrem bevorzugten Repertoire italienischer und französischer lyrischer Rollen galt sie als hervorragende Interpretin. Nachdem sie sich von der Bühne zurückgezogen hatte, wurde sie die erste Frau, die jemals im Vorstand der Metropolitan Opera saß, und blieb sogar noch nach ihrem Tod 1960 eine Institution des Hauses. Für die unbekannte Caballé war es ein großes Lob, mit ihr in der hauseigenen Zeitschrift verglichen zu werden.

tritte innerhalb von nur vier Wochen. In dieser Zeit trat sie zum erstenmal als Amelia in *Ein Maskenball* [*Un ballo in maschera*] auf, der von Nicola Rescigno dirigiert wurde. Größere Aufregungen scheint es gegeben zu haben, weil sich di Stefano weigerte – wegen schwacher Gesundheit, wurde behauptet –, Riccardos Arie »Ma se m'è forza perderti« aus dem 3. Akt zu singen. Nachdem die Opernspielzeit mit *Tosca* endete, ging Caballé auf eine ausgedehnte Recital-Tournee, die sie wie im Jahr 1963 nach Venezuela, Kolumbien, Peru und Brasilien führte. (Ursprünglich wollte sie auch nach Argentinien reisen, wo sie am Teatro Colón als Liù ihr Debüt geben sollte, aber wegen eines Staatsstreiches wurde der Beginn der Spielzeit verschoben.) Ihr Programm bestand in der ersten Hälfte meistens aus Stücken von Schubert und Strauss, gefolgt von Debussy (»Mandoline«, Lias Arie aus *Der verlorene Sohn* [*L'enfant prodigue*]) und Granados »Siete Canciones amatorias«. Bis November 1964 tourte Caballé durch Südamerika. Dann kehrte sie nach Barcelona zurück, mit einem Zwischenstopp in Marseille, wo sie zusammen mit Bacquier in *Figaros Hochzeit* sang. In Barcelona begann sie am Liceo mit den Proben zu Puccinis *Manon Lescaut*, mit ihrem Mann als Des Grieux. Gleichzeitig nahm sie noch eine Recital-Schallplatte für Vergara auf, diesmal eine Sammlung von Opernarien mit dem Orquesta Sinfónica de Barcelona, unter der Leitung von Carlo Felice Cillarioa, einem Stammdirigenten am Liceo.

In ihrer Abwesenheit hatten Carlos (als ihr persönlicher Manager) und Bernard Lefort (als ihr Agent) von Montserrats stetig wachsendem Ruf profitiert. Sie war eingeladen worden, in 18 Monaten ihr Debüt in Philadelphia zu geben, und zwar mit der Madeleine in *André Chénier*, mit Franco Corelli in der Titelrolle; Glyndebourne war wie gewöhnlich allen anderen englischen Opernhäusern zuvorgekommen und hatte sie zu den Sommerfestspielen 1965 eingeladen. Das wichtigste Angebot jedoch kam von der Civic Opera in Dallas, wo sie im November 1965 einige Male die Violetta singen sollte. Dies sollte ihr entscheidendes Opern-Debüt in Nordamerika werden. Zusammen mit dem Angebot aus Philadelphia wurden dies zwei Marksteine für Caballés Durchbruch als international anerkannter Opernstar: Beides waren Offerten von hochangesehenen Häusern, und sie waren durch die Offices of Columbia Artists zustandegekommen. Und es war Giuseppe di Stefano gewesen, der die Agentur auf Montserrats Qualitäten aufmerksam gemacht hatte. Was zunächst langsam angefangen hatte, begann sich nun mit wachsender Geschwindigkeit zu entwickeln.

Die Inszenierung von *Manon Lescaut* am Liceo kam im Dezember 1964 gut an. Eine Kritik bezeichnete die Oper »als ein ideales Vehikel für eine so vollendete Sopranistin«.[3] Während und kurz nach den Aufführungen am Liceo nahm sie ihre erste Solo-Opernplatte für Vergara auf. Die LP enthielt Szenen aus *Othello* [*Otello*] (»Lied von der Weide« und »Ave Maria«) und aus *Ein Maskenball* (Galgenszene) sowie Arien aus *Tosca* und Charpentiers *Louise*. Aber auf der B-Seite war noch Platz, und man überlegte sich, welches Stück zusätzlich aufgenommen werden sollte. Montserrat plädierte für etwas mehr *verismo*, vielleicht die Arie aus dem 2. Akt der *Madame Butterfly* oder ein Stück aus *La Bohème*. Maestro Cillario machte jedoch einen ganz anderen, unerwarteten Vorschlag: Warum nahmen sie statt dessen nicht eine *belcanto*-Arie auf? Das war für Montserrat ein ziemlich ungewöhnlicher Vorschlag. Natürlich kannte sie die historischen Grundlagen dieses Repertoires aus ihren Unterrichtsstunden am Conservatorio und war sich der bahnbrechenden Erfolge von Maria Callas und, noch gar nicht so lange her, von Leyla Gencer auf diesem Gebiet bewußt. Außerdem hatte sie die Rolle der Lucia kurz studiert, sie aber nie gesungen, weil sie alle Werke dieses Fachs grundsätzlich für ihre Stimme als ungeeignet ansah. Cillario übte jedoch mehr oder weniger großen Druck auf Montserrat aus, in die Noten zu Donizettis *Anna Bolena* hineinzuschauen und führte messianische Argumente an, um sich durchzusetzen. »In ein paar Jahren wirst Du Dich daran erinnern, was ich Dir heute sage. Deine Stimme ist die geborene *belcanto*-Stimme.« Widerstrebend stimmte sie am 30. Dezember 1964 zu, die Arie im Aufnahmestudio mit vollständiger Begleitung unter der Leitung Cillarios als Teststück zu singen. Die Arie – »Al dolce guidami«, Annas Klage im 3. Akt, bevor sie zum Schafott geführt wird – wurde morgens um 3.30 Uhr in einem einzigen Durchgang aufgenommen, nachdem das Orchester und die Solistin stundenlang ohne Unterbrechung gearbeitet hatten. Cillario wachte über den vollständigen elfminütigen Durchgang, die Einzelaufnahme und das zusätzliche einminütige »Flicken«, um einen kleinen Makel in der unbegleiteten Kadenz zu kaschieren. Die ganze Prozedur nahm weniger als eine halbe Stunde in Anspruch. Im Licht der nachfolgenden Ereignisse kann man dies als den Wendepunkt in Caballés Karriere betrachten.

Beruflich gesehen, war 1964 ein Jahr der Festigung und der letzten Vorbereitungen für eine große Karriere gewesen. Auch privat war viel passiert: Sie hatte sich verlobt und geheiratet. Sie hatte ihre ersten Opernplatten mit Arien und Duetten aufgenommen; sie war mit di Stefano aufgetreten und würde bald mit Franco Corelli singen; sie hatte die Angebote angenommen, ihre Bühnen-Debüts in Nordamerika und England zu geben; und, was bedeutend war, sie hatte das Jahr mit einem Ausflug in die relativ unbekannten Gewässer des *belcanto* beendet. Für Montserrat Caballé war es eine lebenswichtige Entscheidung gewesen, Deutschland zu verlassen und sich eine richtige Karriere aufzubauen. Die Zeit zwischen Juli 1962 und dem schicksalsträchtigen Tag in New York nicht ganz drei Jahre später sollte die ereignisreichste und lohnendste ihres ganzen Lebens sein. Im nachhinein wird deutlich, daß Montserrats Karriere an Gestalt gewann, seitdem sie Bremen verlassen hatte. Nicht nur das: Es gab auch untrügliche Zeichen, daß die junge Frau die Richtung, in der ihr

Leben sich weiterentwickeln sollte, endlich gefunden hatte, persönlich wie künstlerisch. Und für einen erheblichen Teil dieser Entwicklung war Bernabé Martí verantwortlich. Die Heirat im August war der »bel dì«, von dem sie als Kind gesungen hatte, und jetzt, wo er sich erfüllt hatte, begannen sich ihr Selbstvertrauen und ihr persönliches Glück in direkter Wechselwirkung auch auf ihr Berufsleben auszuwirken.

Nur wenige Wochen vor dem Abschluß ihrer Südamerika-Tournee 1964 gab Montserrat ein Konzert im Teatro Municipal in Rio de Janeiro, damals noch Brasiliens Hauptstadt. Das prachtvolle Haus, ein typisches Beispiel für den architektonischen Größenwahn in Südamerika, hat über 2 200 Sitzplätze. Weniger als 200 Zuschauer besuchten die Vorstellung, was für sich spricht. Aber der Eindruck von diesem Ereignis war überwältigend, wie sich ein Besucher dieses Abends erinnert:

> Vom ersten kleinen Schubert-Lied an fühlte das Publikum, daß etwas Besonderes vor sich ging, und bei »Du bist Ruh« waren wir alle verzaubert. Als letztes sang Frau Caballé Joaquín Rodrigos »De los Álamos vengo«, so meisterhaft interpretiert (da war alles perfekt – Stimme, Ausdruck, Melodie, Stil), daß wir in einem Zustand der Glückseligkeit in Rios Nacht entlassen wurden ... Ich habe danach immer wieder das Gefühl gehabt, daß ich vielleicht die letzte Vorstellung der unbekannten Caballé gesehen habe.*

Das hatte er tatsächlich.

---

* Herr L. D. de Castello Cruz, heute brasilianischer Generalkonsul in den Niederlanden in einem persönlichen Brief an die Autoren.

Ritorna Vincitor!

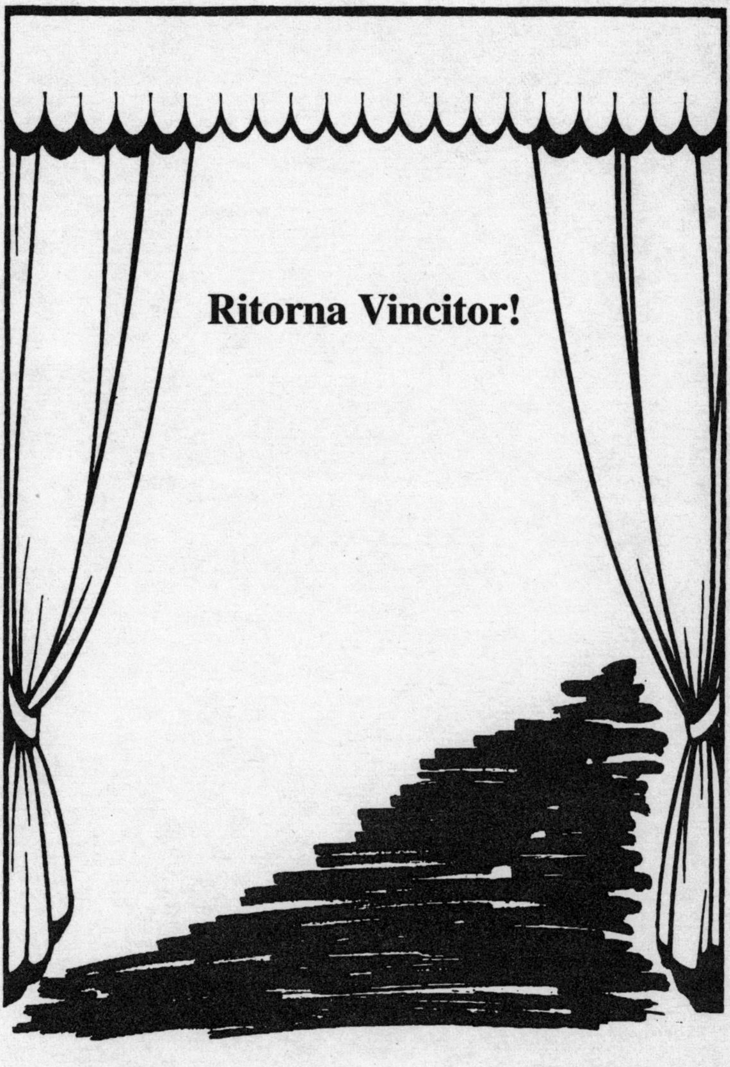

6. Kapitel
1965–1966: Ein Star wird geboren

Die American Opera Society [AOS – Amerikanische Operngesellschaft] war 1951 von dem 24jährigen Allen Sven Oxenburg gegründet worden. Er wollte dem gebildeten New Yorker Publikum regelmäßig Vorstellungen aus dem selten vorgetragenen Opernrepertoire bieten. In den 20 Jahren ihrer Existenz schaffte es die Gesellschaft, Werke zu Gehör zu bringen, zum Beispiel *Medea*, *Die Jungfrau von Orléans* [*Giovanni d'Arco*], *Billy Budd* und *Les Troyens*, die man in New York vorher noch nie aufgeführt hatte. Nach der stürmischen und völlig aufgebauschten Fehde zwischen Maria Callas und Sir Rudolf Bing im Jahre 1958 war die griechische Sopranistin an der Metropolitan Opera zur persona non grata erklärt worden. Den New Yorkern drohte die Gefahr, die berühmteste Opernsängerin der Welt nicht mehr auf der Bühne hören zu können. Oxenburg, der einen Hang zur Publicity hatte und seinem erklärten Ziel treu bleiben wollte, Opernneuheiten vorzustellen, organisierte eine Vorstellung der damals nicht mehr aufgeführten Bellini-Oper *Il pirata*. Sie wurde Ende Januar 1959 in der Carnegie Hall gegeben, und zwar in einer Spielpause der Callas, die sich durch ihren Rauswurf an der Met ergeben hatte. Auch wenn ihre Bühnenkarriere schon relativ weit fortgeschritten war und ihre Stimme bereits ihren Zenit überschritten hatte, wurde das Konzert zur absoluten Sensation, und sie sang besser, als man es erwartet hatte. Die AOS, die bereits eine angesehene Institution der New Yorker Musikszene war, wurde über Nacht zum Hauptlieferanten von Starattraktionen. Dies erzeugte beim Publikum eine Erwartungshaltung, die nicht leicht zu erfüllen war, jedenfalls nicht in regelmäßigen Abständen.

Oxenburg war nun vor allem damit beschäftigt, den New Yorkern das zu verschaffen, was sie offensichtlich wollten: Stars. Der jüngste Stern am Opernhimmel war Joan Sutherland, der nach langen Lehrjahren am Londoner Opernhaus Covent Garden 1959 dort »über Nacht« ihr Durchbruch zum Weltstar gelungen war; sie sang in Franco Zeffirellis Inszenierung der *Lucia di Lammermoor* die Titelrolle. Ihre Plattenfirma Decca war äußerst geschäftstüchtig gewesen, und so waren schon Schallplatten von ihr auf dem Markt, die den Appetit des großen, lautstarken und gutinformierten New Yorker Zirkels von Opernliebhabern angeregt hatten. Die Met stand bereits in Verhandlungen mit Joan Sutherland, um ihr Debüt zu sichern. Oxenburg trat clever dazwischen und engagierte Sutherland für den Februar 1962 in der Titelrolle einer weiteren in Vergessenheit geratenen Bellini-Oper, *Beatrice di Tenda*. Und weil im amerikanischen Showbusiness ein Star noch nicht genug ist, gewann er Marilyn Horne für die Rolle der Agnese. Die Nachfrage nach den Karten war so groß, daß die Vortstellung dreimal vor ausverkauftem Haus stattfand, zwei davon in der höhlenartigen Carnegie Hall. Und dieses Ereignis bildete den Anfang einer der künstlerisch ergiebigsten Partnerschaften zwischen zwei Opernsängerinnen nach dem Krieg. In den drei Vorstellungen konnte Marilyn Horne einen ebenso großen Erfolg für sich verbuchen wie Joan Sutherland. Nachdem sie zwei Jahre später mit Rossinis *Semiramide* einen neuerlichen gemeinsamen Triumph gefeiert hatten, schien es ratsam, dem frischgekürten amerikanischen Star eine eigene Aufführung zu geben.

Das nahm Zeit in Anspruch. Horne befand sich zwar nicht in einer Stimmkrise, aber in einer stimmlichen Identitätskrise. Sie konnte beinahe alles singen, was im Violinschlüssel stand. Aber wie die meisten Mezzosopranistinnen sehnte sie sich nach dem zu erwartenden Extra-Ruhm (und sehr wahrscheinlich Extra-Honorar), der mit dem Status einer Sopran-Primadonna verbunden war. Da sie beschlossen hatte, in einer höheren Tonlage zu singen, mußte die AOS eine Sopran-Rolle für sie finden, die bei den bisherigen *belcanto*-Wiederbelebungsversuchen noch nicht aufgetaucht war. Nach vielen Diskussionen stand das Werk fest: Donizettis mehr oder minder vergessene *Lucrezia Borgia*, die schon zweimal aus dem Repertoire herausgefallen war – das erste Mal während der allgemeinen Krise des *belcanto* Ende des 19. Jahrhunderts und dann noch einmal nach dem Abtritt Ester Mazzolenis, die diesen Stil in Italien um den Ersten Weltkrieg herum wieder populär gemacht hatte. Schließlich wurde der Termin für den 20. April 1965 in der Carnegie Hall festgesetzt. Das Konzert sollte Hornes neue stimmliche Orientierung zementieren: Dann wäre sie für die weltbesten Sopranistinnen keine Partnerin mehr, sondern eine Rivalin. Schon Wochen vorher war das Haus ausverkauft, und die Erwartungen hatten sich fast bis ins Unermeßliche gesteigert.

Und dann sagte Marilyn Horne die Vorstellung ab. Mitte März war sie im siebten Monat einer komplizierten Schwangerschaft, und sie wollte keine Risiken eingehen. Oxenburg geriet in Panik, weil er nicht wußte, was zu tun war. Denn offensichtlich kannte kaum jemand eine Rolle, die außerhalb jedes Standard-Repertoires lag. Seine einzige Hoffnung war eine Handvoll von *belcanto*-Sängerinnen, die eventuell in der Lage waren, die Rolle in der verbleibenden Zeit zu lernen. In aller Eile rief er um Hilfe: Joan Sutherland war eine in Frage kommende Kandidatin, aber sie war an der Londoner Oper mit Proben für die kommenden *Lucias* und *Die Nachtwandlerin* beschäftigt; eine andere Möglichkeit war Leyla Gencer, aber sie war ebenso unabkömmlich. In welch geringem Ausmaß das *belcanto* bis dahin wieder Eingang ins Repertoire gefunden hatte, zeigt die Tatsache, daß, nachdem diese beiden Möglichkeiten ausgefallen waren, es eigentlich keine Sängerin mehr gab, an die sich Oxenburg hätte wenden können. In solchen Situationen können Agenten manchmal sehr nützlich sein, besonders wenn man sie gut kennt und ihrem Urteil vertrauen kann. Oxenburg legte sein Problem verschiedenen Agenten dar, darunter auch Bernard Lefort. Lefort machte ihm einen Vorschlag: Seit einigen Jahren arbeitete er für eine unbekannte spanische Sopranistin, die vor kurzem bei den Lausanner Festspielen einen fabelhaften *Figaro* hingelegt habe. Sie, da war er sich sicher, könne der Rolle gerecht werden. Ihr Name war Montserrat Caballé ...

Montserrat war gerade zu Hause in Barcelona und beschäftigte sich mit ihrer nächsten Rolle – der Feldmarschallin im *Rosenkavalier*, für den die Proben Mitte April in Glyndebourne beginnen sollten –, als sie Ende März ein Telegramm von Lefort erreichte. Sein Inhalt war klar und deutlich: Sagen Sie alles andere ab, kommen Sie nach New York, und singen Sie die Lucrezia Borgia. Das Angebot war eine dieser Gelegenheiten, die man nur einmal im Leben bekommt und die das Herz jeder Anfängerin höher schlagen lassen. Dennoch war Montserrat vorsichtig und ging sogar so weit zu denken, daß sie nicht gut genug für diese Aufgabe sei, obwohl sie sich der Bedeutung des Angebots sehr wohl bewußt war:

> Ich dachte mir: »Aha! Das ist gut, aber ...« Carlos sagte zu mir: »Keine ›Wenns und Abers‹. Solche Chancen kommen nur einmal im Leben. Du wirst es annehmen.« »Aber ich kenne die Partie nicht, und ich bin überhaupt nicht sicher, daß ich sie singen kann.« Er sagte zu mir: »Unsinn! Du wirst diese Rolle annehmen, und sie wird einen Star aus Dir machen.«

Sie nahm Kontakt mit Carlo Felice Cillario auf, der vor kurzem ihre *Manon Lescaut*-Aufführungen dirigiert hatte und immer noch in Barcelona arbeitete, um ihn zur Partitur zu befragen. Seine Antwort war unmißverständlich: »Das ist sie, das ist die Rolle für Dich.« Montserrat Caballé hegte immer noch Zweifel, aber dennoch:

> Ich sagte zu ihm: »Aber wie kann ich sie singen?« Und er antwortete: »Ganz einfach, genauso wie du die Fiordiligi singen würdest.« Ich dachte, das sei eine ungewöhnliche Idee, aber er bestand darauf, mit mir zu Hause die Partie durchzugehen, wenn wir die Partitur besorgt hätten. So legte ich die Fiordiligi in meine Lucrezia hinein, und es gelang ausgezeichnet. Nicht daß es wie Mozart klang – Cillarios Anweisung bezog sich auf die Stimmlage der beiden Rollen, und die ist bei beiden gleich. Nur der Stil ist anders und muß musikalisch auf unterschiedliche Art und Weise ausgedrückt werden. Wir nahmen die Sitzung auf Band auf und hörten sie uns dann an. Ich war überrascht, denn es klang gut, und die Partie war nicht so schwierig, wie ich sie mir vorgestellt hatte. So sagte ich zu ihm, daß ich das Angebot aus Amerika annähme, wenn er mir verspräche, die Rolle eine Woche lang mit mir einzustudieren. Er war einverstanden, und nach ein paar Tagen teilte Carlos Lefort mit, daß ich es machen würde.

Nachdem ihr die Festspielleitung in Glyndebourne trotz einiger Vorbehalte erlaubt hatte, ein paar Tage später bei den Proben zu erscheinen, flog Montserrat am Ende der ersten Aprilwoche allein nach New York. Unnötig zu sagen, daß sie diese Erfahrung lieber mit der Person geteilt hätte, die ihr am liebsten und teuersten war: Aber Bernabé war schon woanders ein Engagement eingegangen; und Carlos mußte seinen Militärdienst ableisten. Sie lernte einen erleichterten, aber noch immer besorgten Oxenburg kennen. Er brachte sie sofort zu dem für sie reservierten Zimmer im Mayflower Hotel, das nur zwei Straßen von seiner Central-Park-Wohnung entfernt lag, und sie begann unverzüglich mit der Arbeit.

Die Situation war sehr komisch, weil ich mit einem Korrepetitor die Borgia durcharbeitete, aber zu Allen sagte: »Nun, hier bin ich, kann ich bitte eine oder zwei Stunden am Tag den Korrepetitor für meine eigenen Zwecke einspannen?« Und er sagte: »Natürlich, wann brauchen Sie ihn? Mein Klavier, mein Zimmer, meine Musik, alles steht zu Ihrer Verfügung.« Da ich seine Vorstellung rettete, machte er mir alles sehr einfach. Am zweiten Tag kam er ins Zimmer, als ich gerade probte. Ich sang gerade den Monolog der Feldmarschallin aus dem 1. Akt. »Was in Gottes Namen tun Sie!?« schrie er. Ich sagte: »Proben.« »Ja, aber was?« Ich antwortete: »Den *Rosenkavalier.*« Er sagte: »Ja, ja, ich weiß, was Sie singen. Aber warum?« »Weil ich mein nächstes Engagement in Glyndebourne habe und die Partie können möchte, wenn ich dort ankomme. Ich habe gerade erst angefangen, sie zu lernen.« Er explodierte. »Die Feldmarschallin!!! Sie können doch nicht die Feldmarschallin proben, die eine so tiefe Stimmlage hat, wenn Sie die Borgia singen sollen, die so hoch liegt.« Ich sagte: »Doch, ich kann, sonst würde ich es nicht tun.« Er sah mich sehr ernst an: »Ich denke, Sie erlauben mir, mich hinzusetzen und zuzuhören?« fragte er. »Ja, ja.« So machte ich etwa zwei Stunden mit der Feldmarschallin weiter, nachdem ich davor die Lucrezia Borgia geprobt hatte. Und schließlich sagte er: »Ich bin erstaunt. Wissen Sie, ich hätte nicht gedacht, daß Sie das können.« Und ich gab zurück: »Nun, Sie haben sich geirrt. Und ich hätte nie gedacht, daß ich die Lucrezia Borgia singen kann. So habe ich mich auch geirrt.«

Wie falsch doch der Stoff ist, aus dem die Opernlegenden sind.

Wie schön wäre es, berichten zu können, daß am Abend des 20. April ein erwartungsfrohes Publikum zuhauf in die Carnegie Hall strömte.* Tatsächlich aber hatten viele ihre Eintrittskarten zurückgegeben, nachdem Marilyn Horne die Vorstellung abgesagt hatte. Zudem waren viele, die sich dennoch für einen Besuch entschieden hatten, widerwillig gekommen. Sie waren es gewöhnt, hohe Preise für die Callas, die Sutherland oder ähnliche Größen zu bezahlen, und hatten wahrscheinlich das Gefühl, daß ein exotischer Name nicht ganz der richtige Ersatz für eine heimische Heldin war. Als sie ihre Programme mißgelaunt durchblätterten, konnte man sich schwerlich vorstellen, daß sich viele dieser erfahrenen New Yorker Opernliebhaber davon beeindrucken ließen, eine Sopranistin zu hören, die viele Jahre lang in Basel, Bremen und Barcelona gesungen hatte. Natürlich, da war noch die Scala: aber als Erstes Blumenmädchen? Ihr Gastspiel in Wien sah schon etwas besser aus, schien aber schon recht lange her zu sein. Mit anderen Worten: Allen Oxenburg hatte seinen Schwung, vielleicht sogar seinen guten Geschmack verloren. Aber Allen wußte es besser. Er hatte einige Vertreter bedeutender Opernhäuser und Schallplattenfirmen überredet, dazusein und sich anzuhören, was ihn bei den Proben so fasziniert hatte.

Als die Lichter ausgingen und Jonel Perlea den Prolog zu dirigieren begann, saß Montserrat vor Angst wie gelähmt in ihrer Garderobe. So viele Leute hatten seit ihrer Ankunft so viele nette Dinge über ihre Stimme gesagt, daß sie sich des Erfolges eigentlich hätte sicher sein können; aber natürlich stand das nicht von vornherein fest. Alle hatten ihr denselben Ratschlag erteilt – einen wirklich unvergeßlichen ersten Auftritt hinzulegen. Da die Vorstellung nicht ausschließlich konzertant, sondern mit inszenierten Elementen durchsetzt war, hätte sich ihr somit theoretisch die Möglichkeit für einen solch unvergeßlichen Eintritt geboten. Nur hatte Lucrezia

* Der Zufall wollte es, daß am selben Abend Leontyne Price in Washington von Präsident Johnson die Medal of Freedom in Empfang nahm.

kaum das dramatische Potential dazu: Die Darstellerin irrt über die Bühne, nachdem alle, außer ihrem schlafenden Sohn Gennaro, den Schauplatz verlassen haben. Sie beginnt sich in einem langen Rezitativ an seine ruhende Gestalt zu wenden, gefolgt von einer langsamen, unprätentiösen Arie. Sicherlich nicht der Stoff, aus dem sofort eine Sensation zu machen ist. Oxenburg brachte Montserrat in Stellung und, als sich der freundliche Applaus für die Eröffnungssequenz gelegt hatte, zog er sich zurück, um sie auf die Bühne schreiten zu lassen. Sie holte tief Luft und ging hocherhobenen Hauptes und festen Schrittes los. Aber mit einem ihrer Absätze blieb sie in dem großen, rechteckigen Teppich hängen, der als Bühnenmarkierung diente; sie stolperte nach vorne und stürzte im wahrsten Sinne des Wortes ins Rampenlicht. Die Frage nach der Form ihres ersten Auftritts hatte sich von selbst beantwortet; und obwohl sie es noch nicht wußte, hatte sie den schicksalsträchtigsten Gang ihres Lebens gemacht.

Die Eröffnungsmelodie ihres Rezitativs folgt auf eine sanft wiegende Einführung durch das Orchester und ist selbst unbegleitet. Lucrezia singt »Tranquillo ei posa« [»Er schläft friedlich«], aber so perfekt ausbalanciert, leicht und spielerisch wie Montserrat die Melodie vortrug, hätte sie sich ebensogut auf ihre eigene Stimme beziehen können. Lucrezia setzt ihr trauriges Selbstgespräch fort und vertraut darauf, daß ihr Sohn, der nicht weiß, daß sie seine Mutter ist, niemals etwas von den quälenden Nächten erfährt, die sie, allein mit ihrer mörderischen Schuld, verbringt. Der letzte Vers des Rezitativs beginnt mit einem einfachen, langsamen Anstieg bis zu einem weichen hohen B, das kurz gehalten wird, dann absteigt, um in das einsilbige »Ah!« zu münden, bevor er mit einer volltönenden Kadenz abschließt. Während ihres Tonanstiegs, der schon in makellosem *pianissimo* gesungen war, verfeinerte Montserrat Caballé kaum wahrnehmbar ihren Ton noch weiter. Als das Publikum, das weder Partitur noch Sängerin kannte, dachte, der Anstieg müsse seinen höchsten Punkt erreicht haben, führte sie die Melodie, ohne Luft zu holen, weiter und landete auf dem B. Dabei erzeugte sie einen Klang, den seit Menschengedenken noch niemand gehört hatte.

Al Oxenburg erinnert sich daran, wie er um sich schaute und in den Gesichtern des Publikums die seltsame Mischung aus Unglauben und Entzücken entdeckte. Dann bot sich Montserrat Caballé mit der Arie »Com'è bello« die Gelegenheit, die ganze Kraft und den Umfang ihrer Stimme zu zeigen. Und auch sie endete wieder auf einer *pianissimo*-geschmückten Kadenz. Das Publikum brach in helle Begeisterung aus. Es gibt unterschiedliche Angaben, aber Oxenburg glaubt, daß der Applaus fast fünf Minuten anhielt, was manche Aufführungen noch nicht einmal ganz zum Schluß erreichen. Nach dem Ende des 45minütigen Prologes, der die Oper eröffnet, war das Publikum der Hysterie nahe. George R. Marek, Vizepräsident und General-Manager von RCA Records, war auch anwesend und kämpfte sich in der Pause hinter die Bühne durch, um an ein Telefon zu kommen. Er rief Roger Hall an, den Leiter der Künstler- und Repertoireabteilung von RCA Victor, und erteilte ihm eine simple Anweisung: Er solle sofort herkommen. Bob Hermann, Rudolf Bings rechte Hand an der Metropolitan Opera, war auch anwesend und ähnlich versessen darauf, den mächtigen und selbstherrlichen Intendanten über das sensationelle Ereignis zu informieren.

Nach der Pause waren die Stühle, die während des Prologs leer geblieben waren, unter geheimnisvollen Umständen besetzt worden. Die Flüsterpropaganda hatte Wirkung gezeigt. Angespornt durch das hellauf begeisterte Publikum schwang sich die Vorstellung zu ungekannten Höhen auf. Sie endete damit, daß eine verlassene Caballé bei Gennaros Tod einen lauten, markerschütternden Schrei ausstieß, der das Publikum zur Raserei brachte. Die letzten tosenden Akkorde gingen in stürmischem Geschrei, Klatschen und Jubelrufen unter. Oxenburg zufolge dauerte der Applaus ohne Unterbrechung 25 Minuten an. Montserrat hatte es nach alter New Yorker Tradition geschafft: über Nacht. Doch aus ihrer Sicht begann die eigentliche Vorstellung erst jetzt. Denn das Nachspiel hinter der Bühne war mindestens ebenso ereignisreich und dauerte fast genauso lang wie die Oper selbst. Das Management von RCA trat auf den Plan und hatte bereits Blanko-Verträge dabei. Die Metropolitan Opera wollte mit ihr den schnellstmöglichen Termin für ein Debüt ausmachen. Und ein überglücklicher Oxenburg mußte zukünftige Termine und Repertoire-Fragen klären. Diese Aktivitäten standen unter großem Zeitdruck, denn alle Anwesenden wußten, daß die spanische Sopranistin am folgenden Tag New York verlassen würde, um in England ihre schon aufgeschobenen vertraglichen Verpflichtungen in Glyndebourne zu erfüllen. Zum erstenmal war sie auf dem höchsten internationalen Niveau gefragt, und als ihr Bruder Carlos wieder in Barcelona eintraf, mußte er für sie über Angebote und Vorschläge verhandeln. Montserrat und Oxenburg feierten die ganze Nacht durch, und Montserrat rief zu Hause in Barcelona an, um ihrer Familie die großartigen Neuigkeiten zu übermitteln. Außerdem warteten sie nach alter Sitte auf die Besprechungen in den Zeitungen, die am nächsten Morgen erschienen. Am folgenden Tag war der Name Caballé in New York in aller Munde, und ihre zukünftige Karriere war gesichert. Besonders gefreut hat sie sich über einen Anruf von Marilyn Horne, in dem die amerikanische Mezzo-Sopranistin, neben den Gratulationen zu Montserrats Triumph, gestand, sie werde die Rolle der Lucrezia nun auf keinen Fall singen, denn ihre Version sei nicht mehr zu übertreffen.

Die Kritiken waren ausnahmslos begeistert und – wie damals üblich – höchst detailliert, außer einer redaktionellen Übertreibung, die als Überschrift auf der ersten Seite der *New York Times* prangte: CALLAS + TEBALDI = CABALLÉ. Eigentlich hätte das Ereignis in das Ressort »Nachrichten« fallen müssen, aber Raymond Ericsons geschätzte Meinung erschien im Feuilleton:

> Frau Caballé mußte nur ihre Eingangs-Romanze singen ... und es war offenkundig, daß sie nicht nur eine Sängerin mit einer schönen, reinen Stimme ist, sondern auch den Gesangsstil ungewöhnlich gut beherrscht ... [Sie] steigt mühelos zu hohen *pianissimos* auf, die sie vollkommen unter Kontrolle behält, und auch wenn die Stimme sehr laut ist, hat sie eine feine, klare Brillanz. Sie ist nicht besonders umfassend, aber bemerkenswert geschmeidig, und die Sopranistin setzte sie mit allen Arten des dramatischen Wechsels im Umfang ein, manchmal mit ausgezeichneten schwebenden Tönen im Mischregister.

John Gruen, der für die New Yorker *Herald Tribune* schrieb, ließ vor allem die Atmosphäre des Ereignisses noch einmal erstehen:

> Keine noch so gute Werbekampagne im Vorfeld hätte die außerordentliche Wirkung dieser stattlichen Frau à la Goya auf ein Publikum vorhersagen können, das schon durch Stars wie Callas und Sutherland verwöhnt ist. Als Caballé ihre erste Arie sang ..., änderte sich die Atmosphäre spürbar. Für einen Augenblick war es so, als ob alle das Atmen eingestellt hätten. Auffallend war ein geschärftes Bewußtsein dafür, daß hier Gesang der ungewöhnlichsten Art zu hören war. Er hatte, um es einfach auszudrücken, Größe ... Wenn die Callas als La Divina und Sutherland als La Stupenda tituliert wurden, dann muß Montserrat Caballé von nun an La Superba genannt werden.

Kritiken über die Caballé-Vorstellung erschienen weiterhin im amerikanischen Blätterwald. Die einzige negative Stimme meldete sich in *Opera*, mit mystischen Grübeleien über die Gründe für die stürmischen Ausbrüche des Publikums. Offensichtlich ist im Paradies immer mindestens eine Schlange zu finden.[1]

Trotz des rauschenden Beifalls und der offenkundigen Versuchung, in Amerika zu bleiben, um von dem Erfolg zu profitieren, bestieg Caballé das Flugzeug nach London, um den Vertrag in Glyndebourne zu erfüllen. Sie mußte entdecken, daß sie mit diesem Flug die Neon-Welt des Showbusiness gegen die kargen Freuden der Sussex Downs eintauschte. Schwieriger zu akzeptieren war allerdings, daß sie vor 24 Stunden noch als der neue Star gefeiert worden war und hier wie eine schlecht vorbereitete Schülerin getadelt wurde. Ihre erste Probe fand am Donnerstag, den 22. April im alten Orgelsaal statt. Es war eine Sitzprobe mit Klavierbegleitung, in Anwesenheit des Dirigenten John Pritchard. Die Probe hatte noch keine zehn Minuten gedauert, als Pritchard eine Pause verlangte und ein Wort unter vier Augen mit der Sopranistin wechseln wollte. Er führte sie in einen der Empfangsräume von George Christie und schloß feierlich die Tür. Wie sich Montserrat erinnert, kam er gleich zur Sache:

»Frau Caballé, Sie sind nicht vorbereitet.« Ich antwortete: »Nein, Sir, Sie wissen, daß ich diesen Monat statt der Feldmarschallin die Lucrezia Borgia lernen mußte.« »Aber die Premiere ist schon in drei Wochen. Wir werden verschieben müssen.« Ich sagte: »Was wollen Sie damit sagen? Die Vorstellung verschieben?« Pritchard entgegnete: »Nein, nicht die Vorstellung: Sie!« »Mich verschieben!!?« »Natürlich Sie. Um die Rolle der Feldmarschallin wirklich gut zu kennen, brauchen Sie zwei oder drei Jahre.« Nun würde ich nicht sagen, daß er unrecht hatte, denn um eine Rolle wie diese richtig zu verstehen, kann man tatsächlich Jahre brauchen. Aber ich war so verärgert, daß ich sagte: »Nein, Sir. Ich nicht. Ich kann sie sehr viel schneller. Bitte sind Sie so freundlich, geben Sie mir eine Woche Zeit, nur eine Woche, da verlange ich nicht zuviel. Nur sieben Tage. Ich werde nach Hause gehen, und wenn ich die Partie nach sieben Tagen nicht kenne, können Sie mich austauschen.«

Er war einverstanden, aber schaute mich an, und ich bin sicher, daß er dachte: »Sie ist verrückt.« Ich lernte die Rolle in dieser Woche Tag und Nacht und schlief nachts völlig erschöpft über der Partitur ein. Am achten Tag kam ich zurück. Ich saß ohne Partitur da. Wir begannen zu proben, und ich glaube, ich machte zwei oder drei Fehler, aber das war gar nichts, weil die anderen Sänger noch viel mehr machten. Und danach kam Pritchard zu mir und sagte: »Sie haben mich angelogen. Sie kannten die Partie!« »Nein, es war genauso, wie ich es gesagt habe.« Er sagte: »Geben Sie es zu, Sie waren einfach zu müde, und Ihnen war nicht nach Proben zumute.« Ich denke nicht, daß er mir geglaubt hat.

Caballé erinnert sich noch genau an diese Aufführungen, sogar ziemlich genau. Obwohl sie immer berichtet, welche Befriedigung sie aus den schwärmerischen Kritiken gezogen hat, sind diese bei näherer Betrachtung doch sehr durchwachsen. Das ist nicht weiter überraschend, denn 1965 war die Feldmarschallin immer noch das Terrain der Schwarzkopf. Man muß sich jedoch nur die Raubpressung der Vorstellung vom 14. August anhören, die gegen Ende der Spielzeit in Glyndebourne aufgenommen wurde, dann hört man, wie wenig sie hinter der mitteleuropäischen *parlando*-Tradition zurückbleibt. Außerdem hatte sie die Rolle ohne Hilfe der Strauss-Hüter in Glyndebourne gelernt. Sie und ihr Bruder Carlos waren entsetzt gewesen, als einige Monate zuvor ein Korrepetitor des Hauses ihr angeboten hatte, die Rolle mit ihr einzustudieren – gegen Geld. Daher ihre Entscheidung, sie allein einzuüben. Unter ihren Kritikern war der damalige Herausgeber der Zeitschrift *Opera*, der sie nicht aristokratisch genug fand und offensichtlich höchst aufgebracht war, weil »sie nach Glyndebourne mit enormen Vorschußlorbeeren aus New York gekommen ist, wo ihre Anna Bolena (sic!) die meisten Kritiker und die Öffentlichkeit ›begeistert‹ hat ...«[2]

Wenigstens die Fakten hätten bei Hans Rosenthal stimmen können. Jedenfalls war die Familie Caballé bald wieder vereint. Carlos war wegen eines gebrochenen Beins zeitweilig von seinem Militärdienst beurlaubt worden und hatte es irgendwie geschafft, seine Mutter zusammen mit einigen Bühnenkostümen und anderen Ausrüstungsgegenständen von Barcelona nach Lewes zu bringen, damit sie sich während der langen Sommerspielzeit in Glyndebourne um ihre Tochter kümmern konnte.

Einige Zeit später sang Caballé die Gräfin in *Figaros Hochzeit*, in einer, abgesehen von Gérard Souzay in der Rolle des Grafen, sehr mäßigen Besetzung. Diese Aufführungen wurden kaum besser aufgenommen als die *Rosenkavalier*-Vorstellungen und zu allem Überfluß noch durch unglückliche Umstände und Krankheit getrübt. Souzay schied schon nach der ersten Aufführung aus, und Caballé mußte einige Vorstellungen wegen Heuschnupfen absagen. Die Allergie, die dort das erste Mal auftrat, hatte ein Arzt in Brighton festgestellt. Der Heuschnupfen führte zu verstopften Nasennebenhöhlen und, schlimmer noch, zu entzündeten Stimmbändern, ein Zustand, der sie von nun an stets im Frühling und Sommer heimsuchen sollte. (Caballé befindet sich hier in guter Gesellschaft: Grace Bumbry, Jon Vickers und Hans Hotter sind einige berühmte Leidensgenossen und -genossinnen und waren deshalb wie sie zu Absagen in letzter Minute gezwungen.) Aber es gab noch einen anderen Grund für diese Absagen: Caballé und einige Kollegen und Kolleginnen konnten die schleppenden Tempi des Dirigenten Vittorio Gui nicht ertragen. Im nachhinein ist es schade, daß ihre einzige Spielzeit in Glyndebourne auf diese Weise beeinträchtigt wurde. Die Festspielleitung hatte ihre verspätete Ankunft schon mit einigem Unbehagen registriert und war entsetzt, als sich herausstellte, daß sie ihre Debüt-Rolle kaum kannte. Die Ausfälle waren ein weiterer Schlag. Trotz Einladungen in späteren Jahren, die Rollen der Gräfin und der Donna Elvira zu wiederholen, stand sie dort nie wieder in einer Bühnenrolle auf der Bühne.*

Sofort nach Ende der Sommerfestspiele, Mitte August, und einigen eilig arrangierten Plattenaufnahmen in London (von denen später noch die Rede sein wird), kehrte Montserrat zum erstenmal seit ihrem Triumph in New York nach Barcelona zurück. Der Empfang durch ihren Vater war überwältigend: Das letzte Mal, als er seine Tochter gesehen hatte, war sie nicht mehr als ein vielversprechendes junges Talent gewesen. Nun kehrte sie als ein Nachwuchsstar zurück und war unter dem Motto »Spanisches Mädchen auf dem Weg nach oben« das Thema nicht enden wollender Berichte in Spaniens Presse und Fernsehen. Aber es war keine Zeit, sich zurückzulehnen und sich auf den Lorbeeren auszuruhen. Vielmehr war es dringend nötig, neue Engagements zu finden und die zunehmende Zahl der Angebote, mit denen sie überschüttet wurde, durchzugehen.

Eine andere Folge ihres plötzlichen Ruhmes war, daß sie ihr Management in geordnete Bahnen lenken mußte. Bis jetzt hatte dies auf der Grundlage funktioniert, daß jeder nach Gutdünken die notwendigen Arrangements getroffen hatte. Carlos hatte seinen Wert bereits unter Beweis gestellt, indem er eine vernünftige Auswahl aus den unzähligen Angeboten, die seit Carnegie Hall auf die Sängerin eingeprasselt waren, getroffen hatte. Er sollte von jetzt an als ihr persönlicher Manager fungieren und richtete sich dazu ein Büro ganz in der Nähe der Diagonal (damals noch Generlísimo genannt), Barcelonas schönster und wichtigster Verkehrsader, ein. Während Montserrats Schottland-Aufenthalt war Carlos die Flut

---

* Zur Wiedergutmachung kam es am Ende der Spielzeit 1992, als Montserrat – zusammen mit dem Glyndebourne-Debütanten und Superstar Luciano Pavarotti – zu einer Gala eingeladen wurde, die anläßlich der Schließung des alten Hauses gegeben wurde. Diesmal war es Pavarotti, der absagte.

der Vorschläge durchgegangen und hatte stundenlang telefoniert, um mit Montserrat die Zukunftspläne zu besprechen. Plötzlich wurden einer Frau, die bisher keinen Vertrag mehr als 18 Monate im voraus abgeschlossen hatte, drei Jahre im voraus Engagements angeboten. Gleichzeitig gab es viele verführerische Angebote, Einzelkonzerte und Recitals, mit denen man von ihrem neubegründeten Ruhm schnell profitieren wollte. All diese Offerten wurden von Montserrat und ihrem Bruder sorgfältig studiert, um eine nachvollziehbare und stimmige Marschroute für ihre Karriere zu entwerfen. Eines stand jedoch von vornherein fest: Sie würde sich auf Nordamerika im allgemeinen und auf New York im besonderen konzentrieren.

Die Metropolitan Opera befand sich gerade in einer tiefgreifenden Umwälzungsphase. Die Spielzeit 1965/66, die im September beginnen sollte, war die letzte im alten Opernhaus-Gebäude in der 39th Street. Das neue Haus befand sich im Lincoln Center und wurde im Augenblick ausgestattet. Die Spielzeit 1966/67 stand im wesentlichen schon fest, vor allem die Einzelheiten der neun Inszenierungen, von denen vier gleich in der Eröffnungswoche stattfinden sollten.

Rudolf Bing wußte sehr gut, welche Furore Caballés Debüt in New York gemacht hatte, und war daran interessiert, sie bei der ersten sich bietenden Gelegenheit im neuen Opernhaus einzusetzen. Da das alte Haus nach dem Ende der laufenden Spielzeit abgerissen werden sollte, bat Montserrat – mit einem historischen Bewußtsein, das nicht alle Sänger ihres Schlages an den Tag legen – leidenschaftlich darum, wenigstens einmal auf den Brettern singen zu dürfen, die die Karrieren von Stars wie Rosa Ponselle, Enrico Caruso, Lauritz Melchior und Kirsten Flagstad begleitet hatten. Aus der Sicht der Met war das eine rührende, aber verzwickte Bitte, denn die letzte Spielzeit war schon seit zwei Jahren verplant. Aber vielleicht würde es eine Möglichkeit geben, die neue Diva mit etwas Passendem in einer Einzelvorstellung um Weihnachten 1965 herum unterzubringen. Und dann war noch eine Abschluß-Gala für den 16. April 1966 geplant, bei der alle – früheren, aktuellen und zukünftigen – Stars erwartet wurden.

Amerika war auch der Mittelpunkt von Montserrats nächstem Engagement, als sie mit ihrem Mann im späten August auf Reisen ging. Aber jetzt fuhren sie nach Süd- und nicht nach Nordamerika und erfüllten einen Vertrag, der schon im vorangegangenen Jahr abgeschlossen worden war. Sie kehrte an den Palacio de las Bellas Artes in Mexiko zurück und sang dort, wie in Glyndebourne auch, ihr »altes« Repertoire: Elisabeth in *Tannhäuser*, Mimi in *La Bohème* und – mit Bernabé als Rudolf – die Gräfin im *Figaro*. Am 23. Oktober gab sie eine Einzelvorstellung der *Madame Butterfly*, nicht in Mexico City selbst, sondern in der Stadt Puebla. Obwohl ihr Ehemann während der gesamten Mittelamerika-Tournee ihr Partner in der Puccini-Oper war, sah man in dieser Einzelvorstellung nicht Bernabé Martí als Linkerton. Statt dessen sang sie zusammen mit einem aufstrebenden, spanischsprachigen Kollegen, der Ende Zwanzig war und, wie es der Zufall so wollte, ebenfalls kurz vor dem Durchbruch stand: Plácido Domingo. Zum erstenmal sang damals das später berühmte Paar zusammen, und beide haben sehr lebhafte Erinnerungen an diese Erfahrung. Vielleicht ist es nicht so überraschend, daß die Cho-Cho-San kaum noch im Bühnenrepertoire der Caballé auftauchte, nachdem sie ein Star geworden war. Außerdem war die Aufführung in Puebla unter den wenigen *Madame Butterflys*, die sie noch sang, die einzige ohne Bernabé an ihrer Seite.

Vor diesem mit Spannung erwarteten Wiedererscheinen in Mittelamerika stand ihr Debüt im historisch bedeutsamen Teatro Colón in Buenos Aires auf dem Programm, wo sie neben Birgit Nilsson als Turandot die Liù sang. Die Inszenierung stand von Anfang an unter keinem guten Stern. Von der ersten Probe an hatte Montserrat Schwierigkeiten mit dem Dirigenten Fernando Previtali. Als ehemaliger Franco-Alfano-

Schüler beharrte er auf seiner Interpretation des Werkes.*
Natürlich hätte Montserrat argumentieren können – sie tat es aber nicht –, daß Alfano nichts, aber auch gar nichts mit der Rolle der Liù zu tun gehabt hatte, denn Puccini hatte die Musik bis zu ihrem Tod noch kurze Zeit vor seinem eigenen komponiert. Doch Previtali blieb dabei, sie solle die Arie im 1. Akt, »Signore, ascolta« demonstrativer und lauter singen. Sie versuchte es mit einem Kompromiß und sang ein bißchen lauter, aber der Dirigent schrie: »Nein! Nicht so. Stimme! Stimme! Stimme!« Verärgert antwortete sie. »Maestro, so singe ich die Rolle«, worauf er brüsk antwortete: »Nicht wenn ich dirigiere. Sie werden es singen, wie es gedacht war oder überhaupt nicht.«

Die stürmische Probe kam, so gut es ging, zum Schluß. Montserrat kehrte zusammen mit ihrem Mann, der sie auf diesem wichtigen Trip begleitete, zumal sie mit ihrem ersten Kind schwanger war, ins Hotelzimmer zurück. Plötzlich wurde ein Telefonanruf vom Teatro Colón durchgestellt, um ihr zu sagen, daß der Dirigent auf ihrer Entlassung bestehe und ihre Rolle deshalb mit einer anderen Sängerin besetzt würde. Sie könne Buenos Aires verlassen. Montserrat hörte sich die niederschmetternden Neuigkeiten so gefaßt an, wie nur irgend möglich. Aber als sie den Hörer auflegte, brach sie in Tränen aus und war untröstlich. Traurig packte sie ihre Koffer, als ein nochmaliger Anruf sie in das Büro des Intendanten bestellte. Als die Martís dort ankamen, standen nicht nur der Intendant, sondern auch der Dirigent und, ganz unerwartet, Birgit Nilsson im Zimmer. Der Intendant kam sofort zur Sache: »Wir haben ein Problem: Frau Nilsson hat uns

---

* Franco Alfano (1876–1954): Nicht, wie häufig vermutet, ein Schüler Puccinis, sondern ein erfolgreicher eigenständiger Komponist. Toscanini überredete ihn, die Schlußszene der Oper *Turandot* nach den Entwürfen Puccinis zu vollenden.

mitgeteilt, daß sie die Turandot nur singt, wenn Sie die Liù singen.« Der Dirigent schien sich in das Unvermeidliche zu fügen und brummelte seine Zustimmung zu Birgit Nilssons Alleingang in den Bart. Aber mit geradezu erstaunlichem Mangel an Anstand und Takt sagte er dann zu Montserrat: »Auch wenn ich Ihre Rückkehr in die Inszenierung akzeptiere, werden Sie so singen, wie ich es will.« Ruhig und respekteinflößend erhob Birgit Nilsson ihre Stimme, um die brenzlige Situation, in die Montserrat erneut hineinmanövriert wurde, zu retten: »Maestro, Sie begehen einen großen Fehler. Diese junge Dame singt diese Rolle in einer Art und Weise, auf die Sie wahrscheinlich ein ganzes Leben warten können, wenn überhaupt. Ich glaube, sie ist etwas ganz Besonderes. Wenn sie nicht so singen darf, wie sie es wünscht, verlasse ich die Inszenierung.« Damit war der Widerstand des Dirigenten vollständig gebrochen. Denn eine relative Newcomerin in der Rolle der Liù zu ersetzen, war eine Sache, aber eine neue Sängerin für die Nilsson in der Rolle der Turandot zu suchen, war undenkbar.

Nach diesem stürmischen Treffen begleitete die schwedische Sopranistin die Martís zu ihrer Hotel-Suite und sagte zu Montserrat: »Meiner Meinung nach sind Sie eine hervorragende Sängerin mit einer großen Karriere vor sich. Ohne Zweifel wird aus Ihnen ein großer Star.« Das war aus dem Munde einer Sängerin von Nilssons Kaliber ein großes Kompliment. Montserrat dankte ihr überschwenglich für das Lob und für ihre selbstlose Aktion, aber sie fügte hinzu, sie könne immer noch nicht die abgrundtiefe Ablehnung des Dirigenten gegenüber ihrer Rollenauffassung von der Liù verstehen. Nilsson antwortete: »Versuchen Sie wirklich, das zu verstehen, Montserrat? Verschwenden Sie Ihre Zeit nicht! Wenn man als Musiker auch noch eine Persönlichkeit hat, wird man automatisch kritisiert. Doch Gott sei Dank verstehen wir die Gründe dafür nicht, denn sonst wären wir nicht die Persönlichkeiten, die wir sind.« Durch diese Begegnung hatte Montserrat viel gelernt. Nilssons Worte machten ihr klar, daß die Einzigartigkeit bestimmter Menschen schwache Persönlichkeiten immer stören wird, weil sie jede Andersartigkeit oder jede kleinste Abweichung als Bedrohung empfinden. Wie Caballé es ausdrückt:

> Wenn man die ungeschriebenen Gesetze nicht einhält, etwas nicht so tut, wie es immer schon war, dann wird ein Dirigent, der einer musikalischen Persönlichkeit auf diesem Nieveau nicht folgen kann, automatisch sagen, daß diese Person unmusikalisch und schwierig sei. Heutzutage passiert das auch, wenn man sich mit einem Regisseur unterhält. Man muß nur »Warum?« fragen, dann betrachten sie Dich schon als Feind. Wenn man sagt: »Begründen Sie mir das«, dann gilt man gleich als unmöglich und launisch.

Diese argentinische *Turandot* wurde trotz des finster dreinblickenden Dirigenten im Orchestergraben ein Erfolg. Aber die Freude darüber war schnell wie weggeblasen, nachdem sie kurz darauf in der achten Woche ihrer Schwangerschaft eine Fehlgeburt erlitt. Glücklicherweise war Bernabé bei ihr, um sich um sie zu kümmern und sie zu unterstützen. Und es muß darauf hingewiesen werden, daß sie, eine Sängerin, die so häufig wegen ihrer launenhaften Absagen kritisiert wurde, trotz dieses persönlichen Unglücks ihre folgenden Engagements in Mexiko, darunter weitere *Turandot*-Aufführungen mit Nilsson, einhielt.

Nach einer kurzen Erholungsphase fuhr Caballé nach Dallas, wo sie ihr nordamerikanisches Debüt als Violetta gab, mit Franco Bonisolli als Alfred und Mario Zanasi als Germont. Die Vorstellungen wurden vom Mitbegründer und Musikdirektor der Dallas Civic Opera, Nicola Rescigno, dirigiert, der für seine Zusammenarbeit mit Maria Callas bekannt war, sowohl auf der Bühne als auch bei Studioaufnahmen. Eine ziemlich undeutliche und verrauschte Raubpressung einer dieser Vorstellungen existiert noch und läßt erkennen, mit welchem Tempo sich Montserrat Caballé die Sympathien der amerikanischen Opernliebhaber erobert hatte.

Von dieser Situation suchte die RCA durch eine ausgeklügelte Marketingstrategie zu profitieren. Nach Montserrats Triumph in der Carnegie Hall hatte sie sich in Caballés noch gültigen Plattenvertrag mit Vergara eingekauft. Einige dieser etwa zehn bereits existierenden Platten der spanischen Plattenfirma wurden international nun unter dem RCA-eigenen Label vertrieben. Aber keine der Platten schien befriedigend Kapital aus genau dem Repertoire zu schlagen, mit dem Caballé ihren Erfolg begründet hatte. So schnell wie möglich benötigte man eine Debüt-Platte mit *belcanto*-Leckerbissen, vorzugsweise mit Stücken aus *Lucrezia Borgia*. Doch selbst RCA konnte so kurzfristig keine Plattenaufnahmen mit ihren eigenen bevorzugten Studiokräften in Rom organisieren. So wurde statt dessen eiligst eine weitere Vergara-Recitalplatte geplant und in London nach Montserrats Arbeitsaufenthalt in Glyndebourne von Decca-Tontechnikern aufgenommen. Mit Ausnahme der Arie »Casta Diva« aus Bellinis *Norma* – dem unbestrittenen Meisterstück des *belcanto* – war das Repertoire entweder wenig bekannt oder völlig unbekannt, darunter Arien aus Donizettis *Roberto Devereux* und *Maria di Rohan* sowie die Schlußszene aus Bellinis *Il pirata* und natürlich Lucrezias »Com'è bello«. Die Originalaufnahmen kamen zur Weiterverarbeitung nach New York, und die Werbe-Maschinerie begann zu arbeiten. Die Endfassung trug den Titel »Presenting Montserrat Caballé«, und auf dem Cover war eine schlichte schwarzweiß Kohlezeichnung der spanischen Diva zu sehen. Die Linienführung des Porträts war um den Mund und die Augen herum leicht abgeändert, so daß sie Maria Callas – moralisch ein recht fragwürdiges Vorgehen – ähnlich sieht (siehe Bildteil). In den USA kam die Platte bereits im

Dezember 1965 auf den Markt, und fünf Tage nach ihrem Erscheinen waren schon 75 000 Exemplare verkauft.

Mitten in dieser Caballé-Hysterie kehrte Montserrat, diesmal in Begleitung ihres Bruders, nach New York zurück. Sie hatte vor einiger Zeit einer Reihe von *belcanto*-Fortsetzungen zugestimmt, die ihr Allen Oxenburg vorgeschlagen hatte. Die erste, Donizettis *Roberto Devereux*, fand am 14. Dezember in der Carnegie Hall statt, mit einer weiteren, unbedingt notwendigen (wie die Kartenvorverkaufsstelle meinte) Vorstellung zwei Tage später. Die Metropolitan Opera hatte außerdem eine ihrer Produktionen vom Beginn der Spielzeit, *Faust*, am 22. Dezember noch einmal auf das Programm gesetzt. Die Rolle des Valentins und der Margarethe wurde – neben John Alexander als Faust und Justino Diaz als Mephistopheles – von zwei Haus-Debütanten, Sherrill Milnes und Montserrat Caballé, übernommen; Dirigent war Georges Prêtre. So schloß sich der Kreis am Ende des Jahres, als Caballé an den Ort ihres ersten Triumphes zurückkehrte und wieder gefeiert wurde wie eine Königin. Nur das Lob der Presse übertraf die Begeisterung des Publikums noch:

> Da Frau Caballé in ihren konzertanten Opernaufführungen hier für eine Sensation gesorgt hatte, herrschte im ausverkauften Haus gespannte Erwartung, wie sie sich wohl in einer durchgeplanten Bühneninszenierung machen und wie ihre Stimme in einem Haus mit den Ausmaßen der Met klingen würde ... [Ihre] Stimme drang in all ihrer reinen Schönheit bis ganz nach hinten ins Publikum. Die ausgezeichneten *pianissimos*, die geschickte Farbigkeit ihrer Phrasierung, die strahlenden hohen Töne waren wie immer ein Ohrenschmaus. Aber der Gesang der Sopranistin ist mehr als nur prächtige Klänge. Sie ist eine durch und durch musikalische Sängerin und instinktiv zumindest eine aufrichtige und geschmackvolle Schauspielerin.[3]

Für die Zeitschrift *Opera* schrieb der New Yorker Korrespondent John Ardoin eine Kritik. Er war Callas-Experte und Autor eines Standardwerkes über ihre Plattenaufnahmen: *The Callas Legacy*. Nachdem er die *Lucrezia Borgia* ein paar Monate zuvor verpaßt hatte, war er in einer etwas skeptischen Stimmung, als er die konzertanten Aufführungen von *Roberto Devereux* in der Carnegie Hall besuchte. Bald war er bekehrt.

> Es ist schwierig, Frau Caballés Leistungen völlig rational und ruhig zu beurteilen, so überwältigend war ihr Eindruck ... [Sie] wurde mit Maria Callas verglichen, und ihr Stimmeinsatz, ihre Musikalität und ihr Temperament in *Roberto Devereux* lassen diesen Vergleich gerechtfertigt erscheinen. Die beiden Stimmen sind allerdings völlig verschieden, und aus diesem Grund gibt es nur eine Callas und nur eine Caballé ... Wenigstens müssen die Fans von Maria Callas, die Montserrat Caballé erliegen, ihre Monogramme nicht ändern.[4]

Bei dieser positiven Aufnahme durch das Publikum und die Kritiker und dem entscheidenden Faktor, ein erfolgreiches Met-Debüt hingelegt zu haben, überrascht es nicht, daß Montserrat im Metropolitan Opera House sofort zu weiteren Verhandlungen über zukünftige Engagements geladen wurde. Rudolf Bing war am 22. Dezember selbst im Haus gewesen, und der frenetische Applaus für Montserrat Caballé war noch nicht verklungen, da fand sich Carlos schon in dessen Büro wieder. Der österreichische Autokrat brachte sein Anliegen gleich unmißverständlich auf den Punkt: Er wollte Montserrat so regelmäßig wie möglich in New York engagieren. Er lud Carlos ein, mit seiner Schwester am folgenden Morgen wiederzukommen. Als sie ankamen, mußten sie in einem Vorzimmer warten und wurden dort Zeugen eines spannungsgeladenen, schrillen und mehrsprachigen Disputs, der durch die Wände des Büros drang. Nach einiger Zeit kam ein strahlender Franco Corelli aus Bings Büro heraus. Die Caballés wurden hereingebeten und fanden einen Herrn Bing vor, der den Aufpasser für einen wunderschön frisierten Pudel spielte, den der italienische Tenor im Büro zurückgelassen hatte.

Für Rudolf Bing muß es sehr verlockend gewesen sein, eine Star-Sopranistin zur Hand zu haben, mit der ihm der Erfolg in seinem neuen Opernhaus im Lincoln Center sicher sein konnte. Er beabsichtigte, ihr die Titelrolle in *Norma* zu geben, zu der, wenn sie auf keiner neuen Inszenierung bestände, Engagements in schon geplanten Neuinszenierungen von *La Traviata*, *Der Troubadour* und *Die Zauberflöte* hinzukommen würden. Offensichtlich hatte der Mann, der Caballé als ideale Besetzung für die Norma ansah, nicht vor, ihr gleichzeitig die Rolle der Pamina anzubieten. Die Desdemona in *Othello* war für ihn jedoch selbstverständlich; und ihm war sehr daran gelegen, sie für *La Gioconda* zu engagieren, ein Dauerbrenner beim Met-Publikum.

Man mag sich fragen, wie viele dieser außergewöhnlichen Angebote durch Bings fast schon panisch zu nennende Stimmung motiviert waren. Er befand sich – der Umzug in das neue Haus stand in nur wenigen Monaten bevor – in der mißlichen Lage, Gebieter über eine bedenklich abnehmende Zahl von Star-Sopranistinnen zu sein. Die Callas war mit nur zwei Toscas zum letzten Mal 1965 aufgetreten; Zinka Milanov würde im Laufe der aktuellen Spielzeit als Madeleine von Coigny ihren Abschied geben; Renata Tebaldi hatte eine Stimmkrise durchlitten und verlangte als Gegenleistung für ihre Rückkehr an die Met eine Wiederaufnahme von *Adriana Lecouvreur* – ein Werk, das Bing nicht mochte; die grandiose Eleanor Steber, um die man sich nie besonders bemüht hatte und die seit 20 Jahren das Rückgrat der Sopranistinnen an der Met war, würde ein letztes Mal aus ihrem erzwungenen Ruhestand zu Hilfe eilen, um die kränkelnde Dorothy Kirsten zu ersetzen; und die großartige Leontyne Price sang fast gar nicht mehr, so groß war ihre Furcht, sich zu überanspruchen.

Bei solch begrenzten Möglichkeiten, die Hauptsopranrollen zu besetzen, ist es nicht überraschend, daß Bing derart lukrative Angebote machte. Außerdem konnte er Stimmen treffsicher beurteilen, war seit Jahrzehnten im Geschäft, und seine Vorstellungen waren von dem legendären Wiener Ensemble der 20er Jahre geprägt. Es liegt der Schluß nahe, daß er, selbst bei kritischster Beurteilung ihrer Stimme, glaubte, Montserrat könne so gut wie alles singen. »Ich erinnere mich daran, daß Rudolf Bing immer zu mir sagte: ›Sie brauchen nicht so vorsichtig zu sein und immer auszuwählen. Mit Ihrer Stimme können Sie alles singen, worauf Sie Lust haben.‹«

Nun saß sie in Bings Büro und hörte sich seine außergewöhnlichen Angebote prachtvoller Starrollen an, die ihr zu ihrer Freude angeboten wurden, und war völlig entsetzt, als Carlos einen Vorschlag nach dem anderen freundlich ablehnte. Sie selbst war noch nicht so weit, *Norma* in Betracht zu ziehen, obwohl die Aufnahme von »Casta Diva« auf ihrer ersten Recital-Platte die Erwartung geweckt hatte, sie würde die Rolle bei der ersten sich bietenden Gelegenheit singen. Aber zusammen mit La Gioconda und eventuell Pamina kamen die Angebote nach Meinung von Carlos aus stimmlichen Gründen nicht in Frage. Das war vernünftig: Denn es gab keine Sopranistin, die im Laufe einer selbst 30jährigen Karriere erfolgreich in Mozarts leichtester und Ponchiellis schwerster Oper gesungen hätte, geschweige denn beide Rollen in einer Spielzeit. Ein etwas erstaunter Rudolf Bing kramte in seinem Schreibtisch herum und förderte eine Kopie des Spielplans 1966/67 im neuen Haus zutage. Er gab ihn an Carlos weiter und sagte: »Gut, lesen Sie das, und sagen Sie mir, was Ihre Schwester davon singen sollte.« Für ihre zukünftigen Auftritte an der Met waren nur die Verdi-Rollen – Violetta, Desdemona und Leonore – akzeptabel. Der Spielplan 1967/68 an der Metropolitan Opera sah allerdings ganz anders aus. Denn hier hatte Bing noch genügend Möglichkeiten, um Montserrat aus fast 20 Rollen nach Belieben auswählen zu lassen. Mit nur einer Aufführung im Rücken, und das noch im alten Haus, sah es ganz so aus, als habe die Met wieder eine neue Königin.

Zu Hause in Barcelona mußte Montserrat Caballé sofort für *Der Troubadour* proben, der im Januar 1967 im Liceo auf dem Programm stand. Die drei Vorstellungen waren alle im voraus ausverkauft. Das war nicht weiter überraschend, denn es waren die ersten Vorstellungen, die Montserrat Caballé seit ihrem New Yorker Triumph in Barcelona gab. Und über ihn war in der spanischen Presse erschöpfend berichtet worden. (Ihr neubegründeter Ruhm war so weit gediehen, daß ihr der Lazo de Dama de Isabel la Católica verliehen wurde, die höchste Auszeichnung, die ein spanischer Bürger bekommen kann.) Die Tage vor der Premiere am 13. Januar waren aufreibend, da der geplante Manrico, Carlo Bergonzi, seine Rolle erst sehr spät abgesagt hatte – einigen Presseberichten zufolge aus Sorge, die Hausfavoritin werde ihm die Schau stehlen, obwohl das nicht plausibel erscheint. Trotz des unbekannten Ersatzsängers wurde die Inszenierung ein Triumph. Nach der dritten und letzten Aufführung (am 18. Januar) war ein nicht enden wollender Applaus zu hören. Aber Montserrat hatte keine Zeit, sich auf ihren Lorbeeren auszuruhen, weil sie schon für die nächste Produktion, den *Tannhäuser*, probte, in der sie die Rolle der Elisabeth sang. Diese drei Vorstellungen kamen nicht annähernd so gut an wie die vorherigen, aber dies schien mit der ansonsten sehr durchschnittlichen Besetzung und dem Dirigenten zusammenzuhängen und nicht mit irgendwelchen Unzulänglichkeiten von Montserrat. Natürlich verlor das Liceo keine Zeit, einen Gala-Abend für seine heimische Diva auszurichten. Er fand nach der ersten *Tannhäuser*-Vorstellung statt, und ihr wurde dabei die Medalla de Oro del Gran Teatro del Liceo verliehen.* Und um das Glück

---

* Die erste von sechs solcher Ehrenauszeichnungen in der Zeit zwischen 1966 und 1987.

perfekt zu machen, stellte sie fest, daß sie wieder schwanger war.

Nach einer nur kurzen Pause zu Hause mit Bernabé startete sie zu einem seit langem geplanten Engagement. Sie gab ihr Debüt im Brüsseler Palais des Beaux Arts und sang dort die Salome in einer konzertanten Aufführung. Ende März reisten die Martís gen Amerika, wo Montserrat eine mit lauter wichtigen Engagements vollgepackte Tour vor sich hatte. Zunächst stand ihr Debüt an der renommierten Academy of Music, dem Opernhaus in Philadelphia, auf dem Plan. Die Rolle war neu für sie: die Madeleine von Coigny in *André Chénier*, mit Franco Corelli als revolutionärem Dichter. Die Proben liefen bis einschließlich der Generalprobe gut. Caballé, die wie immer ihre eigenen Kostüme und Accessoires mitgebracht hatte, ließ diese über Nacht in der Garderobe. Als sie und Bernabé am folgenden Tag zwei Stunden vor Beginn der Vorstellung wieder auftauchten, gerieten sie in einen lauten Streit zwischen Corelli und der Opernhaus-Verwaltung – ironischerweise war der Direktor in Philadelphia, Aurelio Fabbiani, der amerikanische Agent des Tenors –, der sich um die Vorauszahlung des Honorars drehte. Da Montserrat ihren Vertrag über Columbia Artists' Management (CAMI) abgeschlossen hatte, war sie einen Augenblick lang beunruhigt, weil der Tenor über die Bezahlung etwas zu wissen schien, was sie nicht wußte. Bernabé ging deshalb los, um von Fabbiani Auskünfte einzuholen, und ließ Montserrat zurück, die sich auf den 1. Akt vorbereiten wollte. Sie öffnete die Garderobentür und sah, daß der kunstvolle Spitzenbesatz ihrer Krinoline vollständig abgerissen und das schwarze, schlichte Samtkleid, das sie während der anderen drei Akte trug, aufgeschlitzt worden war. Außerdem hatte jemand ihre weißgepuderte Perücke in Stücke zerschnitten. Die Sopranistin war entsetzt, und ihr Mann und Fabbiani fanden sie in Tränen aufgelöst vor. Offensichtlich hatte irgendwer Interesse daran, Montserrat »aus dem Rennen zu werfen«, bevor sie auch nur eine Note gesungen hatte. Sie spekulierte darüber, wer wohl aus welchen Gründen wünschen könnte, sie zu sabotieren. Montserrat sträubte sich zunächst dagegen, den Faden weiterzuspinnen, der unweigerlich in die Garderobe nebenan zu führen schien, bis Corelli und seine Frau Loretta hereinkamen, um nachzusehen, was es mit dem Tumult auf sich hatte. Frau Corelli näherte sich besorgt der vollkommen verwüsteten Perücke, und bis zum heutigen Tag muß sich Montserrat im Zaum halten, wenn sie daran zurückdenkt, mit welch seltsamen Lauten die Frau über den Gegenstand strich und dabei »*povero perruchetto*« – »armes Perückchen« – gurrte.

Der Vorhang öffnete sich an diesem Abend 20 Minuten später. In der Kostümschneiderei wurde in aller Eile das schwarze Kleid zusammengeflickt und nach einer Ersatz-Krinoline gesucht. Bernabé eilte ins Hotel, um die schwarze *Traviata*-Perücke seiner Frau zu holen, die mit weißer Farbe übersprüht wurde. Frau Corelli scharwenzelte unterdessen hinter der Bühne um ihren immer hysterischer werdenden Mann herum und rieb unter »Madonna, Madonna«-Rufen ein Kruzifix an seiner Kehle auf und ab. Nichts von alledem war besonders dazu angetan, die Ruhe und Konzentration herzustellen, die für das Gelingen einer Aufführung notwendig sind. Aber auch die explosive Mischung aus Ärger und Adrenalin kann äußerst motivierend wirken. Montserrat Caballé erinnert sich: »Die Leute mißverstehen meine Reaktion auf Ereignisse dieser Art. Wenn ich mich ärgere, verliere ich nicht gleich die Lust, irgend jemanden zu sehen. Statt dessen staut sich der Ärger in mir auf, und ich lasse ihn irgendwie in meinen Auftritt einfließen.« Infolgedessen wurde ihre Madeleine mit Begeisterung aufgenommen. Aber mehrere Kritiker wiesen darauf hin, daß solch ein *verismo*-Schlachtschiff sie nicht sehr vorteilhaft zur Geltung bringe, so ausgezeichnet sie auch gesungen habe. Im Grunde war sie der gleichen Ansicht. Nach der letzten Vorstellung gab sie ein Interview, in dem sie ankündigte, diese Rolle nie wieder zu singen.* Sofort nach der letzten Vorstellung reisten Bernabé und sie nach New York ab.

Am 16. April 1966 wurde in der alten Metropolitan Opera die Abschieds-Gala für das Haus gegeben. Von den Sopranistinnen nahmen Renata Tebaldi, Zinka Milanov, Birgit Nilsson, Leontyne Price, Régine Crespin, Eleanor Steber und Montserrat Caballé teil; bei den Tenören waren es Jon Vikkers, Nicolai Gedda, Richard Tucker, James McCracken und Franco Corelli. Zweifellos war das Angebot an faszinierenden Stimmen vielfältig, und Montserrats Beitrag war das Trio im 3. Akt des *Rosenkavaliers*, mit Rosalind Elias als Octavian und Judith Raskin als Sophie, unter musikalischer Leitung Georges Prêtres. Aber der aufwühlendste Augenblick gehörte dem 48jährigen Leopold Stokowski, der aus dem Orchestergraben eine zornige Rede hielt, die gegen den sofortigen Abriß des historischen alten Opernhauses protestierte. Die Operndirektion hatte das Gebäude verkauft, um den Bau des neuen zu finanzieren.**

Der eigentliche Grund für diese neuerliche Reise nach Amerika war ein weiteres Konzert, das die American Opera Society am 25. April in der Carnegie Hall ausrichtete. Dieses Mal stand Bellinis *Il pirata* auf dem Programm. Montserrat Caballé sang die Rolle der Imogene und ihr Mann den Piraten Gualtiero, der der Oper ihren Namen gegeben hatte. Bis zu diesem Zeitpunkt hatten Montserrats *belcanto*-Vorstellungen einen direkten Vergleich gemieden: Aber *Il pirata* war den AOS-Anhängern immer noch relativ geläufig, da die Oper

---

* Allerdings hat Caballé diese Rolle wieder gesungen, sowohl auf der Bühne als auch im Studio, aber erst viele Jahre später.

** Stokowski protestierte vergebens. Vor Ablauf eines Jahres wurde das Haus abgerissen, und sein alter goldener Vorhang wurde in Tausende von kleinen Stoffschnipseln zerschnitten, die der bei RCA erschienenen Abschiedsplatte beilagen.

1959 in derselben Halle mit keiner geringeren als Maria Callas in der Rolle der Imogene aufgeführt worden war. Oft ist es schwer, Vergleiche zu ziehen; aber dennoch sind sie notwendig und häufig auch sehr erhellend. Außerdem hatte die AOS durch ihre Entscheidung, das Werk auf den Spielplan zu setzen, zu solchen Vergleichen geradezu eingeladen. Und schließlich war es Allen Oxenburgs Behauptung – die er in der Öffentlichkeit gerne zum besten gab –, daß Montserrat Caballé eine würdige Nachfolgerin von Maria Callas sei. Alles sehr provokativ, obwohl es bezeichnend ist, daß John Ardoin das Thema in seiner Kritik völlig mied:

> Die Rolle der Imogene war mit ihren langgezogenen *legato*-Phrasierungen und vielfältigen Möglichkeiten für Temperamentsausbrüche wie maßgeschneidert für [Caballé]. Ihre Stimme erhob sich mit Leichtigkeit, ohne auch nur ein Jota von der aufregenden Partitur abzugehen. Die Koloratur-Passage jagte mit größerer Klarheit und *brio* dahin als vergangenen August in *Roberto Devereux*, und ihre Stimme schien aus irgendwelchen seltsamen Gründen umfassender und opulenter zu sein. Frau Caballé hat eine unmißverständliche und hingebungsvolle Art, das *belcanto*-Repertoire zu singen. Sie machte *Il pirata* durch ihren strahlenden Gesang zu einem Fest und die Heldin zu einem lebendigen, nicht klischeehaften Charakter. Bellini wäre zweifellos erfreut gewesen.[5]

Leider ist es unmöglich, Ardoins Urteil über die Caballé-Vorstellung zu überprüfen, da keine Aufnahme – ungewöhnlich genug für AOS-Wiederaufnahmen – aufgetaucht ist, während die Callas-Aufführung aus dem Jahr 1959 später im Handel fast überall erhältlich war. Ardoins Haltung, jeden Sänger als ein individuelles Phänomen zu betrachten, statt über die Unmöglichkeit eines Vergleichs zu lamentieren, ist wahrscheinlich die richtige. Der bedeutendste Punkt seiner Kritik ist die

Betonung des »Temperaments« als herausragendes Merkmal der Auftritte Caballés. Dieser Aspekt bleibt häufig unberücksichtigt, vermutlich in erster Linie wegen des gängigen Vorurteils, beleibte Menschen – vor allem Frauen – seien eigentlich Witzfiguren, die nicht zu emotionaler Tiefe fähig seien. Es ist deshalb interessant zu wissen, in welchem Licht Montserrat ganz am Anfang ihrer Karriere von ihrem Publikum gesehen wurde.

Zu jener Zeit waren RCAs hastig beschlossene Pläne für Plattenaufnahmen dabei, erste Früchte zu tragen: Zunächst stand Caballés erste Gesamtaufnahme einer Oper an. Nicht weiter verwunderlich, daß die Wahl auf *Lucrezia Borgia* fiel, die zum erstenmal auf Platte aufgenommen wurde. Die Aufnahmen waren für den Mai in den RCA-Studios in Rom mit dem italienischen RCA-Opernorchester und -chor geplant. Wie in New York war als Dirigent Jonel Perlea vorgesehen, auch wenn er und Montserrat bei dieser Gelegenheit die einzigen »Überlebenden« der Carnegie-Hall-Aufführung waren: Alfredo Kraus ersetzte Alain Vanzo in der Rolle des Gennaro, und Shirley Price sang statt Jane Berbié die Orsini. Die Aufnahmen, die parallel zur RCA-Einspielung von *Ein Maskenball* mit Leontyne Price stattfanden, verliefen ohne Schwierigkeiten, bis auf einige Probleme mit dem heißen Klima, unter dem die gesamte Besetzung litt. Diese Platte war die erste von bis heute insgesamt 34 Einspielungen ganzer Opern mit Caballé.

Aufgrund ihrer Fehlgeburt im vergangenen Jahr wurde Montserrat dazu angehalten, nichts zu tun, was ihr ungeborenes Kind gefährden könnte. Mit Carlos' Hilfe zog sie sich nach und nach von den meisten Bühnenverpflichtungen zurück, und ab Juni gab sie nur noch gelegentlich Konzerte. Die größte Ausnahme war ein Konzert in der Pariser Salle Pleyel am 21. Juni, das in der wöchentlichen Radioserie *Le Prestige de la Musique* übertragen wurde und ihr eigentliches Pariser Debüt war. Das Programm sollte ihren Ruf als neue *belcanto*-Königin begründen und bestand aus Elisabeths Schlußarie in *Roberto Devereux*, der Schlußszene aus *Anna Bolena* und der Wahnsinnsszene aus *Il pirata*. Zwischen diese schwierigen Stücke wurden Ausschnitte aus *Ein kurzes Leben* und Granados *Goyescas* gestreut. Das Publikum im ausverkauften Saal, in dem der Presse zufolge einige illustre Persönlichkeiten saßen, war hellauf begeistert. Mehrere Kritiken kamen zum gleichen Schluß: Paris hatte seit dem verspäteten Callas-Debüt 1958 im Palais Garnier so etwas nicht mehr erlebt.

Montserrat ruhte sich die meiste Zeit des verbleibenden Sommers zu Hause in Barcelona aus. Doch sie mußte eine letzte vertragliche Verpflichtung erfüllen, eine Reihe von *Manon Lescaut*-Vorstellungen an der Kölner Oper, die für den Juli angesetzt waren, und sie war schon im sechsten Monat ihrer Schwangerschaft. Gesungen wurde Des Grieux in den ersten drei Vorstellungen von Richard Tucker, mit dem sie bald schon eine enge berufliche Partnerschaft eingehen würde, jetzt aber zum erstenmal sang. Bernabé, der sich bereits in Köln aufhielt und dort den Enzo in *La Gioconda* sang, sollte die Rolle in den letzten beiden Vorstellungen übernehmen. Der Eröffnungsabend war ein riesiger Erfolg, und die meisten Kritiker staunten darüber, daß eine Sängerin, die sie erst wenige Monate zuvor als eine ätherische Liù gehört hatten, in der neuen Rolle solch eine Kraft und solch einen *spinto*-Klang entwickelte. Doch während der zweiten Vorstellung begann sie unter Rücken- und Bauchschmerzen zu leiden und schaffte es in der dritten gerade noch, durch das Duett im 2. Akt zu kommen, ohne das Bewußtsein zu verlieren. Sie hatte schreckliche Angst, das Baby zu verlieren, nicht ganz ein Jahr nach ihrer Fehlgeburt. Die vierte Vorstellung – die erste mit ihrem Mann – sagte sie ab, doch am letzten Abend trat sie wieder auf.

Die verbleibende Zeit von Montserrats Schwangerschaft war äußerst anstrengend: Ihr Blutdruck war hoch, und sie nahm sehr zu. Die Geburt war für den 10. Oktober berechnet, aber dieses Datum ging ergebnislos vorüber. Die Ärzte waren immer besorgter, nicht zuletzt wegen des körperlichen Zustandes der Mutter. Weitere zwei Wochen verstrichen ereignislos, dann wurde Montserrat zu Untersuchungen und zur Beobachtung in die Clínica Bona Nova überwiesen. Schließlich setzten am 29. Oktober die Wehen ein. Sie zogen sich zwei Tage lang hin, bis der Arzt feststellte, daß das Baby durch die Knochenverformung seiner Mutter eingeklemmt und wie sie in einem besorgniserregenden Zustand war. Sie beschlossen, chirurgisch einzugreifen und Montserrat Caballés Sohn durch Kaiserschnitt zur Welt zu bringen. Nach alter Familientradition wurde der kleine Junge nach seinem Vater Bernabé benannt. Aber auch wenn das Baby wohlauf war, Montserrat ging es sehr schlecht. Ihre Muskulatur, ihr technisches Rüstzeug, war aufgeschnitten und unter Schmerzen zusammengenäht worden, und sie hatte ein höheres Körpergewicht als jemals zuvor. Aber das waren Gedanken, die sie nur als Sängerin plagten; als Frau nahm sie sie nicht wahr, zumindest vorerst nicht. Sie war zu sehr damit beschäftigt, die neue Rolle zu erfüllen, auf die sie so lange gewartet hatte: die der Mutter.

7. Kapitel
1967–1969: Amerika ruft

Die Anforderungen der Mutterschaft sind nichts gegen die pausenlosen Ansprüche, die in New York an einen gestellt werden, wenn man dort zur Berühmtheit avanciert ist. Kaum hatte sich Caballé an ihr Baby gewöhnt, mußte sie ihre Koffer packen und zum Mittelpunkt ihrer beruflichen Tätigkeit, nach Amerika, zurückkehren. Weihnachten und Neujahr hatten sie mit der Familie verbracht, und Montserrats Eltern waren glücklich über die neuen Pflichten als Großeltern des kleinen Bernabé Aurelio. Da Caballés Karriere gerade voll in Schwung war, würde die tägliche Pflege des Kindes während ihrer langen Abwesenheitsphasen in den Händen ihrer Eltern liegen, besonders dann, wenn ihr Mann sie beruflich begleitete, was diesmal der Fall war. Das Ehepaar reiste nach Philadelphia, um die erste einer ganzen Reihe von Verpflichtungen zu erfüllen, die von Aurelio (Ray) Fabbiani, dem Patenonkel und Namensgeber von Montserrats Sohn, arrangiert worden waren. Fabbiani war durch seine Kontakte zur Philadelphia Opera und zu Franco Corelli eine der bedeutendsten Persönlichkeiten der amerikanischen Opernszene. Zuerst traten die Martís Ende Januar in einer Einzelvorstellung von *Tosca* an der Academy of Music auf (nach Renata Tebaldi und Richard Tucker, die in dieser Spielzeit schon in denselben Rollen aufgetreten waren). Dann sang Caballé Anfang Februar in einem Benefiz-Galakonzert zugunsten des Orchester-Pensionsfonds, unter der Leitung von Seiji Ozawa und mit einem Programm, das die Bewohner von Philadelphia an ihre *bel-*

canto-Fähigkeiten erinnern sollte. Das war wahrscheinlich ein Pyrrhus-Sieg, wenn man die frostigen Kritiken über ihre Tosca und die darauffolgende Cho-Cho-San liest. In ihnen wurde das uralte Argument wiederaufgewärmt, daß eine Sängerin, die alle notwendigen *belcanto*-Finessen beherrscht, automatisch nicht mehr für das *verismo*-Repertoire zu gebrauchen ist.

Doch Montserrat stand zumindest in Fragen des Repertoires auf sicherem Boden, als sie am 6. Februar an der Metropolitan Opera im Lincoln Center ihre Debüt-Vorstellung gab – eine Wiederaufnahme der Vorjahrsproduktion von *Der Troubadour*. Ihre Partner waren zwei treue Met-Mitstreiter, der Tenor Richard Tucker und der Bariton Robert Merrill. In *Opera* erschien ein langer Kommentar, in dem Herbert Weinstock sinnierte:

> ... nachdem ich sie mehrmals gehört und ihre Plattenaufnahmen genau angehört habe, weiß ich nicht, was sie eigentlich für eine Sängerin ist ... nach dem heutigen Stand hat sie weder das Temperament noch die Genauigkeit oder Gewandheit für Donizetti oder Bellini; und ihre Schauspielkunst ist, wie die von Victoria de los Ángeles, so wenig aufregend, daß sie vielleicht wirklich eher eine Konzert-Künstlerin ist. Das Publikum in der Metropolitan Opera ... überhäufte alle Beteiligten mit Anerkennung.[1]

Ähnlich unbeeindruckt zeigte sich Weinstock von einer Reihe von *Othello*-Vorstellungen, die am 27. Februar 1967 an der Met begannen. Caballé sang zum erstenmal die Rolle der Desdemona, und Zubin Mehta gab sein Debüt als Dirigent des Stückes. Keiner von beiden erntete großes Lob, dafür aber Tito Gobbis mit seinem Jago. James McCrackens Leistung wurde allgemein als unzureichend empfunden. Doch dem Höreindruck nach zu urteilen, den eine nicht autorisierte Aufnahme einer von Texaco gesponserten Sendung vermittelt, hatte Gobbi – gedämpft und nicht sehr frisch klingend – seine besten Zeiten hinter sich. Caballé hingegen schien stimmlich auf ihrem Höhepunkt zu sein; McCracken gab eine höchst engagierte Vorstellung, und Mehta dirigierte mitreißend, ganz in der Tradition von Carlos Kleiber.

Anläßlich dieser Vorstellungen kam es zu einer bewegenden Begegnung mit Elena Doria, der jungen Sopranistin, die sich 1955 in Rom um Montserrat gekümmert hatte. Nach Montserrats Debüt mit *Faust* an der alten Met hatte sie einen Stapel Metropolitan-Programme und -Broschüren nach Barcelona mitgenommen, um sie in ihrer Freizeit genau durchzulesen. Eines Tages ging sie alle Namen der Ballett-, Orchester- und Chormitglieder durch. Plötzlich hielt sie inne. In der Liste der Chorsängerinnen hatte sie den Namen einer Person entdeckt, nach der sie schon seit Jahren Ausschau gehalten hatte – Elena Doria. Montserrat Caballé erinnert sich:

> Beim nächsten Mal an der Met, ich probte 1967 für *Othello*, suchte ich unter den Gesichtern der Chormitglieder nach ihr. In Italien hatte sie wie Veronica Lake ausgesehen, aber ich konnte keine solche Frau entdecken. So ging ich zum Chorleiter Kurt Herbert Adler und sagte zu ihm, daß ich eine Elena suche. Er deutete sofort auf eine Frau mit roten Haaren. Ich lief zu ihr hin und sagte: »Elena, kennst Du mich noch? Ich bin Montserrat.« Sie guckte schüchtern und sagte: »Ja natürlich, aber es ist viel Zeit vergangen, und Du bist jetzt ein großer Star, und ich dachte, Du würdest Dich nicht an mich erinnern.« Ich war sehr bewegt.

Montserrats Vorstellungen an der Met erstreckten sich bis weit in den März hinein. Gleichzeitig probte sie ab Mitte März für das nächste AOS-Konzert in der Carnegie Hall: Händels *Julius Cäsar* [*Giulio Cesare*]. In einer Zeit, da die Barockoper in den Opernmetropolen fast völlig in Vergessenheit geraten zu sein schien, war die ungebrochene Begeisterung für dieses eine Werk nicht ganz nachvollziehbar. Die AOS hatte sie vor knapp zwei Jahren schon einmal im Programm gehabt; und der (unter einem schlechten Stern stehende) Start der neuen Metropolitan Opera wurde von der Inszenierung dieses Werkes in der nahegelegenen New York City Opera überschattet. Die Oper hatte Beverly Sills zu spätem Ruhm verholfen und war der Höhepunkt der Herbst-Winter-Spielzeit 1966/67. Caballés Cleopatra wurde an diesem Abend in der vollbesetzten Carnegie Hall begeistert aufgenommen, wie die kaum noch käuflich erwerbbaren Raubpressungen belegen.

Gleich danach reiste sie nach New Orleans ab, wo sie ihr Debüt gab und zusammen mit John Alexander als Des Grieux die Titelrolle in Massenets *Manon* sang. Wie bei Händels *Julius Cäsar* wurde die Oper in stark gekürzter Fassung gespielt: Unter anderem waren die Szenen am Hof der Königin ganz herausgenommen worden. Trotzdem erntete sie viel Applaus und Bewunderung für die Rolle, besonders für die schauspielerisch intensive und engagierte Interpretation der Szene in Saint-Sulpice. Darin bringt die schamlose und liebestrunkene Manon ihren früheren Liebhaber dazu, sich zum Priester weihen zu lassen, in der Hoffnung, ihn später wieder für sich zu gewinnen (erfolgreich, wie sich herausstellt). Anscheinend hatten die Blasinstrumente, besonders die Hörner, einen schlechten Abend und machten ihre Fehler nicht dadurch wett, daß sie bei jeder falsch gespielten Note laut lachten: Vielleicht hätte die Manon lieber einige Orchesterspieler davonjagen sollen. Mit der Inszenierung in New Orleans hatte Caballé nicht das letzte Mal mit dieser Oper zu tun. Mit diesem Werk und *La Traviata* gab sie Ende April in Madrids Opernhaus, dem Teatro de la Zarzuela, ihr wichtiges Debüt.

Die anderen Mitglieder der *Traviata*-Besetzung waren außer der Violetta nicht sonderlich bekannt, aber bei *Manon* war das ein anderer Fall, denn der Des Grieux wurde von niemand geringerem als Alfredo Kraus verkörpert. Die spanische Sopranistin und der Tenor standen bei dieser Gelegenheit zum erstenmal gemeinsam auf der Bühne, nachdem sie im vergangenen Jahr im Aufnahmestudio zusammengearbeitet hatten. Kraus hielt sich bei den Proben an die Anweisungen des Regisseurs, aber in der Aufführung wehrte er sich, wie sich Montserrat erinnert, in die stürmische *folie à deux* einzutreten, die die beiden Liebenden ja angeblich durch dick und dünn gehen läßt. In der Premiere, während der Szene in Saint-Sulpice, rutschte Montserrat auf der Bühne eifrig auf Knien hinter Kraus her und flehte ihn an, zu ihr zurückzukehren. Die unvorhergesehene Reaktion auf diese Umstimmungsversuche war ein gezischtes: »Geh zurück! Um Gottes Willen, versuch nicht, mich anzufassen!«, und zwar so laut, daß er sogar die Souffleuse übertönte. Während Des Grieux Manons letztem verzweifelten Versuch widersteht, ihn von seinem religiösen Gelübde abzubringen, ist das natürlich angemessen, muß aber hoffnungslos komisch gewirkt haben, als er seiner Geliebten nachgeben und mit ihr der Priesterweihe entflieht. Im nachhinein bedauert Montserrat, daß ihr impulsives Handeln auf der Bühne den berühmten Tenor so aus dem Konzept gebracht hat. Nichtsdestotrotz ließ er sich nicht besänftigen, und ihre erste gemeinsame Bühnenerfahrung sollte auch ihre letzte bleiben.

Dagegen funktionierte die Partnerschaft mit dem heute weitgehend vergessenen Flaviano Labò auf dem Maggio Musicale in Florenz gut. Caballé war als Imogene für *Il pirata* engagiert, und die Vorstellungen bedeuteten zugleich ihr eigentliches Debüt als Hauptdarstellerin in Italien. Die Inszenierung war von Mauro Bolognini, und die Proben gingen seit über drei Wochen gut voran, als zur Überraschung der Sopranistin ein ihr unbekannter Mann auftauchte und begann, weite Teile des Bühnengeschehens neu zu gestalten. Montserrat ließ ihn eine Zeitlang gewähren, aber schließlich hatte sie genug von dieser Einmischung. Sie unterbrach sich, trat nach vorne und sagte: »Wer sind Sie, und was erlauben Sie sich eigentlich?« Beschämt mußte sie erfahren, daß dieser Mann niemand anderes als Bolognini selbst war. Er war während der ersten drei Probenwochen woanders beschäftigt gewesen, und ein Assistent hatte seinen Platz eingenommen. Völlig ungeniert fragte Caballé ihn daraufhin, ob der Regisseur es sinnvoll fände, seine eigene Inszenierung und die darin eingebundenen Künstler wie eine Art musikalischen Selbstbedienungsladen zu behandeln, indem er willkürliche Änderungen an ihrer harten Arbeit vornehme. Sie sagte: »Ich finde, daß Ihr Assistent seine Arbeit sehr gut gemacht hat, er trägt die Verantwortung für die Inszenierung. Bitte lassen Sie uns mit unserer Arbeit weitermachen.« Um des musikalischen Friedens willen tat er es und wurde bald damit belohnt, daß aufrichtige Bewunderung und Zuneigung zwischen ihm und der Sopranistin entstanden, die bis heute anhalten. Die meisten Vorstellungen dirigierte Franco Capuana, ein erfahrener »alter Hase«, der für Decca einige Aufnahmen mit Renata Tebaldi eingespielt hatte. Die Kritiken waren überwältigend positiv, und den verschiedenen nicht autorisierten Aufnahmen nach zu urteilen, die in den letzten Jahren erschienen sind, war das Publikum begeistert. Wenn es bei den Italienern irgendwelche Vorbehalte gegeben hatte, das Talent einer Frau, die sich außerhalb Italiens hochgearbeitet hatte, skeptisch zu betrachten, so wurden sie in diesen Vorstellungen mit einem Schlag hinweggefegt. In vielerlei Hinsicht begründeten diese *Piratas* Caballés hohes Ansehen in Italien: Eine anspruchsvolle Schlüsselrolle des italienischen *belcanto* vor einem italienischen Publikum zu singen und als Ausländerin dazu noch einen Triumph zu erringen war der Beweis für ihren neuen Status als *prima donna assoluta.* Ihr Erfolg wurde von Brendan Fitzgerald festgehalten, der am 16. Juni, einen Tag nach der Premiere, für den Mailänder *Daily American* schrieb:

... wenn die Chance, dieses selten aufgeführte und sehr frühe Werk des »Schwans von Catania« zu sehen, nicht ausreichte, um die Kenner scharenweise in das Teatro Communale zu locken, so konnte es die Anwesenheit der Primadonna Montserrat Caballé. Eine junge, aber schon legendäre Sängerin tritt zum erstenmal in Florenz auf, in einer Rolle, die sie nach und nach ihre einzigartigen Gaben unter Beweis stellen läßt, nachdem ihr New York im vergangenen Jahr mit derselben Partie zu Füßen lag ... [Sie] ist eine großartige Entdeckung für die Florentiner. Was für eine Stimme, unglaublich sanft und leicht in den Registerübergängen wie eine schimmernde, auf Samt dahingleitende Perle: Sie ist das ideale Pendant zu Bellinis gedämpfter, zurückhaltender Begabung. Allein ihre imposante Präsenz und enorme Würde sind ein Vergnügen für sich. Als ausladende Frau neigt sie nicht zu ausladenden Gesten, aber ihre intelligent eingesetzten Bewegungen erzielen eine einzigartige Wirkung. Wunderbare Augen und deren ausdrucksstarker Einsatz vervollständigen einen Stil, der im Gedächtnis haften bleibt. Es ist fast so, als könne man eine der großen Primadonnen aus den Hoch-Zeiten des *belcanto* und der Romantik erleben.

Zu diesem Zeitpunkt, fast auf dem Zenit ihrer Kräfte, betrat Caballé wieder einmal die RCA-Studios in Rom, um ihre zweite Oper, *La Traviata*, sowie die ersten beiden Solo-Platten unter neuem Vertrag mit selten gespielten Arien von Verdi und Rossini aufzunehmen. Mittlerweile sind alle 28 Verdi-Opern (einschließlich der überarbeiteten Opern *Die Lombarden beim ersten Kreuzzug* [*I Lombardi alla prima crociata*], *Jérusalem*, *Stiffelio* und *Aroldo*) auf CD erhältlich. 1967 war jedoch nicht einmal die Hälfte der Verdi-Werke auf Schallplatte erhältlich. Bei Rossini sah es sogar noch schlimmer aus: Von seinen 39 Opern (einschließlich überarbeiteter Fassungen) waren weniger als ein Viertel als Gesamtaufnahmen erhältlich. Als Caballé für die Aufnahmen Arien aus *Die beiden Foscari* [*I due Foscari*], *Attila, Alzira, Der Korsar* [*Il corsaro*], *Armida, Othello, Die Frau vom See* [*La donna del lago*] und *Tancredi* auswählte, fürchtete die RCA-Leitung, daß sich diese Platten nicht verkaufen würden. Die Kosten für die Aufzeichnung der Orchesterstücke und -partien waren enorm hoch. Doch eine entschlossene Diva läßt sich nicht so leicht abschrecken. Diese Platte wollte sie unbedingt machen, aus dem Bewußtsein heraus, daß in diesen lange vernachlässigten Opern viel schöne, unberechtigt in Vergessenheit geratene Musik lag. Caballé hatte nun schon gut zwei Jahre im Rampenlicht gestanden, und sie nutzte ihre neue Position und Macht nicht dazu, um ihren eigenen Ruhm zu mehren – auch wenn dies als Begleiterscheinung unvermeidlich war –, sondern um die Komponisten des *primo ottocento* ins öffentliche Bewußtsein zu rücken. Als die Aufnahmen im folgenden Jahr erschienen, war ihr künstlerischer und kommerzieller Erfolg so groß, daß Montserrat von RCA angehalten wurde, noch mehr *belcanto*-Raritäten aufzunehmen, unabhängig von ihren finanziellen Forderungen.

Nach diesen ausgedehnten Aufnahmen in Rom kehrte Montserrat nach Hause zurück, um dort wie mittlerweile jedes Jahr – mit Ausnahme der Zeit von Ende Juli bis Anfang September – ihre Urlaubszeit zu verbringen. In diesem Jahr – 1967 – hatte sie sich wegen ihres neun Monate alten Babys geweigert, während der europäischen Sommer-Musikfestspiele irgendwelche Engagements anzunehmen. Deshalb unternahm sie ihre nächste größere Reise erst wieder Mitte September.

Erneut ging es nach Amerika, wo ihr die Ehre zuteil wurde, die neue Spielzeit an der Met zu eröffnen. Sie stand in einer ihrer fünf Lieblingsrollen, der Violetta, erneut vor dem New Yorker Publikum. Diese Rolle wählte sie auch zunehmend als »Visitenkarte« bei wichtigen Haus-Debüts. Ihr Partner am Eröffnungsabend – eine Wiederaufnahme der bewährten Alfred Lunt/Cecil Beaton-Inszenierung – war Richard Tucker, der, wie mehrere Beobachter feststellten, verblüffende Ähnlichkeit mit Montserrats Ehemann aufwies.

Die Vorstellungen zogen sich bis weit in den Oktober hinein, wobei der Alfred mehrmals wechselte. Zu dieser Zeit wurde das Haus vom Karajan-Fieber erfaßt. Der österreichische Maestro probte für seine Inszenierung der *Walküre*, und gab im Alter von 58 Jahren sein Debüt an der Metropolitan Opera. Alle befanden sich in Panik.* Karajan nahm sich Zeit, in die Vorstellungen von *La Traviata* hineinzuschauen, über die die Leute so ins Schwärmen gerieten. Caballé erfuhr erst davon, als sie von der Leitung der Salzburger Festspiele einen Vertrag zugeschickt bekam. Es war das Angebot, bei den kommenden Salzburger Festspielen in einer Inszenierung des *Don Giovanni* die Donna Elvira zu singen, mit Nicolai Gjiaurow in der Titelrolle, Gundula Janowitz als Anna und Herbert von Karajan als Regisseur und Dirigent. Das war eine unerwartete, aber sehr ansprechende Aufgabe, die Caballé unbedingt annehmen wollte. Aber bevor sie den Vertrag abschließen konnte, erhielt sie ein weiteres Angebot, das die Angelegenheit verkomplizierte. Karajan plante, das Projekt auszudehnen und eine Platte zu produzieren, die die Hintergrundmusik zu einem Film werden sollte. Dieser sollte im Frühjahr 1968 in einem Münchner Studio produziert werden. In diesem Projekt war Montserrat Caballé als Elvira vorgesehen. Aber der Abschluß des Vertrags war an eine Bedingung geknüpft: Die Sopranistin sollte innerhalb von sechs Monaten mindestens 15 Kilo abnehmen. Außerdem mußte sie im folgenden Februar zu Probeaufnahmen in den Münchner Studios erscheinen; kurz darauf sollten die Dreharbeiten beginnen.

---

* Rudolf Bing schildert den Verlauf dieser außerordentlichen Opern-Tortur in seiner manchmal unzuverlässigen, aber immer unterhaltsamen Autobiographie: 5 000 Nights at the Opera (Hamish Hilton, London, 1972).

Caballé war von diesen Plänen in vielerlei Hinsicht nicht begeistert. Sie hatte während der 60er Jahre langsam zugenommen, aber nach der Geburt ihres Sohnes dramatisch an Gewicht zugelegt. Sie war sich sehr unsicher, ob sie es schaffen würde, so viel und dann noch nach einer bestimmten Zeitvorgabe abzunehmen. Und sie hatte für die Zeit der Filmaufnahmen in München schon ein Engagement an der Met angenommen, die Rolle der Luise Miller. Obwohl sie schon für die Salzburger Sommerfestspiele 1968 angekündigt worden war, wurde doch nichts aus dem Plan, aus Gründen, an die sich Montserrat nach so langer Zeit nicht mehr erinnern kann. Natürlich kam es zu keiner Plattenaufnahme und auch zu keinem Film, doch die Salzburger Festspiele bekamen ihren *Don Giovanni* mit Teresa Zylis-Gara als Elvira.

Die *Traviatas* waren der Beginn eines Fünfjahres-Vertrags, dem Caballé auf Rudolf Bings Geheiß zugestimmt hatte. Der Höhepunkt dieser Zusammenarbeit sollte sein geliebtes Projekt, der Tudor-Zyklus sein, mit Neuinszenierungen – allesamt zum erstenmal an der Met – der Donizetti-Opern *Anna Bolena*, *Maria Stuart* [*Maria Stuarda*] und *Roberto Devereux*, in denen sie als Königin auftreten sollte.* Montserrat nächstes Ziel führte sie, nach verschiedenen Recitals und Konzerten, zum erstenmal nach Venezuela. In einer Einzelvorstellung von *La Traviata* trat sie zusammen mit Bernabé als Alfred im Opernhaus von Caracas auf. Montserrat und ihr Mann beschlossen, das gemeinsame Honorar zum erstenmal für ein Luxusobjekt auszugeben: eine glänzende Limousine. Montserrat kaufte sich einen silbernen Mercedes, der bis heute ihr liebstes Transportmittel ist. Bei zahlreichen Gelegenheiten hat Bernabé versucht, sie zu überreden, das in die Jahre gekommene Vehikel zu verkaufen. Aber Montserrat will davon

* Der Plan wurde leider nie realisiert, weil er Rivalitäten zwischen den beiden Opernhäusern im Lincoln Center zum Opfer fiel.

nichts wissen: Selbst der stromlinienförmige Ersatz, der 1993 angeschafft wurde, steht mehr oder weniger ungenutzt in der Garage. Es war ihr erstes Auto, und sie scheint entschlossen, es unter allen Umständen zu halten.

Nach dem Debüt in Caracas kehrte sie sofort nach Dallas zurück, wo sie es geschafft hatte, ein zunächst zögerliches Management – das verständlicherweise die letzte *belcanto*-Neuigkeit vorgezogen hätte – dazu zu überreden, Vorstellungen von *Figaros Hochzeit* auf den Plan zu setzen. Für sie war es eine zunehmend seltener werdende Gelegenheit, eine ihrer geliebten Mozart-Rollen zu singen. Die weiteren Rollen waren mit vergleichbar hohen Kalibern besetzt, mit Sesto Bruscantini in der Titelrolle und Graziella Scutti als Susanna. Bei der Premiere, während der komplizierten Handlungsstränge im 4. Akt, als die Gräfin und ihre Kammerzofe die Kleider getauscht haben, um die Männer besser täuschen zu können, saß Montserrat Caballé auf einer Bank, die allmählich immer beengter wurde. Sie war schon mehrmals aufgerückt und setzte sich schließlich, nachdem wieder jemand auf der Bank Platz genommen hatte, ins Leere. Mit einem lauten Knall landete sie auf dem Bühnenboden. Damals war sie, wie Montserrat betont, durchaus fähig, allein aufzustehen. Aber sie und die anderen Sänger mußten sich zusammenreißen, um nicht in lautes Gelächter auszubrechen. Vielleicht ist diese gute Laune in John Ardoins Kritik eingegangen: »Caballé hat eine besondere Bemerkung verdient: Das war ihre überzeugendste Arbeit bisher ... Sie war keck und charmant, sie agierte ebenso natürlich, wie sie sang.«[2]

Die Aufführungen in Dallas wurden bis Ende November fortgesetzt. Dann kehrte Montserrat nach New York zurück, um mit den Proben für eine weitere Vorstellung der AOS in der Carnegie Hall zu beginnen. Sie sang zum erstenmal die Titelrolle in Donizettis *Maria Stuart*, zusammen mit der berühmten und bis jetzt unerreichten Mezzosopranistin Shirley Verrett als Elisabeth. Die Vorstellung wurde ein Triumph für

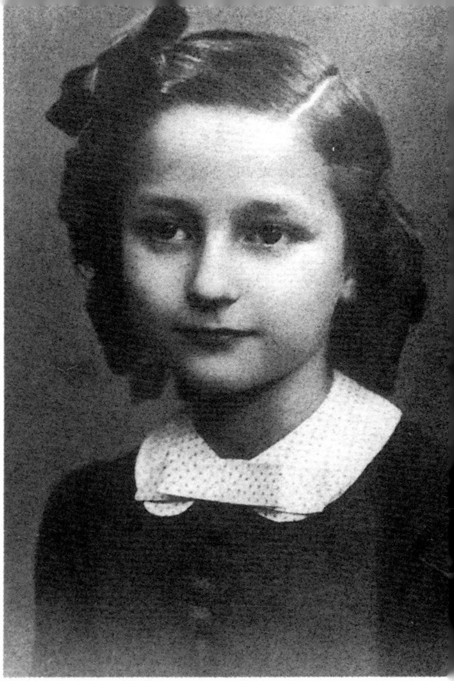

Montserrats Eltern, Ana und Carlos, an ihrem Hochzeitstag.

Montserrat als Baby (unten) und mit ungefähr acht Jahren (o.r.). In diesem Alter hatte sie bereits ihre ersten Unterrichtsstunden am Liceo.

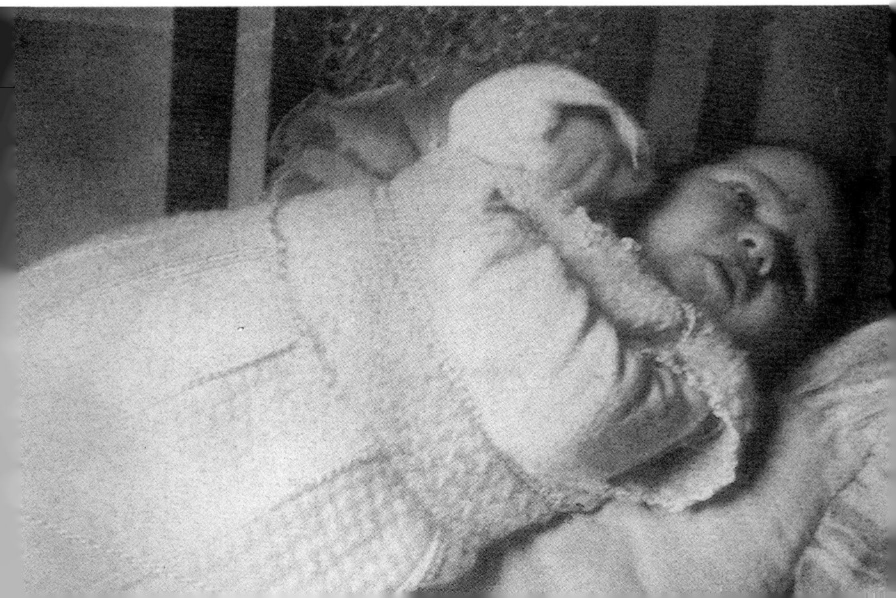

In einem Restaurant in Barcelona. Montserrat ist ungefähr 18 Jahre alt.

Eine musikalische Soirée im Hause ihres Förderers José Antonio Bertrand (2.v.l.). Am Flügel Alicia de Larrocha (ca. 1954).

1962, nach ihrem Debüt als Sopranistin am Liceo, zusammen mit ihrer Lehrerin Eugenia Kemmeny, der sie ihre hervorragende Technik zu verdanken hat.

Bei der französischen Premiere von El Pessebre *in Toulouse. Mit Pablo Casals und Conchita Badía im Oktober 1962.*

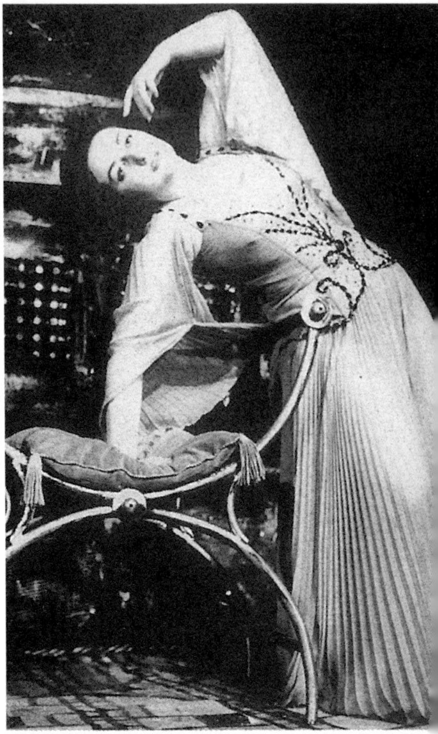

(o.r.) Zum ersten Mal in der Rolle der Salome, *Basel, im Februar 1958.*

(u.l.) Mit der spanischen Erstaufführung von Arabella *debütierte Montserrat am 7. Januar 1962 im Liceo, Barcelona.*

(u.r.) Debüt im Palau de la Música, Barcelona, 1963: Montserrat mit Alfonso Sanz und ihrem Bruder Carlos.

(o.l.) 1962 als Madame Butterfly. *In der Rolle des Pinkerton: Bernabé Martí. (Guirau)*

(o.r.) Montserrat und Bernabé heiraten am 14. August 1964 in S. Maria de Montserrat.

(u.l.) Nach dem triumphalen Erfolg als Lucrezia Borgia *in der Carnegie Hall am 20. April 1965, in Begleitung von Allen Sven Oxenburg.*

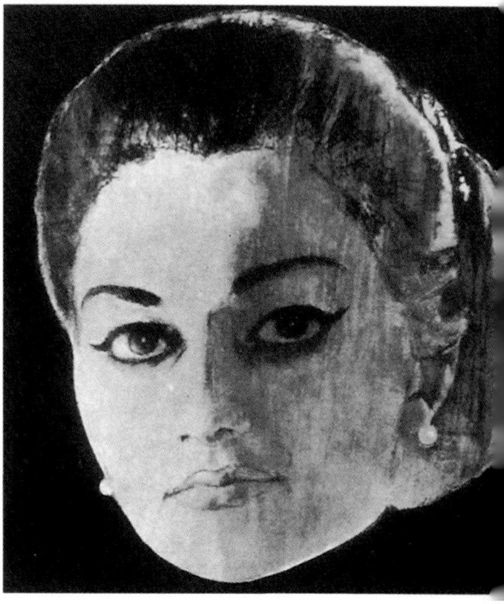

(oben) Dieses Portrait zierte das Cover der ersten LP von Montserrat.

(o.l.) Mit Georges Prêtre in Rom bei der Aufnahme von La Traviata, *Juni 1967.*

(u.l.) Montserrats britisches Debüt in Glyndebourne, Mai 1965.

(u.r.) Montserrat besucht ihren Mann und Joan Sutherland, die zusammen in Philadelphia auftreten (März 1968).

(o.l.) Im Februar 1970 als Lucrezia Borgia *in der Scala.*
(o.r.) Hinter der Bühne mit Renata Tebaldi, nach der ersten Aufführung der Norma *am 22. Dezember 1972.*

Montserrat Caballé und Shirley Verrett hinter der Bühne - zwei Diven, die die Geschichte wiederholen? Hinter der Bühne bei der ersten Aufführung von Maria Stuarda *an der Scala, 1972, mit Antonio Ghiringhelli und Margherita Wallmann.*

(links) Montserrats bislang einziger Auftritt am Teatro La Fenice in Venedig: 1972 als Elisabetta in Roberto Devereux.

(unten) In der Rolle der Violetta debütiert sie im Covent Garden. Betrachtet man ihr Kostüm, so ist es allerdings rätselhaft, warum ihre eigenen Kleider solche Kontroversen ausgelöst haben. (Donald Southern)

Caballé. Wenn man einen gewissen Chauvinismus auf seiten der spanischen Presse außer acht läßt, waren in den Artikeln, die kurz nach der Vorstellung am 6. Dezember erschienen, ganze Passagen der Erklärung gewidmet, daß es unmöglich sei, den Jubel zu beschreiben, den Caballé am Ende des 2. Aktes beim Publikum entfachte. Selbst der vorher unbeeindruckte Herbert Weinstock bemerkt: »Die wirklich ermutigende und überraschende Ausnahme war Montserrat Caballé in der Titelpartie. Das war eine neue Caballé, die sichtbar und hörbar engagiert in die Geschichte und den Charakter eingetaucht ist. Sie wurde vom Publikum angemessen belohnt.«[3]

Bevor ihr Weihnachtsurlaub begann, sang sie in zwei Tosca-Vorstellungen am Liceo in Barcelona. Ihr Mann übernahm nach der kurzfristigen Absage Sesto Bruscantinis die Rolle des Cavardossi, Cesare Bardelli sang den Scarpia. Bei der Premiere am 16. Dezember schlich Caballé nervös in den fiktiven Räumen des Palazzo Farnese umher, um den Avancen des verhaßten Baron Scarpia aus dem Weg zu gehen. Dabei lehnte sie sich gegen die Rückenlehne eines kunstvoll geschnitzten Stuhls, die schließlich nachgab. Begleitet von schadenfrohem Gekichere aus dem Zuschauerraum versuchte Caballé, sie wieder aufzurichten. Es gelang ihr, und sie setzte ihre nervösen Rundgänge in Scarpias Palast fort. Erneut geriet sie an die Stuhllehne, die diesmal, zum Vergnügen des Publikums, abbrach. In einem ihrer seltenen öffentlichen Temperamentsausbrüche hob sie den störenden Gegenstand auf und warf ihn mit aller Kraft gegen die Rückwand der Bühnendekoration, wo er in tausend Stücke zerbrach. Im Zuschauerraum hätte man eine Nadel fallen hören können, als Caballé mit starrem Blick weiterschritt, und viele, einschließlich Signor Bardelli, fragten sich wahrscheinlich, welche Chance der arme Scarpia wohl gegen solch eine Tosca hätte.

Nach einem kurzen Familienurlaub zu Hause nahm Caballé ihre beruflichen Aktivitäten 1968 mit einem Gala-Konzert am Liceo wieder auf. Mit diesem Konzert wurde am 10. Januar das dreißigjährige Bestehen des spanischen Hörfunks gefeiert, und in der zweiten Hälfte sang sie zusammen mit ihrem Mann Duette, aber auch die prophetische Arie »Casta Diva«. Nach ihren Ausflügen in immer abstruseres *belcanto*-Repertoire wird sich das Barcelonier Publikum – und nicht nur dieses – gefragt haben, wann sie sich endlich dem Werk stellen würde, dem schon immer alle Ambitionen der Sopranistinnen galten – *Norma.* Aber alle Opernhäuser, die sie bereits gefragt hatten, kannten die Antwort: noch nicht. Bei ihrer nächsten Amerika-Reise tat sie einen entscheidenden Schritt auf die Rolle zu. Sie kehrte Ende Januar nach New York zurück, um an der Metropolitan Opera für Verdis *Luise Miller* zu proben. Die Oper hatte seit 1936 nicht mehr auf dem Programm gestanden, und Bing hatte sich entschlossen, sie speziell für sie – finanziert durch eine große Spende von den Rockefellers – als Teil ihres neuen Vertrags zu inszenieren. Bernabé reiste zusammen mit seiner Frau, blieb aber nicht in New York, wo Richard Tucker als Partner auf sie wartete. Für ihn ging es weiter nach Philadelphia, wo er in der Academy of Music zusammen mit Joan Sutherland in *Norma* sang, er als Pollione, sie als Norma. Diese Reise sollte in jeder Hinsicht ereignisreich werden.

Die Proben für die Verdi-Oper gingen gut voran. Eines Tages lief Montserrat auf den verschlungenen Korridoren hinter der Bühne Renata Tebaldi über den Weg. Die beiden Diven hatten sich bei zwei zurückliegenden Gelegenheiten kurz kennengelernt: das erste Mal anläßlich Montserrats Debüt an der alten Met 1965, wo sie einander offiziell vorgestellt worden waren, und das zweite Mal im April 1966, während der Abschlußgala an der Met, bei der sie beide aufgetreten waren. Diese letzte Gelegenheit hatte Montserrat dazu genutzt, Tebaldi für all die großartigen Aufführungen zu danken, die sie in Barcelona gegeben hatte. Sie erzählte ihr, wie sie sich damals als Schülerin für Karten und Autogramme angestellt hatte. Nun hatte man der italienischen Primadonna ihre heißersehnte *Adriana Lecouvreur* versprochen, weshalb sie wieder im Haus war und sich zunächst auf einige Vorstellungen von *La Gioconda* vorbereitete. Bei ihrem Treffen verabredeten die beiden Frauen, wenigstens eine Aufführung der jeweils anderen Sängerin zu besuchen. Caballés Premiere war zuerst, am 8. Februar 1968, und obwohl das Werk für das Met-Publikum eine ausgesprochene Rarität war, wurde *Luise Miller* ein überwältigender Erfolg. Herbert Weinstock berichtete: »Montserrat Caballé hatte ihre brillante, volltönende Stimme vollständig unter Kontrolle und bot die beste Vorstellung ihrer gesamten Met-Karriere.«[4]

Anfang Februar war es in New York klirrend kalt und sehr ungemütlich. Kurz nach der Premiere bekam Caballé eine Erkältung, eine der vielen Dutzend in ihrer Karriere. Die einzige Möglichkeit war offensichtlich, die Vorstellungen abzusagen, obwohl die nächste geplante – eine Matinee am 17. Februar – Teil der berühmten, von Texaco gesponserten Metropolitan-Radioreihen war und in ganz Amerika live übertragen wurde. Kein Sänger und keine Sängerin, vor allem keine ehrgeizige Sopranistin, verpaßt gerne die Gelegenheit, sich in ganz Amerika darstellen zu können. Als sie die ersten Symptome spürte, zog Montserrat einen der besten Ärzte an der Met zu Rat. Er war dafür bekannt, Sänger von ihren zahlreichen Wehwehchen zu kurieren.

Auch die Tebaldi war dem Wetter nicht ganz gewachsen und besuchte kurze Zeit später denselben Arzt, der sich laut fragte, ob dies der Beginn einer Erkältungs-Epidemie sei. Als Renata Tebaldi erfuhr, daß Montserrat ebenfalls erkrankt war, wurde sie aktiv. Im Personalbüro der Met fand sie die Telefonnummer der spanischen Diva heraus und rief ihre jüngere Kollegin sofort an. »Dagegen müssen wir was tun, und zwar sofort.« Kurz darauf tauchte sie zusammen mit ihrer ständigen Begleiterin Tina in Montserrats Suite im Hotel Mayflower auf und brachte Töpfe, Elixiere und Salben zum Inhalieren mit. Sie schickte die fiebernde Montserrat sofort ins Bett. Zwei

Tage lang blieb sie bei ihr und schlief im Nebenraum. Caballé fragte sich, ob Tebaldi bei dieser Fürsorge nicht ihre *Gioconda*-Vorstellungen aufs Spiel setzte. Brauchte sie denn keine Zeit, um sich auf ihre Rolle vorzubereiten? Tebaldi zerstreute Caballés Bedenken: »Oh, *Gioconda* ist nichts. Man schreit nur ein bißchen und verhält sich melodramatisch und dann kommt man schon durch.« Als Montserrats Live-Übertragung der Matinee bevorstand, versorgte Tebaldi sie hinter der Bühne mit Pastillen und Mitteln zum Gurgeln und bereitete sich gleichzeitig auf ihre eigene Abendvorstellung vor. Raubkopien von der Verdi-Aufführung belegen die Wirksamkeit der Tebaldi-Therapie: Caballé klingt kraftvoll wie immer. Diese Episode war der Beginn einer engen Freundschaft zwischen den beiden Sopranistinnen.

Nachdem sie sich von dieser kleinen, aber für eine Sängerin bedeutsamen Erkrankung erholt hatte, reiste Montserrat nach Philadelphia, um ihren Mann und Joan Sutherland in *Norma* zu hören. Wie die australische Sopranistin erzählt,[5] habe Caballé dafür eine Vorführung in Chicago [sic!] abgesagt und gesundheitliche Gründe vorgeschoben. Doch habe die Caballé nach *Norma* die Nacht durchgefeiert, und ihre aufgedonnerte Frisur sei immer mehr in sich zusammengefallen, während sie sich trotz ihrer vorherigen Behauptung, den Appetit verloren zu haben, an Spaghetti-Mahlzeiten schadlos gehalten habe. Einiges davon mag richtig sein; aber die Behauptung, Montserrat habe nach Art der Callas, ohne mit der Wimper zu zucken, die Vorstellung geschwänzt, muß korrigiert werden. Montserrat war zu dieser Zeit nicht in Chicago engagiert: Sie gab ihr Debüt an der Lyric Opera erst 1971. Tatsächlich hielt sie sich permanent in oder in der Nähe von New York auf, denn sie war für elf *Luise Miller*-Vorstellungen engagiert, die sich über zwei Monate erstreckten. Außerdem hatte sie bereits ein Engagement in Philadelphia, wo sie am 5. und 8. März zusammen mit Bernabé als Gualtiero – der schon mit Joan Sutherland für die Rolle des Pollione probte –

in Vorstellungen von *Il pirata* auftreten sollte. Und keine der Aufführungen an der Metropolitan Opera wurde abgesagt. Selbst die recht ausgedehnte Tour nach New Orleans, zu einigen Vorstellungen zusammen mit Domingo von *Der Troubadour*, paßte in ihren ausgeklügelten Terminkalender.

Sutherlands anekdotischer Irrtum ist schlimmstenfalls unbedachter Unsinn. Zwischen den beiden Frauen gab es nicht die geringste Spur beruflicher Rivaltitäten. Sie haben sich wahrscheinlich kennengelernt, als sie beide Bellini-Heldinnen sangen, und sie teilten sich beruflich ihre Ehemänner, der eine war Tenor, der andere Dirigent. Doch es gibt keinen Hinweis auf Reibereien zwischen ihnen. Schließlich hatten sie noch etwas gemeinsam, einen unbezähmbaren, manchmal mädchenhaften Sinn für Humor. Die nach jener *Norma*-Aufführung entstandene Freundschaft brachte noch etwas Positives mit sich: Sutherland gab Caballé ihre Norma-Partitur und sagte: »Du solltest Dir das angucken. Ich weiß, Du singst zur Zeit die Imogene, aber diese Rolle solltest Du singen.« Pflichtschuldig nahm Montserrat die Partitur mit, hatte aber ihre Zweifel. Nicht weil sie die Anforderungen an die Partie abschreckten – sie ist immer der Meinung gewesen, daß die *Imogene*, zumindest was den Stimmumfang betrifft, um einiges anstrengender ist –, sondern weil es für sie unvorstellbar war, die Koloratur-Höhenflüge zu meistern, die sie in den Sutherland-Aufführungen gehört hatte. Beim genauen Lesen der Partitur stellte Caballé fest, daß wenig davon in Bellinis Stimmführung auftaucht. Vorsichtig brachte sie dies bei Joan Sutherland zur Sprache, die wie immer geradeheraus war: »Montsy, Du mußt es an Deine stimmlichen Mittel anpassen. Ich konnte nicht viel daraus machen, so tue ich das, was ich am besten kann. So mußt Du es auch machen, mach es Dir zu eigen.« Und nach ziemlich kurzer Zeit tat sie es.

Am Ende ihres zehnwöchigen Aufenthalts an der Met mußte Montserrat gezwungenermaßen pausieren, denn sie hatte sich die Monate April und Mai sowie Anfang Juni für

Karajans *Don Giovanni*-Projekt freigehalten. Da sie nun Zeit hatte, kehrte sie – wie immer – nach Barcelona zurück und genoß die unerwartete Gelegenheit, sich um ihren kleinen Sohn kümmern zu können. Bis Mitte Juni blieb sie zu Hause und reiste dann nach London. Dort wartete ihr bis dato meistgeschätztes Schallplattenprojekt auf sie, für das sie auch am härtesten hatte kämpfen müssen: *Salome* von Richard Strauss. Dies war, im Jahr 1968, erst die zweite Stereoaufnahme des Werks. Trotzdem zögerte die RCA, sich dem Vergleich mit der ersten Fassung aus dem Jahr 1961 zu stellen, die für Decca produziert worden war und mit Birgit Nilsson in der Titelrolle, unter musikalischer Leitung von Georg Solti neue Standards in Produktions- und Aufnahmetechnik gesetzt hatte. Außerdem war Caballé den Plattenkäufern vor allem als *belcanto*-Spezialistin bekannt – ein Eindruck, den ihr bisheriges Platten-Repertoire in keiner Weise zerstreuen konnte. Aber ihr Einfluß in der Plattenindustrie war so groß, besonders wegen ihrer Popularität in Amerika, daß an der Erfüllung ihrer Wünsche kein Weg vorbeiging. So brachte die RCA im Versammlungssaal der Walthamstow Town Hall, unter musikalischer Leitung des Dirigenten Erich Leinsdorf, eine wunderbare Besetzung zusammen, darunter Sherrill Milnes als Jochanaan, Richard Lewis als Herodes, die unnachahmliche Regina Resnik als Herodias und James King als Narraboth.

Während dieser Aufnahmen wurden die letzten Vorbereitungen für Caballés längst überfälliges Londoner Debüt getroffen – aber nicht etwa mit dem Management des Royal Opera House, Covent Garden, das bekannt dafür war und ist, die meisten aufregenden Gesangstalente verspätet vor das Londoner Publikum zu bringen. Es war vielmehr der privaten Initiative der London Opera Society (LOS) – 1967 als Londoner Pendant zu Allen Oxenburgs New Yorker Operngesellschaft entstanden – zu verdanken, daß Montserrat zum erstenmal auf einer Londoner Bühne zu sehen und zu hören war. Die LOS war von einer extravaganten südafrikanischen

Sopranistin, Denny Dayviss, finanziert worden. Ein Freund von ihr, der Bühnenbildner Alan Sievewright, hatte sie auf die LP »Presenting Montserrat Caballé« (1967) aufmerksam gemacht, und bald schon flog er nach Florenz – wo Caballé in *Il pirata* auftrat –, um mit ihr über einen Auftritt zu verhandeln. In bleibender Erinnerung ist ihm geblieben, wie die Diva mit ihrem Sohn Bernabé in ihrer Garderobe saß. Er lag zugedeckt in einer improvisierten Babytragetasche, die sie aus einer Einkaufstasche hergestellt hatte.

Das Werk, das sie aufführen sollte, ergab sich mehr oder minder von selbst: Was sonst als *Lucrezia Borgia*, mit der sie in New York so erfolgreich gewesen war? Aber als Sievewright wieder in London war, gab es Probleme mit dem Aufführungsort. Die Operngesellschaft hatte schon ihre Erfahrungen mit der riesigen Albert Hall gemacht, als sie mit *Die Hugenotten* [*Les Huguenots*], für die sie Joan Sutherland engagiert hatte, ihre Einweihungsvorstellung gab. Später war sie glücklich in das alles in allem angenehmere Theatre Royal in der Drury Lane umgezogen. Doch die *Lucrezia Borgia* sollte in Londons bedeutendster Konzerthalle aufgeführt werden, der Royal Festival Hall. Die Akustik dort war schon für Orchesterstücke nicht ideal, aber ein kleines Desaster für die menschliche Stimme. Montserrat wurde auf dieses Problem aufmerksam gemacht und besuchte die Halle zusammen mit den Direktoren der LOS für eine Klangprobe. Nach einigen Experimenten stellte man fest, daß es am besten sei, die Sänger nicht wie vorgesehen vor dem Orchester zu plazieren, sondern sie wie in der Oper hinter dem Orchester und etwas erhöht singen zu lassen. Mit dieser Anordnung war Caballé einverstanden.

Nach der erfolgreichen Plattenaufnahme der *Salome* hatte Montserrat noch freie Zeit zur Verfügung, da der Juli und August für Aufführugen in Salzburg reserviert gewesen waren. So kurzfristig konnten damals nur spanische Opernhäuser, die etwas abseits der internationalen Opernszene standen, Aufführrungen aus dem Nichts heraus inszenieren. Deshalb waren Caballés einzige bedeutende Engagements vor ihrer Rückkehr nach London *Roberto Devereux*-Aufführungen in Bilbao und Oviedo, die sie in der zweiten Septemberhälfte gab. Ihr Mann sang die Titelrolle, Dirigent war Manno Wolf-Ferrari.

Nach London wurde Montserrat von ihrem Bruder Carlos begleitet, der den Londoner Auftritt als ihr zweitwichtigstes Debüt nach dem in New York ansah. Erste Klavierproben wurden in der Wohnung von Denny Dayviss am Grosvenor Square abgehalten, in der die Diva bald schon zur Familie gehörte. Als der Abend des 4. Oktobers näherrückte, begann Caballé langsam die Fassung zu verlieren. Es ist schon rührend, sich vorzustellen, daß eine nervöse Montserrat, der schon seit mehr als drei Jahren in New York zugejubelt wurde, aufs äußerste angespannt hinter der Bühne der Royal Festival Hall stand. Von allen Menschen um sie herum wurde sie bedingungslos unterstützt. Weitere Sicherheit gab ihr die Tatsache, daß die Aufführung von Joan Sutherlands Ehemann, Richard Bonynge, dirigiert wurde, denn Bonynge war dafür bekannt, sich sehr gut auf die Sänger einzustellen. Wie bei den Aufführungen der AOS in New York wurde diese Oper nicht mit voller Bühnenausstattung aufgeführt, sondern die Darsteller machten ihre Eintritte und Abgänge und versuchten, dies zu schaffen, ohne zu den zwei oder drei Notenständern Zuflucht zu nehmen, die man zur Orientierung am Beginn der erhöhten Bühne aufgestellt hatte. Montserrats Stimme war in ausnehmend guter Form, und bald schon begann sie sich in der Aufführung zu entspannen, um so mehr, als das Publikum anfing, Begeisterung zu zeigen. Bei einem dieser Ausbrüche schaute sie hinauf zu den nahen Logen und entdeckte Joan Sutherland, die sie mit breitem Lächeln anstrahlte. In einer Kritik war damals zu lesen:

> Caballé wurde hier genauso begeistert aufgenommen wie vor drei Jahren in New York in derselben Rolle. Das Pub-

likum war mucksmäuschenstill, verfolgte gespannt jede einzelne Note und staunte über ihre glanzvolle Stimme und die lupenreine Brillanz ihres blumigen Gesangs.[6]

In mehr oder minder großem Ausmaß tauchte in den Kritiken immer wieder auf, wie dankbar das Londoner Publikum der LOS war, weil sie die zur Zeit besten Sänger nach London brachte – dies zu einer Zeit, da das Royal Opera House allem Anschein nach entweder unfähig oder nicht willens war, das gleiche zu leisten. (Unter den Darstellern gab es noch einen anderen Londoner Debütanten, Ruggero Raimondi, der an diesem Abend Geburtstag hatte.) Die Premierenfeier wurde in Denny Dayviss' Wohnung gegeben. Dort gestand Caballé Joan Sutherland, wie sehr sie es genossen habe, unter der Leitung ihres Ehemanns zu singen, und gab ihr bei dieser Gelegenheit ein Kompliment zurück, das ihr Sutherland gemacht hatte, als sie in Philadelphia mit Bernabé in der *Norma* gesungen hatte. Es sei ein Vergnügen, bemerkte Caballé, unter einem Dirigenten aufzutreten, der mit den Sängern mitzuatmen und mitzuphrasieren scheine und den *belcanto* so meisterhaft beherrsche. Sie hoffe, sie könne noch viele Male mit ihm zusammenarbeiten. An diesem Punkt warf Sutherland ein: »Dafür, Montsy, mußt Du Dir schon selbst einen suchen und ihn heiraten.« Kichernd und mit großen Augen gab Caballé zurück: »Aber ich bin doch schon mit einem Tenor verheiratet!« Joan Sutherland sagte: »Ich weiß, Montsy. Schlechte Planung.«

Gleich nach der Londoner Aufführung flog Montserrat nach Südfrankreich, um dieselbe Rolle in einem Haus zu geben, zu dem sie eine spezielle Bindung entwickelt hatte, der Oper in Marseille. Aber dies war eine reguläre Inszenierung, für die sich der Mann verantwortlich zeichnete, der ihr Debüt in New York ermöglicht hatte: Bernard Lefort. Dann kehrte Montserrat nach Barcelona zurück, zum einen, um mit ihrer Familie die Vorweihnachtszeit zu verbringen, zum anderen, um drei Aufführungen von *Roberto Devereux* am Liceo zu geben. Mit dieser Oper wurde am 9. November die Spielzeit 1968/69 eröffnet, ihr Mann sang die Titelrolle und Piero Cappuccilli den Nottingham. In einem kürzlich erschienenen Buch über die Geschichte der Künstler am Gran Teatro del Liceo[7] heißt es, diese Spielzeit könne als »la consegración definitiva de la Caballé« [»die endgültige Weihe der Caballé«] angesehen werden. Die Oper war seit 1860 nicht mehr im Haus aufgeführt worden und extra für die Sopranistin ins Programm genommen worden, trotz einiger Beschwerden der Zuschauer, die mit dem Werk nicht vertraut waren und, schlimmer noch, es auch nicht auf Platte erhalten konnten, weil es damals noch keine Aufnahme davon gab. Dennoch wurden die Aufführungen, wie die spanischen Biographen des Hauses schreiben, zum überragenden Erfolg. Caballé zeigte bei dieser Gelegenheit, daß sie mit ihrer Stimme alles machen konnte, was sie wollte, und kombinierte Koloraturen, feinwirbelnde lyrische Sequenzen, heldenhafte Deklamation, hervorragende *messa di voce*- und natürlich ihre mittlerweile legendären hohen *pianissimi*-Passagen miteinander. Während sie sich noch in London aufhielt, hatte sie schon in Verhandlungen mit der EMI gestanden, um diese Lücke auf dem Plattenmarkt zu schließen. Das Projekt führte im übrigen dazu, daß sie ihren bisherigen Exklusiv-Vertrag mit RCA auslaufen ließ, um eine Reihe größerer Opern- und Konzertprojekte mit dem englischen Konkurrenzunternehmen anzugehen.

Am meisten reizte Caballé an diesem Vertrag, Donizettis drei englische Königinnen auf Platte aufnehmen zu können. Aber genau wie Rudolf Bings und Caballés Versuch gescheitert war, den »Zyklus« an der Metropolitan Opera auf die Bühne zu bringen, da die New York City Opera ihnen mit Beverly Sills zuvorgekommen war, so zerschlug sich auch das Plattenprojekt. Denn EMI fand es zweckmäßiger (und sicher auch billiger), eine schon fertiggestellte *Roberto Devereux*-Aufnahme von American Westminster einzukaufen, die im

Sommer 1969 in London entstanden war. Aber diese Enttäuschungen lagen noch vor ihr. Noch jagte ein Erfolg den anderen. In der ersten Dezemberhälfte 1968 trat Caballé am Teatro Communale in Florenz auf, wo sie zusammen mit Richard Tucker und dem zu Unrecht in Vergessenheit geratenen Mario Zanasi, unter dem Taktstock Thomas Schippers in einer Reihe von *Troubadouren* sang. Die Aufführung am 11. Dezember war, wie sich später herausstellte, aufgezeichnet worden; eine recht annehmbare, nicht autorisierte Aufnahme existiert noch und vermittelt uns nicht nur einen sehr guten Eindruck von der sinnlichen Schönheit ihrer Stimme zu dieser Zeit, sondern auch von ihrem unglaublichen Umfang und ihrer Kraft. William Weaver schrieb über die Premiere vom 3. Dezember:

> Niemals habe ich gehört, daß »D'amor sull'ali rosee« schöner oder bewegender gesungen wurde. Das war die Antwort auf die Kritiken, die ihr vorgeworfen haben, sie sei eine kühle bzw. faule Künstlerin. Obwohl jeder ihrer Töne wunderschön war, klang ihr Gesang überhaupt nicht abstrakt. Die Töne hatten Bedeutung und emotionale Kraft. Außerdem spielte sie mit nobler Zurückhaltung und Überzeugung. Jetzt muß sie diese Oper auf Platte aufnehmen.[8]

Leider ging Weavers Wunsch nicht in Erfüllung. Obwohl die Leonore im *Troubadour* eine der großartigsten Rollen der Caballé war, sollte es von dieser Rolle nie zu einer Studioaufnahme von ihr kommen. Die Gelegenheit, die Oper aufzunehmen, konnte sie nicht nutzen: Im Spätsommer 1969 machte RCA eine neue Aufnahme des Werkes, mit Plácido Domingo in der Titelrolle – seine erste Gesamtaufnahme einer Oper – und Zubin Mehta als Dirigent, zwei Kollegen, zu denen Montserrat schon eine sehr enge und herzliche Beziehung unterhielt. Aber die Leonore wurde von Leontyne Price gesungen, die unter Exklusiv-Vertrag bei RCA stand und auf diese Weise für die Plattenfirma ihren zweiten *Troubadour* aufnahm.

Nach diesen Aufführungen in Florenz kehrte Caballé nach Barcelona zurück, um mit den Proben für die Weihnachts- und Neujahrsvorstellungen am Liceo zu beginnen, ein Termin, der bald zur festen Einrichtung wurde. In diesem Jahr standen zwei Neuheiten auf dem Programm: eine Inszenierung von Massenets *Manon*, eine Rolle, die sie seit ihrem Triumph in Madrid gerne singen wollte; und Donizettis *Maria Stuart*, die mindestens ebenso selten aufgeführt wurde wie *Roberto Devereux*. Die drei *Manon*-Aufführungen fanden um Weihnachten herum statt, so daß Montserrat die meiste Zeit zu Hause mit ihrer Familie verbringen konnte. Der französische Tenor Alain Vanzo war Des Grieux, und die Aufführungen wurden zu einem großen Erfolg, auch wenn der aufgekratzte Charakter der ersten Akte etwas überzeichnet war. Einen Triumph erlebte das Liceo mit dem Eröffnungsabend von *Maria Stuart* am 5. Januar 1969, die Bernard Lefort neu inszeniert hatte und von Reynald Giovaninetti dirigiert wurde. Das treue Stammpublikum am Liceo hatte gerade seine Ovationen für Montserrats Manon beendet, da machte sie sich noch mehr Freunde, als sie für die erkrankte Anja Silja einsprang und gleich nach ihrer Generalprobe für *Maria Stuart* am selben Tag die Rolle der Elisabeth im *Tannhäuser* sang. Die Donizetti-Oper *Maria Stuart* war mit drei Vorstellungen in einer Woche vertreten, und die Begeisterung steigerte sich im Laufe der Woche immer mehr. Nach der letzten Aufführung, die am 11. Januar stattfand, wurde sie von der Leitung des Theaters zum zweiten Mal offiziell geehrt. Wie die Archivare des Hauses berichten, dauerten die Ovationen über 25 Minuten an, und der Blumenberg auf der Bühne wuchs stetig.

Juan Antonio Pámias, der Impresario, an der Spitze der Gesellschafter am Liceo stehend, begann sofort im Anschluß an die Aufführungen mit Caballé über deren Zukunftspläne am Theater zu verhandeln. Nach Montserrats gewaltigen Erfolgen mit bisher unbekannten *belcanto*-Werken war es an der Zeit, das Nonplusultra dieses Repertoires in Angriff zu nehmen, Bellinis *Norma*. Montserrat hegte immer noch Zweifel hinsichtlich ihrer Eignung für die Rolle, und das sollte noch eine Weile andauern. Aufgrund dieser Zweifel hatte sie Angebote aus Paris und Mailand abgelehnt. Aber langsam sah sie ein, nachdem ihr auch Joan Sutherland ins Gewissen geredet hatte, daß sie die Rolle früher oder später singen mußte. Wo sonst sollte sie das tun, als vor dem treuen und begeisterungsfähigen Barcelonier Publikum, dem sie – den Wünschen José Antonio Bertrands entsprechend – immer ihre neuesten Rollen vorstellen wollte? Deshalb nahm sie das Angebot an, und um dem Publikum eine Weihnachts-Show à la Caballé zu bieten, die es niemals vergessen würde, sollten vorher *La Traviata* und *Othello* auf dem Programm stehen. Nun war sie ohne Zweifel die Königin des Liceo.

Mit Ausnahme eines Ausflugs in die Mailänder Studios der RAI (Italienisches Radio und Fernsehen), um *Ernani* für eine spätere Ausstrahlung aufzunehmen (mit Bruno Prevedi, Peter Glossop, Boris Christoff und dem Dirigenten Gianandrea Gavazzeni), stand Caballés nächstes größeres Projekt erst wieder im März an. Erneut flog sie nach New York und begann mit den Proben für Allen Oxenburgs neueste AOS-Aufführung, Bellinis vollkommen in Vergessenheit geratene Oper *La straniera*. Während der Proben für die Aufführung am 26. März flog sie zusammen mit dem Dirigenten Anton Guadagno fast täglich nach Philadelphia und wieder zurück. Dort probte sie für eine Inszenierung von *Lucrezia Borgia*, deren Premiere zwei Tage nach der Aufführung in New York sein sollte. Das Konzert in der Carnegie Hall wurde ein Triumph, was mittlerweile schon nicht mehr anders zu erwarten war, und auf der noch existierenden Aufnahme kann man sehr gut hören, warum; nicht zuletzt wegen Caballés *pianissimo* gesungenen Gurgeltrillern, fließend und hinreißend schön aus dem Off gesungen, bei denen wir uns Alaide vorstellen sollen, die in einem Ruderboot über den See näherkommt. Wenn man bedenkt, wie oft Caballé bereits Erfolge in New York gefeiert hatte, fragt man sich, ob sie bei ihrem Publikum nicht allmählich unrealistische Erwartungen weckte. Werden Stimmwunder alltäglich, dann besteht die Gefahr, daß die Zuhörer abstumpfen; und an diesem Punkt kommt es in jeder Karriere eines großen darstellenden Künstlers zu einem allmählichen, aber drastischen Wandel in der Reaktion der Kritiken. Nun wird nicht mehr seine Einzigartigkeit gepriesen – denn die ist selbstverständlich –, jetzt nörgelt man zunehmend an relativ unwichtigen Details der Aufführung herum.

Doch Caballé hatte diesen Sättigungsgrad bei den Kritikern bisher nicht erreicht, weder in New York noch in Philadelphia, wie die damaligen Besprechungen zeigen. Am 9. April kehrte Montserrat aus Philadelphia nach New York zurück, um ihr erstes Solokonzert in der riesigen und akustisch unzulänglichen Philharmonie im Lincoln Center zu geben. Diese Auftrittsform sollte Caballés typischste und die ihr liebste Form des Kontakts zum Publikum werden. Die *New York Times* berichtete ausführlich über dieses Großereignis:

> Diejenigen, die vom Gesang Montserrat Caballés in den vielen Opern und Konzerten fasziniert waren, werden erfreut, wenn nicht sogar überrascht sein zu erleben, daß ein Recital der Caballé wie eine einzige bezaubernde, lange Melodie ist, die nur durch Applaus unterbrochen wird ... Frau Caballé war in wunderbarer Stimm-Form, von der Eröffnung ihres Programms mit italienischen Werken an ... Sicher, die Sopranistin sang die alten Schlachtschiffe, aber mit Verzierungen und Interpretationen, die ihnen auf fast wundersame Weise eine Raffinesse, Eleganz und Lieblichkeit gaben, die an feines Porzellan erinnern. So begann die lange Melodie des Abends mit der gewohnten Anmut Caballés: gleichmäßig gesetzte Töne, hervorragende Pianissimos, sanfte Crescendos und Dimi-

nuendos. Das Publikum – so zahlreich, daß es fast auf die Bühne schwappte – wurde hinweggetragen, und nach dem »Wiegenlied« von Strauss war es, als wolle der Applaus überhaupt nicht mehr enden.[9]

Am folgenden Morgen ging Montserrat in ihrer Suite im Mayflower Hotel gerade die Kritiken durch, als Allen Oxenburg, der bei dem Konzert gewesen war, anrief, um sie und ihren Anhang zum Mittagessen einzuladen. Mit von der Partie waren, außer ihrem Bruder und ihrem Mann, Miguel Zanetti und Denny Dayviss, die den New Yorker AOS-Intendanten noch nicht kannten. Oxenburgs Wohnung lag nur zwei Wohnblocks vom Hotel entfernt, gegenüber vom Central Park, und so gingen sie alle zu Fuß dorthin. Nach einigen geselligen Stunden verkündete Montserrat, sie sei müde und werde, da sie am folgenden Tag zu einem Konzert nach Philadelphia fliegen müsse, ins Hotel zurückkehren. Denny Dayviss blieb noch, um über Opern zu fachsimpeln, während sich die anderen zum Hotel aufmachten. Eine halbe Stunde später rief Carlos bei Allen Oxenburg an: Montserrat war bei einem Unfall verletzt worden. Dayviss und Oxenburg eilten ins Hotel, wo die Diva im Bett lag, das linke Bein auf einen Kissenhaufen gebettet, und bitterlich weinte. Anscheinend hatte sie gerade die Straße überqueren wollen, als ein Taxi mit hoher Geschwindigkeit näherkam. Daraufhin hatte sie ihren Schritt beschleunigt, dabei aber den falschen Fuß erwischt, war gestolpert und mit ihrem linken Knie auf der hohen, metallgefaßten Bordsteinkante gelandet. Trotz qualvoller Schmerzen bestand Montserrat darauf, daß sie nicht in ein amerikanisches Krankenhaus gebracht würde. Wenn sie in eines gehen müßte, dann sollte es in Barcelona sein.

Schließlich kam ein mit Oxenburg befreundeter Arzt aus einem nahe gelegenen Krankenhaus und stellte eine vorläufige Diagnose: Caballés untere Sehnen, die die Kniescheibe halten, waren geschädigt, und die Kniescheibe selbst war gebrochen. Ihr Transport nach Barcelona wurde organisiert, wo eine Operation unvermeidlich sein würde. In der Zwischenzeit wurde die Wunde versorgt und das ganze Bein vorläufig mit einem Gips ruhiggestellt. Nach nur wenigen Stunden wurde Caballé – die damit eine ganze Kette von Absagen in Gang setzte – im Krankenwagen zum Kennedy-Airport gebracht und nach Hause geflogen. Am Flughafen El Prat wartete schon ein Krankenwagen der Clínica Quirón, der die Sopranistin ins Krankenhaus brachte. Fünf Stunden später wurde sie operiert, um die irreparablen Sehnen zu ersetzen und die Knieschneibe zu klammern. Danach wurde das Bein wieder in Gips gelegt, und während der folgenden drei Wochen blieb sie im Streckverband. Schließlich mußte sie sich einer weiteren, kleineren Operation unterziehen. Eine kleine Metallplatte wurde unter ihrer Knieschneibe angebracht und mit Metallstiften an den neuen Sehnen befestigt. Insgesamt verbrachte Montserrat über sechs Wochen im Krankenhaus und mußte fast drei weitere Monate lang den Gips tragen. Der größte Verlust durch diesen Unfall war ihr heißersehntes Debüt an der Mailänder Scala, wo sie ab April für eine Inszenierung der *Luise Miller* hätte proben sollen. Die Premiere war für den 15. Mai angesetzt.* Caballé blieb keine andere Wahl, als die Aufführungen abzusagen. Das war der Beginn einer Unglücksserie, die für ihre Gastspiele an der Scala prägend werden sollte. Denn das Mailänder Opernhaus war während ihrer gesamten Karriere am häufigsten von Absagen wegen ernsthafter Krankheiten betroffen.

Montserrat nutzte ihre erzwungene Freizeit, um die Rolle der Norma aufmerksam zu studieren. Doch ihr nächstes grö-

---

* Eigentlich waren diese Vorstellungen für sie kein richtiges Haus-Debüt, denn sie hatte dort schon 1960 in *Parsifal* gesungen. Aber die Mailänder hätten es ohne Zweifel als solches betrachtet, weil die Luise ihre erste Hauptrolle an der Scala war.

ßeres Engagement stand schon bevor, *Il pirata* als konzertante Aufführung für die London Opera Society, diesmal am Theatre Royal in der Drury Lane. Sie sollte am 22. Juni stattfinden. Aber Mitte des Monats ging es Caballé noch nicht gut genug, um das Engagement zu erfüllen, auch wenn diese Einzelaufführung körperlich nicht ganz so anstrengend war wie eine reguläre Operninszenierung. Deshalb teilte sie Denny Dayviss mit, daß sie nicht auftreten könne. Verzweifelt flog diese nach Barcelona und führte lange Gespräche mit Montserrat und deren Bruder: Sie könnte sich die meisten Proben ersparen und während der Aufführung sitzen, sie müßte keine Eintritte und Abgänge machen, die das Drama vorschrieb. Alles sei möglich, wenn sie nur käme und sänge. Die Überredungskünste von Denny Dayviss hatten Erfolg und wurden noch durch die zunehmend beunruhigender klingenden Telegramme der EMI unterstützt, denn die ersten Aufnahmen unter Caballés neuem Vertrag sollten gleich nach der Aufführung stattfinden. Außerdem hatte RCA schon Studioräume für den Juli gebucht, um mit ihr Donizetti-Raritäten aufzunehmen. Und natürlich würde es in London Familienunterstützung geben: Carlos würde bei der Aufführung anwesend sein, und Bernabé sang die Rolle des Gualtiero.

Letztendlich war Montserrat glücklich, sich doch noch zum Auftritt entschlossen zu haben. Sie war begeistert vom Theater, dessen Operngeschichte länger und bedeutender ist als die der Oper am Covent Garden, und abends hatte sie es mit einem Publikum zu tun, das auf jeden Phrasenwechsel reagierte. Zu Beginn der Schlußszene, nachdem sie während der ganzen Vorstellung, mit den Krücken neben sich, auf einem Stuhl gesessen hatte, hievte sich die Diva hoch, stützte sich auf den Notenständer und warf die Krücken zur Seite. Arthur Jacobs schrieb dazu in *Opera*: »Sie triumphierte über ihre Behinderung: In Sinnlichkeit, Kraft, Ausdruck, Phrasierung und klarer Notenartikulation war ihre Stimme faszinierend.«[10] Frank Granville Baker überbot diese Kritik sogar noch:

> Montserrat Caballé bringt jenen Klang in Bellinis Oper, den seine Musik erfordert – eine Stimme von hinreißender Brillanz und Wärme, makelloser Reinheit und Sicherheit in den Fiorituren, die Fähigkeit, jeder Phrase sowohl Eleganz als auch Bedeutung zu verleihen, und ein Sinn für Klangfarben, der jedem Wort Ausdruck verleiht. In der Wahnsinns-Szene schwingt sie sich zu einem Pathos auf, mit dem es heutzutage keine andere Sopranistin aufnehmen kann ...[11]

Nach diesem Triumph flog Caballé geradewegs nach Rom, wo sie innerhalb von vier Tagen für die RAI zusammen mit Flaviano Labó und Mario Sereni unter der Leitung Bruno Bartolettis *Ein Maskenball* einspielte. Danach kehrte sie nach London zurück, um mit den Aufnahmen für eine dritte Raritäten-Platte bei RCA zu beginnen – diesmal mit langen Szenen aus Donizettis *Belisario*, *Torquato Tasso*, *Gemma di Vergy* und *Parisina*. In dem Werbeprospekt von RCA stand zu lesen: »Montserrat Caballé hat einige der exquisitesten Melodien entdeckt, die sie jemals gehört haben. [Sie] hatte eine wunderbare Zeit. Sie konnte ihren größten Trumpf einsetzen: dieses *pianissimo*, das wie Biskuit schmeckt.«*

Auf der Schallplatte mit den Puccini-Arien – dirigiert von Charles Mackerras – war dieses *pianissimo* sogar noch auffälliger. Diese erste Recital-Platte für die EMI entstand kurze Zeit später. Zwischenzeitlich mußte geklärt werden, ob ihr Debüt-Auftritt in der Arena di Verona in diesem Jahr stattfinden konnte. Vor kurzem war sie vom Gips befreit worden, den sie fast viereinhalb Monate getragen hatte, doch sie

---

* Danach war eine zweite Platte mit Donizetti-Raritäten in Planung, und Montserrat erinnert sich, daß sie dafür die lange Szene aus *Marin Faliero* und *Fausta* aufgenommen hat. Aber die Platte blieb unvollendet, und die beiden Arien sind nie erschienen, vermutlich schmoren sie in den New Yorker RCA-Archiven.

mußte weiterhin Krücken benutzen. Das Bein hatte sehr gelitten, und ein Physiotherapeut hatte ihr mitgeteilt, daß unter Umständen die Funktionsfähigkeit der Oberschenkelmuskulatur eingeschränkt bleiben könne und sie in Zukunft eventuell mit Kreislaufschwierigkeiten rechnen müsse. Trotzdem hatte sie nach ihrem Londoner Triumph keine Lust mehr, ihre vorübergehende körperliche Behinderung als unüberwindbares Hindernis für Auftritte zu betrachten. Aber sie hatte nicht die weiten Strecken in der Arena di Verona bedacht, die alle Künstler, selbst die völlig gesunden, unterschätzen. Es stellte sich außerdem die Frage, inwieweit das Publikum bereit war, sich täuschen zu lassen: Sollte die jugendliche französische Prinzessin Elisabeth von Valois wirklich auf Krücken in einer Oper herumhumpeln, in der es schon einen Darsteller – den Großinquisitor – gibt, der genau dies tut? Aus diesen Überlegungen heraus beschloß Montserrat widerwillig abzusagen. Aber die Leitung in Verona war nicht bereit, die Absage zu akzeptieren. Tagtäglich bombardierten sie Carlos' Agentur mit neuen Nachfragen. Schließlich konnten Jean Vilars Überredungskünste Montserrat doch noch umstimmen. Der legendäre Regisseur war zusammen mit seinem Assistenten Piero Faggioni damit betraut, die Aufführungen von Verdis *Don Carlos*, die zum erstenmal auf dem Programm standen, in der Arena di Verona zu inszenieren. Er war davon überzeugt, daß alles gutgehen würde, und tat, was er konnte, um Elisabeths Eintritte und Abgänge abzukürzen (ihr erster Auftritt, eine Umrundung der ganzen Bühne, wurde von einem Double übernommen); und der Kostümbildner Luciano Damiani ließ einige Kostüme entwerfen, deren lange, flatternde, fast zum Boden reichende Ärmel die ansonsten allzu sichtbaren Transportmittel der Sopranistin verbergen sollten. Außerdem wurden die Hofdamen der französischen Prinzessin von zwei Krankenschwestern aus dem Veroneser Krankenhaus gespielt, die sich während der Vorstellung stets in der Nähe der Sopranistin aufhielten.

Die Aufführungen sind zur Opern-Legende geworden. Das überrascht kaum, wenn man sich die Besetzung vor Augen hält, die neben Caballé aus Plácido Domingo (in seinem Verona-Debüt), Piero Cappuccilli als Marquis von Posa und Fiorenza Cossotto als Prinzessin Eboli bestand. Eine nicht autorisierte Aufnahme der Premiere existiert noch und zeigt sehr deutlich, was die Veroneser (und die Touristen) zu Begeisterungsstürmen hinriß. Aber das I-Tüpfelchen dieser Premiere, die ganz klar Caballés Abend war, war die ungestüme und, wie man bisher gedacht hatte, stimmlich unmögliche Verlängerung der letzten Note Elisabeths – und der Oper –, die sich von einem kurzen hohen H zu einem anhaltenden *fortissimo* steigert, das über die tosende, von Blechbläsern begleitete Koda aus zehn Takten hinausgeht. Während der Proben hatte Caballé dem Dirigenten Eliahu Inbal gesagt, daß sie diese Note etwas länger halten wolle, aber er hatte ihr davon abgeraten. Seine Begründung war, daß die Harmonie mit dem Orchester verlorenginge, außer sie sei fähig – was offensichtlich niemand war –, die Note bis ganz zum Schluß zu halten. Zum Erstaunen des Dirigenten zeigte sie bei der Premiere, daß sie es konnte. Das Publikum war außer sich, so wie das Publikum an der Met, wo sie drei Jahre später das gleiche Experiment wagte. Als sie die Rolle unter Carlo Maria Giulini aufnahm, war sie jedoch gezwungen, ihre Stimme besser (wenn auch weniger faszinierend) im Zaum zu halten.

Domingo wirft ein amüsantes Streiflicht auf die Aufführung, als er sich an die Szene nach der Vorstellung erinnert. Anscheinend hatte vor Beginn der Vorstellung ein durchtriebener alter Claqueur die Runde durch die Garderoben der Hauptdarsteller gemacht. Gegen Geld wäre ihnen sein Beifall sicher. Man kannte ihn schon, und er war harmlos, weil er nicht zusammen mit einer richtigen Claque auftrat, deren organisierte Proteste für die meisten Profi-Sänger den Ruin bedeuten. Offensichtlich steckte ihm Plácido Domingo, eher aus Wohltätigkeit als aus irgendeinem anderen Hintergedanken heraus, etwas Geld zu; Piero Cappuccilli und Montserrat Caballé weigerten sich; blieb noch Fiorenza Cossotto, die als einzige richtig großzügig war. Als die Künstler einer nach dem anderen ihren Vorhang bekamen, wurde jeder von ihnen je nach Großzügigkeit mit einem passenden Gruß empfangen. Cossotto wurde mit überschwenglichen Lobeshymnen bedacht – »Divina! Diva!«; Cappucilli mit »Großartig, aber was für ein Greizkragen!«; Domingo mit dem seltsam zweideutigen (schließlich hatte er ja gezahlt) »Plácido, du bist immer gelassen!«. Aber als Caballé entlang der Rampenlichter unbeholfen auf ihren Krücken daherhumpelte, wurde der Claqueur für kurze Zeit still und nachdenklich. Dann schrie er plötzlich lauthals: »Montserrat, geh nach Lourdes!«

Gleich nachdem die fünf Vorstellungen beendet waren, flog Caballé nach London, wo weitere Aufnahmetermine für die EMI zu erfüllen waren: Verdis *Requiem.* Hier gab es ein Wiedersehen mit Fiorenza Cossotto und Ruggero Raimondi. Der Tenor, eine überraschende Wahl für dieses Werk, war der eindringlich singende, kraftvolle Jon Vickers, und der Dirigent, Sir John Barbirolli, unternahm einen seiner letzten Ausflüge in ein Aufnahmestudio. Neben Vickers zu singen war für Montserrat eine Erfahrung, die ihr im Gedächtnis haften geblieben ist, und eine, die sie gerne auf der Bühne wiederholen wollte. Die ungewöhnliche Beziehung, die zwischen Sopranistin und Dirigent entstand, war nur kurzlebig. Das wichtigste Andenken an ihn ist natürlich die Schallplatte selbst. Im Begleitheft, das der LP ursprünglich beilag, war ein gemeinsames Foto von Caballé und Barbirolli abgebildet. Sie, beide im Profil, schauen sich an, und die ausgestreckten Arme der Sopranistin liegen auf den Schultern des Dirigenten, während er, in einer väterlichen Geste ihr Kinn in seiner rechten Hand hält. Wenn man bedenkt, daß er *Othello* zwei Jahre zuvor aufgenommen hatte und Montserrat die Desdemona nie auf Platte herausbrachte, ist es ein großes Pech, daß sich ihre beruflichen Wege nicht schon früher gekreuzt haben.

Zurück in Barcelona begann Caballé für das anstrengende Programm, das sie sich für die Weihnachts- und Neujahrszeit am Liceo auferlegt hatte, zu proben. Immer noch hatte sie mit den Folgen des Muskelschwundes an ihrem linken Bein zu kämpfen. Auf diese Behinderung waren letztlich ihre Gleichgewichtsprobleme – und vor allem die Schwierigkeiten beim Treppensteigen – zurückzuführen. Allerdings waren die bevorstehenden *Norma*-Vorstellungen nach neun Monaten die ersten öffentlichen Auftritte, die sie ohne Hilfe von Krücken bestreiten wollte. Sie bekam noch mehr Zeit, sich auf das bevorstehende Debüt der *Norma* vorzubereiten, als es der ursprünglich schon luftige Zeitplan von Carlos erlaubt hätte. Eigentlich sollte Montserrat an der Metropolitan Opera in über einem Dutzend Vorstellungen von *Ein Maskenball* und *Luise Miller* singen. Aber da das Orchester der Met im September 1969 streikte, hatte sie plötzlich nichts zu tun. Rudolf Bing gab ihr Bescheid, daß sie, trotz offizieller Freistellung von ihrem Vertrag, ihr vereinbartes Honorar erhalten werde, und erklärte sich auch mit Montserrats hastig für Mitte Oktober arrangierten *Don Carlos*-Aufführungen in Lausanne einverstanden.

Außer diesem Engagement hatte sie praktisch keine weiteren beruflichen Verpflichtungen, die ihren intensiven musikalischen Vorbereitungen und ihrer langsam voranschreitenden Genesung im Wege gestanden hätten. So trat sie erst wieder am 21. Dezember in *La Traviata* auf, allerdings in keiner besonders bekannten Besetzung. *Othello* wurde zwei Abende später, in der gleichen Besetzung wie einige Monate zuvor an der Met, mit James McCracken in der Titelrolle und Peter Glossop als Jago eröffnet. Die musikalische Leitung hatte Anton Guadagnos inne. Carlos zufolge dauerte der Applaus in der letzten Vorstellung über eine Stunde an. Dennoch zählten sowohl die Sopranistin als auch das Publikum die Tage und erwarteten mit angehaltenem Atem das Hauptereignis, das, wie jeder wußte, unmittelbar bevorstand. Als das Liceo am

30. Dezember nach der letzten *Othello*-Vorstellung seine Tore schloß, wurde es im Opernhaus zwar dunkel, aber man war nicht untätig. Das alte Haus, sein treues Publikum und die Star-Sopranistin freuten sich darauf, ein neues Opern-Jahrzehnt einzuläuten, mit einer Neuinszenierung derjenigen Oper, deren Titelrolle das Konzept der Diva schlechthin verkörpert: *Norma*.

8. Kapitel
1970–1973: Prima Donna Assoluta

Am 8. Januar 1970 stand Montserrat Caballé im Gran Teatro del Liceo in Barcelona hinter den Kulissen und hatte die größte künstlerische Herausforderung ihrer Karriere vor sich. Das Opernhaus war ausverkauft, und unter den erwartungsvollen Zuschauern waren viele aus Amerika angereist, um diese Neuinszenierung von Bellinis *Norma* zu sehen. Man nahm an, daß Montserrat Caballé in dieser Rolle die Nachfolge von Maria Callas antreten würde. Die griechische Sopranistin hatte die Partie zum letzten Mal im März 1965 gesungen, im Alter von 41 Jahren und am Ende ihrer Bühnenkarriere. In der Zwischenzeit hatten sich andere Sopranistinnen an der Rolle versucht, vor allem Joan Sutherland und Elena Suliotis. Aber der einen fehlte es an Temperament, und die andere hatte zuviel davon, Unzulänglichkeiten, die bei beiden eine runde, voll ausgereifte Darstellung der Norma verhinderten. Vom Stimmumfang her ist die Rolle nicht besonders schwierig. Caballé hat stets behauptet, daß die Imogene in Bellinis *Il pirata* in dieser Hinsicht anstrengender ist. Was Norma allerdings von allen anderen tragischen Hauptrollen unterscheidet, ist die Länge der Partie und die erstaunliche Vielfalt emotionaler und dramatischer Situationen, die sie abdeckt.* Egal

---

* Lilli Lehmann, die berühmte Sopranistin des 19. Jahrhunderts, war der Meinung, daß es leichter sei, alle drei Brünnhildes in Wagners *Ring des Nibelungen*, die sie selbst sang, zu bestreiten als eine Norma.

wie vertraut man mit der Partitur wird, im Theater wartet die Norma immer wieder mit Überraschungen auf: Immer scheint es noch eine Gesangs-Hürde zu geben, die genommen werden muß. Dieser Eindruck wird noch durch die Dramaturgie der Bühnenhandlung verstärkt, denn zunächst vergeht eine halbe Stunde, bis die Protagonistin zum erstenmal auftritt, während sie gegen Ende der Oper 40 Minuten lang am Stück singt.

Die Oper spielt zur Zeit der Besatzung Galliens durch die Römer. Die Gallier werden von Druidenpriestern regiert, deren Oberhaupt die Oberpriesterin Norma ist. Die verhaßten Römer werden vom Prokonsul Pollione angeführt, der die Ureinwohner unter Kontrolle halten soll. Doch diese warten ungeduldig auf das Zeichen Normas, sich gegen die römischen Unterdrücker erheben zu dürfen. Niemand weiß jedoch, daß die angeblich keusche Priesterin lange ein Liebesverhältnis mit dem römischen Prokonsul hatte und ihm heimlich zwei Söhne geboren hat. Nun, da die Krieger Normas die Kämpfe gegen die Römer eröffnen wollen, haben sich Polliones Gefühle woanders hingewendet: Die Oberpriesterin weiß nicht, daß er sich in die Priesterin Adalgisa verliebt hat. Im Verlauf der Oper sehen wir Norma in vielen verschiedenen Funktionen: als respekteinflößende religiöse Führerin, die ihr ungebärdiges Volk beruhigt; als hingebungsvolle, aber schuldbeladene Mutter; als potentielle Kindesmörderin; als zurückgewiesene Liebhaberin; und in der denkwürdigen Szene, in der sie von Adalgisas Gelübdeverletzung erfährt, als mitfühlende Beichtmutter, die zur zornigen Rächerin wird. Die Gefühlspalette ist bei dieser Rolle weitgespannt, und Bellinis Partitur spiegelt diese emotionale Intensität bei fast jedem Wechsel der Gefühle wider, von der gebetsartigen Anrufung in »Casta diva« bis zur unheilvollen Häme in »In mia man alfin tu sei«; von den optimistischen Koloraturen in »Ah! bello a me ritorna« bis zur leidenschaftlichen, heldenhaften Deklamation in »Dormono entrambi«.

In der jüngsten Zeit hatte sich nur Maria Callas als großartige Interpretin dieser Rolle gezeigt. Bei manchen hatte es sogar gegenüber ihrer Darstellung Vorbehalte gegeben. Hauptsächlich ging es dabei um die Frage, ob dieses Juwel des *belcanto*-Repertoires wirklich von einer so eindeutig schönen Stimme gesungen werden sollte. Wenn man die Interpretationsgeschichte dieser Rolle näher betrachtet, dann fällt auf, wie wenige Sopranistinnen Anfang des 20. Jahrhunderts die Norma erfolgreich bewältigt haben. Nur Rosa Ponselle scheint ihr, nach einhelliger Meinung, vollkommen gewachsen gewesen zu sein, obwohl auch Giannina Russ und Ester Mazzoleni in der Rolle sehr bewundert worden waren. Offenbar scheidet diese Rolle die Mädchen von den Frauen, und unter letzteren bleiben nur wenige wirkliche Primadonnen übrig.

Wie schon erwähnt, hatte Caballé die Zeit genutzt, um in die Rolle hineinzuwachsen und durch ihre Knieverletzung und den Streik an der Met eine mehr als angemessene Vorbereitungszeit für die Debüt-Aufführung zur Verfügung gehabt. Trotzdem war sie unsicher, ob alles gelingen würde. Ganz abgesehen von musikalischen Überlegungen waren dies die ersten Vorstellungen seit neun Monaten, die sie ohne Krücken bestritt. Sie mußte sich mit ihrem immer noch schmerzenden Bein auf der Bühne bewegen, ohne sich wenigstens mit einem Stock behelfen zu können. Auch daß der vorgesehene Pollione, Mario del Monaco, in letzter Minute ausfiel, erleichterte die Situation nicht gerade. Rasch wurde Bruno Prevedi für die Rolle engagiert, was aus Montserrats Sicht zwar kein Problem darstellte, aber das Zusammenspiel der Stimmen zwischen Pollione und seinem Vertrauten Flavius aus dem Gleichgewicht brachte. Flavius war ganz bewußt mit Carlos Caballés jüngster Entdeckung, José Carreras, besetzt worden, und selbst in diesem Stadium seiner Kariere hätte die kraftvolle, dunkle Stimme del Monacos einen deutlichen Kontrast zum lyrischen Klang des 23jährigen Carreras abgegeben.

Montserrat errang einen uneingeschränkten Triumph, wie es eine nicht autorisierte Aufnahme dieses Abends lautstark belegt. Trotzdem war sie nicht ganz mit sich zufrieden, und sie machte sich sofort an eine Rollen-Revision für die zweite Aufführung, die drei Tage später auf dem Programm stand. Das mag ein wenig übereilt wirken, aber Caballé hat beschrieben, wie sie an eine neue Rolle herangeht und welche Prioritäten sie setzt, die ihr mehr oder minder spontan radikale Änderungen ermöglichen.

> Immer wenn ich mich auf eine neue Rolle vorbereite, nehme ich mir zuallererst die Partitur vor und lese sie wie ein Buch. Dann habe ich die Musik sofort in mir drin. Erst dann gehe ich zum Klavier und spiele die ganze Partitur. In diesem Stadium lese ich die Musik nur, aber daher weiß ich einfach mehr oder minder, wie die Worte sein werden. Wenn der Komponist gut ist, erzählt mir allein seine Musik, wie die Worte, die ihn inspiriert haben, klingen müssen. Wenn ich also ein Musikstück zum erstenmal lese und es später im Theater oder auf Platte höre, unterscheidet sich sein Klang nie von dem, was ich in mir drin gehört habe. Sie sehen, ich muß die Musik zu mir sprechen lassen, um herauszufinden, wie sich ein neues Werk anhört. Ich kann nicht mit dem Libretto, den Wörtern beginnen. Natürlich sprechen Verse zu mir, aber auf eine andere, begrenztere Art und Weise. Sie sind speziell und konkret, während Musik darüber hinausgeht und mit Gefühlen, mit der Unendlichkeit zu tun hat. Die Eindrücke zu einem neuen Werk vermittelt mir also nicht das Libretto, sondern die Musik, die Melodie des Komponisten, der ganze Klang. Schließlich bin ich nur ein Dolmetscher, ein Werkzeug, das ein Meisterwerk umsetzt, und ich muß mich von der Musik inspirieren lassen, wenn ich es gut machen soll. Wenn ein Sänger wirklich fühlt und erfährt, worum es in der Musik geht, dann werden die Worte automatisch

glaubwürdig klingen. Das ist logisch, weil die Bedeutung der Worte schon da ist, in die Musik hineingeschrieben. Maria hat das auch immer gesagt, öffentlich und bei den Gelegenheiten, wo wir uns privat ausgetauscht haben.

An diesen Bemerkungen lassen sich zweierlei Dinge recht klar erkennen. Erstens: Für eine Sängerin, die sich so wenig an die textlichen Aspekte der Oper hält, besteht offensichtlich keine Notwendigkeit für »Konzepte« dramatischer Darstellungskunst: Die Musik muß derartig »verinnerlicht« werden, daß eine Interpretationsänderung durch eine Änderung im Gesangsvortrag entsteht. Zweitens, und vielleicht ist das der wichtigste Punkt, weichen die Überzeugungen Caballés von denen der meisten Sänger ab, die man als »Post-Callas-Generation« bezeichnen könnte. Anhänger dieser Überzeugung sprechen sich, zumindest im Interview, für eine primär auf dem Text basierende Aneignung einer Rolle aus. Daraus resultierend, behandelt man heute die italienischen Opern des 19. Jahrhunderts wie ein Schauspiel, das zufällig gesungen wird, und nicht wie ein historisch eigenständiges Hilfsmittel für Gesang, das zufällig auch ein Drama ist. So ist Montserrat eine der letzten stolzen Verfechterinnen einer früher üblichen Opern-Kultur. Doch sie ist kein schwerfälliger Dinosaurier, sondern sie kann blitzschnell auf Situationen reagieren und sich neu darauf einstellen. Daher ihrer Fähigkeit, eine so anspruchsvolle und komplexe Rolle wie die Norma in weniger als 72 Stunden zu überdenken.

Von der zweiten Aufführung der Oper am 11. Januar 1970 gibt es leider keine Aufzeichnungen, aber eine detaillierte Kritik liefert einige Hinweise über die Art der vorgenommenen Änderungen:

Die [erste] Aufführung war schon beeindruckend und begann mit einer »Casta diva«, deren Töne perfekt getroffen waren und die durch höchst einfühlsame Phrasierung bestach. Die Szene, in der Norma darüber nachdenkt, ihre Kinder zu töten, war im Ausdruck kraftvoll, aber doch berührend, und die Schlußszene, als sie sich selbst als Opfer darbietet, war erfüllt von tragischer Würde. Doch als Interpretation war diese Norma noch nicht aus einem Guß: An manchen Stellen war es ganz Caballé, die da sang, an anderen schimmerte die Callas allzusehr durch. In der Arie »Oh non tremare« zum Beispiel, in der Norma den treulosen Pollione mit furchterregend fallenden Tonleitern verspottet, schien Caballé den tigerhaften Eigenschaften der Callas nachzueifern, die ihrer eigenen Künstlernatur völlig fremd sind. Auf diese Weise überfrachtete sie ihren Ton und verlor ihr sonst tadelloses Gespür für die Melodie. In der zweiten Aufführung wurde klar, daß sie ihre Herangehensweise an die Rolle völlig neu überdacht hatte, und das Ergebnis war eine echte Sensation. Das war eine Norma, in der Caballé als Sängerin ganz sie selbst war, eine ausgesprochene *belcanto*-Norma, deren Musik in einem weichen Tonfluß vorgetragen wurde, mit zwanglosen und stets bedeutungsvollen Fiorituren ... Mit dieser zweiten Aufführung hat Caballé klargestellt, daß die Norma der 70er Jahre auf der Bühne angekommen ist.[1]

In den 70er Jahren festigte ihre Interpretation der gallischen Oberpriesterin in Bellinis Oper ihren weltweiten Ruhm. Sie sang diese Rolle in allen fünf großen international angesehenen Opernhäusern – im Palais Garnier, an der Scala, der Met, der Wiener Staatsoper und in Covent Garden, und zwar in dieser Reihenfolge – sowie in unzähligen anderen Theatern und Konzertsälen. Und am 20. Juli 1974 gab sie im Théâtre Antique in Orange, wie sie selbst meint, die beste Einzelvorstellung ihrer Karriere.

Ende Januar war Montserrat wieder in London, um eine weitere konzertante Opernaufführung für die LOS zu geben.

Außerdem nahm sie zusammen mit ihrem Mann Opernduette für die EMI auf. Die Oper *Roberto Devereux* wurde im Theatre Royal, Drury Lane, am 29. Januar gegeben, mit Bernabé in der Titelrolle und Tatiana Troyanos als Sara; Dirigent war Charles Mackerras. (Als sich der Tenor und die Mezzosopranistin das letzte Mal gesehen hatten – in einer *Carmen* an der New York City Opera im vergangenen Jahr – hatte Bernabé seiner Kollegin die Nase gebrochen, weil er sie am Ende des 3. Aktes etwas zu schwungvoll auf den Boden geworfen hatte.) In dieser Besetzung – mit Ausnahme Domingos, der die Stelle Bernabés einnehmen sollte – war das Werk auch für eine EMI-Aufnahme geplant. Doch am Ende mußten sich Caballés Fans auf der Platte mit Duetten aus *Ein Maskenball*, *Die Hugenotten*, *André Chénier*, *Manon Lescaut* und Donizettis *Poliuto* begnügen. In einigen Kritiken war mittlerweile zu lesen, Caballés konzertante Aufführungen hätten Anzeichen stimmlicher Überlastung erkennen lassen (eine Einschätzung, die die Sopranistin rundweg als falsch bezeichnet). Aber selbst für diese Kritiker steigerte sich der Abend offenbar gegen später, und zum Schluß lesen wir: »Ihre glühende Vortragsweise, ihre perfekte Kontrolle über Klangfarbe und Dynamik waren gut auf ihre überzeugende schauspielerische Leistung abgestimmt: Man glaubte wirklich, Elisabeth I. habe abgedankt.«[2] Die London Opera Society hatte also guten Grund, dankbar für die engen Bande zu sein, die ihr Management zu den Caballés geknüpft hatte und die weitere fünf Jahre andauern sollten.

Bedauerlicherweise konnte man das gleiche nicht von ihrem Vorläufer in Amerika sagen. Die American Opera Society, die schon fünf Jahre mit der spanischen Diva zusammengearbeitet hatte und sich mit Fug und Recht als treibende Kraft ihrer internationalen Karriere betrachten konnte, hatte mit großen finanziellen Schwierigkeiten zu kämpfen. Der Höhepunkt einer Reihe von Abonnementskonzerten in der Carnegie Hall sollte Rossinis *Die Frau vom See* sein, mit

Caballé als Elena. Die Aufführung war für den 21. Januar 1970 geplant, wurde jedoch aus finanziellen Gründen abgesagt. Statt dessen wurde den Abonnenten als Trostpreis ein Galakonzert mit Montserrat Caballé angeboten. So weit, so gut: Doch dann begannen die Dinge schiefzulaufen. Ein nicht unterschriebenes Rundschreiben vom 9. April ging mit folgendem Text an alle AOS-Abonnenten:

> Ende Januar fühlte sich Frau Caballé nicht in der Lage, am 6. Februar aufzutreten, und so wurde ihr Konzert auf den 19. März verschoben. Da Frau Caballé nicht in die Vereinigten Staaten reisen wollte, sagte sie ein weiteres Mal ab – diesmal nur zwei Tage vor der Aufführung und, wie es das Schicksal so wollte, auf dem Höhepunkt des einzigen Poststreiks in der amerikanischen Geschichte. Zu unserer Demütigung kam noch die Frustration hinzu, unsere Abonnenten trotz einer sofortigen Briefaktion nicht erreichen zu können. Diese letzte Absage hat auf unsere Finanziers völlig demoralisierend gewirkt und uns in den finanziellen Ruin getrieben.

Der finanzielle Ruin war tatsächlich da. Doch es ist unverständlich, warum in einem Land mit Bell Telephone und AT & T bei einem drohenden Poststreik die amerikanische Post die erste Wahl gewesen sein soll. Eine schwach besuchte Aufführung von Goldmarks *Königin von Saba* am 26. März (ohne Caballé) versetzte der Gesellschaft den Gnadenstoß. Die AOS wurde offiziell aufgelöst. Inwieweit dies Caballé in die Schuhe geschoben werden kann, steht auf einem anderen Blatt. Die *Frau vom See*-Aufführung war ohne ihr Dazutun aus »finanziellen Gründen« abgesagt worden, ein deutlicher Hinweis, daß sich die AOS schon in ernsthaften Schwierigkeiten befand. Was auch immer die Gründe dafür gewesen sein mögen, fest steht, daß ihr Nicht-Erscheinen zusammen mit den Verlusten aus der *Königin von Saba* der AOS den

Todesstoß versetzten. Dennoch mußten die New Yorker nicht lang auf Opern-Neuheiten verzichten. Denn nach weniger als zwei Jahren hatte Eve Queler die Konzertserien des Opera Orchestra of New York gegründet, die sich die Aufführung selten inszenierter Opern in der Carnegie Hall zur Aufgabe machte, häufig mit Montserrat Caballé in der Hauptrolle. In den folgenden Jahren hielten Caballé und Allen Oxenburg so engen Kontakt wie möglich: Er begleitete sie auf einer Gastspielreise der Scala an das Bolschoi-Theater; war mehrmals zu Gast in ihrem Landhaus in Ripoll und im Sommer 1989 zur Silbernen Hochzeit der Martís geladen.*

Die nächste Vorstellung in der langen Reihe wichtiger Debüts in Europa fand im Februar 1970 statt, als sie am 24. endlich an der Mailänder Scala auftrat. Sie sang die Titelrolle in einer Inszenierung der *Lucrezia Borgia* von Margherita Wallmann. Die langsfristig wichtigste Auswirkung dieses Debüts war die Zusammenarbeit zwischen Caballé und Wallmann. Sie hatten sofort »einen Draht« zueinander und sollten bei vielen Neuinszenierungen in Mailand, Paris, Barcelona, Nizza und Orange wieder zusammenarbeiten. Nach einer weiteren *Lucrezia Borgia*, diesmal am Teatro de la Zarzuela in Madrid, kehrte Caballé nach Italien zurück, wo sie in nur einer Woche zwei Aufführungen für die RAI aufzeichnete: *Die Frau vom See* in Turin und Spontinis *Agnese di Hohenstaufen* in Rom.** Caballé setzte ihren Eroberungszug durch Italien fort, diesmal im Teatro Constanzi (besser bekannt als

---

* Allen Sven Oxenburg war erst Mitte 60, als er 1992 starb, und diesen Abschnitt über seine Beziehungen zu Caballé konnte er nicht mehr lesen. Von allen außergewöhnlichen Persönlichkeiten, die in der Welt der Oper aktiv sind, ist er sicher eine der bedeutendsten.

** Die Oper wurde von Riccardo Muti dirigiert, der gerade am Anfang seiner internationalen Karriere stand. Es war die erste Zusammenarbeit der beiden, die sich zu einer zehn Jahre andauernden, äußerst fruchtbaren Partnerschaft entwickelte.

die Oper von Rom), wo sie im Mai 1970 einen großen Erfolg feierte. Die Kritiken in den lokalen Blättern lobten nicht nur die Sopranistin, sondern waren voll des Dankes, weil diese Aufführung erstaunlicherweise die erste *Maria Stuart* überhaupt in der italienischen Hauptstadt war. Bei einer der Aufführungen war der berühmte Filmregisseur Luchino Visconti anwesend, der zumindest in England und Italien gleichermaßen für seine üppigen und oftmals umstrittenen Opern-Inszenierungen bekannt ist. Er begleitete an diesem Abend Königin Frederika von Griechenland, die Mutter der spanischen Königin, die zu der Zeit in Rom lebte. Nach der Aufführung gingen die beiden zur Garderobe der Diva, um sich ihr vorzustellen. Caballé – die keine Filmliebhaberin ist, aber Viscontis Bühnenwerk mit Maria Callas kennt – ging gleich in die Verteidigung und machte abschätzige Bemerkungen über ihre Fähigkeiten als Schauspielerin. Visconti wischte sie beiseite und sagte ihr, daß ihre größten Trümpfe ihr bemerkenswert ausdrucksstarkes Gesicht und die Hände seien. So lange sie diese wirkungsvoll einsetze, hätte sie es gar nicht nötig, sich mit der Schauspielkunst zu beschäftigen. Denn mit einer solchen Stimme seien ein Blick, eine Geste alles, was sie brauche.

Die Aufführungen in Rom dauerten bis zum Ende des Monats an. Danach reiste Caballé nach Paris, um mit den Proben für ihre erste Pariser *Norma*-Aufführung zu beginnen. Sie sollte am 9. Juni als konzertante Aufführung im Théâtre des Champs-Élysées mit Bernabé als Pollione gegeben werden. Am Nachmittag vor der Vorstellung, knapp eine Stunde, bevor sich die Martís auf den Weg zum Theater machen mußten, erhielt Montserrat in ihrer Suite im Hotel Raphael einen Telefonanruf. Es war Maria Callas, die unauffällig einige Proben besucht und ganz hinten im abgedunkelten Zuschauerraum, unerkannt von den Darstellern, Platz genommen hatte. Die beiden Frauen waren sich zum erstenmal bei einem geruhsamen Abendessen im New Yorker Restaurant Trader

Vic's begegnet, bei dem auch Peter Andry von der EMI und der damalige ständige Begleiter der Callas, Pier Paolo Pasolini, anwesend gewesen waren.

Die Botschaft der griechischen Sopranistin lautete schlicht: Ob Caballé und ihr Mann Lust hätten, zum Abendessen zu kommen. Bernabé war wegen der bevorstehenden Aufführung mit seinen Nerven am Ende, und da er glaubte, Fieber zu bekommen, war er ins Bett gesteckt worden – »vergraben« unter mehreren Deckenschichten und mit einem feuchten Wickel um seinen Kopf. Deshalb hatten die Martís im Moment andere Sorgen, und Montserrat lehnte freundlich mit dem Hinweis ab, sie und ihr Mann müßten gleich zu ihrer Aufführung aufbrechen. Maria Callas antwortete: »Aber hat man Euch denn gar nicht benachrichtigt? Der Chor streikt, und die Aufführung wurde abgesagt.« Caballé nahm die Einladung der Callas ohne zu zögern an, jetzt, wo sie so unerwartet frei hatten, und sofort hüpfte Bernabé, auf wundersame Weise genesen, aus dem Bett.

An diesem Abend genoß das Ehepaar das herrliche Essen in der Wohnung der Callas, die in der Avenue Georges Mandel lag. Nach dem Abendessen kamen Montserrat und Maria auf musikalische Probleme zu sprechen, besonders darauf, wie die Stimme am wirkungsvollsten in einigen schwierigeren Koloratur-Passagen in *Norma* einzusetzen und zu gewichten sei. Zur Demonstration sangen beide eine Passage aus dem Terzett-Finale des ersten Aktes. Aufmerksam hörten sie sich gegenseitig zu, und Callas bemerkte, daß sich die spanische Sopranistin beim Singen der Melodie strikt an die Partitur gehalten hatte. Sie bestätigte das, was Joan Sutherland schon einige Jahre zuvor zu Caballé gesagt hatte. »Du hast genau die richtige Stimme für diese Rolle, und für Dich ist es das beste, der Partitur Bellinis zu folgen. Du findest Deinen eigenen Weg zum musikalischen Zentrum des Dramas, so wie ich es tue, aber mit Deinen eigenen einzigartigen vokalen Eigenschaften.«

Nach weiteren Recitals, die bei Caballés Bühnenengagements zunehmend an Bedeutung gewannen, kehrte sie Anfang Juli zusammen mit ihrem Mann nach Rom zurück. Dort begannen intensive Proben unter der Leitung Gianandrea Gavazzenis, um die erste EMI-Aufnahme von *Il pirata* mit Unterstützung der RAI in Rom aufzunehmen. Diese Aufnahmen, die in dem gerade fertiggestellten Auditorium Foro Italico stattfanden, waren über zwei Wochen verteilt und bei der italienischen und ausländischen High-Society in den Brennpunkt des Interesses gerückt. Königin Frederika besuchte sie zusammen mit der spanischen Infantin Beatriz (der Tante von König Juan Carlos), und eine andere angesehene Besucherin war die berühmte türkische Sopranistin Leyla Gencer, die teils aus Interesse an der Oper, teils aus Wertschätzung für die Darsteller da war.* Das Aufnahmestudio war modern, funktional, aber nicht besonders schön, verfügte dafür aber über eine Klimaanlage, die sich während des heißen römischen Sommers als lebenswichtig erwies. Doch erhitzten sich auch so die Gemüter von Zeit zu Zeit, nicht zuletzt wegen des ausgesprochen rüden Verhaltens des Orchesters. Gavazzeni, ein Gentleman der alten Schule, hatte große Schwierigkeiten damit. Bei einer Aufnahme – alle anderen warteten schon – wollten die Orchestermitglieder nicht mit dem Eisessen und dem Zeitungslesen aufhören, obwohl der Maestro schon zum wiederholten Male um Aufmerksamkeit gebeten hatte. Die Atmosphäre war äußerst angespannt, und die Sänger – außer Montserrat, die zusammen mit den königlichen Gästen im Zuschauerraum saß – schauten sich das Ganze mit steigendem Adrenalinspiegel an. Einer der Sänger war den Zuschauern dadurch aufgefallen, daß er sich von Zeit zu Zeit die Weichteile »zurechtrückte«, und in der nunmehr gereizten Stim-

---

* Gencer und Caballé waren sich zum erstenmal im Sommer 1965 begegnet, als sie beide in Glyndebourne sangen.

mung hörte er gar nicht mehr damit auf. Königin Frederika beobachtete das Geschehen neugierig durch ihr Opernglas. Plötzlich riß Gavazzeni mit einem frustierten Schrei sein hochgeschlossenes Sommerjacket auf und schickte einen Knöpferegen in das Orchester. Die Atmosphäre war zum Bersten gespannt, und die ungehorsamen Spieler starrten ihn ungläubig an. Königin Frederika wandte sich zu Montserrat und stellte ihr die rhetorische Frage: »Glauben Sie, er macht das häufig?« Die Sopranistin antwortete: »Ich weiß nicht, Eure Hoheit. Aber ich bin mir sicher, daß der, den ich angucke, das immer tut.« Die Sitzung war überhaupt nicht mehr zu retten, als ein Mitglied des Orchesters die Knöpfe des Maestros aufsammelte und sie ihm mit spöttischer Förmlichkeit überreichte. Gavazzeni stürmte aus dem Saal, und die harten Verhandlungen zwischen der Plattenfirma und den Gewerkschaftsvertretern des Orchesters erstreckten sich fast über einen ganzen Tag. Dann konnten die Aufnahmen fortgesetzt werden.

Die Aufnahme wurde trotzdem termingerecht am 31. Juli beendet. Nach einem Heimaturlaub von knapp zwei Wochen reiste Caballé nach London, wo sie die Rolle der Elisabeth von Valois in Verdis ungekürzter Fünf-Akte-Version des *Don Carlos* für die EMI aufnahm. Der Dirigent war Carlo Maria Giulini, der in den späten 50er Jahren mehr als jeder andere die Wiederaufnahme des Werks in die Spielpläne vorangetrieben hatte. Die Oper wurde in der Walthamstow Town Hall mit einem Star-Aufgebot aufgenommen, in dem viele der neuesten Operntalente vertreten waren. Neben Caballé waren dies Plácido Domingo (der erst seine zweite Gesamtaufnahme auf Platte einspielte und die erste zusammen mit seiner Landsmännin), Sherrill Milnes, Ruggero Raimondi (in seiner ersten Hauptrolle auf Platte) und Shirley Verrett (mit der Montserrat erst im vorherigen Jahr für RCA Opernduette auf Platte aufgenommen hatte). Auf Giulinis Wunsch war für diese Aufnahmen das Royal Opera House Orchestra engagiert worden, die letzten Überbleibsel des Ensembles, mit dem Giulini das Werk 1958 in Covent Garden zum erstenmal mit großem Erfolg aufgeführt hatte.

Bei der Länge dieser Oper ist es überraschend, daß die Aufnahmen so reibungslos abliefen und das Werk am 31. August wie geplant vollständig aufgenommen war. Als die Schallplatte im darauffolgenden Jahr erschien, wurde sie zum Bestseller und hatte von Anfang an den Status eines »Klassikers«. Montserrats wichtigste Erinnerung an dieses Projekt ist, daß es – leider – bei dieser einzigen Zusammenarbeit mit Giulini geblieben ist. Sein Wissen über und seine Liebe zur Partitur sowie seine Sorge und sein Interesse für die Sänger suchen – ihrer Meinung nach – ihresgleichen. Obwohl Montserrat nicht leichthin über die Verdienste ihrer Plattenaufnahmen spricht, betrachtet sie diesen *Don Carlos* als etwas Besonderes – weniger jedoch wegen ihres eigenen Beitrags, sondern wegen des hohen Niveaus, das Giulini zu verdanken ist.

Während der Plattenaufnahmen in London führte Caballé erste Verhandlungen mit der Royal Opera, um dort ihr immer wieder aufgeschobenes Debüt geben zu können. Wie immer, wenn ein wichtiger erster Auftritt in einem fremden Opernhaus anstand, schlug sie als Oper *La Traviata* vor. Covent Garden hatte zum Abschluß der Saison 1971 / 72 eine Wiederaufnahme der umstrittenen Visconti-Inszenierung geplant. Und so sah es ganz danach aus, als ob die Londoner die spanische Diva zu hören bekämen. In der Zwischenzeit war es jedoch der Initiative von Denny Dayviss überlassen, den Londoner Caballé-Bewunderern etwas mehr als vage Versprechungen für die ferne Zukunft zu bieten. Für die anstehende Konzert-Saison in der Royal Festival Hall hatte Dayviss zusammen mit Carlos Caballé für Montserrat nicht nur die *Maria Stuart*, sondern, was noch wichtiger war, auch die *Norma* arrangiert. Und in derselben Verhandlungsphase bekam Caballé von ihren beiden Plattenfirmen grünes Licht, einen »Seitensprung« zu machen und eine Platte mit französischen Opernarien – mit dem New Philharmonia Orchestra unter der Leitung Reynald Giovaninettis – für die Deutsche Grammophon aufzunehmen.

Dann ging es wieder nach Amerika, wo sie am 3. Oktober an der Met die Amelia in *Ein Maskenball* sang, mit Plácido Domingo als Riccardo. Wie bei den *Traviata*-Vorstellungen an der Met drei Jahre zuvor sang Caballé in jeder Aufführung neben einem anderen Tenor: Auf Domingo folgten unter anderem Carlo Bergonzi – der Caballé vor allem deswegen gut in Erinnerung geblieben ist, weil er die Nerven seiner Kollegen durch sein entspanntes Verhalten auf der Bühne und seinen mühelosen Vokalismus so gut beruhigen konnte – und Richard Tucker. Dagegen war der Bariton Robert Merrill eine feste Größe. Er sang in jeder der zahlreichen Met-Aufführungen die Rolle des Renato in Ergänzung zu Montserrats Amelia und war viele Male als Graf von Luna und Georg Germont mit ihr zu sehen. Montserrat zufolge hatte er wahrscheinlich die schönste Baritonstimme all ihrer Kollegen, obwohl sich Milnes und Cornell MacNeil besser auf der Bühne zu bewegen wußten. Merrill hatte große Schwierigkeiten, den Text zu behalten. Während eines Duetts im 4. Akt bei einer *Troubadour*-Aufführung wunderte sich Montserrat, daß der Bariton die Cabaletta mit den Worten »L'ho dimenticato, l'ho dimenticato« [»Ich hab's vergessen«] sang. Bei einer anderen Gelegenheit brüstete er sich vor dem jungen Carreras, der den Alfred Germon aus *La Traviata* sang, er habe allein an der Metropolitan Opera den Georg Germont, Alfreds Vater, mehr als 300mal gesungen. Carreras schüttelte sich vor Lachen, als er hörte, daß Merrill die ersten Worte der Arie »Di Provenza il mar, il sol« in praktisch jeder Zeile der ersten Strophe wiederholte.

Caballés Aufenthalt in New York wurde diesmal von einem größeren Ereignis in Chicago unterbrochen. Dort gab sie am 22. Oktober ihr verspätetes Debüt an der Lyric Opera in *La Taviata.** Die Neuinszenierung von Giorgio De Lullo wurde vom Bühnenbildner Pier Luigi Pizzi in Szene gesetzt und von Roger Dettmer – Musikkritiker des *Chicago American* und langjähriger Callas-Fan, der über alle Chicagoer Aufführungen der griechischen Diva in den 50ern geschrieben hatte – als »außerordentlich üppig« bezeichnet. Ebenso beeindruckt war er von der Vorstellung der Star-Sopranistin.

> Montserrat Caballé gab als Violetta ein so wohldurchdachtes und gleichzeitig spontanes Debüt an der Lyric Opera, daß man sich zum Vergleich an Maria Callas in der Zeit zwischen 1954 und 1958 erinnern muß. Die Hingabe, mit der Caballé ihre Rolle jetzt ausfüllt, ist neu im Vergleich zur Gräfin Almaviva vor zwei Jahren in Dallas; wahrscheinlich kann ihr heute niemand die Stellung als führende *lirico-spinto*-Sängerin der Welt streitig machen.[3]

Diese Begeisterung wurde allerdings nicht von der Chicagoer Korrespondentin der *Opera News*, der hauseigenen Zeitschrift der Met, geteilt. Claudia Cassidy schreibt: »Frau Caballé ... ist dermaßen auseinandergegangen, daß es kein Kostüm mehr kaschieren kann. Das hübsche Gesicht und die glänzenden Haare sind geblieben, aber die glänzende, so außergewöhnlich schöne Stimme war nicht ganz auf der Höhe, nicht in den Arien und nicht in den entscheidenden Rezitativen.«[4] Die Kritikerin tadelte die Inszenierung außerdem für ihre Geschmacklosigkeit – »typisch für die Inszenierung ist, daß Papa Germont seinen Hut in der Gartenszene aufbehält« – und beschwerte sich darüber, daß der 1. Akt einem »Bordell des Deuxième Empire« glich. Es soll nicht verschwiegen werden,

---

* Ursprünglich war ihr Debüt an der Lyric Opera mit der Desdemona in *Othello* im Oktober 1966 vorgesehen gewesen. Doch damals war sie im neunten Monat schwanger, und das Debüt fand nicht statt.

daß Cassidy von Michael Scott als »unterwürfiger Fan« von Maria Callas beschrieben wird.[5] Und da Verdi seine Oper im Paris seiner Zeit (das heißt 1853) spielen lassen wollte, muß man gerechterweise fragen: Was sonst sollte der Salon der Kurtisane Violetta sein als ein Bordell des Deuxième Empire? Trotz allem wirft Cassidys Kritik eine interessante Frage auf, die, wenn auch unausgesprochen, in vielen Rezensionen mitschwingt, einschließlich der Kritiken, die anläßlich des Covent-Garden-Debüts von Caballé in derselben Rolle erschienen: Können beleibte, stattliche Frauen auf der Opernbühne schwindsüchtige oder entrückte romantische Heldinnen verkörpern?

Diese Debatte kreist um die Frage der Glaubwürdigkeit und wie diese sich zur Bereitschaft des Publikums verhält, sich täuschen zu lassen, Wer Probleme damit hat, eine dicke Violetta oder Mimi auf der Bühne zu akzeptieren, müßte diese auch bei einem schwarzen Cherubino oder einem 1.80 Meter großen Alberich haben. Aber das entscheidende Kriterium für die Oper kann ja wohl nicht die Glaubwürdigkeit des Films sein, sondern die Fähigkeit eines Sängers oder einer Sängerin, der Rolle durch seinen oder ihren Gesang Leben einzuhauchen. Wieso sollte sich das Publikum besser in Violettas Qualen einfühlen können, bloß weil die Sängerin wie eine Schwindsüchtige aussieht? Todkranke singen nicht mehr. Vielmehr kommt es auf das künstlerische Geschick des Sängers an, durch die Kraft seines Gesangs zu überzeugen. Deshalb ist eine Oper letztlich eine Oper und nicht irgendeine andere Kunstform, am allerwenigsten ein gesprochenes Drama mit ein bißchen Musik, als die sie heutzutage einige ignorante Regisseure anzusehen scheinen. In diesem Zusammenhang sollte man sich an den Rat erinnern, den Bellini seinem unerfahrenen letzten Librettisten gab: »Meißel Dir dies in Stein in Deinen Kopf: ›Die Oper muß zu Tränen rühren, Menschen in Schrecken versetzen, sie sterben lassen, einfach nur durch den Gesang.‹«

Interessant ist auch der feministische Standpunkt, dessen streitbarste und schärfste Vertreterin Catherine Clément ist.[6] Sie zeigt, angeekelt von den zahlreichen Büchern, Sammelplatten und Fan-Clubs, die nach dem Tod der Callas wie Pilze aus dem Boden schossen [»Laßt diese Frau in Ruhe, deren Job es war, anmutig Eure unterdrückten homosexuellen Phantasien zu tragen«], eine Alternative auf:

> Ich erinnere mich ... an das Bild einer dicken Frau. Einen gewaltigen Fleischhaufen, der für uns singt und lebendig ist. Sie ist gewaltig, eine dicke Dame, die weiß, wie sie ihr Gewicht in eine Oper verwandelt. Ihr Name ist Montserrat Caballé ... Da sie sich erstklassig auf ihren Gesang konzentriert, allein auf die Vervollkommnung ihrer Stimme achtet, singt sie, als ob sie versucht, die Erinnerung an jene auszulöschen, die ihre Stimme der Vervollkommnung ihres Körpers opferte, der schließlich dem Tod geweiht war. Oh, Caballé ... werde niemals dünn. Bleib mitten im Leben ... Danke, daß Du so bist, inmitten der männlichen Flügel, die ihre nutzlosen Hände schlagen, ihre leeren Hände um Dich herumlegen ... Niemals wird es nochmal eine wie Dich geben.

Auch wenn dies kein uneingeschränktes Kompliment ist, so ist Cléments Bewunderung nichtsdestotrotz aufrichtig, wie das übrige Buch zeigt. Weniger als 20 Jahre liegen zwischen der Kritik über Caballés Violetta in Chicago und dem obigen Zitat, aber die ihnen zugrundeliegenden Sichtweisen gehören zwei unterschiedlichen Welten an. Heute scheinen wir in unserer Einschätzung, was Opernsänger einzigartig macht, wieder zum Ausgangspunkt zurückzukehren: Zuerst und vor allem anderen singen sie eine Oper. Und diejenigen, die sie am besten singen, sind eine ganz bestimmte und seltene Gattung. Sie sind es, die die Standards für das Genre setzen, und sie praktizieren es in einer Weise, daß einem Publikum, das eine Caballé als Mimi im 1. Akt noch unheimlich komisch findet, am Ende des 4. Aktes das Kichern vergangen ist. Für diese Art der musikalischen Magie ist der Realismus, den ein vom Fernsehen geprägtes Publikum fordert, eine armselige Alternative.

Weihnachten 1970 verbrachte Montserrat wie gewöhnlich in Barcelona, und dies erlaubte ihr nicht nur, im Kreise ihrer Familie zu sein, sondern auch, dem Stammpublikum am Liceo eine weitere Seite ihres Repertoires zu zeigen. Zum erstenmal trat sie in ihrer Heimatstadt in der Oper auf, die sie berühmt gemacht hatte, der *Lucrezia Borgia.* Wie vorherzusehen, wurde cs ein Triumph. Sie teilte ihn mit José Maria Carreras (wie er damals noch genannt wurde), der in seiner ersten Hauptrolle, als Lucrezias Sohn Gennaro zu sehen war. Er erinnert sich:

> Die Premiere von *Lucrezia Borgia* am 19. Dezember 1970 in Barcelona war mein eigentliches Debüt. Niemals werde ich vergessen, welches Vertrauen Montserrat in meine Fähigkeiten hatte. Allein daß eine Sopranistin ihres Ranges den Wunsch geäußert hatte, mit einem völligen Nobody zu singen, war so berichtenswert, daß man schon vor den Aufführungen großes Interesse an mir hatte. Ich fühlte mich wunderbar, weil eine wirklich große Künstlerin wie die Caballé an mich glaubte, und ihr Glaube gab mir Kraft. Seitdem habe ich mehr als 250 Mal mit ihr auf der Bühne gestanden, und jedesmal bin ich wieder von ihr bezaubert. Da oben auf der Bühne verliebe ich mich einfach in sie, und immer wenn ich mit ihr singe, bin ich ein verlorener Mann. Von allen Primadonnen, mit denen ich gearbeitet habe, verwandelt sie sich mehr in die Person, die sie spielt, als irgend jemand sonst. Darin ist sie einfach unglaublich. Vielleicht war die Adriana Lecouvreur, die wir 1976 zusammen in Tokio gegeben haben, das beste Beispiel. Noch

nie hat jemand vorher, und wahrscheinlich auch nachher nicht, so hingebungsvoll mit mir zusammen gesungen wie an diesem Abend.*

Die *Lucrezia* war nur eine von drei »Heimat«-Aufführungen, die Caballé in der Weihnachts- und Neujahrszeit gab. *Il pirata* hatte am 3. Januar 1971 Premiere und kann den Anspruch erheben, eine Familien-Aufführung gewesen zu sein. Denn neben Montserrat als Imogene und Bernabé als Gualtiero gab Carlos Caballés älteste Tochter, die achtjährige Isabel, ihr Debüt als Imogenes Sohn, eine stumme Rolle. Nachdem sie ihren letzten Vorhang nach der Wahnsinns-Szene bekommen hatte, öffnete er sich nach allem, was man hört, unter ohrenbetäubendem Beifall und Jubel für die Künstlerin noch einmal. Doch es gab noch eine Steigerung für die totale Hingabe des Liceo-Publikums, denn am 10. Januar gab Caballé die erste von vier *Bohème*-Aufführungen. Der Tenor, der zum erstenmal neben ihr den Rudolf sang, war ein Sänger, der sein Liceo-Debüt gab: Sein Name war Luciano Pavarotti. Er war damals schon sehr bekannt, wenn auch hauptsächlich durch seine Partnerschaft mit Joan Sutherland. Montserrat kann sich noch sehr gut an ihre Zusammenarbeit erinnern. Obwohl sie auf der Bühne und in Aufnahmestudios weitaus häufiger mit Domingo und Carreras zusammenarbeitete, ähnelt die Partnerschaft zwischen Pavarotti und Caballé in gewisser Weise den großartigen *monstres sacrés* der Oper im 19. Jahrhundert. Deshalb ist es sehr bedauerlich, daß ihre gemeinsamen Schallplattenaufnahmen keines der großen *belcanto*-Werke des frühen 19. Jahrhunderts enthält.

---

* Glücklicherweise wurde diese Aufführung vom TV-Sender NHK aufgezeichnet, und es existieren eine ganze Menge Raubkopien. Das kokette Zusammenspiel der beiden Protagonisten bestätigt Carreras' Behauptung.

Gilbert Price vertrat in seiner Kritik der Puccini-Inszenierung für *Opera* im Hinblick auf die Opern-Debatte energisch die Seite der Musik; er schrieb: »*La Bohème* hatte in Caballé eine Mimi, deren Gesang so berührend schön war, daß es unwichtig zu sein schien, daß sie physisch ungeeignet für die Rolle ist.«[7] Die dritte Aufführung am 14. Januar muß ein ungewöhnliches Ereignis gewesen sein, denn sie war als »Beneficio con Bandeja a favor de los empleados permanentes, porteros y acomodadores« [»Benefizkonzert mit Tablett zugunsten der Festangestellten, Logenschließer und Platzanweiser«] angekündigt worden. Zur Erklärung: Noch bis ins Jahr 1981 war das Liceo in Privatbesitz und wurde ohne Subventionen betrieben. Die Eigentümer-Genossenschaft hatte vor vielen Jahren Juan Antonio Pámias als Impresario eingesetzt, und alle Entscheidungen, die Repertoire, Besetzungen und Inszenierungen betrafen, waren ihm überlassen, unter der wichtigen Voraussetzung, daß er mit der Oper kein Defizit einspielen durfte. War dem so, haftete er persönlich und mußte das fehlende Geld aus eigener Tasche beisteuern. Die Festangestellten in Foyer und Zuschauerraum wurden unter diesen Bedingungen schlecht bezahlt, und die Aushilfskräfte arbeiteten auf derselben Grundlage wie die bekannten Logenschließerinnen in der alten Pariser Oper, die ihren Unterhalt durch Trinkgelder, wenn nötig mit Druck eingetrieben, bestritten. An diesem Abend hatte man mitten im Haupt-Foyer des Theaters einen Tisch aufgestellt, bedeckt mit einem Tischtuch und flankiert von zwei Kerzenständern, auf dem ein riesiges Tablett stand. Das vorüberströmende Publikum sollte sich nicht lumpen lassen und Geld hineinlegen. Man mußte schon sehr mutig sein, wenn man dieser Bitte unter den wachsamen Blicken der Angestellten nicht nachkam.

So dachten auch die Sänger und gaben ebenfalls ihren Anteil, auch wenn diese Geste das Säckel so sehr auch wieder nicht füllte. Denn während der fast dreißigjährigen Pámias-Herrschaft traten die berühmtesten Sänger der Welt regelmäßig für einen Bruchteil der in Italien, Deutschland oder Amerika üblichen Honorare im Liceo auf. Teils taten sie dies aus Sympathie für Pámias, teils aus Liebe zu dem schönen, historischen Theater. Montserrat, die 1968 für ein einziges Recital in New York angeblich 10 000 Dollar erhielt, bekam für keine ihrer Liceo-Aufführungen in den Jahren 1962 bis 1981 (die Pámias-Zeit) mehr als 40 000 Peseten [ca. 490 DM]. Einzige Ausnahme war der schon erwähnte Abend, als sie ihren Verdienst auf wundersamerweise Weise verdoppelte, weil sie Anja Siljas Honorar ausbezahlt bekam. Bei einigen anderen Aufführungen erklärte sich Montserrat mit dem tariflichen Tageslohn eines Arbeiters einverstanden: 600 Peseten [ca. 7.50 DM]. Wenn Geschichten über die legendäre Geldgier der Star-Sopranistinnen erzählt werden – ganz zu schweigen von deren Agenten, die sie promoten –, sollte man gerechterweise an den erstaunlichen Umgang der Caballé-Geschwister mit dem Liceo denken.

Caballé setzte ihre regelmäßigen, erfolgversprechenden Debüts als Hauptdarstellerin an den großen europäischen Opernhäusern fort und reiste als nächstes nach Neapel. Dort sang sie in einer *Troubadour*-Inszenierung am Teatro San Carlo, mit Ludovic Spiess als Manrico, Peter Glossop als Graf von Luna, Biserka Cvejic als Azucena, unter der Leitung des Dirigenten Giuseppe Patanè. Doch die Neapolitaner hatten es auf den Tenor abgesehen und bedachten sein »Ah si, ben mio« mit Johlen und Pfeifkonzerten. Spiess, bereits entnervt, weil alle seine Darbietungen mit eisigem Schweigen aufgenommen worden waren, war am Boden zerstört und gab Caballé verzweifelt zu verstehen, daß er, obwohl er mitten in der Szene war und die mögliche Katastrophe der Cabaletta – »Di quella pira« – noch vor sich hatte, drauf und dran war, die Bühne zu verlassen. Sie versuchte, ihn zu beruhigen, aber die Buhrufe gingen gnadenlos weiter. Da verlor die Sopranistin die Geduld, stürmte nach vorne an die Bühne, hob mit einer gebieterischen Geste die Arme und bat um Ruhe. Sofort wurde es still im 3 500 Personen zählenden Zuschauerraum, und zum erstenmal wurde ihr klar, wie Montserrat erzählt, welche Macht sie als Diva eigentlich hatte.

Sie blickte in das jetzt wie versteinert dasitzende Publikum und sagte: »Sie haben für Ihre Plätze bezahlt und haben natürlich auch das Recht, gegen unsere Aufführung zu protestieren, aber nicht bevor die Szene beendet ist. Sie werden ihn die Szene zu Ende singen lassen.« Sie gab Patanè ein Zeichen, die Vorstellung fortzusetzen, und der Dirigent leitete die feurige Introduktion zur zweiten Hälfte der Manrico-Arie ein. Spiess war völlig entsetzt und, mit dem Rücken zum Publikum, sagte er zu Montserrat: »Aber sie wollen mich nicht hören.« Caballé antwortete: »Kümmere Dich nicht um sie. Ich werde für den Rest der Szene auf der Bühne bleiben, dann kannst Du ›Di quella pira‹ für mich singen.« Er tat es und krönte die Strophe mit einem volltönenden hohen C, das er gerade noch so lang halten konnte, bis der Vorhang fiel. Nicht sehr elegant, kein Zweifel, aber die beste Möglichkeit, garantiert Applaus zu bekommen, besonders in Neapel, wo das Publikum tatsächlich in Beifall ausbrach. Spiess war Montserrat sehr dankbar, und sie hatte eine wertvolle Lektion in der geheimnisvollen und möglicherweise gefährlichen Kunst erteilt bekommen, wie es war, sich direkt mit einem unberechenbaren Publikum auseinandersetzen zu müssen. Das würde in den kommenden Jahren sehr nützlich für sie sein.

Nach einigen Konzerten mit gemischtem Programm und Recitals kehrte Montserrat nach Barcelona zurück, um mit ihrem kleinen Sohn zusammenzusein. Bernabé hatte zu dieser Zeit auch kein Engagement, so daß sie bis zu ihrer Mailand-Reise Anfang April die seltene und willkommene Gelegenheit hatten, ihr Familienleben zu genießen. Das Engagement an der Scala war eine vielangekündigte Inszenierung der *Maria Stuart*, die wie die *Lucrezia* im vergangenen Jahr extra für die Sopranistin ins Programm genommen worden war. Und wieder war Margherita Wallmann die Regisseurin, das Bühnenbild wurde von dem Scala-eigenen Bühnenzauberer Nicola Benois entworfen. Die Oper hatte 1835 ihre Premiere an der Scala gehabt, nachdem sie im Jahr zuvor in Neapel vom Spielplan genommen worden war, weil, so erzählt es die Legende, sich die beiden Primadonnen – Anna del Serre und Giuseppina Ronzi-de Begnis – in der Szene, in der Maria Stuart Elisabeth an ihre Illegitimität erinnert (»figlia impura di Bolena« usw.), heftig geschlagen hatten. Diese Inszenierung hatte nicht mit derartigen Streitereien zu kämpfen, obwohl man sich, betrachtet man das hinter den Kulissen aufgenommene Foto (siehe Bildteil), fast fragen könnte, ob sich ein solcher Eklat wiederholen würde. Eine der Aufführungen ist auf einer nicht autorisierten Platte erhalten, aber in so schlechter Klangqualität, daß man daraus kaum etwas über die Inszenierung erfahren kann. Dennoch scheint die große Konfrontations-Szene zwischen den beiden Königinnen – wahrscheinlich der Grund für diese ansonsten unspektakuläre Wiederaufnahme des Werks ins Repertoire – relativ verhalten gesungen worden zu sein, trotz aller Versuche Caballés, ihre Stimme kraftvoller klingen zu lassen und das Deklamieren zu intensivieren. Man muß sich nur die wenig später aufgenommene Londoner bzw. Pariser Version anhören, um das Prikkeln zu erleben, das in Mailand fehlte.* Trotzdem hatte die Callas-Koryphäe Stelios Galatopoulos eine hohe Meinung von Caballés Leistung in der Vorstellung:

> In Augenblicken königlicher Demütigung, Zärtlichkeit und Melancholie zeigt sie eine außergewöhnliche Empfindsam-

* Oder sich die Beigaben, die zum Vergleich auf den beiden Platten zu finden sind, anhören. Darauf vernichtet eine dem Wahnsinn nahe Leyla Gencer ihre Elisabeth so wirkungsvoll, daß das Publikum spontan Szenenapplaus spendet.

keit, die die Herzen der Zuhörer nie verfehlt. Aus diesem Grund glaube ich, daß die *Maria Stuart* Caballés beste Donizetti-Rolle ist ... In der Beichtszene [am Schluß der Oper] wurde die Caballé unvergleichlich. Ihre Stimme zeigte die ganze Zeit über ihre vollkommene Reinheit und wurde nicht einmal für einen kurzen Augenblick nur zu einer schönen isolierten Stimme, wie es manchmal zu beobachten ist. Hier erreichte Caballé mit ihren eigenen Mitteln etwas, was in der Regel nur ein Genie schafft.[8]

Um so trauriger, daß Montserrat bei der EMI vom Pech verfolgt war und diese Rolle – eine ihrer größten – nie auf Platte aufgenommen hat. Statt dessen zog es die Plattenfirma vor, eine schon fertiggestellte und für sie kostensparende *Maria Stuart* mit Beverly Sills auf den Markt zu bringen.

Nach dieser Rückeroberung der Scala nahm Caballé als nächstes eine weitere große europäische Opern-Bastion, die Wiener Staatsoper, in Angriff, um dort ihr eigentliches Debüt als anerkannte Primadonna zu geben (und nicht als junge Aspirantin, die sie in den späten 50er Jahren gewesen war). Doch vor der dortigen Premiere von *Der Troubadour* am 15. Mai unternahmen die Caballés einen Ausflug nach London, um in einer einmaligen konzertanten Aufführung der *Norma*, die von Denny Dayviss in der Royal Festival Hall präsentiert wurde, aufzutreten. Als ein Scherz unter Freunden ist die Besetzung der Oper mit zwei Ehepaaren zu verstehen. Montserrat als Norma und Bernabé als Pollione; Fiorenza Cossotto als Adalgisa und ihr Ehemann Ivo Vinco als Orovist. Das gutmütige Londoner Opern-Publikum fühlte sich durch diese unverhohlene Vetternwirtschaft nicht gestört, auch wenn der eine Teil der Besetzung sehr viel berühmter war als der andere (ganz im Gegensatz zum Pariser Publikum, das etwa 18 Monate später Anstoß daran nahm und sein Mißvergnügen unverblümt zum Ausdruck brachte). In London blieb Montserrats Triumph jedoch ungetrübt:

Montserrat Caballé ist zur Norma der 70er Jahre geworden. Die Reaktion des Publikums auf die Konzertversion der Bellini-Oper am 26. April in der Festival Hall könnte man nur mit Publikumsreaktionen bei ähnlichen Triumphen der Callas vergleichen. Caballé hat nicht die dramatische Präsenz der älteren Künstlerin ... Andererseits neigt ihre Stimme nicht zu den häßlichen Tönen und unkontrollierten Vibrati, die den Gesang der Callas störten ... Caballé hat dieselbe Klasse wie Callas, weil sie ihre Stimme genauso wie die Callas einsetzt – und was für ein ausgezeichnetes Instrument ist sie doch! ... Die Technik ist die Grundlage des *belcanto*-Gesangs, aber die großen Diven haben immer noch etwas mehr gegeben, und Caballé hat die Fähigkeit, durch ihren härteren Klang zu faszinieren und mit der schönen *pianissimo*-Note zu verschmelzen. Diese Eigenschaften machen sie zur führenden Norma-Interpretin der heutigen Zeit, zum großen Hörgenuß ... »È manca la diva?«* wurde erst kürzlich gefragt. Nicht so lange Caballé noch die Norma singt.[9]

Getragen von diesen euphorischen Kritiken, wäre es wahrscheinlich ein leichtes gewesen, das bekanntermaßen schwierige Publikum in Wien für sich zu gewinnen. Doch Caballé wurde krank, und obwohl sie hoffte, sich bis zur letzten Probe wieder erholt zu haben, fühlte sie sich am Vorabend der Generalprobe so schlecht, daß sie schließlich absagen mußte. Die Enttäuschung des Staatsoper-Publikums war so groß, daß die rasch engagierte Ersatzsängerin nach der ersten Arie des 1. Aktes zur Zielscheibe des rüpelhaften Benehmens der Zuschauer wurde. Die Opern-Leitung sah sich gezwungen, mit-

---

* Von »wie lange sie die Norma noch singen wollte« konnte keine Rede sein. Dies war erst die sechste öffentliche Vorstellung, die Caballé in dieser Rolle überhaupt gegeben hatte.

ten in der Szene den Vorhang fallenzulassen. Caballé hatte inzwischen einen Arzt konsultiert und zu ihrer Freude erfahren, daß sie schwanger war. Da sie nun den Grund für ihr Unwohlsein kannte, kehrte sie im folgenden Monat nach Wien zurück. Ihr wurde dort die Ehre zuteil, in einer Staats-Gala, einer einmaligen Aufführung des *Don Carlos*, zu singen.

In den Monaten Juli und August pendelte Caballé zwischen Barcelona und London hin und her. Zu Hause hatten Bernabé und sie vor kurzem die Verhandlungen über den Kauf eines verlassenen, verfallenen Bauernhofes abgeschlossen, der etwa 100 Kilometer nördlich von Barcelona in den Pinienwäldern der Pyrenäenausläufer, in der Nähe der Stadt Ripoll lag. Teile des Bauernhauses stammten aus dem 16. Jahrhundert, und in Sichtweite des Hauses gab es einen großen verlassenen Getreidespeicher, den das Ehepaar anderweitig nutzen wollte. Sie beauftragten einen Architekten, der ihnen aufgefallen war, als er die Renovierungen am Liceo leitete, Entwürfe für die Umwandlung und Erweiterung der Gebäude anzufertigen. Als die Arbeiten am Bauernhof etwa zwei Jahre später abgeschlossen waren, wurde er zum Zentrum von Montserrats Familienleben.

Der Ausflug nach London schloß eine weitere konzertante Aufführung ein, die von Denny Dayviss in Zusammenarbeit mit Carlos Caballé in der Festival Hall präsentiert wurde – *Maria Stuart*, wieder mit Shirley Verrett als Elisabeth und mit José Carreras, der sein Debüt in London feierte. Die Proben für diese Aufführung wechselten sich mit Aufnahmen von Puccinis *Manon Lescaut* ab, die Caballé zusammen mit Plácido Domingo für die EMI produzierte; darauf folgte eine Plattenaufnahme, die ausschließlich Werken von Verdi gewidmet war. Diese konzentrierte sich im Gegensatz zu den früher aufgenommenen »Verdi-Raritäten« auf das populäre, hauptsächlich in späteren Lebensjahren entstandene Repertoire des Komponisten. Montserrat hatte die Komplikationen ihrer letzten Schwangerschaft nicht vergessen, und sie wollte auf jeden Fall jegliche Anstrengung oder Überarbeitung vermeiden, um keine Komplikationen zu riskieren. Schließlich war sie Ende 30 und unbestreitbar übergewichtig. Deshalb wurden geplante Engagements für das restliche Jahr, wenn möglich, aufgeschoben. Doch zwei wollte sie unbedingt noch erfüllen. Die erste war die Aufnahme von *Der Bajazzo*, die wie geplant in der Londoner Walthamstow Town Hall für RCA mit Domingo (als Canio) und Sherrill Milnes erfolgte; und das zweite war eine große Ehre für sie, denn die New Yorker Met hatte sie wieder gefragt, die Spielzeit am 20. September zu eröffnen, diesmal mit *Don Carlos*. Doch ihre Ärzte in Barcelona, wohin sie nach ihren Aufnahmen in London zurückgekehrt war, lehnten ihre weitere berufliche Tätigkeit strikt ab, und die nunmehr im siebten Monat schwangere Caballé mußte ihre Auftritte absagen.*

Anfang November sah es ganz danach aus, als ob sich die Ereignisse der vorangegangenen Schwangerschaft wiederholen würden. Caballé wurde zur Beobachtung in eine Klinik in Barcelona eingewiesen. Mitte des Monats waren die Ärzte so beunruhigt, daß sie erneut einen Kaiserschnitt vorschlugen. Als eine längere Wehenphase kein Ergebnis brachte, griffen die Ärzte am 15. November chirurgisch ein und entbanden Montserrat von ihrem zweiten Kind, ihrer einzigen Tochter, die nach ihrer Mutter benannt wurde. Mit ihr gab es jetzt drei Montserrats in der Familie Caballé: die Diva, ihre Tochter und die zweite Tochter ihres Bruders Carlos, die 1965 geboren worden war und später die persönliche Sekretärin ihrer Tante wurde. Um Verwechslungen zu vermeiden, blieb die Sopranistin Montserrat, ihre Nichte wurde Montse genannt und ihre Tochter Montsita. Für die drei Carlos Caballés in der Familie, Vater, Sohn und Enkel, fand man jedoch bis heute kein solch feines System, um Namensverwechslungen auszuschließen.

---

* Für Caballé sang Martina Arroyo.

Doch der Familienzuwachs hatte auch eine traurige Seite. Montserrat, die sich immer drei Kinder gewünscht hatte, wurde von ihrem Frauenarzt und den Geburtshelfern eindringlich geraten, daß dies ihr letztes Kind sein sollte.

Bis Januar 1972 hatte Caballé keine Verpflichtungen zu erfüllen; ihr erstes Engagement, die Premiere von *Luise Miller*, war für die erste Januarwoche am Liceo festgesetzt. Sie verbrachte die gesamte Vorweihnachtszeit zu Hause mit ihren Kindern und versuchte, mit täglicher Gymnastik, ihre Bauchmuskulatur zu festigen, die durch die Schwangerschaft und den Kaiserschnitt geschwächt war. Früher als geplant kehrte sie schließlich auf die Bühne zurück. Das Liceo hatte Weihnachten große Probleme, weil Katia Ricciarelli – auch bei Carlos unter Vertrag – nur 48 Stunden vor ihrem geplanten Haus-Debüt in *Don Carlos* die Vorstellung abgesagt hatte. Caballé erfüllte Pámias' verzweifelte Bitte, die vier Aufführungen zu übernehmen, die sie erneut mit Shirley Verrett als Prinzessin Eboli zusammenführten. Das war ein unerwartetes Saison-Geschenk für die Stammbesucher des Liceo. Wenn irgend jemand der Anwesenden befürchtet hatte, die Gesangsleistungen Caballés seien durch den chirurgischen Eingriff beeinträchtigt worden, so war er schnell beruhigt: »Ihre Fans waren entzückt, daß die sichere Geburt ihres zweiten Kindes die Stimme der Sängerin in keiner Weise beeinträchtigt hatte.«[10] Tatsächlich waren diese ungeplanten Auftritte eine willkommene Abwechslung zu den Proben für die dann folgende *Luise Miller*, die am Liceo über ein Jahrhundert nicht mehr aufgeführt worden war. Zusammen mit Carreras als Rudolf stand sie, vollständig erholt von der Geburt, auf der Bühne.

Caballé setzte ihre Debüts an europäischen Opernhäusern fort und feierte 1972 an den meisten Bühnen, wo sie noch nicht aufgetreten war, Erfolge. Das erste Debüt in dieser Reihe fand am Teatro la Fenice in Venedig statt. Dort waren unter anderem Rossinis *Semiramide* und Verdis *Ernani*, *Rigo-*

letto und *La Traviata* uraufgeführt worden. Obwohl Caballé bei ihren Debüts am liebsten *La Traviata* sang, wählte sie für Venedig seltsamerweise *Roberto Devereux* aus, vielleicht aus dem Wunsch heraus, vor den geschichtsbewußten Venezianern ein eindeutiges Zeugnis ihrer *belcanto*-Fähigkeiten abzulegen. Sind das tatsächlich ihre Motive gewesen, so war sie gut damit beraten. Denn die Zeitungskritiken in Venedig waren die schmeichelhaftesten – und detailliertesten –, die sie jemals bekommen hatte.* Da die Italiener den Vorteil haben, ihr »eigenes« Repertoire gut zu kennen, konnten sie den Sinn von Caballés Gesang ignorieren und sich statt dessen ausschließlich auf den Klang konzentrieren. So schrieb der Kritiker von *Il Gazzettino* unter der Überschrift »Il miracolo della Caballé«:

> Caballé singt äußerst gefühlsbetont ... Aber es ist eine Emotionalität, die nichts mit Sentimentalität zu tun hat – sie ist eher schon in den Tönen, die sie erzeugt, angelegt. Das hört man heute nur noch bei den »verinnerlichten« oder bei den in Zwiesprache stehenden Tönen Sviatoslaw Richters.[11]

Danach reiste sie an das Teatro São Carlo in Lissabon – Schauplatz ihres ersten internationalen Gastspieles während ihrer Bremer Zeit –, um eine Reihe von *Norma*-Vorstellungen zu geben. Am 26. März trat sie zum erstenmal in einer vollständig aufgeführten Oper in Paris auf, zugegebenermaßen weder im Palais Garnier noch in einer richtigen Inszenierung. Statt dessen sang sie die *Maria Stuart* in einer konzertanten Aufführung in der Salle Pleyel, wieder zusammen mit Carre-

---

* Caballé waren Zeitungsberichte und Kritiken noch nie gleichgültig. Nach jeder Premiere biegt sich der Frühstückstisch, egal, wo sie gerade ist, unter dem Gewicht der Presseerzeugnisse.

ras, aber diesmal statt mit Shirley Verrett mit der temperamentvollen Michèle Vilma. Eine Aufnahme dieser Aufführung, unter der musikalischen Leitung von Nello Santi, existiert noch und zeigt das Einfühlungsvermögen und die dramatische Stärke, die im Jahr vorher an der Scala gefehlt hatten.

Die folgenden zwei Monate verbrachte Caballé größtenteils wieder in Amerika. Dort hatte die Met zum Trost für die verpaßte Spielzeit-Eröffnung weitere *Don Carlos*-Aufführungen ins Programm genommen. Unter der musikalischen Leitung von Francesco Molinari-Pradelli sang Franco Corelli die Titelrolle, Sherrill Milnes den Marquis von Posa, Grace Bumbry die Prinzessin Eboli und Cesare Siepi König Philipp II. von Spanien. Die Matinee am 22. April 1972 – eine von Texaco gesponserte Live-Übertragung – wurde im letzten Akt sehr nervenaufreibend. Wie gewohnt befand sich Corelli, von Lampenfieber geplagt, im fortgeschrittenen Stadium der Hysterie. Montserrat stand schon am Bühnenaufgang, um für die wichtigste Sopran-Arie der Oper, »Tu che la vanità«, auf die Bühne zu gehen, als Corelli plötzlich blindlings hinter der Bühne hervorkam, knapp an der Sopranistin vorbeischoß und ihr dabei heftig den Ellbogen in den Magen rammte. Sie taumelte nach hinten und wurde von Cesare Siepi aufgefangen, der sich dabei einen Finger brach. Sie schnappte nach Luft und hatte beträchtliche Schmerzen, so daß sie dachte, sie könne nicht weitermachen. Aber es war zu spät. Die Einleitung des Orchesters war schon zu hören. Etwas wackelig auf den Beinen, schleppte sie sich auf die Bühne und war sich erst jetzt bewußt, daß sie das Meisterstück der Oper abliefern mußte, obwohl ihr übel war und sie sich desorientiert fühlte. Eine qualitativ hervorragende, jedoch nicht autorisierte Aufnahme dieser Aufführung zeigt, daß Caballé ohne den kleinsten Zwischenfall durch die Arie kam. Sie selbst schreibt ihre wiedererlangten Kräfte der Wut zu, die plötzlich in ihr hochkam, als sie an das unerklärliche Benehmen des Tenors dachte, für das er sich nicht einmal entschuldigt hatte. Dieser

Adrenalinstoß verleitete sie vermutlich dazu, ihren alten Verona-Trick zu wiederholen und das hohe H am Ende der Arie während der abschließenden Takte des Orchesters zu halten. Die Wirkung auf das Publikum kann man sich vorstellen. Die Zuhörer der Live-Übertragung waren genauso angetan, wenn man die Reaktion Renata Tebaldis als Maßstab nehmen kann. Die italienische Sopranistin rief sofort in der Zentrale der Met an und ließ sich in Montserrats Garderobe durchstellen, und nach vielen Komplimenten hatte sie eine Frage auf dem Herzen: »Wie schaffst Du es nur, diese Note zu singen? Das nächste Mal, wenn wir uns sehen, mußt Du mir zeigen, wie Du das machst!«

Zwischen den *Don Carlos*-Aufführungen pendelte Montserrat nach Philadelphia, wo sie in einer *Norma*-Inszenierung auftrat, die ursprünglich von Joan Sutherland und Caballés Mann bestritten werden sollte. Nun sang sie zusammen mit Pedro Lavirgen, unter der Leitung von Richard Bonynge. Irving Kolodin, der Doyen unter den amerikanischen Opernkritikern, schrieb in der *Saturday Review* über diese erste Caballé-Norma in Amerika:

> Man konnte vernünftigerweise erwarten, daß die komplexe Melodieführung Bellinis für eine Sängerin mit ihrer stimmlichen Gewandtheit wie geschaffen sein würde. Unerwartet kam ihre ernsthafte Bemühung, dem Charakter eine ungewöhnliche Richtung zu geben. Sie nimmt den Platz unter den größten Normas aller Zeiten nicht nur wegen ihres unwirklich schönen Gesangs ein, sondern weil sie eher der Mutter als der Priesterin in Normas Natur zuneigt.

Diese letzte Bemerkung hat vielleicht damit zu tun, daß Caballé im Gegensatz zu vielen anderen berühmten Vorgängerinnen in dieser Rolle, selbst Kinder, »miei figli«, hat, um die sie sich im wirklichen Leben kümmern muß.

In diese Mixtur aus *Don Carlos* und *Norma* schaffte es

Caballé am 11. April noch, ihren jährlichen Auftritt in der Carnegie Hall einzuschieben, der schon seit langem als einer der Höhepunkte in New Yorks musikalischem Veranstaltungskalender galt. Bis zum Ende der Spielzeit 1971/72 blieb sie am Metropolitan Opera House. Denn der 22. April 1972 war nicht nur das Ende der Saison, sondern auch das Ende einer Ära. Sir Rudolf Bing, der die Geschicke der Met sowie Sänger, Dirigenten und Regisseure fast autokratisch gelenkt hatte und vor kurzem geadelt worden war, ging in den Ruhestand. Aus diesem Grund wurde an der Oper eine ganz besondere Gala gegeben. Der schlanke, patrizische Intendant, ein gebürtiger Wiener mit englischer Staatsbürgerschaft, hatte von den meisten Personen, die ihn umgaben, besonders von den Sängern, keine sehr hohe Meinung, und gelegentlich gab er seine Gefühle zu diesem Thema zum besten. Während einer solchen Schmährede äußerte er einmal, Star-Sänger – vielleicht dachte er dabei besonders an einen gewissen italienischen Tenor – seien auch nicht besser als Kellner und Pferdediebe, die nur durch eine Mißbildung der Kehle Anspruch auf unsere Aufmerksamkeit hätten. Von Montserrat schien er allerdings sehr viel zu halten. Bernabé erinnert sich daran, wie er während einer Probe zu *Ein Maskenball* neben Rudolf Bing saß und dieser mit Tränen in den Augen zu ihm sagte: »Das ist der ungewöhnlichste Klang, den ich jemals bei einer Sängerin gehört habe. Es ist ein Wunder. Niemals vorher hat jemand so gesungen, und nie wieder wird es jemanden geben, die so singt. Schätzen Sie sich glücklich, das hören zu können.« Doch Bernabé weiß, daß er damals dachte: »Aber sie singt immer so.« Erst im Laufe der Jahre wußte er Bings Urteil richtig zu schätzen.

Wenn man die Namen der Künstler liest, die bei Bings Abschied anwesend waren, so fragt man sich, wie es die Opernhäuser in Mailand, Paris, London und Wien geschafft haben, in dieser Zeit weiter zu existieren. In einer nicht enden wollenden Reihe berühmter Sänger war Monserrat eine der jüngsten Stars. Ganz bewußt lehnte sie das Angebot einer Solo-Arie ab und begnügte sich statt dessen damit, zusammen mit Plácido Domingo das Duett aus dem 2. Akt von *Manon Lescaut* zu singen. Viele der Anwesenden hatten das Gefühl, bei der Entstehung eines seltenen Phänomens dabeisein zu dürfen – einer Partnerschaft zwischen einem großen Tenor und einer großen Sopranistin, so wie sich in den 50ern Callas und di Stefano und in den 60ern Tebaldi und Corelli zusammengetan hatten. Die beiden Spanier hatten schon drei Opern gemeinsam auf Platte aufgenommen und wollten im kommenden Sommer noch zwei weitere aufnehmen. (Im Sommer 1973 sollten sie noch einmal zwei Opern aufnehmen.) Sie hatten von 1965 an bei zahlreichen Gelegenheiten zusammen auf der Bühne gestanden. Und Carlos Caballé kümmerte sich für Domingo mittlerweile um alle Verträge in Spanien und verschiedene andere Engagements in Europa. Montserrat sagte in einem Interview: »Ich habe vieles mit Luciano gesungen, und mit José noch viel mehr. Aber mit Plácido habe ich alles gesungen.«

Sie blieb noch in Nordamerika und gab eine Reihe von Recitals. Eines der bedeutendsten fand im Mai in Vancouver statt, wo Irving Guttman, der Künstlerische Direktor der Vancouver Opera Association (VOA), sie dazu überredet hatte, sich in die Dienste dieser Organisation zu stellen. Der Kritiker der Lokalzeitung, offensichtlich selbst ein Star, berichtete, daß sie

> einem beschämend kleinen Publikum im Queen Elizabeth Theatre ... eine solch unübertreffliche Lektion erteilte, daß es in den Ohren klingelte, am Rücken kribbelte, die Socken schmorten und eine Stimme in vollendeter Perfektion zu hören war ... Wer nicht da war, verpaßte die Gesangs-Erfahrung seines Lebens – war es wirklich, Ehrenwort. Caballé ist auf dem absoluten Höhepunkt ihrer stimmlichen Kräfte, und sie war offensichtlich absolut gut in

Form ... Fünf – können Sie sich das vorstellen? – fünf stehende Ovationen. Mindestens ... Wenn das Licht im Saal nicht angegangen wäre, hätte man das Theater nur leerbekommen, wenn die Feuerwehr mit Schläuchen angerückt wäre und alle rausgespült hätte.[12]

Dies mag als Beweis dafür dienen, welche Begeisterung dieses Ereignis hervorgerufen haben muß. (Nur 1 000 Menschen waren in den 2 800 Plätze fassenden Konzertsaal gekommen. Aber mehr Opernliebhaber – so der Kritiker – gab es in Vancouver nicht.)

Der Dircktflug von Kanada nach London, wo Proben für Caballés nächstes Engagement auf dem Programm standen, war alles andere als ereignislos. Während des Flugs erlitt einer der Passagiere eine Herzattacke, und die besorgte Flugzeug-Besatzung war nicht dazu in der Lage, medizinische Hilfe zu leisten. Da kein Arzt an Bord war, ging Montserrat zu dem Kranken und holte aus ihrer Handtasche ein Medikament gegen akute Angina-pectoris-Beschwerden. Sie schob dem Mann, der schon blau angelaufene Lippen hatte, eine Tablette unter die Zunge. Das gefäßerweiternde Mittel führte zu einer allmählichen Besserung seines Zustandes, worauf sie ihm herzstärkende Tropfen verabreichte, die sie ebenfalls ständig griffbereit in ihrer Tasche mit sich führt. Diese Geschehnisse verleiteten einen Journalisten dazu, in der Zeitschrift *Gramophone* zu behaupten, Caballé habe eine Ausbildung als Krankenschwester absolviert. Tatsächlich stammten ihre medizinischen Kenntnisse und die Medikamente aus ihrer jahrelangen Verbindung zu Dr. Alfredo und den Erfahrungen mit der allgegenwärtigen Herzkrankheit ihres Vaters. Ein Krankenwagen erwartete das Flugzeug am Londoner Flughafen Heathrow und brachte den Passagier ins Krankenhaus. Er überlebte, und er betrachtet Montserrat Caballé bis heute als seine Lebensretterin.

Die Londoner Kritiken zu Caballés lang erwartetem Debüt an der Royal Opera (im Juni 1972 als Violetta) waren nicht besonders positiv. Viel Wirbel wurde darum gemacht, daß sie ihre eigenen Kostüme mitgebracht hatte. Darauf waren alle durch die seltsame Entscheidung des Opernhauses aufmerksam gemacht worden, über diese Angelegenheit auf der Titelseite ihres Programmheftes zu berichten. Ihr Kleider-Trick wäre wohl in keiner anderen Inszenierung aufgefallen, aber in London wurde die Visconti-Produktion gezeigt, die Ende des 19. Jahrhunderts angesiedelt war. Das Bühnenbild bestand aus riesigen schwarzweißen *Art-nouveau*-Aufbauten, und die Kostümpalette war auf einige wenige Modelle reduziert. Besonders unglücklich fand man deshalb Caballés Kleid in der ersten Szene des zweiten Aktes – ein kunstvolles Gewoge in zartem Blau mit passendem Haarnetz, das vom einzigen schwarz-weißen Garten, den man jemals gesehen hatte und ein Werk Aubrey Beardsleys war, abstach. Aber was von den Kritikern als eine Laune Caballés abgeurteilt wurde, war in Wirklichkeit eine körperliche Notwendigkeit: Zwei der ursprünglich geplanten Kleider hatte die Kostümbildnerin Vera Marzot als ärmellose Gewänder entworfen, die mit langen Abendhandschuhen zu tragen waren. Und Montserrat wußte zu genau, welchen Umfang ihre Arme hatten, um die Handschuhe mit der gebührenden Haltung tragen zu können.

Viel Platz räumten die Kritiker dem Ende des 1. Aktes mit der schwungvollen Schlußszene von »Sempre libera« ein, weil die Diva eine Champagnerschale über ihren Kopf hob und begann, den Inhalt in ihren Kleiderausschnitt zu schütten. Diese zugegeben nicht sehr spontane und unhygienische Geste der Lebenslust war ein Versuch Caballés, beim Fallen des Vorhangs ein Extra zu bieten, und basierte auf einer Idee des Regisseurs. Sie erinnert sich: »Ich hatte kein hohes Es« – nicht das Verdi eines schrieb, aber sein Einsatz ist mittlerweile zum Standard geworden –, »so dachte ich, ich müßte *irgend etwas* tun.« Weitere Kritik gab es, weil die Violetta zu

Beginn des 3. Aktes aus Germonts Brief vorlas, aber kein Schriftstück zu sehen war. Doch das war, wie Sarah Bernhardts berühmte Geste in der *Kameliendame*, eine Frage der künstlerischen Freiheit. Neben all dieser Kritik fällt auf, daß der Gesang weitgehend unerwähnt blieb, vielleicht weil er als selbstverständlich vorausgesetzt wurde.

Alle anwesenden Opernkenner waren mit der fünf Jahre alten Aufnahme der Oper vertraut. Wahrscheinlich hatten sie unterschwellig das Gefühl, daß auf der Bühne nicht das hohe Niveau erreicht wurde, das Caballé auf der Schallplatte selbst gesetzt hatte. Gewiß, sie sang von den Arien »Ah fors'è lui« und von »Addio del passato« jeweils nur eine Strophe (beides Standardkürzungen an der Oper); auf der RCA-Aufnahme hatte sie die Arien selbstverständlich vollständig gesungen. Vielleicht lag es aber auch daran, daß sie sich in den Jahren seit dieser Aufnahme immer mehr dem dramatischen *lirico-spinto*-Repertoire zugewandt hatte und der Rolle stimmlich entwachsen war. Andererseits zeigt eine recht gute Raubkopie einer der Aufführungen, daß die Sopranistin bei guter Stimme war und der Rolle vollkommen gerecht wurde. Vielleicht war die Erinnerung an Mirella Freni, der die Kostüme ursprünglich auf den Leib geschneidert worden waren, zu frisch, um ein gerechtes Urteil fällen zu können. Wie auch immer, Montserrat sang die Oper nach diesen Vorstellungen in Covent Garden auf den großen Opernbühnen seltener, obwohl *La Traviata* immer noch eine ihrer fünf Lieblingsopern war. Zwei Jahre später nahm sie das Werk sogar ganz aus ihrem Repertoire heraus und wandte sich zunehmend schwereren Verdi-Rollen zu.

Das alles wäre aber nicht weiter tragisch gewesen, wenn nicht ihre gesamte Karriere am Covent Garden nach diesem unschönen Muster verlaufen wäre. Caballé hatte zum falschen Zeitpunkt zu wenig geboten. Kein einziges Mal sang sie im Royal Opera House irgend etwas von Donizetti, obwohl zu ihrer Zeit am Opernhaus *Maria Stuart*, *Lucrezia Borgia* und

Anna Bolena gegeben wurden.* Zu der Zeit, als Caballé ihre ersten internationalen Triumphe feierte, war an der Londoner Oper eine Frau für die Rollenbesetzungen verantwortlich – Joan Ingpen –, die an einer Probe für *Lucrezia Borgia* teilnehmen konnte, wie im Oktober 1968 geschehen, um dann öffentlich zu bemerken, die Sopranistin habe zwar eine wunderschöne Stimme, sei aber nicht im entferntesten für den *belcanto* geeignet. Und einer ihrer langjährigen Nachfolger an der Londoner Oper war der Meinung, sie sei auch für kein anderes Repertoire geeignet – eine Kunst-Politik, die sie in den 70er Jahren in Hamburg und in den 80er Jahren am Royal Opera House vor verschlossenen Türen stehen ließ. Während ihrer 25jährigen internationalen Karriere wurde ihr in Covent Garden nicht eine Neuinszenierung gewährt, bis zu ihrer Nebenrolle in Rossinis *Il viaggio a Reims* im Jahre 1992, ganze 20 Jahre nach ihrem Debüt. (Domingo bestritt im gleichen Zeitraum zehn.) Wahrscheinlich spürte Montserrat die unausgesprochene Reserviertheit, mit der sie vom leitenden Management des Opernhauses behandelt wurde. Nach ihrem verspäteten Londoner Debüt im Sommer 1972 trat sie erst drei Jahre später in einer Bühnenrolle auf. Und die Norma sang sie dort erst acht Jahre nach ihrem ersten Auftritt in dieser Rolle.

Bevor Bernard Haitink Musikdirektor an der Londoner Oper wurde, beschrieb er Caballé in einem Interview als »eine ganz besondere Pflanze. Man muß ihr geben, was sie braucht, aber das, was sie daraus macht, ist phantastisch.« Doch die Londoner Oper traf nie ihre künstlerischen Interessen, und schließlich reagierte sie – wahrscheinlich fast intuitiv – so darauf, daß sie die Interessen des Opernhauses

---

* Diese Werke sang Joan Sutherland in neuen oder entliehenen Inszenierungen, die extra für sie auf den Spielplan gesetzt worden waren, und sie wurden nie wiederholt.

auch nie erfüllte. Denny Dayviss hat die Situation ganz treffend zusammengefaßt:

> Covent Garden hat nie viel Aufhebens um Montserrat gemacht: Es war nur eine Fließband-Oper, und sie war nur eine Sängerin von vielen, der gelegentlich ein Auftritt gestattet wurde. Deshalb glaubten hier so viele Leute, sie sei in konzertanten Aufführungen irgendwie besser. Eigentlich stimmt das nicht, denn ich habe sie in der Oper verblüffende Vorstellungen geben sehen, besonders in Barcelona und New York.

Caballé kam in den Londoner konzertanten Aufführungen deshalb besser zur Geltung, weil Denny Dayviss dafür sorgte, daß jeder Auftritt etwas Besonderes war und sich die Diva ebenfalls als etwas Besonderes fühlen konnte. Nicht so einfühlsame Zeitgenossen werden sagen, daß das nichts anderes sei, als sich der Eitelkeit eines Sängers anzudienen; aber die Ergebnisse sprechen für sich, und wenn Künstler dies, wie bei Montserrat der Fall, zu Höchstleistungen anspornt, dann verdankte das Londoner Publikum Denny Dayviss mehr als dem Royal Opera House. Auf ihre Initiative hin konnten die Leute eine der besten Sopransängerinnen unseres Jahrhunderts in absoluter Bestform hören.

Zwischen ihrer vierten und fünften *Traviata*-Vorstellung an der Londoner Oper sang Caballé am 10. Juli in der Royal Festival Hall die Titelrolle in Donizettis *Caterina Cornaro*. Über eine Sängerin, die von der Kritik in der Verdi-Rolle gleichgültig aufgenommen worden war, schrieb Harold Rosenthal nun nach der Donizetti-Partie: »Sie war in phantastischer Stimm-Form, und ihre Interpretation der schönen, langsamen Arien, die Donizetti seiner Heldin im Prolog und in den beiden Akten in den Mund legt, hat ihre künstlerischen Fähigkeiten und ihre Technik perfekt zur Geltung gebracht. Selten hört man so wundervollen Gesang wie in dem Gebet des letzten Aktes, ›Pietà, Signor‹.«[13] Einer der Autoren dieses Buches hat diese Aufführung besucht und erinnert sich lebhaft an die eindrucksvolle *preghiera*, während der Zeit und Raum stillzustehen schienen. Waren die Reaktionen auf den Auftritt an der Royal Opera, zumindest auf Seiten der Kritiker, noch relativ gedämpft gewesen, so waren sie nach Caballés Auftritt in der Royal Festival Hall begeistert. Und trotz diverser Kritteleien wurde das Londoner Publikum während Caballés erstem längeren Aufenthalt in London noch mehr von ihr eingenommen.

Nahezu zwei Monate blieb sie in London. Während ihres Aufenthaltes nahm sie für die EMI die Rolle der Mathilde in der ersten französischen Gesamtaufnahme von Rossinis *Wilhelm Tell* [*Guillaume Tell*] auf; außerdem die Liù in *Turandot* für Decca und die Titelrollen in Verdis *Die Jungfrau von Orléans* [*Giovanna d'Arco*] – wieder für die EMI – und Bellinis *Norma* für die RCA. Und zwischen den beiden letzten Aufnahmen flog sie für fünf Tage nach Barcelona, um dort die Zarzuela *El pájaro azul* aufzunehmen, die bis in unsere Tage außerhalb Spaniens nicht erschienen ist. Dieses beispiellose Arbeitspensum hat ihr eine harte Bemerkung von Andrew Porter eingebracht, der sich über die »Fließband-Oper«[14] beschwerte, obwohl mehrere Kritiker darauf hingewiesen haben, daß wir heute über eine solche Fließband-Produktion sehr glücklich sein könnten. Drei der vier Aufnahmen wurden innerhalb kürzester Zeit zu Klassikern; leider schienen sich gerade bei der *Norma* die Befürchtungen Porters zu bewahrheiten. RCA spürte offenbar auch, daß die Aufnahme noch einmal überarbeitet werden müsse, denn die Platte wurde erst nach drei Jahren und mehreren »Flick«-Sitzungen veröffentlicht. Aber Caballé mußte nie an ihnen teilnehmen, denn ihre Rolle war in elf Tagen vollständig aufgenommen worden. Zwar kann man nicht sagen, daß die Aufnahme mißlungen wäre, aber sie weist nicht die perfekte Brillanz der Stimme und die dramatische Wirkung auf, zu denen Caballé auf der

Bühne fähig war.* Das wurde auch am Pariser Opernhaus deutlich, an dem Montserrat im Oktober 1972 schließlich ihre Debüts an den großen europäischen Opernhäusern vervollständigte, ging aber durch den riesigen Skandal, der das Ereignis begleitete, weitgehend unter. Wie in London zwei Jahre zuvor waren die vier Hauptrollen mit zwei Ehepaaren besetzt: Caballé und Martí, Cossotto und Vinco. Aber das Pariser Publikum war genausowenig von dieser Konstellation begeistert, wie es bereit war, Richard Bonynge als Dirigenten zu akzeptieren, nur um Joan Sutherland, seine Frau, singen hören zu können. Montserrat war sehr nervös, denn ihre erste für Paris geplante *Norma* war an dem Streik des Chores gescheitert, und ihr Debüt-Recital im Palais Garnier am 8. Mai 1972 endete damit, daß sie beim letzten Stück ohnmächtig wurde. Aber die Ereignisse vor diesen neuen Pariser *Normas* – die erste Wiederaufnahme des Werks, seit Franco Zeffirelli die Oper vor acht Jahren für Maria Callas inszeniert hatte – waren noch weit schrecklicher. Die umfangreiche Spielzeit mit zehn Aufführungen war schon vor einiger Zeit ausgehandelt worden. Sie fiel mit Bernard Leforts letzter Spielzeit als Intendant der Pariser Oper zusammen und der mit Spannung erwarteten Übernahme durch Rolf Liebermann, der aus Hamburg nach Paris kommen sollte. Noch während ihrer Londoner Verpflichtungen im Sommer 1972 erschien im Hotel Westbury der bekannte Künstleragent Sandor Gorlinsky – ein enger Freund Liebermanns – bei Montserrat und forderte sie und ihren Bruder Carlos auf, die bevorstehende Spielzeit in Paris

---

* Am besten schaut man sich Caballé in dieser Rolle in dem Film an, der von ihrer einzigen Aufführung in Orange (Juli 1974) existiert. Hier gibt es eine seltsame Parallele zu Maria Callas: Keine ihrer Studioaufnahmen von 1954–1960 ist mit den Leistungen vergleichbar, zu denen sie in dieser Rolle fähig war, die aber auf den nicht autorisierten Aufnahmen aus den Jahren 1952 (London) und 1955 (Mailand) zu hören sind.

abzusagen. Als Gegenleistung könne sie unter dem zukünftigen Intendanten in zwei neuen Inszenierungen singen, zum einen in der Oper *I vespri siciliani* und in einem Werk ihrer eigenen Wahl. Natürlich müsse sie sich krank melden, um die zehn *Normas* absagen zu können. Aber sie brauche sich keine Sorgen wegen der beträchtlichen Gagenverluste zu machen, denn ihr würden – zu einem sicherheitshalber weit in der Zukunft liegenden Termin – zehn Ersatzvorstellungen in Hamburg mit angemessen erhöhter Gage in Aussicht gestellt. Solche schmutzigen Geschäfte haben Caballé noch nie interessiert. Sie lehnte rundweg ab und erzählte ihrem alten Freund Lefort davon, der unbesorgt sein könnte, daß seine Star-Sopranistin wie geplant auftreten würde. Es ist eine allseits bekannte Tatsache, daß Caballé nach dieser Episode, während der gesamten acht Jahre dauernden Intendanz Rolf Liebermanns nicht an der Pariser Oper sang. Der Mann, der sie anscheinend einmal unbedingt engagieren wollte, lud sie nicht mehr ein.

Aber Montserrats Treue wurde am Ende doch nicht belohnt. Bernabé litt bei der Generalprobe – einer eigenständigen Gala-Vorpremiere mit großem Staraufgebot –, nur zwei Tage vor der Premiere am 28. September 1972, unter starken Schmerzen in der Brust. Die Ursache konnte nicht gefunden werden, und der hauseigene Arzt verschrieb Medikamente, die die Sache nur noch verschlimmerten. Deshalb wurde dem Tenor geraten, nicht zu singen, und die Martís benachrichtigten die Opernleitung davon. Aber Montserrat erinnert sich, daß man ihr mitteilte, die Oper sei wegen Etatkürzungen, die das Kulturministerium in Leforts letzter Spielzeit vorgenommen hatte, gezwungen gewesen, die Praxis der Zweitbesetzung für die Hauptrollen aufzugeben. Man flehte Bernabé an, die Premiere wie vorgesehen zu singen, damit das Theater wenigstens etwas Zeit hätte, einen Ersatzsänger zu finden. Doch Bernabé fühlte sich auch am 28. September nicht besser und schaffte es gerade, durch das Duett mit Adalgisa zu kommen. In der Pause gab man ihm Schmerzmittel und vereinbarte mit seiner Frau, daß man abwarten wolle, wie der restliche 1. Akt, einschließlich des gefürchteten Terzetts am Schluß, verlaufen würde. Montserrat denkt noch heute mit Schrecken daran, wie elend es Bernabé auf der Bühne ging, daß er in Schweiß gebadet war und auf Sparflamme sang. Eine weitere kleine Pause folgte, in der die Martís voller Panik beratschlagten, was zu tun sei. Es wurde beschlossen, daß Montserrat auf die Bühne gehen solle, um die nächste Szene zu singen (der 2. Akt beginnt mit der Arie »Dormono entrambi«, in der Pollione nicht erforderlich ist). Vielleicht wäre Bernabé in der Zwischenzeit wiederhergestellt. Aber in der kurzen Pause vor der Schlußszene war eigentlich schon klar, daß der Tenor nicht mehr singen konnte, weil er inzwischen kleine Mengen Blut spuckte. Sowohl der Arzt als auch Montserrat verboten ihm weiterzusingen, und sie begleitete einen nervösen Bernard Lefort auf die Bühne, um dem Publikum die erforderliche Ankündigung zu machen. Nachdem der Intendant einem rumorenden Publikum mitgeteilt hatte, die Vorstellung sei beendet, fügte Montserrat Caballé noch hinzu: »Mir geht es gut, aber einer unserer Kollegen ist krank, und allein kann man ein Duett schlecht singen!« (dazu hatte Lefort die Sopranistin seltsamerweise überreden wollen).

Die französische Presse hatte verständlicherweise ihren großen Tag und entwarf wüste Szenarien, die die Pariser Oper seit dem Ausfall der Callas vor etwa zehn Jahren im gleichen Opernhaus nicht mehr erlebt hatte. Montserrat, so wurde berichtet, habe sich geweigert, ihre Gage anzunehmen, und statt dessen angeboten, sie für die Erstattung der Eintrittspreise zu verwenden. Aber in einem Interview dementierte Caballé dieses Gerücht. Vielmehr habe sie angeboten, während der laufenden Spielzeit eine zusätzliche Vorstellung zu geben – doch daraus wurde letzten Endes nichts. Bernabé mußte für die verbleibenden Aufführungen durch einen anderen Sänger ersetzt werden, da nach gründlicher Untersuchung ein Zwerchfellbruch bei ihm diagnostiziert worden war. Und Montserrat, die damals davon überzeugt gewesen sein muß, auf ihren *Norma*-Aufführungen in Paris liege ein Fluch, wurde nach der vierten Vorstellung krank und sagte die verbleibenden sechs ab. Sie kehrte zu ihrem Mann nach Barcelona zurück, wo in der Presse einige heftige Anschuldigungen gegen die Niedertracht der Pariser Oper erschienen. Caballé setzte erst 1981 wieder einen Fuß auf diese Bühne. Bernabé hatte in der Zwischenzeit seine Gesangskarriere beendet, und Bernard Lefort war wieder Künstlerischer Direktor.

So wie ihr die Studiotermine kaum Zeit zum Atmen ließen, so bot auch ihr Aufführungskalender keine Gelegenheit zum Nachdenken. Im November gab Caballé vier Vorstellungen am Liceo, in einer Rolle, die sie niemals zuvor gesungen hatte und die niemand von einer Sopranistin, die auf dem Höhepunkt ihrer Karriere war, erwartet hätte: *Adriana Lecouvreur*.* In einem Interview auf diesen Sachverhalt angesprochen, antwortete Montserrat mit gewinnender Direktheit: Es sei eine so schöne Rolle in einer künstlerisch wertvollen Oper, warum solle sie zehn oder zwanzig Jahre damit warten, sie zu singen? Sie wollte in *Adriana Lecouvreur* auftreten, solange sie auf dem Höhepunkt ihrer Kräfte und noch fähig war, die Möglichkeiten dieser Rolle voll auszuschöpfen; und nicht warten, bis die Adriana nur noch ein Vehikel für ihre Stimme wäre, mit dem sie gerade noch so über die Runden käme. Die Premiere am 7. November war ein weiterer Triumph in ihrer ununterbrochenen Erfolgsserie am Liceo. Diesen Triumph

---

* Die Stimmlage dieser Rolle ist, mild ausgedrückt, sehr entgegenkommend, und wird deshalb am liebsten von Sopranistinnen gesungen, deren Stimmlage nicht mehr ohne weiteres über das Liniensystem hinauskommt. Da die Adriana eine temperamentvolle Rolle ist, zieht die Partie automatisch ehemalige Toscas an, die den furchteinflößenderen Anforderungen eines Puccini nicht mehr gewachsen sind.

teilte sie erneut mit José Carreras, der die Idealbesetzung für Adrianas schneidigen Liebhaber Moritz zu sein schien. In der dritten Vorstellung, während des Liebesduetts im 1. Akt, schmiegte sich Montserrat ein bißchen zu leidenschaftlich an Carreras Brust, so daß ihre silberne Perücke in den Tressen seiner Soldaten-Tunika hängenblieb. Trotz ihrer hektischen Versuche, voneinander loszukommen, saß die Perücke fest. Es muß ein seltsames Spektakel für das Publikum gewesen sein, als das Liebespaar, Kopf an Brust, vorübergehend die Bühne verließ.

Derlei Mißgeschicke gingen aber in dem Chaos unter, das Montserrats nächsten Bühnenauftritt begleitete. Ursprünglich hatte die Scala sie gebeten, die Saison 1973/74 zu eröffnen, aber Caballé hatte einen Gegenvorschlag gemacht: Sie wolle lieber ein Jahr früher in einer Neuinszenierung der *Norma* auftreten. Zu einer Zeit, da ausschließlich Verdi-Werke die geheiligte Mailänder Spielzeit eröffneten, war es für Montserrat deshalb nicht möglich, in der traditionell am 7. Dezember stattfindenden Premiere zu singen. Die Oper erklärte sich einverstanden, und demzufolge hatte die erste Neuinszenierung der Saison 1972/73 am 22. Dezember Premiere. Die Besetzung war die gleiche wie in Paris, mit Ausnahme Gianni Raimondis als Pollione. Der Dirigent war Gianandrea Gavazzeni, und die Inszenierung lag in Händen des italienischen Filmregisseurs Mauro Bolognini, der die Bühnenkulisse bei einem bekannten Avantgarde-Künstler, Mario Ceroli, in Auftrag gegeben hatte. Doch die Probleme begannen schon bei der ersten Bühnenprobe, als Caballé verspätet die wahre Natur der Inszenierung erkannte. Die ganze Oper spielte sich vor einem riesigen, skelettartigen Zauberwürfel ab, mit großen, über die Bühne verteilten Holzkisten. Caballé war zutiefst unglücklich, besonders wegen der Anordnung des Chors, der sie dazu zwang, sich wie auf einem Marktplatz durch die Menschenmenge zu kämpfen. Nach einer dreistündigen Probe wollte sie mit dem Regisseur sprechen. Strahlend kam er zu ihr. »Sagen Sie mal, meinen Sie, daß das, was wir da gerade geprobt haben, künstlerisch akzeptabel ist?« fragte sie. Der Regisseur antwortete: »Fast perfekt.« »Aha«, entgegnete Montserrat, mit dem Kopf nickend, »vielen Dank.« Dann ging sie in ihre Garderobe, raffte die wenigen persönlichen Gegenstände, die sie dort hatte, zusammen, verließ das Theater und rief gleich nach ihrer Ankunft im Hotel die alarmierte Scala-Leitung an, um sie von ihrem Ausstieg aus der Inszenierung zu benachrichtigen.

Sofort berief man eine Krisensitzung ein, in der Caballé, die sich auf Bitten des Mailänder Intendanten hin noch in der Stadt aufhielt, aufgefordert wurde, ihre Einwände gegen die Inszenierung darzulegen. Sie tat es, und man machte Konzessionen, aber beim Bühnenaufbau gab es kein Zurück mehr. Der größte Teil einer Tonne russischen Holzes war schon verarbeitet und lag hinter der Bühne. Schließlich wurde die Inszenierung wieder aufgenommen und die meisten Kisten, wie geplant, aufgestellt. Als Sängerin trug Caballé allerdings einen überwältigenden Triumph davon, und das in einer Oper, die seit den siegreichen Tagen der Callas in den 50er Jahren nicht mehr im Repertoire der Scala aufgetaucht war. Kaum waren die zwei letzten sanften Akkorde am Ende von »Casta diva« verklungen, als das Publikum – das in dieser Oper der Opern eigentlich praktisch nicht zufriedenzustellen ist – in Jubel- und Bravorufe ausbrach. Nach einigen Minuten des Jubels, machte Gavazzeni zwei entschlossene Versuche, die Szene fortzusetzen, aber das Orchester wurde vom nicht enden wollenden Lärm der begeisterten Zuschauer übertönt. Erst als Caballé dem zunehmend grantiger werdenden Dirigenten ein Zeichen gab, fortzufahren, wurde die Menschenmenge schließlich still, und die Oper ging weiter. Dies blieb nicht das einzige Erlebnis dieser Art an der Scala, denn Caballé sang die Rolle dort von nun an fast jedes Jahr, darunter auch die legendären Gastspiele des Ensembles am Bolschoi-Theater im Jahr 1974. Was ihre Interpretation der Rolle vor allem auszeichnete, hat der bekannte Musikwissenschaftler Lorenzo Arruga in seiner Chronik der Scala-Geschichte am besten zusammengefaßt:

> Ihre Norma ... so lyrisch, so unbeweglich, so vollkommen in der innewohnenden tragischen Melodie des Liedes charakterisiert, nie auch nur im entferntesten metallisch und niemals feurig, aber immer vom Schatten des Geheimnisses umgeben, schien eine direkte Verbindung mit der ursprünglichen Sensibilität Bellinis einzugehen und gleichzeitig auf gewisse Gefühle unserer Zeit zu reagieren, die das immerwährende Musikdrama in Frage stellen.[15]

Es ist bezeichnend, daß die Scala, obwohl man seither andere Diven hat kommen und gehen sehen, *Norma* nach dem letzten Auftritt der Caballé in dieser Rolle 1977 nicht wieder ins Repertoire aufgenommen hat. So endet dieses Kapitel, wie es begonnen hat: mit einer triumphalen *Norma*. In den zurückliegenden drei Jahren hatte Caballé die Rolle an vielen angesehenen Orten der Welt gesungen, und in den folgenden drei Jahren würde sie sie praktisch überall singen. 1970 hatte sie in einem BBC-Interview mit Bernard Levin noch gesagt, sie sei eigentlich eher die Tochter Normas als Norma selbst. Doch im Laufe der Zeit hatte sie sich zur einzigen Sängerin entwickelt, der man diese Rolle zutraute. Dennoch hatten das konsequente Stärker- und Dunklerwerden ihrer Stimme auch seine Nachteile – die Violetta war wahrscheinlich das größte Opfer dieser Entwicklung. Und als sie schließlich den Gipfel des Ruhmes erklommen hatte, blieb das nicht ohne spektakuläre Kontroversen. Als die 70er Jahre zu Ende gingen, hatte sie gelernt, wie wahr doch das Shakespeare-Zitat ist: »Schwer ruht das Haupt, das eine Krone drückt« (König Heinrich IV., Zweiter Teil, Dritter Aufzug, 1. Szene).

Kraft gab ihr von Zeit zu Zeit der Rat, den ihr Maria Callas ganz am Anfang ihrer Freundschaft mit auf den Weg gegeben hatte. Im wesentlichen lautete er: »An dem Tag, wo Du keine Kontroversen mehr entfachst, Montserrat, kannst Du zusammenpacken und nach Hause gehen. Bis es soweit ist, laß die Katze mit den Hunden kämpfen.« Aber obwohl Caballé eine Frau von vergleichbar eiserner Entschlossenheit ist, hatte sie nie Maria Callas' Leidenschaft für die direkte Auseinandersetzung und auch nicht deren Temperament. Die Spanierin war letzten Endes eine glücklich verheiratete Ehefrau und eine hingebungsvolle Mutter, und sie konnte sich immer vorstellen, das Singen aufzugeben, sobald ihr Familienleben darunter leiden sollte.

Allerdings war es am Ende der Weihnachts- und Neujahrszeit 1972/73 Montserrat, die litt. Bis weit in den Januar hinein waren weitere *Norma*-Aufführungen an der Scala geplant, doch am ersten Weihnachtstag hatte sie sich schlecht gefühlt, und den Tag darauf war ihr noch elender zumute, mit Kratzen im Hals und einem benebelten Kopf. Ein Arzt aus dem Heer ihrer Hausärzte wurde gerufen und stellte sofort eine Diagnose: Sie lautete Mumps. Bernabé und die Kinder wurden in einen anderen Teil der Wohnung ausgelagert. Das war relativ einfach, da die Caballés vor kurzem die Wohnung nebenan für Montserrats Eltern gekauft und mit ihrer verbunden hatten. Inzwischen hatte Carlos die Scala benachrichtigt, daß seine Schwester in der laufenden Spielzeit nicht mehr nach Mailand zurückkehren würde, was bedeutete, daß ihre erste Mailänder *Norma* zumindest vorerst auch ihre letzte sein würde. Gavazzeni hörte die Nachricht mit Schrecken und hegte einen Verdacht. Er rief Montserrat in Barcelona an und sagte: »Du hast Angst zurückzukommen. Du weißt ganz genau, daß die Aufführung, die Du letzte Woche gegeben hast, Geschichte gemacht hat, und jetzt traust Du Dich nicht zurückzukommen, weil Du nicht sicher bist, dem gerecht werden zu können.« Montserrat war über diese herausfordende Schmeichelei sehr amüsiert, und Carlos ließ sofort ein Foto von ihr machen, das sie mit geschwollenen Halsdrüsen im Bett zeigte. Das Polaroid-Bild wurde an die Leitung der Scala geschickt, damit sie sich vom Sachverhalt überzeugen konnte. Sie fügte sich daraufhin ins Unvermeidliche und machte sich daran, Ersatzsängerinnen zu finden. Gavazzeni selbst holte sich ein Foto ab, nachdem er um sieben Uhr morgens ohne Ankündigung in der Wohnung von Carlos aufgetaucht war, auf dem Weg zu seinem Urlaubsziel.

Die Situation war frustrierend für Montserrat. Einerseits war sie unerwarteter- und angenehmerweise mit ihrer Familie vereint, aber trotzdem nicht in der Lage, sie zu sehen. Außerdem begann die Metropolitan Opera, an der sie in knapp sechs Wochen in derselben Rolle ihr Debüt geben sollte, sie unter Druck zu setzen. Als es ihr wieder besserging, blätterte sie ihren Terminkalender durch, der für mehrere Jahre im voraus ausgebucht war, darunter eine immer länger werdende Liste geplanter Plattenaufnahmen. War das eigentlich noch ihr eigenes Leben?

Croce e Delizia

9. KAPITEL
1973–1976: TRIUMPHE, SCHWIERIGKEITEN UND ÜBERGANG

Anfang 1973 war in einigen Zeitungen zu lesen, Caballé wolle sich von der Bühne zurückziehen, weil sie es nicht mehr ertrage, längere Zeit von ihrer Familie getrennt leben zu müssen. Sie hatte bereits ein Angebot der Metropolitan Opera abgelehnt, das ihr in den letzten Wochen von Rudolf Bings Intendanz angetragen worden war. Darin hatte man ihr für die Dauer von zehn Jahren den unumschränkten Status einer *prima donna assoluta* angeboten, mit Einfluß auf Repertoire und Neuinszenierungen. Aber wie sie später erzählte, lehnte sie schlicht und ergreifend deshalb ab, weil sie es nicht ausgehalten hätte, fast ausschließlich in New York oder weit weg von ihrem geliebten Barcelona zu leben, und das wäre mit Sicherheit eine Bedingung des Vertrags gewesen. Selbst die Londoner *Times*, ein Blatt, das normalerweise nicht mit Klatsch aus der Opernszene aufwartet, berichtete, daß Caballés Abtritt von der Bühne unmittelbar bevorstehe. Tatsächlich hatte sie keine solche Absicht, auch später nicht. Ironisch lächelnd, erinnert sie sich an zahlreiche Gelegenheiten, bei denen ihr jede Bemerkung, daß ihr ihre Kinder fehlten, als Absicht ausgelegt wurde, sich von der Bühne zurückziehen zu wollen. Ohne Zweifel hatte sie eine sehr enge Bindung zu ihrer Familie, aber sie war auch mit ihrer Musik verheiratet und würde bis zum Schluß durchhalten.

Das Jahr begann (nachdem der Mumps ausgeheilt war) mit Aufführungen am Liceo, in denen Plácido Domingo ihr Partner war. Sie sangen zusammen in drei Vorstellungen von *Ein*

Maskenball. Darauf folgten vier Wiederaufnahmen von *Norma*, die am 25. Januar begannen, mit Bruno Prevedi als Pollione. Im Anschluß an die letzte Vorstellung am 3. Februar, nachdem der Applaus über eine halbe Stunde angedauert hatte, feierte das Theater sie zum vierten Mal mit einer offiziellen Huldigung. Auf der Bühne wurde ihr eine Medaille verliehen, und von den Logen regneten von beiden Seiten Blumen auf sie herab. Sie unterbrach den Applaus, um dem bewegten Publikum ein Versprechen zu geben: So lange ihr ihre Stimme erhalten bliebe, würde sie auf alle Fälle jedes Jahr am Liceo singen.

Nach einer eintägigen Pause machte sie sich auf den Weg nach New York, um dort eine Woche lang intensiv für die *Norma*-Wiederaufnahme an der Metropolitan Opera zu proben. Das Werk war vor kurzem erst mit Joan Sutherland und Marilyn Horne als Priesterinnen aufgeführt worden, und in der Kritik zu der neuen Aufführung in der *New York Times* wurde ein interessanter Vergleich zwischen diesen beiden Sängerinnen sowie Montserrat Caballé und Fiorenza Cossotto auf der anderen Seite gezogen:

> Diese *Norma* hatte etwas, was dem vorherigen [Team] fehlte. So brillant die beiden hervorragenden Sängerinnen die beiden großen Duette sangen, ihre Stimmen paßten paradoxerweise zu gut zusammen. In dieser neuen Besetzung kontrastierte die geschmeidige Stimme Cossottos schön mit dem eher vibratofreien und instrumentalen Klang der Caballé.[1]

Caballé blieb bis zum 24. März an der Met und wechselte ein halbes Dutzend Normas mit vier Leonoren in *Der Troubadour* ab; ihre Manricos waren James McCracken, Plácido Domingo und Richard Tucker. Ende des Monats flog sie nach Miami, um dort vier weitere Vorstellungen als Leonore zu geben, diesmal für die Opera Guild und mit ihrem Ehemann als Manrico. Der *Opera*-Kritiker schrieb über Bernabé: »Er ist ein intelligenter Künstler, und hätte ihn die Natur großzügiger bedacht, er wäre heute mit Sicherheit ein gefeierter Star.«[2] Leider hatte die Natur dies nicht; wenn er in gemäßigter Stimmlage und Lautstärke sang, klang Bernabés Tenorstimme ziemlich rauh und farblos, was das Vergnügen, ihm zuzuhören, erheblich schmälerte. Auf der anderen Seite konnte er laut und mühelos seine Kopfstimme benützen: Das hohe C sang er mit aller Selbstverständlichkeit. Und das war noch lange nicht das »Ende der Fahnenstange«. Denny Dayviss erinnert sich daran, daß sie einmal mit Montserrat, Bernabé und Carlos im Auto saß und mit ihnen einen Ausflug ins katalanische Hinterland unternahm. Bei dieser Gelegenheit forderte Carlos Montserrats Mann dazu auf, so hoch und laut zu singen, wie er konnte. Heraus kam ein hohes Es über dem C, das nicht nur ohrenbetäubend war, sondern auch die Windschutzscheibe zum Bersten brachte, so daß sich der verlegene, aber im tiefsten Inneren stolze Tenor erstmal als Automechaniker betätigen konnte. Tatsächlich war das nichts Ungewöhnliches. Auch Montserrat weiß noch, wie sie ihren Mann die Rolle des Raoul in Meyerbeers *Die Hugenotten* bei Proben am Liceo singen hörte und er eine ganze Salve hoher Es-Töne abfeuerte.

Als sie wieder an der Met war, hatte sie noch drei weitere *Troubadoure* zu bestreiten – mit drei verschiedenen Tenören –, und dann verließ sie Nordamerika endgültig, um nach Neapel zu fliegen, wo sie im Mai fünf *Norma*-Vorstellungen gab. Ihre Partner waren Viorica Cortez als Adalgisa und Pier Miranda Ferraro als Pollione. Nach einem kurzen Aufenthalt in Barcelona flog sie Ende des Monats nach Hamburg, um an der Staatsoper zweimal in *Don Carlos* und einmal in *Der Troubadour* aufzutreten. Als international gefeierte Sopransängerin war das auch ihr verspätetes Debüt in Deutschland. Obwohl Caballé in Deutschland sehr populär ist – ihre Platten verkaufen sich sehr gut –, sind ihre Bühnenauftritte hier nicht so häufig, und es ist bezeichnend, daß sie beispielsweise seit 1962 nie mehr an der Bayrischen Staatsoper in München, eine der drei wichtigsten deutschen Opernbühnen, in einer Operninszenierung aufgetreten ist. Vielleicht war die Erinnerung an ihre Bremer Jahre einfach zu stark, als daß es ihr möglich gewesen wäre, das deutsche Publikum, das eines ihrer treuesten und begeisterungsfähigsten ist, in ausreichender Zahl mit Auftritten zufriedenzustellen.

Im Juni gab sie quer durch Europa ein halbes Dutzend Soloabende mit gemischtem Programm und fuhr im Juli nach London, um die Margarete in Boitos *Mefistofele* für die EMI aufzunehmen, mit Plácido Domingo als Faust, Norman Treigle in der Titelrolle und unter musikalischer Leitung Julius Rudels. Nachdem die Aufnahmen in der häufig bemängelten Kingsway Hall abgeschlossen waren, reiste Montserrat am nächsten Tag in einer königlichen Limousine nach Kent ins Leeds Castle. Dorthin hatte sie die königliche Familie zu einem nichtöffentlichen Soloabend eingeladen, und hier wurde sie zum erstenmal Prinz Charles vorgestellt, der ein begeisterter Fan von ihr ist. Am folgenden Tag kehrte sie nach London zurück, um in der Walthamstow Town Hall mit den Proben für *La Bohème* zu beginnen, die sie zusammen mit Domingo für die RCA aufnahm.

Die Oper wurde von Sir Georg Solti, eine Leihgabe von Decca, dirigiert, den Caballé nur einmal, vor vielen Jahren, bei ihrem erfolglosen Probesingen in Frankfurt gesehen hatte. Die Vorprobe fand im Haus des Dirigenten in St. John's Wood statt, und die Darsteller der Hauptrollen waren aufgefordert worden, ihre Partituren mitzubringen. Nachdem Domingo, Caballé, Milnes, Raimondi und Judith Blegen angekommen waren, betrat ein Assistent Soltis mit einer großen Kiste das Zimmer. Dann forderte der Dirigent jeden und jede der anwesenden Sänger und Sängerinnen auf, seine oder ihre Partitur bereitzuhalten, und sammelte sie dann ein, während der Assistent neue Ausgaben des Ricordi-Verlags verteilte. Die alten Partituren wurden in die Kiste gepackt, und den Anwesenden wurde mitgeteilt, sie bekämen sie nach den Aufnahmen zurück. Doch vorher sollten sie all die schlechten Gewohnheiten und »Traditionen« vergessen, die sie sich fälschlicherweise angeeignet hätten. Darauf folgte Soltis detaillierter Vortrag über Puccinis Intentionen, der Sherrill Milnes zu einem trockenen Kommentar provozierte: »Sie haben also mit dem Typ gesprochen, Maestro?« Als die Sänger am späten Nachmittag das Haus wieder verließen, waren sie wie vom Donner gerührt, und ihr Schweigen wurde erst unterbrochen, als Domingo zu Caballé sagte: »Montserrat, ist es nicht schön, etwas frische Luft zu schnappen?«

Die erste Aufnahme fand am folgenden Tag in der Walthamstow Town Hall statt, wo der gesamte 4. Akt aufgenommen wurde. Doch sowohl die Sopranistin als auch der Tenor waren verzweifelt, weil sie sich wie Sardinen fühlten, die in eine Büchse gesteckt werden sollten. Sie wandten sich an den Produzenten des Projekts, den schon lange im Geschäft tätigen Richard Mohr, und baten ihn, sich für sie (und ihrer Meinung nach auch für Puccini) bei dem unnachgiebigen Dirigenten einzusetzen. Man einigte sich auf einen Modus vivendi, aufgrund dessen die Sänger – gerade noch geduldet – die Phrasierung etwas flexibler gestalten durften, als es ursprünglich geplant gewesen war. Dennoch ist Caballé nach wie vor nicht von dem Endprodukt überzeugt:

> Bei allem Respekt für die Haltung des Maestros zu Puccini – meiner Meinung nach kann man ihn nicht wie Bartók dirigieren. *La Bohème* kann man nicht einem Laborversuch unterwerfen, in dem man die Oper in einzelne Stücke zerteilt und jedes einzelne untersucht. Die Musik muß frei in der Luft schweben: Sie darf nicht wie eine akademische Übung behandelt werden, die zum Ergötzen musikalischer Snobs zusammengesetzt wird. Aber für die ist es natürlich die perfekte *Bohème*.

Nachdem die Aufnahmen am 4. August 1973 abgeschlossen waren, flog Montserrat für ein paar Urlaubstage nach Hause. Danach wollte sie wieder nach London zurückkehren, um mit den Arbeiten für die erste Studioaufnahme von Verdis *I vespri siciliani* zu beginnen. Sie war für die Rolle der Elena vorgesehen, Domingo als ihr Liebhaber Arrigo, Milnes als dessen Vater Montfort und Raimondi als sizilianischer Verschwörer Procida; spielen sollte das London Symphony Orchestra unter Leitung von James Levine. Doch am dritten Tag ihres Aufenthaltes in Spanien hatten Montserrat und ihr Mann einen Autounfall in ihrem Mercedes. Ein Autoreifen platzte, das Auto schlitterte über die Straße und prallte gegen einen Baum. Zum Glück waren Montserrat und ihr Mann angeschnallt, aber beide mußten wegen der Wirbelsäulenverletzungen, die sie durch den Aufprall erlitten hatten, Halskrausen tragen. Montserrat blieb keine andere Wahl, als die Plattenaufnahmen abzusagen. Einige besorgte RCA-Manager flogen nach Barcelona, um die Diva doch noch zu den Aufnahmen zu überreden. Aber als sie Montserrat und ihre Ärzte sahen, hatten auch sie keine Illusionen mehr. Ein komplizierter Plan wurde entwickelt, um die Oper wie geplant in London aufnehmen zu können, außer Montserrats Part, der nach ihrer Genesung nachträglich eingespielt werden sollte. Doch bei einem Werk wie *I vespri*, das so lang und voller komplizierter Szenen ist, stellte sich dieses Verfahren als nicht praktikabel heraus. So wurde rasch Martina Arroyo als Ersatzsängerin engagiert.

Anfang September 1973 flog Caballé allein nach Chicago, um mit den Proben für *Maria Stuart* zu beginnen. Carol Fox, eine der Gründerinnen und leitende Direktorin der Lyric Opera, hatte die Inszenierung, eine Leihgabe der römischen Oper, speziell für Caballé ins Programm genommen. Sechs Aufführungen waren geplant, alle mit Viorica Cortez als Elisabeth und dem Dirigenten Bartoletti. Nach der ersten Woche der zweiwöchigen Probenzeit erfuhr Montserrat, die, ganz gleich, wo sie war, täglich zu Hause anrief, daß es ihrem

Sohn nicht gutging. Ein hinzugezogener Arzt war zunächst der Meinung, der Junge habe eine Grippe. Aber von einem Tag auf den anderen verschlimmerte sich der Zustand des kleinen Bernabé. Er begann über schwere Kopfschmerzen zu klagen und bekam urplötzlich sehr hohes Fieber.

Ich war sehr beunruhigt, weil ich, neben allem anderen, so weit weg war, und niemand schien zu wissen, was wirklich mit Bernabé los war. Ich nahm an der Generalprobe (am 19. September) teil, aber ich kann mich an nichts mehr erinnern. Ich machte mir fürchterliche Sorgen. Ich kannte die Inszenierung schon, weil es eine war, die Giorgio De Lullo ursprünglich für mich in Rom in Szene gesetzt hatte. Ich sprach mit Carol Fox, ob es eine Möglichkeit gebe, den Vertrag zu lösen, aber sie sagte, das sei schlichtweg unmöglich – alle sechs Vorstellungen (3 600 Plätze pro Abend) waren aufgrund meines Namens ausverkauft. Und dann, einen Tag nach der Premiere, rief ich zu Hause an und erfuhr, daß sie wußten, was es war: Mein Sohn hatte sich eine Salmonellenvergiftung zugezogen, die bei Kindern sehr gefährlich sein kann. Ich sagte Fox, daß ich sofort nach Hause flöge. Aber das Opernhaus wollte mich nicht gehen lassen, nur weil Bernabé krank war, und machte deutlich, daß dies nur im äußersten Notfall möglich sei. Was wollten sie denn noch? Ich sagte zu ihnen: »Schön, Ihr laßt mich erst gehen, wenn er stirbt. Aber wenn er stirbt, braucht er mich nicht mehr. Er braucht mich jetzt!« So rief ich beim spanischen Botschafter in Washington an und erkärte ihm meine Lage. Er sandte mir einen Arzt aus New York, der dort in Verbindung mit dem Spanischen Konsulat stand. Nachdem er nach meiner nächsten Vorstellung angekommen war, sagte er wie abgesprochen, ich hätte eine akute Darmentzündung, die 20 Tage Bettruhe erfordere. Dann flog ich sofort nach Hause zu meinem Sohn.

Bald nach Montserrats Ankunft bekam Bernabé eine Blutvergiftung und fiel in ein drei Tage dauerndes Koma. Die Ärzte, die aufs Geratewohl mit mehreren Antibiotika herumjonglierten, spürten, daß er kaum Chancen hatte, wieder gesund zu werden. Zum Glück erlangte er am vierten Tag langsam sein Bewußtsein wieder und begann sich von seiner lebensbedrohlichen Erkrankung zu erholen. Montserrat wurde daraufhin von der Lyric Opera in Chicago wegen Vertragsbruchs verklagt. Ihre amerikanischen Agenten, Columbia Artists' Management Incorporated (CAMI) und vor allem Ronald Wilford beauftragten ein Mitglied des Metropolitan-Vorstandes in New York, einen Rechtsanwalt, sich für Montserrat einzusetzen. Er riet ihr, einen Brief zu schreiben, der sich noch einmal auf das ärztliche Attest berief, das der Oper schon vorlag – und nicht die wahren Beweggründe darzulegen, wie es die Diva viel lieber getan hätte. Die Unnachgiebigkeit von Carol Fox ging nach hinten los, denn die Lyric Opera verlor den Prozeß.

Der Schuß ging sogar noch ein zweites Mal nach hinten los. Kurze Zeit später mußte Renata Tebaldi, sich am Ende ihrer Karriere befindend, einige Aufführungen von *Manon Lescaut* an der Lyric Opera wegen Krankheit absagen. Caballés EMI-Aufnahme der Oper war gerade erschienen und begeistert aufgenommen worden, und so rief Carol Fox sie persönlich in New York an, wo Caballé an der Metropolitan sang, um zu fragen, ob sie für die Tebaldi einspringe. Montserrats erste Reaktion war, aus Zeitgründen abzulehnen, aber Fox (die ihre Hausaufgaben gemacht hatte) wies sie darauf hin, daß sie zu den betreffenden Terminen keine Verpflichtungen hatte. Caballé, die an ihre eigenen Erfahrungen mit der Lyric Opera dachte, rief Tebaldi an, um herauszubekommen, warum sie abgesagt hatte. Gab es irgendwelche Schwierigkeiten mit der Inszenierung oder dem Management? Doch Tebaldi war wirklich krank – obwohl sie der Meinung war, die Inszenierung sei schrecklich. Aber selbst als sie von der

Erkrankung der älteren Diva erfuhr, verspürte Montserrat nicht viel Lust, der Lyric Opera in der Stunde der Not beizustehen und weigerte sich zu singen.

Die ganze Angelegenheit bestärkte Montserrat nur noch mehr in ihrer Haltung, die Belange ihrer Familie immer an die erste Stelle zu setzen, und schärfte ihr tiefes Mißtrauen gegenüber vielen Opernhaus-Leitungen. Dies hatte zur Folge, daß sie im Laufe der 70er Jahre immer weniger Lust verspürte, mehrere Monate am Stück von zu Hause fort zu sein. Als Dank für die Genesung ihres Sohnes ließ sie eine kleine Votivkapelle zu Ehren der Jungfrau Maria errichten, die auf ihrem Grundstück in Ripoll auf halber Höhe eines Hügels steht.

Die Spielzeit 1973/74 des Gran Teatro del Liceo wurde am 8. November mit Donizettis letzter Oper, die noch zu seinen Lebzeiten aufgeführt worden war, eröffnet: mit *Caterina Cornaro*. In diesem auf wahren Begebenheiten beruhenden Werk geht es um das schwierige Leben der Königin von Zypern, einer historischen Persönlichkeit aus dem 15. Jahrhundert. Die Oper war zwischen 1845 (damals wurde sie zum zweiten Mal überhaupt in Parma aufgeführt) und 1972 nicht mehr auf die Bühne gekommen; 1972 wurde sie im Teatro San Carlo in Neapel mit Leyla Gencer in der Hauptrolle wiederaufgeführt. Montserrat nahm sich der Caterina sehr bald an und hatte die Rolle schon in einer Konzertfassung in London gesungen.* Gleich nach den vier Vorstellungen am Liceo stand sofort eine weitere konzertante Aufführung in der Pariser Salle Pleyel auf dem Programm. Unterstützt vom ORTF (Orchestre

---

* Leider dachte damals niemand daran, Montserrat in die National Gallery zu begleiten, in der das Tizian-Porträt von Caterina Cornaro hängt. Auf diesem Original ist die Ähnlichkeit zwischen der Königin und der Diva verblüffend – ganz im Gegensatz zu der unsäglichen Kopie in den florentinischen Uffizien.

de la Radio et Télévision Française) wurde die Aufführung für Übertragungszwecke aufgezeichnet, so daß die erstmalige professionelle Aufnahme des Werkes sichergestellt werden konnte. Die Aufführungen auf der Bühne des Liceo – mit behelfsmäßigen Bühnenbildern – erzielten beim Barcelonier Publikum die üblichen stürmische Zustimmung.

Unmittelbar danach flog sie nach Rom, wo sie an einer Aufführung für die RAI teilnahm, diesmal die *Arabella* von Strauss, die für Hörfunk und Fernsehen aufgezeichnet wurde. Wie so häufig, wenn Wagner- oder Strauss-Opern in romanischen Ländern aufgeführt werden, wurde die Oper mit einer Starbesetzung gegeben: Siegmund Nimsgern sang den Mandryka, René Kollo den Matteo und niemand geringerer als Kurt Moll den Grafen Waldner. Man kann das Unternehmen der RAI, zu jener Zeit unter musikalischer Leitung Francesco Sicilianis, nur beglückwünschen, denn es brachte unermüdlich selten aufgeführte Werke (zumindest in Italien) auf die Bühne.* Trotzdem war es sehr schade, daß gerade diese Wiederaufnahme nicht einige Jahre früher realisiert worden war. Denn Caballés Stimme ist hier unverkennbar die Stimme einer reifen Frau, was auch kein noch so ätherisches *pianissimo* überdecken kann. Wenn diese Arabella singt, ist ziemlich klar, daß die Medea nicht mehr weit ist.

Ein ähnliches Problem beeinträchtigte auch Caballés nächste Termine. Am 6. Dezember sollte sie die erste von vier Violettas am Liceo singen, mit Carreras als Alfred. Gegen Ende der Proben hatte sie sich eine schwere Erkältung zuge-

---

* Neben *Agnese di Hohenstaufen* und *Die Frau vom See* 1970 hatte die RAI 1971 für Montserrat auch eine Rundfunk-Aufführung der *Salome* von Strauss ins Programm genommen, mit Nimsgern als Jochanaan, unter Leitung des Dirigenten Zubin Mehta. Leider ist diese letztgenannte Aufführung – die allen Berichten zufolge ein sensationeller Erfolg gewesen sein muß – von den vier RAI-Opern die einzige, die nie als nicht autorisierte Fassung erschienen ist.

zogen, die sich nachteilig auf die Premiere auswirkte. Nachdem sie ein glänzendes »Ah, fors'è lui« gesungen hatte – dessen erste Strophe mit den Worten »misterioso, altero, croce e delizia al cor«* endet, als Violetta über die Liebe nachsinnt –, machte sich Caballé an die Übergangspassage vor der Cabaletta, die aus den beiden Koloratur-Ausrufen »Gioir!« und »Sempre libera« besteht und den Rahmen für Alfreds romantisches Geständnis bildet. In Verdis Partitur sind beide Ausrufe als hohes Des ausgewiesen, die die Sängerin nie zuvor in ihrer Karriere in tiefertransponierter Tonart gesungen hatte. In einem vor kurzem erschienenen Buch über das Liceo[3] ist zu lesen, daß der hohe Ton wie ein »Frosch im Hals« klang. Zwar bekam sie am Ende des Aktes Applaus, obwohl noch niemand in Barcelona jemals gehört hatte, daß der Caballé ein Ton danebengegangen war. Trotz der herzlichen Reaktion des Publikums lehnte sie es ab, allein vor den Vorhang zu treten, weil sie in diesem Fall nicht das Gefühl hatte, es verdient zu haben. Die übrige Aufführung – eine der besten Violettas, an die sie sich erinnern kann – ging ohne weitere Zwischenfälle vonstatten. Aber am folgenden Tag suchte Caballé Pámias auf und teilte ihm mit, daß sie die drei verbleibenden Vorstellungen absagen müsse, weil sie sich nicht wohlfühle.

Alles in allem, so stellte sich ihr Mitte Dezember die Lage dar, war 1973 voller Hindernisse gewesen: Sie hatte das Jahr mit Mumps begonnen; sie hatte einen unangenehmen Zusammenstoß mit der Lyric Opera in Chicago gehabt; und ihr Sohn hatte um sein Leben gekämpft. Wenn die Stammbesucher des Liceo geneigt waren, ihr kürzliches Mißgeschick in *La Traviata* mit Nachsicht zu behandeln, so hatten sie allen Grund dazu. Es war Caballés 68. Vorstellung seit ihrem Debüt im Januar 1962, und sie hatte 22 verschiedene Rollen im Opern-

---

* »geheimnisvoller, erhabener Schmerz und Freude des Herzens«

haus gesungen, stets ohne angemessene Bezahlung. Sie bedankte sich nur ein paar Tage später für diese Nachsicht, als sie nach dem traditionellen Weihnachtsfest in der Familie am 29. Dezember in einer neuen Inszenierung der *Aida* auftrat. Diesmal war nicht nur das exponierte hohe C in »O patria mia« an seinem Platz, sondern auch alles andere.

> ... sie verkörperte eine äthiopische Prinzessin, die einer höchst intelligenten Annäherung an die Partitur entsprang. Man konnte schon im voraus spüren, daß ihre lyrische Stimme ideal für den 3. und 4. Akt sein würde, aber in »Ritorna vincitor!« erreichte sie großartiges Drama und Kraft in den Ensembles des 2. Aktes. Caballés *Aida* war mehr als interessant – sie war wirklich erstklassig.[4]

Der Radamès, Plácido Domingo, war vom Auftritt Caballés sogar noch tiefer beeindruckt, denn einige Tage später führte er ein Telefonat mit dem EMI-Management in London und bat es, zum frühestmöglichen Termin eine gemeinsame Plattenaufnahme des Werkes zu ermöglichen. Wie er selbst es darstellt, wollte er nichts mehr davon wissen, daß er nur zwei Jahre zuvor die Rolle des Radamès mit Leontyne Price als Partnerin für RCA aufgenommen hatte: Caballés Gesang war der Stoff aus dem die Opernlegenden sind, und er mußte auf einer Platte unsterblich gemacht werden, je früher, desto besser. EMI hatte keine Pläne, das Werk in absehbarer Zukunft aufzunehmen, da erst vor kurzem eine Aufnahme mit Birgit Nilsson und Franco Corelli, unter musikalischer Leitung Zubin Mehtas, bei ihnen erschienen war. Aber Domingos hartnäckiges Drängen zeigte Wirkung, und es ist dem großen Engagement der EMI zu verdanken, daß das Team, das sie für die nur sechs Monate später erschienene Platte rasch zusammenstellte, nicht einen Schwachpunkt enthielt, und die Aufnahme bis heute, wie Domingo es vorhergesehen hatte, ein Klassiker ist.

Währenddessen fand am 5. Januar 1974 die letzte *Aida*-Vorstellung am Liceo statt, unter Umständen, die, obwohl sie zeigen, wie erfolgreich diese Aufführung war, trotzdem für alle Beteiligten eine harte Prüfung gewesen sein müssen. Pámias hatte kein Geld mehr – keineswegs ungewöhnlich zu dieser Zeit –, so daß er noch nicht einmal die Gagen für Caballé, Domingo, Bianca Berini und Giampiero Mastromei, insgesamt 500 000 Peseten [ca. 6 100 DM], bezahlen konnte. Der Intendant beschloß, die immense Nachfrage des Publikums nach Eintrittskarten bei allen vier Vorstellungen auszunutzen, und wies die Kartenverkäuferinnen an, mehr Leute einzulassen und zu diesem Zweck handgeschriebene Eintrittskarten zu verkaufen. Berichten zufolge saßen in Logen mit normalerweise vier Plätzen nun acht Leute, auf den Korridoren und in den Durchgängen standen überall Zuschauer, und diejenigen, die es noch nicht einmal geschafft hatten, in diese Randpositionen zu kommen, lagerten in zehn Reihen hintereinander in den Gängen. Schlußendlich waren 4 000 Karten verkauft worden, in einem Theater, das über weniger als 3 000 Sitzplätze verfügte. Die zusätzlichen Einkünfte wurden für die Gagen der Sänger und Sängerinnen verwandt. Die Reaktion auf diese *Aidas* – Caballés erste nach über zehn Jahren – war mehr als eine angemessene Entschädigung für die Enttäuschung über die ausgefallenen *Traviatas*. Und im Grunde war es überraschend, daß sie so lange gebraucht hatte, um zu dieser Rolle zurückzukehren: Schließlich sang sie die Norma schon seit drei Jahren und die Amelia in *Ein Maskenball* sogar noch länger. In den Gefilden des anspruchsvolleren Repertoires ist die Aida sicher weniger schwer als andere Rollen, die sie schon gesungen hatte. Aber vielleicht betrachtete Caballé Aida als einen entscheidenden Wendepunkt in ihrem Repertoire, der mit der Ausweitung ihres Stimmumfangs und dem Dunklerwerden ihrer Stimme unvermeidlich zu schwierigeren Rollen, wie zum Beispiel Gioconda oder Turandot, führen würde.

Mitte Januar 1974 unternahm Caballé einen weiteren Ausflug in den Süden Frankreichs, um in zwei Aufführungen der *Caterina Cornaro* in Nizza aufzutreten. Sie hat seit jeher gefunden, daß die Côte d'Azur für Opernaufführungen wie geschaffen ist, und schätzt, daß sie bestimmt mehr als 500 Nächte im Hôtel Negresco in der heute nach ihr benannten Suite verbracht hat, mit Blick auf die Promenade des Anglais. Aber das Geheimnis dieses Ortes waren nicht allein das Klima und die luxuriöse Unterkunft. Ähnlich wie im Falle des Liceo in Barcelona war mit der Leitung der Oper in Nizza – zusammen mit den Opernhäusern in Toulons und Nîmes – ein einsamer Unternehmer beauftragt, dessen scheinbar unmögliche Aufgabe es war, das Publikum mittels eines äußerst knappen Budgets in den Genuß von Star-Besetzungen kommen zu lassen. Ferdinand Aymée erfüllte diese Aufgabe mit einem solchen Geschick und Charme, daß kein Sänger aus dem Caballé-Kreis, und hier vor allem Montserrat und José Carreras, widerstehen konnte, in diesem Haus zu singen, auch wenn die Gagen nicht gerade unwiderstehlich waren. Beide hätten auf den internationalen Spitzen-Bühnen in der gleichen Zeit weitaus mehr Geld verdienen können, aber die Galanterie der alten Schule und Wertschätzung, die Aymée seinen Lieblingen entgegenbrachte, war mehr als eine angemessene Entschädigung.

Dann ging es zurück nach Amerika und zu »Business as usual«. Diese Reise entwickelte sich zum größten Erfolg in Caballés New Yorker Karriere. Sofort begann sie an der Metropolitan Opera mit den Proben zu einer selten aufgeführten Oper von Verdi, *I vespri siciliani*, in der sie die lange und komplizierte Rolle der Herzogin Elena übernehmen sollte, die nicht nur als dramatischer Katalysator zwischen rivalisierenden Freiern, sondern sogar zwischen rivalisierenden Völkern wirkt. Das Werk war noch nie an der Met aufgeführt worden und wurde von dem hochangesehenen englischen Regisseur John Dexter inszeniert. Das Bühnenbild in Form einer riesigen, die gesamte Bühne einnehmenden Treppe, die sich vor dem dunklen Hintergrund abhob, stammte von Josef Svoboda. Dirigent war der erst kürzlich engagierte Musikdirektor der Met, James Levine, der zum erstenmal mit Caballé zusammen auf der Bühne arbeitete. Weitere Kollegen und Kolleginnen waren Nicolai Gedda als Arrigo, Justino Diaz als Procida und Sherrill Milnes als Monfort.

Nach Art des Hauses wurde im Vorfeld der Aufführungen eine aufwendige Publicity-Kampagne über das hauseigene Presseorgan *News Opera* gestartet. Durch die von Texaco gesponserte Aufzeichnung einer Samstags-Matinee konnte sichergestellt werden, daß eine ihrer besten Bühnenrollen, wie sie selber sagt, dokumentiert ist, obwohl sie im vorangegangenen Jahr nicht an der Studioaufnahme für RCA unter Levine hatte teilnehmen können. Diese Inszenierung an der Metropolitan Opera betrachtet sie als eines der zwei oder drei großartigsten Erlebnisse ihrer beruflichen Karriere, auch wenn der Gang über die endlosen Treppenstufen schwierig war und sie während der Proben unzählige Male – einmal sogar während der Aufführung – kichernd über ihre Füße stolperte. Während der Vorbereitungen für die Inszenierung hatte es Streit darüber gegeben, ob man die Treppenstufen mit Teppich auslegen sollte oder nicht. Dexter schickte Montserrat einen Brief, in dem er schrieb, wie sehr er sich auf ihre Zusammenarbeit freue, und gab seiner Hoffnung Ausdruck, daß es schön sei, wenn alle am selben Strang zögen: »Wenn man bei einer Oper Regie führt, ist es das Wichtigste, daß sich die Sänger wohlfühlen.«[5]

Die Premiere von *I vespri siciliani* am 31. Januar wurde ein sensationeller Erfolg. Nachdem Caballé die Arie Elenas im 4. Akt, »Arrigo! Ah parli a un core«, gesungen hatte, kam die Aufführung zum Stillstand, weil das Publikum sieben Minuten klatschte und jubelte. Der Applaus wäre wahrscheinlich noch weitergegangen, hätte Caballé dem Dirigenten Levine nicht deutliche Zeichen gegeben fortzufahren. Harold C. Schonberg schrieb in der *New York Times*:

... die Töne klangen wirklich wunderschön: nicht besonders intensiv, aber sie besaßen instrumentale Reinheit und eine sehnsuchtsvolle Klangfarbe. Ihr berühmtes *pianissimo* kam noch nie besser zur Geltung als im 3. Akt ...* Sie lieferte es hervorragend ab, mit perfekter Kontrolle. Das Publikum belohnte sie mit einer der längsten Ovationen der Saison.[6]

Die *Vespri*-Aufführungen erstreckten sich über den Februar bis in den März hinein. Nach alter Gewohnheit Caballés wurden sie von Gastspielen an der Ostküste unterbrochen, darunter vor allem erwähnenswert eine Wiederkehr an die Hartford Opera in Connecticut, wo sie zusammen mit ihrem Mann als Riccardo in Vorstellungen von *Ein Maskenball* sang. Aber die Krönung ihres zehnten längeren Aufenthalts in New York war die konzertante Aufführung in der Carnegie Hall, in der sie am 6. März Donizettis völlig in Vergessenheit geratene *Parisina* sang. Zwar hatte sie die Schlußszene schon 1969 auf ihrer Raritäten-Platte verewigt, aber die nicht autorisierte Gesamtaufnahme der Oper – in exzellenter klanglicher Qualität – gibt einen Eindruck davon, daß sich ihre Stimme immer noch auf dem Höhepunkt befand, trotz des anspruchsvolleren Repertoires der vorhergehenden Jahren.

Ihren Aufenthalt in Nordamerika beschloß sie mit einer Tournee in Kanada, einschließlich einer Vorstellung im mittlerweile Caballé-süchtigen Vancouver, wo die Aufführung komplett ausverkauft war. Den Schlußpunkt setzte eine Aufführung in Anchorage. Zurück in Spanien reiste sie nach

* Eigentlich singt Elena im 3. Akt kaum, denn er besteht fast vollständig aus der langen Vater-Sohn-Konfrontation zwischen Monfort und Arrigo, auf die eine halbstündige Ballett-Sequenz folgt. Aber die Metropolitan Opera hatte beschlossen, Verdis Fünfakter ohne das Ballett zu geben und die anderen Akte um zwei Pausen herum zu arrangieren. Daher die Verwirrung.

Madrid, wo sie einige Monate zuvor schon eine Gesamtaufnahme einer *zarzuela*, nämlich Vives' *Maruxa*, eingespielt hatte und jetzt eine weitere, *La Villana*, aufnehmen wollte.

Mitten in diesem Trubel nahm sie sich frei, um einen Arzt aufzusuchen. Sie machte sich zunehmend Sorgen, weil sie unter Unterleibsschmerzen litt und ihre Menstruation sehr unregelmäßig war. Eine Biopsie ergab, daß sie einen Tumor hatte, zwar noch ziemlich klein und wahrscheinlich gutartig. Die Ärzte versicherten ihr, es bestehe keine unmittelbare Gefahr, aber sie solle sich regelmäßig untersuchen lassen, besonders dann, wenn sie Änderungen ihres allgemeinen Gesundheitszustandes bemerke.

Dann flog Caballé kurz nach Mailand, um die Einzelheiten einer *Norma*-Wiederaufnahme an der Scala zu besprechen. Diesmal sollten die Aufführungen jedoch nicht in Mailand, sondern im Rahmen eines historischen Austauschabkommens mit dem Bolschoi-Theater in Moskau stattfinden. Während dieser Tournee leistete Montserrat die Heldentat, daß sie für das zahlreich erschienene und begeisterungsfähige Moskauer Publikum innerhalb von nur fünf Tagen dreimal die Norma sang. Nach der letzten Vorstellung mußte der Intendant des Hauses auf die Bühne kommen, um das Publikum zu bitten, nicht ganz so lautstark zu jubeln und zu klatschen, weil der riesige alte Kronleuchter des Theaters in Gefahr sei (ganz zu schweigen von den Leuten darunter). Die Gastspielreise war ein Triumph für die Mailänder Scala, aber die Menschen hatten das Gefühl, daß Caballé einen noch viel größeren persönlichen Erfolg gefeiert hatte. Obwohl sie danach 15 Jahre lang nicht mehr nach Rußland reiste, war durch den Empfang, den man ihr damals bereitet hatte, klar, daß man sie als nationales Eigentum betrachtete. Ein Eindruck, der sich bei ihrem gefeierten Auftritt 1992 nur verstärken sollte, bei dem sie als »Zarin« begrüßt wurde.

Caballés nächste Station war London, wo sie die erste einer ganzen Serie von Opern aufnehmen wollte, diesmal für

Philips, der holländischen Tochter des international agierenden Unternehmens Polygram, mit der Carlos ein Jahr zuvor einen Vertrag geschlossen hatte. Das Werk war *Così fan tutte*, Bestandteil des Zyklus der sieben späten Mozart-Opern von Colin Davis. Montserrat war fasziniert, an dieser Produktion teilnehmen zu können, denn es war die erste und – wie sich herausstellen sollte – auch die letzte Mozart-Oper, die sie aufnehmen sollte. Während dieser *Così*-Aufnahmen war außerdem eine konzertante Aufführung der *Adriana Lecouvreur* (am 29. Mai 1974 in der Royal Festival Hall) mit José Carreras als Moritz geplant. Glücklicherweise mußten beide Sänger nicht allzu viele Proben für dieses Konzert aufwenden, da die Oper zu ihrem Standard-Repertoire gehörte. Aber das Mozart-Werk erforderte sehr viel harte Arbeit und Konzentration, besonders die Rezitative. Deshalb war Caballé entsetzt, als sie erfuhr, daß sie am ersten Aufnahme-Tag nicht etwa die relativ leichten *secco*-Passagen oder die vorgezogenen Ensembles singen sollte, sondern mit der Aufnahme der Arie aus dem 1. Akt, »Com'è scoglio«, beginnen sollte. Diese Änderung des geplanten Ablaufs war nötig gewesen, weil Ileana Cotrubas, die Despina, unvorhergesehen nicht anwesend war: Sie erwartete tagtäglich die Ausreise ihrer Mutter aus dem von Diktator Ceausescu mit eiserner Hand beherrschten Rumänien.

Doch es dauerte mehrere Tage, bis das versprochene Visum ausgestellt wurde, und die rumänische Sopranistin war durch die Ereignisse vor lauter Nervosität so erschöpft, daß sie alle Termine absagte und die Aufnahmen wegen ihrer Abwesenheit ständig neu geplant werden mußten. Daher die Notwendigkeit für Caballé, diese Arie ohne Vorbereitung aufzunehmen. Obwohl sie die Gründe dafür sehr gut verstand, war sie wütend über die Art, in der es dazu gekommen war, und sie war in ziemlich aufgebrachter Stimmung, als sie die erste Sequenz sang. Der Produzent Erik Smith vertrat die Ansicht, sie könne die erste Arie später jederzeit noch einmal aufnehmen, wenn sie das wünsche. Aber schließlich hörte sie sich die Einspielung an und erklärte, sie sei absolut zufrieden damit, und es sei unnötig, sie noch einmal aufzunehmen. Genau diese Fassung ist ohne Nachbearbeitung auf der fertigen Platte zu hören. Einige Zeit später sagte die Dorabella dieser Aufnahmen – Janet Baker – in einem Interview, für sie sei Caballé zusammen mit Dietrich Fischer-Dieskau der Maßstab, an dem guter Gesang gemessen werden sollte – kein geringes Kompliment von einer der herausragendsten Sängerinnen, die England jemals hervorgebracht hat.

Die konzertante Aufführung der *Adriana Lecouvreur*, die inmitten dieses Trubels stattfand, wurde für alle Beteiligten zu einem Triumph. Die Kritiker waren ausnahmslos begeistert, und Stelios Galatopolous war gezwungen, das Pantheon der Caballé um eine weitere Rolle zu erweitern: »Adriana, die tragische Tragödin, zusammen mit Maria Stuart und Caterina Cornaro [sind] Caballés beste Rollen. In diesen Rollen sucht sie heute ihresgleichen. (Ich hoffe, die Plattenfirmen hören zu und schmieden das Eisen, solange es noch heiß ist.)«[7]* Vor dem Hintergrund dieser Kritiken ist es um so bedauerlicher, daß diese Aufführung die letzte Oper war, die Caballé unter der Ägide von Denny Dayviss' Konzertgesellschaft gab. Im folgenden Jahr ging sie nach einer gewohnt mutigen, aber finanziell katastrophalen Aufführung von Ernst Blochs *Macbeth* Pleite.

Anfang Juni reiste Caballé nach Madrid, wo sie wieder zusammen mit Carreras zwei Vorstellungen der *Adriana Lecouvreur* gab. Dann kehrte sie erneut nach Barcelona zurück. Hier war ihre erste Plattenaufnahme für Spanish Columbia geplant, eine Plattenfirma, die trotz ihres Namens eine Tochtergesellschaft der englischen Decca Record Company

---

* Leider haben sie weder zugehört noch gehandelt. Caballé hat keine dieser Opern jemals im Studio aufgenommen.

war. Decca war einverstanden damit, eine Reihe geplanter Aufnahmen in Spanien zu realisieren und der Sopranistin auf diese Weise während der Sommermonate wenigstens einige Reisen zu ersparen, die sie von ihrer Familie trennen würden. Die Platte enthielt eine geschmackvolle Auswahl von Opernstücken, mit einer sorgfältigen Trennung zwischen Stücken aus dem aktuellen Repertoire – *I vespri siciliani*, *Ein Maskenball*, *Der Troubadour* und *Adriana Lecouvreur* – und Werken, die sie noch nie auf der Bühne gesungen hatte (und auch niemals singen würde) – *Rigoletto*, *Die Nachtwandlerin*, *Schwester Angelica* [*Suor Angelica*]und *La Wally*. Das Orquesta Sinfónica de Barcelona wurde von Gianfranco Masini dirigiert, und als die Platte in England erschien,[8] schrieb der *Opera*-Redakteur: »Das hinreißendste Gesangsstück auf dieser Soloplatte ist ... ›D'amor sull'ali rosee‹, das sogar noch Milanovs berühmte Einspielung in den Schatten stellt.«[9] Andere ebenso bekannte Kritiker fanden herausragende Beispiele für die Gesangskunst auf dieser Platte, obwohl jeder ein anderes Lieblingsstück auswählte – sicherlich ein Hinweis auf die Qualität der Platte. Der Earl of Harewood, ein langjähriger Freund von Maria Callas schrieb über die *Vespri*-Arie aus dem 4. Akt: »›Arrigo! Ah, parli a un core‹: ... Montserrat Caballé ... zeigt stets wunderbares Einfühlungsvermögen und ein *pianissimo* gesungenes hohes C am Ende der Arie, das eines der schönsten ist, das ich jemals auf Platte gehört habe. Diese 1974er Einspielung ist schlicht perfekt.«[10] Und die Interpretation von Angelicas Arie wurde begeistert von John Steane in *The Gramophone* kritisiert: »Caballé hat die perfekte Stimme für [diese] Arie: volltönend und warm im Mittelregister und ein himmlisches *pianissimo*. Solch eine tiefempfundene Darbietung weckt häufig Erinnerungen an die legendäre Aufnahme von Ponselle, die nach ihrem Abschied von der Bühne entstanden ist, und im Vergleich schneidet Caballé besser ab, weil sie nicht so offen emotional ist.«[11]

Doch Montserrats Gesundheitszustand verschlechterte sich zusehends. Ihr Unterleib schwoll an, und es wurde schnell klar, daß ein chirurgischer Eingriff aller Wahrscheinlichkeit nach unabänderlich sein würde. Sie war jedoch entschlossen, noch ein paar Engagements einzuhalten. Eines war die Aufnahme von *Aida* für die EMI, unter dem Taktstock Riccardo Mutis, eine Verpflichtung, die sie schon vor längerer Zeit eingegangen war. Seit dem Tag ihres Erscheinens gilt die Aufnahme der *Aida* als Klassiker. Als später das Sammelalbum »Große Sopranistinnen unserer Zeit« (mit Arien von de los Ángeles, Callas, Cotrubas, Freni, Gruberová, Schwarzkopf, Scotto und Sutherland sowie die Aida-Arie aus dem 3. Akt der oben genannten Aufnahme) herausgegeben wurde, schrieb John Steane:

> Das Beste zum Schluß – Caballés Aida, die herrlich volltönend klingt ... [Sie] reiht die Phrasen von »Oh patria mia« auf einem geheimnisvoll gehaltenen Atemstrom aneinander, das hohe C *dolce* (so wie es sich Verdi erträumt haben muß) und das letzte *pianissimo* treibend und perfekt gehalten.[12]

Nur zehn Tage nachdem die Aufnahmen für diese Platte abgeschlossen waren, gab sie ihre bereits erwähnte grandiose Norma in Orange. Beinahe wäre die Vorstellung abgesagt worden, denn sowohl bei der Generalprobe als auch am Premierentag wehte der Mistral, der ungebärdige Atlantik-Wind, der den Süden Frankreichs in regelmäßigen Abständen heimsucht. 8 000 erwartungsvolle Zuschauer hatten schon in dem römischen Amphitheater Platz genommen, und schätzungsweise 2 000 kampierten im näheren Umkreis, als der Beginn um mehr als eine Stunde verschoben wurde, in der vagen Hoffnung, daß sich die unberechenbaren Böen – die mit 100 Stundenkilometern wehten – legen würden. Sie taten es nicht, und unter den Zuschauern wurden Decken von einem nahen

Militärstützpunkt verteilt, denn viele waren in Abendkleidung erschienen und froren erbärmlich. Um neun Uhr abends beschloß der Direktor des Festivals, Jacques Bourgeois, die Vorstellung abzusagen. Aber Montserrat, die sich eifrig Zeitungspapier unter ihr Kostüm stopfte, schlug statt dessen vor, erst einmal anzufangen und dann später, falls es nicht anders ginge, die Vorstellung abzubrechen. Der Filmregisseur Pierre Jourdan, dessen Kameramänner ihre Positionen auf der Bühne einnehmen mußten, wurde benachrichtigt. Um 21.15 Uhr begann die Aufführung.

Die Musiker des Orchesters, eine Leihgabe des neuen Opernhauses in Turin, befestigten ihre Noten mit Wäscheklammern an den Ständern, damit sie nicht davonflogen, und das Publikum mußte sich damit abfinden, daß die Kostüme unkontrolliert hinter den Hauptdarstellern herwehten. Unter diesen Umständen ist es fast ein Wunder, daß überhaupt eine Aufführung möglich war. Aber daß es auch noch die wahrscheinlich großartigste Aufführung wurde, die Montserrat jemals gegeben hat, geht über jede Vorstellungskraft hinaus. Doch Jourdans Film ist der schlagende Beweis dafür. Keine Spur von Routine; jedes vokale Stilmittel, jede Bewegung auf der Bühne scheint Normas verzweifelter Situation zu entspringen. Von der makellosen »Casta diva«, in der Caballés jenseitige Versunkenheit beim Gebet zur keuschen Mondgöttin in einer erhabenen geistigen Ebene dahinzuschweben scheint, bis zum fauchend-wilden »In mia man alfin tu sei«, bei der man wirklich Angst um Vickers bekommt, als die Dolchschwingende Norma ihn wie ein rachelüsterner Raubvogel immer enger einkreist – kein Aspekt dieser Opernrolle entgeht ihr. Diese Aufführung straft all jene Lügen, die sie als unbeteiligte oder wenig überzeugende Bühnendarstellerin bezeichnet haben.

Als der Film Anfang des folgenden Jahres in Paris in die Kinos kam, lud Jacques Bourgeois Maria Callas ein – die damals in Paris lebte –, die Premiere als sein persönlicher

Gast zu besuchen. Sie nahm die Einladung an und sah sich den Film in ungewohnter Schweigsamkeit an. Am Ende sagte sie nur zu ihrem Gastgeber: »Du hast sie zu gut aussehen lassen.« Man fragt sich, welche Gedanken der Callas durch den Kopf gegangen sein mögen. Sie hatte seit zehn Jahren nicht mehr auf der Bühne gestanden und vielleicht erwartet, daß ihre Vorherrschaft in dieser Rolle nie ernsthaft in Frage gestellt würde. Jedenfalls bemerkten Jourdan und Bourgeois, daß sie untröstlich war. Aber nach zwei Tagen rief sie Caballé in Barcelona an, um ihr zu gratulieren. Auf italienisch, die Sprache, in der sich die beiden Sängerinnen gewöhnlich miteinander unterhielten, sprach Callas von »la grandezza del tuo servizio, alla musica e al personaggio« [»dem großartigen Dienst, den Du der Musik und der Rolle erwiesen hast«].

Einige Zeit später bekam Montserrat unerwartet ein Paar Ohrringe mit der Post zugeschickt. Sie waren von Maria Callas. Diese hatte sie 1955 für ihre *Norma*-Aufführungen an der Scala von Luchino Visconti bekommen und sie später immer wieder in dieser Rolle getragen. Maria Callas starb knapp zwei Jahre später, und vielleicht war diese schlichte Geste eine unausgesprochene Anerkennung ihrerseits, daß die Fackel bereits weitergereicht worden war. Callas jedenfalls scheint zu diesem Schluß gekommen zu sein. Ihr letztes Interview gab sie wenige Tage vor ihrem Tod, und Philippe Caloni stellte ihr die provokative Frage, ob es ihrer Einschätzung zufolge eine wirkliche Nachfolgerin für sie gebe. Die Antwort war unmißverständlich: »Nur Montserrat Caballé.« Sei es, wie es sei, Montserrat schätzte die Freundschaft und den gegenseitigen Respekt, die aus diesem Geschenk sprachen, brachte es aber nicht fertig, die Ohrringe auf der Bühne zu tragen. Sie sagt: »Es gab eben nur eine Maria.«

Nach ihrem Debüt auf dem Festival in Aix-en-Provence am 25. Juli 1974, das glücklicherweise auf einer Aufnahme erhalten ist und Berichten zufolge mit einer gefühlsbetonten Abschiedsrede endete, kehrte Caballé zurück nach Barcelona, um sich wie versprochen für die bevorstehende Operation bereitzuhalten. Mittlerweile war eine vollständige Entfernung der Gebärmutter notwendig geworden, weil der Tumor derartig gewachsen war, daß sie wie eine Schwangere aussah. Nun war sie wieder mit einer Unterleibsoperation konfrontiert, diesmal mit weitreichenderen Nebenwirkungen als bei den beiden Kaiserschnitten. Montserrat unterzog sich den notwendigen Vorbereitungen und stimmte dem 13. September als Operationstermin zu. Dieser kleine Aufschub ermöglichte es ihr nicht nur, im August die seit langem geplante Rolle der Amalia in Verdis *Die Räuber* [*I masnadieri*] für Philips in London aufzunehmen, sondern sich auch für einen lange zurückliegenden Gefallen zu revanchieren. In der ersten Septemberwoche nahm sie zusammen mit Giuseppe di Stefano für Spanish Columbia eine Platte mit Opernduetten auf. Vor zehn Jahren hatte Montserrat als nahezu unbekannte Sängerin in Mexico City gesungen. Damals hatte di Stefano sein weitreichendes Netzwerk aus Freunden und Kollegen auf diese neue und, seiner Meinung nach, sensationelle junge Sopranistin aufmerksam gemacht. Er hatte zuerst mit dem Chef der Metropolitan Opera, Rudolf Bing, gesprochen (obwohl dieser erst auf seinem angestammten Terrain überzeugt werden mußte); und wichtiger noch, er hatte den Musikdirektor der Dallas Opera, seinen alten Freund und Callas-Mitstreiter Nicola Rescigno, derart begeistert, daß dieser beschloß, Caballé als Violetta einzusetzen. Das hätte 1965 eigentlich ihr Debüt in Nordamerika werden sollen, wäre die *Lucrezia Borgia* in der Carnegie Hall nicht unerwartet dazwischengekommen.

Das Verhältnis zwischen Tenor und Sopranistin hatte sich in der Zwischenzeit vollständig umgekehrt. Caballé war mittlerweile an die Spitze der Musikwelt aufgestiegen und befand sich im zehnten Erfolgsjahr ihrer Opernkarriere. Di Stefanos Stimme hatte dagegen im Laufe der Jahre abgebaut, er hatte gerade die aufreibende und äußerst schlecht beratene Konzertreise mit Maria Callas abgeschlossen und war durch die tödliche Krankheit seiner ältesten Tochter in finanziellen Schwierigkeiten geraten. Nun wollte Montserrat wieder mit dem Mann zusammenarbeiten, der ihr selbstlos geholfen hatte, als es in seiner Macht stand. Und so kam es zu den Aufnahmen. Um die stimmlichen Risiken einer solchen Partnerschaft so gering wie möglich zu halten, wurde das Repertoire sorgfältig ausgewählt, entweder aus stilistisch neutralen oder unbekannten Werken, die Hälfte französisch – *Manon*, *Werther*, *Les pêcheurs de perles* – und die andere Hälfte italienisch, darunter Zandonais *Francesca da Rimini* und Carlos Gomes' *Il Guarany*. Die einzige populäre Ausnahme war das Duett aus dem 1. Akt von *L'élisir d'amore*, von dem man annehmen könnte, daß Sopran und Tenor nicht zusammenpassen. Doch dieses »Experiment« gelang sehr gut – er intensiv und emotional, sie brüsk und kokett.

Eine Woche später wurde Montserrat schließlich operiert. Die ganze Familie war im Krankenhaus, und als die Zeit immer weiter voranschritt – schon über die Zeit, die die Ärzte angegeben hatten –, war Bernabé so besorgt, daß er beschloß, zum Operationssaal zu gehen und nachzusehen, was los war. Er war jedoch nicht mutig genug, allein loszuziehen, und wollte seinen Schwager dazu bringen mitzukommen. Carlos war von der Idee nicht so sehr begeistert und versuchte vergebens, ihn davon abzubringen. Doch Bernabé setzte sich durch. Carlos weiß noch, wie sie am Schaufenster des Operationssaals ankamen und sahen, daß zwei Ärzte, einer auf jeder Seite, Montserrats Bauchdecke auseinanderhielten, während ein dritter einen Tumor von der Größe eines Fußballs entfernte. Beide Männer sahen entsetzt und ungläubig zu, wie die Ärzte sich weiter mit diesem Geschwulst abmühten, das wohl mehrere Kilos wiegen mußte. Allerdings waren die beiden so mitgenommen, daß sie gleich wieder davonstürmten und in den Wartesaal zurückkehrten, wo noch mehr nervenzehrende Zeit verging. Schließlich wurden sie benachrichtigt, daß die Operation sich als unerwartet schwierig herausgestellt habe, denn zusätzlich zu dem großen gutartigen Tumor waren die Ärzte auf zwei kleinere, bösartige Exemplare gestoßen, die ebenfalls entfernt werden mußten. Bernabé und Carlos fielen in eine düstere Stimmung, wurden aber kurze Zeit später aufgemuntert, als man ihnen mitteilte, die Operation sei erfolgreich verlaufen.

Nach einem routinemäßigen Aufenthalt im Krankenhaus, wurde Montserrat Mitte Oktober entlassen und kehrte in ihre Wohnung in der Infanta Carlota zurück. Doch Montserrat stand nun vor einem großen Problem: Wie sollte sie ihre Bauchmuskulatur wieder vollständig aufbauen, die sie seit den ersten Übungsstunden am Liceo als Grundzeug ihrer Gesangstechnik betrachtete. Sie konsultierte mehrere Spezialisten und einer von ihnen gab ihr einen ganz neuen Ratschlag: Stehen Sie Ihren Mann, und arbeiten Sie entsprechend an Ihrem Körper. Schließlich stellte sie mit Bernabés Hilfe ein Trainingsprogramm zusammen, das ihre in Mitleidenschaft gezogene Muskulatur wieder auf Vordermann bringen sollte. Sechs Wochen lang unterwarf sie sich ununterbrochen diesem Training und arbeitete, wie sie selbst sagt, »wie eine Wahnsinnige«. Trotzdem ging es ihr noch nicht so gut, daß sie in der Wiederaufnahme von *Anna Bolena* auftreten konnte, die extra für sie ins Programm genommen worden war und zwei Tage nach der Eröffnung der Spielzeit 1974/75 am Liceo ihre Premiere haben sollte.* Pámias gelang es, eine nicht besonders berühmte Sopranistin aus London für die Rolle zu engagieren, die dem Publikum, als »direkt von Co-

* Sie mußte diese Rolle schon zum zweiten Mal absagen, und später sollten weitere Absagen folgen. Irgendwann kam Montserrat zu dem Schluß, das auf den Versuchen, diese Rolle zu singen, ein Fluch liegen müsse.

vent Garden« kommend, angekündigt wurde. Der 1. Akt wurde mit eisigem Schweigen aufgenommen, und eine Frau rief mit lauter Stimme aus dem fünften Rang – Heimat aller wahren Musikfreunde – »Von Covent Garden? Was ist sie denn da: Türsteherin?«. Offensichtlich ist es nicht einfach, eine erkrankte Caballé zu ersetzen, am wenigsten in ihrer Heimatstadt Barcelona.

Am 24. November kehrte sie schließlich auf die Bühne zurück, als sie unerwartet die geplanten *Normas* in Marseille sang. Niemand an der dortigen Oper hatte sich vorstellen können, sie sei schon wieder in der Lage aufzutreten. Das treue Publikum war sogar noch gespannter als Montserrat selbst. Aber obwohl ihre Vorstellung verständlicherweise etwas unausgeglichen war, begann sich ihr altes Duchhaltevermögen am Ende des Abends wieder durchzusetzen, und sie erhielt herzlichen Applaus.

Ihre nächsten Vorstellungen waren weniger anstrengend und in der Tat eine kleine Erleichterung: eine Serie von fünf *Adriana Lecouvreur*-Aufführungen in Triest. Danach ging es zurück nach Barcelona, um Weihnachten zu feiern, wenn auch die Zeit vom 23. Dezember an mit Proben am Liceo ausgefüllt war. Am 2. Januar 1975 sollte dort die Premiere von *I vespri siciliani* sein. Dieses Werk war ein Jahrhundert lang nicht mehr in Barcelona aufgeführt worden, und die Opernleitung hoffte, mit dem Paar Caballé / Domingo den Erfolg von *Aida* im vergangenen Jahr wiederholen zu können – eine Hoffnung, die sich erfüllte. Montserrat blieb am Liceo, um für *Don Giovanni* zu proben und drei Vorstellungen zu geben, eine höchst willkommene Rückkehr zu ihrem alten Repertoire, die aber ihrer Stimmentwicklung im neuen Repertoire völlig gerecht wurde. Denn statt der Elvira versuchte sie sich an der dramatischeren Rolle der Donna Anna und, wie die Aufnahmen beweisen, mit Erfolg. Gleich nach diesen Vorstellungen reiste sie nach Mailand und verbrachte die nächsten zwei Monate an der Scala. Nachdem sie dort am 22. Januar ein Recital gegeben hatte, begann sie mit den Proben für eine Wiederaufnahme der *Norma* am Ende des Monats. Die Premiere war erst die zweite Vorstellung, die Caballé in dieser Rolle an der Scala gab. Im Dezember 1972 hatte sie, vor ihrer Mumps-Erkrankung, erst eine Aufführung bestritten; die großartigen Vorstellungen, die sie mit der Scala 1974 gegeben hatte, waren hingegen am Bolschoi-Theater in Moskau gewesen. Es war die Frage, ob sie nach ihrem perfekten Auftritt in dieser Rolle in Orange das Unwiederholbare für die Mailänder würde wiederholen können. Die Rezension, die in *Corriere della Sera* erschien, läßt keinen Zweifel: Nach zwei Kolumnen mit einer genauen Stimmanalyse unter der Überschrift »Stupenda Norma della Caballé« erfährt man, was ihre Aufführung gewesen war: »una lezione stilistica della quale non si può immaginarne una assolutamente più perfetta«.[13*]

Nicht einmal zwei Wochen später fand die Premiere einer Wiederaufnahme von Zeffirellis angesehener Produktion *Ein Maskenball* statt, mit Caballé als Amelia und José Carreras, der seinen Einstand am Haus in der Rolle des Riccardo gab. Die Vorstellungen wurden ein triumphaler Erfolg – nach Carreras der größte seiner Karriere bis zum damaligen Zeitpunkt – und hatte für beide Künstler sehr wichtige Auswirkungen. Zwei von Herbert von Karajans engsten Mitarbeitern, darunter seine rechte Hand Andrea von Mattoni, sahen sich die Vorstellungen an, und Carlos Caballé wurde im Auftrag des österreichischen Dirigenten gefragt, ob Carreras im kommenden Jahr bei den Salzburger Osterfestspielen in Verdis *Requiem* auftreten könne. Das bedeutete für Carreras einen gewaltigen Karrieresprung; und Carlos war noch erfreuter, als kurze Zeit später der Maestro selbst in Barcelona anrief und fragte, ob Montserrat in denselben Vorstellungen ihr Debüt bei den Salzburger Festspielen geben wolle. Obendrein be-

---

* »Eine Stil-Lektion, die man sich perfekter nicht vorstellen kann.«

schloß die Plattenfirma Philips, mit der Carreras einen Exklusiv-Vertrag abgeschlossen hatte, eine Plattenserie mit Caballé und Carreras herauszugeben, die im Juni mit dem *Maskenball* in Dresden beginnen sollte.

Nach nur wenigen Tagen in Barcelona war die Sopranistin wieder unterwegs und gab eine Reihe von Soloabenden mit gemischtem Programm in Sabadell, Triest und Paris sowie in Nizza zwei konzertante Aufführungen von *André Chénier*, unter der Leitung von Gianfranco Masinis. Ihr Terminkalender war so ausgebucht, daß sie – trotz zweier ernsthafter Erkrankungen – ununterbrochen auf Trab war, in den nächsten sechs Jahren praktisch ohne einen Tag Pause. Nicht daß es in den vergangenen sechs Jahren viele Lücken zwischen den einzelnen Engagements gegeben hätte, aber einige waren es schon gewesen, und eine Pause, in der sie Atem schöpfen konnte, hatte in der Vergangenheit gelegentlich ihre größeren Auftritte unterbrochen. Von nun an war es ein endloser Kreis von sorgfältig aufeinander abgestimmten Vorstellungen an den bedeutendsten Opernbühnen der Welt, die sich mit Studioaufnahmen von Opern abwechselten.

Sie ging allerdings nicht einfach mit den gewohnten Rollen hausieren – das war noch nie Montserrats Stil gewesen. Ein größeres Arbeitspensum bedeutete für sie de facto ein ganz neues Repertoire. Bei ihrer Stimme gab es keine Gründe, die gegen irgendeine Rolle sprachen, auf die sie gerade Lust hatte. Schließlich lagen 20 Berufsjahre hinter ihr, und sie hatte sich von den Paminas und Mimis zur unbestrittenen Rollenkönigin Norma hochgesungen. Zweifellos würden das viele Sängerinnen als adäquate Krönung ihrer Ambitionen betrachten. Aber man hatte die Rechnung ohne Caballés erklärte Neugier auf Musik gemacht. In den nächsten Jahren nahm sie viele Opern-Ungetüme in Angriff, darunter *Turandot* und *La Gioconda*, und erntete von Kopfschütteln bis Zuspruch alle möglichen Reaktionen. Risikorollen für ihre Stimme waren natürlich auch darunter, dessen war sich Caballé sehr wohl bewußt. Aber eine derart entschlossene Diva ist nicht so leicht von ihrem Weg abzubringen, am allerwenigsten eine, die Mitte der 70er Jahre so viel erreicht hatte.

Mitte April 1975 kehrte Caballé nach einer Bühnenabwesenheit von fast drei Jahren an das Royal Opera House, Covent Garden, zurück, um in acht geplanten Wiederholungen der Visconti-Inszenierung von *Der Troubadour* zu singen. Wieder gab es sehr unterschiedliche Rezensionen, weil die Kostüme erneut ihre eigenen waren (sie hatte sie 1972 bei der Einzelvorstellung in Orange getragen). Wahrscheinlich tat man ihr keinen Gefallen damit, daß die Schallplattenaufnahme der Arie aus dem 4. Akt vom vergangenen Jahr zu genau diesem Zeitpunkt erschien, noch tat es die Verbreitung der Nachricht, daß sie zwischen den Vorstellungen Gastspiele in Frankfurt als Elisabeth von Valois und in Valencia als Mimi geben würde. Die Premiere war den Berichten zufolge unausgewogen, doch die zweite Vorführung gelang einer Caballé in glänzender Form um einiges besser. Besonders beeindruckend war ihr Auftritt im 4. Akt, der mit der großartig ansteigenden Phrase in der Sterbeszene »Primo che d'altri vivere« – und der folgenden absteigenden chromatischen Sequenz – gekrönt wird; gesungen in einem einzigen Atemstrom, *pianissimo*, während sie auf der Treppe ausgestreckt dalag. An diesem Abend sang sie auch in einer rasch angesetzten Mitternachts-Gala das beeindruckendste »Tu che le vanità«, das man jemals in der Geschichte des Opernhauses gehört hatte. Um so bedauerlicher war es, daß sie nicht bei allen geplanten acht Vorstellungen mitwirken konnte und sich das Publikum in den restlichen drei mit Liliana Molnar-Talajic begnügen mußte. Deren Hauptverdienst war es, daß Montserrat gegen sie groß und schlank aussah.

Zwischen der dritten und vierten *Troubadour*-Vorstellung gab Caballé am 2. Mai 1975 in der Royal Festival Hall ein Solokonzert. Wegen des langen Aufenthalts in London verbrachte sie immer mehr Zeit in Denny Dayviss' am Regent's Park gelegenen Wohnung. Das war sehr angenehm, nicht zuletzt für Montserrat, die Dayviss schon fast als Familienmitglied betrachtete. Es gab allerdings eine bittere Pille, auf die die Polizei Denny Dayviss aufmerksam gemacht hatte. Es war den beiden Frauen nicht anzuraten, sich ohne männliche Begleitung in der Küche aufzuhalten, da einige Bewohnerinnen, deren Wohnungen auf den Park hinausgingen, erst kürzlich von einem Exhibitionisten oder »Flasher« (wie er auf englisch auch genannt wird) belästigt worden waren.

Das Konzert am Freitag, den 2. Mai wartete wie gewohnt mit einem abwechslungsreichen Programm auf: im ersten Teil einige Opernarien von Händel, Lieder von Strauss, darunter »Cäcilie«, »Allerseelen« und »Morgen!«; die zweite Hälfte bestand dagegen aus selten gesungenen Donizetti-Arien aus *Betley* und *Adelia* und endete mit spanischen Liedern unterschiedlicher Komponisten. Doch das Konzert – Caballés erstes seit fünf Jahren in London – hatte gerade erst begonnen, als einer der Bühnenscheinwerfer einen Funkenregen aussandte und verlosch. Caballé stockte, wandte sich an Zanetti, der noch ein *ritornello* von Händel zu Ende spielte, und forderte ihn auf, eine Pause einzulegen. Die Zuschauer, die größtenteils den wahren Grund des Problems mitbekommen hatten, waren beschämt, als sie sahen, daß die Sopranistin nach vorne trat und mit erhobenen Händen um Aufmerksamkeit bat, wobei man die ganze Spannweite ihres bodenlangen Umhangs sehen konnte, den sie über ihrem ansonsten verdeckten schwarzen Kleid trug. Mit einer dünnen, unerwartet mädchenhaften Stimme und in etwas fehlerhaftem Englisch sagte sie: »Please, my eyes are not so good, and it no help to sing if there is flash in the audience. So please, no flash.« [»Bitte, meine Augen sind nicht so gut, und ich kann nicht singen, wenn es im Publikum blitzt. Also bitte, kein Blitz.«] 3000 Leute wanden sich vor lauter Unbehagen, jeder von ihnen drauf und dran, Montserrat zu sagen, daß niemand Bilder von ihr machte und die Ursache schlicht und ergreifend eine geplatzte Glühbirne gewesen war. In der gespannten Atmosphäre wandte sich Caballé wieder zum Klavier und gab Zanetti ein Zeichen, mit der Einleitung zu beginnen. Er begann, und das Publikum sah erstaunt auf Montserrat, deren Schultern sich hoben und senkten. Dann waren von der Bühne Laute zu hören, die sich verdächtig nach unterdrücktem Kichern anhörten. Mit gesenktem Kopf drehte sich Caballé wieder zu Zanetti um, der ein zweites Mal unterbrach. Sie trat mit breitem Lächeln wieder nach vorne und sagte: »Please, when I say *flash*, I not mean ... « [»Also, wenn ich ›flash‹ sage, dann meine ich nicht ... «] Und sie setzte ihren Satz pantomimisch fort, indem sie die Flügel ihres Umhangs mit beiden Händen weit öffnete.*

Als im Zuschauerraum ungläubiges Gelächter ausbrach, sagte der peinlich berührte Carlos Caballé zu Denny Dayviss, die hinter den Kulissen standen: »Mein Gott, sie weiß nicht, was sie da sagt!« Und Denny antwortete: »Mein Lieber, ich fürchte, sie weiß es sehr gut.« Im Publikum erhob sich ein Geraune und Gemurmel, und Montserrat, die mittlerweile ihr Gesicht mit den Händen verbarg und hohe Lachsalven ausstieß, versuchte sich auf ihrem Platz am Klavier zusammenzureißen (aber es gelang ihr nicht). Nachdem sie sich schließlich wieder beruhigt hatte, wurde der Abend ein großer Erfolg, auch wenn einige wenige Zuschauer schockiert waren und äußerst empört das Haus verließen. Aber die große Mehrheit der Anwesenden fühlte sich darin bestätigt, daß Montserrat nicht nur eine Diva mit einem gewinnenden Lächeln, sondern auch mit einem höchst ansteckenden Kichern war und sie außerdem noch ein unerwartetes Gespür für die Feinheiten der englischen Sprache besaß.

---

* Caballé spielte offensichtlich auf den doppeldeutigen Sinn des Begriffes »flash« im Englischen an: 1.) Blitz; 2.) sich unsittlich / exhibitionistisch entblößen.

Nach dem Ende der *Troubadour*-Serie in Covent Garden kehrte Caballé kurz nach Spanien zurück und gab zwei Vorstellungen in Zaragoza – eine *Norma* und eine *Madame Butterfly* –, um dann für fünf Tage nach Hamburg zu reisen und dort an der Staatsoper zwei *Troubadoure* zu geben. Mitte Juni kehrte sie für zwei Decca-Aufnahmetermine noch einmal nach London zurück. Es handelte sich um Verdis *Luise Miller,* zusammen mit Luciano Pavarotti als Rudolf und Sherril Milnes als Luises Vater. Wenn man Caballés Grund-Repertoire betrachtet, das mittlerweile weitgehend aus Normas, Aidas und Amelias bestand, erscheint die Rolle der Luise etwas rückwärtsgerichtet. Doch mit Hilfe ihrer unglaublichen Technik brachte sie es fertig, ihre Stimme im 1. Akt überzeugend anzuheben und zeigte sich stilistisch ausgezeichnet der Herausforderung der *scena* im 2. Akt und des ganzen 3. Aktes gewachsen. Sie hatte ihre Flexibilität noch nicht der Kraft geopfert. Diese beiden Stimmeigenschaften, die man in den meisten Fällen für unvereinbar hält, traten knapp ein Jahr später in noch schärferen Kontrast, als sie an der Mailänder Scala versuchte, die Luise parallel zu ihrem *Turandot*-Debüt zu singen.

Den größten Teil des Sommers 1975 verbrachte Caballé in Aufnahmestudios. Kaum war die *Luise Miller* fertiggestellt, da flog sie schon nach Dresden, um zusammen mit Carreras an der Aufnahme von *Ein Maskenball* für Philips mitzuwirken. Colin Davis hatte einige Tage mit der Staatskapelle in der Lukaskirche geprobt, doch die Toningenieure hatten Schwierigkeiten, den Ton auszusteuern, was zusammen mit den Stimmen nur noch schlimmer wurde. Wie Carlos Caballé erzählt, vergingen drei Tage, bevor man auf einer Krisensitzung mit Technikern, Produzent und Dirigent entschied, die Aufnahme fallenzulassen. Den Sängern wurden nur ihre bisher entstandenen Ausgaben erstattet, und man versprach ihnen, die Aufnahme so bald wie möglich zu wiederholen.

Montserrat flog zurück nach Spanien, gab ein Solokonzert in Figueras und brach am 3. Juli nach Aix-en-Provence auf, wo ihr Freund und früherer Agent Bernard Lefort mittlerweile künstlerischer Leiter des Festivals war. Das Werk, mit dem sie dort ihr Bühnen-Debüt geben sollte, war Rossinis *Elisabeth, Königin von England* [*Elisabetta, Regina d'Inghilterra*] – eine echte Rarität, obwohl sie schon, wie so oft, von Leyla Gencer gesungen worden war. Gøsta Winbergh sang die Rolle des Leicester, Königin Elisabeths Geliebtem (der heimlich mit Mathilde verheiratet ist [Valerie Masterson]). Die Vorstellungen wurden unter freiem Himmel im Amphitheater von Arles gegeben, unter sehr unangenehmen Bedingungen für die Darsteller. Die ad hoc bereitgestellten Garderoben auf diesem improvisierten Theater-Areal waren Armeezelte, die keinen Schutz vor den vom nahen Fluß herüberschwärmenden Stechmücken boten. Deshalb hatten sich die Sänger und Sängerinnen von Kopf bis Fuß mit insektenabweisenden Mitteln eingerieben. Nach den ersten beiden Vorstellungen flogen der Dirigent Gianfranco Masini und die übrige Besetzung – mit Ausnahme Winberghs – nach London, um die Oper am St. John's Smith Square für Philips aufzunehmen. (José Carreras war schon lange als Leicester für die Aufnahme vorgesehen gewesen und hätte sie auch in Aix-en-Provence gesungen, wenn nicht Terminprobleme dazwischengekommen wären.) Die Aufnahmen gingen gut voran, waren aber noch nicht beendet, als alle für eine weitere Aufführung des Werkes nach Arles zurückkehren mußten. Diesen Termin hatte Lefort arrangiert, um die Oper für das Fernsehen aufzeichnen zu lassen. Doch an diesem Tag – dem 28. Juli – streikte das Kamerateam, und die Vorstellung fiel aus. Caballé war wütend, daß es nicht zu der Aufzeichnung kam, obwohl sie später erfreut erfuhr, daß von der Generalprobe Filmaufnahmen existierten. Sie waren entstanden, um die verschiedenen Kameraeinstellungen auszuprobieren.

Einen Tag nach diesem Debakel kehrten sie und ihre Kollegen nach London zurück, um die Aufnahmen für Philips zu beenden. In ihrem Gepäck befanden sich, ordentlich in einer großen Hutschachtel verpackt, die kunstvoll gearbeiteten und sehr echt aussehenden Requisiten, die die Krönungsinsignien der englischen Könige darstellten (darunter Elisabeths Krone, Reichsapfel und Szepter). Jordi Suriña hatte sie für sie gemacht. Auf dem Flughafen in Heathrow fragten die Zollbeamten Caballé, ob sie etwas zu verzollen habe, und sie antwortete: »Nein.« Dann fragte einer aus der Gruppe, was sie denn in der Hutschachtel habe, worauf sie antwortete: »Meine Kronjuwelen.« Die Beamten witzelten zunächst über diese Bemerkung, bis sie den Deckel entfernten, worauf sie sehr ernste Mienen machten. Trotz ihrer Erklärungen wurde sie eine Weile festgehalten, bis sich die englischen Zöllner davon überzeugt hatten, daß sie es nicht mit einer besonders dreisten Schmugglerin zu tun hatten. Und Caballé war letztendlich froh, daß ihre persönlichen Requisiten nicht beschlagnahmt worden waren.

Einige Tage später brach sie schon wieder auf und gab Solokonzerte in Marbella, La Coruña und Santander. Dann flog sie zurück nach London, wo sie diesmal *Der Korsar* [*Il corsaro*] mit Carreras und Jessye Norman, an die sie sich sehr gut erinnert, aufnahm. Nachdem sie ein weiteres Konzertprogramm absolviert hatte – mit Recitals in einigen spanischen Städten und Gastspielen in Mannheim, Saarbrücken und Stuttgart –, kehrte sie nach Barcelona zurück, um sich einer Nachuntersuchung aufgrund ihrer Operation im letzten Jahr zu unterziehen – mit dem Ergebnis, daß sie sich zwar vollständig von der Gebärmutterentfernung erholt hatte, dafür aber nun Polypen hatte, die entfernt werden mußten. Sie wurde erneut ins Krankenhaus eingewiesen und sofort operiert. Aus diesem Grund mußte sie ihr Debüt am War Memorial Opera House in San Francisco in einer Neuinszenierung der *Norma* absagen. Rita Hunter sprang für Caballé ein und feierte einen persönlichen Triumph.

Trotzdem stand Caballé kaum einen Monat später, nach einem Eingriff, den sie als sehr schmerzhaft in Erinnerung hat (und der mehrere Male wiederholt werden mußte), wieder auf der Bühne. Dieser Auftritt fand weit weg von den Haupt-Opernzentren, auf Teneriffa, statt, und ob ihre Stimme sich erholt hatte, konnte sie vor der einzigen Instanz prüfen, die wirklich wichtig ist: dem Publikum. Aber sie sang die Norma, und bei dieser Rolle konnte sie nicht viel falsch machen. Die Aufführung in Teneriffa hatte ihr letzten Endes ausreichend Mut gemacht, um ein Versprechen einzulösen, das sie Guiseppe di Stefano vor einiger Zeit gegeben hatte. Nach dessen Fernost-Tounee mit Maria Callas, die 1974 in Sapporo, Japan, zu Ende gegangen war, wurde auf Drängen des Tenors für das kommende Jahr eine Rückkehr der beiden Veteranen nach Tokio arrangiert, um mit *Tosca* aufzutreten. Anfang 1975 hatte die Callas einige Monate lang ernsthaft für dieses Projekt geprobt und war sogar so weit gegangen, das Théâtre des Champs-Élysées als heimlichen Schlupfwinkel für die Proben zu benutzen. Doch es hatte eine undichte Stelle gegeben, und ein Journalist war unbemerkt in das Auditorium des Theaters gelangt, als sie gerade übte. In *France-Dimanche* erschien daraufhin ein Artikel über den bemitleidenswerten Zustand ihrer Stimme, was zu jener Zeit wahrscheinlich sehr richtig war. Nichtsdestotrotz war Maria Callas über den Vertrauensbruch zu Recht entsetzt, verklagte die Zeitung und gewann (nach ihrem Tod) den Prozeß. Aber sie traf eine viel weitreichendere Entscheidung: Sie würde nie wieder in der Öffentlichkeit singen. Durch diesen Schritt brachte sie di Stefano in große Schwierigkeiten, denn es waren nur noch sechs Monate bis zu den geplanten *Toscas* in Japan. Die Opernhäuser waren ausverkauft, weil die Japaner die berühmteste Sopransängerin der Welt hören wollten, egal, in welchem Zustand deren Stimme war. Verzweifelt wandte sich di Stefano an Caballé, die sich bereit erklärt hatte, für die Callas einzuspringen, nachdem sich Caballé deren Segen hatte geben lassen. Maria Callas kam selbst ans Telefon und sagte: »Wir lieben beide Pippo« – Pippo ist di Stefanos Kosename –, »deshalb möchte ich, daß Du an meiner Stelle singst, zum einen um meinetwillen, aber vor allem um seinetwillen.« Für ihre Zusage mußte Caballé ihre geplanten Vorstellungen von *Figaros Hochzeit* am Liceo absagen. Als die drei *Toscas* stattfanden, war keine einzige Eintrittskarte zurückgegeben worden, und es gab außerdem lautstarke, aber unerfüllte Rufe nach zusätzlichen Vorstellungen – ein sicheres Indiz für Caballés Stellung in der Welt der Oper.

Danach stürzte sich Caballé am Teatro San Carlo in Neapel, das von dem italienischen Regisseur Alberto Fassini geleitet wurde, intensiv in die Proben für eine Oper, in der sie zum erstenmal singen würde: Donizettis *Gemma di Vergy*. In einem Interview, das im Verlauf der Vorstellungsreihe ausgestrahlt wurde, antwortete Caballé auf die Frage, was ihre Motivation sei, dieses vergessene Werk wiederzubeleben:

> Ich glaube, Sänger sind gewissermaßen verpflichtet, neben ihrem gewohnten Repertoire »neue« Werke zu bieten. Maria Callas war die erste, die klar Stellung bezogen hat, und Joan Sutherland und ich tun es beide schon seit vielen Jahren. Joan sagte einmal zu mir: »Montsy, wenn wir beide es nicht tun, wer sonst soll es dann tun?«

Sie hätte vielleicht noch hinzufügen können, daß sie schon vor sechs Jahren die großartige *scena* des 1. Aktes für die Solo-Platte mit Donizetti-Raritäten aufgenommen hatte. Und ihrer Meinung nach – in Anlehnung und Erweiterung des berühmten Ausspruchs von Lilli Lehmann – war eine *Gemma di Vergy*-Vorstellung genauso anstrengend wie drei *Normas*. Sicher gibt es niemanden, der das besser beurteilen könnte. Denn wie William Ashbrook in seiner unübertroffenen Donizetti-Biographie[14] schreibt, war Caballé im 20. Jahrhundert die erste Sängerin, die die Rolle in Angriff nahm. Ihr dramatischer Stoff ist nicht nur eine Neubearbeitung der früheren *Anna Bolena*, sondern auch der gleichzeitig entstandenen *Beatrice di Tenda* von Bellini.

Die letzte Vorstellung in Neapel wurde am 21. Dezember gegeben – mit einer sensationellen Zugabe, nämlich dem gesamten *concertato* aus dem 2. Akt –, und am nächsten Morgen kehrte Caballé nach Barcelona zurück, um für eine Wiederaufnahme des *Don Carlos* am Liceo zu proben. Der 28. Dezember war der Eröffnungsabend für die drei Vorstellungen, mit Giacomo Aragall – Montserrats Nachbar in der Avenida Infanta Carlota – in der Titelrolle und Gwyne Howell als Philipp II. Nach einem kurzen Abstecher nach Nizza mit zwei Vorstellungen derselben Oper kehrte Caballé an das Liceo zurück und gab drei *Gemma di Vergys*, mit derselben Besetzung wie in Neapel, darunter Juan Pons (in einer kleinen Rolle), eine Entdeckung Carlos Caballés und kürzlich vom Chorsänger zum Solisten aufgestiegen, sowie der argentinische Tenor Luis Lima, der sein Haus-Debüt gab und eine weitere Entdeckung von Carlos war.

Nach der letzten Vorstellung am 20. Januar 1976 reiste Caballé sofort an die Scala, wo sie mit sechs *Aidas* eingeplant war. Zweifellos war der vorangegangene Ausflug in die anspruchsvollsten Gefilde des *belcanto*-Repertoires ein angemessenes Vorspiel für diese Aufführungen. Aber sie war in Gedanken schon bei ihrer geplanten Rückkehr nach Mailand gewesen, wo sie das Direktoren-Triumvirat der Scala, Paolo Grassi, Francesco Siciliani und Claudio Abbado, gebeten hatte, die Titelrolle in der Aufführung zu übernehmen, die zum 50. Geburtstag der Premiere von Puccinis *Turandot* auf dem Programm stand.

10. Kapitel
1976–1979: Bewerberin ums Schwergewicht

Mitte Februar 1976 brach Caballé zusammen mit ihrem Mann nach New York zu ihrem – mittlerweile alljährlichen – zweimonatigen Aufenthalt an der Metropolitan Opera auf. Dieses Jahr wollte sie eine ungewöhnliche Seite ihres Repertoires zeigen, darunter die Titelrolle in einer Oper, die zugleich eine Rückkehr zu ihrer ersten Liebe war: *Ariadne auf Naxos* von Richard Strauss. Die anderen beiden Werke, in denen sie auftreten sollte, waren *Norma* (Bernabé war in letzter Minute für Carlo Cossutta als Pollione eingesprungen und gab sein Met-Debüt) und *Aida*. In dieser Oper sang sie zum erstenmal zusammen mit Marilyn Horne, der Sängerin, die elf Jahre zuvor durch ihre Absage den Weg für Montserrats Debüt in New York geebnet hatte. Horne hatte Caballé gelegentlich an der Met auf der Bühne gesehen, aber die Proben zu *Aida* waren das erste Mal, daß die beiden Frauen miteinander zu tun hatten. Die amerikanische Mezzosopranistin Horne, bekannt durch ihre Bühnen-Verbindung mit Joan Sutherland, war schon seit geraumer Zeit erfolgreich auch eigene Wege gegangen. Berühmt-berüchtigt für ihre drastische Ausdrucksweise, war man zunächst gespannt, wie Horne und Caballé miteinander auskommen würden. Doch die zwei verstanden sich von Anfang an prächtig. Jede der beiden Künstlerinnen bewunderte die technischen Fähigkeiten der jeweils anderen. Aber neben der Musik war Horne begeistert von Caballés mädchenhaftem Humor, während Montserrat von Jackies – wie Horne von ihren Freunden genannt wird – überbordender Lebensfreude angetan war. So entstand zwischen den beiden Opernsängerinnen eine neue und bedeutende Partnerschaft, mit zahlreichen gemeinsam bestrittenen Inszenierungen und konzertanten Aufführungen in Amerika und Europa, die allerdings nicht auf Platte verewigt wurden. Horne blickt mit größtem Vergnügen auf die gemeinsame Arbeit zurück:

> Bis zu den *Aidas* 1976 hatte ich noch nie mit Montserrat zusammengearbeitet, aber ich hatte sie mehrmals an der Metropolitan gehört: In *I vespri siciliani* war sie großartig, und ihre *Adriana Lecouvreur* war perfekt. Was die wenigen großen Sängerinnen von den guten unterscheidet, ist der Klang und die Schönheit ihrer Stimme und vor allem ihres Mittelregisters. Bei Montserrat ist es einfach phantastisch. Die gemischten Töne sind unglaublich, und sie treffen genau ins Ohr. Zur Zeit gibt es keine andere Sängerin, die das kann. Bei einem unserer gemeinsamen Konzerte sang sie ein Stück aus Donizettis *Sancia di Castiglia* – völlig unbekannt –, und sie nahm es und erweckte das Ganze zum Leben. Das Publikum raste, es war toll. Und sie ist nicht nur eine sagenhafte Sängerin, sondern obendrein eine großartige und humorvolle Dame. Ich mag sie sehr gerne.

Mit der Übernahme der Titelrolle in *Ariadne auf Naxos* zeigte die Caballé, daß sie durchaus fähig war, ihrem Image als große Diva noch eine weitere Spitze aufzusetzen. Die Premiere zu den Strauss-Vorstellungen, unter musikalischer Leitung James Levines, wurde am 20. März in einem 1950 von Oliver Messel gestalteten Bühnenbild, das aus Glyndebourne übernommen worden war, gegeben. Die *Ariadne* war parallel zu den *Aida*-Vorstellungen zu sehen. Die Aufführungen boten Montserrat Caballé zwar keine Gelegenheit für irgendwelche humoristischen Einlagen, aber sie rückten eine ganz neue und immer auffälligere Seite ihrer Stimme in den Vordergrund: »[Sie] sang die ersten beiden Akte mit einer Kraft, die fast an die Nilsson erinnerte; die Art und Weise, wie ihre Stimme das Ensemble in der Triumph-Szene übertönte, war erstaunlich.«[1]

Montserrat flog am 10. April auf direktem Wege nach Salzburg, um für Verdis *Requiem* zu proben, in dem sie zusammen mit Cossotto, Carreras und José van Dam singen sollte. Schließlich und endlich gab sie doch ihr Debüt in Salzburg, wenn auch nicht bei den bedeutenderen Sommerfestspielen, sondern bei Karajans eigenen Osterfestspielen. Die erste Probe war eine sogenannte *Sitzprobe* in Karajans Büro, und an ihr nahmen ausschließlich Carreras und Caballé teil. Der Dirigent wollte von ihnen genauestens wissen, wie sie die einzelnen Sequenzen zu phrasieren gedachten und an welchen Stellen sie atmen wollten. Erst nach der daran anschließenden Probe mit dem ganzen Ensemble erfuhren die Spanier von José van Dam, daß Karajan dies nicht wissen wollte, um sie auf die Probe zu stellen, sondern um zu wissen, wo er Atmung und Phrasierung der Sänger bei der Orchesterbegleitung berücksichtigen mußte. Nichtsdestotrotz hatte es Montserrat großen Spaß gemacht. Karajan hatte immer wieder gefragt: »Hier müssen Sie doch atmen, oder?« Und Montserrat, deren Phrasierungen schon immer von legendärer Länge waren, antwortete immer: »Nein, Maestro.«

»Hier?«

»Nein.«

»Hier wahrscheinlich?«

»Nein.«

Karajans Antwort war ein schiefes Lächeln und wiederholte Ausrufe von »Phantastisch, phantastisch!«

Carreras erinnert sich daran, daß Caballé die Vorstellung ihres Lebens gab und die 2000 Zuschauer im Großen Festspielhaus zum Rasen brachte. Leider wiederholte Montserrat ihren Auftritt auf den Osterfestspielen nie wieder und gab ihr

Debüt auf den Sommerfestspielen erst 1987 – mit einem Solokonzert.* Vielleicht lassen wir Montserrat zur Frage ihrer Beziehung oder besser gesagt Nicht-Beziehung zu Karajan selbst zu Wort kommen, wobei es für Caballé typisch ist, daß sie es ablehnt, sich öffentlich zu möglichen Konflikten mit Kollegen zu äußern. In einem Interview sagte sie: »Sagen wir so: Er hat mein Foto, und ich habe seines. In einem hübschen Bilderrahmen.«

Von Salzburg flog Caballé nach Paris, wo sie am 20. April 1976 eine konzertante Aufführung von *Gemma di Vergy* in der Salle Pleyel gab. Wie die anderen Auftritte in dieser Konzerthalle wurde diese Aufführung in Zusammenarbeit mit dem französischen Hörfunk veranstaltet und hat in den Archiven des Institut National de l'Audiovisuel (INA) überlebt. Es blieb noch Zeit für zwei vereinbarte Aufführungen des *Don Carlos* in Madrid übrig, bevor Caballé nach Mailand reiste und zum erstenmal in Puccinis unvollendetem Meisterwerk *Turandot* die Titelrolle sang. Diese Aufführung war eine Gala-Veranstaltung anläßlich des 50. Jahrestags der Mailänder Uraufführung vom 25. April 1926. Niemand schien sich daran zu stören, daß das Werk drei Wochen nach dem eigentlichen Jubiläumstermin auf dem Programm stand. Montserrat wurde allerdings bereits für den 28. April erwartet, um mit den Proben für eine Neuinszenierung der *Luise Miller* zu beginnen, deren Premierentermin der 5. Mai war. Während dieser ersten Probensequenz war für den 1. Mai ein Solokonzert im Haus geplant und danach eine weitere Probenwoche für die *Turandot*-Inszenierung, deren Premiere am 13. Mai stattfinden sollte. In einem gut organisierten Opernhaus hätte

---

* Mal ganz abgesehen von künstlerischen Animositäten ist es auffällig, daß viele der führenden Nachkriegs-Sopranistinnen niemals in Salzburg gesungen haben, darunter Maria Callas, Renata Tebaldi, Joan Sutherland und Renata Scotto.

man sich an diesen Zeitplan gehalten, aber dieses Haus hieß La Scala, und so kam so ziemlich alles, was diese Pläne hätte vereiteln können, zusammen, von Inkompetenz und Falschheit in der Führungsebene bis hin zu höherer Gewalt – obendrein noch eine doppelte Dosis Krankheit auf seiten der Diva.

Die Scala hatte ursprünglich angekündigt, *Turandot* werde von Luigi Squarzina inszeniert und das Bühnenbild von Pier Luigi Pizzi gestaltet. Aber nur einen Monat vor der Premiere beschloß man, statt dessen auf die bekannte Margherita Wallmann / Nicola Benois-Produktion zurückzugreifen und fragte die ursprüngliche Regisseurin kurzfristig, ob sie die Regie wieder übernehmen wolle. Sie nahm das Angebot an, obwohl sie Bedenken wegen der knappen Probenzeit hatte, um dann im Mai zu erfahren, daß das Werk statt ihrer Sonja Frisell, Assistentin Jean-Pierre Ponselles und Produktionsleiterin an der Scala, anvertraut worden war. Wallmann zog ihre Zusage sofort zurück und verlangte eine Richtigstellung im Programm (die nicht stattfand). In der Zwischenzeit hatte Caballé Zahnschmerzen bekommen und mußte sich einen oberen Backenzahn ziehen lassen, was zur Absage ihres Konzertes führte. Wie sie einmal bemerkt hat: »Zum Singen braucht man keine richtige Technik, noch nicht einmal eine Stimme, aber Zähne braucht man zum Singen!« Die Scala wollte die Premiere der *Luise Miller* auf den 12. Mai, den Tag vor der *Turandot*-Premiere, verschieben. Aber Caballé widersetzte sich verständlicherweise der geplanten raschen Aufeinanderfolge ihrer Vorstellungen, und deshalb verschob man Puccinis Werk auf den 16. Mai. Dann wurde Mirella Freni krank und sagte die Rolle der Liù ab. Der geänderte Zeitplan hätte Caballé zumindest die Möglichkeit gegeben, in beiden Premieren zu singen, aber die *Luise Millers* hätten sich mit der einzigen *Turandot*-Vorstellung überschnitten. Also engagierte man auf die Schnelle eine andere Sängerin für die Rolle der Luise: Adriana Maliponte.

Und dann am 10. Mai, nachdem es Zubin Mehta nach der Generalprobe für Caballés *Luise Miller* endlich geschafft hatte, mit den Bühnenproben zu *Turandot* zu beginnen, gab es ein Erdbeben in Norditalien, das in der Lombardei, Venetien und in Piemont zu spüren war. Caballé, die sich in ihrer Hotelsuite verkrochen hatte, rief jeden an, der ihr gerade in den Sinn kam, ihre Eltern in Barcelona und ihr Bruder eingeschlossen. Carlos, dem die aufkommende Panik in der Stimme seiner Schwester am anderen Ende der Telefonleitung nicht entgangen war, rief Carreras an, der in Turin mit Katia Ricciarelli am Teatro Regio probte – zufälligerweise auch für *Luise Miller.* Carreras verließ seine Opernpartnerin und fuhr die 150 Kilometer nach Mailand, um der panischen Caballé zur Seite zu stehen. Sie bestand darauf, ihr Gepäck in sein Auto zu laden und mit ihm – es war fünf Uhr morgens – zurück nach Turin zu fahren. Nichtsdestotrotz ging die Premiere der *Luise Miller* ohne Zwischenfälle vonstatten, und beide Hauptdarsteller, Caballé und Luciano Pavarotti als Rudolf, wurden begeistert gefeiert.

Mittlerweile hatte die Scala die Rolle der Liù mit Elena Mauti Nunziata neu besetzt, und Mehta hatte es geschafft, noch drei Orchesterproben vor der *Turandot*-Generalprobe am 14. Mai einzuschieben. Trotz allem verlief die Generalprobe sehr gut.* Das Theater hatte keine Kosten und Mühen gescheut, um eine möglichst festliche Atmosphäre für die *Turandot*-Gala am 16. Mai zu schaffen. Der Nobelpreisträger Eugenio Montale hatte zugesagt, die Begrüßungsrede zu halten, und Mehta hatte beschlossen, Toscaninis Geste bei der Uraufführung zu wiederholen und die Aufführung mit Liùs

---

* Schätzungen zufolge hatte man für diese vielgepriesene »Gala zu Ehren der Neuinszenierung von *Turandot*« etwa zehn Stunden für die Proben aufgewandt, im Gegensatz zu Giorgio Strehlers *Macbeth*-Inszenierung, mit der die Saison eröffnet worden war und die in den Genuß von mehr als 90 Probestunden kam.

Tod abbrechen zu lassen (bis dahin war Puccini bis zu seinem Tod gekommen). Aber das illustre Publikum war von Anfang an enttäuscht, nachdem es sich hingesetzt und die Programmhefte aufgeschlagen hatte: Sie hatten nicht nur die Freni als Liù erwartet, sondern es hatten auch Gerüchte kursiert, Franco Corelli werde die Rolle des Kalaf übernehmen. Gianfranco Cecchele hielt man nicht gerade für einen angemessenen Ersatz. Trotzdem kam Montales Rede sehr gut an. Sie überhäufte sowohl Puccini als auch Caballé mit Lob und gab eine lebhafte Schilderung von der Uraufführung im Jahr 1926. Mehta stellte sich ordnungsgemäß in den Orchestergraben, bedankte sich für den herzlichen Applaus und begann, den ersten Akt zu dirigieren. Die Kenner waren allerdings überrascht, als Turandot – ohne zu singen – nach der Hälfte des 1. Aktes zum erstenmal auftrat, denn die Prinzessin hatte nicht die geringste Ähnlichkeit mit Montserrat Caballé. Vielleicht, so vermuteten einige, war das wieder eine neue Laune der Diva: Wenn sie gerade nicht als Sängerin gebraucht wurde, dann konnte ja in der übrigen Zeit ein Double ihren Job übernehmen.

Tatsächlich aber saß Montserrat vollkommen geschminkt und in großer Sorge in ihrem Hotelzimmer. Kurz vor der Aufführung hatte sie festgestellt, daß sie Blut verlor, und gleich darauf unerträgliche Rückenschmerzen bekommen. Francesco Siciliani, der Künstlerische Direktor an der Scala, war zu Caballé in die Hotelsuite geeilt, wo sich ihr Bruder Carlos gerade um sie kümmerte. Siciliani benachrichtigte Paolo Grassi, den Intendanten des Theaters, sowie Grassis Arzt, der bald darauf eintraf. Seine vorläufige Diagnose war recht schnell gestellt, denn die Symptome ähnelten den Beschwerden, unter denen Grassi auch häufig litt: Montserrat war gerade dabei, einen Nierenstein auszuscheiden. Mehta kam nach dem 1. Akt schnell herüber und sah, daß die Diva offensichtlich Schmerzen hatte und auf keinen Fall auftreten konnte. Dann entspann sich eine Szene, in der sich die Vertreter des Scala-Managements gegenseitig die Verantwortung zuschieben wollten, das Publikum zu informieren. Schließlich bot sich Mehta zur Erleichterung aller an, die undankbare Aufgabe zu übernehmen. Der Dirigent Carlo Rizzi, damals noch ein Student, saß mitten im Publikum und kann sich noch lebhaft daran erinnern, wie der indische Dirigent mit der Situation umging, die dann leider in einem riesigen Fiasko gipfelte. Nachdem er einem unruhigen und skeptischen Publikum die Gründe für die Schwierigkeiten erklärt hatte, versuchte Mehta den Verdacht zu zerstreuen, Caballé habe sich einfach aus dem Staub gemacht, weil sie Angst vor einer Rolle habe, die ihr viele ohnehin nicht zutrauten. Deshalb versicherte er den Anwesenden, daß die Generalprobe ein sensationeller Erfolg gewesen sei und Montserrat grandios gesungen habe. Das Publikum, so Mehta, hätte wirklich dabeigewesen sein sollen. Natürlich wurde er mit höhnischem Gejohle bombardiert, das sich auch danach nicht legte, als er ankündigte, die Vorstellung werde mit der rasch benachrichtigten Emma Renzi in der Titelrolle fortgesetzt. Die meisten Zuschauer dachten wahrscheinlich, der Tod Liùs, nach dem der Dirigent seinen Taktstock niederlegen wollte, könne gar nicht früh genug kommen.

Das war ein Skandal, wie er nur in Mailand möglich war, und die meist schlecht recherchierten Presseberichte über Caballés sensationelles Nichterscheinen dauerten ein paar Tage an. Unterdessen hatte es Montserrat entgegen des ärztlichen Rates abgelehnt, sich in das Mailänder Stadtkrankenhaus einliefern zu lassen. Statt dessen blieb sie neun Tage lang im Hotel und wartete darauf, daß der Nierenstein abging. Wie die Ärzte erklärten, hatte sie wahrscheinlich eine Veranlagung für diese Erkrankung und sollte in Zukunft darauf achten, was sie aß und trank.

Montserrats erstes größeres Engagement nach einer kurzen Erholungspause war in Hamburg, wo sie Mitte Juni in nur elf

Tagen den größten Teil ihres aktuellen Verdi-Repertoires sang: zwei Aidas, eine Amelia und eine Elisabeth von Valois. Sie gab noch ein Konzert in Lyon und flog dann nach Spanien, um dort wie jedes Jahr in den Sommermonaten mit ihren Opernaufnahmen zu beginnen. Ihr erstes Projekt war etwas Besonderes, es lag der Sopranistin sehr am Herzen, und sie wartete schon jahrelang darauf, es endlich realisieren zu können. Schon mindestens zweimal hatte sie die Möglichkeit gehabt, *Madame Butterfly* aufzunehmen, einmal mit Luciano Pavarotti. Aber sie hatte jedes Mal abgesagt, weil es für sie fast so etwas wie ein Treuebruch gewesen wäre: *Butterfly* war die Oper, die Bernabé gehörte. Die Oper war in den frühen 60er Jahren das Leitmotiv der aufkeimenden Liebe zwischen Montserrat und Bernabé gewesen. Und Montserrat hatte immer gelobt, sie wolle, wenn sie je die Möglichkeit dazu hätte, das Werk auf Platte aufnehmen zu können, dies nur mit dem Linkerton tun, der ihr Herz gewonnen habe. Die großen internationalen Plattenfirmen waren auf diesen Vorschlag nicht eingegangen, doch Spanish Columbia war um einiges zugänglicher. Und so wurde Caballés Cho-Cho-San, die in den zurückliegenden Erfolgsjahren kaum noch in ihrem Repertoire zu finden gewesen war, von Ende Juni bis Anfang Juli 1976 endlich auf Platte gebannt.

Kaum waren die Aufnahmen beendet, flog sie nach London, wo sie innerhalb von acht Tagen *Tosca* einspielte, mit José Carreras und dem Orchester der Royal Opera in Covent Garden, unter der Leitung des damaligen Musikdirektors Colin Davis. Die immer zahlreicher werdenden Stimmen, die die Eignung Caballés für ein hochdramatisches Repertoire in Frage stellten, wurden durch diese Aufnahme wohl Lügen gestraft; ebenso durch die Soloplatte mit *verismo*-Arien, darunter Turandots »In questa Reggia«, die sie, wieder zurück in Barcelona, in der folgenden Woche mit dem Dirigenten Anton Guadagno aufnahm. Andererseits war die Einspielung der *Lucia di Lammermoor* Ende August (nach kurzen Sommerferien im Landhaus) eine entscheidende, aber auch unerwartete Rückkehr zum vertrauten *belcanto* gewesen, wenn er diesmal auch durch die Wiederherstellung der ursprünglichen Tonart und die Streichung vieler schmückender Elemente in eine dramatischere Richtung ging. Caballé ist sehr stolz auf diese Aufnahme, weil es für sie die einzig wahre musikalische Umsetzung der ursprünglichen Intentionen Donizettis ist, die in einem Manuskript deutlich werden, das ihr das Donizetti-Archiv in Bergamo zur Verfügung gestellt hatte.

Nachdem sie die *Lucia*-Aufnahmen für Philips – wieder zusammen mit Carreras – am 25. August in London beendet hatte, reiste Caballé nach Straßburg und nahm dort innerhalb von zwei Wochen die Rolle der Margarethe in Gounods *Faust* auf. Das war zugleich ihre erste Einspielung für die französische Plattenfirma Erato, mit Giacomo (Jaime) Aragall in der Titelrolle. Allerdings hatte es hinter den Kulissen einige Intrigen gegeben, durch die der Tenor gegen einen berühmteren Sänger ausgetauscht und das ganze Projekt an die EMI abgegeben werden sollte. Doch Caballé stand zu dem Vertrag, den sie unterzeichnet hatte, und zum Dirigenten Alain Lombard. Aber – um ehrlich zu sein – es ist schade, daß die Intrigen keinen Erfolg hatten, denn die Aufnahme ist schlecht ausgesteuert, die Beiträge von Chor und Orchester mittelmäßig und der Einsatz des Dirigenten schleppend. Mit dieser Aufnahme hatte sich Caballé den inbrünstigen Wünschen der Beteiligten gebeugt, obwohl ihr Beitrag technisch vollendet ist – mit Ausnahme einiger schwerfälliger Koloraturen. Aber die Margarethe war in ihrem Repertoire nie sehr häufig aufgetaucht – 1965 hatte sie die Partie bei ihrem Debüt an der alten Metropolitan Opera zum letzten Mal auf der Bühne gesungen –, und im jetzigen Stadium klang ihre Stimme für diese Rolle zu reif. Die französischen Musikkritiker dachten offenbar nicht so, denn für ihre Interpretation wurde ihr der Grand Prix du Disque verliehen, nachdem die Platte im folgenden Jahr herausgekommen war.

Während einer geplanten viertägigen Aufnahmepause flogen Caballé und Aragall nach Wien, um dort mit einer Wiederaufnahme des *Don Carlos* die Saison 1976/77 an der Wiener Staatsoper zu eröffnen. Diese Vorstellung fand vor einem gewohnt illustren Publikum statt, darunter Elizabeth Taylor, deren Eintreffen dem neuen Intendanten und Künstlerischen Direktor, Egon Seefehlner, die Schau stahl. Er hoffte, das schwierige Wiener Publikum mit dieser äußerst wichtigen Premiere für sich einzunehmen. Er – und die Wiener – wurden nicht enttäuscht:

> Das war eigentlich schon eine Gala-Vorstellung, und sie dauerte wegen der häufigen und lautstarken, stehenden Ovationen eine Stunde länger ... Montserrat Caballé entzückte alle mit ihrer Darstellung der Elisabeth. [Sie] steckt die meisten der heutigen lyrischen Sopranistinnen in die Tasche; sie war einfach großartig.[2]

Caballé war die ganze zweite Septemberhälfte und die erste Oktoberhälfte auf einer Fernost-Tournee. Die ersten beiden Wochen begannen mit konzertanten Aufführungen der *Adriana Lecouvreur* in der NHK-Halle in Tokio – Vorstellungen, an die sich José Carreras, der Moritz, so lebhaft erinnert.[3] Eine von ihnen existiert als nicht autorisierte Platte und als Video, und darauf ist eine köstliche spontane Geste zwischen Sopranistin und Tenor zu sehen. Während des Liebesduetts im 1. Akt lockert sich bei einer Umarmung mit Carreras einer von Montserrats schweren Ohrclipsen, und als sich die beiden voneinander lösen, fällt er geradewegs in ihr weit ausgeschnittenes Dekolleté. Zu ihrem Vergnügen fischt ihr Partner vorsichtig nach dem guten Stück und gibt es ihr mit leicht hochgezogener Braue und einem kaum unterdrückten Grinsen zurück. Caballés Lippen umspielt ein Lächeln, und sie gibt ihrem Partner spontan einen Kuß. Als er abtritt, trippelt sie vergnügt über die Bühne, was einen sowohl ihr Alter als auch ihren Umfang vergessen läßt. In keiner anderen erhältlichen Vorstellung ist zu sehen, daß sich die Diva so offensichtlich amüsiert, vielleicht mit Ausnahme ihres unglaublichen Auftritts in der Wiener Inszenierung der Rossini-Oper *Il viaggio a Reims*.

Danach führte sie eine Konzert- und Recital-Tour nach Manila, Osaka, Fukuoka, Hiroshima und nach Sapporo, dem Ort, an dem Maria Callas zwei Jahre zuvor ihren Abschied von der Bühne genommen hatte. Am Ende des Monats gab sie in Südfrankreich einige Konzerte und Recitals in Avignon, Alès und Bordeaux sowie drei Vorstellungen von *Ein Maskenball* in Nizza, mit Carreras als Riccardo. Ihre gemeinsamen Auftritte fanden in der folgenden Woche in Barcelona ihre Fortsetzung. Dort sangen sie zusammen in drei *Tosca*-Aufführungen am Liceo, mit Ingvar Wixell als Scarpia. Es folgte eine absolute Rarität: ein England-Trip der Caballé, der weder eine Aufführung noch eine Plattenaufnahme in London einschloß. Statt dessen gab sie am 28. November 1976 am New Theatre in Cardiff – der Heimatstadt der Welsh National Opera – ein Solokonzert. Das Programm bestand aus deutschen, französischen und spanischen Liedern und wurde mit einigen *arie antiche* eröffnet, diesmal ausschließlich aus den Händelwerken *Ezio*, *Ottone* und *Atalanta.* Berichten zufolge sang Caballé hervorragend. Doch während ihrer Darbietung von Strauss' »Morgen« sah das Publikum etwas irritiert, daß Caballé wild mit den Armen um sich schlug. Sie beendete das Lied ohne die geringste Abweichung von der Melodie, doch dann hob sie die Arme, um dem Applaus des Publikums zuvorzukommen. Caballé erklärte, daß eine Fliege, die die ganze Zeit um ihren Kopf herumgeschwirrt war, mitten im Lied in den Mund geflogen sei und gleich wieder heraus. Das Publikum mußte noch mehr lachen, als im Zuschauerraum in der Stille vor einem spanischen Lied das Surren eines unerlaubt eingeschalteten Tonbandgerätes zu hören war und die Sopranistin ausrief: »Aha! Watergate!«

Der neue Wiener Intendant Seefehlner hatte offenbar erkannt, daß Caballé bisher an der Staatsoper nicht oft genug zu hören gewesen war und dies in der kommenden Spielzeit anders werden müsse. So kamen die Wiener in den ersten drei Dezemberwochen in den Genuß einer umfassenden Präsentation ihres aktuellen Repertoires. Sie sang jeweils in einer Vorstellung von *Don Carlos*, *Troubadour*, *Tosca* und *Ein Maskenball*. Die *Norma* war nur deshalb nicht unter diesen Werken, weil eine neue Inszenierung der Oper für Ende März des folgenden Jahres auf dem Programm stand. Unterdessen stand sie mit ihrer geplanten Weihnachtsvorstellung am Liceo vor der härtesten Prüfung, denn nach der Callas hatte es keine Sängerin mehr geschafft, mit der Cherubini-Oper *Medea* einen Erfolg zu feiern. Die Rolle ist, zumindest in dramatischer Hinsicht, sehr reizvoll. Bellinis *Norma* ist im Grunde nur eine Bearbeitung des gleichen Stoffes, mit dem wichtigen Unterschied, daß Norma es nicht fertigbringt, ihre eigenen Kinder aus Rache umzubringen, und ihrer Rivalin sogar verzeiht. Medea tötet ihre Kinder dagegen und vergiftet ihre Rivalin, bevor sie mit ihrem Streitwagen entflieht und hinter sich ein Chaos zurückläßt. Auf ein Publikum unserer Tage, daran gewöhnt, daß Wahnsinn und Rache wie in Strauss' *Elektra* musikalisch ausgedrückt werden, kann Cherubinis Musiksprache wohltuend wirken, besonders dann, wenn das Werk, wie es heutzutage zunehmend geschieht, in seiner ursprünglichen Form als *opéra comique* aufgeführt wird, das heißt auf französisch und mit vielen gesprochenen Dialogen. Gerade der Erfolg der Callas als Medea, der in unzähligen Kritiken und auf Videos festgehalten ist, läßt die Frage aufkommen, ob ihre Eignung für diese Rolle nicht eher schauspielerischer als musikalischer Natur war und ob ihre Leistung nicht vor allem auf ihre äußerst intensive und boshafte Bühnenpräsenz zurückzuführen ist. Wie fast jede andere Sängerin auch findet es Montserrat sehr schwierig, die Rolle, so wie sie komponiert ist, zum Leben zu erwecken, auch wenn es einem durch die gesungenen Rezitative leichter gemacht wird, die Franz Lachner rund 50 Jahre nach der Premiere des Werks an Stelle der gesprochenen Dialoge komponiert hat.

Einem vor kurzem erschienen Buch über die Geschichte des Liceos zufolge hatte das Publikum das Gefühl, die Rolle sei zu lyrisch für Caballés Stimme und sie lasse die nötige Wildheit und Rachsucht vermissen (obwohl die Premiere mit einem fast halbstündigen Applaus gefeiert wurde). Mit gutem Grund ist anzunehmen, daß auch Caballé dieser Meinung war, denn das Werk verschwand sofort aus ihrem Repertoire, und erst 1989 nahm sie es wieder auf. Der Kritiker der Metropolitan-Zeitschrift *Opera News* dachte jedoch anders darüber: Nachdem er Margherita Wallmanns Debüt-Inszenierung in Spanien (zufälligerweise auch das erste Bühnenwerk Cherubinis, das in Spanien aufgeführt wurde) sowie die Leistungen Luis Limas als Jason und Christine Weidingers als Kreusa gepriesen hatte, schrieb er: »[Caballé] beeindruckte als Medea und entwickelte mit jeder Vorstellung ein besseres Gespür für den dramatischen Gehalt der Rolle. Ihre hohen Töne waren umwerfend, und sie bewältigte sehr geschickt die (für ihre Stimme) unbequem tiefe Lage der Medea.«[4]

Diese letzte Feststellung spricht einen interessanten Aspekt in der Entwicklung von Montserrats Repertoire hin zu dramatischeren Rollen an. Viel von der »Schwere« in den *verismo*-, späten Verdi- und heldenhaften *belcanto*-Rollen beruht nicht auf der Betonung der obersten Stimmlage, sondern im Gegenteil auf der des Brustregisters. Wenn man sich die Partituren von so unterschiedlichen Rollen wie Amelia, Gioconda, Aida, Santuzza und Norma anschaut, fällt auf, daß die Melodie ganze Passagen lang eine sehr tiefe Stimmlage hat, und am Ende muß die Sängerin einen Sprung von mehr als zwei Oktaven nach oben machen. In dieser Betonung des dunklen und unheilvollen Klangs der Stimme liegt das eigentliche Risiko: Nicht umsonst nannte der deutsche Dirigent Hans von

Bülow Verdi scherzhaft »den Attila der Kehlen«. Für jede Sopranistin, die den ganzen Abend über das Brustregister gesungen hat, ist es schwierig, die Stimme in den höheren Lagen wieder zu »bündeln« und ihr die nötige Klarheit zu verleihen. Die Sängerinnen nehmen deshalb gewöhnlich in Kauf, daß sich ihre Stimme in den höheren Lagen entweder verhärtet oder verschleißt. Im Fall Callas passierte letzteres, während bei Caballé – dazu über einen viel größeren Zeitraum – ersteres zutrifft. Viele glaubten, dies sei für Caballé ein zu hoher Preis. Andere dagegen, die 1979 die Giocondas in Genf hörten oder, noch beeindruckender, 1981 die Turandots in Paris, sind anderer Meinung. Und selbst wenn sie mit der Zeit ihr Durchhaltevermögen in den höheren Stimmlagen etwas einbüßte, sollte man nicht vergessen, daß sie heute, mit über 60 Jahren, immer noch singt.

Caballé kehrte am 9. Januar 1977 an die Scala zurück, um ein Recital und eine ganze Serie von *Norma*-Vorstellungen zu geben. Man weiß nicht, wessen Nachsichtigkeit man nach dem Debakel, das sich nur sieben Monate zuvor ereignet hatte, mehr bewundern soll: Caballés gegenüber dem Theater oder die der Scala gegenüber ihr. Jedenfalls war sie beim Solokonzert am 10. Januar in äußerst heiterer Stimmung. In einer der zahlreichen Zugaben – »El vito« von Obradors – wurde sie so von dem ansteckenden Rhythmus erfaßt, daß sie zu schwungvoller Beinarbeit angeregt wurde. Leider verfing sie sich dabei im Saum ihres bodenlangen Abendkleides und fiel nach einer merkwürdigen Verrenkung mitten in der Arie mit einem lauten Krach zu Boden. Den Rest der Arie sang sie, ohne mit der Wimper zu zucken oder eine falsche Note zu singen, auf der provisorischen Bühne hockend, die für solche Fälle den Orchestergraben bedeckt. Das Publikum brach in entzückten Applaus aus, und obwohl Caballé auf dem Boden saß, hatte ihre starke Persönlichkeit und Geistesgegenwart sie durch diese peinliche Situation gebracht und ihr sogar zum

Vorteil gereicht. Mit einem schelmischen Lächeln und einem ansteckenden Kichern hat Montserrat in ihrer Karriere mehr erreicht, als es die meisten Diven gewöhnlich mit Geschreie, Drohungen und Wutanfällen schaffen. Bemerkenswert ist auch, daß an der Scala praktisch jede Sängerin oder jeder Sänger schon einmal für seinen oder ihren Auftritt ausgebuht wurde, Montserrat aber nur ein einziges Mal das Ziel von Buh-Rufen war, weil sie *nicht* erschien und das Publikum seine Wut ungerechterweise an der Ersatzsängerin ausließ.

Die Wiederaufnahme der *Norma* erlebte am 18. Januar ihre Premiere und wurde in ganz Europa live im Fernsehen übertragen. In der Pause brauchte man allerdings für das Publikum an den Bildschirmen eine geeignete Darbietung, und so wurde es Zeuge eines zahmen Schlagabtauschs zwischen zwei Diven, einer alten und einer neuen. Wahrscheinlich war es der visuelle Höhepunkt des Abends, wie sich Gina Cigna und Leyla Gencer mit königlicher Herablassung gegenseitig die Schau stahlen.* Im Anschluß an die vierte Vorstellung, am 28. Januar, flog Montserrat nach London, um ein Solokonzert am Royal Opera House zu geben, das bald zu einer festen alljährlichen Einrichtung wurde, doch diesmal war es eine Neuheit für das Londoner Publikum. Nach einer glänzend dargebotenen ersten Hälfte mit Händel und Schubert, beendete sie die spanische Hälfte mit einigen *zarzuela*-Arien. Sie hatte José de Udaeta für diesen Auftritt gewinnen können, einen bekannten spanischen Tänzer, der ebenfalls virtuos mit Kastagnetten umgehen konnte.

Während der hagere, dunkelhäutige Künstler still dastand, erklärte Caballé in ihrem unnachahmlichen Englisch genaue-

---

* In Lanfranco Rasponis Buch *The Last Prima Donnas* äußert sich Cigna selbst dazu: Gencer beging den unverzeihlichen Fehler, die Cigna beiläufig zu fragen, ob sie jemals die Norma gesungen habe. Cignas frostige Antwort war: »Ja, meine Liebe – nur über 500mal.«

stens den Unterschied zwischen dem Einsatz von hölzernen und knöchernen Kastagnetten. Der größte Teil des Publikums war fasziniert. Aber die Show ging erst richtig los, als sich Montserrat vorsichtig auf die äußerste Ecke eines Stuhls setzte und mit großen Augen ihr Vergnügen über Udaetas Bewegungen zum Ausdruck brachte. Sie beendete das Konzert mit einigen ausgezeichneten Zugaben, und die Mehrheit des Publikums ging verzückt nach Hause. Ein Kritiker schrieb:

> Was am meisten beeindruckte, war der wunderbare Humor der Sängerin, und es ist schon schade, daß sie ihr komisches Talent in der Oper nicht öfter einsetzen kann ... ihre wohlüberlegte Anerkennung und übertriebene Reaktion auf Udaetas Kastagnetten-Solo war eines der gelungensten komödiantischen Kabinettstücke.[5]

Aber einige verließen den Saal und brummelten düster vor sich hin, daß die Ikone der hohen Kunst – ein Liederabend – entweiht worden war und sie ihr dies niemals verzeihen würden (dabei übersahen sie geflissentlich, daß sie sich nicht in einem intimen Salon befanden, sondern in einem 2 000 Personen fassenden Opernhaus). Viele Jahre später, als sie ihre Schalkhaftigkeit bei einer anderen Gelegenheit in Schwierigkeiten brachte, bemerkte Montserrat: »Ich dachte immer, die Engländer seien berühmt für ihren Sinn für Humor.«

Am folgenden Tag flog sie nach Mailand zurück, um ihre *Norma*-Aufführungen fortzusetzen. Die letzte Aufführung mußte allerdings abgesagt werden, weil ein Kurzschluß in der Bühnenelektrik den kostbaren Bühnenvorhang in Brand gesetzt und vollständig verkohlt hatte. Mindestens ein Kritiker war zu hören, der beklagte, daß das Feuer Cerolis Bühnendekoration weitestgehend unbeschädigt gelassen hatte. Tatsächlich hätte es wohl breite Zustimmung, sowohl auf Kritiker- als auch auf Publikumsseite, gegeben, wenn das

Feuer das Bühnenbild der *Norma* vernichtet hätte. Am 17. März trat Caballé in einer anderen Inszenierung von *Norma* auf, diesmal an der Wiener Staatsoper. Dafür hatte man im Vorfeld in einer Weise die Werbetrommel gerührt, die in der allgemein opernfeindlichen Atmosphäre Mitte der 70er Jahre ihresgleichen suchte, auch wenn Wien in dieser Hinsicht eine Ausnahme bildete.

Die Inszenierung sah auf dem Papier so vielversprechend aus, daß der Erfolg vorprogrammiert schien. Neben Montserrat als Norma sang Cossotto die Adalgisa und der häufig unterschätzte Carlo Cossutta den Pollione. Es spielte die Wiener Philharmonie, unter Leitung Riccardo Mutis, Regie führte Piero Faggioni und das Bühnenbild stammte von Ezio Frigerio. Doch das Versprechen wurde in der Praxis nicht einglöst. Die Probenzeit war durch die endlosen Streitereien zwischen allen Beteiligten, vor allem Dirigent und Regisseur, entmutigend. Muti wollte, daß Montserrat zumindest das zweite Duett mit Adalgisa in der höheren Originaltonart sang, und Montserrat sagte nur unter der Bedingung zu, daß Cossotto einverstanden war. Schließlich hatte Cossotto, die sich zu ihrem Einverständnis gedrängt fühlte, bei einer Probe Schwierigkeiten mit dem Stück und verließ verärgert die Bühne. Später erfuhr sie von Montserrat, daß der Dirigent den Wiener Philharmonikern in ihrer Abwesenheit zu verstehen gegeben hatte, daß das Stück in einer »tiefer transponierten Fassung« gespielt werden müsse – dies in einem Haus, wo der Kammerton A 445 Hertz entspricht und somit der zweithöchste in Europa ist –, denn die Mezzosopranistin komme sonst nicht damit klar.* Danach konnte es Cossotto niemandem mehr recht machen, und sie fand, daß der Dirigent ihre Position untergraben habe.

---

* Normalerweise entspricht der Kammerton A fast auf der ganzen Welt 440 Hertz, außer in Wien und Berlin. Dadurch sind dort alle Stimmlagen um einen halben Ton höher als anderswo.

In dieser Stimmung fand die Premiere statt. Der Dirigent feierte einen persönlichen Triumph, der glücklicherweise von der Hauptdarstellerin geteilt wurde, aber der Rest hatte nicht die geringste Chance. Eigentlich war die Premiere, um mit Bellini zu sprechen, »fiasco, solenne fiasco!«. Cossotto blieb hinter ihren sonstigen Leistungen, Cossutta wurde ausgebuht, und auch Caballé mußte ihr Eröffnungs-Rezitativ und ihre Arie ohne die gewohnten *appoggiature* und Verzierungen singen, weil der Dirigent sie sich verbeten hatte. Die Einzelheiten der Inszenierung sollen nicht unberücksichtigt bleiben. Im 1. Akt trug Caballé zum Beispiel ein mit Federn geschmücktes Kostüm. Joseph Wechsberg merkte dazu in *Opera* an:

> Wenn Herr Faggioni glaubt, er könne 1977 in Wien eine Oper im Stil des Ancien Régime inszenieren, dann irrt er. Die Wiener mögen noch nie große Liebhaber des *belcanto* gewesen sein ..., aber sie werden kein lächerliches Bühnenbild und keine lächerlichen Kostüme akzeptieren, und sie werden genau an den Stellen lachen, an denen sie bewegt sein sollten. Ezio Frigerios Bühnenbild und Kostüme muß man selbst gesehen haben, um es glauben zu können.[6]

Vor diesem Hintergrund wurde den gelegentlichen Unzulänglichkeiten der Sängerinnen und Sänger wahrscheinlich mehr Bedeutung beigemessen, als es sonst der Fall gewesen wäre. Doch einer der unvergeßlichsten Standpauken hob sich das Publikum für Faggioni auf, dessen gefiederte Inszenierung verdientermaßen ausgepfiffen wurde. Das letzte Wort zu dieser Premiere soll Wechsberg haben: »Es gab die Art lautstarker Verwirrung, die die Premierenbesucher mehr lieben als die Oper selbst. Aufgespalten in Gruppen und Grüppchen, jubelte und buhte das Publikum so lange, bis keiner mehr wußte, für wen und gegen wen er eigentlich war.« Glücklicherweise blieb Montserrat von all dem verschont, denn sofort nach der Vorstellung verschwand sie durch den Hinterausgang des Opernhauses und fuhr geradewegs ins Hotel Sacher, wo ihr zu Ehren ein Empfang gegeben wurde. Alle fünf folgenden Vorstellungen gingen, musikalisch gesehen, sehr viel glatter über die Bühne, und Caballé erreichte das von ihr erwartete Niveau. Andererseits wurde Faggionis Produktion, obwohl sie die bisher teuerste Inszenierung an der Staatsoper gewesen war, vom Publikum abgelehnt und nicht noch einmal ins Programm genommen. Egon Seefehlners Versuch, die Herrlichkeiten des *belcanto* den dafür bisher unzugänglichen Wienern schmackhaft zu machen, war kläglich gescheitert.

Caballé stand zu jener Zeit unter einem extremen Leistungsdruck: 14 Tage vor den Proben für die Faggioni-Inszenierung hatte sie drei Salomes am Liceo* – die letzte am 22. Februar 1977 war ihre 100. Aufführung im Haus gewesen – und zwei begeistert aufgenommene konzertante Aufführungen der *Walküre*, zusammen mit Birgit Nilsson und Thomas Stewart, im Palau de la Música gesungen. Die Salome, in der Umfang und Kraft ihrer Stimme in der Schlußszene das Publikum in ihren Bann gezogen hatten, gipfelte in einer weiteren Ehrung auf der Bühne. Dann gab sie in Paris im Théâtre de l'Hôtel de Ville eine Woche lang jeden Tag einen Soloabend; es folgte die Aufnahme der Schlußszene von *Salome* und Strauss' *Orchesterlieder* unter der Leitung Leonard Bernsteins für die Deutsche Grammophon – ihre erste Zusammenarbeit mit dem Dirigenten; danach folgten Auftritte im Théâtre des Champs-Élysées, eine Tournee durch Deutschland sowie *Norma* und *Ein Maskenball* in Valencia.

---

* In Zeitungsartikeln wurde darüber spekuliert, ob Caballé – wie es bei der Saisoneröffnung angekündigt worden war – den Tanz der sieben Schleier wirklich selbst aufführen wolle. Sie tat es und ließ die Choreographie ihres ehemaligen Basler Lehrmeisters Vaclav Orikowsky wiederaufleben. Berichten zufolge wurden einige Zuschauerinnen und Zuschauer enttäuscht, die nur gekommen waren, weil sie ganz und gar davon überzeugt waren, die Künstlerin werde boshaftes Gelächter ernten.

Ihr nächstes Projekt – die *Aida* in Covent Garden – gelang nicht viel besser als die Wiener *Norma* zwei Monate zuvor. Wie in Wien hatte Riccardo Muti, der mit dieser Oper sein Debüt in Covent Garden gab, das Orchester auf größtmögliche Akkuratesse gedrillt, und da er vermutlich noch von den Ereignissen um die Wiener *Norma* geprägt war, hatte er sich bei der bisher herrenlosen Wiederaufnahme auch als Regisseur betätigt. Mit Ausnahme von Peter Glossop als Amonasro fand sich hier die gleiche Besetzung wie auf der kürzlich erschienenen EMI-Aufnahme wieder, was beim Publikum wahrscheinlich zu einer unrealistischen Erwartungshaltung geführt hatte. Keiner der Hauptdarsteller – vielleicht mit Ausnahme Cossottos – vollbrachte große Leistungen, so die einhellige Meinung, denn sie schienen alle von den bemerkenswert forschen Tempi des Dirigenten eingeschüchtert zu sein.

Vermutlich aus dem gleichen Grund, aus dem die Champagnerszene im 1. Akt von *Traviata* fünf Jahre zuvor zustandegekommen war – die Notwendigkeit, irgend etwas zu tun –, beschloß Caballé den 3. Akt mit einer weitausholenden Umrundung der Bühne, um dann mit ihrer enormen, meterlangen Schleppe, die sie hinter sich herzog, wieder zur Bühnenmitte zu eilen und zu Füßen eines entsetzten Peter Glossop zu Boden zu gehen. Danach wurde der Vorhang rasch heruntergelassen. Aber die Aufführung hatte noch mehr zu bieten. Muti hatte sich bei der Inszenierung zum Ziel gesetzt, die Lücken zwischen den Szenen im 1., 2. und 3. Akt zu schließen, um die Musik kontinuierlich fließen zu lassen. Das bedeutete, daß Amneris' große Konfrontationen mit Radamès und dem Oberpriester im 4. Akt miteinander verbunden wurden – ohne Aufblenden der Lichter und Zwischenapplaus – und geradewegs in die Schlußszene mündeten. Ob Fiorenza Cossotto, die Mezzosopranistin, mit dieser Selbstaufopferung einverstanden war, ist fraglich, denn schließlich ist die 1. Szene des 4. Aktes für sie die Gelegenheit, ihr Können zu zeigen. In diesem Fall mußte das Publikum mitansehen, wie Frau Cossotto, die die Szene auf dem Bauch liegend beendet hatte, auf allen vieren um die gelöschten Rampenlichter herumkroch und im Stockfinsteren und bei eisigem Schweigen verzweifelt versuchte, einen Vorhang zu bekommen, was erst durch Mutis weitgehend mißinterpretiertes »Basta! Basta!« unterbrochen wurde.

Caballé beendete diese Aufführungsserie wie vorgesehen und brachte die Zahl ihrer Rollen in Covent Garden damit gerade mal auf drei – alle in Verdi-Opern – und die Zahl ihrer dortigen Bühnenauftritte auf kümmerliche zwölf. Damals hatte sie an der Metropolitan elf verschiedene Rollen in fast 100 Vorstellungen gesungen, und am Liceo hatte sie, wie schon erwähnt, nicht nur die hundertste Vorstellung im Haus gegeben, sondern auch ihre 28. Rolle verkörpert. Selbst die willkürlich zustandegekommenen Arrangements an der Scala hatten ihr sieben verschiedene Rollen gebracht, fast alle in Neuinszenierungen, einschließlich der *Norma*, die mit vier verschiedenen Vorstellungsreihen vertreten gewesen war. Wahrscheinlich hat sie sich gefragt, ob es sich überhaupt lohne, an der Royal Opera zu singen. Aber wie gewöhnlich hatte sie nicht viel Zeit zum Nachdenken, denn sie wurde bald darauf in Aix-en-Provence erwartet, um mit den Proben für ein Werk zu beginnen, daß in jüngster Zeit aus ihrem Repertoire verschwunden gewesen war: *Roberto Devereux*.

Die öffentliche Generalprobe, die im französischen Fernsehen übertragen wurde, und die letzte Vorstellung (auf einer hauseigenen Musikaufnahme) waren kraftvolle und engagierte Auftritte, sowohl auf seiten Caballés, die nach einhelliger Meinung in großartiger Form war, als auch auf seiten ihrer Kollegen, darunter José Carreras in der Titelrolle. Doch es gab Probleme, als eines Abends sintflutartige Regenfälle ein Chaos im Amphitheater anrichteten. Bernard Lefort, der Direktor der Festspiele, war ausgerechnet an diesem Tag bei einer Beerdigung und deshalb nicht da. Ein Verantwortlicher entschied in letzter Minute, die Vorstellung in die Kathedrale zu verlegen und nicht abzusagen. Die Hauptdarsteller, bereits geschminkt und kostümiert, wurden benachrichtigt und beriefen rasch ein Treffen untereinander ein. Niemand war glücklich über diese Verlegung. Die Kathedrale war während der Festspiele für ein Oratorium genutzt worden, und ihre schlechte Akustik war der Grund für einige vernichtende Kritiken gewesen. Außerdem bestand die Gefahr, daß sich Donizettis Drama in der kirchlichen Umgebung in eine konzertante Aufführung verwandeln würde, und auch damit waren die Sängerinnen und Sänger nicht zufrieden. Einstimmig beschlossen sie, nicht aufzutreten und statt dessen eine zusätzliche Vorstellung nach den geplanten Aufführungen anzubieten. Als Lefort vom Begräbnis zurückkehrte, entspann sich eine hitzige Debatte, mit dem Ergebnis, daß die Festspielleitung Caballé eine einstweilige Verfügung wegen Vertragsbruchs zukommen ließ. Es kam nie zum Prozeß und noch nicht einmal zu einem außergerichtlichen Vergleich, weil Aix nichts gegen sie in der Hand hatte. Der Fall wurde in aller Stille zu den Akten gelegt. Aber in das Gedächtnis eines Mannes scheint sich das angebliche Vergehen Caballés unauslöschlich eingegraben zu haben: Der damalige Vertreter Leforts, ein gewisser Sergio Segalini, hat seitdem die Seiten seiner Zeitschrift *Opéra International* dazu genutzt, einen fast zwanghaften Rachefeldzug gegen Caballé zu führen, entweder unter seinem eigenen Namen oder unter dem anderer.*

Es folgte eine lange Serie mit Aufnahmen in Straßburg, zunächst eine Gesamtaufnahme von *Turandot* mit José Car-

* Um nur ein Beispiel zu nennen: In der Kritik zur Rossini-Inszenierung *Il viaggio a Reims* in Covent Garden (Juli 1992), in der Caballé die Rolle der Madame Cortese sang, schrieb Segalini von »cette poissarde des Ramblas de Barcelone« [*Opéra International*, Nr. 161, September 1992, S. 39] (»diesem Fischweib von den Ramblas in Barcelona«). Montserrat fühlte sich dadurch geschmeichelt, da sie den Fischmarkt in Barcelona sehr gut kennt: »Unsere Fischverkäuferinnen sind wundervolle Frauen mit ungewöhnlich vollen und kraftvollen Stimmen.«

reras als Kalaf und Mirella Freni als Liù für die EMI, womit sich Caballé endgültig für die Titelrolle qualifizierte. Leider wurde sie Opfer der fehlerhaften Aufnahmetechnik, die nicht mehr durch Nachbearbeitung und Ausbesserungen glattgebügelt werden konnte. Danach wurden für Erato *Vier letzte Lieder* von Strauss eingespielt, die wie *Turandot* von Alain Lombard dirigiert wurden. Bei diesen letzten Aufnahmen setzte sich der erfahrene Produzent Michèle Garcin zusammen mit Lombard dafür ein, daß Montserrat die Schlußszene der Salome sang, die nicht für eine Aufnahme geplant war und wofür auch keine Aufnahmezeit mehr übrig war. Erstaunlicherweise erklärten sich die Musiker der Straßburger Philharmoniker gerne bereit, ohne Bezahlung Überstunden zu machen und für genau drei Zuhörer grandios zu spielen, nur weil jeder der Anwesenden Caballé das Stück singen hören wollte. Nach einer kurzen Sommerpause flog sie wieder nach London, um für die Wiederaufnahme der berühmten Zeffirelli-Inszenierung der *Tosca* zu proben, die er 1964 ursprünglich für die Callas in Szene gesetzt hatte. In dieser Produktion, bei ihrer ersten Wiederaufnahme im Juli 1965, hatte Callas ihren letzten Auftritt in einer Operninszenierung gehabt. Montserrat war deshalb begeistert, an diesen Aufführungen im Royal Opera House teilnehmen zu können und mit José Carreras als Partner die Saison 1977/78 in Covent Garden zu eröffnen.

Doch am 16. September 1977 ging eine Meldung um die ganze Welt: Maria Callas war gestorben. Auch wenn sie in den letzten 13 Jahren kaum auf der Bühne gesungen hatte, war die Opernwelt fassungslos und untröstlich. Montserrat wollte die Vorstellungen verschieben, aber Covent Garden war entschlossen, sie wie geplant stattfinden zu lassen: Nach Rücksprache mit den Hauptdarstellern entschieden sie, sie ihr zum Gedenken aufzuführen, denn nirgendwo, mit Ausnahme der Scala, hatte Maria Callas' Licht heller gestrahlt als hier. Der Tod der griechischen Sopranistin war ein furchtbarer Schock für Caballé gewesen. Und von allen Prominenten, die von den Medien auf der Suche nach einer prompten Reaktion verfolgt wurden, war Caballés tränenreiche Würdigung – in Kostüm und Schminke hinter der Bühne gefilmt – wahrscheinlich eine der bewegendsten und ohne Frage aufrichtigsten. Vieler Jahre später äußerte sie sich ausführlicher zu diesem Thema:

> Die Bewunderung und den Respekt für sie werde ich immer in meinem Herzen tragen. Sie wird niemals sterben; sie ist immer bei mir. Ich erinnere mich daran, wie ich die Nachrichten gehört habe – es war solch ein furchtbarer Schock, daß ich es nicht glauben wollte. Wenn ich zurückschaue, dann war das, was ich wirklich von ihr gelernt habe, weniger musikalischer als persönlicher Natur: ihre Aufrichtigkeit des Ausdrucks. Sie versuchte nicht, ausdrucksvoll zu sein, sie war es einfach. Und das kann man nicht kopieren. Ich erinnere mich daran, wie ich sie zum erstenmal in ihrer schönen Wohnung in Paris besuchte. Ich saß neben ihr auf dem Sofa und hörte ihr stundenlag zu, und sie sprach nicht über sich, Kollegen oder Klatsch, sondern über Musik. Ich habe immer noch ihre Stimme im Ohr. In den letzten zwei oder drei Jahren ihres Lebens habe ich ziemlich oft mit ihr gesprochen. Sie erinnern sich, sie schickte mir ihre Norma-Ohrringe, und später kam die Zeit, als ich die Toscas in Tokio sang. Vor allem im letzten Jahr rief ich sie häufig an, wo immer ich auch war, und sie sagte zu mir: »Mein Gott, Montserrat, was singst Du gerade?« Wir lachten. Und auf mich wirkte es immer so, als ginge es ihr sehr gut. Sie sagte, es sei, als ob wir uns schon viele, viele Jahre kennen würden, und ich hatte dieses Gefühl auch – wir fühlten uns zueinander hingezogen, weil wir die selben Dinge schätzten. Sie ebnete den Weg für uns alle, die wir ihr auf unsere eigene Art, gefolgt sind.

Allerdings gehörten die *Tosca*-Aufführungen trotz der traurigen Umstände der Wiederaufnahme zu den erfolgreichsten Auftritten, die Caballé jemals in Covent Garden gegeben hat. Wie Pavarotti, der dort einige Jahre später in derselben Oper auf der Bühne stand, setzte sie ihre gesamte Bühnenerfahrung ein und erweckte damit die Rolle erst richtig zum Leben. Scarpia hatte Tosca aufgefordert, sich ihm hinzugeben, wenn sie die Freiheit ihres Geliebten wolle. Die fromme Tosca war offensichtlich entschlossen, ihren Teil des Handels zu erfüllen. An der Stelle, an der die meisten Toscas an Scarpias gedeckter Tafel stehen und sich die Zeit mit Erfrischungen vertreiben, bis das Drama – und Puccinis Musik – sie dazu auffordert, das Messer zu entdecken, begann Caballé statt dessen roboterhaft die Manschetten ihrer Ärmel aufzuknöpfen, ihr Kleid am Rücken zu lösen und ihren Schmuck abzulegen. Sie legte die Halskette in ihr Portemonnaie, aber als sie ihren zweiten Ohrring abnahm, fiel er ihr aus der Hand. Das Publikum hörte ein schwaches metallisches Geräusch, als er – wie auf ein Stichwort – auf dem Messer landete. Sie hob ihn wieder auf, und nun konnte man endlich bemerken, daß der Diva ein Gedanke gekommen und Scarpias Schicksal besiegelt war. Bei der Premiere wurde während des folgenden Kampfes zwischen den beiden zufällig einer der Kerzenleuchter umgestoßen, und sein Licht erlosch. Während Tosca das vorgeschriebene Ritual erfüllte und zu beiden Seiten von Scarpias Körper eine Kerze aufstellte, fand sie in dieser musikalisch straff organisierten Sequenz noch Zeit, die Kerze wieder zu entzünden und das Bild auf der Bühne zu vervollständigen. Obendrein sang sie hervorragend.

Danach folgte ein kurzer Aufenthalt in Frankreich, wo sie in Paris und Marseille Konzerte mit Orchesterbegleitung gab. Dann brach sie nach San Francisco auf, um mit den Proben für ihr mehrmals aufgeschobenes Debüt am War Memorial Opera House zu beginnen. Aber sie sang nicht die *Norma*, die sie wegen ihrer Operation zwei Jahre zuvor hatte absagen müssen, sondern einen anderen Höhepunkt des italienischen »Schwergewicht«-Repertoires, die *Turandot*. In San Francisco glaubte man noch nicht so recht daran, daß man sie endlich zu hören bekäme. Denn ihre Absage hier und das Tohuwabohu um ihre erste *Turandot* an der Scala 1976 war allen noch gut im Gedächtnis, auch wenn das Management häufig Berichte über die hervorragenden Fortschritte bei den Proben zu Jean Pierre Ponnelles Inszenierung in den Zeitungen plazierte. Allerdings war Caballé nicht die einzige Debütantin. Luciano Pavarotti verkörperte in diesen Vorstellungen zum erstenmal den Kalaf, und mit dem Dirigieren war der erst 24 Jahre alte Riccardo Chailly betraut worden. Noch mehr Aufregung gab es vor der Premiere am 29. August wegen eines prominenten Gastes, denn im Publikum würde Prinz Charles anwesend sein.

Ponnelles Inszenierung zog Kritik auf sich, und zwar wegen Details, die heute wahrscheinlich noch nicht einmal mehr der Erwähnung wert wären. Aber die Sopranistin feierte einen unbestreitbaren Erfolg. Dale Harris (einer der amerikanischen Musikkritiker, der am schwersten zufriedenzustellen ist) schrieb:

> Sie feierte einen Triumph, einen der größten in ihrer Karriere in Amerika. Um gleich damit zu beginnen: Sie war verständlicherweise nervös, aber an keiner einzigen Stelle gab es Anzeichen von Unsicherheit in ihrer Stimme, die sie bei *Aida* in Covent Garden im letzten Sommer geplagt hatte ... Von der eisigen Autorität und der anschließenden Wut in der Rätselszene bis zur sich aufkeimenden Zärtlichkeit im Duett des 3. Aktes gab es keinen Zweifel an der Beherrschung ihrer Stimme ... Beim triumphalen Liebesgeständis der Schlußszene strömte Caballés Stimme wie Sonnenstrahlen durch das Theater.[7]

Offensichtlich und wie eine nicht autorisierte Aufnahme der Vorstellung zeigt, kamen hier Caballés erweiterter Stimmumfang und vergrößertes Volumen hervorragend zur Geltung. Und wenn es in der Vergangenheit zuweilen Stimmen gegeben hatte, die behaupteten, sie habe ihr Markenzeichen, die *pianissimi*, zu exzessiv eingesetzt, um keine Probleme mit dem lauten Singen in hohen Stimmlagen zu bekommen, so war bei dieser Gelegenheit nichts davon zu bemerken. Ausdruckskraft und Stimmsicherheit dieser Live-Aufnahmen in San Francisco stellen sogar die Einspielungen für die EMI in den Schatten, die nur zwei Monate vorher entstanden waren. Aber die Freude über diesen Triumph war an einem einzigen Nachmittag mit einem Schlag verflogen, als Bernabé, der seine Frau auf dieser Reise begleitete und zu Fuß zu ihrem auf einem steilen Hügel liegenden Hotel zurückging, eine Herzattacke erlitt. Sofort wurde er ins Krankenhaus eingeliefert und schließlich, nach ausführlichen Untersuchungen, setzte man ihm einen Herzschrittmacher ein. Seine Karriere als Profi-Sänger war damit beendet.

Doch das hieß nicht etwa, daß er sich vollständig zurückzog. Im Gegenteil, er steckte nun seine ganze Energie in das ehrgeizige Projekt, das stetig größer werdende Anwesen in Ripoll umzugestalten. Das alte Gutshaus wurde unter seiner Anleitung in ein riesiges Ferienheim umgewandelt, das mehr als 140 Kinder – die meisten aus den ärmsten Gegenden Barcelonas – gleichzeitig aufnehmen konnte und ihnen damit die Gelegenheit bot, ihre Ferien in einer ländlichen Umgebung zu verleben. Und kurze Zeit später wurde mit beträchtlichem finanziellen Aufwand ein medizinisches Zentrum renoviert, das sich der Forschung und der Pflege von Kindern mit Down-Syndrom (Mongolismus) widmete und zufälligerweise schon immer unter dem Namen »Centro Montserrat para el Síndrome de Down« bekannt gewesen war.

Zurück in Barcelona begann ein trauriges Kapitel ihrer Karriere. Caballé und Domingo waren Ende November / Anfang Dezember 1977 am Liceo für einen gemeinsamen Auftritt in

Meyerbeers letzter Oper *Die Afrikanerin* [*L'Africaine*] vorgesehen. Seit 1949 hatte dieses Werk dort nicht mehr auf dem Spielplan gestanden. Domingos eigene Sicht der Vorfälle konzentriert sich auf seine wachsende Unzufriedenheit mit dem Niveau der Inszenierung und der musikalischen Vorbereitungen am Liceo. (Die Aufnahmen von *La Traviata* für die Deutsche Grammophon in München, die Domingo zwischen die Vorstellungen einschob, dienten zweifellos der Kompensation.) Er war mit der Meyerbeer-Inszenierung dermaßen unzufrieden, daß er, als Pámias ihm mitteilte, eine der Aufführungen werde live im Fernsehen übertragen, darauf bestand, nur die Höhepunkte der Aufführung zu senden, um anschließend zu erfahren, daß die ganze Vorstellung wie geplant ausgestrahlt worden war. Danach weigerte er sich, jemals wieder am Liceo zu singen, und machte sich dort viele Jahre lang rar. Bis auf einen gemeinsamen Auftritt in New York im Oktober 1980 waren Caballé und Domingo bis heute in keiner Oper mehr zusammen auf der Bühne zu sehen.

Bis in die 80er Jahre hinein sollte es mehrere Versuche hinter den Kulissen geben, die beiden wieder gemeinsam auf die Bühne zu bringen. Aber sie scheiterten. Erst im Jahr 1990 nahm die musikalische Wiedervereinigung langsam Gestalt an und wurde im darauffolgenden Jahr besiegelt, als ein begeisterter Domingo, auf Nachfrage von Carlos und mit Montserrats Einverständnis, deren Beitrag zur Eröffnung des Teatro Maestranza in Sevilla dirigierte. Und schließlich sangen sie im Auditorio Nacional in Madrid im Januar 1993 wieder zusammen.

Im Dezember 1977 sang Caballé in zwei aufeinanderfolgenden Wiederaufnahmen von *Parisina*. Die erste wurde in Nizza gegeben und die zweite mit Dalmacio Gonzalez, einer weiteren Entdeckung von Carlos, als Ernesto gleich danach am Liceo. Wie in New York dirigierte Eve Queler. Aber das gesamte Projekt wurde lahmgelegt, weil das Orchester nach dem Tod Francos und dem Ende der Diktatur die beginnende politische Freiheit für einen Streik nutzte. Die letzte Vorstellung wurde deshalb bis nach Weihnachten verschoben, und Berichten zufolge waren die Gesangsleistungen Caballés beeindruckender als jemals zuvor. Vielleicht lag dies an ihrer kürzlichen, wenn auch nur vorübergehenden Rückkehr zum *belcanto*-Repertoire – eine Entscheidung, die sie Anfang 1978 in drei konzertanten Aufführungen von *Roberto Devereux* an der Hamburger Staatsoper zusammen mit Carreras und Alicia Naefe und unter musikalischer Leitung Julius Rudels auftreten ließ. Danach ging es für zehn Wochen zurück nach Amerika, wo sie an der Metropolitan Opera mit Carreras als Moritz die Titelrolle in *Adriana Lecouvreur* sang, in mehreren Konzerten an der Ostküste auftrat – einschließlich ihres traditionellen Ausflugs in die Carnegie Hall. Ihre Tournee wollte sie mit einer »Opernausgrabung« beschließen, die selbst für Caballés Verhältnisse äußerst gewagt war: Eine konzertante Aufführung von Mercadantes *Virginia*, ein Werk, auf das sie ursprünglich Francesco Siciliani aufmerksam gemacht hatte. Doch die Aufführung konnte nicht wie geplant gesponsert werden, und so wurde das Werk nie öffentlich aufgeführt. Aber die *Adrianas* an der Met waren für alle Hauptdarsteller, darunter Fiorenza Cossotto als manisch herrschsüchtige Fürstin von Bouillon, ein wahrer Triumph.

Nach Konzerten in Las Palmas und Lausanne reiste Caballé an das Teatro San Carlo in Neapel, um dort ab Mitte April 1978 sechs Vorstellungen, wieder mit *Adriana*, zu geben. Ihr Moritz war wie immer José Carreras, aber diesmal war Maria Luisa Nave in der Rolle der Fürstin von Bouillon zu sehen. Von allen großen Rollen, die Caballé häufig gesungen hat, bildet diese Partie zusammen mit der Desdemona und der Leonore im *Troubadour* die signifikanteste Lücke bei ihren Schallplattenaufnahmen. Philips war jedoch überhaupt nicht von diesem Werk angetan und weigerte sich, die Oper in den Vertrag mit Caballé und Carreras aufzunehmen. Für das Paar standen dagegen unmittelbar die neu angesetzten

Aufnahmen von *Ein Maskenball* an, die rasch um Caballés bevorstehende *Norma*-Vorstellungen in Covent Garden herum arrangiert worden waren. Das bedeutete ein immenses Arbeitspensum, zumal sie den größten Teil der Monate Mai und Juni in Italien mit Solokonzerten an der Scala, auf dem Maggio Musicale in Florenz und La Fenice verbracht hatte und noch fünf Auftritte in Mailand in *Die Macht des Schicksals* [*La forza del destino*] hinter sich gebracht hatte.

Die *Macht des Schicksals*-Aufführungen fanden an der Scala am Ende der 200. Saison statt und waren eine Neuinszenierung von Lamberto Puggelli, mit einer Starbesetzung, bestehend aus Carreras als Don Alvaro, Piero Cappuccilli als Don Carlo, Sesto Bruscantini als Melitone und Nicolai Gjiaurow als Prior. Mit Guiseppe Patanés energischer und abgehackter Art zu dirigieren – er war in letzter Minute für Zubin Mehta eingesprungen, der eine Sehnenscheidenentzündung hatte – wurden die Aufführungen als Höhepunkt der Spielzeit betrachtet, und Caballé wurde in den Kritiken begeistert gefeiert. Sie waren sich alle darin einig, daß Caballé in der Rolle der Leonore die ganze Bandbreite ihrer Stimme entfalten konnte; und die Arie »Madre, pietosa Vergine« im 2. Akt brachte die Aufführung zum Erliegen, weil das Publikum mehrere Minuten lang begeistert klatschte, während Caballé vergeblich versuchte, mit der Szene fortzufahren, und die Klingel am Kloster immer wieder betätigte. Den Kritiken zufolge hat es wenige Sopranistinnen gegeben, die das *pianissimo* in »Pace, pace, mio Dio« so hinreißend schwingen lassen und das Publikum dann mit der dramatischen Kraft des letzten B am Ende derselben Arie so begeistern konnten. Obwohl die Scala-Leitung dieses Werk nur äußerst widerwillig auf den Spielplan gesetzt hatte und Caballé diese Rolle hier zum erstenmal sang, riefen die Aufführungen eine Welle der Begeisterung hervor und machten ein Werk, das vielen als schwierig und unzusammenhängend gilt, populär.

Die *Normas* in Covent Garden waren im Gegensatz dazu

höchst problematisch. Caballé kam im Juni 1978 in London an, um mit den Proben für die acht vereinbarten Vorstellungen zu beginnen. Gleich bei der ersten Probe teilte ihr Grace Bumbry (die angekündigte Adalgisa) ganz begeistert mit, daß sie mit dieser ersten Zusammenarbeit in Bellinis Oper die glänzenden Zeiten der Partnerschaft zwischen Guiditta Pasta und Giulia Grisi wiederaufleben lassen würden, wenn sie wie diese die beiden weiblichen Hauptrollen im Wechsel sängen. Für Montserrat Caballé, die einen eindeutigen Vertrag über acht Vorstellungen – mit einem Honorar von 6 000 Dollar für jede – in der Rolle der Norma hatte, kam diese Mitteilung wie ein Blitz aus heiterem Himmel. Sie hatte die Rolle der Adalgisa nie gesungen und nie gelernt, auch wenn die amerikanische Mezzosopranistin zu denken schien, Caballé sänge sie bei ihren Aufführungen im Wechsel mit den Normas. Ebenso schnell stellte sich heraus – obwohl der Dirigent Carlo Felice Cillario nichts davon wußte –, daß Bumbry erwartete, daß die beiden Frauen das Duett im 2. Akt in der Originaltonhöhe des Bellini-Manuskripts sängen, und die war einen Ton höher als in der Standardausgabe. Montserrat hatte zunächst angenommen, Bumbry mache einen Witz. Aber sie merkte bald, daß es der Amerikanerin sehr ernst war und sie ihre Erwartungen mit ihrem Vertrag untermauern konnte. Bumbry schlug vor, die Probleme mit der Leitung der Oper zu besprechen. Aber Caballés Antwort war unmißverständlich: »Ich muß mit niemandem sprechen. Ich habe einen von John Tooley unterzeichneten Vertrag, daß ich die Titelrolle in acht Norma-Vorstellungen singe.« Caballé hatte sofort erkannt, daß Bumbry und sie von der Opernleitung betrogen worden waren. Beiden war dieselbe Rolle in derselben Inszenierung angeboten worden. Wütend informierte sie Carlos, und beide hatten heftige Diskussionen mit John Tooley, der erklärte, Covent Garden sei gezwungen gewesen, Bumbry eine gewisse Anzahl von Vorstellungen in der Titelrolle anzubieten, weil sie niemals bereit gewesen wäre, nur die Adalgisa zu singen. Dieses Eingeständnis ebnete den Weg für den Kompromiß: Montserrat würde in den ersten fünf Vorstellungen die Norma und Bumbry die Adalgisa singen – in der üblichen Tonart –, während Bumbry in den letzten drei Vorstellungen die Titelrolle übernehmen würde, zusammen mit der rasch engagierten Josephine Veasey in der freigewordenen Rolle.

Auch wenn Caballé diesem Arrangement zustimmte, war sie über die Falschheit der Intendanz sehr enttäuscht. Deren plumper Vorschlag, ihr die drei nicht gesungenen Normas zu bezahlen, konnte die Situation auch nicht mehr retten, da sie noch nie etwas davon gehalten hatte, Geld für nicht gegebene Aufführungen anzunehmen. Sie würde sich an die neuen Vereinbarungen halten, aber sie schrieb Tooley in einem Brief, daß diese Vorstellungen ihren Abschied von Covent Garden bedeuteten: Außerdem sagte sie die *Toscas* für die bevorstehende Gastspielreise in Japan ab, die Gegenstand desselben Vertrags gewesen war. Tooley schrieb ihr sichtlich beunruhigt zurück. Zunächst entschuldigte er sich für die unangenehme Situation, in die Montserrat ohne eigenes Zutun geraten war, und bat sie, ihre Entscheidungen noch einmal zu überdenken, nicht zuletzt, weil sie aller Wahrscheinlichkeit nach das Scheitern der Japan-Tournee bedeuten würden. Letztlich ließ sich Montserrat erweichen, doch sie hätte es sicher nie getan, wenn sie die Plakate gesehen hätte, die die Royal Opera vor dem Theater aufgehängt hatte, um dem Publikum der acht ausverkauften Vorstellungen zu »erklären«, welchen Grund die Umbesetzung hatte. Die Besucher, die es ohnehin verschmerzen mußten, die höchsten Eintrittspreise in der Geschichte Covent Gardens bezahlen zu müssen, wurden darüber informiert, daß die Sängerinnen sich leider mit unterschiedlichen Bellini-Partituren auf die Rolle vorbereitet hätten (Informationen, die Musikkenner nicht ganz nachvollziehen konnten). Deshalb habe man die Vorstellungen neu arrangieren müssen. In einem Akt untypischer Generosität, aber typischer Diplomatie wurde gleichzeitig angekündigt, daß die Preise für die letzten drei Vorstellungen mit Bumbry als Norma billiger seien und Zuschauer, die sich für diese Vorstellungen eine Karte gekauft hatten, um Caballé zu hören, ihren Eintrittspreis teilweise zurückerstattet bekämen. Schwer zu sagen, wer durch dieses Angebot mehr beleidigt wurde: Bumbry, die genau die gleiche Gage erhielt wie Caballé und sicherlich kaum begeistert war, daß man sie für einen billigen Einkauf hielt; oder Montserrat, die nun in den Augen des zahlenden Publikums dastand, als habe sie die inflationären Preise durch ihre exorbitanten Forderungen zu verantworten.

Unterdessen nahm Caballé im Studio *Ein Maskenball* auf und kämpfte gegen die Symptome des Heuschnupfens, indem sie sich täglich Spritzen vom renommierten Arzt des Opernhauses, Alfred Alexander, geben ließ. Schließlich bekam die Premiere der *Norma* am 6. Juli lauwarme Pressestimmen, und die allgemeinen Erwartungen wurden nicht erfüllt. Die abwertenden Kritiken riefen jedoch in der Zeitschrift *Opera* eine riesige Welle von Leserbriefen hervor, die größtenteils darauf hinwiesen, daß es ein Privileg sei, Caballé als Norma hören zu können. Wie es sonst gelegentlich auch passiert war, kam Montserrat nach der Premiere langsam in Form, und in der dritten und vierten Vorstellung lieferte sie eine eindrucksvolle Interpretation der langen Schlußszene der Oper, in der ihr Durchhaltevermögen grenzenlos zu sein schien. Aber offenbar hatten die Kritiker von der Norma der 70er Jahre mehr erwartet und neigten dazu, ihre jüngsten Ausflüge in das hochdramatische Repertoire und vor allem ihren Auftritt als Turandot zu tadeln. Im nachhinein scheinen die Probleme während der Premiere eher eine Folge von Überarbeitung und ungünstigem Wetter gewesen zu sein. Wie die Kritiken – und die nicht autorisierte Aufnahme – über ihre *Turandot*-Vorstellungen in San Francisco belegen, hat diese Rolle ihre Stimme mit Sicherheit nicht überfordert.

Im Sommer 1978 spannte Caballé nur für zwei Tage aus. Sie verließ London, um in Monte Carlo einen Soloabend zu geben und flog dann sofort an die amerikanische Westküste, wo sie zusammen mit ihrer Mezzo-Partnerin Marylin Horne in der Hollywood Bowl in zwei aufeinanderfolgenden Konzerten ihr Debüt gab. Die Aufnahme einer dieser Vorstellungen hat überlebt, und welche Probleme Caballé in London auch gehabt haben mag, sie hatten sich im Düsenstrahl des Fluges verflüchtigt, dessen brummendes Geräusch man während des Duetts aus *Semiramide* über der Open-Air-Anlage hören kann.

Fast den ganzen August blieb sie in Nordamerika, sie sang in einer ihrer seltenen Vorstellungen von Verdis *Requiem* in Saratoga,* mit dem Philadelphia Orchestra unter Eugene Ormandy, und gab Konzerte in Cleveland, San Francisco und Minnesota. Daran anschließend kehrte sie für fünf Wochen nach Spanien zurück, in denen von Urlaub kaum die Rede sein konnte, denn unter anderem gab sie Vorstellungen der *Luise Miller* in Bilbao und Oviedo, mit Pavarotti als Rudolf. Aber zuerst sang sie in der schönen, wiederaufgebauten romanischen Basilika in Ripoll, die ganz in der Nähe des Martíschen Anwesens lag. Dort gab sie jedes Jahr ein Konzert und die Einnahmen daraus kamen dem medizinischen Zentrum zur Erforschung und Behandlung des Down-Syndroms zugute, das sie unterstützte. Diese Konzerte fanden seit 1973 in Ripoll statt und waren mittlerweile ein regelmäßiger Termin im Veranstaltungskalender der Stadt. Seitdem das dreigeschossige Landhaus 1975 fertiggestellt worden war, hatte Ripoll sich zum Mittelpunkt ihrer sommerlichen Freizeit

---

* Caballé ist in diesem Werk nur fünfmal aufgetreten: mit Karajan in Salzburg (1976), mit Ormandy in der genannten Aufführung, mit Muti in Verona (1980), mit Mehta in New York (1980) und Abbado in Mailand (1985).

entwickelt. Hier, in der kristallklaren und unverschmutzten Bergluft, konnte jeder seinen Lielingsbeschäftigungen nachgehen. Bernabé stellte sicher, daß sich der Bauernhof durch das Vieh, das er angeschafft hatte, und die Holzwirtschaft finanziell selbst trug. Carlos senior, dessen Gesundheit seit 40 Jahren immer mal wieder angeschlagen war, erholte sich durch den Tapeten- und Klimawechsel. Für Montserrats Mutter war Ripoll ein idealer Ort, an dem sie zum erstenmal in ihrem Leben die wohlverdiente Ruhe fand. Obwohl sich die finanziellen Verhältnisse der Familie in den letzten zehn Jahren erheblich verbessert hatten, konnte Ana dies kaum nutzen, denn ihr Gesundheitszustand verschlechterte sich seit einiger Zeit zusehends. Montserrat hatte sich der Malerei zugewandt, einerseits zur Entspannung, andererseits um sich auszudrücken. Ihre Bilder hingen an den Wänden des Landhauses und sollten bald zum Gegenstand unerwarteter Bewunderung werden.

In diesem Sommer besuchte sie der berühmte katalanische Maler Joan Miró auf ihrem Hof. Als er einige Augenblicke allein war, schaute er sich die Bilder an den Wänden genauer an. Nachdem Caballé wieder erschienen war, fragte Miró sofort, wer diese Werke gemalt habe. Montserrat antwortete vage, daß dies die Gemälde eines jungen Studenten seien. Miró bat sie, Kontakt mit ihm aufzunehmen und herauszufinden, ob er ihm eines der Gemälde verkaufen oder vielleicht auch eines gegen ein Gemälde von ihm, Miró, eintauschen würde, wenn er das Geld nicht so dringend brauchte. Das brachte die Sängerin in eine verzwickte Lage. Sollte sie sich als Malerin zu erkennen geben, oder sollte sie das Spiel weiterspielen? Sie entschied sich für letzteres und rief Miró wie versprochen an. Sie erzählte ihm, der junge Mann fühle sich durch das Interesse des älteren Meisters geschmeichelt, glaube aber, seine Lehrlingsstücke verdienten die Wertschätzung des Künstlers nicht. Einige der Familienmitglieder sparten nicht mit deutlichen Worten. Ob sie verrückt sei? Warum hatte sie nicht die Chance genutzt, an einen Miró ihrer Wahl zu kommen? Die Antwort der Sängerin war schlicht und einfach: »Aber meine Bilder gefallen mir viel besser als seine.«

Nach diesem Aufenthalt ging es zurück nach Amerika, zunächst an die Ostküste mit einer Serie von drei Konzerten an New Yorks damaliger Philharmonie, wo sie unter der Leitung Zubin Mehtas eine Auswahl aus Strauss' *Vier letzte Lieder* und die Schlußszene der *Salome* sang; dann nach San Francisco, wo sie in einer vielgerühmten Wiederaufnahme der *Tosca* in den Eröffnungswochen der Spielzeit 1978 / 79 an der War Memorial Opera auftrat, mit Pavarotti und Giuseppe Taddei als Scarpia. In dieser Besetzung wurden die ersten fünf Vorstellungen vom 14. bis zum 25. Oktober gegeben, danach sang Gwyneth Jones in einer und die legendäre Magda Olivero in zwei weiteren Aufnahmen. Das Publikum in San Francisco, das an seine Stars gewöhnt war, spendete dieser Wiederaufnahme nichtsdestotrotz viel Beifall. Und die Presse am Ort brach in Begeisterung aus, wenn auch in einer Art, die man aufgrund der einflußreichen Frauenbewegung für taktisch nicht sehr geschickt halten konnte: »Caballé – mit makelloser Stimme, wenn auch ihr Gewicht schlicht und ergreifend außer Kontrolle ist – war ein wunderbarer musikalischer / dramatischer Gegensatz [zu Taddei] ... ›Vissi d'Arte‹ war viel mehr als eine schöne musikalische Darbietung; es war eine bewegende Erfahrung, die ihren Ursprung zwar in der Stimme hatte, aber nicht aus ihr allein bestand.«[8] Wenn man die Fotos von den Proben und den Aufführungen betrachtet, fragt man sich, warum das Gewicht Caballés hier so explizit erwähnt wird, wo der Tenor sie doch klar in den Schatten stellt. Aber der interessanteste Kommentar kam von der damals 68jährigen Magda Olivero, die schon eine Karriere hinter sich hatte und nun die letzten Jahre ihrer zweiten genoß. Ihre Meinung zu Caballé gab sie im Gespräch mit Reuel Sherwood zum Ausdruck, einem jungen Kalifornier, der gekommen war, um beide Sängerinnen in dieser Rolle zu sehen, und der später in leitender Funktion in Carlos Caballés Agentur beschäftigt war. Olivero war direkt und kompromißlos: »Ich glaube, wir sollten auf die Knie fallen und Gott für eine Stimme wie der ihren danken.« Ihre Worte weisen auf ein Leitmotiv hin, das sich durch Lanfranco Rasponis Buch *The Last Prima Donnas* [*Die letzten Primadonnen*] hindurchzieht. Egal wie beklagenswert es mit dem Gesang seit dem Rückzug vieler Diven aussieht, Caballé ist eine vielzitierte Ausnahme. Dazu Giulietta Simionato: »Für mich ist Caballé die größte noch lebende Sängerin. Ihre Stimme hat einen einzigartigen Klang, und ihre Technik ist unglaublich. Einige kritisieren sie, weil sie nicht genug Temperament hat, aber merken sie nicht, daß sie nicht so erstaunlich perfekt wäre, wenn sie das auch noch hätte?«[9] Und Renata Tebaldi: »Sagen Sie mir – mit Ausnahme Caballés und Domingos –, wen gibt es denn? Montserrat ist die letzte, manchmal etwas launenhafte Primadonna, aber sie bekommt, was sie will, weil sie weiß, was richtig für sie ist.«[10]

Ende Oktober 1978 kehrte Montserrat nach Europa zurück und gab Konzerte in Köln, Gerona, München und Hamburg. Außerdem war sie an der Hamburger Staatsoper in zwei konzertanten Aufführungen von *Roberto Devereux* zu sehen, die Mitte November Teil der 300-Jahresfeier des Theaters waren. Dann, nach einer weiteren Rückkehr zu ihren *belcanto*-Wurzeln in Form zweier Vorstellungen der *Maria Stuart* in Nizza, sang sie fast den ganzen Dezember über die Tosca, zunächst bei einem Gastauftritt an der Wiener Staatsoper, dann in einer Serie von Gala-Vorstellungen, mit der das frisch renovierte Théâtre Municipal in Avignon seine Pforten am 15. Dezember wieder öffnete. Offenbar kamen die Diva und ihr Cavaradossi – diesmal Giacomo Aragall – erst kurz vor der Generalprobe der Avignoner Neuinszenierung aus Wien an. Wahrscheinlich benutzte sie deshalb bei ihrem Abgang im 2. Akt eines der bis zum Boden reichenden Fenster in Scarpias Zimmer und nicht die Tür. Tatsächlich liebte es die Sopranistin sehr, ihre Bewegungen von Vorstellung zu Vorstellung zu ändern – zur Verzweiflung der Beleuchter –, so daß sich die Angestellten einen Spaß daraus machten, Wetten abzuschließen, an welcher Stelle der Partitur sie wohl wo zu finden sein und wie sie ihren Abgang machen würde. (Sie verloren stets.)

Die Weihnachtszeit verbrachte sie in Barcelona, und in diesem Jahr trat sie am Liceo in *Maria Stuart* auf. In dieser Rolle war Montserrat hier das letzte Mal vor neun Jahren aufgetreten. Die Inszenierung von Giuseppe de Tomasi war eine Leihgabe aus Nizza und äußerst spektakulär und brillant. Aber sie stahl den Stimmen nicht die Show, denn sowohl Caballé in der Titelrolle als auch Bianca Berini als Königin Elisabeth wurden vom Liceo-Publikum mit donnerndem Applaus bedacht. Damit war die jährliche Weihnachtsshow noch nicht ganz beendet, wenn sie sich diesmal auch sehr lange hinzog. Nach weiteren Konzerten in Südfrankreich und einer *Tosca*-Reihe in Nizza – in der sie zum erstenmal mit dem glänzenden Bariton Matteo Manuguerra sang – kehrte sie Ende Januar 1979 an das Liceo zurück, um dort einige Vorstellungen von *Die Macht des Schicksals* zu geben, wieder mit Manuguerra und José Carreras als Don Alvaro. Mit Carreras zusammen reiste sie wieder nach Nizza, um dort in *Don Carlos* aufzutreten, diesmal nicht in der Original-, sondern in der italienischen Fassung.

In den folgenden sechs Monaten jagte ein Termin den anderen: Hauptsächlich waren es Konzerte und Solo-Auftritte in Europa und Nordamerika, die sie unter anderem nach Miami, Atlanta, Los Angeles, Philadelphia, Syrakus, Puerto Rico, Genf und Valencia führten. Wegen dieses enormen Arbeitspensums konnte sie im Februar 1979 nicht an der Philips-Einspielung von *La Bohème* teilnehmen. Sie hatte mit Vorbehalt zugestimmt, die *seconda donna*-Rolle der Musette, neben Carreras als Rudolf, Ricciaelli als Mimi und unter musikalischer Leitung von Sir Colin Davis, zu übernehmen.

Aber ihr Terminkalender ließ es nicht zu, und sie wurde durch Ashley Putnam ersetzt. In Paris gab Caballé am 19. März ein gemeinsames Konzert mit Carreras in der Salle Pleyel, in der ihre Interpretationen von »Pace, pace, mio Dio« und vor allem »Depuis le jour« aus Gustave Charpentiers *Louise* begeistert aufgenommen wurden, wie die im Handel erhältliche Aufnahme zeigt. Im Monat darauf kehrte sie noch einmal nach Paris zurück, um mit Alexis Weissenberg für die französische EMI-Tochter – Pathé Marconi – zwei Platten einzuspielen. Die erste war eine Einspielung mit Strauss-Liedern, und auf der zweiten befanden sich Turinas *Canto a Sevilla* und einige Lieder von Montsalvatge. Zwischen diesen Paris-Reisen fand Caballé noch Zeit, zwei Vorstellungen in der Carnegie Hall zu geben: ihr gewohntes Recital und einige Tage später, am 8. April, die erste New Yorker Aufführung von Verdis *Aroldo,* die Überarbeitung (1857) seines früheren Werks *Stiffelio*. Diese Vorstellung wurde von der CBS aufgenommen und erschien im darauffolgenden Jahr im Handel. Die spanische Presse hatte ihren großen Tag, als sie über die Szenen des Triumphs berichtete, die Caballé in der Rolle der Mina gefeiert hatte, und die Aufnahme bestätigt ihr engagiertes Spiel in dieser Vorstellung. William Weaver schrieb:

> Es ist paradox, daß sie schauspielerisch mehr bietet, wenn sie kein Kostüm trägt und nicht von einem Bühnenbild eingeengt wird. Ihre Mina war sorgfältig durchdacht und intensiv dargestellt. Zuweilen opferte sie die Klangschönheit der Charakterdarstellung, aber dadurch ergriff sie überzeugend Partei für die gequälte Ehebrecherin.[11]

Ihre einzigen erwähnenswerten Aufführungen auf der Bühne waren in dieser Zeit die *Salomes* am Teatro de la Zarzuela in Madrid (Mitte Mai), mit Norman Bailey als Jochanaan und Josephine Veasey als Herodias. Eine der Vorstellungen, unter der Leitung Julius Rudels, wurde in Spanien live im Fernsehen übertragen und ist als nicht autorisiertes Video erhalten. Caballé ist darauf nicht nur ausgezeichnet bei Stimme, die ohne weiteres Strauss' Orchestrierung übertönt, sondern auch eine leidenschaftliche Darstellerin der Salome: Sie sieht aus, als wolle sie das abgetrennte Haupt Jochanaans verschlingen, und ein ähnliches Schicksal droht auch dem Löwenfell, auf dem sie sich lümmelt, als Jochanaan ihre Verführungskünste zurückweist und freiwillig in die Zisterne zurückkehrt. Jedenfalls ist es wohl der Löwenkopf, der sie auf eine Idee bringt ...

Caballé gab Anfang Juni zwei *Norma*-Aufführungen an der Kölner Oper und schloß drei Konzerte mit Opernausschnitten in Florenz an. Nach einem Recital in Rom flog sie nach London, um die erste ihrer zwei für diesen Sommer vorgesehenen Aufnahmen einzuspielen, die beide für die EMI unter der Leitung von Riccardo Muti entstehen sollten. Es handelte sich um Bellinis *Die Puritaner* [*I puritani*], das in diesem Stadium ihrer Karriere – *Turandot* lag schon hinter ihr und *La Gioconda* stand unmittelbar bevor – eine merkwürdige Rollenwahl zu sein schien. Doch die Platte ist bei den Kritikern ausgesprochen gut angekommen. Einen aussagekräftigen Vergleich kann man allerdings nur ziehen, wenn man in Maria Callas' Karriere fast 30 Jahre zurückgeht. Denn damals sang die griechische Sopranistin die gleichen Rollen mehr oder weniger im Wechsel – mit dem Unterschied, daß die Callas dies ganz am Anfang ihrer Karriere, als Mittzwanzigerin tat. Zu dieser ungesunden Praxis – die wahrscheinlich mehr als ihre radikale Gewichtsabnahme für den frühen Niedergang ihrer Stimme verantwortlich war – wurde sie von jenem Mann, Tulio Serafin, getrieben, den so viele für einen großen Stimmexperten halten. Caballé war dagegen Ende 40, hatte über die Hälfte ihres Lebens gesungen, hatte selten die Ratschläge eines Dirigenten ernstgenommen und wußte sehr genau, bis an welchen Punkt sie mit ihrer Stimme gehen konnte. Deshalb ist die Elvira die letzte ihrer großen Bellini-Rollen auf Platte (abgesehen von dem Spezialfall der Adalgisa).

Bevor sie mit dem nächsten Aufnahmeprojekt begann – die Rolle der Santuzza in Mascagnis *Cavalleria rusticana* –, war sie Ende Juli auf den Münchner Festspielen in drei Vorstellungen zu sehen, mit einem Solokonzert und zwei konzertanten Aufführungen der *Maria Stuart* an der Bayrischen Staatsoper, mit Brigitte Fassbaender als Elisabeth. So schwer nachvollziehbar diese Rückkehr zu den *belcanto*-Rollen, zumindest theoretisch, auch sein mag, so ist es doch immer wieder bemerkenswert, daß die Interpretationen dieser Rollen begeistert aufgenommen wurden. Zum Beispiel James Helme Sutcliffe in *Opera*:

> [Sic] beherrschte ihr makelloses Instrument vollkommen, auch wenn man eine leichte Schwerfälligkeit zwischen den hinreißend genommenen *pianissimos* (mit gut ausgeführten treibenden Crescendos) und dem Übergang zu den *con forza* gesungenen Passagen bemerkt. Bei der nervenaufreibenden Konfrontation zwischen den beiden Königinnen ... knisterte es regelrecht vor Spannung.[12]

So war es auch in den Szenen zwischen Santuzza und Turiddu in der Muti-Aufnahme von *Cavalleria rusticana*, die in der Londoner Kingsway Hall während der ersten Augustwoche eingespielt wurde. Obwohl der Dirigent darauf bestand, die Notation in der Partitur genau zu befolgen – was zumindest bei *verismo*-Opern ein trügerisches Unterfangen ist, wie es sich bei »puristischen« Aufnahmen zeigt –, schaffen es Carreras und Caballé, die notwendige Spannung zu erzeugen, die sogar noch in dem Fluch der Diva »A te, la mala Pasqua« zu spüren ist. Dort gelingt es ihr schließlich, auf das letzten Wort einen Hauch der traditionellen *verismo*-Interpretation zu legen.

Caballés nächstes größeres Engagement führte sie wieder an das Royal Opera House, wenn auch nicht vor das Londoner Publikum. Covent Garden unternahm erst zum zweiten Mal in seiner Geschichte eine Gastspielreise, diesmal in den

Fernen Osten und mit einem Repertoire aus *Die Zauberflöte*, *Peter Grimes* und *Tosca. Tosca* stand nicht nur in Tokio, Osaka und Yokohama auf dem Programm, sondern auch in Seoul, was politisch gesehen nicht ganz unumstritten war. Die Royal Opera war äußerst besorgt, in fremden Gefilden diplomatische Fauxpas zu begehen. So war sogar ein kleines rotes Buch entstanden und an das 300 Personen starke Gastspiel-Ensemble verteilt worden, das neben anderen Perlen der Weisheit diesen Satz enthielt: »Der Zweite Weltkrieg ist heutzutage in Japan kein geeignetes Konversationsthema.« Montserrat fand das so lustig, daß sie auf ihrer Tournee immer gerne das Buch hervorholte – sehr zum Verdruß des Managements – und zum »Entzücken« ihrer zahlreichen Fragesteller daraus zitierte.

Es hatte einen solchen Ansturm auf die Eintrittskarten gegeben, besonders für *Tosca*, daß man noch zusätzliche Aufführungen ins Programm aufgenommen hatte. Ein zusätzliches, Japan-spezifisches Problem war, daß die Japaner wünschten, genau das Ensemble vor sich auf der Bühne zu sehen, das auf der Plattenaufnahme von Philips zu hören war. Caballé, Carreras und Ingvar Wixell in den Hauptrollen waren kein Problem, aber daß die Japaner darauf bestanden, Domenico Trimarchi als Mesner und Sam Ramey als Angelotti zu hören, war offensichtlich ein Stolperstein. (Schließlich bekamen sie zwar Trimarchi, aber auf Ramey mußten sie verzichten.) Und gelegentlich gab es Zwischenfälle: Während die *Zauberflöte* und *Grimes* in der neueren Bunka Kaikan aufgeführt wurden, fanden die *Toscas* in der NHK-Halle statt. Eines Nachmittags wurde Montserrat zu Proben in der Bunka Kaikan erwartet, wo sie bisher noch niemals gewesen war. Als sie nach einer Stunde immer noch nicht aufgetaucht war, wurde die Probe verschoben und hektische Versuche unternommen, sie ausfindig zu machen. Denn obwohl sie die einzige des Ensembles war, die schon einmal in Tokio gesungen hatte, war ihr Orientierungssinn äußerst schlecht. Plötzlich klingelte das Telefon: »Hier ist Montserrat Caballé. Ich bin in meinem Zimmer im Hotel Otani. Eine Stunde und 20 Minuten fahre ich in einem Taxi in Tokio herum. Dann sag' ich zu dem Fahrer: ›Also, Sie kennen das Bunka Kaikan nicht. Sie kennen aber das Hotel Otani? Gut, wir fahren ins Otani!‹ Und da bin ich jetzt. Was soll ich nun tun?« Doch letztendlich ging alles gut über die Bühne. Eine der Tokioer Aufführungen wurde im japanischen Fernsehen übertragen und anschließend im britischen Fernsehen gezeigt, darin zu sehen und zu hören das mittlerweile schon fast intuitive, feine Zusammenspiel der beiden Hauptdarsteller und außerdem zwei Stimmen in Höchstform. Die Aufführungen in Seoul verliefen ebenfalls reibungslos, obwohl Carreras dort erst in letzter Minute auftauchte, weil er zwischenzeitlich nach Berlin geflogen und dort aufgehalten worden war. In Berlin hatte er unter Karajan Teile derselben Rolle für die Deutsche Grammophon aufgenommen. Zurück in Korea fand er seine Partnerin halb verhungert vor, weil sie Angst hatte, etwas zu essen: Sie hatte Wagen in der Stadt herumfahren sehen, die tote Hunde verkauften.

Während das Team der Royal Opera nach Hause flog, machte sich Caballé nach Australien auf, um dort ihre lang erwarteten Debüt-Auftritte zu geben. Sie gab zwei Solokonzerte im Sydney Opera House – eines in jedem Auditorium – und zwischen dem 5. und 11. November in Adelaide und Melbourne. Bei diesen Auftritten wurde sie derart vergöttert, wie es bisher ausschließlich Joan Sutherland in ihrem Heimatland vorbehalten gewesen war. Die Australierin besuchte die Caballé während ihres Aufenthalts in Sydney sogar in ihrem Hotel und ließ der immer produktiven Amateurmalerin heimlich eine kunstvoll gestaltete Kiste mit Aquarellfarben als Geschenk auf das Zimmer schicken. Sie schenkte ihr außerdem zwei Stickarbeiten, ein größeres Stück, das noch bestickt werden mußte, und als Anreiz ein zweites kleineres, das Sutherland selbst gestickt hatte. Unterdessen war Carreras auf dem Weg nach Hause und hatte auf Caballés Bitten hin eine beachtliche Geldmenge dabei, die sie in Japan verdient hatte und nicht mit nach Australien nehmen wollte. Japans Ein- und Ausfuhrbestimmungen waren zu dieser Zeit sehr streng, und der Geldbetrag, den Carreras für Montserrat mit sich herumtrug, lag wesentlich über dem, was man legal ausführen durfte. Doch er ließ sich davon nicht beeindrucken und hatte zu Montserrat gesagt, er werde mit dem Geld einfach durch den Zoll gehen. Ihm würde schon nichts passieren. So geschah es auch. Aber als er sie vom Flughafen aus anrief, um ihr zu sagen, daß er seine verzwickte Mission erfolgreich erfüllt habe, unterbrach sie ihn sofort mit der Frage: »Wo bist Du?« Auf seine Antwort »Drin« reagierte sie mit qualvollem Stöhnen, weil sie automatisch das Schlimmste befürchtete.

Nach dieser kurzen Tour durch Australien flog Caballé geradewegs nach San Francisco, wo sie im War Memorial Opera House Mitte Oktober mit den Proben für eine Neuinszenierung von *Roberto Devereux* beginnen mußte. Seit einiger Zeit litt sie zunehmend unter Schmerzen in ihrem linken Bein, das bei dem Sturz vor etwa zehn Jahren verletzt worden war. Während der Proben wurden die Schmerzen schlimmer und begannen ihre Mobilität derart einzuschränken, daß sie beschloß, zu einem Arzt zu gehen. Das Bein wurde geröntgt, und es stellte sich heraus, daß sie unter einer Thrombophlebitis [Bildung von Blutgerinnseln in den oberflächlichen Venen] litt, die dringend behandelt werden mußte. Schließlich beschloß Montserrat, die Premiere am 26. Oktober durchzustehen, aber sie mußte sich der medizinischen Notwendigkeit beugen und die verbleibenden fünf Vorstellungen wohl oder übel absagen. Sie flog heim nach Barcelona und wurde zur Beobachtung und Untersuchung sofort in die Clínica Corachán eingeliefert. Dr. Rodriguez-Arias empfahl zunächst eine Behandlung mit Heparin, um den Blutpfropfen aufzulösen. Das war Anfang November. Caballé ging den ganzen Monat über regelmäßig in die Klinik, was jedoch mit den Proben für ihr nächstes Engagement kollidierte.

Dieses Engagement war eine Neuinszenierung von Ponchiellis zusammengeschustertem Melodram *La Gioconda* am Grand Théâtre von Genf, in dem Caballé zum erstenmal in ihrer Karriere die Rolle der Titelheldin singen sollte. Mit der Übernahme dieser entsetzlich komponierten Rolle unternahm sie das größte Stimmrisiko ihrer Karriere, ein sicherlich noch größeres Wagnis als bei der Rolle der Turandot, die eindeutig für einen Sopran geschrieben ist. Als Puccinis Heldin kann es passieren, daß die Stimme nicht die erforderliche stählerne Brillanz erreicht. Aber die halbstündige Rolle erfordert kein so großes Duchhaltevermögen, und es ist äußerst unwahrscheinlich, daß die Stimme dabei geschädigt wird. Bei Ponchiellis Heldin dagegen besteht diese Gefahr. Mit ihrem pausenlosen, lauten Deklamieren in den tiefsten Bereichen der Bruststimme, zusammen mit der Notwendigkeit, bei den vielen Höhepunkten schier endlos lange das hohe H zu halten, können die Zuhörer fast hören, daß Ponchiellis Vokalpartitur wie eine rostige Klinge auf dem Zwerchfell der Sopranistin hin- und hersägt.

Vor dem Hintergrund, daß das Brustregister für Sopranistinnen fast immer mit größeren technischen Schwierigkeiten verbunden ist – zumindest für die wenigen Sopranistinnen, die wirklich über ein Brustregister verfügen –, ist es erstaunlich, warum Ponchielli die Rolle einer mädchenhaften Straßensängerin auf diese Weise komponiert hat, so als wolle er die jeder Stimme anhaftenden Unregelmäßigkeiten besonders betonen. Mit Sicherheit hat die Rolle der Gioconda das Ende der Karrieren von Elena Suliotis und Anita Cerquetti beschleunigt, und die der Callas, Tebaldi oder Scotto hat sie bestimmt nicht verlängert. Um so überraschender ist es, daß sich die Sopranistinnen trotz alledem darum reißen, das Werk in den zwei Ländern zu singen, in denen es noch im Repertoire verblieben ist – in Italien und Amerika.

Und nun wollte Caballé die Rolle also zum erstenmal singen, nachdem sie gerade aus dem Krankenhaus entlassen worden war.* Aber bei diesen Aufführungen stand eine Menge auf dem Spiel. Nicht nur, daß die Rollen alle hochkarätig besetzt waren – Carreras gab sein Debüt in der Rolle des Enzo und Manuguerra das seine als Regierungsspitzel Barnaba –, das Werk wurde außerdem erst zum zweiten Mal in Genf auf die Bühne gebracht, als Höhepunkt der feierlich begangenen hundertsten Spielzeit des Theaters. Für Montserrat kam noch hinzu, daß sie mit diesen Vorstellungen zum erstenmal nach 20 Jahren in das Land ihrer Opernlehrjahre zurückkehrte. Zudem waren Vertreter der Plattenfirma Decca anwesend, die die Oper 1980 mit Caballé aufnehmen wollten. Doch das sind genau die Streßfaktoren, unter denen sie aufblüht. Es ist fast so, als ob erst die Anspannung, die Ungewißheit und sehr häufig die körperliche Belastung sie zur Höchstform auflaufen lassen und zu intensiverem Gesang und dramatischen Leistungen antreiben. All dies ist bei der aufgezeichneten Premiere vom 2. Dezember zu spüren, in der sie kraftvoll und überraschend mühelos singt. Allein die Vorhänge nach dem 1. Akt wurden mit einer stehenden Ovation belohnt, und der Applaus nach Caballés Interpretation von »Suicidio!« im 4. Akt brachte die Vorstellung für längere Zeit zum Stillstand.

Unerwartet errang Montserrat mit diesem letzten größeren Ausflug in eine neue Rolle, die man als »Killer«-Repertoire bezeichnen könnte – sie selbst nennt sie *massacrante* – einen grandiosen Erfolg. Es war nicht der einzige, da sie, sobald sich die Gelegenheit ergab, im Laufe der nächsten Jahre weitere Vorstellungen von *Gioconda* und *Turandot* geben würde. Sie war sogar so weit, über ein Angebot der Deutschen Gram-

---

* Das war schon zum dritten Mal so: Nach zwei größeren Operationen in der Vergangenheit hatte sie gleich danach in *Norma* auf der Bühne gestanden. Zum vierten Mal sollte es 1982 geschehen, als sie nach einer Nierensteinbehandlung im Krankenhaus die Turandot sang.

mophon nachzudenken, die ihr die Rolle der Abigail in ihrer bevorstehenden Aufnahme der Oper *Nabucco* unter der Leitung Giuseppe Sinopolis anboten. Dieser versicherte ihr, die Rolle werde lyrisch behandelt und mehr gesungen, als geschrien. Schließlich war es nur eine Plattenaufnahme und keine Vorstellungsreihe, und Callas' Einschätzung, als Caballé die Rolle vor zehn Jahren zum erstenmal angeboten wurde – »Deine Stimme ist wie ein Bakkarat, leg sie in eine rüttelnde Kiste und sie zerbricht« –, traf auf ihre Stimme nicht mehr zu. Aber da die Plattenaufnahme schließlich an drei Vorstellungen an der Deutschen Oper in Berlin gekoppelt wurde, nahm sie das Angebot schließlich doch nicht an. Zu ihrem Repertoire in dieser Zeit sagt sie:

> In den späten 70er Jahren war meine Stimme viel dunkler, schwerer und voluminöser geworden. Ich hätte diese Rollen nicht angenommen, wenn ich nicht gedacht hätte, ihnen mit meiner Stimme gerecht zu werden. Davon abgesehen waren sie in der Vergangenheit immer auf eine ganz bestimmte Art und Weise gesungen worden, sagen wir mal nur von den größten Stimmen, was schön ist, aber keinen Raum für Licht und Schatten oder Feinheiten läßt. Die großen heldenhaften Stimmen sind so häufig geschlechtslos, nicht Frau, nicht Mann, nur groß. Ich wollte einige dieser Rollen spielen, nicht die hilflosen kleinen Mädchen einiger *belcanto*-Werke, und sie wie eine Frau singen. Und ich wollte in sie ein Ideal einfließen lassen, das ich hatte, wenn ich zum Beispiel *Devereux* oder *Norma* sang, die Rollen kraftvoller Frauen, die irgendwie auch sanft waren, mit viel Gefühl.

Immer wieder waren Gerüchte im Umlauf, sie plane, die Isolde zu singen. Doch sie entbehrten jeder Grundlage, auch wenn sowohl Zubin Mehta als auch James Levine den Wunsch geäußert hatten, sie in diesem Werk zu dirigieren.

Allerdings wurde *Tristan und Isolde* für die Straßburger Opéra du Rhin in der Spielzeit 1980/81 mit dem Dirigenten Alain Lombard, Caballé als Isolde und Jean-Pierre Ponnelle als Regisseur angekündigt. Aber zumindest zum damaligen Zeitpunkt schien sie beschlossen zu haben, daß sie »bis hierher und nicht weiter« gehen wollte, so daß das Projekt nicht realisiert wurde.* Statt dessen heckte sie den Plan aus, auf spektakuläre Weise zu ihren *belcanto*-Wurzeln zurückzukehren und so den allgemeinen Trend der letzten Jahre umzukehren. Statt ihre stimmlichen Fähigkeiten des *belcanto* – soweit sie konnte – für die Schlachtschiffe des *verismo*-Repertoires zu nutzen, würde sie die dunklere, dramatische Seite ihrer Stimme dafür einsetzen, Rossinis letzte echt italienische *belcanto*-Oper wiederzubeleben: die *Semiramide*.

* Die Entscheidung Caballés hatte weitreichende Folgen. Wäre sie in der Ponnelle-Inszenierung aufgetreten, so hätte sie der französische Regisseur für die Wiederaufnahme der Produktion bei den Bayreuther Festspielen 1982 engagiert, für die er schon einen Vertrag in der Tasche hatte. Das ist wahrscheinlich die größte Chance, die sie sich in ihrer gesamten Karriere hat entgehen lassen.

11. Kapitel
1980–1982: Mit voller Kraft voraus: Plötzlicher Schiffbruch

Wie gewohnt verbrachte Caballé die Weihnachts- und Neujahrszeit 1979/80 zu Hause in Barcelona, wo ihre diesjährigen Rollen am Liceo ein genaues Abbild ihrer neuesten Begeisterung für anspruchsvolles *verismo*-Repertoire waren. Zusätzlich zu drei *Turandots* gab Caballé drei Vorstellungen in einem Werk, von dem sie sich vor über zehn Jahren öffentlich verabschiedet hatte: *André Chénier* (sie sang die Madeleine von Coigny). Die Premiere fand ungewöhnlicherweise am ersten Weihnachtsfeiertag statt, und das Schluß-Duett zwischen Caballé und Carreras trieb das zahlreich erschienene Publikum zu Begeisterungsstürmen. Ihre Turandot wurde nicht weniger ekstatisch aufgenommen, obwohl einige Kritiker darüber lamentierten, warum eine so begnadete *belcanto*-Sängerin unbedingt wünsche, die Turandot zu singen, so als ob es nicht schon genug erfolgreiche Vertreterinnen in dieser Rolle gäbe.

Dann flog Caballé wieder nach Amerika und sang zwischen dem 17. und 31. Januar in vier *Toscas* an der Metropolitan Opera. Ihre Konzerte während dieses Aufenthalts führten sie an die beiden entgegengesetzt liegenden Enden des Landes. Denn zusätzlich zu ihrem mittlerweile traditionellen Solokonzert in der Carnegie Hall am 14. Februar sang sie auch in Los Angeles, San Francisco und Miami. Opernengagements mit wenigen Vorstellungen, die meisten in weniger renommierten Opernhäusern, und überall und nirgends stattfindende Konzerte mit gemischtem Programm waren gleichmäßig über die nächsten vier Monate verteilt. Die bedeutendsten Auftritte hatte sie in Hamburg, wo sie im März in *Roberto Devereux* sang, wieder in konzertanten Aufführungen; und im April und Mai stand sie in *Ariadne auf Naxos* auf der Bühne. Dann führte sie ihr voller Terminkalender von *Die Macht des Schicksals* in Avignon über *Ein Maskenball* und *Roberto Devereux* in Las Palmas zu einem ausgedehnten Zyklus nach Nizza, wo sie innerhalb von drei Wochen jeweils zweimal die Titelrollen in *Maria Stuart*, *Luise Miller* und *Tosca* sang – die letzten beiden Opern zusammen mit José Carreras. Ihre Konzerttermine führten sie nach Nîmes, Málaga, Limoges, Valencia, Gent, Cannes, Hamburg und Köln sowie an die Scala und das Teatro dell'Opera in Rom. Diese fast ziellose und hyperaktive Zeit gipfelte Ende Mai in drei *Turandot*-Vorstellungen in Madrid, auf die nach einer vierzehntägigen Pause und einigen lockeren Proben drei *Maria Stuart*-Aufführungen folgten, in denen Bianca Berini die Königin Elisabeth verkörperte.

Montserrats traditionelle Sommerferien fielen in diesem Jahr größtenteils aus, zunächst für eine Einspielung von *La Gioconda* für Decca (im Juni in der Londoner Walthamstow Town Hall) und zum zweiten für eines der wichtigsten Opernprojekte, an denen sie jemals teilgenommen hatte. Bernard Lefort gab als Direktor der Festspiele in Aix-en-Provence seinen Abschied, und man hatte deshalb beschlossen, die selten gespielte Rossini-Oper *Semiramide* mit einer hochkarätigen Besetzung auf die Bühne zu bringen. Caballé sollte darin zum erstenmal in ihrer Karriere die Titelrolle singen. Ihre Kollegen und Kolleginnen waren ebenfalls herausragende Vertreter und Vertreterinnen des Rossini-Repertoires, darunter Marilyn Horne als Arsace, Francisco Araiza als Idreno und Samuel Ramey als Assur. Dirigent der Vorstellungen war Jesús López-Cobos; Inszenierung und Bühnenbild stammten von Pier Luigi Pizzi.

Dieses Vorhaben war ein großes Projekt: Denn *Semi-*

ramide ist Rossinis längste italienische Oper. Zu Zeiten ihrer Entstehung hatte niemand die Oper als Gesamtwerk aufgeführt oder aufgenommen, so daß man sich kaum ein vergleichendes Urteil erlauben kann. Die konzertanten Aufführungen in Covent Garden waren von ihrem Dirigenten als »minimal gekürzt« bezeichnet worden und hatten immer noch über dreieinhalb Stunden gedauert. Der Stil der »großen« Oper, als deren Pionier Rossini durch seine französischen Einflüsse heute angesehen wird, hatte sich schon vor seinem Umzug nach Paris (1825) angekündigt. Die Titelrolle orientierte sich an den stimmlichen Mitteln der Frau des Komponisten, Isabella Colbran, obwohl es viele eindeutige Hinweise gibt, daß sie 1823, als die Oper in Venedig ihre Premiere feierte, den Anforderungen der Musik nicht mehr gewachsen war und sich bald darauf von der Bühne zurückzog. Die einzige andere Interpretin dieser Rolle vor Caballé war in jüngster Vergangenheit Joan Sutherland gewesen, die die Oper 1965 zusammen mit Marilyn Horne aufgenommen hatte, in einer stark gekürzten Fassung. Die Inszenierung in Aix-en-Provence sollte dagegen so vollständig wie möglich werden: Allein der 1. Akt dauerte eine Stunde und 52 Minuten. Leider gibt es nur noch sehr zusammengeschnittene Videos und Bänder als Anschauungs- und Anhörungsmaterial, die nicht vermitteln, daß das Werk knapp vier Stunden dauerte.

Die Inszenierung war äußerst provokant, mit ihrem praktisch völlig in weiß gehaltenen Bühnenbild und Kostümen, was sich sogar auch auf die Perücken und das Make-up der Darsteller erstreckte. Alle Sänger, bis auf die beiden weiblichen Hauptdarstellerinnen, waren als einfarbige Kreuze kostümiert. Von den Hängenden Gärten oder irgendeiner Anspielung auf den legendären dekadenten Hof der Königin von Babylon war nicht die geringste Spur zu entdecken. Aber das Wichtigste des Abends war, ganz im Sinne Rossinis, natürlich die Musik. Und von ihr war das 1 500 Personen zählende Publikum in jeder der sechs Aufführungen, die im

Innenhof des Erzbischöflichen Palastes gegeben wurden, hellauf begeistert. Die Musikkritiker überhäuften Caballé und Horne mit Superlativen, und der Wirbel um das Ereignis war so groß, daß darüber auch in den fachfremden Zeitungen berichtet wurde. So erschien im französischen *Nouvel Observateur* ein langer Artikel von Maurice Fleuret, der mit den Worten endete: »Auf diesem hohen Niveau ist Gesang kein Ausdrucksmittel mehr und noch viel weniger Unterhaltung. Vielmehr bringt er uns in Kontakt mit dem Wesen der Dinge.«[1] Der bekannte Kolumnist und Kritiker der Londoner *Times*, Bernard Levin, widmete dem Ereignis einen ganzen Artikel. Und Charles Pitt, britischer *Opera*-Korrespondent in Frankreich und einstiger Regisseur in Covent Garden, schrieb:

> Die Rollen der Semiramide und der Arsace zogen die besten *belcanto*-Sängerinnen des 19. Jahrhunderts an … Ich frage mich, ob diese Sängerinnen des Goldenen Zeitalters wirklich besser als Caballé und Marilyn Horne in Aix waren? In ihren beiden großen gemeinsamen Gesangsstücken … harmonierten ihre Stimmen ziemlich perfekt miteinander. Und wie brillant jede der beiden Damen allein war.[2]

Die letzte Vorstellung fand am 2. August statt, und danach, so könnte man denken, wäre wohl endlich eine Sommerpause fällig gewesen: Statt dessen gab Caballé Recitals und Konzerte in Monte Carlo, Perpignan, Bregenz und S'agaró und schob außerdem noch einen zweitägigen Ausflug nach London ein. Dort nahm sie für Decca die Rolle der Helena in Boitos *Mefistofele* auf. Das letzte Solokonzert gab sie in Katalonien (S'agaró), was ihr gegen Ende des Monats eine kurze Pause ermöglichte, bevor sie nach New York abreiste. Dort wurde sie am 25. August zu Proben für eine Neuinszenierung von *Turandot* erwartet. Die Premiere am 22. September, unter musikalischer Leitung James Levines und mit Luciano Pavarotti als

Kalaf, eröffnete die Metropolitan-Spielzeit 1980/81. Dies war wahrscheinlich die spektakulärste Ehre, die ihr die Met je erwiesen hatte. John Dexter, Produktionsleiter an der Met, hatte beschlossen, es sei unter künstlerischen Gesichtspunkten nicht mehr vertretbar, noch einmal die alten Kulissen von Cecil Beaton wiederzuverwenden, und schlug statt dessen ein neues, sparsamer dekoriertes Bühnenbild vor. Dafür bediente er sich der Treppe aus *I vespri siciliani* und beabsichtigte, das Bühnenbild in Alfanos Schlußsequenz mit schwarzem Stoff zu verkleiden, um es auch visuell von Puccinis Werk zu unterscheiden. Doch dann streikte das Metropolitan Orchestra, wie 1969, als Caballés *Luise Miller*-Premiere ausgefallen war. Die Opernleitung beschloß, hart zu bleiben, und folglich wurden alle zehn vereinbarten *Turandot*-Vorstellungen, wie auch alle anderen Vorstellungen in den Eröffnungsmonaten der Spielzeit, ausgesetzt. Caballé war ungemein enttäuscht, und sie bekam die Erlaubnis, nach Barcelona zurückzukehren, unter der Bedingung, daß sie mit der Concorde nach New York zurückkehre, falls der Streik schnell beigelegt würde. Dazu kam es nicht, und die erwartungsvollen New Yorker wurden darum gebracht, Caballé in dieser grandiosen Rolle zu hören.

Die verbleibenden Tage im Oktober 1980, die sich normalerweise mit den drei letzten *Turandot*-Aufführungen überschnitten hätten, waren mit Proben und Aufführungen für das *Requiem* von Verdi ausgefüllt. Neben einer Live-Übertragung aus der Avery Fisher Hall wurde das Werk für die CBS aufgenommen. Das New York Philharmonic Orchestra wurde von Zubin Mehta dirigiert, und neben Caballé waren Bianca Berini, Plácido Domingo und Paul Plishka als Solisten engagiert worden. Für über zehn Jahre sollte dies die letzte Aufführung sein, in der Domingo und Caballé zusammen auftraten, in einem Rahmen, den Mehta und die Plattenfirma sorgfältig miteinander ausgehandelt hatten. Trotz ihrer anstrengenden letzten Rollen war Caballés Stimme in diesen Vorstellungen in tadellosem Zustand und gipfelte in einem perfekt gehaltenen hohen B in »Libera me«. Alan Blyth verglich alle von Caballé erhältlichen Aufnahmen miteinander und schrieb in einer langen und detaillierten Kritik ein paar Jahre später: »Montserrat Caballé übertrifft sogar ihren schönen Gesang für *Barbirolli* etwa zwölf Jahre zuvor.«

Bevor Montserrat Nordamerika ganz den Rücken kehrte, unternahm sie eine kurze Reise nach Montreal, wo sie ein Solokonzert gab. Danach kehrte sie nach Europa zurück und sang am Théâtre de l'Opéra in Nizza in zwei Aufführungen von *Die Macht des Schicksals*. Am 11. November reiste sie nach Hamburg, wo sie am folgenden Tag ein Recital im Konzerthaus gab und anschließend in drei *Tosca*-Vorstellungen an der Staatsoper auftrat. Von dort reiste sie nach Südfrankreich, zuerst nach Avignon, um am Théâtre Municipal dreimal die *Norma* zu singen, und dann für zwei *Bohèmes* mit Luciano Pavarotti wieder nach Nizza. Die Vorstellungen in Avignon zeigten sie nicht bei bester Stimme, denn ihre Koloraturen scheinen mangelhaft gewesen zu sein, aber wie ein Kritiker dazu bemerkte: »Was sie in dieser Hinsicht vielleicht verloren hat, kompensierte sie durch einen Gewinn an dramatischem Ausdruck: Sie ist ganz ohne Zweifel eine große Dame der Bühne.«[3]

In diesem Jahr lagen die Verpflichtungen am Liceo mit drei Vorstellungen von *Manon Lescaut*, mit Nicola Martinucci als Des Grieux, direkt vor und die Wiederaufnahme von *La Bohème* kurz nach Weihnachten. In den noch erhaltenen Filmausschnitten ist die Intensität, mit der Caballé als Mimi ihren Rudolf anschaut und ihm zuhört, am auffälligsten – dies in einer Rolle, zu der man ihr theoretisch vielleicht nicht mehr geraten hätte.

Wenige Tage nach der letzten Vorstellung am 3. Januar 1981 flog Caballé nach London, um für eine Wiederaufnahme von *Ein Maskenball* am Royal Opera House zu proben. Dies war ein hochkarätiges Vorhaben, denn der Riccardo war Pavarotti und die acht Vorstellungen sollte Bernard Haitink dirigieren, damals Musikdirektor in Glyndebourne. Gewöhnt an die zahllosen Proben in Glyndebourne, muß er über die Bedingungen seines Haus-Debüts in Covent Garden erstaunt gewesen sein, bei dem der berühmte Tenor es schaffte, sogar noch später anzukommen als die berühmte Sopranistin. Als letzten Endes alle versammelt waren, begannen die Scherereien erst richtig. In dem atemberaubend schnellen und schwierigen Trio, das gleich auf das Liebesduett im 2. Akt folgt, bestand Pavarotti darauf, ein *ritenuto* zu singen, das er, obwohl es nicht in der Partitur steht, als einen festen Bestandteil der Gesangstradition ansah. Der Dirigent weigerte sich, dieses Stilelement zuzulassen – der Tenor bestand darauf. Angesichts dieser musikalischen Sackgasse wußten weder Caballé noch die dritte Stimme des Trios, der Bariton Matteo Manuguerra, wo sie standen oder was sie tun sollten. Haitinks Standpunkt war klipp und klar: Wenn Pavarotti diese Phrase in der Premiere am 15. Januar auf seine Weise singen wolle, dann werde ihm das Orchester nicht mit der erforderlichen Verlängerung der Sequenz entgegenkommen, sondern schlicht und ergreifend mit den Einsätzen der anderen Sänger in der Partitur fortfahren.

Montserrat stand vor einem Dilemma: Sie war hin- und hergerissen zwischen der Loyalität zu ihrem vielfachen Tenorpartner und dem verständlichen Wunsch, die Anweisungen des Dirigenten zu befolgen. Sie und Manuguerra hofften inständig, daß einer von beiden bei der Premiere vernünftig sein und dem anderen entgegenkommen würde. Vergebliche Hoffnung! Pavarotti hielt seine Phrase lang und zart an, und gleichzeitig spielte das Orchester im Eiltempo weiter. Folge war, daß alle anschließenden Stimmeinsätze schief klangen. Für einen sehr nervösen oder unerfahrenen Sänger wäre das tödlich gewesen. Caballé drehte dem Publikum den Rücken zu und schaute nach oben, um nicht in Lachen ausbrechen zu müssen. Manuguerra hatte keine Ahnung, was er tun sollte und stand einfach nur da. Außer Pavarotti war keiner mehr in der Lage zu singen, doch er schaffte es, seine Melodie wieder aufzunehmen und die Phrase zu beenden; dann verließ er plötzlich die Bühne. Als Montserrat ihn gehen sah, dachte sie, es gebe keinen Grund mehr, dazubleiben, und verschwand auf der anderen Seite. Auf einer ansonsten verlassenen Bühne blieb von dem verstummten Trio der vollkommen verdatterte Bariton übrig; er schaute panisch nach rechts und nach links und überlegte, ob er seinen Kollegen folgen sollte. Die Entscheidung wurde ihm abgenommen, als der Vorhang mitten in der Szene, vor dem Auftritt des Verschwörer-Quartetts, heruntergelassen wurde.

Das amüsierte Publikum begann zu murmeln, als die Lichter im Zuschauerraum halb aufgeblendet wurden. Hinter der Bühne war die Hölle los. Der Tenor war für niemanden zu sprechen, und John Tooley, Generaldirektor des Hauses, eilte verzweifelt zu Caballés Garderobe. Sie amüsierte sich sehr über den gesamten Vorgang, und auf Tooleys Frage: »Aber was soll ich dem Publikum sagen?« warf sie ihm den heiß ersehnten Rettungsring zu: »Sagen Sie ihnen, mir sei schlechtgeworden. Das werden sie glauben. Die Wahrheit würden sie nicht glauben.« So ging Tooley hinaus auf die Bühne und teilte den Zuschauern mit, Frau Caballé sei es ganz plötzlich übel geworden und die Vorstellung werde so schnell wie möglich wiederaufgenommen. (Es gab noch eine weitere Verzögerung, denn Manuguerra hatte eine Darmgrippe und bat lautstark um eine Ankündigung beim Publikum, die Tooley ihm verweigerte, weil er nicht gelyncht werden wollte.) So sang Caballé schließlich ihre anspruchsvolle Partie in der 1. Szene des 3. Aktes, einschließlich der Arie »Morrò', ma prima in grazia«, und das Publikum wunderte sich über die Launen einer Diva, die vollkommen gesund klang, während man sich hinter den Kulissen voller Panik bemühte, den pikierten Tenor dazu zu bringen, nach der zweiten Pause den Rest des 3. Aktes zu singen, und den Bariton von der Toilette herunterzuholen.

Die offizielle Version wurde natürlich breitgetreten und gab allen Leuten, die nicht anwesend gewesen waren, die Gelegenheit, sich über Caballés schwindende Kräfte auszulassen. Dies sei eine Folge ihrer jüngsten Rollen im hochdramatischen Repertoire, obwohl sie doch im Grunde eine lyrische Stimme habe. Wie immer in solchen Situationen sah sie die ganze Angelegenheit philosophisch: »Die Leute glauben immer das, was sie glauben wollen. Es bot sich an und war für alle Beteiligten eine Ausflucht. Was kann man in einer solchen Situation schon anderes tun?« Wahrscheinlich war es hilfreich, daß sie im Anschluß an die letzte Vorstellung nach Spanien zurückkehrte und im Palau de la Música in Barcelona ein Solokonzert auf heimatlichem Boden, vor heimischem Publikum und in vertrautem Repertoire gab.

Das Gefühl, zu den Wurzeln zurückzukehren, stellte sich auch bei ihrer nächsten Unternehmung ein: Wieder einmal flog sie nach New York, um am 17. Februar an einer Gala mit vielen Stars teilzunehmen. Das Konzert sollte mit dem New York Philharmonic Orchestra, unter der Leitung Mehtas, in der Avery Fisher Hall stattfinden. Hier sang sie zum erstenmal auf einer öffentlichen Veranstaltung die Opfer-Szene Brünnhildes, den machtvollen Höhepunkt von Wagners *Götterdämmerung*, mit dem der *Ring des Nibelungen* abschließt. Ihre Kollegen in Amerika, unter ihnen vor allem Mehta, hatten sie schon seit einiger Zeit ermutigt, sich an die Wagnerschen Schwergewichte heranzuwagen, und obwohl sie eigentlich keine Lust hatte, diese Opern ganz zu bestreiten, war sie schließlich bereit gewesen, größere Ausschnitte im Konzert zu singen. Und natürlich boten sich diese Ausschnitte auch für Plattenaufnahmen an, denn CBS hatte beschlossen, zwischen den Vorstellungen mit ihr einen Querschnitt aus den Wagner-Arien aufzunehmen.

Sie blieb fast den ganzen März in Amerika und gab Recitals in Palm Beach, Pasadena und Torrance sowie zwei weitere Vorstellungen in New York, diesmal in der Carnegie

Hall. Das erste, am 2. März, war ihr jährliches Solokonzert, während das zweite ein Konzert mit Opernausschnitten war und von James Levine dirigiert wurde. Diese Periode klang am 19. März an der Metropolitan Opera mit einem Gala-Konzert aus, bestehend aus Opernarien und -duetten, die sich mit dem Thema Spanien befaßten. Das Orchester des Hauses wurde von Jesús López Cobos dirigiert, und Caballé trat hier zum erstenmal zusammen mit Carreras in einem Konzert in New York auf.

Ende des Monats kehrte sie nach Europa zurück, um im Palais de l'UNESCO in Paris am 23. März ein privates Konzert zu geben. Das Programm bestand ausschließlich aus Werken spanischer Komponisten, unter anderem Stücke von Toldrà, Mompou und Granados. Am Klavier saß bei diesem besonderen Anlaß die vielgerühmte Pianistin Rosa Sabater, die nur wenige Jahre später unter tragischen Umständen bei einem Flugzeugzusammenstoß ums Leben kommen sollte. Caballé blieb mehr oder minder ohne Unterbrechung bis Ende Juni in Frankreich, mit Ausnahme eines kurzen Ausflugs nach Las Palmas, um zwei Vorstellungen von *Manon Lescaut* zu geben, und eines Solokonzerts am Grand Théâtre de Genève. Dies war die längste Zeit, die sie je in Frankreich verbrachte – trotz ihrer früheren Ausflüge zu den Festspielen in Aix und ihren zahlreichen Auftritten in den Opernhäusern Südfrankreichs –, und fast sechs Wochen davon war sie in Paris, das bisher nur gelegentlich und vereinzelt in ihrem Terminkalender aufgetaucht war. Wenn Caballé noch eine andere künstlerische Heimat als Spanien hatte, dann war es von dieser Zeit an die französische Hauptstadt. Obwohl sie während der 80er Jahre weiterhin regelmäßig in New York auftrat, genügt ein Blick in ihren Terminkalender, um zu sehen, daß sich ihr künstlerischer Schwerpunkt während dieser Zeit nach Frankreich im allgemeinen und nach Paris im besonderen verlagerte.

Ende März unternahm sie das wohl bizarrste und ungewöhnlichste Projekt ihrer Laufbahn. In nur zwei Vorstellungen sang sie am Théâtre de l'Opéra in Nizza die Rolle der Rosina im *Barbier von Sevilla* [*Il barbiere di Siviglia*], ohne daß die Partitur höher transponiert wurde, aber mit vielen außergewöhnlichen Koloraturen. Es überrascht nicht, daß die Meinungen zu diesem Ergebnis weit auseinandergingen: Viele Zuschauer vor Ort sahen die Vorstellung als Enthüllung ihrer komischen Seite; andere sprachen in düsterem Ton davon, welchen Gefallen sie dem Ruf der Sopranistin erwiesen hätten, daß sie die nicht autorisierten Mitschnitte einer der Vorstellungen unter Verschluß hielten.

Aber auch das war noch nicht das Ende der verwirrenden Stimmvielfalt. Denn nur zehn Tage später war Montserrat wieder in Paris (nach den *Manon Lescauts* in Las Palmas) und sang in der Salle Pleyel aus dem 3. Akt der *Götterdämmerung* die Brünnhilde in zwei konzertanten Aufführungen (unter der Leitung Zubin Mehtas), bevor sie nach Nizza reiste und eine Reihe von Madeleines von Coigny in *André Chénier* sang. Bei dem Recital, das sie nur zwei Tage später im Palais Garnier gab, litt sie jedoch unter einer Kehlkopfentzündung. Dieses Recital war nach zehn Jahren ihr erster Auftritt an der Pariser Oper, an der sie seit den verkorksten *Normas* 1972 nicht mehr gesungen hatte. Offensichtlich führten sowohl ihre stimmliche Kondition an diesem Abend als auch das Wissen um ihr jüngstes Repertoire zu wilden Spekulationen in der Presse und zu Kopfschütteln. Deshalb widmete Gérard Mannoni seine Kritik weniger diesem speziellen Anlaß, sondern stellte sie in einen größeren Kontext. Unter der Überschrift »Montserrat Caballé an der Oper – zur Hölle mit den scheinheiligen Jammerern« schrieb er:

> Es gibt heutzutage niemanden, der seine stimmlichen Gaben mit vergleichbarer technischer Meisterschaft einsetzt. Sie tut mit ihrer Stimme genau das, was sie will, selbst wenn ihre körperliche Verfassung so angeschlagen ist wie bei diesem Solokonzert. Vom *forte* bis zum äußerst

lang gehaltenen *pianissimo* hat sie ihre Stimme unter Kontrolle; reaktionsschnell, flexibel und immer musikalisch. Und was ihre Atemstütze angeht, die ist schlichtweg perfekt. Wer außer ihr könnte – innerhalb eines Monats – auf vergleichbarem Niveau in der *Götterdämmerung* (3. Akt), dem *Barbier von Sevilla*, *André Chénier* und in einem Liederabend singen, kurz vor Beginn einer Vorstellungsreihe der *Turandot*? Man spricht immer über Lilli Lehmanns Heldentaten mit der Stimme, weil sie Wagner- und Mozart-Rollen innerhalb nur weniger Tage abwechselte, als wäre das ein Wunder. Aber ist das denn erstaunlicher als das, was Montserrat Caballé so viele Jahre lang zu unserer Erbauung getan hat? Und dann, welche Freude beim Singen, welche Kunst, über sich selbst zu lachen, zum Publikum Kontakt herzustellen. Ist sie die größte Sängerin unserer Tage? Keine Frage![4]

Allerdings hatte sie diesen Soloabend glücklicherweise ganz am Anfang ihrer Probenphase für die Neuinszenierung von *Turandot* gegeben, auf deren Premiere am 15. Mai acht weitere Vorstellungen folgen sollten. Das gab der Diva im Laufe der Proben die Gelegenheit, wieder in Form zu kommen. Der Dirigent war Seiji Ozawa, und die Inszenierung lag in Händen einer alten Kollegin Caballés, Margherita Wallmann, die bei Jacques Dupont äußerst spektakuläre Kulissen und Kostüme in Auftrag gegeben hatte. Die Liù war Leona Mitchell, und den Kalaf sang Franco Bonisolli. Eine der Aufführungen – bei der Giuseppe Giacomini für den erkrankten Bonisolli einsprang – wurde von Antenne 2 live übertragen. Den zahlreichen nicht autorisierten Videobändern nach zu urteilen, die in Umlauf sind, müssen an diesem Abend in Zehntausenden von Haushalten Videorecorder angeschaltet gewesen sein. Obwohl man hätte vermuten können, daß Caballé die bombastische Bühnendekoration während der Rätselszene vor nicht unerhebliche Probleme stellen würde – sie mußte die Höhenunterschiede über eine steile Treppe überwinden und stand immer in sehr großer Entfernung zum Publikum –, ertönte ihre Stimme laut und klar. Nicht die geringste Spur von Anstrengung ist auszumachen, auch keine Note, die mit Druck, zu wenig Klangfülle oder Atemnot gesungen wird. Seit Birgit Nilsson hatte die Rolle niemand mehr so mühelos gesungen, und es ist unvorstellbar, daß die großartige schwedische Sopranistin Caballés breite Klangfarbenpalette oder sichere Intonation überboten haben soll. Ihr glanzvoller Auftritt an diesem Abend muß selbst für ihre glühendsten Bewunderer eine Überraschung gewesen sein. Gérard Mannoni im *Quotidien de Paris* über diese *Turandot*:

> ... die Worte, die einem in den Sinn kommen, können nicht ausdrücken, was [Caballé] uns in dieser Vorstellung gab. Die Miesmacher haben uns von vornherein fleißig erzählt, daß diese Rolle nichts für sie sei, daß sie nach Birgit Nilsson keine Chance habe ... Sie kam jedoch nicht einen Augenblick lang in Schwierigkeiten. Ihre Stimme zeigte unendlich viele Ausdrucksmöglichkeiten, die sich aus einem soliden Brustregister speisten, und schwang sich zu prächtigen Höhen hinauf. Als das Bühnenbild ihr im letzten Akt endlich erlaubte, auf gleicher Höhe wie ihre Partner zu agieren, stellte Caballé unter Beweis, daß es keine Rolle mehr gibt, die außerhalb ihres Fachs liegt. Für alle, die empfindlich auf die menschliche Stimme reagieren, war dies wirklich eines der faszinierendsten Opernerlebnisse.[5]

Jeder, der das Glück hat, eine gute Kopie der Aufzeichnung in die Hände zu bekommen, wird nicht nur ein eindrucksvolles Gesangserlebnis haben, sondern eine ihrer intensivsten und engagiertesten Charakterdarstellungen auf Video sehen. Zusammen mit ihrer *Norma* in Orange (1974) ist die *Turandot* in Paris ihre großartigste Aufführung auf Video.

Doch diese *Turandots* waren nicht irgendeine launenhafte Extra-Tour, wie die Vorstellungen vor zwei Jahren in San Francisco schon bestätigt hatten. Die letzte Aufführung fand am 13. Juni in Paris statt, und nach zwei aufeinanderfolgenden Gala-Konzerten auf Menorca und in Ludwigsburg sang sie die Rolle in zwei Aufführungen am Théâtre Municipal in Avignon. Dies hatte eine Lobpreisung des *Opera*-Korrespondenten Tony Mayer zur Folge, der schon die Pariser Opernpremiere, mit Maryse Beaujon und Georges Thill, im Jahr 1928 miterlebt hatte:

> *Turandot* war ein Triumph. Es war seitdem immer wieder ein Triumph. Eine Reihe von Vorstellungen wurde – mit sensationellem Erfolg – in Paris und vor kurzem in Avignon gegeben. Bei beiden Gelegenheiten sang Montserrat Caballé die Titelrolle. Eine seltsame und beeindruckende Frau: eine prima donna »comme on n'en fait plus« ... Nach Jahren akrobatischer Bravourstücke – und Triumphe – scheint Caballé dabei zu sein, ein neues Areal zu erobern. Am Ende der Vorstellung gebärdete sich das Publikum wie wahnsinnig, stampfte mit den Füßen und schrie, bis es heiser war.[6]

Im nachhinein wünscht man sich, Caballé hätte diese Rolle in ihrem Repertoire behalten und öfter gesungen, als sie es tatsächlich tat.

Die restlichen Wochen des Sommers 1981 bestanden hauptsächlich aus Aufführungen von *Die Macht des Schicksals*, zunächst Ende Juni an der Wiener Staatsoper (als Teil der Wiener Festwochen) und dann, Ende Juli, im römischen Amphitheater – der Arena Sferisterio – in Macerata, wo Caballé am 25. Juli ihr Debüt gab. Die Neuinszenierung mit einem Bühnenbild von Giò Pomodoro, das ursprünglich für die Festspiele in Verona entworfen worden war, führte die Sopranistin erneut mit José Carreras zusammen (in der Rolle des Don Alvaro), mit dem sie zwei Wochen zuvor in einem gemeinsamen Konzert im südfranzösischen Perpignan aufgetreten war. Das 6 000 Zuschauer zählende Publikum in Macerata feierte beide Sänger mit donnerndem Applaus, und obwohl das Festival schon seit den 20er Jahren stattfand, waren es diese – und folgende – Caballé-Auftritte, die den Festspielen breitere internationale Anerkennung eintrugen.

Ihr einziges größeres Engagement in diesem Sommer war eine Reihe von *Toscas*, die unter freiem Himmel in Ravenna gegeben wurden. Die Bühne stand in den Ruinen der ehemaligen Festung Roca Brancaleone, und um den Autolärm zu verringern, hatte man das ganze Gelände für den Verkehr gesperrt. Wegen der dortigen provisorischen Bedingungen hatte sich Caballé schon im Hotel mit Perücke, Kostümen und Schminke ausstaffiert, bevor sie sich zur Aufführung fahren ließ. Aber 500 Meter vor dem Aufführungsort wurden sie von einem Karabiniere, der an einer Straßensperre postiert war, gestoppt. Er weigerte sich schlichtweg, das Auto durchzulassen. Nach einer hitzigen Debatte in venezianischem Dialekt zwischen Chauffeur und Polizist stieg Montserrat aus, rannte zur Straßensperre und räumte sie aus dem Weg. Als sie wieder im Auto saß, gab sie mit dem Arm ein gebieterisches Zeichen und befahl »Va!«. Wie erwartet blieb nach diesem Temperamentsausbruch à la Tosca ein verdatterter Karabiniere zurück, der wie gelähmt dastand, als das Auto an ihm vorbeischoß.

Parallel zu diesen Vorstellungen war Caballé von Mitte August an in London mit der Aufnahme der Rolle der Madeleine in *André Chénier* für Decca beschäftigt, mit Luciano Pavarotti in der Titelrolle und Riccardo Chailly als Dirigent. Doch von der italienischen Plattenfirma Fonit Cetra waren bereits SOS-Signale ausgegangen, denn nur wenige Tage vor dem Beginn einer neuen Aufnahme von Rossinis *Der Türke in Italien* [*Il turco in Italia*] hatte Renata Scotto ihre Zusage für Fiorilla zurückgezogen. Zufällig war für diese Oper ebenfalls Chailly als Dirigent vorgesehen, der bei der verzweifelten Suche nach einer Sopranistin, die das Projekt retten könnte, ebenfalls einen Vorschlag machte. In Carlos Caballés Büro in Barcelona rief einige Male Alberto Zedda an, dessen Schwester Bianca die Künstlerische Direktorin der italienischen Gesellschaft war. Nach kurzen Verhandlungen erklärte sich Montserrat bereit, die Rolle anzunehmen, so daß sie öfter, als ihr lieb sein konnte, zwischen Ravenna und London hin- und herpendeln mußte. Einige der *Chénier*-Aufnahmetermine mußten sogar verlegt werden, um diese andere Aufnahme in den EMI-Studios in der Abbey Road zu ermöglichen, in denen Caballé schon so viele frühere Plattenerfolge eingespielt hatte.

André Chénier wurde dagegen in der Walthamstow Town Hall aufgenommen. Aber die Aufnahmen waren am Ende der vorgesehenen Zeit nicht vollständig abgeschlossen, weil Riccardo Chailly erkrankt war. Neue Termine mußten für das kommende Jahr arrangiert werden. Caballé wurde jedenfalls in San Francisco erwartet, um am War Memorial Opera House für die Eröffnungsvorstellung der Spielzeit 1981/82 zu proben: die *Semiramide*. Zwar war die Oper neu für die Kalifornier, aber Pizzis marmorweißes Bühnenbild aus Aix erlebte eine »Renaissance«, die erste von zahlreichen Wiederaufnahmen in der Opernwelt der 80er Jahre. Bei dieser Gelegenheit trafen sich Montserrat und Marilyn Horne wieder, doch die Rolle des Assur wurde diesmal nicht von Samuel Ramey gesungen, sondern von einem Amerikaner, der bald mit einem ganz anderen Repertoire berühmt werden sollte: James Morris. Die Vorstellungen wurden von Richard Bonynges dirigiert, der nach über zehn Jahren zum erstenmal wieder mit Montserrat zusammenarbeitete. Der eigentliche Grund für seine Anwesenheit in San Francisco war jedoch, daß er die Vorstellungen der *Merry Widdow*, mit seiner Frau in der Titelrolle, dirigieren sollte. Joan Sutherland hatte sich mehr als jede andere Sängerin dafür eingesetzt, daß die *Semiramide* wieder ins Repertoire aufgenommen worden war, und sie hatte die Rolle während der 60er Jahre gesungen, darunter an der Scala und auf dem Maggio Musicale.

Natürlich verbrachten die drei Primadonnen viel Zeit miteinander, entweder bei Proben, in Aufführungen oder im Hotel Huntington, das auf dem Nob Hill liegt. *Semiramide* feierte am 11. September Premiere und wurde begeistert aufgenommen: Arthur Bloomfield, der wichtigste Musikkritiker San Franciscos, schrieb: »Die Inszenierung wartete in größerem Maßstab mit stimmlicher Virtuosität auf als nahezu jede andere Vorstellung auf lokaler Ebene.«[7] Ein kleines Problem war im Grunde nicht der Rede wert und wurde vom Publikum als positiver Beweis für die emotionale Beteiligung der beiden Frauen gewertet. Nachdem das große Duett im 1. Akt – »Serbami ognor si fido il cor« – mit einer wahren Flut ineinander verwobener Kadenzen geendet hatte, umarmten sich die beiden Diven, wie angewiesen. Das Publikum brach in Jubelrufe und Applaus aus, aber Caballé hatte plötzlich ein Blackout. Sie flüsterte in Hornes Ohr: »Ich weiß meine nächste Textzeile nicht!« Diese hieß, da eine ganze Passage gestrichen worden war, »I vostri voti omai«, aber Horne, die sich über Montserrats häufige Verwechslung von »b« und »v« im Italienischen – im Spanischen ist es gerade umgekehrt – lustig machte, flüsterte zurück: »I bostri boti omai«. Wie beabsichtigt, brachte dieser Satz Caballé völlig aus der Fassung, und sie brach in Hornes Armen in unkontrolliertes Lachen aus. Und wie jeder weiß, der schon einmal auf einer Bühne stand, ist Gelächter in hohem Maße anstekkend. So hielt das Publikum, das den beiden immer noch Tribut zollte, die Umarmung der beiden Frauen für ein Zeichen der Rührung über den Beifall. In Wahrheit lagen sich zwei erfahrene Künstlerinnen in den Armen, weil sie sich vor Lachen nicht mehr halten konnten.

Diese Vorstellungen wurden zu den heißbegehrtesten Veranstaltungen in der Operngeschichte San Franciscos, und auch ein kostenloses Konzert im Golden Gate Park, das Horne und Caballé zwischen die *Semiramides* einschoben, konnte den Run auf die Eintrittskarten nicht eindämmen. Das Konzert fand an einem wunderschönen Sonntag nachmittag in Begleitung des Orchesters der Oper unter seinem altgedienten Musikdirektor Kurt Herbert Adler statt. Das Ereignis zog 25 000 Menschen an und wurde für eine Fernsehausstrahlung am nächsten Tag aufgezeichnet. Alle waren bester Laune, nicht zuletzt Caballé, die unter ihren Solostücken einige Raritäten zum besten gab, darunter Giuliettas Arie aus dem 1. Akt »Oh! quante volte« von Bellinis *I Capuleti e i Montecchi*. Zwischen den beiden letzten Aufführungen im War Memorial Opera House gab sie ein Solokonzert in Seattle und flog Anfang Oktober an die Ostküste, um in der New Yorker Avery Fisher Hall in einem Galakonzert unter musikalischer Leitung Zubin Mehtas aufzutreten. Dort sang sie »Ah dolce guidami«, Anna Bolenas Klage im letzten Akt, und die letzte Szene aus *Il pirata*.

Den Rest des Monats verbrachte sie in Hamburg. Dort gab sie seit ihren Bremer Lehrjahren die längste Vorstellungsreihe in Deutschland. Vier konzertante *Normas*, mit Alicia Nafé als Adalgisa, und drei inszenierte *Toscas* standen auf dem Programm. Anfang Novmber ging es zurück nach Frankreich, zunächst zu einer Aufführungsserie von *Manon Lescaut* in ihrem geliebten Théâtre de l'Opéra in Nizza. Dann folgte ein Aufenthalt in Paris, wo sie in *Semiramide* auftrat, wie 1980 in Aix-en-Provence mit Horne, Araiza und Ramey sowie López Cobos als Dirigent. Die Premiere fand am 25. November statt und war die offizielle Eröffnung der Spielzeit 1981/82 an der Pariser Oper. Da der Palais Garnier gerade mal wieder renoviert wurde, fanden die Vorstellungen jedoch statt dessen im Théâtre des Champs-Élysées (ein irreführender Name, denn das Theater liegt in der Avenue Montaigne) statt. Sie waren nicht weniger erfolgreich als die vorangegangenen Wiederaufnahmen, doch die zusätzliche

Krönung war, daß sie diese Erfolge in der französischen Hauptstadt einheimste. Diesmal ließ sich Charles Pitt zu folgender Bemerkung hinreißen: »Nur Superlative können die Stimmdarbietungen und das Geben und Nehmen zwischen [Caballé und Horne] beschreiben.«[8]

Dann ging es für ihre Weihnachtsauftritte am Liceo zurück nach Barcelona, diesmal mit jeweils drei Vorstellungen von *Adriana Lecouvreur* und *Anna Bolena*. Die Proben wurden durch Schicksalsschläge sehr erschwert: Margherita Wallmann, die zum zweiten Mal am Liceo agierte, erlitt eine Herzattacke; der ursprünglich vorgesehene Dirigent Armando Gatto wurde durch Eugenio Marco ersetzt; und Montserrat litt erneut unter Nierenkoliken, die sie zum erstenmal 1976 vor *Turandot* an der Mailänder Scala geplagt hatten. Zum dritten Mal war die Donizetti-Oper am Liceo extra für Caballé auf das Programm gesetzt worden, und es war bei weitem das prestigeträchtigste Projekt, denn die Wallmann-Inszenierung hatte ein Vermögen gekostet und die übrigen Rollen waren mit berühmten Stars besetzt, darunter Cesare Siepi als Heinrich VIII., Alicia Nafé als Jane Seymour und Luis Lima als Percy. Bei der zweiten Vorstellung am 5. Januar 1982 litt Montserrat unter entsetzlichen Rückenschmerzen, und sie schaffte es gerade noch, die Aufführung durchzuhalten.

Caballé hatte das Schicksal bei diesem Werk zum dritten Mal herausgefordert. 1981 hatte die Scala aus finanziellen Gründen – das sagte sie jedenfalls – beschlossen, die für Mai 1982 geplante Neuinszenierung von Glucks *Alceste*, für die Caballé schon zugesagt hatte, wieder aus dem Programm zu nehmen. Statt dessen bot man ihr eine Wiederaufnahme der *Anna Bolena* an, die seit der Interpretation der Rolle durch Maria Callas im Jahr 1958 nicht mehr aufgeführt worden war. Die Oper war auf den Februar vorverlegt worden, und die Operndirektion hatte hinter dem Rücken von drei der international führenden Mezzosopranistinnen – Agnes Baltsa, Elena Obraszowa und Marilyn Horne – ein niederträchtiges

Doppelspiel getrieben, indem sie wechselseitig jeder Sängerin die Rolle der jeweils anderen versprochen hatte. Schließlich übernahm Obraszowa die Rolle der Jane Seymour, die ursprünglich Baltsa hatte singen sollen. Vielleicht fragt man sich im nachhinein, was die Gründe der Scala gewesen sein mögen, Caballé die Hauptrolle in dieser Wiederaufnahme anzubieten. Denn die Mailänder Direktion wußte allzugut, daß die Callas-»Witwen« sich aktiv gegen die Aufführung aller Werke wandten, die sie als künstlerisches Eigentum ihres Idols betrachteten.* Caballé hatte diesen Schierlingsbecher jedoch angenommen und hielt eine Aufwärmphase in der Rolle, mit der sie in der Vergangenheit so viel Pech gehabt hatte, für ratsam. Daher die Neuinszenierung am Liceo.

Aber wenn sie gedacht hatte, die Zahl drei sei eine Glückszahl, so war das ein großer Irrtum. Denn die letzte ihrer Vorstellungen konnte sie nicht wahrnehmen, weil sie sich statt dessen im Krankenhaus einen Nierenstein entfernen lassen mußte, der wegen seiner Größe nicht durch den Harntrakt abgehen konnte. Aus diesem Grund mußte sie einen Auftritt in Hamburg und die für Mitte Januar in Nizza geplanten Vorstellungen von *Gemma di Vergy* absagen. Es begann eine Zeit, an die Montserrat Caballé als eine ihrer schlimmsten in ihrer beruflichen Laufbahn zurückdenkt: Viele Menschen gelangten wegen ihrer zahlreichen Absagen zu der Überzeugung, ihre Karriere sei beendet. Sie glaubten, daß die Gründe für so viele Krankheiten in Folge, die wiederum häufige Absagen nach sich zogen, psychischer und / oder stimmlicher Natur sein mußten. Doch ihre Erkrankungen waren allein physisch bedingt.

---

* Aus diesem Grund war *La Traviata* fast 27 Jahre lang aus dem Repertoire der Scala verschwunden, trotz eines Versuchs, sie mit Mirella Freni wiederzubeleben, bis Riccardo Muti sie trotzig auf den Spielplan 1991 / 92 setzte.

Wie üblich erwies sich Montserrat keinen großen Gefallen, daß sie bei der nächstmöglichen Gelegenheit auf die Bühne zurückkehrte. Caballés erster Auftritt nach dem chirurgischen Eingriff erfolgte in Nizza in der Rolle der Turandot. Mit einem schiefen Lächeln erinnert sie sich an dieses Ereignis:

> Ich hatte absolut keine Kraft in der Stimme. Ich konnte sie nicht richtig halten. Kein Volumen, keine Kraft, gar nichts. Ich hatte gedacht, ich würde schon klarkommen. Schließlich war das keine allzu große Operation gewesen, nur ein kleiner Schnitt in Nierenhöhe. Aber diesmal verschätzte ich mich damit, wie sehr mich das mitnehmen würde, und am Ende war ich praktisch erledigt.

In diesem Zustand reiste sie nach Mailand, um mit den Proben zur *Bolena*-Wiederaufnahme zu beginnen. Sandro Sequi war mit der undankbaren Aufgabe betraut worden, Luchino Viscontis ursprüngliche Inszenierung mit Nicola Benois' Bühnenbild auf die Bühne zu bringen. Aber bevor sie sich richtig an die Arbeit machte, gab Caballé am 1. Februar an der Scala ein Solokonzert mit Zanetti, das zwar ein großer Publikumserfolg wurde, sie aber erschöpfte. Die Proben verliefen ganz gut, auch dann, wenn der Dirigent Giuseppe Patanè, der noch für eine andere Produktion in Rom engagiert war, abwesend war. Und man hoffte inständig, mit der Inszenierung selbst die Callas-»Witwen« besänftigen zu können. Während der Proben flog Caballé nach Barcelona, um mit Carreras ein gemeinsames Konzert am Liceo zu geben, dessen Repertoire Duette aus *Poliuto* und *Chénier* einschloß. Dieses Konzert wurde ein riesiger Erfolg, was die folgenden Ereignisse in einem um so bedauerlicheren Licht erscheinen läßt.

Caballé verschob ihren Rückflug nach Mailand um einen Tag, weil ihre 70jährige Mutter sich nicht wohlfühlte, nachdem sie schon einige Zeit über ihren Gesundheitszustand geklagt hatte. Man beschloß, Ana zu Untersuchungen ins Krankenhaus zu schicken, und Montserrats Bruder Carlos sollte in Barcelona bleiben, um nach der Mutter zu schauen. Doch als sie wieder in ihrer Hotelsuite in Mailand war, begann Caballé, sich unwohl zu fühlen. Es war der 11. Februar, und am 14. Februar sollte die Premiere stattfinden. Innerhalb weniger Stunden verschlechterte sich ihr Zustand zusehends. Sie mußte sich übergeben und hatte Magen-Darm-Probleme. Zufällig weilte Denny Dayviss mit ihrem damaligen Partner Alan Sievewright in Mailand, um die *Anna Bolena* zu sehen, und so ließ man unter diesen widrigen Umständen eine alte Freundschaft wiederaufleben. Denny rief die Ärzte der Scala herbei, als sich abzeichnete, daß die Sopranistin wahrscheinlich weder an der Generalprobe noch an der Premiere teilnehmen konnte. Das Ärzte-Team der Scala erschien und verordnete strenge Bettruhe. Aber am folgenden Tag nahm ein Arzt des Mailänder Hauptkrankenhauses, der auf Bernabés Wunsch hin gekommen war, eine Blutprobe und stellte innerhalb von einer Stunde die Diagnose Salmonellenvergiftung. Spätestens zu diesem Zeitpunkt, am 12. Februar, war klar, daß Caballé die angekündigte Premiere nicht durchstehen würde. Als die Scala-Ärzte von dem Untersuchungsergebnis hörten, wollten sie Montserrat sofort in ein Krankenhaus einliefern lassen. Die Direktion der Scala erfuhr sowohl von den hauseigenen Ärzten als auch von Carlos Caballés Büro in Barcelona – sowie von der Diva selbst –, daß sie krank war und nicht auftreten konnte.

Von Anfang an hatte die junge amerikanische Sopranistin Ruth Falcon als Zweitbesetzung an den Proben teilgenommen. Sie wurde informiert, sich für die Generalprobe und die Premiere bereit zu halten. Aber wie schon 1976 bei der *Turandot* sah sich auch dieses Mal niemand in der Management-Hierarchie der Scala in der Lage, die Öffentlichkeit über Caballés Absage zu informieren. Diese Trägheit kam wie ein Bumerang zurück. Am 14. Februar um 20 Uhr wurde dem zahlreich erschienenen Publikum nach zehnminütiger Verspätung mitgeteilt – und zwar über den Lautsprecher des Theaters –, daß Caballé krank sei und Ruth Falcon an ihrer Stelle auftreten würde.

Das Opernhaus explodierte. Unter nicht enden wollenden Buhrufen, Pfiffen und Schreien ging Patanè in den Orchestergraben, erhob den Taktstock, und die Lichter im Zuschauerraum verloschen. Aus dem Chaos konnte man immer wieder die Rufe hören: »Der Clown Badini [der Intendant der Scala] soll rauskommen und es uns selbst sagen!« Als sich nach einigen Minuten immer noch nicht abzeichnete, daß Ruhe einkehren würde, unternahm Patanè einige halbherzige Versuche, mit der Ouvertüre zu beginnen (was zumindest eine absolute Neuheit für die Mailänder gewesen wäre, denn bei den Callas-Aufführungen war sie nie gespielt worden). Aber es gelang ihm nicht, und als er sah, daß sich die Mitglieder der Scala-Direktion aus ihren Logen zurückgezogen hatten, verließ auch er den Orchestergraben. Tatsächlich war Francesco Siciliani unbemerkt in die Loge von Giulietta Simionato eingetreten – die Jane Seymour bei Maria Callas' Anna Bolena – und konnte sie erstaunlicherweise dazu überreden, Badinis schmutzige Arbeit für ihn zu erledigen. So trat die Mezzosopranistin im Ruhestand mit erhobenen Armen vor den Vorhang und versuchte, sich mit ihren Rufen »Amici! Amici!« in dem nicht nachlassenden Lärm Gehör zu verschaffen. Sie war weit davon entfernt, als ruhestiftende Kraft zu wirken, und offensichtlich kam es in verschiedenen Teilen des Zuschauerraums zu Schlägereien und Rangeleien, weil unterschiedliche Fraktionen aneinandergerieten. Simionato mußte aufgeben und war erschüttert von dem Anblick elegant gekleideter Matronen in den teuren Logen, die aufstanden und hysterisch Badinis Blut forderten.

Das Chaos dauerte mindestens weitere zehn Minuten an, auch wenn die Lichter immer wieder an- und ausgemacht wurden. Dann ertönte wieder die anonyme Stimme aus den

Lautsprechern und teilte dem Publikum mit, daß die Vorstellung nicht stattfände und die Eintrittsgelder erstattet würden. Die Zuschauer sollten so freundlich sein, das Theater sofort zu verlassen. Darauf kam es zu tumultartigen Szenen: Überall im Theater bearbeiteten sich Menschen gegenseitig mit Fäusten, und die Buhrufe erreichten ohrenbetäubende Lautstärke. Karabinieri betraten das Gebäude und begannen, das Theater zu räumen. Zu guter letzt stürmte eine Gruppe protestierender Besucher, die hinaus in den strömenden Regen getrieben worden war, geradewegs in Richtung Caballés Hotel und beschimpfte die Diva von der Straße aus. Bernabé war verzweifelt und gleichzeitig wütend. Montserrat hatte zu hohes Fieber, um überhaupt zu merken, was vor sich ging. Eine weitere größere Gruppe von »Demonstranten« belagerte den Hintereingang und sorgte dafür, daß die Mitglieder der Scala-Direktion Polizeischutz anforderten. Die Tumulte währten mehrere Stunden, was den italienischen Medien im allgemeinen und dem Fernsehen im besonderen die Gelegenheit bot, in großer Zahl aufzutreten und über die sensationellen Ereignisse zu berichten.

Unnötig zu erwähnen, daß in Caballés Hotel Dutzende von Journalisten einfielen, die alle ein Interview forderten. Bernabé fing die ersten Geschütze ab, aber als in den folgenden Tagen klar wurde, welche unglaublichen Szenen sich im Theater abgespielt hatten, fühlte sich Montserrat immer mehr verpflichtet, die Umstände ihrer Absage zu erklären. Fairerweise muß man hinzufügen, daß zumindest eine Woche später jede größere Zeitung und Nachrichtensendung, im Radio wie im Fernsehen, ausführlich darüber berichtete, was warum geschehen war. Caballé scheint bemerkenswert gefaßt und humorvoll auf die häufig provokative Art ihrer Fragesteller reagiert zu haben, sichtbar daran, wie sie die Zweitbesetzung Ruth Falcon lobte und die offensichtliche Schuld der Scala-Direktion herunterspielte. Allerdings betonte sie – immer wieder –, daß sie die Verantwortlichen von ihrem durch

Krankheit bedingten Ausfall 48 Stunden vor Beginn der Premiere informiert habe.

Doch die Probleme an der Scala fanden noch kein Ende und die der Caballé auch nicht. Die nächste Vorstellung war für den 16. Februar geplant, aber der Sopranistin ging es noch nicht gut genug, um daran teilzunehmen. In der Zwischenzeit war Ruth Falcon Opfer einer Viruserkrankung geworden und mußte ihrerseits absagen, was zum Ausfall der Aufführungen am 16. und 19. Februar führte. Inzwischen hatte die Scala am Theatergebäude Meldungen über die gesundheitlichen Fortschritte der spanischen Diva angebracht. Caballé wurde von der Opernleitung regelrecht erpreßt, frühzeitig in den Aufführungen wieder aufzutreten. Sic crinnert sich:

> Mit der Lebensmittelvergiftung, die ich mir eingefangen hatte, hätte ich 14 Tage im Bett bleiben sollen. Wahrscheinlich hatten die Ärzte des Theaters recht, als sie sagten, ich solle ins Krankenhaus gehen, aber ich gehe niemals in ein Krankenhaus, es sei denn in Barcelona, und ich wollte gerne in Mailand bleiben, um zu zeigen, daß ich die Rolle wirklich singen wollte. So viele Leute hatten gesagt, daß ich, nachdem die Callas die Rolle 25 Jahre zuvor gesungen hatte, Angst vor der Situation hätte. Aber das war nicht richtig, und ist es niemals gewesen. Und dann sagte das Theater nach der dritten verpaßten Vorstellung – alle in sechs Tagen – zu mir, entweder sänge ich die nächste Vorstellung, oder sie würden die ganzen Produktion streichen und sagen, ich hätte zu große Angst zu singen. Ich wollte an diesem Abend nicht singen, aber die Scala drehte es so, daß ich nicht nein sagen konnte.

Diese Aufführung fand am 21. Februar schließlich in einer unheilvollen Atmosphäre statt. Niemand war glücklich: Die Direktion war wiederholt in der Öffentlichkeit angeprangert worden; die Diva hatte mehr Kritik aushalten müssen, als es gerechtfertigt gewesen war, und sie war äußerst angespannt und hatte sich außerdem immer noch nicht richtig von ihrer Lebensmittelvergiftung erholt; und im Publikum waren viele Zuschauer nur gekommen, um ihr Mißvergnügen zu äußern, egal wie Caballés Auftritt ausfallen würde. Viele Besucher waren mit Aufnahmegeräten anwesend, so daß es zahlreiche nicht autorisierte Aufnahmen von dieser Aufführung gibt. Sie bestätigen die Aussagen von Denny Dayviss, Alan Sievewright und anderen, die die Aufführung besucht hatten, daß Montserrat sehr gut sang; nur ihre sichtbare Übelkeit gegen Ende der Oper sorgte kurzzeitig für eine Qualitätseinbuße: Im Rezitativ vor der Arie »Al dolce guidami« sang sie ein hohes C, das mit dem Bruchteil einer Sekunde Verzögerung den vollen Ausschlag und die volle Resonanz erreichte. Doch in diesem kurzen Augenblick brach in den oberen Rängen ein Aufruhr aus: Jeder kleinste Vorwand war recht, um Unruhe zu stiften. Bis dahin hatte man ihr nach dem 1. und 2. Akt begeistert applaudiert, einschließlich einer Ovation für die Einfügung eines – für sie – seltenen hohen D in dem Ensemble nach »Giudici! Ad Anna!« Beim letzten Vorhang gab es bei Teilen des Publikums wieder Unruhen, die Montserrat nicht wahrnahm, weil sie beschlossen hatte, sich nicht persönlich zu verbeugen.

Sie war von der Vorführung bedient. Ihre Mutter lag schwerkrank in Barcelona, und sie nahm dies als willkommenen Vorwand, Mailand am Morgen des 22. Februars zu verlassen und nach Hause zu fliegen. Sie schwor sich, diese undankbarste aller Rollen nie wieder zu singen.

> Die Leute, die gekommen waren, weil sie gehofft hatten, ich würde schlecht sein, machten am meisten Rabbatz. So dachte ich nachher, daß ich vielleicht gar nicht mehr im Theater singen und nur noch an mich selbst denken sollte. Aber das hätte auch keinen Unterschied gemacht, denn diese Leute sagen immer, daß ich ohnehin nur an mich denke. Es war zwecklos, und ich flog nach Hause.

Die diese Ereignisse abschließenden Worte lassen wir am besten Cecilia Gasdia sprechen, die damals 21 Jahre alt und völlig unbekannt war. Aber sie hatte vor kurzem den Callas-Wettbewerb gewonnen und sprang in der letzten Aufführung für Caballé ein.

> Ich war in der Aufführung, die Montserrat gab ... Sie feierte einen riesigen Erfolg. Die Informationen in den Zeitungen sind häufig ungenau, und sie haben mit der Wahrheit nichts zu tun. [Sie] bekam eine gewaltige Ovation, und selbst wenn es einen Moment der Schwäche gegeben hatte, so war es davon abgesehen ein großartiger Abend ... Sie sang die Arie »Al dolce guidcami« wie eine Göttin, und das Theater brach in Applaus aus. Ich bin dagewesen und habe es gesehen ... Es gibt immer Leute oben in den dritten Rängen, die wir die »unbekannten Solisten« nennen und denen man es nie recht machen kann.[9]

Caballé hatte unterdessen ihre Vorstellungen für den restlichen Februar und den ganzen März abgesagt, teils, um sich ganz zu erholen, teils, um zu Hause bei ihrer Mutter zu bleiben, der man gerade eine Brust amputiert hatte. In diesen Wochen konsultierte sie einen Spezialisten am Krankenhaus in Barcelona, der über all ihre Operationen Bescheid wußte. Er gelangte zu der Überzeugung, daß sie ihre Muskeln nur durch Yoga wieder vollständig beherrschen könne. Sofort nahm Caballé Kontakt zu ihrem langjährigen Kollegen Zubin Mehta auf, einem bekannten Yoga-Fachmann. Er war von der Idee begeistert und gab ihr Anregungen, an wen sie sich wenden sollte. Mit Bernabés Hilfe und unter seiner Anleitung begann sie, die von den Experten vorgeschriebenen Yoga-Übungen zu erlernen, die ihre körperliche Kraft wieder ganz herstellen sollten.

Wie schon so oft nach einer größeren Erkrankung geschehen, beschloß sie, die Fäden ihrer zeitweilig unterbrochenen Karriere an einem Punkt wieder aufzunehmen, der höchste Anstrengung und Unannehmlichkeiten bedeuten würde. Sie war die erste bekanntere Opernkünstlerin, die nach vielen Jahren des Boykotts wieder in Südafrika singen sollte, und zwar die Rolle der Norma. Bedingung ihres offiziellen Vertrages für die Vorstellungen am Civic Theatre in Johannesburg war gewesen, daß sie nicht vor einem nach Schwarz und Weiß getrennten Publikum auftreten wollte. Aber sie hatte die Höhenlage der Stadt, etwa 1748 Meter über dem Meeresspiegel, nicht bedacht. Seitdem sie das Flugzeug verlassen hatte, war sie praktisch außer Gefecht gesetzt, und es war für sie fast unmöglich zu proben, so sehr keuchte sie und plagte sie die Atemnot. In Mexico City hatte sie offenbar nicht unter solchen Symptomen gelitten, aber das war fast 20 Jahre, Tausende von Vorstellungen und viele zusätzliche Kilos her. Bei der Premiere am 2. April fiel Caballé kurz nach der Cabaletta zu »Casta Diva« hinter der Bühne in Ohnmacht. Wie Emma Renzi, die südafrikanische Sopranistin, die für Caballé 1976 an der Scala als Turandot eingesprungen war, erzählt, schaffte Caballé die Aufführung nur mit Hilfe einer Sauerstoffflasche, die strategisch günstig am Bühneneingang plaziert war. Trotz dieser Probleme wurde die Aufführung mit einer stehenden Ovation belohnt, und es sah so aus, als habe Montserrat die Serie gesundheitlicher Tiefschläge überwunden.

Am folgenden Tag reiste sie nach Pretoria ab, wo sie im neueröffneten State Theatre einen Soloabend geben sollte. Das zahlreich erschienene Publikum war gespannt, weil es durch die Presseberichte über die Atemprobleme Caballés genauestens unterrichtet war. Aber Pretoria liegt sehr viel tiefer als Johannesburg, und die Sopranistin hatte offensichtlich keine Schwierigkeiten. Sie gab sogar ein umfassendes Schauspiel ihres Könnens mit acht Zugaben. Eine davon war das Schweizer Volkslied »G'schätzeli« – ein Zugabestück, das ihr Elisabeth Schwarzkopf in ihrer Schweizer Zeit bei einem Konzert in Genf vermacht hatte, und nicht, wie so viele Zuschauer im Londoner Publikum bei einer anderen Gelegenheit meinten, eines, das Caballé von einer deutschen Kollegin abgekupfert hatte.[10]

Wieder in Johannesburg nahmen Caballés Schwierigkeiten zu: Die Atemnot dauerte an und, was noch schlimmer war, sie bekam eine Mandelentzündung. Beim großen Ensemble der dritten Aufführung, mit dem die *Norma* endet, hatte die Sopranistin fast keine Stimme mehr, weshalb Caballé keinen Vorhang nehmen wollte. Viele Leute hinter der Bühne, darunter auch Emma Renzi, forderten sie auf, es doch zu tun, aber wie gewöhnlich löste sie die Angelegenheit auf ihre Art. Sie trat hinaus und brachte den Applaus sofort zum Schweigen, als sie ihre Arme hob. Dann entschuldigte sie sich beim Publikum für ihren Gesang, was den Applaus natürlich nur auf die doppelte Lautstärke anschwellen ließ. Drei Tage später mußte die Vorstellung jedoch nach dem Trio, mit dem der 1. Akt abschließt, abgebrochen werden, weil Caballé hinter der Bühne zusammengebrochen war. Die beiden anschließenden Aufführungen sagte sie deshalb ab, und Emma Renzi sprang für sie ein.

So kehrte Montserrat sehr viel früher nach Barcelona zurück, als erwartet, und fühlte sich in dem Seeklima mit normalem Luftdruck sofort besser. Nach wenigen Tagen Pause brach sie nach Madrid auf, wo sie alle geplanten vier Aufführungen von *Die Macht des Schicksals* mit Giuseppe Giacomini in der Rolle des Don Alvaro und Juan Pons als rachelüsternem Bruder Don Carlo sang. Damit schaffte sie es, die Madrilenen zu besänftigen, die ursprünglich davon ausgegangen waren, die Caballé in einer Wiederaufnahme von Vicente Martín y Solers Oper *El árbol de Diana* zu hören. Aber Caballé hatte die Oper mit Einverständnis des Theaters zurückgezogen, weil sie sich für den sehr hellen Sopran der Hauptrolle für ungeeignet hielt. Nach der *Macht des Schicksals* beschloß sie vernünftigerweise, die Dinge relativ langsam anzugehen und sich für die Vorbereitung auf Händels *Julius Cäsar* am Liceo viel Zeit zu nehmen. Diese Oper war die erste Neuinszenierung, die außerhalb der Weihnachts- und Neujahrszeit extra für Caballé ins Programm genommen worden war, und die Premiere sollte am 8. Juni sein. Dieser Wechsel im Jahresrhythmus war hauptsächlich auf den Tod von Juan Antonio Pámias im vergangenen Jahr und der damit verbundenen Neuorganisation der Verwaltungs- und Wirtschaftsstrukturen am Theater zurückzuführen.

Die privaten Eigner des Liceo wurden durch die ein »Konsortium interessierter Parteien« ersetzt. Für die Belange des Theaters waren jetzt also nicht mehr nur die Privatgesellschafter zuständig, sondern auch Vertreter der Stadtverwaltung und der spanischen Landesregierung. Zum erstenmal erhielt das Liceo damit finanzielle Unterstützung vom Staat. Außerdem war es nötig, das Liceo von Grund auf zu modernisieren – angefangen bei der völlig antiquierten Bühne bis zur nicht existierenden Verwaltung. Pámias hatte nie die finanziellen Mittel gehabt, um so etwas wie eine Infrastruktur an der Oper aufzubauen. All seine Bemühungen waren darauf ausgerichtet gewesen, die besten Sänger an das Liceo zu holen; weitere Verbesserungen wie der Ausbau von Orchester und Chor oder höhere Standards für die Inszenierungen waren dabei zu kurz gekommen. Caballé hatten diese Unzulänglichkeiten nie groß gestört. Tatsache ist jedoch, daß Barcelona deshalb in der internationalen Opernszene jahrelang nicht ernst genommen worden war, wenn nicht von den Sängern, dann von den Kritikern. Aber nach dem Tod des genialen Zigarrenrauchers und Impresarios, der den musikalisch desinteressierten Franco, dessen 40 Jahre dauerndes Regime auch in künstlerischer Hinsicht ein finsteres Zeitalter gewesen war, nur kurze Zeit überlebt hatte, war es Zeit für den längst überfälligen Wechsel. Wie Carlos Caballé dazu bemerkt: »Wenn man die Musik als Kulturgut eines Volkes ansieht, dann verdient sie es, von der gewählten Regierung subventioniert zu werden. Man darf sie nicht auf allen vieren auf dem Boden herumrutschen lassen, wo sie dann ihren Lebensunterhalt zusammenkratzen muß.«

Zunächst erfolgte die Einsetzung des neuen Intendanten Lluís Portabella, und eine seiner ersten Amtshandlungen war die Erweiterung der Spielzeit über ihre gewohnte Dauer von November bis März hinaus. Deshalb wurde Pro Música, ein landesweiter, nicht auf Gewinn ausgerichteter Musik-Sponsor, eingeladen, eine eigene Spielzeit für Mai und Juni auszurichten, in der das Theater sonst normalerweise geschlossen war. So kamen die drei *Julius Cäsar*-Vorstellungen zustande, in einer überaus anspruchsvollen Inszenierung, die von der Deutschen Staatsoper in Berlin entliehen war. Sie kombinierte barocke Elemente – Caballé, die auf einem riesigen, geneigten Bronzeschild mit einem Durchmesser von sechs Metern dem Publikum entgegengleitet, wurde zur meistfotografierten Berühmtheit – mit Bauhaus-Elementen. Das Werk war stark gekürzt worden, und der Bariton Justino Diaz sang die Titelrolle, die ursprünglich eine Kastratenpartie gewesen war. Dennoch kam das Spektakel offensichtlich gut an, und alle feierten einen großen Erfolg, besonders Patricia Payne als Cornelia. Und Caballé, die ihre Perücken und Kostüme erstaunlich oft wechselte, hatte anscheinend wieder zu ihrer stimmlichen Höchstform zurückgefunden, wie es die Fernsehaufzeichnung der letzten Vorstellung zeigt.

Doch in der folgenden Woche sah alles schon wieder anders aus. Drei Aufführungen von *Don Carlos*, mit Caballé, Carreras, Obraszowa, Simon Estes, Bernd Weikl und Charles Vanderzand als Dirigent, sollten die Sonderspielzeit abschließen sollten. Ein Problem, das sich schon bei der Händel-Oper gezeigt hatte, wurde nun fast unüberwindbar: Die Durchnittstemperatur lag in Barcelona bei weit über 30 Grad Celsius, und die Luftfeuchtigkeit erreichte 100 Prozent. Publikum sowie Sängerinnen und Sänger schwitzten gleichermaßen in dem nichtklimatisierten Theater, und vielen wurde nun wahrscheinlich klar, warum die Spielzeit am Liceo in seiner langen Geschichte nie über den April hinausgegangen war. Besonders Montserrat war durch diese Mischung aus Hitze und feuchter Schwüle, die das Opernhaus in ein Dampfbad verwandelte, am Rande ihrer Kräfte, und in der abschließenden Vorstellung war sie nicht fähig, die Hauptarie des letzten Aktes zu singen. Erst als sie in Wien unter klimatisch angenehmeren Bedingungen am 23. und 27. Juni zwei Vorstellungen von *André Chénier* gab, kehrte sie zu ihrer Bestform zurück.

Daran anschließend reiste sie nach Frankreich, wo sie nach einer achtjährigen Abwesenheit am Théâtre Antique in Orange sang – dem Schauplatz ihrer erfolgreichen *Norma* im Jahr 1974. Vermutlich hing diese lange Zeitspanne zwischen den Auftritten mit Unstimmigkeiten zusammen, die sich nach der umstrittenen *Aida* (1976) ergeben hatten. Damals hatte die Festspielleitung (darunter Jacques Bourgeois) Caballé in der Titelrolle angekündigt, obwohl sie keine Zusage gegeben hatte. Aber die damaligen Direktoren waren alle von ihren Posten zurückgetreten, und Raymond Duffaut war von Avignon, wo Caballé in der letzten Zeit sehr aktiv gewesen war, direkt in Orange eingesetzt worden. Anlaß ihrer Wiederkehr nach Orange war eine Neuinszenierung von *Die Macht des Schicksals*, mit der sich die 79 Jahre alte Regisseurin Margherita Wallmann – wie sie Montserrat mit ironischer Unbekümmertheit gestand – verspätet in die Reihen der »Opernschänder« einreihen wollte, denn sie verlegte das Werk in die Zeit des Spanischen Bürgerkriegs, mit Lastwagen, Panzern, Maschinengewehren ... Montserrats Rolle der Leonore blieb von alledem weitgehend unberührt, so wie es Wallmann vorgehabt hatte. Aber der auf zynische Weise unbeteiligte Flirt der Regisseurin mit dem Modernismus erwies sich als Bumerang. Wallmanns Inszenierung hatte sich erklärtermaßen dem Motto verschrieben: »Das ist die Art von Müll, den die Leute heutzutage erwarten, dann sollen sie ihn auch haben.« Aber das Publikum ließ sich darauf nicht ein und buhte die Inszenierung laut aus. Sowohl Wallmann als auch Caballé freuten sich insgeheim darüber, wenn wahrscheinlich auch aus unterschiedlichen Beweggründen.

Die Vorstellung wurde in Frankreich im Fernsehen übertragen und zeigt die Sopranistin bei guter Stimme, besonders in der Arie »Me pellegrina ed orfana« des 1. Aktes, und, wie es eher zu erwarten gewesen war, in »Pace, pace mio Dio« und der letzten Szene, trotz einer ansonsten unausgewogenen Besetzung unter der Leitung von Miguel-Angel Gomez-Martínez.

Nach dieser Einzelaufführung am 13. Juli trat Caballé im römischen Amphitheater von Macerata auf, wo sie in zwei Vorstellungsreihen sang, die, wie sich herausstellen sollte, gleichzeitig den Abschied von zwei Rollen bedeuteten: Die erste war Norma und die zweite (in dieser Phase wohl auch längst überfällig) die Mimi. Beide Aufführungen wurden sehr gut aufgenommen, besonders die *Normas*, obwohl sie ihre Mimis ironischerweise besser gesungen haben soll. Doch grenzt es an ein Wunder, daß keine der Vorstellungen abgesagt wurde, denn Caballé war in größter Sorge, weil sie erfahren hatte, daß sich ihr 15jähriger Sohn bei einem Autounfall in Barcelona das Schlüsselbein gebrochen hatte. Sie gesteht:

> Während der Proben habe ich mir solche Sorgen gemacht, daß ich die ganze Zeit am Telefon hing. Zunächst wußte ich nur, daß er einen schlimmen Unfall hatte und im Krankenhaus lag. Natürlich wollte ich hinfahren, aber meine Familie in Barcelona sagte mir immer wieder, daß man sich gut um ihn kümmere, so daß ich beschloß, in Italien zu bleiben und an allen Proben und Vorstellungen teilzunehmen. Aber ich weiß, daß ich die erste Norma [am 21. Juli] schlecht sang, weil meine Gedanken sonstwo waren. So flog ich zwischendrin doch noch nach Hause, und als ich meinen Sohn gesehen hatte, fühlte ich mich besser, obwohl er in seinem Gips schrecklich aussah, und kehrte

direkt zurück. Dann sang ich auch besser. Aber eigentlich waren das Jahr 1982 und Anfang 1983 eine schlimme Zeit für mich. Es war schwierig zu entscheiden, was ich tun sollte. Ich war alle möglichen Engagements Monate, Jahre im voraus eingegangen, und ich fiel von einer Krankheit in die nächste. Wenn ich absagte, gab es einen Skandal, wenn ich nicht ganz hundertprozentig sang, gab es einen Skandal. Ein Drama, wenn ich singe, ein Drama, wenn ich nicht singe. Was tut man in so einer Situation?

Natürlich war sie mittlerweile das Opfer ihres eigenen Ruhms sowie der Erwartungen ihres Publikums geworden. Ein Problem war, daß ihre Auftritte nicht nur mit ihren eigenen Schallplattenaufnahmen im Wettstreit lagen, sondern auch auch mit den Erinnerungen ihrer Zuschauer und -hörer an frühere Erfolge. Es muß letztlich quälend sein, litaneiartige Kritiken zu lesen, die weniger ärgerlich als bedauernd klingen und ständig den Vergleich zu früher ziehen. Sie selbst sagte später: »Mit 50 kann man nicht die gleichen Rollen wie mit 30 singen. Wenn man klug ist, weiß man, welche Rollen man mit 50 singen kann.« Mit diesem Gedanken machte sie sich an eine umfassende Durchsicht ihres Repertoires und begann gleichzeitig eine vorläufige Liste neuer Werke aufzustellen, die ihren unersättlichen Appetit nach Musik befriedigen sollte.

Doch weiterhin erfüllte sie die meisten Engagements, die schon seit geraumer Zeit feststanden und sich über den Rest des Jahres 1982 erstreckten. Sie sang die Elisabeth von Valois in Ravenna und dann in Wien, wo ihr der neue Intendant der Staatsoper, Lorin Maazel, die große Ehre erwiesen hatte, die Spielzeit 1982/83 mit einer *Tosca* zu eröffnen (zusammen mit Carreras, Juan Pons und Walter Berry als Mesner). Aber danach taten sich sofort neue Probleme auf. Montserrat sollte im War Memorial Opera House in San Francisco, an dem Terry McEwen gerade die Intendanz übernommen hatte, in sieben Vorstellungen von *Ein Maskenball* singen. Pavarotti sollte den Riccardo (in dieser speziellen Inszenierung Gustavus III.) singen, Ingvar Wixell den Renato (oder Anckarstrøm). Schließlich waren Kathleen Battle als Oscar und Ruza Baldani als Ulrica (Frau Arvidson) die einzigen der Besetzung, die in allen sieben Vorstellungen sangen. Wixell sagte ab, bevor er überhaupt gesungen hatte. Bei der Premiere am 10. September sangen Pavarotti und Caballé wie vorgesehen, aber der Tenor bekam gleich im Anschluß daran eine Erkältung, weil er sich, so soll er sich geäußert haben, bei den Proben bei der Sopranistin angesteckt hatte. Aus diesem Grund sagte er alle folgenden Vorstellungen ab, einschließlich des Konzerts im Golden Gate Park, das er und Montserrat am 12. September hätten geben sollen. (Aber er schien wieder so weit genesen zu sein, daß er die Filmaufnahmen zu *Yes, Giorgio!* abschließen konnte.)

Montserrat litt derweil an einer Magenschleimhautentzündung, die sie seit ihrer Salmonellenvergiftung in Mailand von Zeit zu Zeit hatte. Sie überstand die ersten vier Vorstellungen, obwohl die vierte, mit Vasile Moldoveanu, für alle Beteiligten eine harte Prüfung war. In der fünften, am 22. September, hatte sie kaum die ersten Zeilen ihres Eröffnungsauftritts in Ulricas Wohnung geschafft, da gab sie auf. Das löste eine Flut von Presseberichten aus, und einige bezogen sich auf die bekannte und beschämende Praxis berühmt-berüchtigter Diven, immer nur den ersten Akt der Vorstellungen zu singen, weil in ihren Verträgen stand, daß sie dann schon ein Recht auf die volle Gage hätten. Allerdings verkündete das War Memorial, daß Caballé die Gage, die man ihr für diese Vorstellung angeboten hatte, nicht habe annehmen wollen. Dann bekam sie eine Augenentzündung, und das eine Auge war so geschwollen, daß sie sogar auf der Bühne eine dunkle Brille tragen mußte und gezwungen war, die beiden letzten *Maskenbälle* abzusagen. Terry McEwen sagte in einem Interview, er fühle sich, als sei er schon seit 40 Jahren der Generaldirektor und nicht erst seit neun Monaten.

Nachdem sie sich einige Tage in Barcelona ausgeruht hatte, ging Montserrat erneut auf Reisen, diesmal auf eine weitere Japan-Tournee – gesponsert von der japanischen Tageszeitung Yomiuri Shimbun –, mit Solokonzerten in Tokio, Osaka, Kanasawa und Fukuoka. Den Abschluß der Tournee bildete am 1. November 1982 ein Konzert in Tokio mit Opernarien. Wenige Tage später sollte sie am Liceo in einer Wiederaufnahme von *Ein Maskenball* auf der Bühne stehen, doch in letzter Minute beschloß die Direktion des Theaters, die Oper gegen *Don Carlos* einzutauschen, der schon ein paar Monate zuvor auf dem Programm gestanden hatte. Das gab den Solisten zumindest die Gelegenheit, das Werk diesmal nicht in Dampfbad-Atmosphäre aufzuführen.

Nach den drei Vorstellungen am Liceo reiste Montserrat sofort nach Wien, wo sie weitere *Tosca*-Vorstellungen gab. Anscheinend hatte sie wieder zu ihrer Stimmform zurückgefunden. Mitte Dezember kam sie wohlbehalten wieder in Barcelona an und bereitete wie gewöhnlich das Weihnachtsfest in der Familie vor, indem sie ausgedehnte Einkaufstouren unternahm, um Geschenke zu besorgen, und über die Aufstellung der traditionellen Weihnachtskrippe wachte. Sie mußte für ihre Eltern Geschenke einkaufen (die beide in der erweiterten Wohnung in der Infanta Carlota bei ihrer Tochter wohnten) sowie für ihre eigenen Kinder (Bernabé junior und Montserrat), Carlos und seine Frau Brigitte mit den vier Kindern Isabel, Montserrat, Ana und Carlos junior. Neben diesen Aktivitäten begannen am Liceo die Proben für eine Neuinszenierung von Spontinis selten aufgeführter Oper *La Vestale*, in der Caballé zum erstenmal die Rolle der keuschen Priesterin Giulia singen sollte. Die erste der vier Vorstellungen fand am 26. Dezember statt, und wie gewöhnlich blieb Caballé bis zu den Heiligen Drei Königen am 6. Januar in Barcelona.

Am folgenden Tag flog sie nach New York, um mit den Proben für eine konzertante Aufführung von *Semiramide* zu beginnen – eine von der Carnegie Hall und Columbia Artists

Management Incorporated (CAMI) gesponserte Opernaufführung. Die Veranstalter waren so vorsichtig gewesen, die damals noch weitgehend unbekannte June Anderson als Zweitbesetzung zu engagieren; sie hatte das Angebot angenommen, denn, wenn Caballé selbst sänge, hätte sie zumindest Gelegenheit, ihrem Idol bei den Proben zuschauen zu können. Montserrat war bei jeder Probe anwesend, und alle – Anderson, Marilyn Horne (die die Arsace sang) und der Dirigent Henry Lewis – waren davon überzeugt, daß ihr Erfolg in New York vorprogrammiert war, in einer Rolle, die sie sich unverkennbar zu eigen gemacht hatte.

Aber am Abend des 9. Januars 1983 fühlte Montserrat sich nicht wohl, und am folgenden Morgen, dem Tag der Aufführung, wurde eine Virusinfektion festgestellt, durch die sie keinen Ton mehr herausbringen konnte. Obwohl sie nur zu gut wußte, was diese späte Absage beim zunehmend skeptischer werdenden New Yorker Publikum wahrscheinlich auslösen würde, blieb ihr keine andere Wahl. Die abendliche Vorstellung jedoch katapultierte June Anderson in einer Stadt nach oben, in der sie bisher nur als zweite Geige an der New York City Opera fungiert hatte und sehr oft ein Spielball für die Launen der Direktorin dieses Hauses, Beverly Sills, gewesen war. Andersons Erfolg gründete etwa 18 Jahre später auf den gleichen Voraussetzungen, die Montserrat am selben Ort ins Rampenlicht gebracht hatten. Aber der überstürzte Austausch der beiden Sängerinnen war zuviel für das New Yorker Publikum, das die Ankündigung im Saal an diesem Abend mit einem wütenden Pfeifkonzert beantwortete. Zwei Tage später ging es Caballé immer noch nicht besser, und so mußte sie auch ein Recital in der Avery Fisher Hall absagen. Die bittere Enttäuschung der jeweiligen Besucher wurde in den Kritiken breitgetreten. Peter Davis, der für das *New York Magazine* schrieb, schloß aus den Vorfällen, daß ihre Karriere als Sängerin wahrscheinlich zu Ende sei, denn die meisten größeren Organisationen sind nicht länger gewillt, auf sie zu setzen ... [Ist sie] ein bedauernswertes Geschöpf, das ständig von Krankheiten heimgesucht wird, oder eine äußerst launische Frau, die es eigentlich genießt, ihr Publikum zu enttäuschen und Impresarios Herzanfälle zu bescheren? ... Die letzte der Primadonnen vom alten Schlag hat wahrscheinlich ihren letzten unehrenhaften Abgang gemacht.

Starker Tobak, der auf die Enttäuschung schließen läßt, die immer entsteht, wenn große Künstler absagen. Tatsache ist allerdings, daß Caballé weder »eine äußerst launische Frau« noch »ein bedauernswertes Geschöpf« war. Sie litt ganz einfach unter den Auswirkungen eines plötzlichen Klimawechsels. Sie war von einem milden Winter in Barcelona, in dem sie einen riesigen persönlichen Erfolg gefeiert hatte, in die klirrende Kälte New Yorks gekommen, wo sie krank geworden war – und alles innerhalb von nur vier Tagen. Dennoch waren die New Yorker nicht bereit, die Dinge in diesem Licht zu sehen, und dank einiger Stimmungsmache durch die Journalisten, von denen Davis' Kritik nur das drastischste Beispiel ist, kam Caballés »schlimmstes Jahr meines Lebens« mit einem Hauch Skeptizismus zu einem leicht verspäteten Ende. Doch sie bemerkt zu dieser Episode:

Ich habe Impresarios in meiner Karriere eine Menge Geld beschert, und keiner von ihnen hatte meinetwegen, so weit ich unterrichtet bin, einen Herzinfarkt. Auch habe ich, wenn ich singen konnte, meines Wissens keine Zuhörer enttäuscht. Ich möchte diesem Herrn eine gute Gesundheit, aber noch bessere Geistesgaben wünschen. Ich bin nicht extra nach New York gereist und habe dort tagelang geprobt, nur um das »Vergnügen« zu haben, absagen zu können.

Der ganze Vorfall war beschämend, denn Caballé – deren Gesundheitszustand in der ersten Hälfte des Jahres 1982 schlecht gewesen war – hatte sich im Laufe des Jahres wieder sehr gut erholt. Sie war auf der Japantournee und bei den *Vestale*-Aufführungen am Liceo allen Berichten zufolge sehr gut bei Stimme gewesen. In New York hatte sie einfach Pech gehabt, und die Ereignisse in Mailand lagen schon weit zurück. Aber es war gar keine Frage, daß die Amerikaner, nicht wie die impulsiveren, aber dann auch nachsichtigeren Italiener, schlecht mit der Unzuverlässigkeit der Caballé zurechtkamen. Wie die Italiener und ungeachtet der Voraussage von Peter Davis waren die größeren Organisationen jedoch weiterhin bereit, das Wagnis zukünftiger Engagements auf sich zu nehmen, was zeigt, welche Bedeutung Caballé tatsächlich innehatte. Wie Marilyn Horne einige Jahre später bemerkte, ist es wahrscheinlich besser, Caballé x-mal zu engagieren, mit dem Risiko, daß sie vielleicht nur bei 50 Prozent der Engagements erscheint und man eine fähige Zweitbesetzung für die übrigen bereithalten muß, als ganz auf sie zu verzichten und dann gar keine Caballé zu haben. Solche Überlegungen müssen auch auf höchster Stufe in die künstlerische Planung eingegangen sein. Denn innerhalb eines Jahres kehrte Montserrat wieder zurück in das Lincoln Center.

Im nachhinein ist zu erkennen, daß durch ihre angegeriffene Gesundheit eine »experimentelle« Phase in Caballés Karriere zu einem relativ abrupten Ende gefunden hatte. Die Phase, in der sie die meisten der hochdramatischen Rollen des Sopran-Repertoires in Angriff genommen hatte, ging in eine Phase über, in der sie sich der Erforschung der *terra incognita* der Oper des 19. Jahrhunderts zuwandte. Ihr 50. Geburtstag rückte näher, und sie begann, ihren eigenen, bereits zitierten Spruch in die Tat umzusetzen, daß man mit 50 nicht mehr die Opern singen kann, die man mit 30 gesungen hat. Noch bedeutender aber war, daß diese neuen Entdeckungen sie von den Opernrollen entfernen würden, die sie in ihrem vierten

Lebensjahrzehnt gesungen hatte. Auf ihr Repertoire und die Beziehung großer Künstler zu ihrem Publikum zurückblikkend, meint sie:

> Ich habe immer dramatisches Repertoire gesungen, gleich von Anfang an. Opern wie *Salome*, *Tosca*, *Manon Lescaut* sind sehr schwer zu singen. *Turandot* war ein anderer Fall, und ich habe mich erst viele Jahre später daran herangetraut, aber die anderen drei hatte ich 25 Jahre lang gesungen. Das sind Rollen, die Dich ohne entsprechende Vorbereitung fertigmachen. Wenn Deine Stimme empfindlich oder rein lyrisch ist und viel Pflege braucht, dann solltest Du keine dieser Rollen singen, weil Du sie dazu zwingen müßtest, und wenn Du sie zwingst, machst Du sie kaputt. *Semiramide* ist eine der längsten Opern, die ich jemals gesungen habe, und es war sehr schwierig für mich, weil ich mich erst nach *Gioconda* und *Turandot* daranmachte, und ich sah plötzlich, daß ich den Umfang und Klang meiner Stimme an die hellere Koloraturpartie anpassen mußte. Und ich war nie ein Koloratursopran: eher ein *lirico-spinto*-Sopran mit Koloratur, was nicht das gleiche ist. Aber mit solch einer Stimme kannst Du fast alles im Sopran-Repertoire singen. Das machte es einfacher für mich, noch einmal ganz neu mit anderen Rollen anzufangen, diesmal in den 80er Jahren. Es war zum Beispiel ein Vergnügen, die Rolle der Giulia in *La Vestale* zu lernen – ein neues Werk wie dieses zu lernen, gibt Dir neuen Auftrieb. Was niemals einfacher wird, ist vor Publikum aufzutreten. Jedesmal wenn ich singe, wird es schlimmer. Wenn ich in diesen Tagen einen Riesenapplaus bekomme, bevor ich überhaupt angefangen habe zu singen, zittere ich am ganzen Körper. Dann denke ich bei mir: »Sie erwarten wirklich etwas ganz Besonderes von Dir.« Und was kann ich tun? Ich kann nur ich selbst sein – und heute vielleicht noch nicht einmal ich selbst. Du gehst auf die Bühne, und

das Publikum sieht einen Mythos. Sie sehen nicht mich, sie sehen La Caballé, irgend etwas Irreales. Und ich schaue in diesen Saal und sage zu mir: »Was habe ich heute abend zu geben?« Und ich höre die Antwort immer in meinem eigenen Kopf: »Gib ihnen einfach die Wahrheit.« Das ist das einzige, was Du bieten kannst, und ich glaube, das ist das einzige, was sie verstehen.

Zu Beginn der 80er Jahre, bis zu dem Zeitpunkt, an dem ihr schlechter Gesundheitszustand zu vielen Absagen geführt hatte, war nicht nur Caballés guter Ruf durch ihre beherzte Einstellung zum Repertoire, sondern auch ihre Popularität stetig gewachsen.

Zu neuen Taten

12. Kapitel
1983–1985: Das unentdeckte Land

Die Premiere von *La Vestale* am 26. Dezember 1982 war ein entscheidender Wendepunkt für Caballés Karriere gewesen. Die Oper, eine Rarität, hatte Gasparo Spontini 1807 als Geschenk für Napoleons Frau, die Kaiserin Josephine, geschrieben. Sie war nach einem französischen Libretto komponiert worden, das kein Geringerer als Beethoven für ideal befunden hatte. Seine größte Verbreitung hatte das Werk jedoch erst im 20. Jahrhundert in Form einer italienischen Übersetzung gefunden, in der aus der Heldin Julia die italienische Giulia geworden war. In dieser veränderten Fassung war das Werk an der Metropolitan Opera 1925 unter der Regie von Tullio Serafin für Rosa Ponselle wiederbelebt worden. Mit Ponselles überstürztem Rückzug von der Bühne verschwand die Oper wieder aus dem Repertoire, bis Luchino Visconti sie in einer prachtvollen Inszenierung 1954 mit Maria Callas in der Hauptrolle an der Scala erneut auf die Bühne brachte. Später hatte Leyla Gencer, wie so häufig in der Post-Callas-Ära, die Herausforderung angenommen, so daß Caballé wieder einmal die letzte in der königlichen Erbfolge war.

Die Schwierigkeit von *La Vestale* besteht darin, daß die Oper – wie Cherubinis *Medea* – in einer besonders kargen und zurückhaltenden musikalischen Sprache komponiert ist, mit charakteristischen ausladenden und statischen Chor-Tableaus, die wenig dazu beitragen, die Handlung des Werkes voranzutreiben. Ohne Zweifel ist es subtil gearbeitet, aber in jeder Hinsicht nur äußerst schwer einprägsam, selbst mit dem *lieto fine* oder Happy-End, an dem seine klassische Ausrichtung zu erkennen ist. Eine nicht autorisierte Aufnahme der Vorstellung vom 1. Januar 1983 im Liceo existiert noch, und sie macht deutlich, warum sich die berühmtesten Primadonnen zu dem Werk hingezogen fühlten: Hier konnten sie ihre Stimme in den lang komponierten Arien, die dem Werk besonders im 2. Akt seinen Rhythmus geben, ausgiebig zur Schau zu stellen. Montserrat bekam viel Applaus vom Publikum, das die spektakuläre Inszenierung offenbar sehr genossen hatte. Das Bühnenbild und die Kostüme, eine Leihgabe des Théâtre du Capitole in Toulouse, hatte Beni Montresor entworfen. Doch blieb es bei nur vier Vorstellungen, nicht weil Caballé die Rolle nicht lag und noch weniger weil sie nicht zu ihr paßte, sondern aus dem einfachen Grund: Kein anderes Opernhaus war daran interessiert, die Oper auf die Bühne zu bringen.

Dieses Problem hinderte Caballé immer häufiger daran, ihr Repertoire auszuschöpfen. Sie lernte Rollen alter Opern, die sie kaum jemals häufiger als sechsmal würde singen können. Einerseits traf sie das nicht besonders, denn sie hatte über die Jahre schon viele einzelne konzertante Opernaufführungen gegeben, von denen sehr viele nie wiederholt worden waren. Aber diesmal ging es ihr darum zu zeigen, daß es sich lohnte, diese Opern wieder ins Repertoire aufzunehmen, und nicht um den rein musikalischen Reiz. Und hier stieß sie auf die gleiche unüberwindbare Barriere, mit der alle wagemutigen Star-Sopranistinnen zu kämpfen haben: Wenig vertraute Werke, die wiederbelebt werden sollen, werden mit einigen wenigen Ausnahmen niemals wieder richtig ins Repertoire aufgenommen. Sie genießen eine kurze Erfolgsphase, die mehr oder weniger ausschließlich mit der jeweiligen Sopranistin zusammenhängt, die sich ihrer angenommen hat, und dann verschwinden sie mit ihr von der Bühne. In diesem Sinne ist die »Wiederbelebung des *belcanto*« eine unzutreffende Bezeichnung. Es wäre passender, von einer Aneinanderreihung vorübergehender Wiederentdeckungen zu sprechen. Aber selbst wenn es noch keiner Star-Sopranistin gelungen ist, die Karten des internationalen Opernrepertoires neu zu mischen, ist es einigen von ihnen hoch anzurechnen, daß sie es wenigstens versucht haben. Und hier gebührt Caballé ein besonderes Verdienst.

Dennoch gab es vorübergehend nicht viele Möglichkeiten, weiteres Neuland zu erkunden: Für solche Dinge braucht man viel Zeit und eine intensive Vorplanung. Folglich kehrte Caballé nach ihrer gesundheitlichen Krise in New York im Januar 1983 mit einem alten Lieblingswerk auf die Bühne zurück. Sie gab vier Vorstellungen von *Die Macht des Schicksals* in Bari. Dann sang sie, neben einem Konzertabstecher an die Royal Opera Mitte Februar, an der Hamburger Staatsoper wieder einmal die Titelrolle in *Semiramide*, ungewohnterweise in vier konzertanten Aufführungen. Sie bestritt alle Opernauftritte der folgenden sechs Monate in dieser Rolle: zunächst im März in Las Palmas, mit Lucia Valentini-Terrani als Arsace; eine Woche später in Avignon mit derselben Arsace und John Tomlinson als Assur. Im Mai gab sie zwei konzertante Aufführungen an der Deutschen Oper in Berlin, bei denen sie mit Marilyn Horne und Sam Ramey, unter der musikalischen Leitung von Jesús López-Cobos, zusammtraf. Und Mitte Juni begann sie am Teatro de la Zarzuela in Madrid mit den Proben für eine Neuinszenierung des Werkes von Gianpaolo Zennaro – es war das erste Mal, daß sie nicht in der Pizzi-Inszenierung auftrat. Der Dirigent war Eugenio Marco (mit dem sie auch in Las Palmas aufgetreten war), und dieser brachte sie mit einer neuen Arsace in Kontakt, der exzellenten französischen Mezzosopranistin Martine Dupuy.

Die verschiedenen *Semiramides* wurden von einem ausgedehnten Recital-Programm ergänzt, das sie unter anderem nach Annecy, Toulouse, Brüssel, Dijon, Rom, Bonn, Oviedo, Monte Carlo, Alicante und Valencia führte.

Aber das bedeutendste Konzert fand am 26. März statt, als Caballé wieder die Bühne der Scala betrat. Seit dem letzten Debakel an der Mailänder Oper war über ein Jahr vergangen. Obwohl das italienische Publikum genauso temperamentvoll wie eine Diva ist, schien es nicht sehr nachtragend zu sein, und Montserrat wurde lautstark und herzlich willkommen geheißen. Ihr Programm war wieder weitgespannt und schloß wie gewöhnlich zahlreiche Raritäten ein. Die erste Hälfte eröffnete mit einem chronologischen Überblick italienischer Arien der Klassik von Gasparini, Niedermeyer, Lotti, Benedetto, Marcello (»O Nume Tutelar« aus *La Vestale*), Cherubini (»Ahi, che forse ai miei dì« aus *Démophoon*), Bellini (»Dopo l'oscuro nembo« aus *Adelson e Salvini*) und »Di tanti palpiti« aus Rossinis *Tancredi*. Nach einer Ovation, die die meisten Künstler noch nicht einmal am Ende eines Konzerts erwarten können, sang sie in der zweiten Hälfte fünf Lieder von Brahms und beschloß das offizielle Programm mit fünf Arien des katalanischen Komponisten Amadeo Vives. Der tosende Applaus überraschte selbst Montserrat: Der Jubel und die Bravorufe – erstaunlicherweise von vielen der anwesenden Frauen – wollten gar nicht mehr enden, bis sie mit ihrem improvisierten Zugabenreigen begann. Bei der vierten – »me llaman la primarosa« aus einer spanischen Version des *Barbiers von Sevilla* – sprang das Publikum vor Begeisterung von den Sitzen, wie es die Fernseh-Aufzeichnung der RAI zeigt. Mit dieser Einzelvorstellung waren alle Erinnerungen an die Pechsträhne im vergangenen Jahr weggefegt worden, und die Mailänder und die Diva waren wieder ein Herz und eine Seele.

Überraschenderweise änderte Caballé im Mai 1983 ihre Pläne; normalerweise hätte sie in dieser Zeit eine wohlverdiente Pause eingelegt. Doch es kam anders: Ein Auftritt am Liceo stand eigentlich erst wieder ganz am Ende des Jahres auf dem Programm, und zwar sollte dann auf ihren Wunsch hin eine weitere Rarität – Massenets *Hérodiade* – wiederaufgelegt werden. In der Zwischenzeit war aber über die geplante Neuinszenierung des *Tannhäuser*, die das Theater anläßlich des 100. Todestages von Richard Wagner geben wollte, eine Reihe von Katastrophen hereingebrochen. Das Bühnenbild, eine Leihgabe der Wiener Staatsoper, war an der französisch-spanischen Grenze in einer Blockade streikender französischer Bauern steckengeblieben. Die Oper mußte zwangsläufig in konzertanter Form aufgeführt werden, und der leere, abgedunkelte Bühnenraum wurde nur durch einige Gartenelemente aufgelockert. Die Rolle der Elisabeth sollte Gundula Janowitz singen, die damit ihr verspätetes Debüt in Spanien geben wollte. Aber der Dirigent, Heinrich Hollreiser, konnte die Sängerin, die als Venus geplant war, nicht ausstehen und bestand darauf, sie zu ersetzen. Das bereitete der Liceo-Leitung große Probleme: Wie sollte man das Werk zwei Tage vor der Generalprobe neu besetzen. Nach hektischen Anrufen Lluis Andreus', dem frisch ernannten Künstlerischen Direktor am Liceo, im Büro von Caballé stimmte Montserrat dem verzweifelt vorgetragenen Angebot zu, in allen drei Vorstellungen die Venus zu singen, obwohl sie, wie sie betonte, die Rolle noch niemals vorher gesungen hatte und in keiner Weise vertraut mit ihr war.

Letzten Endes stellten sich Caballés unglaubliche Fähigkeiten, vom Blatt singen zu können, als äußerst nützlich heraus, und die karge Inszenierung wurde durch ein schwarzbezogenes Pult ergänzt, das als Notenständer dienen und die Partitur vor dem Publikum verstecken sollte. Die Aufführungen waren ein großer Erfolg, und die Annahme dieser ungewöhnlichen Herausforderung durch die Sopranistin wurde sowohl vom Publikum als auch vom Management des Theaters mit Wohlwollen registriert.

Nach ihrem alljährlich stattfindenden Benefizkonzert für ihre Stiftung in der Klosterkirche von Ripoll reiste sie über die Pyrenäen nach Orange, wo sie ein Solokonzert gab und zehn Tage für die Einzelaufführung einer Neuinszenierung von *La Gioconda* probte, die am 23. Juli gegeben wurde. Als Dirigent war der aufstrebende Bulgare Emil Tchakarov vorgesehen, aber im letzten Augenblick sagte er ab, und auf Caballés Vorschlag hin dirigierte statt dessen der erfahrene Eugenio Marco das Orchestre National de Lille. Es war der einzige Auftritt Caballés in Orange,* von dem es keine Videoaufnahme gibt. Keine ihrer *Giocondas* auf der Bühne ist erhalten geblieben, was sehr bedauerlich ist, wenn man den großen Erfolg bedenkt, den sie in dieser Rolle stets gefeiert hat.

> Das ist eine ihrer besten Partien. Sie bewegt sich von Fröhlichkeit, über Eifersuchtsqualen bis zur Großmut stimmlich vollkommen überzeugend, mit dem richtigen Einsatz von *spinto*-Kraft (obwohl ideal, war es bei diesen enormen Ausmaßen der Anlage vielleicht nicht genug) und einem respektablen Brustregister.[1]

Die Sommermonate führten sie erneut mit einem Gastspiel in das römische Amphitheater Macerata, wo sie von Ende Juli bis zum 13. August in vier Aufführungen von *Don Carlos* und in zwei *Toscas* sang, letztere mit José Carreras und Silvano Caroli. Die Verdi-Oper wartete mit einer Starbesetzung auf, darunter Grace Bumbry als Eboli, Giorgio Zancanaro als Marquis von Posa, der altgediente Cesare Siepi als Philipp II. und Giuseppe Giacomini in der Titelrolle. Unter der musikalischen Leitung des Dirigenten Mechelangelo Veltri wurden die Vorstellungen im ausverkauften Theater begeistert aufgenommen. Rodney Milnes, der spätere Herausgeber von *Opera*, schrieb in der Zeitschrift, Caballé habe »eine ausge-

---

* Angefangen bei *Der Troubadour* (1972), über *Norma* (1974), *Die Macht des Schicksals* (1982), *La Gioconda* (1983), *Don Carlos* (1984) bis hin zu *Simone Boccanegra* (1985).

zeichnet schwebende Linie in die Abschiedsszene mit der Contesse d'Aremberg (beide Strophen) und viel schön vorgetragenen Gesang in die anderen Szenen [hineinlegt] ... [Die Vorstellung] stieg im Schlußduett zu Höhen der Eloquenz auf.«[2]

Bevor Caballé in der zweiten Augusthälfte ihren jährlichen Urlaub nahm – eigentlich nur eine etwas ausgedehntere Pause in ihrem Landhaus in Ripoll –, gab sie zwei Solokonzerte in Spanien, eines in Santander an der Nordküste und das andere in Perelada, einer kleinen, aber historisch bedeutenden Stadt in Katalonien. Caballés Auftritt in Perelada würde sich schon bald als sehr folgenreich herausstellen: Vier Jahre später wurde ihr Bruder Carlos der erste Künstlerische Direktor der neu gegründeten Internationalen Musikfestspiele in und um das mittelalterliche Schloß.

Montserrats Terminkalender für die Spielzeit 1983/84 begann am 11. September mit einer äußerst ungewöhnlichen Rolle: Sie sang die Rolle der Hypermnestra in Salieris praktisch in Vergessenheit geratener Oper *Les Danaïdes*, Teil der zum 38. Mal stattfindenden Sagra Musicale Umbra – einem von Francesco Siciliani ins Leben gerufenen Festival, auf dem sie fast 30 Jahre zuvor zum erstenmal gesungen hatte. Da *Les Danaïdes* zur gleichen Zeit wie Mozarts *Figaros Hochzeit* entstanden ist, kann man sehr gut erkennen, was Mozarts Werk gegenüber Salieris Opus so ungewöhnlich machte. *Les Danaïdes* ist ein groteskes Allerlei: 50 Töchter heiraten ihre 50 Vettern und werden von ihrem Vater instruiert, ihre Ehemänner noch in der Hochzeitsnacht zu töten. Doch eine dieser 50 Frauen – Hypermnestra, die älteste Tochter – hat Gefallen an ihrem Zukünftigen, Lyncaeus, gefunden, und anstatt ihn zu ermorden, drängt sie ihn zu fliehen. Seine Soldaten spüren die anderen 49 Schwestern auf, die in einem dionysischen Blutrausch schwelgen, nachdem sie ihre Ehemänner getötet haben, und bringen alle mit dem Schwert um. Die letzte erbauliche Szene findet in der Hölle statt, wo geschmolzene Lava auf die

Schwestern niederregnet und dem Vater, wie Prometheus, von einem Geier die Eingeweide aus dem Körper gerissen werden. Das wäre vielleicht etwas für Prokofjew oder Strauss gewesen; aber Salieris seicht zusammengeschusterte musikalische Plattitüden werden dem Thema kaum gerecht. Zu hören ist schließlich eine einzige sehr gute Rolle, umgeben von meterlangen *recitativos acompagnatos* und statischen Chor-Tableaus.

Die Aufführung in Perugia wurde als Konzert gegeben – dadurch verlor das Werk wahrscheinlich für das Theater noch seine letzte Daseinsberechtigung – und von Gianluigi Gelmetti dirigiert. Wie eine Aufzeichnung der European Broadcasting Union bestätigt, feierte Montserrat als zwischen Liebe und Pflicht hin- und hergerissene Tochter einen großartigen persönlichen Erfolg. Die lange Deklamations-Szene, Arioso und Arie im 2. Akt, die großartige *scena* im 4. Akt und der stürmische Ausbruch im 5. Akt sind kraftvoll und mit Einfühlungsvermögen gesungen.

Caballé begann die eigentliche neue Opernspielzeit in Hamburg mit zwei Vorstellungen von *Ein Maskenball*, gleich danach reiste sie weiter nach Oviedo in Nordspanien, um zwei *Othello*-Aufführungen mit Gianfranco Cecchele zu geben. Eine der Aufführungen wurde mit den fest im Opernhaus installierten Kameras aufgenommen, und von diesem Video existiert noch eine Raubkopie. Es zeigt, daß die Desdemona von allen Sopranrollen Verdis für Caballés Stimme in vielerlei Hinsicht am besten geeignet ist. Die *scena* im 4. Akt ist ohne jegliche stimmliche Abnutzungserscheinungen hervorragend interpretiert. Das ist um so bemerkenswerter, als Caballé die Rolle über 13 Jahre nicht mehr gesungen hatte. Wenn sie gefragt wurde, warum sie diese für sie großartige Rolle nicht häufiger sänge, war die Antwort ein schlichtes und trauriges: »Weil niemand mich jemals gefragt hat.« Vielleicht hatte dies weniger damit zu tun, daß man ihr diese Rolle stimmlich nicht zutraute, sondern daß man annahm, sie sei körperlich dafür ungeeignet.

Es ist keine Frage, daß Montserrat sehr dick geworden war und ihr Gewicht unerbittlich nach oben schnellte. Auch wenn es nicht die feine Art ist, darüber zu spekulieren, ist anzunehmen, daß Caballé selbst unangemessen bescheiden war, als sie in einem Artikel beklagte, ihr Gewicht habe die 100-Kilogramm-Marke überschritten. Die Gründe dafür sind nie ganz klar geworden. Jeder nahm natürlich an, daß sie eine zwanghafte Esserin sei. Doch niemand, der ihr nahestand oder nahesteht, hat jemals Geschichten über eine maßlose Freßsucht zu erzählen gewußt. Noch hatte sie Alkoholprobleme, die bei ihrer Gewichtszunahme eine Rolle gespielt haben könnten. Auch wenn sie nicht ganz auf Alkohol verzichtete, so nahm sie nur gelegentlich ein Glas Wein oder härteren Alkohol zu sich. Es war ganz einfach ein Rätsel, dessen Lösung vielleicht bei dem universell einsetzbaren Schlagwort von den hormonellen Problemen lag. Aber wie sich später herausstellen sollte, traf dies tatsächlich zu.

Ende September und die ersten drei Oktoberwochen des Jahres 1983 bestanden aus einem geruhsamen Konzertprogramm in Wien – Caballés Debüt im Großen Saal des Konzerthauses –, Elda, Benidorm und Valladolid sowie einem Trip nach Paris, um Eve Ruggieri für die Serie *Musique au Cœur* ein Interview für das französische Fernsehen zu geben. Danach ging es nach Nordamerika, zunächst nach New York, wo sie am 22. Oktober zum 100. Geburtstag der Metropolitan Opera unter der Leitung James Levines in einer Gala sang. In einem Programm, das wie gewöhnlich mit Stars nur so gespickt war, ist es um so bemerkenswerter, daß Caballé und Carreras am Ende des letzten Duetts aus *André Chénier* – mit großartiger Inkonsequenz vor einem Bühnenbild des 2. Aktes von *La Bohème* gesungen – einen der lautesten und längsten Ovationen des ganzen Abends bekamen. Die beiden spanischen Stars setzten ihre Partnerschaft an den folgenden zwei Abenden in New York fort und sangen in der Grand Assembly Hall des Uno-Gebäudes in konzertanten Aufführungen von Manuel de Fallas *Ein kurzes Leben*, Caballé als liebeskranke Salud und Carreras als ihr treuloser Liebhaber Paco.

Ende Oktober reiste sie an das andere Ende des Landes, an die Pazifikküste, wo sie das dritte Jahr in San Francisco am War Memorial Opera House auftrat, diesmal als La Gioconda in der gleichnamigen Oper. Die Inszenierung war die Wiederaufnahme einer Produktion die bereits 1979 mit Renata Scotto und Luciano Pavarotti auf der Bühne zu sehen gewesen war. Sicher, mit Franco Bonisolli in der Rolle des Enzo konnte sich Montserrat auch nicht auf ihren Lorbeeren ausruhen, denn Bonisolli stürzte mit auffallendem Eifer ins Rampenlicht. Aber letztlich – und mit Sicherheit zur großen Erleichterung Terry McEwans – ging die Wiederaufnahme glatt über die Bühne und wurde ein großer Erfolg. Caballé erinnert sich noch daran, daß Matteo Manuguerra, der die Rolle des Spitzels Barnaba sang, bei der Premiere einen etwas unglücklichen Fehler machte. Am Schluß des letzten Aktes glaubt der Bariton, sich mit der Heldin darauf geeignet zu haben, daß sie sich für den Preis der Freilassung ihres früheren Liebhabers seinen verwerflichen Gelüsten hingibt. Er taucht in dem Palast auf der Insel La Giudecca auf, um seinen Lohn einzufordern. Aber wie das Publikum schon durch Giocondas Arie »Suicidio!« weiß, hat sie nicht vor, ihr Versprechen zu halten: Barnabas Lohn wird ihr Leichnam sein. Wie vorgesehen erstach sich Montserrat, sank leblos auf ein Sofa und bedeckte sich kunstvoll mit ihrem ausladenden Umhang, während Manuguerra gerade damit beschäftigt war, dem Publikum sein Mißfallen über den Gang der Dinge zu zeigen. So bekam er nicht mit, wie Montserrat sich auf das Sofa gelagert hatte. Sein letzter Racheakt – mit der Regieanweisung »über Giocondas Körper gebeugt und in ihr Ohr schreiend« – sollte das Geständnis sein, er habe ihre Mutter ertränkt. Aber Gioconda ist natürlich schon tot. Der Bariton wandte sich um und sah nur eine schwarze, amorphe Masse. Rasch lüpfte er den Zipfel des Umhangs, der am nächsten zu ihm war, und enthüllte dadurch einem erstaunten Publikum die unteren Regionen Montserrats. Mit erstaunlicher Geistesgegenwart – und ebensolchen diagnostischen Fähigkeiten – rief er aus »Morta!« und machte wie vorgeschrieben seinen Abgang, während sich Giocondas regloser Körper vor Lachen schüttelte, als die letzten Akkorde der Oper verklangen.

Für kurze Zeit kehrte Caballé nach Spanien zurück, wo sie in Madrid an einem Konzert mit Opernausschnitten teilnahm, bei dem der König und die Königin von Spanien anwesend waren, und ein Recital in La Coruña gab. Dann ging es weiter nach Wien zu Proben für eine Wiederaufnahme von *André Chénier*. Die Premiere der insgesamt vier Vorstellungen mit Cappucilli als Gérard und Nicola Martinucci in der Titelrolle verlief gut bis zur Verhandlung vor dem Revolutionskomitee im 3. Akt. In dieser Szene fleht die verkleidete Madeleine von Coigny, Caballés Rolle, bei dem Mann um das Leben ihres Geliebten, des Dichters André Chénier, der nur wenige Monate zuvor einer ihrer Bediensteten gewesen war. Im Laufe des Duetts begann sich Montserrat schwach zu fühlen und war überzeugt, daß ihr Herz einen Schlag lang ausgesetzt hatte. Und plötzlich bemerkte sie, daß es auf einmal sehr schnell schlug. Sie weiß noch, daß sie mitten in der Szene irgendwie die Bühne verlassen hat. Ihre nächste Erinnerung ist, daß sie auf dem Gang vor ihrer Garderobe lag und der Arzt des Theaters sagte: »Ich glaube, sie hatte eine Herzattacke.« So stand es am folgenden Tag in den Wiener Zeitungen und ging über die Fernsehbildschirme. Auch die spanischen Medien griffen diese Nachricht sofort auf. Aber Caballé ließ sich nicht etwa sofort in ein Krankenhaus bringen, sie bestand vielmehr darauf, ins nahegelegene Hotel Imperial zurückzukehren, wo ein Heer medizinischen Personals auftauchte, einschließlich eines Kardiologen, den der Arzt der Wiener Staatsoper verständigt hatte. Man fand heraus, daß die Sopranistin einen stark erhöhten Blutdruck hatte – was die Theorie der Herzattacke widerlegte – und wahrscheinlich unter vermehrtem Fettgehalt im

Blut litt. Zwei Tage später kehrte sie zusammen mit ihrem Mann nach Barcelona zurück, wo sie sich weiteren Untersuchungen unterzog – alle mit negativem Ergebnis. Montserrat wurde medikamentös behandelt und sollte eine Woche lang strikte Bettruhe einhalten.

Gleich danach begann sie mit den Proben zu einer Neuinszenierung von Massenets *Hérodiade*, die am 30. Dezember Premiere haben sollte. Diese Rarität hatte 1881 ihre Uraufführung in Brüssel gefeiert und war drei Jahre vor *Manon* das erste herausragende Werk des Komponisten gewesen. Die Oper orientiert sich nicht so sehr an der biblischen Geschichte – die später zur Vorlage Oscar Wildes Drama *Salomé* und die Oper von Strauss wurde –, sondern an Gustave Flauberts Novelle. Die Orientierung an der französischen Gefühlswelt des ausgehenden 19. Jahrhunderts hat dem Werk eine ganz andere Richtung gegeben: Salome weiß nichts über ihre Herkunft und glaubt, Johannes der Täufer, den sie bewundert, habe sie aufgenommen. Die Kernstücke der Oper sind zwei Liebesduette zwischen Johannes und Salome, bevor Johannes auf Hérodiades Befehl hin umgebracht wird. In der letzten Szene will Salome Rache nehmen und besucht eine Orgie, um die böse Königin zu ermorden. Aber als sie erfährt, daß Hérodiade ihre lang vermißte Mutter ist, wendet Salome das Messer gegen sich selbst.

Dieser Stoff bot Massenet die Möglichkeit, eine religiös und zugleich exotisch eingefärbte Musik zu komponieren, die seinen besten Partituren so häufig zu eigen ist. Daneben wartet die Oper mit langen Ballettmusik-Passagen und zwei sehr anrührenden und anspruchsvollen Szenen zwischen den beiden »Liebenden« auf (Herodes und seine Frau haben trotz des Operntitels eher kurze Auftritte). Die Übertragung am 8. Januar 1984 im spanischen Fernsehen demonstriert zur Genüge, daß Caballé in der Rolle dieser »anderen« Salome eine volltönende Stimme hatte und sich offensichtlich voll und ganz von ihrem Zusammenbruch in Wien erholt hatte. Die Deklamation in hoher Tonlage ist faszinierend ausgeführt, und sowohl von Montserrat als auch von José Carreras als Johannes der Täufer waren hohe Cs zu hören, die die Kronleuchter zum Klirren brachten. Aber das waren noch nicht alle Attraktionen dieser triumphalen Serie, bei der alle vier Vorstellungen vollkommen ausverkauft waren: Nicht nur die Leistungen des Dirigenten Jacques Delacôte wurden sehr bewundert, sondern auch der Herodes von Juan Pons und die von der unberechenbaren, aber aufregenden Dunja Vejzovic auffallend intensiv gespielte Hérodiade.

Nach den Aufführungen blieb Montserrat gleich am Ort, um für die Wiederaufnahme der *Ariadne auf Naxos* zu proben. Drei Vorstellungen zwischen dem 12. und 18. Januar standen auf dem Programm, mit Alicia Nafé als Komponist, Celina Lindsley als Zerbinetta und Klaus König als Der Tenor [Bacchus]. Die Inszenierung Mario Krügers war eine Leihgabe des Braunschweiger Staatstheaters und auf Wunsch der Star-Sopranistin ins Programm genommen worden, die immer mehr den Wunsch verspürte, zu ihrer größten musikalischen Liebe – Richard Strauss – zurückzukehren und jede Gelegenheit, die sich ihr dazu bot, wahrnahm. Montserrat freute sich sehr darüber, die Titelrolle zu singen, zumal sie im Prolog der Oper ihre Dame-von-Welt-Qualitäten zeigen konnte. Und als die eigentliche Oper begann, war man sich einig, daß man noch nie ein so farbiges und makellos vorgetragenes »Ein schönes war«, Ariadnes erster großer sinnender Monolog in der Oper, gehört hatte.

Kurz darauf reiste sie nach Paris, wo sie im früheren Théâtre Louis Jouvet ihr erstes Solokonzert geben sollte, das jetzt unter seinem neuen Besitzer und Direktor Pierre Bergé, dem Partner von Yves Saint Laurent, Théâtre de l'Athenée hieß. Als erste Neuerung hatte Bergé in dem kleinen intimen Theater Recitals eingeführt, die jeden Montag auf dem Programm standen und von den weltbesten Sängern und Sängerinnen bestritten wurden. Diese Reihe stand unter dem Titel »Les lundi musicaux de l'Athenée«. Jeder Opern- oder Konzertsänger von Rang trat vor dem Pariser Publikum auf. Bergé sorgte dafür, daß Caballé in jeder Spielzeit wiederkam, bis er sein Amt im Théâtre de l'Athenée niederlegen mußte, weil er der Direktor der Pariser Oper im allgemeinen und der neuen Opéra de la Bastille im besonderen werden sollte. Dadurch stieg eine äußerst populäre Sängerin zur heißgeliebten Künstlerin auf. Der französische Musikkritiker André Tubeuf schrieb einen langen Artikel zu diesem Thema und faßt darin vieles zusammen, was Montserrats Anziehungskraft ausmacht.

> In dieser kleinen Welt, in der sich Künstler – aus Furcht, nicht ausreichend »künstlerisch« zu sein – hinter großen Posen verstecken, verläßt Du Dich nur auf Deine Stimme, Dein natürliches Mitgefühl, Deine Gegenwart. Die Neider werden Dir das niemals verzeihen. Populär? So eine wie Dich gab es vorher noch nicht. Als Künstlerin? Du hast nur zwei Vorgängerinnen: die Callas und die Schwarzkopf, die den Gesang rehabilitiert und den Ausdruck revolutioniert haben … Caballé war die erste und bleibt die einzige, deren Stimme die Funktion und charismatische Kraft hat, schön zu sein. Sie hat ihre Kunst ganz der Schönheit des Klangs verschrieben. Dieses Talent des vollen Klangs hat sie zu einer Zeit wiederbelebt, da selbst die Pianisten sich nicht mehr darum kümmern. Und hinter diesem Talent steht ein Kraftwerk, das alles überwindet, aber schwer zu fassen ist: die Atemstütze. Nicht der kleinste Ton Caballés ist ohne dieses Gebäude der Atemstütze vorstellbar, und deren größte Leistung ist bei weitem am wenigsten hörbar: ihre *pianissimi*. Ihre ganze Stimme liegt in [ihnen], und ihr Atem und damit ihre Seele. Noch nie hat man eine reinere Sängerin auf der Bühne gesehen …[3]

Nachdem Caballé im Februar zwei *Toscas* in Las Palmas gegeben hatte, reiste sie nach Belgien, wo zusammen mit

Martine Dupuy als Arsace zwei konzertante Vorstellungen von *Semiramide* auf dem Programm standen, zunächst in Antwerpen und dann am Théâtre de la Monnaie in Brüssel. Die Vorstellung in Brüssel wurde in der Lokalzeitung unter der Überschrift »Triomphe du *bel canto*« mit Lorbeeren überhäuft. Danach reiste sie Anfang März nach Nordamerika ab. Mit Ausnahme eines Konzerts in Miami Anfang des Monats blieb sie ohne Unterbrechung sieben Wochen lang in New York, in denen sie an der Metropolitan Opera in einem halben Dutzend Vorstellungen des von John Dexter karg inszenierten *Don Carlos* sang, zwei Solokonzerte in der Carnegie Hall und eines in der Avery Fisher Hall gab und zusammen mit Pavarotti, Diana Ross und Frank Sinatra in der Radio City Music Hall sang. Das war eine ausreichende Antwort auf die scharfe Kritik, die nach ihren Absagen im vergangenen Jahr erhoben worden war. Die Zeitungskritiken bewiesen auch, daß die weitverbreitete Annahme, die Absagen seien auf das Nachlassen ihrer Stimme zurückzuführen gewesen, unbegründet war. Der erste Auftritt in der Carnegie Hall fand am 11. März statt, kurz bevor die lange Probenphase an der Metropolitan begann. Das Programm des Recitals bestand aus der typischen Mixtur von *arie antiche*, klassischen Stücken und einigen Rossini-Arien, und die zweite Hälfte war größtenteils spanischen Stücken gewidmet. Oleg Kerensky schrieb in *Music and Musicians*:

> Sie hatte eine ausgezeichnete Stimme. Bei ihrer Interpretation der Arie aus Rossinis *Elisabeth, Königin von England* (»Bel alme generose«) hielt das Haus den Atem an ... 45 Minuten Zugaben mit Arien aus *Adriana Lecouvreur*, *Gianni Schicchi*, *Tancredi* und *Mefistofele* und weitere spanische Lieder. Wenn Frau Caballé so singt, fällt es leicht, ihr die Absagen in der Vergangenheit zu verzeihen.[4]

Etwas mehr als einen Monat später, am 16. April, kehrte sie mit einem weiteren Recital an denselben Ort zurück, diesmal unter der Schirmherrschaft des Instituto de Cooperación Ibero-Americana und des Spanischen Generalkonsulats mit Werken von Alberto Ginastera, Enrique Granados, Joaquin Turina und Joaquin Rodrigo und vielen anderen. Tim Page, der für das einflußreiche Feuilleton der *New York Times* schrieb, bemerkte:

> Das Zeitalter der Diva ist nicht vorbei, und Montserrat Caballé ist der Beweis dafür. [Das] war ein musikalisches Ereignis großer Klasse mit ausgezeichnetem Gesang, einem Publikum, das außer sich war vor Begeisterung, und quecksilbriger Opern-Glamour, die man mit den Karrieren solcher Künstlerinnen wie Melba, Garden, Farrar und Callas verbindet ... Die Stimme ist das Haupterlebnis in jedem Konzert der Caballé. Und was für eine wunderbare Stimme das ist! Caballés fließendes Legato und ihre Fähigkeit, sanfte, stratosphärische Phrasen durch Konzertsäle jeder Größe schweben zu lassen, sind schon zu wahren Legenden geworden ... [Sie] gibt schon seit fast 20 Jahren Solokonzerte in der Carnegie Hall, aber nur ein- oder zweimal während des Konzerts am Montag war ein Zeichen nachlassender Kraft auszumachen. Meistens jedoch waren die Töne perfekt plaziert, die Atemstütze einfach unglaublich, die *pianissimos* hinreißend schön ... die Hysterie-Skala an diesem Abend bewegte sich um den Siedepunkt herum.[5]

Caballé krönte ihren Aufenthalt in New York mit ihrem ersten Auftritt in der legendären Radio City Music Hall. Anlaß war die hundertste Wohltätigkeits-Gala des Memorial Sloan-Kettering Cancer Center, die mit den Worten »A Once-in-a-Century Evening of Entertainment« [»Ein Unterhaltungsabend, wie man ihn nur einmal in hundert Jahren erlebt«] angekündigt worden war: Buddy Rich und sein Orchester begleiteten Diana Ross und Frank Sinatra, und John Williams – nicht der Gitarrist, sondern durch *Krieg der Sterne* berühmt geworden – dirigierte das New York Philharmonic Orchestra als Begleitung für die beiden Opernstars Caballé und Pavarotti. Diese Reise klang mit einem Solokonzert in Montreal aus. Dann flog Caballé nach Barcelona zurück, um an einem weiteren Wohltätigkeitskonzert teilzunehmen, diesmal am Liceo zur Unterstützung des Roten Kreuzes. Hier bestritt sie ein langes und anspruchsvolles dreiteiliges Programm.

Caballés Konzerte hatten mittlerweile eine eigene Dynamik entwickelt. Die Zuschauer erschienen – und erscheinen immer noch –, gleichgültig welches Programm geplant war. Einige Kritiker beklagten, daß die Künstlerin gegenüber dem Musikprogramm ihrer Auftritte eine zu herausragende Stellung einnehme. Aber sie übersahen etwas, wohin eigentlich jede große Karriere führt: Berühmte Künstler kommen in ihrer Laufbahn an den Punkt, an dem sich das Publikum mehr für die Persönlichkeit des Künstlers interessiert als für dessen Programm. Die Leistungen und die Kunstfertigkeit dieser Persönlichkeiten, ihre Fähigkeiten und ihre Ausdrucksmöglichkeiten werden als selbstverständlich vorausgesetzt: Man kommt nur, um zu sehen und zu hören, wie diese Phänomene arbeiten. Dabei besteht die Gefahr, daß dies von den Werken des Programms ablenkt oder sie, was noch schlimmer ist, unwichtig werden. Aber Montserrat ist sich dieses Problems nur allzu bewußt:

> Ich bin nur eine Sängerin. Jemand, die der Musik dienen muß, die dem, was der Komponist zu sagen versuchte, Ausdruck verleihen muß. Die Leute sprechen von der Norma der Callas, der Mimi der Caballé, aber wichtig ist Bellinis Norma und Puccinis Mimi. Der Stil verschiedener Komponisten, ihre Werke, benötigt Liebe, nicht Zurschaustellung oder Exhibitionismus. Man fühlt alles in seinem

Innern und versucht es, dem Publikum durch den Klang nahezubringen. Aber ich tue es nicht für sie, ich tue es für die Komponisten. Es ist ein wunderbares Gefühl, wenn man eine Melodie singt und fühlt, daß das Publikum durch dich Zugang zur Musik bekommt. Die Gefahr für uns besteht darin, daß wir vielleicht anfangen, sagen wir mal, unsere eigenen Legenden für bare Münze zu nehmen. Wenn man anfängt, die Behauptungen zu glauben, die in der Öffentlichkeit über dich verbreitet werden, dann ist das der Anfang vom Ende.

All dies ist zwar richtig, zeigt aber auch, daß Caballé sich bis heute nicht eingestehen mag, welche Macht neben ihrer Stimme ihr Charakter besitzt. Letztlich ist es ihre Person, neben den musikalischen Qualitäten, die das Publikum bis zum heutigen Tag anzieht. Vielleicht glaubt sie immer noch, wenn sie vor einem Publikum singt, vorrangig dem Komponisten zu dienen. Doch dieses Publikum weiß genau, welchen ruhmreichen Dienst sie der Musik in der Vergangenheit erwiesen hat, und ist nun einfach glücklich, ihre Persönlichkeit erleben zu dürfen.

Diese Tendenz verstärkte sich während der 80er Jahre, noch vor ihrem späteren spektakulären »Spartenwechsel«, der sie zusammen mit Freddie Mercury einem noch größeren Publikum bekannt machte. Ende Mai 1984 sang sie im Hayarkon-Park in Tel Aviv, zusammen mit dem Israel Philharmonic Orchestra, unter Leitung Zubin Mehtas, um den 75. Geburtstag der Stadtgründung zu feiern. Das Publikum wurde vom Bürgermeister der Stadt auf 400 000 bis 500 000 Personen geschätzt. Berichten zufolge war die Menschenmenge so groß, daß das Open-Air-Gelände sie nicht alle fassen konnte und überall auf den umliegenden Rasenflächen, so weit das Auge reichte, Menschen standen. Zu einer Zeit, als man dachte, nur ein Pavarotti könne solche Massen mobilisieren, ist dieses Beispiel um so bemerkenswerter, zumal das Konzert ohne eine große Medienmaschinerie und nur durch die Publicity ihres Namens diesen Andrang erfuhr.

Mit Ausnahme einer Wiederaufnahme von Händels *Julius Cäsar*, in der sie am Teatro de la Zarzuela in Madrid zwischen dem 22. Juni und 4. Juli fünfmal auftrat, bestand für sie der Hochsommer aus Konzerten mit gemischtem Programm. Immer häufiger trat sie an immer ausgefalleneren Orten Spaniens auf, in diesem Fall unter anderem in Cadaques, Cambrils und Benalmedena. Sie war noch nie eine Diva gewesen, die viel von Pomp und Zeremonien hielt und nur gewillt war, an einigen wenigen auserwählten Orten der Welt mit den meisten Annehmlichkeiten und dem größten Prestige – gar nicht zu reden von den höchsten Gagen – aufzutreten. Ihre Suche nach Orten, an denen sie noch nie gesungen hatte und wo sie Konzerte geben wollte, wurde zu einer wahren Manie, wie ungünstig die Umgebung oder die Bedingungen im einzelnen auch sein mochten. Genau betrachtet, ist dies nur ein weiteres Symptom der gleichen Ruhelosigkeit, die sie auch dazu antreibt, stets nach neuem Repertoire Ausschau zu halten. Diese Ruhelosigkeit gründet in der für sie typischen Neugier und lebhaften Phantasie; aber man sollte auch nicht die Eintönigkeit, die eine solch lange Karriere mit sich bringen kann, unterschätzen. Bei nahezu 4 000 Auftritten kommt jeder Künstler irgendwann an den Punkt, an dem auch diese Tätigkeit zu einer Arbeit wie jede andere wird, mit ihren eigenen Belohnungen, Zwängen und dem Alltagstrott. Neues Repertoire an entlegenen Orten vorzutragen war Caballés Überlebensstrategie.

Ihre Wiederkehr nach Orange Anfang Juli – sie probte für eine Neuinszenierung von *Don Carlos* am 13. Juli – war hingegen nichts anderes als »business as usual«. Die Besetzung war hochkarätig, darunter Grace Bumbry als Eboli, Renato Bruson als Posa, Simon Estes als Philipp II. und Giacomo Aragall in der Titelrolle. Die Einzelvorstellung wurde von Thomas Fulton dirigiert, nachdem James Conlon seine

Teilnahme zurückgezogen hatte, und für eine Fernsehübertragung in Frankreich aufgezeichnet. Bühnenbild und Kostüme wurden von dem zahlreich erschienenen Publikum lauthals ausgebuht – was mittlerweile in Orange dazuzugehören schien –, aber den Sängerinnen und Sängern jubelte es begeistert zu, denn sowohl die Solo- als auch die Ensemble-Passagen waren ein Ohrenschmaus.

Nach kaum einer Woche Sommerferien – wie immer auf dem Bauernhof in Ripoll verbracht – reiste Caballé wieder nach Amerika, diesmal direkt an die Westküste, wo sie am 22. August ein Solokonzert in der Hollywood Bowl vor einem mindestens 10 000 Personen zählenden Publikum gab. Am folgenden Tag begann sie mit den Proben zu einer Wiederaufnahme von *Ernani* in einer Starbesetzung. Zum erstenmal in ihrer Karriere sollte sie auf der Bühne die Rolle der Elvira singen, mit Sherrill Milnes als Carlo, Paul Plishka als Silva und Luciano Pavarotti in der Titelrolle, unter musikalischer Leitung Lamberto Gardellis. Nach ihrer Pechsträhne mit *Ein Maskenball* in San Francisco muß es für das Management dort eine große Erleichterung gewesen sein, daß sie alle geplanten sieben Vorstellungen, beginnend mit der Premiere am 7. September 1984, wie vorgesehen sang. Das Problem war diesmal der Tenor, der nach der Premiere die folgenden Auftritte absagte, weil eine seiner Töchter in Italien schwer erkrankt war, und durch Nunzio Todisco ersetzt werden mußte.

Im Anschluß an diese Vorstellungsserie flog Montserrat nach New York, wo sie am 7. Oktober in der Avery Fisher Hall unter dem Dirigenten Garcia Navarro in einem Konzert mit José Carreras auftrat. Im nächsten Monat gab sie Recitals in Straßburg, Turin (im Teatro Regio), Bologna (im Teatro Communale), Lissabon (im Teatro São Carlo) und ein Konzert in Parma; am 12. November hielt sie sich kurz in Paris auf, um ein Konzert in der Salle Pleyel zu geben.

Einige Tage später war Caballé in London, diesmal in Begleitung ihrer neuen persönlichen Sekretärin bzw. Assistentin, ihrer 19 Jahre alten Nichte Montse Caballé, der zweitältesten Tochter ihres Bruders Carlos. Der Anlaß war kein öffentlicher Auftritt, sondern ein Gefallen, den sie einer langjährigen Kollegin erwies. Decca trug sich seit einiger Zeit mit dem Gedanken, eine zweite Aufnahme der *Norma* herauszubringen – technisch gesehen war es ihre erste, weil die davor erschienene Schallplatte von RCA im Auftrag aufgenommen worden war –, mit Joan Sutherland in der Titelrolle. Es war von vornherein klar, daß Pavarotti den Pollione singen würde; aber wer würde die Adalgisa sein? Bei den bisherigen Aufnahmen des Werks und in fast allen Bühnenfassungen war diese Rolle mit einer Mezzosopranistin besetzt gewesen. Aber aus Bellinis Manuskript und der Besetzung der Uraufführung – Giuditta Pasta als Norma, Giulia Grisi als Adalgisa – war klar herauszulesen, daß die Rolle der jugendlichen Tempelpriesterin eigentlich für eine weitere Sopranistin gedacht war, die in den Duetten der beiden Frauen ebenso oft die obere Notenlinie erreicht. Sutherlands Ehemann Richard Bonynge unterbreitete Decca einen Vorschlag, den die Plattenfirma mit Blick auf den Erfolg der Oper *Turandot* in derselben Besetzung, aber 20 Jahre zuvor, nur zu gerne in die Tat umsetzen wollte: Sie sollten versuchen, Caballé für die Rolle der Adalgisa zu gewinnen. Montserrat fühlte sich durch diesen Vorschlag geehrt und war ebenso fasziniert. Bereitwillig, als eine Art Tribut an ihre Kollegin, hatte sie das Angebot angenommen. Weder Caballé noch ihre Kollegen konnten damals ahnen, daß dies die letzte vollständige Opernaufnahme der spanischen Diva sein würde.

Die Aufnahmen mit Caballé fanden in der letzten Novemberwoche 1984 in der Walthamstow Town Hall statt und sind eine unerschöpfliche Quelle für »Caballé-Anekdoten«. Einer der Techniker, der verstorbene Peter Wadland, erzählte, wie Caballé etwas zu spät zu einem Aufnahmetermin erschien und einen riesigen Blumenstrauß in Händen hielt. Mit einem süßen Lächeln auf den Lippen bahnte sie sich ihren Weg an

Bonynge vorbei, der an seinem Dirigentenpult saß, durch die Reihen der Violinisten des Orchesters hindurch, stand schließlich vor der erhöhten Bühne des Saals und schaute zu Joan Sutherland hinauf, die sich über ihren Notenständer beugte und beobachtete, was vor sich ging. Die australische Diva sagte: »Wie nett von Dir, Montsy. Blumen für die Primadonna.« Caballé legte sie feierlich der Sutherland zu Füßen, setzte ein noch süßeres Lächeln auf und flötete: »Nein, Joan. Blumen von der Primadonna.«

Sutherland erzählt eine andere Geschichte über die Aufnahme des Duetts »Mira, o Norma«. Zwei Versionen waren im Laufe des späten Nachmittags zur Zufriedenheit fertiggestellt worden, aber der Produzent hielt es nach Absprache mit Bonynge für ratsam, eine dritte Version aufzunehmen, um noch ein oder zwei Orchesterpassagen zu bereinigen. Sutherland hatte nichts dagegen, aber Montserrat machte ein langes Gesicht. Sutherland versuchte sie mit ihren Überredungskünsten zu überzeugen: »Laß es uns noch einmal singen, Montsy. Du weißt doch, wie sie sind, sie wollen drei oder vier Versionen von allem.« Aber aus Caballés Widerwillen wurde eine schlichte Weigerung: »Ich glaub' nicht, daß ich noch singen kann. Jedenfalls nicht besser, als ich schon gesungen habe. Ich bin so müde.« Die Techniker im Kontrollraum waren ziemlich konsterniert, und die Drähte von Bonynges Telefon glühten, als man sich schließlich ins Unabänderliche fügte. Nach dem Ende der Sitzung schlich Montserrat zu Joan hinüber und flüsterte ihr verschwörerisch zu: »Wie schön. Ich habe mir schon Sorgen gemacht, weil Harrods doch in einer halben Stunde schließt.«

Anfang Dezember kehrte Caballé nach Barcelona zurück, um die Weihnachtszeit – die vermutlich mit Naschereien von Harrods versüßt wurde – dort zu verbringen. Sofort stürzte sie sich in die Proben für eine Neuinszenierung – eine Leihgabe der Scala – des *Rosenkavalier*. Hier bot sich ihr eine der seltenen Gelegenheiten in den späten Jahren ihrer Karriere, eine ihrer geliebten Strauss-Rollen auf der Bühne zu singen. In diesem Fall hatte sie die Rolle der Feldmarschallin übernommen – als die sie seit Glyndebourne im Jahr 1965 nicht mehr aufgetreten war –, und zwar mit vielen erfahrenen Strauss-Akteuren, darunter Hans Sotin und anschließend Günther Missenhardt als Ochs, Helen Donath als Sophie und Tatiana Troyanos als Octavian. Der Dirigent, der erst kürzlich sein Debüt am Liceo gegeben hatte, war Uwe Mund; einige Jahre später würde er der Musikdirektor des Hauses sein. Die Premiere war am 9. Dezember und wurde ein überwältigender Erfolg; aber bei der dritten und letzten Vorstellung sechs Tage später gab es große Schwierigkeiten, als Troyanos absagte und die verzweifelte Suche nach einem Ersatz weniger als eine Stunde vor Vorstellungsbeginn eine Sängerin ins Haus brachte, die die Rolle noch niemals zuvor auf der Bühne gesungen hatte. Und dies auch noch an dem Tag, an dem die Fernsehaufzeichnung geplant war. Die Fotos von der Inszenierung zeigen Montserrat, wie sie zu Hause gewissenhaft ihre Rolle studiert, spielerisch nachsichtig in den ersten Szenen des 1. Aktes und angemessen nachdenklich, als sie am Schluß ihr Gesicht in einem Handspiegel untersucht und die Vergänglichkeit der Zeit betrachtet.

Kurz vor der Weihnachtspause schob Caballé noch zwei Solokonzerte ein – eines in Zaragoza und eines in Valencia. Die Verpflichtungen im Jahr 1985 hätten eigentlich sehr früh mit Proben in Berlin beginnen sollen, wo sie in zwei konzertanten Aufführungen der *Semiramide* mit der ursprünglichen Besetzung aus Aix-en-Provence, darunter Marilyn Horne und Sam Ramey, auftreten wollte. Aber Montserrat hatte sich während der Weihnachts- und Neujahrszeit aufgrund einer starken Erkältung nicht wohlgefühlt. Sie zögerte die Absage bis zum letzten Moment hinaus, weil sie hoffte, ihr würde es bis zur Aufführung bessergehen, um dann wie geplant in Berlin auftreten zu können. Aber die Erkältung besserte sich nicht, und Caballé mußte ihre Zusage zurückziehen. Sie blieb für die nächsten zwei Wochen zu Hause, doch sie fühlte sich auch nach den 14 Tagen nicht besser und wurde immer noch von dieser merkwürdig hartnäckigen Erkältung geplagt. Das hielt sie jedoch nicht davon ab, zur Rettung des Teatro dell'Opera nach Rom zu eilen, nachdem man dort in letzter Minute entdeckt hatte, daß es für die Neuinszenierung von *Julius Cäsar* keine Cleopatra gab. Nur wenige Sängerinnen haben diese Rolle in ihrem Repertoire, und deshalb schien es zunächst ziemlich hoffnungslos zu sein, jemanden für die Rolle zu finden. Doch dann hatte sich für die Verantwortlichen ein Traum erfüllt, als Caballé zusagte, in der Rolle aufzutreten, die sie zuletzt 1982 in Barcelona gesungen hatte. Diese Inszenierung sollte im Gegensatz zu allen anderen Aufführungen des Werkes, an denen Caballé entweder auf der Bühne oder im Konzert teilgenommen hatte, eine »authentische« Umsetzung der Händelschen Partitur sein. Caballé sang alle acht Arien der Cleopatra, zusammen mit einem Julius Caesar, der nicht von einem Bariton, sondern von Margarita Zimmermann in der Stimmlage eines Alto-Kastraten gesungen wurde. Die Vorstellungen dauerten über vier Stunden, was einen Hinweis darauf gibt, wieviel vom gesamten Text tatsächlich benutzt wurde. Eine der Kritiken zur einzigen Aufführung von Caballé (am 1. Februar 1985) bemerkte:

> Caballés Meisterschaft in »Se pietà di me non senti« und »Piangerò«, die durch ihre Ausschmückungen, ihren ausgezeichneten Einsatz von *mezza voce*-Passagen und den direkt von Herzen kommenden Phrasen verstärkt wurde, war unvergeßlich. Vom Publikum wie von den Kritikern gleichermaßen begeistert aufgenommen, war dies ein Triumph, wie ihn Rom seit einer Ewigkeit nicht mehr erlebt hat.[6]

Früher eingegangene Verpflichtungen in New York hinderten sie daran, mehr als eine Vorstellung zu geben, und Betrice

Haldas beendete die Serie. In New York gab sie ihr alljährliches Solokonzert, auf das sechs Dutzend Aufführungen von *Ernani* an der Metropolitan Opera mit Luciano Pavarotti und unter musikalischer Leitung James Levines folgten. Kaum war sie am 8. Februar in New York angekommen, da verschlimmerte sich ihre hartnäckige Erkältung. Aber es kam nicht in Frage, das Recital in der Carnegie Hall abzusagen, da es zu Ehren ihres Debüts vor 20 Jahren auf dem Programm stand. Sie bekam eine stehende Ovation, bevor sie überhaupt einen Ton gesungen hatte, und als sie auf der Bühne stand, schaute sie hinaus in den Zuschauerraum:

> Ich war so glücklich, diese kreisförmig angeordneten Lichter zu sehen, die wie eine kleine Krone über dem Kopf aussahen. Ich guckte nach oben und sagte zu mir: »Mensch, ich habe das noch einmal über dem Kopf; ich bin also immer noch hier. Ich kann es kaum glauben.« Mit dem Konzert sagte ich dem New Yorker Publikum, das den Grundstein meiner Karriere gelegt hatte, auf meine Art Dankeschön für 20 Jahre Zuneigung und Loyalität.

Nach einem Programm, das zwei Stunden gedauert hatte, gab sie, aufgrund einer steigenden Welle hysterischen Applauses, rekordbrechende 13 Zugaben, eine der letzten war »Casta Diva«. Die gefühlsgeladene Atmosphäre hielt über eine Stunde an, und nach der letzten Zugabe hob Montserrat ihre Arme und bat um Ruhe. Zu der augenblicklich schweigenden Menschenmenge sagte sie, daß sie jetzt nichts mehr zu singen wüßte, aber daß sie das Publikum dieses eine Mal um etwas bitten wolle. Ob es ihnen etwas ausmache, für sie zu singen? »Happy Birthday« wäre vielleicht alles in allem nicht ganz unpassend. Das Publikum brach in Jubel aus, stand geschlossen auf und sang eine ohrenbetäubende Version des Liedes, die die Sopranistin zum Weinen brachte.

Bei all dem ging es Caballé immer noch schlecht: Aber

allein der bei solchen Gelegenheiten ansteigende Adrenalinspiegel hatte sie sicher über die Runden gebracht. Jetzt hoffte sie, daß sie sich in der zweiwöchigen Probenzeit für die Vorstellungen von *Ernani* wieder ganz erholen würde. Wie bereits zugesagt, unterbrach sie am 12. Februar die Proben und reiste nach Washington, um auf Einladung Ronald Reagans und seiner Frau Nancy bei einem Staats-Dinner im Weißen Haus zu Ehren von König Fahd von Saudi-Arabien zu singen. Bei dieser glanzvollen Gala trug Caballé Arien aus italienischen Barockopern, spanische Lieder und ein Rossini-Stück vor, bei dem sie ungewohnterweise von dem 23 Jahre alten Neffen Joaquin Turinas, Fernando, begleitet wurde. Donald Trump, Pearl Bailey und andere illustre Gäste applaudierten ihr, und am folgenden Tag erhielt sie von einem Boten aus dem Weißen Haus einen Brief, in dem stand: »Liebe Frau Caballé, Nancy und ich sind entzückt, daß Sie und Herr Martí bei uns waren ... Ihr Auftritt machte den Abend für alle Anwesenden zu einem unvergeßlichen Erlebnis. Danke, daß Sie Ihre wundervolle Gabe mit uns geteilt haben. Mit unserer Wertschätzung und den herzlichsten Grüßen an Sie und Herrn Martí, Ihr Ronald Reagan.«

Zurück in New York nahm Caballé die Proben wieder auf, aber ihr schlechter Gesundheitszustand hielt an. Levine war erstaunt, als er sah, daß sie eine Packung Papiertaschentücher nach der anderen verbrauchte. Nachdem er sich dies vier Tage lang mitangesehen hatte, beschloß er, mit der Sopranistin zu reden. Traurig erzählte sie ihm, daß sie seit sieben Wochen ununterbrochen eine schreckliche Erkältung mit sich herumschleppe. Er sagte zu ihr, daß niemand so lange unter Erkältungssymptomen (nicht einmal Grippesymptomen) leide: Irgend etwas stimme da nicht. Montserrat hatte daraufhin eine kurze Unterredung mit einem der Ärzte an der Met, für den sie mittlerweile keine Fremde mehr war, und er empfahl ihr, sich einigen Tests am New York City Hospital zu unterziehen. Bei einem dieser Tests wurde ein Abstrich ihrer Nasenausscheidungen vorgenommen. Die Analyse des Abstrichs ergab sehr schnell, daß dies, wie jedermann – auch Montserrat Caballé selbst – vermutet hatte, keine einfache Schleimabsonderung war: Es war zerebro-spinale Flüssigkeit.

Das war eine äußerst bedrohliche Diagnose, denn diese Flüssigkeit dringt normalerweise nur nach außen, wenn irgend etwas im Schädelraum nicht in Ordnung ist. Sofort wurden weitere Tests angesetzt, die zeigten, daß Caballés Hypothalamus – eine kleine Drüse in der hinteren Schädelbasis, die die wichtigsten Regulationsvorgänge des Organismus wie Wärmeregulation, Wach- und Schlafrhythmus und Stoffwechselfunktionen steuert – in drei Lappen zerfallen war, von denen zwei überhaupt nicht mehr funktionierten und vom dritten nur noch ein kleiner Teil funktionsfähig war. Diese äußerst wichtige Steuerzentrale des Körpers hatte seit unbestimmter Zeit nur noch zu einem Drittel gearbeitet. Und die Prognose war äußerst düster, sollte der noch funktionierende Rest des Hypothalamus bösartig entarten.

Montserrat verließ sofort das Krankenhaus, flog zu ihrer Familie nach Barcelona und ließ die üblichen bitteren Presseberichte über die unmöglichen Diva-Allüren weit hinter sich. Zu Hause waren alle entsetzt, besonders Montserrats Mutter Ana – die mittlerweile selbst schwerkrank war – fühlte sich durch ihre eigene Hilflosigkeit niedergeschlagen und suchte, wie in früheren Krisenzeiten, Zuflucht in ihrem tiefen Glauben. Montserrats Ehemann Bernabé war praktischer und arrangierte für sie einen Termin in der Clínica Quirón im Bezirk Carmelo in Barcelona, ganz in der Nähe des Parc Güell und passenderweise in einer Straße namens Virgen de Montserrat gelegen. Nicht weniger als sieben Ärzte (darunter Jaime Pujadas, Manuel Subirana und Dr. Alfredo Rocha, ärztlicher Beistand der Caballés seit den Zeiten der Bertrands) sollten weitere Tests leiten, die Ergebnisse beurteilen und einen Behandlungsplan ausarbeiten. Das taten sie auch wie vorgesehen. Zu Caballés Schrecken empfahlen sie aufgrund der

Untersuchungsergebnisse einen sofortigen chirurgischen Eingriff am Gehirn. Sie fertigten einige Entwürfe an, die nicht nur Art und Ort der Erkrankung genauestens aufzeigten, sondern auch ihre geplante Vorgehensweise. Sie beabsichtigten, an der Vertiefung der Schädelhöhlenbasis, der *sella turcica*, eine Metallplatte einzusetzen und damit den Spalt zu schließen, der durch den wachsenden Hypothalamus-Tumor entstanden war und über den die zerebro-spinale Flüssigkeit über die Nasennebenhöhlen abfloß.

Die Einzelheiten der geplanten Operation hatten Montserrat große Angst eingejagt, und sie war überhaupt nicht davon überzeugt, daß sie etwas nützen würde. Wenn sie an einem Gehirntumor sterben sollte, dann wollte sie den Dingen lieber ihren Lauf lassen, als sich auf eine komplizierte und gefährliche Operation einzulassen. Ihr Bruder Carlos war ihrer Meinung und unternahm den ungewöhnlichen Schritt, Herbert von Karajan in seinem Haus in Anif zu kontaktieren und ihn um Rat zu fragen. Der österreichische Dirigent, das war seit einigen Jahren bekannt, litt an einem allmählichen Abbau der Gehirnfunktionen und hatte sich schon einigen schmerzhaften Operationen unterzogen, um Anfangssymptome zu beheben, so zum Beispiel die Verkrümmung seiner Füße. Er verwies Carlos an den türkischen Spezialisten Dr. Yasserghyl, bei dem sich Karajan im Kantonskrankenhaus in Zürich behandeln ließ. Carlos wandte sich an diesen Fachmann, und wie zu erwarten gewesen war, wollte sich der Arzt zunächst die medizinischen Unterlagen aus Barcelona anschauen. Montserrats Bruder mochte das Ärzteteam in Barcelona ungern vor den Kopf stoßen, weil er noch eine zweite Meinung einholte, und »schmuggelte« deshalb Kopien der wichtigsten Unterlagen aus dem Krankenhaus. Zum erstenmal sah er neben den Testergebnissen die vorläufigen Pläne für die Operation: Vorgesehen war, den Oberkiefer am Gaumen zu duchbohren, um dann über die Nasenscheidewand zur Unterseite der *sella turcica* zu gelangen. Außerdem stellte sich noch das Problem, wie die Metallplatte und die Schrauben an ihren Platz gebracht werden sollten. Carlos war entsetzt.

Doch der Rat Dr. Yasserghyls war beruhigend: Er empfahl »meisterhaftes Abwarten«, zumindest was den chirurgischen Eingriff anging. Vorausgesetzt, Montserrat unterzöge sich einer vorbeugenden medikamentösen Behandlung, könne die Gefahr einer Hirnhautentzündung sehr klein gehalten werden. Mit Medikamenten könnte ebenso das Problem der auslaufenden Gehirnflüssigkeit in Griff bekommen werden. Das ursächliche Problem würde natürlich bestehen bleiben: der nur partiell funktionierende und möglicherweise irgendwann völlig versagende Hypothamalus. Aber die in Barcelona vorgeschlagene Operation würde an diesem Problem auch nichts ändern können. Die Caballés holten weiteren Rat ein, diesmal bei Dr. Kürsten in Wien, dessen Prognose und Empfehlung mit denen seines Züricher Kollegen genau übereinstimmten. Aufgrund dieser zusätzlichen ärztlichen Ratschläge entschied Montserrat, sich keiner Operation zu unterziehen. Sie war nicht davon überzeugt – auch wenn man ihr das Gegenteil beweisen wollte –, daß die Operation erfolgreich verlaufen würde. Sie könnte genausogut noch so lange weitersingen, wie es ihr vergönnt war.

Im März 1985 unterzog sie sich zunächst einer Laserbehandlung, um ein weiteres Wachstum des Tumors in dem fragmentarischen Hypothalamus zu stoppen. Als sie auf die medikamentöse Behandlung gut ansprach, verließ sie die Klinik bereits Ende des Monats wieder. Gleich nachdem sie die Clínica Quirón hinter sich gelassen hatte, nahm sie Kontakt mit dem homöopathischen Arzt Honorio Giménez auf, der die Familie schon immer behandelt hatte, und gab ihm die Kopien aller bisherigen Untersuchungsergebnisse. Sie verbrachte drei Wochen in seiner Klinik, um sich behandeln zu lassen. Inzwischen hatte sie wegen ihrer Erkrankung eine Neuinszenierung von Pacinis *Saffo* am Liceo absagen müssen, die in der *terra incognita* der Opern des frühen 19. Jahrhunderts das jüngste Beispiel in ihrer langen Reihe musikalischer Landnahmen hätte werden sollen. Aber jetzt befand sich Montserrat in der Nähe eines anderen »unbekannten Landes«, nämlich jenes Land, von dem Hamlet in seinem berühmten Monolog im 3. Aufzug spricht: »Sein oder Nichtsein ...«* Aber sie war entschlossen, bei der nächsten sich bietenden Gelegenheit, auf die Bühne zurückzukehren, und nach einer Pressekonferenz, in der sie die Ernsthaftigkeit ihrer Erkrankung eher herunterspielte und nichts von ihren Ursachen erzählte, reiste sie nach Madrid, wo sie mit Proben für eine Neuinszenierung von Glucks selten aufgeführter *Armide* begann.

Tief in ihrem Innern hatte sie Angst. Personen, die die Wahrheit ihrer Krankheit kannten, hatten laut darüber nachgedacht, welche Wirkung die Anstrengungen und die Resonanzen des volltönenden Gesanges, insbesondere im höchsten Register, auf das offensichtlich empfindliche Gleichgewicht ihres Hypothalamus haben könnte. Sie selbst setzte ihre Stimme wieder sehr vorsichtig voll ein, und tatsächlich hatte die Stimme durch die jüngsten Ereignisse keinen Schaden genommen. Wahrscheinlich hatte sich die erzwungene Unterbrechung auf ihre ansonsten im Eiltempo dahinrasende Karriere positiv ausgewirkt, obwohl Caballé wohl selbst nicht daran glaubte, da sie stets der Überzeugung war, daß Pausen ihrem Gesang in keiner Weise zugute kämen. Die Rückkehr auf die Bühne am 16. April im Teatro de la Zarzuela war für sie das bedeutendste Ereignis ihres ganzen Lebens. Denn sie mußte nicht nur ein Publikum davon überzeugen, daß ihre beeinträchtigte Gesundheit keine unüberwindbare Barriere war, um ihre Karriere auf höchstem Nievau fortzuführen, sie mußte auch sich selbst überzeugen. Das Werk war in jeder

* *Hamlet*, 3. Aufzug, 1. Szene: »... Tod – / Das unentdeckte Land, von des Bezirk / Kein Wandrer wiederkehrt ...«

Hinsicht kein leichter Weg zum Erfolg: Es war eine nüchterne und sogar düstere neoklassische Tragödie, deren Schwermut selten unterbrochen wird und kaum Gelegenheiten bietet, die Stimme richtig auszuspielen. Nichtsdestotrotz traf die dunkle Melancholie, die in Glucks Partitur vorherrscht, anscheinend Caballés Stimmung, und die Vorstellung – die Ileana Cotrubas' Ehemann Manfred Ramin dirigierte – wurde beim Madrider Publikum zu einem laut beklatschten Erfolg. Vier weitere Vorstellungen folgten bis zum Ende des Monats, und zu diesem Zeitpunkt hatte Montserrat auf der Bühne wieder zu sich selbst zurückgefunden: Sie würde einfach so weitermachen wie bisher.

> Ich glaube mittlerweile, daß ich, so wie mir eine Stimme geschenkt wurde, ich ebenfalls die Gabe habe, meine Gesundheit auf natürliche Weise wiederherzustellen. Ich habe oft mit Bernabé darüber gesprochen, wie das möglich sein konnte, weil ich es nach so vielen Operationen, so vielen Krankheiten wirklich selbst nicht verstehe. Es ist etwas, das ich nicht erklären kann, eine Kraft, ein Wille, ich weiß es nicht. Es muß etwas im Körper sein, nicht im Kopf. Aber die Ärzte haben wiederum zu mir gesagt, daß es der Kopf ist, der einen weitermachen und weiterleben läßt. Ich nehme an, sie haben recht.

Es muß Caballés Lebenswille gewesen sein, der sie durch die nächsten Jahre brachte. Denn auf Fotografien aus dieser Zeit ist zu sehen, daß es ihr gar nicht gutging. Wenn es für eine sehr dicke Frau möglich ist, ausgezehrt und abgehärmt auszusehen, so erweckte sie diesen Eindruck Mitte und Ende der 80er Jahre. Und zweifellos war ihr prekärer Gesundheitszustand dafür verantwortlich, daß sie sich allmählich von den Verpflichtungen auf den internationalen Opernbühnen zurückzog, so als ob sie sich dazu entschieden hätte, daß, wenn sie der Tod mitten auf der Bühne ereilen würde, dies zumindest in ihrer Heimat Spanien geschehen sollte. Und bis dahin wollte sie aktiv bleiben und sich auf ihre Karriere und die Erweiterung ihres bereits legendären Repertoires konzentrieren. Im nachhinein wird ersichtlich, daß Montserrat während dieser Zeit ihr fröhliches Wesen verlor, obwohl sie diese Jahre überlebt hat. Wie hätte es auch anders sein sollen, wenn man ständig im Kopf hat, daß es von einem Tag auf den anderen vorbei sein kann? Außerdem konnte sie sich auch nicht auf den Trost durch die Öffentlichkeit stützen, da sie von Anfang an beschlossen hatte, daß ihre Erkrankung nicht bekannt gemacht werden sollte und das Publikum an ihren persönlichen Schwierigkeiten nicht teilhaben dürfe.

Doch in einigen Jahren würde sie die Früchte ihrer mutigen Haltung ernten und – völlig unerwartet – den Durchbruch zu einer solch großen Popularität schaffen, die nur wenigen Künstlern ihres Berufs vergönnt ist. Nach dieser harten Bewährungsprobe, mit einer dann 35 Jahre währenden Karriere, würde sie es sich leisten können, mit einem lausbubenhaften Lächeln zu sagen: »Sie kennen den Phönix? Das bin ich.«

13. Kapitel
1985–1988: Mercury betritt die Bühne

Im Jahr 1985 tourte die englische Rockgruppe Queen durch Europa und spielte im Verlauf der Tournee auch im Fußballstadion von Barcelona. Im Anschluß an ihren dortigen Auftritt trat der Gründer und Sänger der Gruppe, Freddie Mercury, in der spanischen Fernsehsendung »Informe Semanal« auf und erstaunte ein Millionenpublikum mit dem Geständnis, daß von allen großen spanischen Institutionen, die er bewundere, Montserrat Caballé die bedeutendste sei und außerdem die Person, die er am liebsten kennenlernen würde. Diese Äußerung wurde von der gesamten spanischen Presse aufgegriffen, und die Sopranistin wurde nicht nur von Freunden, sondern auch von ihrem Bruder Carlos darauf aufmerksam gemacht. Kurzfristig ließ sich kein Treffen arrangieren, denn Montserrat hatte einen lückenlosen Terminkalender mit Vorstellungen in Hamburg (drei konzertante Vorstellungen von *Semiramide* unter musikalischer Leitung Henry Lewis' mit Marilyn Horne, Francisco Araiza und Sam Ramey), einer Konzerttour durch Frankreich und einer Reihe von fünf *André Chéniers* am Teatro de la Zarzuela in Madrid in der ersten Junihälfte. Aber am 22. Juni kam sie nach London, um am folgenden Tag ein Solokonzert an der Royal Opera zu geben. Diese Gelegenheit nutzte Mike Moran, der mittlerweile zum musikalischen Gefolge des Rockstars gehörte, aber in den 70er Jahren in Covent Garden als Chorrepetitor gearbeitet hatte, um ein Treffen zwischen Caballé und Mercury in die Wege zu leiten.

Mercury war seit vielen Jahren ein leidenschaftlicher Bewunderer der Sorpranistin, und er hatte, soweit es ihm möglich gewesen war, Vorstellungen von ihr besucht. Und es gab eine weitere Verbindung zwischen den beiden. Mercurys persönlicher Assistent Peter Freestone hatte viele Jahre lang in der Kostümwerkstatt des Royal Opera House gearbeitet. Montserrat sah das Ganze als eine unerwartete, aber erfreuliche Ehrerbietung von Musiker zu Musiker an, aber in Mercurys Kopf setzte es offensichtlich eine Idee in Gang, die bald Früchte tragen würde.

Doch zunächst zurück zu Caballés Auftritten: Die Konzerttournee in Frankreich, die die zweite Maihälfte 1985 einnahm, führte Caballé nach Orléans, Bordeaux und Toulouse. Dort füllte die französische Presse ihre Spalten wie gewöhnlich mit hochtrabenden rhetorischen Lobgesängen, deren Kern war, daß Caballé sehr gut gesungen habe. Der wichtigste dieser Frankreichauftritte fand zweifellos am 20. Mai statt, als Montserrat an einer der hübschesten Spielereien ihrer ganzen Karriere teilnahm und den Weg zu ihrem erneuten Engagement für die Rossini-Wiederbelebung Ende der 80er Jahre freimachte. Das Ereignis wurde als Rossini-Gala angekündigt und in dem kleinen Théâtre Gabriel gegeben, einem Rokoko-Juwel von Opernhaus, das für Ludwig XVI. in Versailles erbaut worden war und leider nur selten für öffentliche Veranstaltungen genutzt wurde. Das Chamber Orchestra of Europe spielte, der englische Schauspieler Paul Brooke verkörperte Rossini, dem die Vorstellung gewidmet war, und Claudio Abbado war verantwortlich für die Musik.

Das Ereignis wurde für das Fernsehen aufgenommen und in ganz Europa ausgestrahlt. Darin traten die besten Rossini-Sängerinnen und -Sänger in Solos, kleinen und großen Ensembles auf, und sie wurden alle vom »Komponisten« begrüßt, als sie ihm ihre musikalische Aufwartung machten. Ramey sang unter anderem die lange *scena* Lord Sidneys aus *Il viaggio a Reims*; Marilyn Horne Arsaces zweite Arie »In si barbara sciagura« aus *Semiramide*; Rugero Raimondi »La calunnia« aus *Der Barbier aus Sevilla*; und Montserrat lieferte eine makellose Darbietung von »Sombre forêt« aus *Wilhelm Tell* ab. Bei den Ensembles kam es unter anderem zu einer hysterisch überhöhten Interpretation des Sextetts aus *Cenerentola*, gekrönt von dem lautmalerischen Finale des 1. Aktes aus *Die Italienerin in Algier* [*L'italiana in Algeri*]. Horne und Caballé sangen zusammen ein Duett aus *Tancredi* und ließen ihre glanzvolle Zusammenarbeit während der *Semiramide* wiederaufleben. Montserrat gab hier eine persönliche Premiere, denn in der Vergangenheit hatte sie aus *Tancredi* nur das »Di tanti palpiti« des Helden gesungen, während sie jetzt zum erstenmal ein Stück vortrug, das für die Heldin Amenaide geschrieben worden war. Und auch die große Gebetsszene aus *Mosè* sang sie zusammen mit Horne, Araiza, Raimondi und dem Chor zum erstenmal. Aber diese Szene wurde nicht im Theater, sondern in der Schloßkapelle aufgeführt und gefilmt. Montserrat wurde ein ganz besonderes Extra gewährt: Während der liliengeschmückte Mädchenchor Lord Sidneys Arie singt, erscheint sie in einem mit Steinen besetzten blauen Kleid in einer Proszeniumsloge [Bühnenloge] und spielt zur allgemeinen Belustigung die Kastagnetten. Für eine Frau, die sich nur wenige Wochen zuvor wegen eines Gehirntumors einer Laserbhandlung unterzogen hatte, waren das selbstsichere Auftreten auf der Bühne – gleichzeitig vornehm und kokett – und die bemerkenswerte Stimmbeherrschung unwahrscheinlich erleichternd.

Nach den *Chéniers* in Madrid, zu denen es außer den positiven Kritiken keine Dokumente gibt, und dem kurzen Aufenthalt in London kehrte sie für ihre nächste Bühnenverpflichtung nach Orange zurück, wo sie vom 6. Juli an für eine Neuinszenierung von Verdis *Simone Boccanegra* probte. Sie sang zum ersten und wie sich herausstellen sollte auch zum letzten Mal in ihrer Karriere die Rolle der entführten Tochter des genuesischen Dogen, Maria, besser bekannt unter dem

Namen Amelia Grimaldi. Jaques Karpo inszenierte das Werk, und Maurizio Arna dirigierte es; Piero Cappuccilli sang die Titelrolle, Paul Plishka den Fiesco und Lando Bartolini Amelias heißblütigen Geliebten Gabriele Adorno. Obwohl Caballé die Rolle noch nie zuvor gesungen hatte, war zu sehen, daß sie während des Duetts mit dem Tenor im 1. Akt dem Publikum halb den Rücken zuwandte, um ihrem Kollegen zu soufflieren, weil er an einer Stelle den Text vergessen hatte. In einer Kritik über diese Aufführung schrieb Tony Mayer:

> Sie mag weder die Jugend noch die Figur für die Maria haben und sie mag außerdem mehr Aufwand auf ihre Technik verwenden als auf den Ausdruck der unterschiedlichen Gefühle, die Boccanegras Tochter nach und nach durchlebt, doch die Reinheit und Transparenz ihrer Stimme ist immer noch so sagenhaft – selbst in den höchsten Registern –, daß sie (besonders wenn sie in Spitzenform ist und nicht gegen den Mistral in Orange kämpfen muß) das Publikum immer noch verzaubert und all die phantastische Begeisterung verdient, die sie entstehen läßt.[1]

Montserrat schaffte es, nach dieser Einzelvorstellung eine Woche Ferien einzuschieben, und reiste zu ihrem Landhaus in Ripoll, bevor sie in kleinen spanischen Städten eine Reihe von Konzerten gab. Zweimal unterbrach sie die Tour, zunächst, um in der Klosterkirche von Ripoll ihr alljährliches Solokonzert zu geben, und dann, um in der Arena di Verona zu singen. Ersteres wurde zu einem großen Ereignis: Seit einiger Zeit schon beklagten die Kinder der Caballés (Bernabé junior, fast 19 Jahre alt, und Montsita, 14), daß sie ihre Eltern noch nie gemeinsam auf der Bühne gesehen hatten. Deshalb übten sie sanften Druck auf ihren Vater aus, ein letztes Mal mit Montserrat zusammen in der Öffentlichkeit aufzutreten, in erster Linie, um den Kindern einen Gefallen zu tun. Dieses gemeinsame Konzert im Jahr 1985 wurde für Bernabé in

Begleitung seiner Frau einerseits zum Comeback auf der Konzertbühne und gleichzeitig zum endgültigen Abschied von ihr. Er sang drei Arien – »Recondita armonia«, »Ch'ella mi credi« (aus *Das Mädchen aus dem goldenen Westen* [*La Fanciulla del West*]) und »O Paradiso« –, und nach den Solonummern Montserrats sangen sie zusammen Duette aus *La Bohème*, Marchettis *Ruy Blas* – auch im Rahmen eines Familienkonzerts eine ausgesprochene Rarität – und eine Zugabe aus Caballeros *L'Africana*. Nicht nur die Martí-Kinder waren fasziniert von diesem Erlebnis, sondern auch ihre Eltern, für die es einer der letzten gemeinsamen öffentlichen Auftritte in ihrer über 30jährigen Ehe sein sollte.

Am 4. August reiste Caballé für eine Vorstellung nach Verona. Anlaß war eine Benefiz-Gala mit dem Namen »Oper für Afrika«, für die Carlos, auf José Carreras' Anregung hin, die meisten der zahlreichen Sängerinnen und Sänger zusammengetrommelt hatte, mit denen er beruflich Kontakt pflegte. Diese Aufführung sollte ein Opern-Gegenstück zu Bob Geldofs triumphalen Erfolg mit dem Rock-Konzert im Wembley-Stadion (zugunsten der Hungerhilfe in Äthiopien) im vergangenen Jahr sein. Zusammen mit Carreras sang Caballé »Brindisi« aus dem 1. Akt von *La Traviata*, und das Publikum wurde dazu angehalten, für den fehlenden Chor einzuspringen. Später im Programm gab sie noch eine »Casta Diva« zum besten, die nur durch eine leichte Atemnot gestört wurde und die korrekte Ausführung des letzten Trillers verhinderte. Das hielt die 20 000 Zuschauer nicht davon ab, in Applaus auszubrechen, vielleicht um Caballés Haltung ebenso Tribut zu zollen wie ihrem Gesang. In der Tat war das allgemeine Gesangsniveau um einiges höher als sonst bei solchen Gelegenheiten.

Montserrats nächstes größeres Projekt führte sie wieder mit Claudio Abbado zusammen, dem sie seit der Rossini-Gala starke Sympathie entgegenbrachte. Dieser erfolgreichen Zusammenarbeit war es zu verdanken, daß der italienische

Maestro sie jetzt eingeladen hatte. Das Orchester der Mailänder Scala, dessen musikalischer Direktor Abbado noch immer war, wollte Verdis *Requiem* aufführen, aber nicht wie gewöhnlich im Opernhaus, sondern am Ort seiner Uraufführung im Jahr 1874, in der Mailänder Kirche San Marco. Die weiteren Solisten waren Lucia Valentini Terrani, Peter Dvorsky und Samuel Ramey. In einer Kritik, die etwas überraschend in *Opera* erschien, hieß es, daß »Montserrat Caballés engelsgleiche perfekt intonierte Stimme ein Gegengewicht zu ihren [Stimmen] bildete und Verdi über das reinste Medium des Bellinischen *belcanto* erreichte.«[2]

Zwei Tage später flog Montserrat nach New York, um die Proben für eine Inszenierung fortzusetzen, die wahrscheinlich die mit dem größten Staraufgebot und mit Sicherheit die bombastischste war, in der sie jemals an der Metropolitan Opera aufgetreten war. Wieder einmal hatte man ihr die Ehre erwiesen, die Spielzeit mit der Premiere zu eröffnen: die fünfte Gelegenheit dieser Art in ihrer New Yorker Laufbahn, obwohl ihre drei vorangegangenen Premieren, wie schon erwähnt, alle nicht zustandegekommen waren, einmal wegen ihrer Schwangerschaft und zweimal, weil die Met bestreikt worden war. Das Werk war *Tosca*, das in diesem Jahr schon einmal mit einer phantastischen Neuinszenierung – Bühnenbild und Regie von Franco Zeffirelli – aufgeführt worden war. In den Hauptrollen waren Plácido Domingo und Hildegard Behrens zu sehen gewesen. Die Premiere der Wiederaufnahme wartete mit Pavarotti und Caballé auf, und um den Glanz, den jede Eröffnungsvorstellung an der Met – dies war die 102. Spielzeit – ohnehin ausstrahlt, noch zu verstärken, hatte das französische Modehaus Chanel der Premiere ein Gala-Dinner vorangestellt, um ihr neues Parfüm »Coco Chanel« zu feiern. Neben dem Essen gab es einen Ball und eine Modenschau, für die Karl Lagerfeld eine neue Kleiderkollektion entworfen hatte, und all diese glanzvollen Darbietungen waren im großzügigen Foyer des Opernhauses zu sehen. Ein

Logenplatz für die Opernaufführung kostete 1 000 Dollar; und der Preis für die vorherige Tanz-Dinner-Veranstaltung betrug 10 000 Dollar. Der Erlös sollte das Budget der Met vergrößern, die mit Unterstützung des National Endowment for the Arts versuchte, 5,5 Millionen Dollar aufzubringen: Für jeden Dollar, den die Met einnahm, bekam sie von der Stiftung einen weiteren Dollar zugeschossen. Schließlich brachte dieser eine Abend fast die Hälfte der angepeilten Summe ein: Der Erlös aus dem Abendessen belief sich auf 1,5 Millionen Dollar, Chanel schoß 250 000 Dollar zu, und der Kartenverkauf brachte 600 000 Dollar ein. So groß ist die Anziehungskraft richtiger Stars. Michael Redmond war einer der wenigen Kritiker, der die Vorstellung am 23. September besuchte und einen langen Artikel über das Ereignis schrieb:

> Es war ein Erlebnis, wie es eine Aufführung war, und der Legendenstoff, aus dem die Met gemacht ist. Seit Wochen schon lautete die wichtigste Frage in der Opernszene: »Wird Caballé wirklich singen?« Es ist eine Meßlatte für ihren Rang als »die letzte der Primadonnen« . . . , daß dieses Engagement so in aller Munde war. Es bleibt festzustellen, daß sie tatsächlich sang, und zwar wunderschön . . .[3]

Gegen Ende dieser Vorstellungsreihe veröffentlichte die Zeitschrift *Diaspon* – das französische Zentralorgan für die Beurteilung klassischer Musikaufnahmen – die Ergebnisse einer Leserbefragung, die den populärsten und angesehensten Künstler herausfinden wollte. Die Leserinnen und Leser waren aufgefordert worden, auf einer Liste mit Dirigenten, Sängern und Instrumentalisten ihren Lieblingskünstler anzukreuzen. Karajan nahm den ersten Platz ein, dicht gefolgt von Caballé auf dem zweiten und Rostropovich auf dem dritten Platz. Montserrat bemerkte dazu, daß es hübsch sei, von zwei so berühmten Dirigenten eingerahmt zu werden, auch wenn sie nicht dünn genug sei, mit einem von ihnen zu arbeiten.

Ihre nächste Verpflichtung war ein Soloabend im Pariser Châtelet, an dem sie von Miguel Zanetti auf dem Klavier begleitet wurde. Zwei Tage später, am 23. Oktober, sang sie gemeinsam mit José Carreras in Antwerpen, und am nächsten Tag reiste sie nach Brüssel ab, wo am 29. Oktober im Théâtre de la Monnaie eine konzertante Aufführung der *Semiramide* auf dem Programm stand, mit einer Wiederholung in Lille zwei Tage später. Aber am Abend des 26. Oktobers erlaubte sie sich einen kurzen Abstecher und flog nach Mailand, um vor einem zahlreich erschienenen und begeisterten Publikum an der Scala ein Recital zu geben.

Der ganze November 1985 stand im Zeichen eines anderen Lieblingsprojekts der Caballé: Dieses Mal war es die Wiedererweckung von Cherubinis völlig in Vergessenheit geratener Oper *Démophoon* am Teatro dell'Opera in Rom, in einer Neuinszenierung von Luca Ronconi, mit einem spektalurären Bühnenbild von Gianni Quaranta. Der Komponist hatte das Werk weitgehend während seines Aufenthalts in London im Jahre 1788 geschrieben, und es hatte im Jahr darauf in Paris seine Uraufführung gefeiert – die erste Cherubini-Oper, die dort zu hören gewesen war. Das Libretto, ursprünglich von Pietro Metastasio geschrieben, ist im Thrakien des Altertums angesiedelt und handelt von den Qualen der Tochter Astors, Dircé, die heimlich Osmide, dem Sohn und Erben des Königs versprochen worden ist und ihm ein Kind geboren hat, doch nun von dessen Vater, dem König Démophoon, als jährliches Jungfrauenopfer ausgewählt worden ist. Diese Neuinszenierung in Rom – die verspätete Premiere in Italien – erzielte einen beachtlichen Erfolg, größtenteils durch die wirklich ausgezeichneten Gesangsleistungen eines Ensembles, das Veriano Luchetti als Osmide, Giuseppe Taddei in der Titelrolle und Jean-Philippe Lafont als Astor einschloß und von Gianluigi Gelmetti meisterlich dirigiert wurde. Aber die Inszenierung selbst muß entscheidend zum Erfolg beigetragen haben, denn innerhalb der statischen Vorgaben, die durch das

Libretto und Cherubinis Musik vorgegeben sind, gelangen Ronconi einige äußerst bemerkenswerte Bühnenbilder, etwa mit dem allgegenwärtigen Chor, der ganz außen am Proszenium* aufgebaut war.

> Mitten in dieser Inszenierung leuchtete ein Stern, Montserrat Caballé, aufgrund der gefühlvollen Intensität in ihrem *legato* und dem musikalischen *mezza voce*-Gesang eine ausgezeichnete Dircé in den ersten beiden Akten und überragend im 3. Akt. Sie erteilte uns eine echte Lektion im *belcanto*-Stil der Oper des 18. Jahrhunderts und in Sachen Cherubini im besonderen. Alle Künstler ernteten eine triumphale Ovation, was sich bei den fünf späteren Vorstellungen wiederholte.[4]

Caballés nächste Verpflichtung führte sie nach Spanien, wo sie am 3. Dezember am Madrider Teatro Real ein Solokonzert gab. Dieses Konzert war eine Benefizveranstaltung zugunsten der Fundación Reina Sofia, die in Anwesenheit der spanischen Königin stattfand. Den Berichten nach zu schließen, war es ein sehr emotionsgeladener Abend. Die Sopranistin sang Arien aus Werken von Händel, wie immer in Begleitung des Pianisten Miguel Zanetti, darunter *Rinaldo*, *Joshua*, *Theodora* und *Jephtha*; und in der zweiten Hälfte widmete sie sich ausschließlich Rossini, mit Arien aus *Tancredi*, *Elisabeth*, *Maometto II.* und *Armida*. Anscheinend war es wegen des königlichen Protokolls nicht möglich, die sonst üblichen Zugaben zuzulassen. Aber das Publikum jubelte so anhaltend, daß Königin Sofia Caballé die königliche Erlaubnis zukommen ließ, weiter zu singen.

Mitte des Monats hatte Montserrat frei, so daß sie sich um die Vorbereitungen für das Weihnachtsfest kümmern konnte.

---

* Vorderster Teil der Bühne zwischen Vorhang und Orchester.

Aber vom 21. Dezember an war sie mit Proben am Liceo beschäftigt. Dort sollten eigentlich ihre jährlichen Weihnachtsvorstellungen stattfinden, doch diesmal waren sie in eine Reihe von konzertanten Aufführungen umgewandelt worden. Wieder sang sie in *Semiramide*, die im 20. Jahrhundert ihre erste Aufführung in Barcelona erlebte – das letzte Mal war es 1885 zur Aufführung gekommen. Noch überraschender war, daß Caballé zum erstenmal mit einem Rossini-Werk auf ihrer Heimatbühne auftrat. Eigentlich war geplant gewesen, das Bühnenbild aus Aix-en-Provence von Pier Luigi Pizzi zu verwenden, doch schließlich gab man am Liceo vor, daß dafür die technischen Möglichkeiten nicht ausreichten. Da Pizzis Inszenierung sich in einem unverändert weißen Kasten abspielt, kann man davon ausgehen, daß die Einwände am Liceo eher finanzieller als technischer Natur waren. Jedenfalls fanden die Vorstellungen ab dem 26. Dezember wie geplant statt und wurden in Konzertform aufgeführt. Caballé sang die Titelrolle, Lucia Valentini Terrani den Heerführer Arsace und Jean-Paul Bogart den Fürsten Assur; Dirigent war Alessandro Siciliani (Francescos Sohn). Roger Alier schrieb in *Opera*: »[Caballé] hatte eine ausgezeichnete Stimme, und ihr ›Bel raggio lusinghier‹ ist eine dieser Erinnerungen, die man wie einen Schatz hütet. Die folgenden Duette waren ebenfalls ausgezeichnet.«[5] Um so bedauerlicher, daß Montserrat nur wenige Tage nach ihrer letzten *Semiramide*-Aufführung am 3. Januar 1986 in New York ernsthafte Schwierigkeiten bekam. Eine Reise, die ihre vollständige Rehabilitierung als eine Künstlerin, auf die Verlaß ist, besiegeln sollte, wurde im Gegenteil zu einer großen Enttäuschung. Geplant war, daß sie am 12. Januar in der Carnegie Hall in einer Vorstellung von Verdis *Requiem* für die Richard Tucker Memorial Foundation auftreten sollte, mit zwei Proben-Tagen im Vorfeld. Aber an den Proben nahm sie nicht teil, nachdem sie die Veranstalter in New York benachrichtigt hatte, daß sie unaufschiebbare Verpflichtungen in Spanien habe. Sie werde aber am Morgen der letzten Probe so früh wie möglich per Concorde in New York eintreffen. So geschah es auch. In New York wurde sie von Richard Tuckers Sohn mit den Worten begrüßt, daß ihre Abwesenheit ihre Kollegen verärgert und man sie deshalb ersetzt habe. Sie zog sich in ihr Hotel zurück, hatte aber wenig Zeit, darüber zu grübeln, da sie am folgenden Tag zu einer Probe für die *Tosca* erwartet wurde, die sie vom 15. bis 25. Januar viermal singen sollte. In der halböffentlichen Generalprobe sang sie mit großem Erfolg, fühlte sich aber, wie sie erzählt, schon unwohl. Am nächsten Tag war klar, daß sie sich in New York wieder einmal schwer erkältet hatte, und sie informierte das Opernhaus, daß sie nicht auftreten könne. Die Met ersetzte sie deshalb in allen vier *Toscas*. Seitdem hat sie, zumindest bis jetzt, nicht mehr an der Met gesungen.

Caballé blieb in Nordamerika: Zunächst erholte sie sich in ihrem New Yorker Hotel und reiste dann am 26. Januar wie geplant nach San Francisco, um mit den Proben für ein Konzert mit Opernausschnitten zusammen mit Marilyn Horne zu beginnen, das drei Tage später im War Memorial Opera House gegeben werden sollte. Mit diesem Konzert gingen sie anschließend auf Tournee und spielten zunächst in der Avery Fisher Hall im New Yorker Lincoln Center, zogen weiter nach Missouri und beschlossen die Tour, mit einer weiteren Zwischenstation im Kennedy Center in Washington, DC, schließlich in Miami. Der Hauptteil des Repertoires, das die Frauen im Duett sangen, stammte, wie zu erwarten war, aus *Norma* und *Semiramide*, mit der »Barkarole« aus *Hoffmanns Erzählungen* als Zugabe. Danach kehrte Montserrat nach New York zurück, so als ob sie ihre Unzerstörbarkeit unter Beweis stellen wollte, um Mitte Februar ein Recital an der Brooklyn Academy of Music zu geben; ein paar Tage später folgten drei Vorstellungen von Pergolesis *Stabat Mater* in der Avery Fisher Hall, mit Lucia Valentini Terrani und dem New York Philharmonic Orchestra unter Zubin Mehta.

Ende Februar kehrte Caballé nach Barcelona zurück und gab im März einige Solokonzerte in Köln, Barcelona und London sowie eine konzertante Aufführung der *Danaïdes* im Großen Saal des Wiener Konzerthauses, bevor sie mit den Proben zu einer Reihe von *Hérodiades* am Teatro dell'Opera in Rom begann, die im April auf dem Programm standen. Diese Inszenierung führte fast das ganze Ensemble wieder zusammen, das die Oper im Dezember 1983 so überzeugend am Liceo aufgeführt hatte: Carreras, Caballé und Pons, obwohl Agnes Baltsa, die ursprünglich in der Titelrolle angekündigt worden war, nicht sang und durch Ana Paglianos ersetzt wurde. Die Aufführungen dauerten über vier Stunden, nicht etwa, weil Massenets gut ausgearbeitete Partitur so ausufernd lang war, sondern weil der Regisseur Antonio Calenda trotz der Einwände des Ensembles und des Dirigenten (Gianluigi Gelmetti) drei unendlich lange Pausen zwischen die Akte gesetzt hatte.

Ende des Monats flog Caballé wieder nach New York, um an einer äußerst schillernden und angesehenen Benefiz-Gala für den Pensionsfond der Philharmonie teilzunehmen, unter der Leitung Zubin Mehtas und mit den Violinisten Itzhak Perlman und Isaac Stern. Die beiden spielten ein Violinkonzert von Vivaldi für zwei Violinen, und Montserrat gab eine weitere Rarität zum besten, diesmal die Arie »Sola son io ... Al figlio tuo la morte« aus Donizettis *Sancia di Castiglia* sowie das vertrautere »Tanti affetti« aus Rossinis *Die Frau vom See*. Wenn sich die Leitung der Met immer noch über die abgesagten *Toscas* grämte, so war die der Philharmonie über alle Maßen fasziniert. In einer nichtöffentlichen Feier nach der Vorstellung wurde die Sopranistin zum Ehrenmitglied des New Yorker Philharmonie-Orchesters ernannt. Damit war sie die erste aus der Sängerzunft, der eine solche Ehre zuteil wurde.

Ihre Rückkehr nach Spanien führte sie mit einer ersten Liebe zusammen: *Die Walküre* war zwischen dem 12. und

24. Mai 1986 mit einer Reihe von fünf Vorstellungen am Madrider Teatro de la Zarzuela geplant. In der Madrider Spielzeit – durchgehend mit von Carlos Caballé betreuten Sängern besetzt –, die bereits mit Ruggero Raimondi in Piero Faggionis Inszenierung von *Boris Godunow* aufgewartet hatte und auf deren Plan Carreras im *Bajazzo* und Domingo in *La Bohème* standen, war diese *Walküre* etwas ganz Besonderes. Caballé und Siegfried Jerusalem sangen Sieglinde und Siegmund, Hans Sotin den Wotan, Johanna Meier die Brünnhilde, Brigitte Fassbaender die Fricka und Kurt Molding den Hunding. Gustav Kuhn dirigierte, und der einzige Makel schienen die Kulisse und die Inszenierung von Hugo de Ana zu sein, die in ihrem monumentalen High-Tech-Stil nicht zu dem Werk paßten. Vier Jahre später sollte dies im wahrsten Sinne des Wortes zum Stolperstein werden, an dem die damals schon abgekühlten Beziehungen Caballés zur Liceo-Leitung gänzlich zerbrachen.

In den spanischen Medien wurde viel darüber spekuliert, wie sich Caballé in einem so erfahrenen Wagner-Ensemble machen würde. Aber wie gewöhnlich hatte sie den musikalischen Rahmen dieses Unternehmens klar vor Augen und machte sich keine Illusionen über die Rolle, die sie in Angriff nahm.

> Ich habe die Sieglinde zum erstenmal 1977 in einem Konzert im Palau de la Música gesungen, mit Nilsson als Brünnhilde und Thomas Stewart als Wotan. Damals wurden nur zwei Vorstellungen gegeben, aber zu dieser Zeit hatte ich wirklich nicht genug Gewicht in der Stimme, um durch die ganze Oper zu kommen. Damals war ich im dritten Jahrzehnt meiner Karriere, und die Stimme war in den tieferen Tonlagen im allgemeinen viel kraftvoller geworden und das Volumen zu ausladend für gewisse Klein-Mädchen- oder lyrische Rollen. So dachte ich, daß es ganz logisch wäre, Wagner zu singen. Aber ich machte

es halt nur, das ist damals niemandem aufgefallen. Mitte der 80er war es kein Problem mehr für mich – ich hatte das Durchhaltevermögen, und wenn ich auch in den höheren Tonlagen etwas verloren hatte, so hatte ich dafür in den tieferen einiges dazugewonnen. Und immer hatte ich die Isolde im Hinterkopf, zu der mich so viele Leute aufgefordert hatten, die sich aber nie anbot.

Mit Ausnahme zweier Solokonzerte in Paris – eines auf dem Festival St. Étienne, das andere im Théâtre de l'Athénée – blieb Montserrat fast den ganzen Mai und Juni über in Spanien, um bereits vereinbarten Solokonzerten und Fernsehaufnahmen in Barcelona und Madrid nachzukommen. Der Trip in die französische Hauptstadt war kurz, aber bedeutend: Zwischen den beiden Solokonzerten wurde sie in das Ministère de la Culture et de la Communication geladen, wo sie der Minister François Léotard darüber informierte, daß sie in diesem Monat von der französischen Regierung geehrt würde. Am 27. Juni 1986 überreichte er ihr in seinem Amtssitz in der Rue de Valois offiziell die Insignien eines *Commandeur de l'Ordre des Arts et des Lettres*. In der Rede, die die Feier begleitete, zeigte Léotard mindestens genausoviel Gespür für die richtigen Worte wie Caballé selbst. Über den Preis sagte er: »Montserrat Caballé braucht ihn nicht, aber Frankreich tut dies, um ihr zu sagen, daß wir sie lieben ... Vor 20 Jahren hat sie die Herzen der Französinnen und Franzosen erobert, und mit dieser Auszeichnung wollen wir sie noch enger an uns binden.«

Ihre nächste größere internationale Verpflichtung stand erst im Juli auf dem Programm. Nach 17jähriger Abwesenheit kehrte sie in einer Opernaufführung in die Arena di Verona zurück. Diesmal handelte es sich um eine Neuinszenierung von *André Chénier*, mit Carreras in der Titelrolle und Renato Bruson als Gérard, unter musikalischer Leitung von Gelmetti. Von den insgesamt zwölf geplanten Vorstellungen stand

Caballé für die ersten vier und die letzten zwei unter Vertrag, doch aus gesundheitlichen Gründen konnte sie die beiden letzten nicht wahrnehmen und mußte auch ihr Debüt auf dem Festival in Edinburgh absagen. Aber die verbleibenden vier Vorstellungen wurden ein Triumph, nicht zuletzt wegen der üppigen Ausstattung und Inszenierung von Attilio Colonello. Caballé hatte gerade erst ein paar Noten gesungen, da wurde sie schon mit einer überwältigenden Ovation geehrt.

Ende August setzte sie ihre Aktivitäten mit einem Konzert im Teatro Rossini in Pesaro fort. Es war Teil eines Rossini-Festivals, das die unbedeutende Küstenstadt – der Geburtsort des Komponisten – auf der musikalischen Landkarte zunehmend ins Blickfeld rückte. Hier war *Il viaggio a Reims* 1984 in einer erstaunlichen Besetzung zum erstenmal auf die Bühne gebracht worden, und in der Spielzeit 1986 gab es neben den ersten Bühnenaufführungen in neuerer Zeit von *Bianca e Falliero* mit Katia Ricciarelli und Marilyn Horne, Solokonzerte mit Horne, June Anderson und Luciano Pavarotti. Alle Aufführungen, einschließlich des Caballé-Konzerts, wurden für das italienische Fernsehen aufgenommen. Nur wenige Tage später kam Montserrat in Buenos Aires an und gab den ersten von zwei Soloabenden am Teatro Colón, gefolgt von einer bombastischen Open-Air-Operngala im Luna-Park.

Mitte September reiste Caballé nach Paris, um mit den für ihre Verhältnisse sehr ausgedehnten Proben zu einer Neuinszenierung von Strauss' *Ariadne auf Naxos* zu beginnen. Die Aufführungen wurden in der Salle Favart, besser bekannt unter dem Namen Opéra-Comique, gegeben. Ihr Direktor war der Intendant der Opéra de Paris, der vom Kritiker- ins Regisseurfach gewechselte Jean-Louis Martinoty, der in der Vergangenheit ein paar deutliche Worte zum »Star-System« geäußert hatte, das seiner Meinung nach »nicht mehr als eine Prozession von Prinzen ist, die singen, ohne zu proben, und eine Inszenierung ändern, wie es ihnen in den Kram paßt«. Theoretisch hätte er der letzte Mann auf Erden sein müssen, mit dem Caballé zusammenarbeiten wollte (und umgekehrt). Doch schließlich, nach einigen Auseinandersetzungen im Vorfeld, verliefen die Proben glatt, und die Inszenierung, wenn auch modernistisch-hyperaktiv, war ein beachtlicher Erfolg – nicht nur in Paris, sondern auch in London, wo dem Werk zwei Vorstellungsreihen gewidmet wurden, beide aber ohne Caballé. Sie selbst bemerkt zu der Inszenierung:

> Ich bin in vielen *Ariadnes* aufgetreten und immerhin in Wien für meine Strauss-Interpretationen ausgezeichnet worden. Deshalb glaube ich, daß ich dieses Repertoire recht gut kenne. *Ariadne* hat diesen großartigen Ozean aus Musik, eine Art konzeptioneller Größe, die die wunderbare lyrische Inspiration auf der einen Seite mit einem burlesken Humor auf der anderen Seite verbindet. Die Pariser Inszenierung war überhaupt nicht wienerisch, aber dafür sehr französisch, mit einer Menge *action* auf der Bühne um mich herum. Zunächst hat mich das erstaunt, und ich fühlte mich fehl am Platze, aber was Martinoty sagte, machte Sinn, und ich gab mein Bestes, um seine Intentionen in die Tat umzusetzen.

Der Direktor war offensichtlich ebenfalls beeindruckt und ging sogar so weit, sich schwarz auf weiß dazu zu äußern, wobei er sich indirekt als denjenigen pries, der Caballés schauspielerische Bandbreite erweitert habe.[6] Die Wahrheit war, daß Caballé mit ihrem Gespür für Komik in dem Vorspiel zur Oper ein Ventil für ihre Talente vorfand: Sie spielte die Primadonna, die die Anordnung der Umkleideräume auf der Bühne neu arrangiert, mit unendlicher Häme und Stolz. In der eigentlichen Oper sprachen ihre riesigen, ausdrucksvollen Augen Bände, als sie sich mit starrem Blick und kaum verhüllter Verachtung das komödiantische Treiben um sich herum ansah. Die Franzosen – und vor allem die Pariser –, die häufiger als die meisten anderen die Gelegenheit gehabt hatten, die Diva auf der Bühne, im Konzert oder Recital zu sehen und ihren Sinn für Komik deshalb gut kannten, reagierten mit ganzem Herzen: Eintrittskarten für die fünf Vorstellungen in der kleinen Salle Favart standen in Paris ganz hoch im Kurs.

Gleich danach reiste sie nach Rom, wo Proben für die zum erstenmal inszenierte Oper auf dem Programm standen, in der sie schon 1970 in Konzertform aufgetreten war, die aber bislang noch kein anderes Opernhaus auf die Bühne hatte bringen wollen: Gaspare Spontinis *Agnese di Hohenstaufen*. Das Werk hatte seine Uraufführung 1829 an der Königlichen Oper in Berlin gefeiert, an der Spontini Hofkomponist des Preußenkönigs Friedrich III. gewesen war. Die Oper spielt im 12. Jahrhundert zur Zeit der guelfisch-ghibellinischen Feudalherrschaft und war ursprünglich zu einem deutschen Text komponiert worden. Sie erzählt von den Versuchen Heinrichs von Braunschweig, die namensgebende Heldin der Oper gegen den politischen und familiären Widerstand zu heiraten. Dieses letzte Bühnenwerk Spontinis war ein Resümee seines gesamten Werks. Auch wenn seine Themenwahl und ihre Bühnenumsetzung als Vorläufer der französischen »großen Oper« betrachtet werden können, wie sie in den Werken von Meyerbeer (1842 sein Nachfolger in Berlin) zum Ausdruck kommt, so ist sein Musikstil dem Neo-Klassizismus verhaftet und kaum von den Werken seiner Zeitgenossen, so zum Beispiel Cherubinis, zu unterscheiden. Hier bot sich eine Traumrolle für eine Sopranistin, die wie Giulia in *La Vestale* abwechselnd unterwürfig und herrisch sein muß und Monologe von großer Länge und noch größerer Langeweile singen darf. Schon zu seinen Lebzeiten hatte Spontini den Ruf, Stimmen zu ruinieren (genauso wie Rossini), und es ist leicht nachzuvollziehen, warum diese Rolle eine so große Anziehungskraft auf jemanden ausübte, deren Repertoire sich zunehmend auf hochdramatische Rollen konzentrierte. Doch das Videoband einer der sechs Vorstellungen, die im November 1986 für das Fernsehen aufgenommen wurde, macht das Zuschauen und Zuhören, abgesehen von einigen eindrucksvollen Ausbrüchen der Sopranistin, sehr mühsam.

Caballé beendete das Jahr 1986 mit ihrer Rückkehr nach Barcelona und gab am Liceo fünf Vorstellungen von Glucks *Armida*, in einer Inszenierung, die vom Teatro de la Zarzuela entliehen war und in der sie im vergangenen Jahr nach der alarmierenden Entwicklung ihres Gesundheitszustands auf die Bühne zurückgekehrt war. Die Premiere am 6. Dezember verfehlte das 25jährige Jubiläum ihres Debüts am Liceo im Jahr 1962 um nur einen Monat und einen Tag und markierte die Übernahme ihrer 42. neuen Rolle an der Oper. Wie in Madrid dirigierte Manfred Ramin das Werk, und im Ensemble traf sie Veriano Luchetti und Peter Lindroos wieder. Eigentlich kann man sich kaum eine Gluckoper vorstellen – schon gar nicht Armida –, die beim Publikum ankommt, aber genau dies passierte bei der Premiere, und das Ensemble erhielt unerwartet viele Vorhänge.

Die Szenen, die sich am Ende der letzten Vorstellung am 14. Dezember abspielten, waren noch erstaunlicher, obwohl ihre Gründe woanders lagen. Zu diesem Zeitpunkt hatten die treuesten der treuen Fans in den oberen Rängen erfahren, daß das Haus für den 7. Januar 1986 keine offzielle Feier geplant hatte, um Caballés Silberjubiläum am Liceo zu begehen. Die schriftlich niedergelegten Gründe hierfür beriefen sich auf die mangelnde technische Ausrüstung des Theaters und die fehlenden Möglichkeiten, die Bühne umzubauen. Das hieß, daß die Bühnenkulisse für die *Aida*, die für Januar geplant war, nicht wegen eines einzelnen Galakonzertes abgebaut werden konnte. Niemand ließ sich jedoch von solchen Argumenten beeindrucken, schon gar nicht die Opernliebhaber auf den vierten und fünften Rängen. Sie packten die Gelegenheit beim Schopfe und entrollten ein riesiges Transparent, das Zweidrittel der Bogeneinfassung bedeckte und auf dem in katalanisch zu lesen stand: »Montse: Estem amb tu« [»Wir sind bei Dir«].

Die Programmhefte des Abends wurden auseinandergerissen und zu einem eindrucksvollen Konfettischauer umfunktioniert, und Blumen regneten auf die Vorderbühne hinab. Nach einer 15minütigen stehenden Ovation versammelten sich die Fans mit ihrem Transparent vor dem Theater. Dort warteten sie darauf, daß die Diva durch den bescheidenen Ausgang des Hauses in die riesige Menschenmenge trat. Selbstverständlich war die Theaterleitung nach diesem Spektakel genötigt, es sich noch einmal anders zu überlegen: Rasch setzte sich das Konsortium mit der Sopranistin in Verbindung, damit man am betreffenden Termin eine angemessene Gala arrangieren konnte.

So geschah es dann auch. Aber falls irgend jemand davon ausgeht, daß bei solch einem Silberjubiläum zumindest das »Geburtstagskind« die Füße hochlegen und sich in den Lobgesängen und Auszeichnungen baden darf, dem ist zu sagen, daß solche Anlässe in der spanischen Version – jedenfalls in diesem Fall – äußerst arbeitsintensiv sind. Denn an diesem Abend sang Montserrat die Mozart-Arie »Porgi amor«, das »Lied von der Weide« und das »Ave Maria« aus *Othello*, »Casta Diva«, das Duett des 1. Aktes aus *Othello*, »Già nella notte densa«, und die Schlußszene aus *Salome*. Montserrat war so gerührt, daß sie das Mozart-Stück zu Beginn fast aus der Bahn warf; doch während der langen Verdi-*scena* erholte sie sich wieder und lief bei ihrem *Norma*-Ausschnitt, den sie zusammen mit dem Liceo-Chor sang, zu Bestform auf. Als der Applaus und die Jubelrufe verstummten, begannen die Cellos des Orchesters, die ersten Takte des Liebesduetts aus *Othello* zu spielen, und dann trat José Carreras auf die Bühne, was einen weiteren Ausbruch bewirkte und die Musik zum Erliegen brachte, als sich die beiden Sänger umarmten.

Die musikalischen Darbietungen traten in der zweiten Hälfte in den Hintergrund und bestanden nur aus dem Orchester-Intermezzo aus Puccinis *Manon Lescaut*, das von dem Maestro des Abends, Carlo Felice Cillario, dirigiert wurde, und dem Schlußgesang aus *Salome*. Danach wurden einige Reden gehalten, wobei die längste von Jordi Pujol, dem Präsidenten der katalanischen Regierung, war. Einige Musikorganisationen überreichten offizielle Geschenke – Medaillen, Statuen und Auszeichnungen –, und dann begrüßte Pujol den »Mann, der das alles möglich gemacht hat«, Montserrats Ehemann Bernabé. Die Bühne war mittlerweile voller Bewunderer, einschließlich ihrer Kinder, und nun hielt Montserrat selbst eine gefühlvolle, äußerst würdevolle Rede, in der sie auf ihre Karriere zurückblickte und dem Publikum dankte. Weiße Tauben wurden im Zuschauerraum freigelassen und flogen in alle Richtungen, darunter eine mit gutem Gespür für theatralische Effekte: Sie landete zu Füßen der Diva und wurde von ihr zum Erstaunen des Publikums hochgenommen, an die Brust gedrückt und dort oben gehalten. Alles in allem ein vollkommener Erfolg, kaum getrübt durch die spätere Entdeckung, daß sich die Tauben in einigen unerreichbaren Ecken und Winkeln des Theaters eingenistet und begonnen hatten, während der wiederaufgenommenen *Aidas* ihre Exkremente auf einige Zuschauer fallen zu lassen.

Caballé hatte jedoch absolut keine Zeit, sich zurückzulehnen und sich an dem Nachglühen der öffentlichen Euphorie zu wärmen. Die Scala stand vor einer Katastrophe und wandte sich – Ironie des Schicksals – voller Verzweiflung an die Frau, um die sich gewöhnlich die Krisen drehten, damit sie diese hier löste. Für den 11. Januar 1987 war die Premiere einer Neuinszenierung der *Salome* des avantgardistischen amerikanischen Regisseurs Robert Wilson geplant, aber die vorgesehene Heldin – Eva Marton – war krank. Nach einigen hektischen Telefongesprächen zwischen Barcelona und Mailand, rettete Caballé nur 48 Stunden vor dem Start die so überaus wichtige Premiere. Die Kostüme waren von Gianni Versace, das Orchester wurde von Kent Nagano dirigiert, Helga Dernesch und Hermann Winkler sangen das Königspaar und Bernd Weikl den Jochanaan. Die Inszenierung war eines jener Ereignisse, auf denen sich die High-Society und der Jet-set gerne sehen lassen. (Auf einem Foto, das nach der Vorstellung aufgenommen wurde, sieht man, wie Bianca Jagger Caballé eher verschlingt als umarmt.) Und das Publikum bekam das, was es am meisten liebt – einen echten Skandal: Während die Sänger ausnahmslos beklatscht wurden und auf Caballé Blumen niederregneten, wurde die Regie ausgebuht und mit einem Pfeifkonzert bedacht.

Montserrat fand das ausgesprochen unfair: Sie wußte, daß Wilson für das Werk fast sechs Monate lang geprobt hatte, zunächst in Amerika, dann in Italien. Auch wenn sie seine Herangehensweise unkonventionell fand, so war sie doch von seiner Hingabe an Strauss' Partitur und Oscar Wildes ursprüngliche Vorlage überzeugt. Bei den letzten hektischen Proben, an denen sie noch teilgenommen hatte, war ihr aufgefallen, daß alle seine Ideen und Vorschläge aus der Partitur stammten und die Bewegungen auf die einzelnen Takte abgestimmt waren. Nach der Premiere war zwischen Caballé und Wilson eine unerwartete Verbindung entstanden, die durch die giftigen Reaktionen der italienischen Presse auf die Inszenierung nicht getrübt wurde. Als sie zwei Jahre später gefragt wurde, ob sie die Rolle am Liceo singen wolle, tat sie dies nur unter der Bedingung, daß die Inszenierung von Wilson wäre. Doch das Theater konnte die Forderung nicht erfüllen, und die Probleme, die durch den hauseigenen Ersatz entstanden, waren Ende 1988 der Anfang vom Ende der Beziehung zwischen Caballé und dem Liceo. Gleich nach dieser einzelnen *Salome*-Aufführung – Eva Marton hatte sich rasch wieder erholt – fuhr Montserrat nach Wien, wo sie im Großen Saal des Konzerthauses in zwei konzertanten Aufführungen der *Semiramide* auftrat, mit Kathleen Kuhlmann als Arsace und Boris Martinovic als Assur. Nach einer dieser Vorstellungen stellte sich Caballé hinter der Bühne ein glühender Verehrer vor: Es war der Pianist Ivo Pogorelich, der ihr vorschlug, auf seinen Bad Wörishofener Festspielen ein Solokonzert zu geben.

Caballés folgendes größeres Projekt war für sie sowohl eine Premiere auf der Bühne als auch eine Rückkehr in die Vergangenheit. Das Werk war Boitos *Mefistofele*. Zwar hatte sie die Rolle der Margarete vor 15 Jahren für eine EMI-Platte aufgenommen, aber sie hatte sie noch nie auf der Bühne gesungen. Nun bot sich ihr durch das Teatro de la Zarzuela in Madrid und die Planung seines Intendanten José Antonio Campos die Gelegenheit, diese Lücke in einer Neuinszenierung von Emilio Sagi zu schließen, mit einem Bühnenbild von Toni Businger, Giorgio Merighi als Faust und Yevgeny Nesterenko in der Titelrolle. In der Kritik der Zeitschrift *Opera* war zu lesen: »Caballé entzückte alle mit einer sanften, schön beherrschten Interpretation, die in ihrer unvergeßlichen Darbietung von ›L'altra notte in fondo al mare‹ echtes Pathos erreichte.«[7]

Von Ende Februar an und fast den ganzen März über ging Caballé wieder einmal in Amerika auf Tournee, diesmal sowohl in Süd- als auch in Nordamerika. Sie trat in Recitals und Konzerten in New York, Miami und Caracas sowie in einem gemeinsamen Konzert mit Marilyn Horne in Dallas auf. Ende des Monats reiste sie nach London, um dort ihr mittlerweile alljährlich stattfindendes Solokonzert im Royal Opera House zu geben. Jeglicher Eindruck, ihr Vorrat an neuem Stoff könnte langsam aufgebraucht sein, wurde schnell beiseite gewischt, als sie das Programm des Abends eröffnete: Sechs Arien aus Vivaldis Oper *L'Olimpiade*; zwei Stücke von Spontini – eines aus seiner Oper *Nurmahal*; die drei *Chansons hébraïques* von Ravel – wobei nur eines in hebräischer, die anderen in jiddischer Sprache geschrieben sind; vier zusammenhängende Lieder mit Namen *Recuerdos de juventud* von L. Martínez Palomo; und drei Lieder von Fernando Obradors. Wie die Sopranistin dem Publikum zu Beginn des Solokonzerts erklärte, wollte sie alle Arien aus *L'Olimpiade* singen, da ihre Heimatstadt Barcelona Ende 1986 zum Austragungsort für die Olympischen Spiele 1992 gewählt worden war. Und die Stücke von Ravel sang sie, um des 50. Todestags des Komponisten zu gedenken. Aber die Kostbarkeiten nahmen mit dem ausgeschriebenen Programm noch kein Ende: Nach zwei vertrauten Zugaben, erschien Caballé wieder auf der Bühne, aber diesmal nicht mit Miguel Zanetti, sondern mit einem anderen Pianisten, der sehr viel jünger und leger gekleidet war (Frack und Sporthosen). Sie erklärte, daß die nächste Zugabe von einem langjährigen Bewunderer, der an diesem Abend anwesend war, geschrieben worden sei, und den sie bat, sich zu verbeugen: Freddie Mercury. Für einen großen Teil des Publikums war diese Information jedoch nicht besonders erhellend, denn Caballés englische Aussprache hatte den Nachnamen verstümmelt, so daß er sich eher anhörte wie Murray. Und ob sehr viele im Publikum den Rock-Star vom Sehen kannten, ist zu bezweifeln. Die meisten der Anwesenden verstanden erst am folgenden Tag, was passiert war, als die Zeitungen über die »sensationelle« Zusammenarbeit am Royal Opera House schrieben. Erst da wurde klar, daß das betreffende Stück »Exercise in Free Love« hieß, denn die Diva hatte es getreu der Komposition als Vokalise aufgeführt. Doch diese Aufmerksamkeit der Medien war nur ein Vorgeschmack auf die Dinge, die noch kommen sollten.

In Sachen Freddie Mercury hatte sich allerdings in den vergangenen sechs Monaten einiges getan. Im Oktober 1986 war Caballé mit einer Delegation, darunter auch der katalanische Präsident und der Bürgermeister von Barcelona, nach Lausanne gereist, um kurz vor der Wahl des olympischen Austragungsortes für 1992 noch einmal die Werbetrommel für Barcelona zu rühren. Gegen die harte Konkurrenz von Paris und anderen Städten setzte Barcelona mit seiner Bewerbung vor allem auf Kultur. Zum erstenmal in ihrer jüngeren Geschichte sollten die Olympischen Spiele nicht nur ein sportliches, sondern auch ein kulturelles Ereignis sein – für Barcelona eine gute Gelegenheit, auf sein reichhaltiges kulturelles Angebot aufmerksam zu machen. Deshalb gab Caballé ein Solokonzert in der Kathedrale von Lausanne und sang Stücke in zehn verschiedenen Sprachen. Am Tag darauf betätigte sie sich als Kunstsachverständige und führte einige Frauen von Mitgliedern des Internationalen Olympischen Komitees durch eine neue Ausstellung, die dem Werk großer katalanischer Künstler wie Dalí, Picasso, Miró und Tapiés gewidmet war. Wie sich zeigte, verfehlte diese Präsentation kultureller Größen sein Ziel nicht, und der Präsident des Olympischen Wahlkomitees, Juan Antonio Samaranch, verkündete die Wahl Barcelonas zur Olympiastadt. Der Bürgermeister von Barcelona, Pasqual Maragall, schlug Montserrat vor, nach dem Erfolg ihrer Stadt doch etwas über sie zu singen. Das gab ihr Stoff zum Nachdenken:

> Als ich von den *Ariadnes* in Paris zurückgekehrt war – ich hatte mich zwischen den Vorstellungen nach Lausanne davongestohlen –, sprach ich mit Carlos, der meines Wissens mehrere Gespräche mit unserem Bürgermeister Pasqual Maragall geführt hatte. Dann rief mich Carlos eines Tages von London aus an und sagte: »Ich möchte, daß Du Dich mit Freddie Mercury triffst.« Ich war sehr überrascht, auch wenn ich wußte, daß Freddie schon länger ein Bewunderer von mir war, aber anscheinend hatte Maragall zu Carlos gesagt, daß wir ein thematisch bezogenes Lied bräuchten, um richtig für Barcelona als Olympische Stadt werben zu können. Da Carlos in London schon mit Freddie zusammengetroffen war, war es seine Idee, ihn zu fragen. So wurde für Anfang 1987 ein Treffen verabredet.

Bedingt durch Caballés Arbeitsüberlastung mußte der Termin um einen Monat verschoben werden; er fand schließlich im März im Barcelonier Hotel Ritz statt, nachdem Caballé aus

Amerika zurückgekehrt war. Montserrat war an diesem Tag ziemlich nervös, weil sie nicht genau wußte, was sie erwartete. Sie wurde in den riesigen Garten des Hotels geleitet, wo Freddie Mercury einen noch nervöseren Eindruck machte als sie selbst. Bei ihm saßen Mike Moran, Jim Beach – der Manager von letzterem – und Peter Freestone. Zwischen sich hatten sie eine beeindruckende Hifi-Anlage sowie einen Konzertflügel aufgebaut, und sie hatten dafür gesorgt, daß ein großes, reichhaltiges Buffet dastand: Das war auch gut so, denn Caballé war um ein Uhr mittags angekommen, ging nach drei Stunden wieder, um an einer Orchesterprobe im Palau de la Música teilzunehmen und um acht Uhr abends wieder zurückzukehren und bis drei Uhr morgens dazubleiben.

> Wir verbrachten die ganze Zeit damit, Musik zu hören, zu essen und zu improvisieren. Freddie hatte einige Musikstücke dabei, die er in seinem Londoner Studio aufgenommen hatte und die er mir vorspielen wollte. Mir gefiel der Song ganz besonders gut, aus dem »The Fallen Priest« wurde, weil er sehr dramatisch, fast schon opernartig war. Und ein anderes Stück, das ich an diesem Tag hörte, war »Guide me home«, das mich tief berührte. »Barcelona« als solches existierte zu dieser Zeit noch nicht – es war erst ein musikalischer Entwurf aus einigen wenigen Takten, die Freddie vorsang. Aber es gefiel mir, und Freddie versprach mir, es für mich weiterzuentwickeln, um den olympischen Erfolg zu feiern. Zum Schluß gab er mir eine andere Musikkassette von seinem neuen Solo-Album »The Great Pretender«. Darauf gab es ein Stück mit dem Titel »Exercise in Free Love«. Er sagte zu mir: »Ich habe versucht, in diesem Stück Deine Stimme zu imitieren, mit all ihren hohen Phrasen und *pianissimi*. Aber es ist mir nicht gelungen. Ich hoffe, eines Tages wirst Du es für mich singen, richtig. Ich schenke es Dir.«

Mercury hatte sich in der nächsten Woche sogleich an den »Barcelona«-Song gemacht und rief Montserrat an, um ihr mitzuteilen, daß er fast fertig sei. Sie schlug ein Treffen nach ihrem Solokonzert im Royal Opera House vor, für das sie Ende März nach London kommen wollte. Unterdessen hatte Caballé eine Überraschung für Mercury vorbereitet: Mit der offensichtlich nicht allzu großen Unterstützung Miguel Zanettis hatte sie »Exercise in Free Love« geprobt, um es bei ihrem Soloabend als Zugabe zu singen (immer in der Annahme, wie sie selbst unbekümmert hinzufügte, daß das Publikum Zugaben wollte). So wurde das Londoner Publikum an diesem Abend Zeuge einer Darbietung, dic Caballé bald aus den engen Grenzen der exklusiven Opernwelt hinauskatapultieren und Ruhm in einem weiteren Umfeld eintragen würde. Und später am Abend wurde das Vehikel, mit dem ihr dies gelingen würde, auf den Weg gebracht, denn nach dem Recital wurde sie zu Mercurys Villa in Kensington gefahren. Dort arbeiteten die Diva und der Rockstar bis um sechs Uhr in der Frühe die endgültige Form des Songs aus, der schließlich zur inoffiziellen olympischen Hymne Barcelonas wurde. Sie glich die Melodie, die Freddie auf dem Demo-Band mit Kopfstimme gesungen hatte, an ihre eigenen Möglichkeiten an, brachte zahlreiche Änderungen ein und mischte einige spanische Worte unter den ansonsten englischen Text. Dieser verdient es, näher betrachtet zu werden, zumal es immer hieß, der Text sei eine Lobeshymne auf Barcelona. Doch wie könnte sich »The moment that you stepped into the room / you took my breath away« und «If God is willing / friends until the end«* auf eine Stadt beziehen? Solche und andere Gefühlsäußerungen beziehen sich wohl weniger auf eine Stadt als auf eine

---

* »In dem Augenblick, in dem Du das Zimmer betreten hast, verschlug es mir den Atem« und »Wenn Gott es will, Freunde fürs Leben«.

Person, nämlich auf Montserrat Caballé. Offenkundig war Freddie Mercurys Hommage an Barcelona auch ein Mittel, mit dem er seiner Lieblingssängerin liebevoll Tribut zollen konnte.

Anfang Mai wurde der Song in Mercurys eigenem Londoner Studio aufgenommen, nachdem Caballé den ganzen April in Neapel verbrachte hatte. Dort gab sie sechs *Semiramide*-Vorstellungen in einer Neuinszenierung von Antonio Calenda, mit Kathleen Kuhlmann, Rockwell Blake und Jean-Philippe Lafont und unter musikalischer Leitung Allessandro Sicilianis. Das Video, das mit der Kameraanlage des Opernhauses aufgenommen wurde, vermittelt einen ziemlich guten Eindruck von der Inszenierung, die nach Pizzis monochromer Strenge als wilde Farborgie daherkommt. Bald nach den «Barcelona«-Aufnahmen in London konnten Mercury und Caballé live vor einem 2 500 Personen zählenden Publikum, das sich in dem schicken Club Ku auf Ibizza versammelt hatte, testen, wie die Früchte ihrer Zusammenarbeit ankamen. Das war das erste Konzert in einer langen Reihe von Galas, die unter dem Titel «Ibiza '92« die Wahl Barcelonas als Olympische Stadt feierten (und dafür auch Gelder einspielten).

Caballé gab einige Solokonzerte in Zaragoza, Barcelona (Palau de la Música), Bordeaux, Genf, La Rochelle und Jarnac (in der Nähe von Cognac), doch ihr nächstes größeres Projekt erwartete sie erst Mitte Juni am Liceo, wo sie mit den Proben für die Neuinszenierung von Pacinis *Saffo* begann. Darin hatte sie ursprünglich 1985 in Madrid auftreten sollen, doch ihre schwere Erkrankung war dazwischengekommen. Wie der fünf Jahre später geborene Bellini war Pacini Sizilianer und in Catania geboren worden. Sein Vater war ein bekannter Rossinischer *buffo*-Bassist gewesen, und die Opern aus dem Frühstadium von Pacinis Karriere tragen alle den Stempel Rossinis. *Saffo* war jedoch das Produkt einer grundlegenden Neuorientierung des Komponisten, mit der er etwas spezifisch Griechisches in seine Musik einfließen lassen wollte. Er komponierte das Werk zu einem Libretto von Salvatore Cammarano, der unter anderem den Text für *Lucia di Lammermoor* und *Der Troubadour* geschrieben hatten. Das Werk feierte 1840 im Teatro San Carlo in Neapel seine Premiere und wurde prompt ein Erfolg.

Die Handlung dreht sich um die mythische Lyrikerin der Insel Lesbos, die den olympischen Liederwettbewerb mit einem leidenschaftlichen Plädoyer gegen den alljährlichen Opfersprung einer Jungfrau vom Felsen von Leukas gewinnt. Aber damit macht sie sich den leukadischen Priester Alcandro zum Todfeind. Dieser rächt sich dafür, indem er den Geliebten Saffos, Faone, davon überzeugt, daß die Dichterin einen anderen liebt, und treibt ihn statt dessen in die Arme seiner Tochter Climene. Im 2. Akt sind Climene und Faone verheiratet, aber Saffo ist bei der Zeremonie anwesend und entweiht den Altar. Im 3. Akt entschließt sie sich voller Reue, den Felsen von Leukas hinunterzuspringen; die Entdeckung, daß sie Alcandros langvermißte Tochter und ihre Rivalin ihre Schwester ist, stürzt sie vollends in Verzweiflung, und sie springt, wie beschlossen, den Felsen hinunter.

Caballé wußte sehr genau, warum sie in dem Werk auftrat. Es war ihr schon vor langer Zeit, im Jahr 1969, von der American Opera Society angeboten worden. Aber damals hatte sie noch nicht einmal die *Norma* gesungen, und so lehnte sie die Titelrolle in der Pacini-Oper ab, die sie für hochdramatisch hielt. Sie erinnert sich:

> Der Stimmumfang von *Saffo* ist mit dem der Sieglinde in *Die Walküre* vergleichbar, vielleicht ist sie im oberen Bereich sogar noch höher. Ich glaube, einer der Hauptgründe, warum das Werk heutzutage nicht mehr aufgeführt wird, ist der erforderliche Stimmtyp, der nicht sehr hoch und nicht sehr tief, aber extrem dicht sein muß und große Kraft erfordert, um gegen die sehr laute Orchestrierung

anzukommen. Man braucht ganz schön viel Volumen, und das hatte ich 1969 nicht. In den frühen 80er Jahren, als sich erneut die Möglichkeit ergab, die Rolle zu singen, war meine Stimme viel voluminöser geworden, und ich dachte, daß ich dieser sehr dramatischen Musik nun gerecht werden könnte.

Theoretisch stimmten ihre Überlegungen. Aber Caballé war immer noch krank – die Fotos zu den Interviews, die sie in dieser Zeit gab, belegen das nur allzu deutlich –, und das Video dieser Aufführung zeigt, daß sie zwischenzeitlich Schwierigkeiten hat, die Anforderungen der Rolle zu erfüllen, besonders an den Stellen, wo sich Pacinis Partitur an Bellinis *Norma* anlehnt. Beispiele dafür sind der plötzliche Ausbruch im 2. Akt, «Spose è già!«, als sie Faones Treulosigkeit entdeckt, und das großartige Trio im 3. Akt. Trotzdem stellt sie dieses Werk, das es zu verdienen scheint, aus dem Dornröschenschlaf geweckt zu werden, sehr kraftvoll vor. Und wie motiviert sie war, zeigt sich darin, daß sie nicht nur diese Herausforderung annahm, sondern sich – nur einen Monat später – an eine noch anspruchsvollere Rolle heranwagte, an die Ermione.

Vor ihrer Abreise nach Pesaro und dem Beginn der Proben für die Rossini-Oper standen noch zwei bedeutende Verpflichtungen an: Eine war das Eröffnungskonzert zu den neuen Sommer-Musikfestspielen ihres Bruders Carlos, die im Hof des mittelalterlichen Schlosses von Peralada (Nordkatalonien) gefeiert wurden. Dort sang Montserrat in einer Vorstellung Mozarts *Requiem*, das von Antoni Ros-Marbà dirigiert wurde. Die andere war ihr erster Auftritt in Salzburg seit 1976 mit ihrem ersten Solokonzert auf den Sommerfestspielen. Beide Ereignisse wurden von betrüblichen Vorkommnissen überschattet. Aber nicht etwa Montserrats Gesundheitszustand war Anlaß zur Sorge, sondern der eines engen Freundes und eines Familiemitglieds. Am 18. Juli 1987, dem Tag ihres Auftritts in Peralada, wurde José Carreras in das Hospital Clínico de Barcelona eingeliefert, nachdem er mit dem Luftrettungsdienst am Tag zuvor aus Paris zurückgekehrt war, wo man ihm mitgeteilt hatte, daß er im fortgeschrittenen Stadium an Leukämie leide. Montserrat kehrte am Tag darauf nach Barcelona zurück – wie ihr Bruder von diesem Schicksalsschlag entsetzt – und besuchte Carreras, der in nur wenigen Stunden chemotherapeutisch behandelt werden sollte, sofort im Krankenhaus. Sie trug denselben Stoizismus zur Schau, der sich an ihrer Berufsethik orientiert und sie selbst über die Runden brachte. Sie munterte den Tenor damit auf, daß sie sich auf ihr nächstes gemeinsames Projekt – die Weltpremiere von *Cristobal Colón*, das bei Leonardo Balada in Auftrag gegeben worden war – stürzen würden, sobald er wieder gesund sei: Sie würden ganz schnell wieder zusammen auf der Bühne stehen. Doch die Sopranistin nahm den Mund sehr voll. Wie die meisten Menschen hielt sie Leukämie für eine tödliche Krankheit, und als sie schweren Herzens nach Salzburg aufbrach, ließ sie einen Carreras zurück, der schrecklich unter den Nebenwirkungen der Chemotherapie litt. Auch zu Hause gab es keinen Trost, denn Caballés Mutter Ana litt in fortgeschrittenem Stadium an Bauchspeicheldrüsenkrebs, an dem sie bald sterben würde.

Inmitten dieser Ereignisse brachten ihr die Salzburger Festspiele eine gewisse Erleichterung. Das Programm war fast eine exakte Neuauflage des Konzerts, das sie in diesem Jahr im Royal Opera House gegeben hatte, auch wenn eine der sechs Vivaldi-Arien aus *L'Olimpiade* fehlte. Das anspruchsvolle Salzburger Publikum war entzückt, als die Sopranistin mit einer kunstvollen schwarzen Mantilla auf die Bühne zurückkehrte, um ihre letzten Stücke, spanische Lieder, zu singen. Am Ende des offiziellen Programms begannen Caballé und Zanetti wie gewöhnlich mit ihren improvisierten Zugaben, verließen aber nach zwei Liedern die Bühne, um sich einen Augenblick lang zu erholen. Sofort kam ein Mitarbeiter des Großen Festspielhauses auf sie zu und teilte ihr mit, daß sie wegen gewerkschaftlicher Bestimmungen und Überstunden-Regelungen keine Zugaben mehr geben dürfe und sich bitte ein letztes Mal verbeugen solle. Offensichtlich wußte er nicht, wie er mit einer Diva umzugehen hatte, und schon gar nicht mit dieser. Und so ließ er sich wahrscheinlich von der unverbindlichen Antwort täuschen, die er von Caballé erhielt, bevor sie mit Zanetti auf die Bühne zurückkehrte. Nachdem dieser sich am Klavier niedergelassen hatte, schritt sie nach vorne an die Rampe der ausladenden Bühne des Festspielhauses und ging in altbewährter Imperatorenart daran, den Abtrünnigen den Löwen zum Fraß vorzuwerfen. Zum Publikum gewandt, sagte sie: «Da ist ein Mann hinter der Bühne, der mir erzählt, daß ich wegen der Überstunden-Regelungen nicht mehr für Euch singen darf. Ich freue mich, weitere Stücke für Euch zu singen, wenn es das ist, was *Ihr* wollt.« Die Antwort des Publikums ließ den »Unglückseligen« nicht im Zweifel, daß er es wahrscheinlich mit einer wildgewordenen Meute zu tun bekäme, falls er darauf bestände, die Vorstellung zu beenden. Er machte sich leise aus dem Staub und ließ Caballé eine weitere halbe Stunde lang Zugaben singen.

Dann ging es nach Pesaro, wohin Caballé mit vielen bösen Vorahnungen reiste, da sich der Zustand ihrer Mutter rapide verschlechtert hatte und Carreras in Barcelona um sein Leben kämpfte. (In diesem Fall – und mit offizieller Erlaubnis – pendelte Caballé über Ancona und Rom nach jeder öffentlichen Vorstellung nach Barcelona, um bei ihrer Mutter sein zu können.) Die Oper *Ermione* wurde erst zum zweiten Mal aufgeführt und war bei ihrer Uraufführung 1819 in Neapel mit »Pauken und Trompeten« durchgefallen. Das Libretto der Oper ist eng an Racines *Andromaque* angelehnt, das mit dem Prinzip der aristotelischen Einheit von Zeit, Ort und Handlung einen Rahmen für Rossinis Musik liefert. Wie die Namensänderung des Werkes schon andeutet, liegt das Augenmerk der Oper nicht so sehr auf der Schlußphase des Trojanischen Krieges als auf dem Charakter der Ermione, die von Orest geliebt wird, aber dessen Gefühle nicht erwidert. Sie ist Pyrrhus, dem König von Epirus, versprochen, der sich jedoch in die Witwe des trojanischen Helden Hektor, Andromache, verliebt hat. Doch diese lebt völlig in der Erinnerung an ihren toten Mann und dessen lebendem Symbol, ihrem kleinen Sohn Astyanax. Einfacher gesagt: A liebt B, B liebt C, C liebt D, und D liebt E, der tot ist – eine ununterbrochene Kette unerwiderter Liebe.

Philip Gossett, Doyen der Rossini-Gelehrten und treibende Kraft der Festspiele in Pesaro, bezeichnete das Werk bei einer Pressekonferenz vor der Premiere als »große Leistung, die zu den herausragendsten Werken in der Geschichte der italienischen Oper im 19. Jahrhundert gehört«. Und Richard Osborne, Rossini-Kenner ersten Ranges, hat *Ermione* wiederholt als eine der großartigsten Partituren des Komponisten bezeichnet. Caballé hatte also beträchtliche Verantwortung auf sich geladen, als sie zustimmte, eine Rolle zu übernehmen, für die es kein Vorbild auf der Bühne gab und bei der das Gewicht Isabella Colbrans, der Frau und Inspirationsquelle des Komponisten, schwer auf Montserrats Schultern lastete. Die Rolle der Andromache stellte für die Sängerin der Titelrolle keine Konkurrenz dar. Gesungen wurde sie von Marilyn Horne – sie war auf die Schnelle für Valentini Terrani eingesprungen –, was ihr ermöglichte, wieder einmal mit Montserrat zusammenzuarbeiten. Wie bei den neapolitanischen Rossini-Opern üblich, gibt es eine Gruppe gleichwertiger Tenöre, in dieser Vorstellung Chris Merritt (Pyrrhus), Rockwell Blake (Orest) und Giuseppe Morino (Pylades). Und diese Inszenierung von Roberto De Simone war mit ihren edlen neoklassischen Kulissen und Kostümen von Enrico Job endlich einmal glanzvoll, intelligent und vor allem dem Thema angemessen.

Der italienische Sender RAI hatte seine Kameras aufgebaut, um die Premiere am 22. August live zu übertragen. Die Generalprobe, die zwei Tage früher vor einem zahlreich erschienenen und begeisterten Publikum stattfand, war als technische Probe für die Premiere komplett gefilmt und aufgezeichnet worden. Das sollte sich als nützlich herausstellen, denn eine Gruppe von nicht ganz einem Dutzend Anti-Caballé-Claqueuren hatte Eintrittskarten für die Premiere gekauft, um dagegen zu protestieren, daß ihre bevorzugte Sopranistin, June Anderson, die Rolle nicht bekommen hatte. Der 1. Akt aus sieben Handlungssträngen, der etwa 80 Minuten dauerte, ging glatt über die Bühne und wurde vom Publikum gut aufgenommen. Das Kernstück des 2. Aktes ist eine ausgedehnte und öfters unterbrochene *scena* für die Heldin, die von ihrer Zurückweisung durch Pyrrhus über ihre wahnsinnige Bitte an Orest um Rache bis zu bitterer Reue und Verwünschung reicht, als er ihr pflichtschuldig gehorcht. Wie die Aufzeichnung der Premiere zeigt, begann Caballé gegen Ende des Abends nachzulassen. Obwohl sie eine Vorstellung mit bemerkenswertem Engagement, Souveränität und Kraft gegeben hatte, wurde sie, als sie ihren Vorhang bekam, von der gegnerischen Claque mit Pfiffen begrüßt. Die Mehrzahl des Publikums brachte dies dazu, noch lauter zu klatschen, was wiederum zu einem lauten Pfeifkonzert führte. Mitten in diesem Chaos beugte sich Caballé hinunter in den Orchestergraben und ließ sich vom Dirigenten die Partitur reichen. Sie schwenkte sie über ihrem Kopf und brüllte mit funkensprühenden Augen auf italienisch in das Tohuwabohu hinein: »Ich singe die Partitur genauso, wie sie Rossini geschrieben hat.« Das war eine kaum zu widerlegende Aussage, da die Partitur während der letzten 168 Jahre nicht gespielt worden war.

Dann erschien Gustav Kuhn, der Dirigent des Abends, auf der Bühne und fiel vor der Diva auf die Knie. Das steigerte den Lärm auf beiden Seiten nur noch, und er legte sich erst, als der eiserne Vorhang heruntergelassen wurde. Im Foyer und draußen auf der Straße spielten sich häßliche Szenen ab, und man konnte sehen, wie der italienische Violinist Salvatore Accardo, der den zweiten Programmpunkt der Spielzeit, *L'occasione fa il ladro*, dirigierte, kopfschüttelnd das Theater verließ. Die Kontoverse war jedoch noch nicht beendet, denn als über Nachrichtensendungen und Presseberichte am nächsten Tag bekannt wurde, was sich ereignet hatte, wollte das Fernsehpublikum wissen, warum nichts von dem Tumult bei der angeblichen Live-Übertragung zu sehen gewesen war. Zuhörer, die versucht hatten, gleichzeitig Fernsehbild und Radioton laufen zu lassen, wunderten sich, daß Bild und Ton nicht synchron waren. Der Chef von RAI 3 enthüllte daraufhin, daß sich der Regisseur Roberto De Simone in letzter Minute geweigert hatte, die Beleuchtung für die Übertragung anzuschalten, weil sie seiner Meinung nach die visuelle Qualität dieser so wichtigen Premiere beeinträchtigt hätte. RAI hatte dann, ohne das Fernsehpublikum zu informieren, das Videoband der Generalprobe gesendet, während der Hörfunk live aus dem Theater übertragen hatte. So war die Stimmung noch tagelang auf dem Siedepunkt, mit allen möglichen Anschuldigungen und Dementis. Wieder einmal hatte »La Caballé« in Italien für reichlich Medienwirbel gesorgt.

Kritiker, die zu diesem Ereignis in Scharen erschienen waren, gaben ihren Besprechungen einen weniger sensationslüsternen Zungenschlag. Richard Osborne schrieb in *Opera*:

> Vor allem im 2. Akt gibt die Rolle [der Ermione] so viel her, daß wir hoffen dürfen, daß andere Sopranistinnen ihre Vielseitigkeit zum Leuchten bringen werden, aber Caballé bleibt eine geschickte und kultivierte Rossini-Sängerin, und als die zweite Ermione der Welt hat sie sich ein weiteres Mal in die Annalen der Oper eingeschrieben ... Eine kleine Gruppe von Anti-Caballé-Claqueuren war im Haus (wie großartig sie diese abfahren ließ, als sie vor den Vorhang trat!).[8]

John Higgins schrieb in der *Times*:

> Frau Caballé bewegte sich auf der Bühne derart majestätisch, daß selbst Königin Victoria dagegen erbärmlich ausgesehen hätte. Bei der Premiere bekam sie es mit einer kleinen Gruppe zu tun, die vermutlich eine andere Sopranistin lieber in der Rolle gesehen hätte ...[9]

Hinzuzufügen ist noch, daß Montserrat Caballé in den folgenden drei Vorstellungen nicht nur in besserer Form war, sondern auch – trotz ihrer verständlichen Angespanntheit – vom Publikum ausnahmslos begeistert aufgenommen wurde.

Aber das Interessanteste an der ganzen Affäre kam erst zweieinhalb Jahre später ans Licht, als Sergio Segalinis Zeitschrift *Opéra International* in ihrer Dezember-Ausgabe von 1989 einen offenen Brief an die Leitung der Festspiele in Pesaro abdruckte, den »neun Zuschauer des Olymp« geschrieben hatten. Auch wenn die Zeitschrift nicht darauf hinwies, so war dieser Leserbrief ursprünglich in ganzer Länge und auf italienisch in der Oktober-Ausgabe 1989 von *L'Opera* erschienen: Vermutlich hatte der französische Redakteur das Schriftstück gekürzt und übersetzt. Diese neun Ehrenmänner waren 1989 auf dem Rossini-Festival von Pesaro bei der Premiere der Oper *La gazza ladra* mit Katia Ricciarelli gewesen. Sie behaupteten, sie hätten am Morgen der Premiere in der Schlange gestanden, um an billige Karten zu kommen. Offensichtlich waren sie von Männern, die ihrer Meinung nach entweder von Ricciarelli angeworben oder mit ihr verwandt waren, fotografiert und nach ihren Namen gefragt worden. Diese »Gorillas mit catanischem Akzent« hätten sie dann während der Vorstellung nicht aus den Augen gelassen. Die Briefschreiber beklagten sich nun vor allem darüber, daß sie dadurch davon abgehalten worden seien, die italienische Sopranistin auszubuhen, die nach ihrer Ansicht die Titelrolle nicht verdient hatte. Der Grund, den sie dafür in Segalinis Publikation angaben, war, daß Rossinis Werke es nicht verdient hätten, mit Sängerinnen besetzt zu werden, »die am Ende ihrer Karriere sind, kaputte Stimmen und eine katastrophale Technik haben. Montserrat Caballés Ermione vor zwei Jahren war der Anfang dieser neuen Mode ..., aber der Fall dieser *Gazza Ladra* ist noch schlimmer.« Neben der Bereitschaft, schwarz auf weiß zuzugeben, daß man nur deshalb eine Vorstellung besucht, um den Vortrag eines Künstlers zu stören, ist daran erstaunlich, daß diesem Schreiben eine halbe Seite unter der Rubrik »Brief des Monats« zugestanden wurde, und das in einer Zeitschrift, die sonst nie Leserbriefe abdruckt.

Die Rückkehr nach Barcelona war für Montserrat keine Erholung. Ana Caballé war bettlägerig und lag im Sterben. Dennoch hielt die Sopranistin ihre vereinbarte Tournee durch Skandinavien ein, wo sie während der ersten Septemberhälfte Konzerte und Recitals in Stockholm, Helsinki und Kopenhagen gab. Nach ihrer Vorstellung in der finnischen Hauptstadt wurde sie von Carlos angerufen, der ihr mitteilte, daß es ihrer Mutter sehr schlecht gehe und sie nach Hause kommen solle. Aber als sie in Barcelona ankam, erfuhr sie, daß ihre Mutter schon gestorben war: Carlos hatte am Tag, als er anrief, sie schonen wollen. Die Beerdigung wurde mit der ganzen Familie am 14. September in der Kirche Santa Maria Medianera, nahe bei der Wohnung der Caballés, begangen. Trauer sowie die Notwendigkeit, die Wohnung in der Infanta Carlota umzugestalten und sich daran zu gewöhnen, daß der unbestrittene Mittelpunkt der Familie nicht mehr da war, bestimmten den restlichen Monat. Montserrat selbst wurde wieder von Schmerzen in den Beinen geplagt, die sie seit 1969 immer wieder heimsuchten. Bei ihrem Gewicht – durch ihre Krankheit außer Kontrolle geraten – war der Druck auf das linke Knie enorm.

Es kam ihr deshalb sehr gelegen, daß ihr Terminkalender

in den nächsten zwei Monaten nichts Belastenderes als eine Serie von Konzerten und Recitals vorsah, die sie von San Francisco nach Warschau und von Miami nach Monte Carlo führten. Doch häufig war sie, zum Befremden des Publikums, gezwungen, einen Spazierstock oder eine Krücke zu benutzen. Aber das erste berufliche Engagement, das sie nach dem Tod ihrer Mutter einging, war keine öffentliche Vorstellung: Sie nahm in der ersten Oktoberwoche innerhalb von zwei Tagen in den Pinewood Studios den Video-Clip auf, der parallel zu ihrer »Barcelona«-Single erscheinen sollte. Ein bemerkenswertes Ereignis ihres Tournee-Plans im verbleibenden Jahr 1987 war das Gala-Konzert im Basler Stadttheater am 31. Oktober, mit dem sie das 30jährige Jubiläum ihres dortigen Operndebüts feierte. Wie so oft bei diesen Galas war der Höhepunkt von Montserrats Darbietungen die Schlußszene aus *Salome*. Viele der Anwesenden behaupteten, sich noch lebhaft daran erinnern zu können, wie sie diese Szene in den späten 50er Jahren im selben Theater gesungen hatte.

Ende November begann sie, für die Premiere der Oper *Mefistofele* am Liceo zu proben, in der sie in diesem Jahr schon in Madrid aufgetreten war. Sie war die einzige, die von der ursprünglichen Besetzung noch übrig war, denn den Faust sang nun eine von Carlos' Neuentdeckungen, Antonio Ordoñez, und die Titelrolle übernahm Bonaldo Giaiotti. Die Premiere am 4. Dezember wurde live im Fernsehen übertragen. Ordoñez beeindruckte mit volltönenden, klaren Tönen; Giaiotti war mit einer gealterten und undeutlichen Stimme nicht mehr auf dem Höhepunkt seiner Karriere. Wie in Madrid profitierte die Oper von dem engagierten Dirigenten José Collado. Montserrat zeigte eine ungeheuer leidenschaftliche Interpretation der Gefängnisszene Margaretes mit der berühmten Arie »L'altra notte«. Das Publikum reagierte mit starkem Applaus auf diese Darbietung, so daß die Aufführung zeitweise zum Erliegen kam.

Von Mitte Dezember an war ihr Terminkalender nicht mehr so voll, nicht nur deshalb, um Zeit für die Vorbereitungen des ersten Weihnachtsfestes ohne ihre Mutter zu haben, sondern auch, um ihre nächste neue Rolle einzustudieren. Es war die Madame Cortese aus Rossinis *Viaggio a Reims*, der bis dahin teuersten Neuinszenierung der Wiener Staatsoper. Die Premiere sollte am 20. Januar sein. Die hohen Kosten waren nur zu einem Teil auf die Ausgaben für den Wiederaufbau der aus Pesaro entliehenen Inszenierung von Luca Ronconi mit einem Bühnenbild von Gae Aulenti zurückzuführen, Dreiviertel des gut zwei Millionen Mark teuren Projektes waren allein für die Gagen der Sänger und Sängerinnen veranschlagt und das waren: Caballé, Ecilia Gasdia, Lella Cuberli, Lucia Valentini Terrani, Raquel Pieroti, Chris Merritt, Frank Lopardo, Enzo Dara, Carlos Chausson, Ferruccio Furlanetto – später Sam Ramey – und Ruggero Raimondi, mit der ersten Garde der Wiener Philharmoniker unter der Leitung Claudio Abbados. Eine Vorstellung, die schon in Pesaro für großes Aufsehen gesorgt hatte, erlebte in den beiden Wiener Spielzeiten nochmals eine Steigerung. Die Premiere wurde in fast ganz Europa und weiteren Ländern außerhalb Europas live im Fernsehen übertragen, außer in Großbritannien, wo sie fünf Jahre lang nicht zu sehen war.

Als Ronconi, der erst kürzlich mit Caballé für *Démophoon* in Rom zusammengearbeitet hatte, das Werk in Wien wieder auf die Bühne bringen sollte, beschloß er, »La Caballé« als Gastgeberin Madame Cortese sich selbst spielen zu lassen. Auf ihrer letzten Reiseetappe befindet sich die buntgescheckte Reisegruppe, die der Krönung Karls X. in der Kathedrale von Reims beiwohnen will, in dem Hotel Goldene Lilie. Überall lagen Utensilien mit witzigen Bezügen auf die Diva Caballé herum. Ihr erster Auftritt auf der Bühne wurde von trägen Jugendlichen begrüßt, die herbeieilten und mit Autogrammen von ihr belohnt wurden. Die Leinentücher des Hotels wurden zur Begutachtung hereingebracht, und diese waren über und über mit riesigen, zehnfach vergrößerten Werbefotografien der Caballé bedeckt. Caballé sollte – der Regieanweisung zufolge – ihre Eröffnungsarie »Di vaghi raggi adorno« mit einem solchen Leintuch um ihre Schultern singen, begleitet von ein paar erotischen Zuckungen. Für die Cabaletta wandte sie sich einer Registrierkasse zu, die in ihre Sänfte eingebaut worden war, und brüllte ihrem Personal Befehle zu, während sie wie wild die Rechnungsbeträge ihrer Gäste addierte. Und all das in den ersten zehn Minuten der Oper. Was viele der Zuschauer überraschte, war die überwältigende Freude, mit der sich Caballé in das Geschehen stürzte. So dirigierte sie zum Beispiel in der komplizierten Schlußszene am Ende des 1. Aktes ihre Kollegen im 14stimmigen »Gran Pezzo Concertato«.*

Außerdem wurde auf Caballés spanische Nationalität angespielt, obwohl Madame Cortese eigentlich Schweizerin ist. Das fing bei ihrem pechschwarzen Kostüm à la Velazquez mit Spitzenbesatz und Mantilla an und ging bis zu ihrem Kastagnetten-Einsatz während Don Alvaros Beitrag zu den Feierlichkeiten des Finales. Am Schluß des Abends, als Karl X. und sein Krönungsgefolge in der Staatsoper erschienen, war das Publikum benommen vor lauter Begeisterung; und die folgenden sechs Vorstellungen wurden zu einem der begehrtesten Ereignisse in der Geschichte des Hauses, trotz der beispiellos hohen Preise für die Eintrittskarten. Die letzte Vorstellung war am 3. Februar 1988, und am Tag darauf kehrte Montserrat nach Spanien zurück, um den Rest des Monats Konzerte und Recitals in Valencia, Bilbao, Mataró und Málaga zu geben sowie an Filmaufnahmen für das spanische Fernsehen in Madrid und Barcelona teilzunehmen.

---

* Eigentlich das Ende des 2. Aktes, denn die musikalische Struktur der Oper bestand klar aus drei Akten.

Am 27. Februar kehrte José Carreras unter immensem Medienrummel in seine Heimatstadt Barcelona aus Seattle zurück, wo man – erfolgreich – um sein Leben gekämpft hatte. Caballé war eine der allerersten, die ihn bei seiner Rückkehr begrüßten, aber wie bei allen anderen auch wurde ihre Freude durch das angegriffene Aussehen des Tenors getrübt, das allzu offensichtlich zeigte, durch welche Hölle er gegangen war. So gerne die Leute wissen wollten, wie Carreras' Stimme die monatelange Behandlung überstanden hatte, zu diesem Zeitpunkt fragte niemand danach: Es reichte aus, daß er überlebt hatte.

Fast unmittelbar danach ging Caballé wieder auf Reisen. Zunächst nach München, zu Filmaufnahmen für eine ZDF-Dokumentation über sie; und dann nach London, um zusammen mit Freddie Mercury noch einige Stücke für das *Barcelona*-Album einzuspielen. Weitere Solokonzerte in Spanien folgten, bevor sie in Madrid am 6. April mit den Proben für eine Neuinszenierung von *Ermione* begann – inszeniert von Hugo de Anas, der zugleich das Bühnenbild entworfen hatte. So gut die Pesaro-Inszenierung auch gewesen war, diese neukonzipierte Regiearbeit in Madrid hatte insgesamt ein höheres Niveau, mit auffallenden Bühnenbildern, wie sie in der spanischen Hauptstadt ansonsten nicht oft zu sehen waren. Der einzige, der außer Montserrat von der 1987er Besetzung noch dabei war, war Chris Merritt als Pyrrhus: Margarita Zimmermann sang die Andromache, Dalmacio Gonzalez den Orest und Justin Lavender den Pylades. Und Gustav Kuhns, der in Pesaro so inbrünstig und leidenschaftlich dirigiert hatte, war durch den etwas phlegmatischeren Alberto Zedda ersetzt worden. (Kuhn war eigentlich als Dirigent geplant gewesen, mußte aber aus Termingründen absagen.) In den langen Passagen heroischer Deklamation ertönte Caballés Stimme voll und makellos. Sie gab ihr Bestes und brachte sich von ganzem Herzen in das Bühnengeschehen ein, bis hin zu der Entscheidung, am Schluß die Ohnmacht der Heldin bei Rossini durch deren blutigen Selbstmord – Racines Original entsprechend – zu ersetzen.

Das Madrider Publikum zeigte sich von den Aufführungen begeistert, und zwischen der dritten und vierten Vorstellung gab es anläßlich ihres 25jährigen Bühnenjubiläums in Madrid eine Ehrengala. Diesmal verlangte man von ihr nicht, wie im vergangenen Jahr in Barcelona, das Programm selbst zu bestreiten. In der ersten Hälfte brachten ihr verschiedene Künstler ein Ständchen: Giuseppe di Stefano sang eine Tosti-Arie, Fedora Barbieri Mrs. Quicklys »Reverenza« aus *Falstaff*, Ileana Cotrubas die Spiegel-Arie aus Massenets *Thaïs* und Chris Merritt Arien aus *Wilhelm Tell* und *Marie oder die Regimentstochter* [*La fille du régiment*]. Erst in der zweiten Hälfte trat die Diva auf und sang eine Reihe spanischer Lieder sowie Mozart-, Pacini- und Rossini-Arien.

Gleich nach der *Ermione*-Serie in Madrid reiste Caballé nach Neapel, wo sie weitere sechs Vorstellungen am Teatro San Carlo in der ursprünglichen Pesaro-Inszenierung aus dem Jahr 1987 gab, diesmal mit Kathleen Kuhlmann als Andromache und Douglas Ahlstedt als Orest. Einer von Carlos Caballés jüngst entdeckten Künstlern, Luca Canonici – der im vorigen Jahr im Film *La Bohème* kurzfristig für den an Leukämie erkrankten José Carreras eingesprungen war – übernahm die kleine, aber bedeutende Rolle des Pylades. Montserrat erinnert sich, wie sie hinter der Bühne stand, ihm zuhörte und sich dachte: »Was für eine Stimme! Er klingt ganz genauso wie der junge Pavarotti.« Nur ein paar Tage nach der letzten Vorstellung am 18. Mai 1988 reiste sie wieder einmal nach Amerika, wo sie innerhalb von sechs Tagen in Costa Mesa, San Francisco und Los Angeles auftrat, bevor sie zu dem wahrscheinlich selbst für sie exotischsten Auftrittsort ihres Lebens aufbrach: der Verbotenen Stadt von Peking. Der dortige Konzertsaal, auch Halle des Volkes genannt, faßt die schwindelerregende Zahl von 10 000 Zuschauern. Das Ereignis war von der Gesellschaft zur

Erhaltung der Chinesischen Mauer organisiert worden, und die Vorstellung, in der auch Mireille Matthieu und Maija Plissezkaja auftraten, wurde in China unter dem Titel *Die Rückkehr des Marco Polo* live im Fernsehen übertragen. Caballé, die einzige Künstlerin, die im Programm mit drei Stücken aufwartete, wurde als »eine der größten Künstlerinnen und eine der wichtigsten Kultur-Ikonen unserer Zeit« beschrieben. Ihre drei Stücke waren »Casta Diva«, Pablo Casals' »Cant dels Ocells« [»Lied der Vögel«] und Turandots »In questa Reggia«, das sie in dem Kostüm der Pariser Inszenierung von 1981 vortrug. Wie bei allen Benefizkonzerten nahm sie für ihren Auftritt keine Gage und sah diese Arbeit in dem weiteren Rahmen, stärkere politische und kulturelle Bindungen zwischen den Nationen zu schaffen. Ihr Erfolg war so groß, daß sie sofort eingeladen wurde, im nächsten Jahr zurückzukehren, um in Peking zwei Solokonzerte zu geben. In der Zwischenzeit war an der Chinesischen Mauer ein Schild mit ihrem Namen angebracht worden.

Mitte Juni verbrachte Caballé einige Tage in Barcelona, wo für das französische Fernsehen ein Dokumentarfilm über sie entstand. Dieser fast zweistündige Marathon war Teil der Reihe *Le Grand Echiquiers* und enthielt einige Musikstücke, die vor einem ausgewählten Publikum im Palau de la Música aufgezeichnet wurden, sowie ein langes Interview – auf französisch – mit Caballé. Diese beiden Stränge wurden durch einen Auftritt José Carreras' aufgelockert, der nach seiner Rückkehr aus Seattle zum erstenmal wieder im Fernsehen zu sehen war. Sichtlich gerührt, sprach der Tenor darüber, wieviel er Montserrat und ihrem Bruder verdanke und gab ein öffentliches Versprechen: Auf die Frage, wann er wieder auf die Bühne zurückkehren werde, antwortete Carreras schlicht, er wisse es noch nicht, aber wenn er es täte, dann nur mit Montserrat als Partnerin. Wörtlich sagte er: »Wenn Sie dem Ende so nahe gewesen sind wie ich, dann spielen sie nicht mehr mit den Schafen: Dann müssen Sie mit den Löwen rennen.«

Nach lang überfälligen Ferien, die sie in ihrem Landhaus verbrachte, trat Caballé auf dem zweiten internationalen Festival ihres Bruders Carlos in der Burg von Peralada auf. Das Eröffnungskonzert am 15. Juli war als Galakonzert mit dem Titel »Die Garcia-Schwestern: Maria Malibran und Pauline Viardot« geplant. Darin wollten Montserrat und Marilyn Horne die Schlachtrösser aus dem Repertoire ihrer berühmten Vorgängerinnen aus dem 19. Jahrhundert in Angriff nehmen. Doch Horne erkrankte und sagte ihre gesamte Europa-Tournee ab. In dem stark gekürzten Programm sprang – etwas unpassend – Luca Canonici für Horne ein. Zwischen ihren Auftritten in Peralada fand sich noch Platz für zwei Vorstellungen von Mozarts *Requiem* in Barcelona. Wieder zurück auf dem Festival trat Caballé als eine der Sängerinnen des »Quintet vocal de Cataluña« in Aktion, das mit einigen Zusätzen und jungen professionellen Solisten Rossinis *Petite messe solenelle* in Original-Instrumentierung aufführte. Nach einem kurzen Ausflug nach Verona, wo sie auf einer weiteren Benefiz-Gala sang – diesmal das Eröffnungskonzert für José Carreras' neugegründete Leukämie-Stiftung –, war sie wieder in Peralada, um für die Inszenierung von Purcells *Dido und Aeneas* zu proben, in der Caballé die Rolle der karthagischen Königin zum erstenmal sang. Montserrat arbeitete hier mit einem ansonsten ausnahmslos englischen Team aus Sängern, Musikern – das English Bach Festival Baroque Orchestra and Chorus – und Regisseuren zusammen. Von Engländern danach gefragt, in welcher Sprache sie sänge, bekamen sie die vernichtende Antwort: »Kennen Sie Ihre eigene Sprache nicht?!« In dem folgenden betretenen Schweigen wurde der wahre Kern des Sprichwortes *prima la musica, dopo le parole* [*zuerst die Musik, dann die Sprache*] klar, zumindest bei dieser Sängerin.

Caballés nächste Station war Dubrovnik. Bei ihrem ersten Besuch frischte sie ihre Bekanntschaft mit dem berühmten (wenn auch umstrittenen) Pianisten Ivo Pogorelich auf und erlebte vor dem kroatischen Publikum einen solch persönlichen Erfolg, daß sie, wie in Peking, sofort noch einmal eingeladen wurde. Nach einem halben Dutzend Solokonzerten in spanischen Städten, darunter Pamplona und Trujillo, reiste Caballé nach Frankreich, wo sie in der Uraufführung von Bizets Kantate *Clovis et Clotilde* auftreten sollte. Diese hatte der junge Komponist 1857 als Student des Pariser Konservatorium geschrieben, als – erfolgreichen – Versuch, den begehrten Prix de Rome zu gewinnen. Die beiden Vorstellungen fanden an zwei aufeinanderfolgenden Abenden in der Kathedrale von Soissons statt, mit dem Orchestre National de Lille unter Jean-Claude Casadesus (der das Manuskript in der Bibliothèque Nationale entdeckt hatte) und Gérard Garino als Clovis. Das Ganze war ein Medienereignis in Frankreich, mit einer Live-Übertragung der zweiten Vorstellung am 17. September im Radio und vor laufenden Kameras vom Satelliten-Fernsehen und von FR_3. Das Werk war außerdem in der vorangegangenen Woche in Lille von Erato aufgenommen worden, ein Rummel, der für dieses kleine Stückchen etwas übertrieben war.

Außer der beeindruckenden Architektur der Kathedrale behielt Caballé noch etwas anderes von diesem Ereignis in Erinnerung: Nur wenige Stunden, nachdem sie bei einem offiziellen Empfang beim Bürgermeister von Soissons Fisch gegessen hatte, wurde ihr schlecht und schummerig vor Augen. Die Diagnose lautete Lebensmittelvergiftung, und die Sopranistin mußte für den Rest des Monats zu Hause in Barcelona im Bett bleiben. Sie erholte sich recht schnell von den akuten Symptomen, aber daneben mußte sie mit den Proben zu einer der glanzvollsten Galas beginnen, in der sie jemals aufgetreten war. »La Nit«, die Nacht, war die offizielle Feier anläßlich der Wahl Barcelonas zum Austragungsort der Olympischen Spiele. Hier sollte nicht nur die Weitergabe der Olympischen Fahne von Seoul nach Barcelona gefeiert und Geld für die bevorstehenden Spiele gesammelt werden, sondern auch die vier Jahre andauernde »Kulturelle Olympiade« eingeläutet werden.

Caballé eröffnete den Abend mit Verdis »Inno delle nazioni« – in einer von Toscanini unbeeinflußten Version –, das ursprünglich für die Weltausstellung in London (1851) geschrieben worden war. Begleitet wurde sie von dem Orchester und Chor des Liceo, die auf halber Höhe des Montjuïc über die Terrassen verteilt standen. Der riesige, kunstvoll angestrahlte Springbrunnen war der Mittelpunkt, und die Künstler, darunter Dionne Warwick, Rudolf Nurejew, Spandau Ballet und José Carreras sowie Montserrat und Freddie Mercury, traten vor einem 40 000 Personen zählenden Publikum auf – unter ihnen König Juan Carlos und Königin Sofia –, das von der Plaça d'Espanya an entlang der Brunnen-gesäumten Zufahrtsstraße aufgereiht stand. Der Höhepunkt der Gala war der erste öffentliche Vortrag von »Barcelona«, gesungen von Caballé und Mercury, mit einem feinen Gespür für genaues Timing, denn das Album sollte in der kommenden Woche europaweit auf den Markt kommen. Doch Mercury bekam Angst vor seiner eigenen Courage – er rechtfertigte sich später mit nicht ausreichenden Probezeiten – und bestand darauf, Playback zu »singen«, worin er um einiges geschickter war als Montserrat. Einige Kritiken ließen sich diese »Bloßstellung« nicht entgehen und machten sich auf Kosten der Sänger darüber lustig. Sie behaupteten sogar, das Publikum sei enttäuscht gewesen, was unwahrscheinlich ist, denn die meisten merkten nichts von dem Betrug. Inwieweit dieser Abend gelungen war, sollte sich einige Zeit darauf nochmals zeigen. Drei Monate später gewann der Film von »La Nit« in New York eine Goldmedaille als Music Video of the Year. Caballé wußte sehr gut, welche Chance die Darbietung solcher Musik für sie bot:

> Wenn ich in Opern singe, ist meine Stimme ein Instrument in den Händen des Komponisten, so wurde meine Stimme

mein ganzes Leben lang, sagen wir mal, in sehr zielgerichtete Bahnen gelenkt. Das bietet große Möglichkeiten, aber es war immer im Dienste von etwas anderem. Jetzt fühle ich mich zum erstenmal in meinem Leben frei. Das hat meine Stimme befreit.

Mit Sicherheit befreite es ihren Ruf: Am Ende des Monats, nachdem sowohl die Single »Barcelona« als auch die LP weltweit veröffentlicht waren, sah Caballé begeistert, wie sie zahlreiche Hitparaden auf der ganzen Welt stürmten. In Großbritannien war die Single vor Weihnachten die Nummer sieben; und in Spanien stand sie, wie zu erwarten gewesen war, an erster Stelle. Zwei Tage nach »La Nit« kam die Caballé auf Wunsch von Polydor nach London, um Freddies und ihre Platte vorzustellen. Ort war die Bar im Royal Opera House, und die britischen Zeitungen berichteten in den folgenden Tagen ausführlich darüber. Caballé gehörte nun zu dem kleinen Kreis von Opernsängern, deren Ruhm die engen Grenzen der Oper gesprengt hatte.

14. Kapitel
1988–1990: Das letzte Kapitel am Liceo

Nach einer hektischen, zehntägigen Werbekampagne für das neue *Barcelona*-Album kehrte Caballé nach Spanien zurück, um für die Eröffnungsgala des neu fertiggestellten Auditorio Nacional in Madrid in Anwesenheit des spanischen Königspaars zu proben. Man hatte sich unerwarteterweise nicht für eine Operngala, sondern für ein Gesamtwerk entschieden, für Manuel de Fallas unvollendete Choral-Kantate *Atlántida*. Natürlich war Caballé dieses Werk nicht fremd, und sie hatte es zum erstenmal 1963 in Genua – wenn auch auf italienisch – unter Ernest Ansermet gesungen. Damals hatte sie beide weiblichen Rollen der Kantate übernommen, die im 1. und 3. Teil jeweils die langen Arien der Pirene und der Isabella einschließen. Doch in der Madrider Aufführung sang Teresa Berganza die Pirene, und Caballé verkörperte die spanische Königin. Diese Vorstellung war der Startschuß für eine Woche voll hektischer Aktivitäten in dem neuen Gebäude, das nicht nur mit einem großen Konzertsaal, vergleichbar mit dem der Berliner Philharmonie, ausgestattet war, sondern auch mit einem kleineren, etwa 400 Plätze fassenden Kammerkonzert-Saal. In letzterem gab Caballé zum ersten und letzten Mal in ihrer Karriere, vom 22. bis 27. Oktober 1988, eine Reihe von Meisterkursen. Alle früheren Anfragen dieser Art hatte sie mit der Begründung abgelehnt, daß solche Meisterkurse eher eine Plattform für in die Jahre gekommene Sänger seien, sich vor den leicht zu beeindruckenden Jüngeren zu produzieren, als eine ernsthafte Form der Lehre.

Außerdem glaubte sie, daß wahre Musikalität, wie zum Beispiel die Fähigkeit zur Interpretation, nicht erlernbar seien.

Das Nationale Institut für Bühnenkunst und Musik (eine Unterabteilung des Ministeriums für Kultur) bemühte sich jedoch seit einiger Zeit bei den berühmtesten spanischen Musikern um einen Meisterklassen-Zyklus. Sie waren entschlossen, Caballé als erste zu engagieren, und so hatte Montserrat dem Wunsch der Schirmherrin, Königin Sofia, entsprochen und zugestimmt. Wie gewöhnlich hatte sie ihre eigenen Vorstellungen durchgesetzt: Die Teilnahme sollte keinesfalls auf junge Sängerinnen und Sänger begrenzt sein, die cine großartige Karriere vor sich hatten; sie würde kein Wort über Fragen der Interpretation verlieren; sie bräuchte einige Dias zur Anatomie des menschlichen Körpers; sie würde jede der sechs Open-End-Veranstaltungen mit einem Vortrag zu Fragen der Technik beginnen; und sie würde kein Honorar annehmen.

Teilnehmer, die am Morgen des 22. Oktobers die Art von Meisterklasse erwartet hatten, in denen eine halbe Stunde über die unterschiedlichen Bedeutungen verschiedener Betonungen des Wortes »Blau« geredet wird, müssen wie vor den Kopf geschlagen gewesen sein. Statt dessen stand die Sopranistin mit einem Mikrofon in der Hand vor einer Leinwand, auf die ein Dia mit dem menschlichen Körper projiziert war, und machte sich daran, »die Körperteile zu benennen«, um dann ihre Funktionen und ihre Funktionsweise untereinander zu beschreiben. Diese Vorlesung trug den Titel »La Arquitectura del Sonido« [»Die Architektur des Lautes«] und behandelte ausführlich die Grundlagen der Stimmerzeugung:

> Die Tonbildung ist vergleichbar mit dem Bau eines Hauses – die Fundamente von beiden liegen unter der Oberfläche. Ein Ton wird auf einer abdominalen Grundlage aufgebaut, die als Fundament wirkt. Vom Bodenniveau (dem Zwerchfell) nimmt der Ton die architektonische

> Form oder den Stil an, den man ihm geben will. Der Ton kann luftig wie die schlanken Bögen der Gotik oder breit und stark wie die romanische Architektur sein, was einfach an unserer Fähigkeit liegt, die untere Muskulatur (die Fundamente) einzusetzen und einen persönlichen Stil auszubilden – eine Aufgabe, die dem Zwerchfell zufällt. Es mag seltsam erscheinen, mit dieser Beschreibung zu beginnen ... [Aber] ich persönlich glaube, daß wir uns selbst und unsere Physiologie genau kennen müssen, um bestimmte Körperteile beherrschen zu können, die für das Singen sehr wichtig sind und uns erlauben, den Ton zu treffen, den wir wollen.

Danach folgte eine fachmännische Analyse spezifischer Muskeln, bevor die verschiedenen Teilnehmer ohne eine bestimmte Reihenfolge aus dem Publikum nach vorne gebeten wurden. Sofort wurde klar, daß eine der Lieblingsideen Montserrats – jeder, der teilnehmen will, kann das tun – in der Praxis nicht gut zu handhaben war. Denn sie brachte die Amateure mittleren Alters und die einfach nur Ruhmsüchtigen gegen die hochtalentierten jungen Studenten und Studentinnen auf. Es gab eine kleine Szene, als ein junges Mädchen, das in einer entsetzlich reinen *voce bianca* – einem vibratolosen Geheule – vorgesungen hatte, in Tränen ausbrach, nachdem Caballé die Bemerkung gemacht hatte, daß diese Stimme im Opernhaus sehr begrenzte Einsatzmöglichkeiten habe. Als das Mädchen der Hysterie nahe war, sprang ein Mann aus dem Publikum, offensichtlich ihr Lehrer, auf, um sie lautstark zu verteidigen. In dieser schwierigen Situation blieb Caballé völlig ruhig und betonte, daß sie kein persönliches Vorurteil gegen diesen Stimmtyp habe – wie man es ihr vorgeworfen hatte –, aber man könne sich einfach nicht auf sie verlassen, weder in Durchsetzungsvermögen noch in sauberer Intonation, vor allem in großen Sälen. An diesem Punkt äußerte das Publikum, das sich ziemlich unbehaglich fühlte, seinen Ärger über diese parteiische Unterbrechung, während ein paar andere dafür in die Bresche sprangen.

Aber die Atmosphäre entspannte sich schnell wieder durch den kurzen witzigen Dialog zwischen Caballé und einer amerikanischen Sopranistin, die sich ausgerechnet an Adrianas »Io son l'umile ancella« versuchte. In diesem multinationalen Haufen war Englisch die Konversationssprache, und Caballé begann ihre gewohnte Fragenliste mit den Worten: »Also, ich glaube, es gibt hier nicht so viele Personen, die Englisch sprechen. Deshalb kannst Du mir ruhig von Frau zu Frau sagen, wie alt Du bist.«

»45.«

»Aha, 45, das ist ein wundervolles Alter. Ich bin 55, ein noch wundervolleres Alter.«

Die Seminare wurden unter den Titeln »Atmen«, »Klangbildung«, »Die Funktionen des Kehlkopfes«,* »Tonerzeugung durch kontrollierten Atemfluß«, »Singen als Resultat eines optimalen Zwerchfelleinsatzes« fortgesetzt. Während der Kurse spielte sie die Punkte, auf die es ihr ankam, mit den einzelnen Teilnehmern durch.

Ein junges Talent gab ein zittriges »Adieu, notre petite table« von Manon zum besten, was Caballé zu technischer Höchstform auflaufen ließ. Sie ließ das Mädchen Vokalisen singen und stolzierte um sie herum, um ihre Haltung zu begutachten und die Bewegung ihrer Muskeln zu befühlen. Unerwarteterweise nahm sie die Hand des Mädchens und sagte: »Ich bin eine dicke Frau, aber fühl trotzdem mal«, und sie drückte die Hand auf ihren Bauch. Dann sang Caballé einen lauten, klaren Ton und fragte: »Kannst Du fühlen, was

---

* Dieser Kurs war ein so großer Erfolg, daß Caballé vom Professor für Laryngologie an der medizinischen Abteilung der Universität zu Madrid eingeladen wurde, Seminare für seine Studenten zu halten. Nach kurzem Zögern lehnte sie ab.

passiert ist?« Das Mädchen staunte und nickte zustimmend, aber der Gesang, der darauf folgte, hörte sich gar nicht danach an. Daraufhin ließ Caballé sie ein einfaches mittleres A in *mezzo-forte* singen und so lange halten, wie sie konnte. Die Stimme variierte in Stärke und Richtung, bis Montserrat, die die Faust an mehrere Stellen ihres Bauchs gesetzt hatte, plötzlich fest und tief zudrückte, um den ersten richtig stabilen Ton des Mädchens zu unterstützen. Dem Publikum verschlug es den Atem. Nur wenigen der Anwesenden war zuvor bewußt gewesen, in welchem Maß Singen ein physischer Prozeß ist, der durch die Hand eines Meisters beeinflußt werden kann. Caballé, die über die Reaktion des Publikums erstaunt war, erklärte, daß sie diese Methode häufig angewandt habe, auch bei berühmten Kollegen.

Und dann gab es noch die spektakulären Durchstarter: Einmal Ismael Pons, ein junger spanischer Bariton, der einen glänzenden Vortrag von »Eri tu« aus *Ein Maskenball* ablieferte; und Isabel Rey, die ein makelloses »Ah, non creda mirarti« aus *Die Nachtwandlerin* sang, obwohl sie sehr nervös war. Am Ende der Woche war Rey bei Carlos Caballé unter Vertrag. Alles in allem hatte jeder die Zeit genossen. Es hatte Lachen und Weinen gegeben, das gelegentliche Drama, eine Fülle von Einsichten und einen überwältigenden Eindruck von Caballé, die als oberste Unterhalterin in ihrem Element gewesen war. Viele meinten, daß ihr noch eine große Karriere als Talkmasterin bevorstehe, wenn (oder falls) sie jemals in den Ruhestand treten sollte.

Einen weiteren Hinweis für diese Möglichkeit gab es, als Caballé am 7. November in Paris im Pierre Bergés Théâtre de l'Athénée ein Solokonzert gab. Zum erstenmal trug sie in der Öffentlichkeit eine Brille, und am Ende, als sie aus einem Stapel von Musikblättern ihre Zugaben heraussuchte, sagte sie: »In meinem Alter habe ich keine Wahl.« Ein kleiner Blumenstrauß flog durch die Luft und landete an ihrem Notenständer. Sie spähte über den Rand ihrer Brille hinweg und bat die Blumen, sich einen Augenblick zu gedulden. Dann, nachdem sie die Zugabe ausgewählt und zu Zanetti hinübergereicht hatte, machte sie eine kunstvolle Bewegung und hob die Blumen mit spitzen Fingern auf. Zum Entzücken des Publikums verkündete sie: »Mein Mann sagte mir einmal etwas sehr Schönes, und ich halte mich immer daran – Blumen sind wie Frauen: Man sollte sie niemals am Boden liegenlassen.« Und nach der siebten und letzten Zugabe pilgerten die meisten der Anwesenden hinter die Bühne, wo die Diva in den verwahrlosten Gängen des Theaters länger Hof hielt, als das eigentliche Solo-Programm gedauert hatte.

Ihr Auftreten in jenen Tagen war nicht ungewöhnlich gewesen. Ihr Ruhm und die besondere Beachtung, die ihr die Zuschauer schenken, zeigen, daß sie mindestens ebenso wegen ihrer Persönlichkeit gefragt ist wie aufgrund ihres Gesangs. Das Ritual ihrer locker dargebotenen Zugaben bringt an solchen Abenden den ersten näheren Kontakt zum Menschen Caballé im Gegensatz zur Sopranistin Caballé. Und dies setzt sich hinter der Bühne fort. Zwar kommen einige, um eine der bedeutendsten Stimmen des 20. Jahrhunderts zu hören, aber die meisten kommen, um eine kurze Zusammenkunft mit Montserrat Caballé zu haben. Natürlich ist das ein spezielles Publikum, eines, das ausschließlich bei Konzerten und Soloabenden erscheint. Die Nicht-Operngänger nahmen Caballé im allgemeinen nicht wahr, und das wäre wohl so geblieben, wenn nicht der internationale Erfolg durch ihre Zusammenarbeit mit Freddie Mercury dazwischengekommen wäre.

Ende 1988 trat Caballé in zwei ihrer Lieblingsrollen auf: In drei konzertanten Aufführungen in Stockholm, Göteborg und Kopenhagen sang sie die Semiramide; und am 27. Dezember trat sie am Liceo in der ersten von fünf *Salome*-Vorstellungen auf. Die Proben für diese Neuinszenierung liefen seit Mitte des Monats und waren schon einige Male Thema von Pressespekulationen gewesen. Montserrat hatte beschlossen, die Rolle ein weiteres Mal auf der Bühne zu singen, weil sie mit der Regiearbeit Robert Wilsons im vergangenen Jahr an der Scala so angenehme Erfahrungen gemacht hatte. Und die Leitung des Liceo hatte ihr zugesichert, die mailändische Inszenierung für sie einzukaufen. Doch schließlich machte das Management in Anbetracht des Probenaufwands und der damit zusammenhängenden Kosten einen Rückzieher und entschied statt dessen, daß es billiger und wahrscheinlich zweckmäßiger sei, das Werk selbst zu inszenieren. In der Direktion des Liceo hatte sich erst vor kurzem einiges geändert. Das Theater hatte gerade einen österreichischen Dirigenten, Uwe Mund, zum Musikdirektor ernannt, und aus Köln hatte man Albin Hänseroth, den Kritiker mit Doktortitel, nach Barcelona geholt. Er nahm in Fragen des Repertoires und der Besetzung zunächst beratende Funktion ein. Lluis Andreu blieb noch bis zu seinem Weggang an das neue Opernhaus in Sevilla Künstlerischer Direktor. Anschließend würde Hänseroth zu Beginn der Spielzeit 1989 / 90 diese Position übernehmen.

Nachdem es zu der Entscheidung gekommen war, die Wilson-Inszenierung fallenzulassen – keine gute Nachricht für Caballé, die über den Gang der Dinge nicht erfreut sein konnte –, versuchte das Theater, eine ähnliche Inszenierung auf die Beine zu stellen. Luis Andreu hatte die Verantwortung für die Lösung des Problems an Dr. Hänseroth abgegeben, der auf seine Kontakte in Köln zurückgriff. So wurde Jochen Ulrich, Choreograph am Kölner Opernhaus, damit beauftragt, diese Aufgabe zu übernehmen. Er beschloß, das Werk eher wie ein Ballett zu behandeln und alle singenden Hauptrollen durch Tänzer doubeln zu lassen, was kaum überrascht, wenn man sich sein eigentliches Metier vor Augen führt. Das würde für die Diva zumindest das Problem des Tanzes der Sieben Schleier lösen. Aber alles, was bei den Vorgesprächen neu und faszinierend geklungen hatte, wurde aus Sicht der Sopranistin zum Alptraum, als Caballé zum erstenmal das Bühnenbild von Katrin Kegler sah und die Kulissen aufgebaut waren. Bei der ersten Bühnenprobe erfuhr sie zu ihrem Schrecken, daß sie die Rolle hoch oben auf einem fünf Meter hohen und sehr wackeligen Turm spielen sollte. Dabei sollte sie ein Kleid tragen, dessen Schleppe bis auf den Boden reichte und dort ausgebreitet die ganze Bühne bedeckte. Dieses Objekt war so konstruiert, daß es flatterte, und die Tänzer sollten in seinen Falten verschwinden und wieder daraus hervorkommen. Durch die Bewegungen auf der Bühne wehten nicht nur Staubwolken in das Gesicht der Sopranistin, sondern der Turm begann außerdem noch gefährlich zu schwanken. Dann war da noch das Problem mit dem Mond, einer riesigen Scheibe, die ursprünglich an der Rückseite der Bühne, hinter der Sopranistin hängen sollte und nun am Schnürboden* gleich vor dem Turm befestigt worden war. So mußte sie ihre ersten Zeilen in einen Pappklumpen hineinsingen, der nur wenige Meter vor ihrem Gesicht hing, konnte dadurch den Dirigenten nicht sehen und wurde von dem aufgewirbelten Staub belästigt.

Es folgte eine Auseinandersetzung, die man in diplomatischen Kreisen als offenen und ehrlichen Meinungsaustausch bezeichnet hätte. Aber die Lösungen, die zur Diskussion standen, waren sehr begrenzt. Eine war, den Bodenbelag mit Wasser zu besprengen, um den Staub zu binden. Doch dadurch wurde das Gewicht des Stoffs, der Caballé um die Schultern hing, noch größer, was die stürmischen Turbulenzen oben auf dem Turm verstärkte. Die letzte Bühnenprobe endete für Caballé mit Tränen der Wut und der Enttäuschung. Sie hatte es geschafft, den Regisseur davon zu überzeugen, ihre Schlußszene auf Bodenniveau zu singen, was bedeutete,

* Raum über der Bühne, der die Obermaschinerie, Rollen und Züge, enthält, um daran die Kulissen zu befestigen.

daß der Turm, auf dem sie stand, langsam – wenn auch nicht allzu sanft – in den Boden versenkt wurde, nachdem ihr Jochanaans Kopf überreicht worden war. Das gab ihr außerdem die Gelegenheit, in einem blutroten Kleid aus ihrer eigenen Kostümwerkstatt aufzutreten. Aber ihre großartige Liebeshymne an Jochanaans Kopf zu richten, während sie die sperrige Schleppe hinter sich herziehen mußte, fand sie ebenso demotivierend wie Munds Dirigierkünste.

Die lokale wie die landesweite Presse hatte seitenlange Polemiken zum Fortgang der Inszenierung abgedruckt, bevor das Stück überhaupt seine Premiere feierte. Aber die ganze Affäre bekam eine neue Dimension, als Caballé nur drei Tage vor der Aufführung in einem Interview ihre Unzufriedenheit über die Inszenierung zum Ausdruck brachte. Das bezeichneten die Medien als Denunziation, was so auch in den Zeitungen zu lesen war. Unterdessen gab Jochen Ulrich zusammen mit dem Dirigenten und allen Tänzern (bezeichnenderweise aber mit keinem der Sänger) eine Pressekonferenz, in der er seine Inszenierung und die Methoden verteidigte. In dieser aufs Äußerste angespannten Atmosphäre fand die Generalprobe vor einem handverlesenen Publikum statt, und Caballé verließ danach wortlos das Theater. Im nachhinein ist klar, daß Caballé die Rolle an diesem Punkt hätte abgeben sollen, und ihre engsten Vertrauten hatten ihr auch dazu geraten. Obwohl sie an anderen Orten schon aus vielerlei Gründen Aufführungen abgesagt hatte, betonte sie immer wieder, dies niemals in Barcelona zu tun. Zwar wäre es relativ einfach gewesen, gesundheitliche Gründe vorzuschieben, doch sie hatte in den letzten beiden Jahren sehr selten Vorstellungen abgesagt und dann nur in gesundheitlichen Härtefällen. Sie mußte das einfach durchstehen.

Bei der Premiere herrschte eine äußerst angespannte Atmosphäre: Sehr wenige Inszenierungen kommen nach soviel kontroverser und entgegengesetzter Publicity im Vorfeld auf die Bühne. Streit hatte es sogar über die Verbeugungen vor dem Vorhang gegeben, denn Caballé hatte vor, weder den Dirigenten noch den Regisseur mit auf die Bühne zu nehmen. Statt dessen sagte sie zu ihrem Tanz-Double Darie Cardyn: »Ulrich ist Dein Choreograph, Du bringst ihn mit.« Und als es soweit war, wurde er von allen Seiten laut ausgebuht. Obwohl er zuvor verkündet hatte, die Reaktion des Publikums sei ihm gleichgültig, nahm er sie mit aschfahlem Gesicht und sichtlich entnervt entgegen. Die letzte Vorstellung fand am 8. Januar 1989* statt und wurde live im Fernsehen übertragen. Sie erfuhr, mehr oder weniger durch Zufall, daß dies eine komplette Änderung der Schlußszene erforderte. Für die Kameras war es unmöglich, eine gute Nahaufnahme von Jochanaans Kopf auf dem Silbertablett zu bekommen, da er zu hoch aufragte. Caballé wurde gebeten, die Szene flach auf dem Boden liegend, mit dem Kopf vor ihr, zu singen. Schließlich erfüllte sie die Bitte und gab den Zuschauern an den Fernsehern unbeabsichtigt recht deutlich zu verstehen, was sie von der Inszenierung hielt. Als sie das Tablett zurechtrückte, um Salomes Preis besser sehen zu können, stützte sie sich mit den Ellenbogen zufällig am Rand des Tabletts ab; das Geschirrstück brach mit dem Geräusch eines Gewehrschusses in der Mitte auseinander. Was wie Silber ausgesehen hatte, war nichts weiter als eine Pappmaché-Attrappe. Caballés Gesicht war wutverzerrt, und ein Millionenpublikum sah zu, wie die Diva das zerbrochene Objekt in Stücke riß, bevor sie den Kopf mit augenscheinlichem Triumph in die Höhe hielt.

Mit Ausnahme von zwei kurzen Ausflügen Ende Januar 1989 – der eine nach Los Angeles zu einem Solokonzert im Dorothy Chandler Pavilion und der andere nach Amsterdam zu einem gemeinsamen Opernkonzert mit Jaime Aragall im

---

* Caballé war an diesem Tag aus Madrid zurückgekehrt, wo sie in einer Gala anläßlich Spaniens Präsidentschaft in der Europäischen Gemeinschaft aufgetreten war.

Concertgebouw – beschäftigte sich Caballé bis Anfang März mit der unbestritten größten musikalischen Herausforderung ihrer Karriere: ihren ersten Auftritten in der Rolle der Isolde. Seit vielen Jahren hatte sie schon mit diesem Gedanken gespielt und war von Dirigenten wie Alain Lombard, James Levine und Zubin Mehta dazu ermutigt worden. Hätte Lombard 1980 nicht so überstürzt die Opéra du Rhin in Straßburg verlassen, so hätte die Rolle wahrscheinlich schon während der 80er Jahre Eingang in Caballés Repertoire gefunden. Nun nahm sie erst jetzt die Gelegenheit wahr, sie zu singen. Ihre Gedanken dabei waren leicht nachzuvollziehen: jetzt oder nie. Sie war 55 Jahre alt, zog sich allmählich von Bühnenengagements im internationalen Geschäft zurück und hatte immer noch nicht diese letzte, größte Herausforderung unter ihren fünf Lieblings-Rollen gesungen.* Wie sie selbst in einem Zeitungsinterview vor der Premiere sagte: »Ich habe keine Angst zu sterben, während ich Isolde singe.« Der Aufführungsort stand von vornherein fest: Wo sonst hätte sie ihre ersten Isoldes singen sollen als in ihrem Stammhaus, dem Liceo? Für diese Gelegenheit sollte dasselbe Team, Emilio Sagi und Toni Businger, mit der Neuinszenierung beauftragt werden, das in der vorherigen Spielzeit für den *Mefistofele* verantwortlich gezeichnet hatte. Und die Besetzung war hochkarätig: René Kollo als Tristan, Brigitte Fassbaender als Brangäne, Franz Grundheber als Kurwenal und Matti Salminen als König Mark; Dirigent war Peter Schneider.

Caballé hatte sich intensiv auf die Isolde vorbereitet, mußte sich aber mit sehr viel erfahreneren Kollegen messen, die den harten Weg, mit den spezifischen Problemen einer Wagner-Aufführung fertigzuwerden, schon gegangen waren. Sie hatten vor allem bereits die überaus wichtige Taktik entwickelt, ihre Kräfte in den langen Wagnerschen Werken gut einzutei-

---

* Die anderen sind Salome, Violetta, Norma und Semiramide.

len. In Absprache mit dem Dirigenten sang Montserrat die Generalprobe richtig, während ihre Kollegen meistens markierten. Ihre Darbietung im 1. Akt war faszinierend, mit volltönender und kraftvoller Stimme gesungen. Sie erinnerte in weiten Teilen an Kirsten Flagstad, ihr Vorbild in dieser Rolle, aber sie besaß nicht deren marmorne Kühle. Diese Isolde war ganz klar eine Frau mit schlechtem Charakter. Ihre Kollegen, besonders Kollo, waren erstaunt, daß sie kurz vor der Premiere mit so viel Einsatz sang.

Caballés verschwenderischer Stimmeinsatz bei der Generalprobe stellte sich als unklug heraus: Anstatt von ihren stimmlichen Zinsen zu leben, hatte sie ihr Kapital verbraucht – in der Premiere am 22. Februar war das nicht zu überhören. Zwar sang sie den 1. Akt sehr schön, aber nicht mit dem gleichen Feuer wie zwei Tage zuvor. In einigen Passagen im etwas gekürzten 2. Akt hatte Caballé schwer zu kämpfen, und beim »Liebestod« hatte sie offensichtlich Schwierigkeiten. Sie besaß offenbar noch nicht die nötige Ausdauer, um solch eine Rolle durchzustehen. Wie zu erwarten war, lernte sie aus diesem Fehler und teilte ihre Kräfte in den folgenden Aufführungen – entgegenkommenderweise in Abständen von vier Tagen angesetzt – besser ein, aber auf Kosten der dramatischen Spannung im 1. Akt.

Obwohl es keinen Grund gab, warum Caballé die Rolle der Isolde nicht hätte übernehmen sollen, wäre es wahrscheinlich klüger gewesen, sie in einem früheren Stadium ihrer Karriere zu singen. Dennoch bekam sie in der spanischen Presse begeisterte Kritiken. Roger Alier schrieb in *La Vanguardia*:

> Im 1. Akt war Caballé ausgezeichnet bei Stimme, sie phrasierte mit großer Kraft, vollkommen gleichmäßigem Atemfluß und kam auch mit den musikalischen Höhepunkten zurecht, ohne sich auf das Schreien zu verlegen oder Fehler zu machen ... Der 2. Akt war außerordentlich lyrisch, als sie die Rolle mit großartigem Spürsinn zum Leben

erweckte. Im 3. Akt hatten wir vielleicht etwas mehr vom »Liebestod« erwartet, der zwar ordentlich gesungen war, aber hier und da stimmliche Unregelmäßigkeiten aufwies, was zu einem Niveau führte, das hinter ihren Möglichkeiten zurückblieb ...[1]

Tristan und Isolde wurde bis Mitte März sechsmal gegeben. Doch Caballé konnte sich bei der dritten Vorstellung nur sehr schlecht konzentrieren, weil ihr Vater am Nachmittag ins Krankenhaus gekommen war. Aber es war nichts Ernstes, und einen Tag später wurde er wieder entlassen. Die Inszenierung stand zwei Monate später in Madrid im Teatro de la Zarzuela auf dem Programm, dessen begrenzter Bühnenraum weitgehend das Aussehen der statischen, kastigen Kulissen, wenn nicht sogar die damit einhergehende statisch-kastige Inszenierung bestimmt hatte. Aber wenigstens beeinträchtigte diese Inszenierung nicht die Aussage des Werkes oder die Leistungen der Sänger. Zwischen diesen beiden *Tristan*-Serien reiste Caballé Ende März nach Nordamerika und gab Solokonzerte in Miami, Atlanta und New York. Das Recital in New York fand diesmal nicht in der Carnegie Hall statt, sondern gehörte zu der Reihe »The Great Performers« [»Große Künstler«] in der Avery Fisher Hall. Dieses Konzert setzte den Trend fort, daß Caballés Solokonzerte zumindest ein ebenso großes Gesellschafts- wie ein musikalisches Ereignis sind. Der Kritiker in den *Daily News* brachte dies auf den Nenner:

... ein Konzert der Sopranistin Montserrat Caballé hat einiges mit der Aufführung der *Rocky Horror Picture Show* gemein. Bei beiden gibt es ein klares Protokoll, und beide, Künstler und Publikum, kennen ihre Rollen ganz genau ... Wie immer bei Caballé fängt die Show erst mit den Zugaben richtig an. Während immer wieder Ströme der Wärme und Liebe von der Bühne und zu ihr zurückströmen, spricht sie mit dem Publikum, scherzt, kichert und singt phantastisch. Sie hat im Laufe der Jahre nichts verloren: Ihr *pianissimo* schwebte, ihre tiefen Töne waren volltönend, die mittleren glänzend, die hohen brillant. Die Gefühle, die sie zum Ausdruck brachte, erinnerten an die Callas, und sie sang wie eine Göttin ... Das ganze Haus jubelte, aber höchstwahrscheinlich gibt es niemanden, der ein Caballé-Konzert mehr genießt als die Sopranistin selbst.[2]

Nachdem sie Mitte April ein halbes Dutzend Solokonzerte mit gemischtem Programm in Spanien und Frankreich gegeben hatte, reiste Caballé, wie sie es im vorigen Jahr versprochen hatte, nach Peking, wo sie am 27. und 29. April in Begleitung Zanettis zwei Solokonzerte gab. Sie hatte sich die Mühe gemacht, die Lautsprache des Mandarin auswendig zu lernen, um drei chinesische Kunstlieder im Original als Zugabe zu singen. Der katalanische Präsident Pujol war anwesend, weil China und Katalonien in engere Wirtschaftsbeziehungen treten wollten. Welche politischen Hoffnungen mit diesem Besuch auch verbunden gewesen sein mögen, sie wurden kurz darauf zunichte gemacht. Caballé bemerkte eine berauschend freiheitliche Atmosphäre und den Wunsch nach Demokratie, als sie durch die Hauptstadt streifte, und beobachtete mit eigenen Augen eine der vielen friedlichen Demonstrationen auf dem »Platz des Himmlischen Friedens«, die im Begriff waren, zur täglichen Institution zu werden. Nur wenige Tage später war die Welt bestürzt über die Brutalität, mit der die Bewegung in nur einer Nacht unterdrückt wurde und eine der letzten kommunistischen Bastionen ihre Tür zuschlug.

Zwei Tage nach ihrer Rückkehr aus China reiste Caballé nach Madrid, um für die Wiederaufnahme der Wagner-Oper *Tristan und Isolde* zu proben, die zwischen dem 10. und 22. Mai fünfmal auf dem Programm stehen sollte. Es gab zwei größere Änderungen in der Besetzung: Richard Versalle, ein kanadischer Tenor, sang für René Kollo und Kurt Moll anstelle von Salminen den König Marke. Die vorletzte Aufführung wurde am 19. Mai live im Fernsehen übertragen, und sie zeigt sehr deutlich, wie sehr Caballé bei ihrem zehnten öffentlichen Auftritt in die Rolle hineingewachsen war. Isoldes Fluch im 1. Akt schwingt sich großartig zu deklamatorischer Leidenschaft auf, und ihre Stimme kommt hervorragend gegen das Orchester an. Nur der boshafte Sarkasmus der irischen Prinzessin schimmert bei ihr nicht durch – wie sonst bei fast allen anderen Darstellerinnen der Rolle, vielleicht mit Ausnahme von Olive Fremstad (vom Hörensagen) und Birgit Nilsson (auf Platte festgehalten). Das Liebesduett gelingt besonders gut, die stattliche Gestalt des Tenors und seine Stimme – viel konzentrierter als die Kollos – harmonieren vortrefflich mit der Sopranistin. Auch der Liebestod wird sicher dargeboten, auch wenn das Schluß-Fis auf »Lust« – das nach einer äußerst seltsamen Pause kommt und bei den meisten Sopranistinnen genau auf der Trennlinie zwischen Mittel- und Kopfregister liegt – nicht ganz gelungen ist. Caballé hatte sich mit voller Kraft eingesetzt, und diese Rolle war durchaus geeignet, ein Fixpunkt in ihrem Repertoire zu werden. So ist es erstaunlich, daß ihre Madrider Vorstellung vom 22. Mai 1989 bis jetzt die letzte Gelegenheit war, bei der Caballé die Isolde sang. Zweifellos hat ihr niemand mehr diese Rolle angeboten, denn sie wäre bereit gewesen, die Herausforderung noch einmal anzunehmen. Aber die großen Opernhäuser brachten ein solches Repertoire nicht mit ihr in Verbindung – und sie hatte, abgesehen von ihren ganz frühen Jahren in Basel und Bremen, kaum jemals außerhalb Spaniens in Wagner-Opern auf der Bühne gestanden.

Ob sie eine der führenden Isolde-Interpretinnen geworden wäre oder nicht, mag dahingestellt bleiben. Aber unbestritten ist sie die einzige Sopranistin, die nur vier Tage nach einem Auftritt in einer Wagner-Oper sich auf Rossini einließ. Am

26. Mai war sie zu einer Wiederaufnahme von *Il viaggio a Reims* in einer hochkarätigen Besetzung wieder in Wien. Allerdings hatte sie an der Premiere, die einen Abend nach ihrem letzten *Tristan* auf dem Programm stand, nicht teilgenommen und Claudio Abbado, der sie noch dazu hatte überreden wollen, erklärt, daß dies schlicht unmöglich sei. Schließlich sprang in dieser einen Aufführung die junge Brigitte Poschner-Klebel für sie ein, die gut sang, aber auch keine Lücke hinterließ. Als Caballé schließlich am 26. auf der Bühne der Staatsoper erschien, applaudierte das Publikum, was bei den kultivierten Wienern nicht gerade üblich ist. Wie Abbado sagte: »Sie ist eine ausgezeichnete Künstlerin, wahrscheinlich eine der bedeutendsten, mit denen ich jemals zusammengearbeitet habe. Wir sind nicht sehr häufig miteinander aufgetreten, aber die Arbeit, die wir gemacht haben, ist, so glaube ich, wirklich erinnerungswürdig.«

Je nachdem, welche Haltung man zu Ronconis Inszenierung einnahm, hatten sich die Dinge im Vergleich zum vergangenen Jahr sehr verbessert (oder verschlechtert). Einer der Cembalo-Spieler schob ein »Scherz«-Kissen unter Cecilia Gasdia, deren römische Dichterin Corinna deshalb einen Ton improvisierte, den im Zuschauerraum zuvor noch niemand gehört hatte. Sam Ramey und Ruggero Raimondi machten sich in einem kurzen Dialog gegenseitig mundtot, woraufhin der amerikanische Bassist auf deutsch hervorprustete: »Ich bin nur ein Opernsänger!« Bei ihrem zweiten Auftritt versteckte sich Caballé hinter einem purpurroten Sonnenschirm und verdeckte alle anderen auf der Bühne. Dann trat sie hervor, eine mit weißen Schleifen verzierte, kreischend grüne Perücke tragend. Die Sänger hatten den Text der Schluß-Cabaletta im 2. Akt umgeschrieben und projizierten ihn auf eine sich hinter ihnen befindende Leinwand, die durch einen Lichtkegel beleuchtet wurde. Darin dankten sie Abbado, daß er sie alle eingeladen hatte mitzumachen. Und was die Vorschläge der verschiedenen Charaktere für die Schlußimprovisation am Ende der Oper betraf, so riß Enzo Dara dies mit dem begeisterten Ausruf »Papatacci!« an sich.*

Zwei (von drei) Vorstellungen, in denen Montserrat sang, bekamen sogar noch lautere und lang anhaltendere Ovationen als im letzten Jahr: Am letzten Abend, dem 28. Mai, hielt der Applaus über 40 Minuten an und drohte den Hausrekord, den der *Othello* mit Domingo / Kleiber aufgestellt hatte, zu brechen. Im Anschluß daran wurden die Künstler am Bühneneingang wegen Autogrammen belagert: Besonders Caballé schien eine riesige Schar ungewöhnlich junger Fans angezogen zu haben. Mit der für sie typischen Direktheit fragte sie, was sie in die Oper getrieben habe. Die Antwort war: »Wir sind Fans von Freddie Mercury, und wir wollten die Frau hören, die in ›Barcelona‹ so hoch schreit.« Abbado, der Montserrat während dieser Vorstellungen nicht von der Seite wich, meinte zu ihr: »Ein Glück, daß wir nicht *Parsifal* gegeben haben.« Als die Inszenierung samt Ensemble fünf Monate später nach Tokio kam, hatte sich die Lage noch weiter verschlimmert (oder verbessert). Die Mitglieder hatten voller Eifer einen Container mit persönlichen Requisiten beladen, um sich gegenseitig zu überraschen und die Schau zu stehlen. Was die Japaner allerdings daraus machten, läßt sich nur vermuten, denn auf dem Gastspielprogramm der Staatsoper standen noch *Wozzeck* und *Parsifal*.

In Montserrats vollbepacktem Terminkalender fand sich auch im Juni keine Pause: In Mérignac und in der Kathedrale von St. Denis standen zwei Wiederaufnahmen von *Clovis et Clotilde* auf dem Programm sowie Solokonzerte in Toulouse und Paris. Dort, im Théâtre des Champs-Élysées unterbrach Caballé mitten in einer Sequenz spanischer Lieder ihren Vor-

---

* Dieses spaßige Ritual gehörte zu der Rolle des Mustafa im 2. Akt der Oper *Die Italienerin in Algier*, in der Dara, Lopardo und Raimondi kürzlich zusammen an der Staatsoper aufgetreten waren.

trag, stand einfach auf der Bühne und schaute aufmerksam ins Publikum. Nach einer Verwirrung stiftenden Pause trat sie nach vorne und verkündete lächelnd: »Ich muß einen Moment warten, weil ein Mann in der ersten Reihe gerade sein Tonband wechselt.« Das Publikum brach in schallendes Gelächter aus, obwohl manche unruhig auf ihren Sitzen hin- und hergerutscht sein müssen, denn viele andere nahmen die Aufführung ebenfalls auf. Schließlich beugte sie sich vor und fragte nach: »Funktioniert es? . . . Sind Sie sicher? . . . Eh bien!« Und dann sang sie weiter. Die Sopranistin hatte sich nicht etwa über ihren Bewunderer lustig gemacht, denn sie will immer wissen, wer von ihren Fans es geschafft hat, die beste Aufnahme zu machen. Auch über die Raubpressungen ihrer Auftritte denkt sie anders als so mancher ihrer Kollegen, die sofort ihren Rechtsanwalt einschalten. Caballés Reaktion darauf ist ausnahmslos: »Wirklich? Das gibt es? Können Sie mir ein Exemplar besorgen?«

Eigentlich hätte es von der konzertanten *Saffo*-Aufführung, die sie am 17. Juni im Wiener Konzerthaus gab, genug Raubpressungen geben sollen, denn in den Sitzreihen des ersten Ranges konnte man unzählige rote und grüne Lichter aufblinken sehen. Doch es ist nie eine Aufnahme im Handel aufgetaucht, außer einer Aufzeichnung des österreichischen Rundfunks. Vielleicht läßt sich dies auf Caballés relativ schwerfälligen Gesang an diesem Abend zurückführen, obwohl Raubpresser normalerweise nicht dafür bekannt sind, daß sie sich von Fragen der Qualität beeindrucken lassen. So aber mußte die Aufführung mit einer regulären Aufnahme auskommen, und wenn diese Konzertaufzeichnung kaum ideal ist, so ist sie doch besser als gar nichts.

Den Juli 1989 hatten sich viele Opernliebhaber in ihren Terminkalendern rot angestrichen, denn hier sollten bei einem einzigen Konzert zahlreiche Stars auftreten. Dieses Ereignis war das erste Opernfestival, das im römischen Theater von Mérida stattfand. Caballé sollte nach zwölf Jahren wieder in der Titelrolle von *Medea* zu sehen sein; José Carreras würde zum erstenmal den Jason singen, außerdem waren dies die ersten Vorstellungen, in denen er nach Überwindung der Leukämie auf der Bühne zu sehen sein sollte. Auf dem Papier klang das ganze Unternehmen unwiderstehlich. Aber niemand hatte an die klimatischen Bedingungen gedacht. Mérida – zur Zeit des Römisches Reiches als Augusta Emerita bekannt – ist eine kleine Stadt in der spanischen Südprovinz Extremadura. Ursprünglich war es im 2. Jahrhundert als weitläufiger Alterssitz für die Legionäre und Fußsoldaten erbaut worden, und obwohl kaum bekannt, ist es bis heute das am vollständigsten erhaltene Beispiel römischer Stadtplanung außerhalb Italiens. Herzstück der Monumente – darunter auch Aquädukte und Tempel – ist eine Anlage, die man vielleicht als den Freizeitkomplex der Stadt bezeichnen könnte: zwei riesige, nebeneinanderliegende Arenen, die eine bietet 14 000, die andere 6 000 Menschen Platz. Letztere ist von großer architektonischer Bedeutung, denn die römische Bühne ist noch erhalten, während in vergleichbaren Amphitheatern (zum Beispiel in Verona und Orange) davon nichts mehr zu sehen ist. Es schien eine sehr gute Idee zu sein, *Medea* gerade hier aufzuführen und Caballé und Carreras zusammen darin auftreten zu lassen.

Aber die Durchschnittstemperatur von 45 Grad Celsius am Nachmittag machte das Leben für alle Festspielteilnehmer zur Hölle. Die staubtrockene Hitze forderte selbst bei den Gesündesten ihren Tribut, und welche Auswirkungen dieses Klima auf Tenor und Sopranistin hatte, kann man sich leicht ausmalen. Caballé erlitt während der Proben einen Ohnmachtsanfall und hielt sich fast nur noch in der kühlen, klösterlichen Anlage des umgewandelten Konvents auf, in dem sie lebte. Aber dieses Projekt war, vor allem in Spanien, ein Medienereignis, und die letzte Vorstellung am 29. Juli sollte live im Fernsehen übertragen werden. Es gab keinen anderen Ort, an den man hätte ausweichen können. Ein weiteres Problem waren die bis in die späten Abendstunden hinein glühend heißen Steinsitze. Folglich mußte man das ganze Projekt in die Nacht hinein verschieben. Der Vorstellungsbeginn wurde auf 23 Uhr gelegt und der Arbeitsalltag entsprechend angepaßt. Aber selbst unter diesen ungünstigen Bedingungen wurden die drei Vorstellungen ein riesiger Erfolg, auch wenn die Treue der Fans und die Erleichterung, Carreras wieder auf der Bühne zu sehen, dabei zweifellos eine große Rolle spielten.

Caballé erfüllte die dramatischen Anforderungen der Rolle mit großem Einsatz und gab eine wesentlich bessere Darbietung als ihr etwas zurückhaltenderes Porträt im Liceo aus dem Jahr 1976. Andererseits hatte sie die frühere Interpretation, auch wenn ihr Stimmvolumen jetzt zugenommen hatte und das Brustregister sehr viel dunkler klang, müheloser (und exakter) gesungen. Die hohen Noten klangen in Mérida unangenehm kantig, und die absichtlich wütende Attacke war stark übertrieben. Doch Montserrat hatte das Gefühl, daß sie ihrem eigenen Ideal in Mérida nähergekommen war, ohne jedoch der Meinung zu sein, sich die Rolle vollkommen angeeignet zu haben.

Es gab eine einzige Wiederholungsvorstellung der *Medea*, und zwar zur Eröffnung der dritten Festspiele im Schloß von Peralada am 4. August 1989. Montserrat blieb gleich am Ort, um noch für eine andere persönliche Premiere zu proben, ihre ersten inszenierten Vorstellungen von Puccinis *Le Villi*. Zwei Tage später flog sie nach Edinburgh, um am 16. August mit einem Solokonzert endlich ihr Festspieldebüt an der Usher Hall zu geben. So verspätet dieses Debüt auch gewesen sein mag, diejenigen, die da waren, entschädigten sie mehr als genug dafür und ergänzten in Gedanken die gelegentlichen Mängel der Sopranistin und lockten sie schließlich aus ihrer ernsten und düsteren Haltung heraus, die ihr die Festspielleitung vor einem bekanntermaßen schwer zufriedenzustellenden Publikum empfohlen hatte. Der *Guardian* berichtete in einem Artikel unter der Überschrift »Cult of the Definitive Diva«:

> In der zweiten Hälfte verlor [das Publikum] allmählich den Verstand, das Luftholen nach jeder Arie wurde zu einem schweren Seufzer, der Jubel immer lauter und lauter; sie warfen mit Blumen, bewunderten das Mißverständnis zwischen ihr und ihrem Begleiter in der ersten Zugabe und belohnten sie schließlich mit der stehenden Ovation ...[3]

Die Begeisterung nahm solche Ausmaße an, daß der damalige Direktor des Festivals, Frank Dunlop, sich die Bemerkung nicht verkneifen konnte, daß er solche Szenen noch nie erlebt hatte, am allerwenigsten in Edinburgh: Wer auch immer diese Caballé war, sie sollte schnell wiederkommen.

Am folgenden Morgen flog sie zurück nach Barcelona, um ein sehr wichtiges Ereignis zu feiern: ihre Silberhochzeit. Das eigentliche Datum war zwar der 14. August 1989, aber zu diesem Zeitpunkt war Montserrat zwischen Peralada, Barcelona, London und Edinburgh unterwegs gewesen, so daß die Feierlichkeiten auf Freitag, den 18. verschoben wurden. Das Fest fand in Las Lloses, dem Landhaus bei Ripoll statt, wo für 150 Gäste eine Garten-Party gegeben wurde. Nach einigen Drinks am Swimming-pool zogen viele hinüber zu dem nahegelegenen Hügel, wo sie und ihr Mann in der kleinen Votivkapelle, die Montserrat 1973 aus Dankbarkeit für die Rettung ihres Sohnes von der Salmonellenvergiftung hatte erbauen lassen, ihre Hochzeit noch einmal begingen. Bernabé war so gerührt, daß er kaum sprechen konnte. So mußte Montserrat für ihn einspringen. Der Priester, der die Trauung vornahm, erwartete, daß Caballé die Lieder aus dem Gesangbuch vortragen würde, aber sie lehnte ab und zog es statt dessen vor, sich unter die anderen zu mischen. Danach ging es zurück zu einem üppigen Bankett, während uneingeladene Pressefotografen sich in einiger Entfernung herumdrückten und Fotos schossen.

Montserrats nächstes gößeres Engagement führte sie nach 15jähriger Pause noch einmal nach Moskau, wo sie am 5. September 1989 im Bolschoi-Theater zusammen mit José Carreras in einem Gala-Konzert auftrat. Der Erlös dieses Konzertes sollte den Opfern des Erdbebens in Armenien, das sich im Dezember 1988 ereignet hatte, zugute kommen. Die beiden Künstler wurden so stürmisch empfangen, daß sie Polzeischutz erhielten, weil sich, wo immer sie auch hinkamen, eine riesige Menschenmenge bildete. Da sie zu den ersten Opernsängern gehörten, die unter Michail Gorbatschows *Perestrojka* in Rußland auftraten, fühlten sie sich beide dem sowjetischen Volk besonders verbunden, was sich in einer Reihe von Zugaben niederschlug, die über eine Stunde andauerten. Das Ereignis wurde vom russischen Fernsehen aufgezeichnet und zeitversetzt an diesem Abend ausgestrahlt. Zusätzliche Einnahmen sollten spätere Ausstrahlungen der Aufführung in ganz Europa einspielen.

Zurück in Barcelona mußten sie sofort mit den Proben für die öfters verschobene Welturaufführung von Leonardo Baladas Kolumbus-Oper *Cristóbal Colón* beginnen, in der Carreras die Titelrolle sang und Caballé Königin Isabella verkörperte. Der Komponist hatte den beiden Darstellern die Musik auf den Leib geschrieben, und so fanden die Sänger – besonders Montserrat – Rollen vor, die wie angegossen paßten. Die Oper war Mitte der 80er Jahre in Auftrag gegeben worden, um das bevorstehende 500. Jubiläum der Entdeckung Amerikas durch Kolumbus zu feiern, und das Libretto hatte der berühmte andalusische Dichter und Schriftsteller Antonio Gala verfaßt. Der Komponist, ein gebürtiger Katalane, war bestens durch seine vorherige Oper *Zapata* bekannt, die Sherrill Milnes gewidmet war, und seine Musik, ursprünglich aggressiv, hatte vor kurzem einen postmodernistischen, mildernden Prozeß durchlaufen. Das Werk war völlig schmerz-

Zu Hause in Barcelona: Montserrat mit Ehemann Bernabé und ihren Kindern Bernabé junior und Montsita, 1979.

Die drei Tenöre

(links) Montserrat mit José Carreras in Adriana Lecouvreur, *Liceo 1972. Carreras in der Rolle des Maurizio.*

(u.l.) Bei den Proben für eine Tosca-*Aufnahme in San Francisco, 1978, zusammen mit Luciano Pavarotti.*

(u.r.) Im Juli 1974 nimmt Montserrat zusammen mit Plácido Domingo Aïda *auf (Walthamtow Town Hall).*

Drei große Mezzosopranistinnen

(o.l.) Mit Marilyn Horne als Arsace in Pier-Luigi Pizzis berühmter Inszenierung von Semiramide*, Aix-en-Provence, August 1980.*

(o.r.) Mit Fiorenza Cossotto als Adalgisa in Norma*, Paris, September 1972.*

(u.r.) Montserrat und Brigitte Faßbender in Tristan und Isolde*, Barcelona, September 1989. (A. Bofill)*

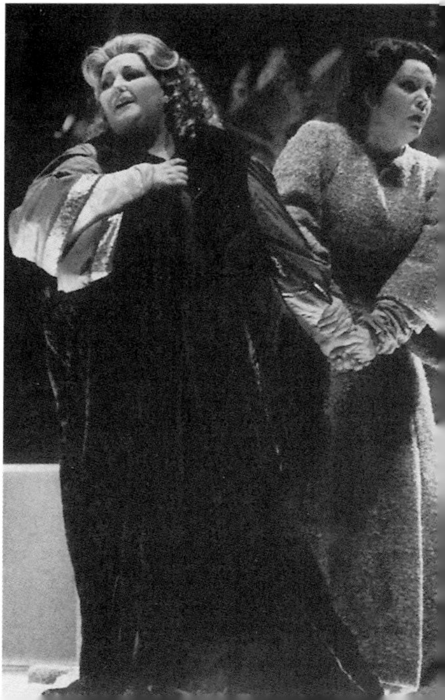

Eine ihrer zahlreichen triumphalen Aufführungen der Norma *in der Scala. (E. Piccagliani)*

(unten) Im Rahmen einer Veranstaltungsreihe zum Gedenken an Maria Callas: Montserrat in Tosca, *September 1977 im Covent Garden. (Clive Barda/London)*

(l.o.) Vor ihrem ersten und einzigen Auftritt in Turandot *in der Scala: Hinter der Bühne mit Zubin Mehta, Mai 1976. (E. Piccagliani)*
(r.o.) Montserrat prüft aufmerksam und kritisch eine Tonbandaufnahme.
(u.l.) In der ersten Aufführung von I vespri siciliani *in der Met tritt Montserrat in der Rolle der Duchessa Elena auf, Februar 1974. (J. Heffernan)*
(u.r.) Das wohl berühmteste und meistpräsentierte offizielle Foto von Montserrat, auf dem sie einen der russischen Zobel trägt, die sie nach ihren Auftritten im Bolschoi-Theater geschenkt bekommen hatte. (Mayer)

In den achtziger Jahren gab es vier neue Rollen für Montserrat im Liceo: (o.l.) Als gestrenge Turandot mit scharfen Krallen im Januar 1980, und (o.r.) "dressed to kill" als Kleopatra in Giulio Cesare*, Juni 1982. (A. Bofill)*

(u.l.) Der Rosenkavalier, 1. Akt: Montserrat als wehmütige Marschallin, Dezember 1984. (A. Bofill) Im Dezember 1989 als gepeinigte Silvana in La fiamma. *(A. Bofill)*

(o.l.) Bei der ersten Aufführung von Rossinis Ermione *in Pesaro seit 1819 steht Montserrat im prachtvollen Gewand auf der Bühne (August 1987).*
(o.r.) Mit ihren Kindern Bernabé und Montsita auf dem Mérida Opera Festival im Juli 1990: Montserrat trägt noch das Kostüm der Salome aus Massenets Hérodiade. *(A. Bofill)*

Der schönste Moment in einer ansonsten nicht unbelasteten Produktion: Ihr Abschied von der Rolle der Salome im Liceo, Dezember 1988. (A. Bofill)

frei für die Hörer und auf die beiden Stimmen und das Orchester zugeschnitten. Dirigent war Theo Alcántara, und bei der Inszenierung von Regisseur Tito Capobianco hatte man keine Kosten und Mühen gescheut. Wichtigstes Element der Kulissen von Eduardo Urculo und Mario Vanarelli war ein riesiges Astrolabium* aus Metall, in dem und um das sich die gesamte Handlung abspielte. Die fragmentarische Handlung des Stückes – vieles wird im Rückblick erzählt, und Vergangenheit, Gegenwart und Zukunft gehen teilweise ineinander über – ließ Caballé, immer wieder unterbrochen von längeren Pausen, als Isabella auftauchen. Bei ihrem ersten Auftritt erklärt sie in einem langen *arioso*, die »Reconquista« Granadas habe Vorrang vor allen anderen kolonialen Projekten, und dem aufdringlichen Kolumbus gibt sie zu verstehen, daß eine Königliche Kommission in Salamanca und nicht sie darüber entscheiden werde, ob seine Entdeckungsreise unterstützt wird. Dann teilt sie Kolumbus nach einigen Verhör-Szenen mit, daß sie ihm nicht helfen kann: Der erfolgreiche Granada-Feldzug hat ihren Etat erschöpft. Kolumbus verläßt sie niedergeschlagen, und ihr Ehemann König Fernando macht ihr wegen ihrer mangelnden Voraussicht Vorwürfe. Nachdem sie auf diese Weise eines Besseren belehrt wurde, zitiert Isabella Kolumbus wieder zu sich, gibt ihm die Erlaubnis für seine Entdeckungsreise, und die beiden stimmen in das unvermeidliche Duett ein.

Fast der ganze 2. Akt spielt auf See und dreht sich um endlose Streitereien zwischen dem Helden und seinem Erzrivalen Martín Alonso Pinzón, der von Carlos Chausson gesungen wurde. Aber in einer weiteren Rückblende erinnert sich Kolumbus an die Worte der Ermutigung, die ihm Isabella vor seiner Abfahrt mit auf den Weg gab, und wie zu erwarten war,

* Altes astronomisches Instrument zur lagemäßigen Bestimmung von Gestirnen.

erscheint die Königin wieder, um ihr drittes langes Stück, voller ansteigender Kantilenen und dem gelegentlichen Auflodern vorsichtiger Koloraturen zu singen. Ihr letzter Auftritt ist im surrealistischen Epilog, nachdem Kolumbus Land gesichtet hat. Alle Darsteller des Dramas kommen zusammen auf die Bühne, darunter auch ein Indianer-Chor, der dem Schöpfer dankt und von der Hoffnung auf Menschlichkeit singt – eine sehr malerische Art, die Geschichte komplett umzuschreiben und der Oper unnötigerweise ein Happy-End zu geben.

Während der Proben und der vier Vorstellungen von *Cristóbal Colón* litt Caballé ständig unter Schmerzen im Bein. Dennoch, bei der Premiere am 24. September hatte sie eine ausgezeichnete Stimme, und sie machte das Beste aus den Möglichkeiten, die Baladas maßgeschneiderte Musik für sie vorsah, ebenso wie Carreras, dessen Stimme kraftvoll ertönte. Alles in allem kam die Oper beim Publikum sehr gut an, was noch durch die Direktübertragung im Fernsehen besiegelt wurde und den Pressespekulationen über die angeblich astronomisch hohen Künstlergagen in gewissem Maß entgegentrat.

Nur wenige Tage später war Montserrat auf dem Weg nach Wien, um noch schnell an ein paar hektischen Proben teilzunehmen und, was noch wichtiger war, eine neue Auswahl von Requisiten und Accessoires für die Gastspielreise der Staatsoper nach Japan zusammenzustellen. Dort stand am 21. Oktober im Tokioter Bunka Kaikan die Premiere von *Il viaggio a Reims* auf dem Programm, die eine Reihe von vier ausverkauften Vorstellungen eröffnete. Die Japaner erlebten bei dieser Gelegenheit viele der teuersten Opernsänger der Welt, die die meiste Zeit nicht singen konnten, weil sie über die Späße der anderen lachen mußten.

Caballés nächstes größeres Unternehmen war wie jedes Jahr die Weihnachtsaufführung am Liceo, womit sie ihre dort aufgeführten Werke im Jahr 1989 auf vier gebracht hätte. Aber in letzter Minute hatte sich das Theater entschieden, Ende November zwei Vorstellungen von Casals *El Pessebre* ins Programm zu nehmen, für die Montserrat zusagte, und so stieg die Zahl unvorhergesehen auf fünf. Die fünfte Oper war eine weitere Rarität, Ottorino Respighis *Die Flamme* [*La fiamma*], die Caballé ursprünglich deshalb singen wollte, weil man ihr zugesagt hatte, Piero Faggioni werde mit Regie und Bühnenbild betraut. Trotz des Debakels 1977 mit ihrer gemeinsamen *Norma* in Wien schätzte sie den italienischen Regisseur sehr, und sie hatte sich darauf gefreut, eines Tages wieder mit ihm zusammenzuarbeiten, und zwar in einem Werk dessen historischer Rahmen, ganz zu schweigen von den religiösen und übernatürlichen Elementen, das Auge eines erfahrenen Regisseurs erforderte. Die Oper handelt von Silvana, der zweiten Frau Basilios, des byzantinischen Statthalters von Ravenna, ihrer Verfolgung durch ihre Mutter, der Kaiserin Eudossia, und davon, wie die Liebe zu Donello, dem Sohn aus der ersten Ehe ihres Mannes, wächst. Die Geschichte spielt im 7. Jahrhundert am Königshof von Ravenna und dreht sich um Hexerei: Am Ende des 1. Aktes sehen wir einen Anhänger des Kults auf dem Scheiterhaufen landen, und am Ende des 3. Aktes ereilt Silvana, die mittlerweile ihren Stiefsohn verführt und ihren Mann mit der von ihrer Mutter geerbten Kraft – »der Flamme« – getötet hat, dasselbe Schicksal.

Silvanas Rolle, die die meiste Zeit über das passive Opfer der Umstände ist, wird von der Musik widergespiegelt. Aber es gibt auch einige kraftvolle, heroische Deklamations-Szenen, so im 1. Akt, als Silvana sich an ihre Kindheit erinnert, und vor allem bei der Konfrontation mit ihrem Mann im 3. Akt, die mit seinem Tod endet. Doch sie ist an einem der beeindruckendsten Liebesduette der Oper beteiligt, in dem sich die Klänge Gregorianischen Gesangs ekstatisch mit Monteverdischer Monodie vermischen. Das Werk hinterläßt einen gewaltigen Eindruck und zeigt Respighi in seiner vorletzten Oper nicht weniger als Meister der Form, des Lokalkolorits und Tempos als Puccini. Es ist schwer nachvollziehbar, warum das Werk nicht im internationalen Repertoire zu finden ist.

Aber die Künstlerische Direktion des Liceo war entsetzt über die Kosten für Faggionis prächtiges Bühnenbild sowie die Kostümentwürfe und schlimmer noch über die geplante Dauer der Proben. Nach einigen Disputen mit dem Regisseur wurde statt dessen beschlossen, eine Inszenierung von der Ungarischen Staatsoper in Budapest zu entleihen. Caballé erfuhr erst sehr spät davon und dann auch nur rein zufällig. Zufälligerweise traf sie beim Einchecken im Züricher Flughafen Josep Maria Busquets, den Geschäftsführer des Liceo, der gerade aus Ungarn zurückkehrte. Sogleich erzählte er ihr, daß seine Reise den Zweck gehabt habe, die Budapester Inszenierung zu entleihen, und er sei überzeugt, sie sei ein mehr als adäquater Ersatz. Dies war schon Caballés zweite Weihnachtsaufführung am Liceo, die in letzter Minute von einem Regisseur, dessen Werk sie kannte und den sie schätzte, an eine andere Person weitergereicht wurde, ohne daß man dies vorher mit ihr abgesprochen hatte. Über den Gang der Ereignisse konnte sie deshalb überhaupt nicht erfreut sein. Dennoch kam sie zu den Proben, und die Direktion ging auf ihre Beschwerde ein (oder tat es aus Schuldgefühlen heraus), daß die Kostüme scheußlich seien, und ließ sie alle neu entwerfen. Aber der ganze Aufwand war weitgehend vergebens. Während der Proben hatte Montserrat zunehmend unter einer chronischen Bronchitis gelitten, und ihre Ärzten hatten ihr geraten, nicht zu singen. Schließlich wurde es so schlimm, daß sie ihre Auftritte absagen mußte. Als Reaktion hatte sie kein Mitgefühl erwartet, aber über die Antwort, die sie daraufhin erhielt, war sie vollkommen verblüfft:

> Man teilte mir mit, daß die Leitung keinen Ersatz für mich als Silvana finden könne und das Theater an den fünf Abenden einfach schließen werde. Im Grunde war das künstlerische Erpressung und sowohl moralisch verwerflich als auch taktlos. Aber ich konnte nichts dagegen tun.

Schließlich sang sie doch in allen fünf angesetzten Vorstellungen zwischen dem 14. und dem 26. Dezember, obwohl das Wort »singen« in diesem Zusammenhang vollkommen unzutreffend ist. Ihre Stimme war in einem vollkommen schlechten Zustand, und am 20. Dezember war sie praktisch heiser. Sie sah schrecklich aus, und nur ihre fatalistische Entschlossenheit ließ sie die Vorstellungen durchstehen. Als die Reihe beendet war, brach sie zusammen und mußte lange Zeit im Bett verbringen, während der sie täglich von ihren Ärzten untersucht wurde. Die schlimmsten Befürchtungen hatten sich bewahrheitet: Caballé hatte eine Lungenentzündung bekommen. Fast zwei Monate lang trat sie nicht öffentlich auf, die längste Periode erzwungener Untätigkeit in ihrer gesamten beruflichen Laufbahn – sogar noch länger als die Pause während der Feststellung ihrer Erkrankung im Jahr 1985. Bis Anfang April 1990 war sie in diesem Jahr nur viermal in der Öffentlichkeit aufgetreten, und das bei einer Sängerin, die sich in den vergangenen Jahren meist nichts dabei gedacht hatte, solch ein Arbeitspensum innerhalb einer Woche zu absolvieren. Dieser Einschnitt zeigte ein weiteres Mal, wie schlecht es um ihre Gesundheit bestellt war. Aber trotz dieser langen Unterbrechung mußte sie nur sehr wenige Vorstellungen absagen, was verdeutlicht, daß sie sich schon einige Zeit vorher mit diesem begrenzten Rückzug von der Bühne vertraut gemacht hatte.

Noch schlimmer, als zu Hause krank das Bett hüten zu müssen, war für Caballé die tödliche Langeweile. Als die Lungenentzündung langsam heilte, fing sie sogleich wieder an, öffentlich aufzutreten: zunächst bei einem Solokonzert im Konzerthaus in Wien; und dann, Ende April, war sie in München, wo sie zusammen mit Marilyn Horne zum erstenmal in der neuen Philharmonie am Gasteig auftrat. Nachdem sie gesundheitlich wieder soweit hergestellt war, nahm sie vermehrt Einladungen an und gab sehr kurzfristig Solokonzerte in Spanien und in Südfrankreich. Darüber hinaus hatte sie in dieser Zeit noch zwei ausstehende Verpflichtungen in Paris. Die erste war ein Galakonzert am Théâtre des Champs-Élysées zu Ehren von Régine Crespin, die sich von der Bühne zurückzog; die zweite fand fünf Tage später am 19. Mai statt und war das Debüt Montserrats in der neuen Opéra de la Bastille – das erste Opernkonzert, das im neuen Saal gegeben wurde.

Bei diesem Auftritt zeigte sie sich in großartiger Form und gab eine leidenschaftliche, stimmgewaltige Interpretation von Puccinis Sterbearie »Sola, perduta, abbandonata« aus *Manon Lescaut* zum besten, die einen schönen Gegensatz zu Desdemonas *scena* im 4. Akt des *Othello* mit ihren sanften Schattierungen und Halbtönen bildete. An diesem Abend war die Frau von einem der Direktoren der Royal Shakespeare Company anwesend, und sie stellte fest, daß sie in all den langen Jahren ihrer Erfahrung mit »konventionellen« Desdemonas auf der Bühne noch niemals jemanden gehört hatte, die sich so gut in die Traurigkeit und tragische Vorahnung in dieser Szene einfühlen konnte. Für sie war es ein Rätsel, wie Caballé diese Empfindungen aus dem Stand heraus »abrufen« konnte, ohne den Rest von *Othello* durchlebt zu haben. Aber genau das macht natürlich eine große Sängerin aus.

Am 25. Mai 1990 reiste Caballé nach Madrid, um an den Proben zu den ersten Madrider Vorstellungen von *Die Flamme* teilzunehmen, in denen sie wieder für die Rolle der Silvana vorgesehen war. Die Premiere am 5. Juni zeigte die Sopranistin in unvergleichlich besserer Form als in Barcelona. Sie beeindruckte sowohl Publikum als auch Kritiker über die Maßen und feierte einen großen persönlichen Erfolg.

Montserrat schaffte es, Ende Juni ein paar Tage Ferien in ihrem Landhaus einzuschieben und die Zeit mit ihren Kindern zu verbringen, die mittlerweile erwachsen waren und ihr eigenes Leben lebten. Der 24 Jahre alte Bernabé junior studierte an der Universität von Barcelona Anthropologie (im Gegensatz zu seiner Leidenschaft für Astronomie, die er als

Teenager gehabt hatte), und die fünf Jahre jüngere Montsita hatte bereits eine Laufbahn als Tänzerin eingeschlagen und studierte bei der Freundin ihrer Mutter, Maija Plissezkaja, in Madrid. Anfang Juli reiste die ganze Familie quer durch Spanien zu der mit Spannung erwarteten Neuauflage der Opernfestspiele in Mérida, die am 4. Juli eröffnet werden sollten. Die Klimaprobleme des vergangenen Jahres waren bei der Proben- und Aufführungsplanung berücksichtigt worden, so daß dieser Ausflug eigentlich problemlos hätte verlaufen können. Die Premiere ging noch »glatt über die Bühne«. 6000 Zuschauer erlebten eine um Mitternacht (bei immer noch 32 Grad Celsius) beginnende, unvergeßliche Inszenierung von Massenets *Hérodiade*, mit Caballé und Carreras als Salome und Johannes der Täufer, Juan Pons als Herodes und Jelena Obraszsowa als Hérodiade. Das etwas ungeschliffene Orchester und der Chor waren aus Sofia importiert, und der Dirigent Jacques Delacôte tat, unter den gegebenen Umständen, sein Bestes. Aber alles in allem war die Vorstellung sehr beeindruckend, weil ihr durch das außergewöhnliche Ensemble Leben eingehaucht wurde. War bei den Solisten auch gelegentlich ein schriller Ton zu hören, so beschwerte sich niemand darüber. Am folgenden Abend wurde in dem angrenzenden Amphitheater Prokofjews Ballett *Romeo und Julia* gegeben, dirigiert von einem von Montserrats größten Bewunderern, Mstislaw Rostropowitsch. Die Caballés waren vom Präsidenten der Provinz Extremadura zu der Vorstellung eingeladen worden und saßen in der ersten Reihe der eigens zu diesem Anlaß im Teatro Romano errichteten Zuschauertribüne. Nach dem Ende der Vorstellung erhoben sich die Zuschauer in den hinteren Reihen, um zu applaudieren. Und dann geschah das Unglück: Der mittlere Teil der Tribüne stürzte ein. Bernabé junior brach sich den Knöchel, sein Vater eine Rippe, und Montserrat stürzte kopfüber in den dreieinhalb Meter tiefen Abgrund und landete in den Trümmern des zusammengebrochenen Gerüstes. Jede Zeitung in Spanien hatte am nächsten Tag ein Foto von Montserrat auf der Titelseite, wie sie von Katastrophenhelfern nach oben gezogen wird. Sie hatte allerdings Glück im Unglück gehabt – viele andere waren ins Krankenhaus eingeliefert worden –, und außer dem Schock hatte sie nicht mehr als einige Prellungen davongetragen. Ihr Bruder Carlos hatte impulsiv reagiert, dem Festspieldirektor Manuel Canseco einige Faustschläge verpaßt und dem Innenminister ein »Asesino!« [»Mörder!] zugeschrien. Carlos' Zorn steigerte sich noch, als ihm, dem Künstlerischen Leiter der Musikfestspiele von Mérida – im Gegensatz zu den dortigen Theaterfestspielen –, versehentlich die Kosten für die Arbeiten am Gerüst im Teatro Romano in Rechnung gestellt worden waren. Dabei bemerkte er, daß anstatt der zugebilligten Summe von acht Millionen Peseten [ca. 98 000 DM] für die Errichtung der Sitztribünen nur drei Millionen Peseten [ca. 37 000 DM] gezahlt worden waren.

Verständlich, daß die schlechte Stimmung, die all dies mit sich brachte, die zwei noch ausstehenden Vorstellungen von *Hérodiade* überschattete. Allerdings kam es nie zu einer befriedigenden Lösung: Canseco wurde sofort entlassen, und die für das nächste Jahr geplante Neuinszenierung von *Semiramide* mit Caballé und Marilyn Horne in den Hauptrollen wurde nie aufgeführt. So war 1990 das Jahr der zweiten und letzten Opernfestspiele von Mérida.

Die gute Laune war bald wiederhergestellt, als Caballé und Carreras am 28. Juli zusammen bei Carlos' vierten – und für ihn letzten – Festspielen in Peralada auftraten. Montserrat verbrachte den Anfang des August mit den Proben zu einer Neuinszenierung von Donizettis komischer Oper (nach seinem eigenen Libretto komponiert) *Le convenienze e le inconvenienze teatrali*, die unter dem neuen Titel *Viva la Mamma* inszeniert wurde. Diese Oper war vor vielen Jahren in London auf dem Camden-Festival unter dem Titel »Die Mutter der Primadonna ist ein Transvestit« aufgeführt worden, ein Titel, der schon auf das Verwirrspiel zwischen den Geschlechtern in der Handlung hinweist. Wesentlicher Handlungsstrang ist, daß die Rolle der »Mamma« – Agata Scannagalli – von einem Bariton in Frauenkleidern gesungen wird, hier von dem dieses Mal bartlosen Juan Pons, der in jener in die 50er Jahre verlegten Inszenierung Anita Cerquetti erstaunlich ähnlich sah. Montserrat spielte die Rolle der hysterischen Primadonna Corilla Sartinecchi mit müheloser Leichtigkeit, einschließlich des Vortrags eines absichtlich scheußlich gesungenen »Di tanti palpiti« aus Rossinis *Tancredi*. Bei einem Festival, das außerdem mit einer Neuinszenierung von *Samson und Dalila* mit Carreras und Marjana Lipovšek sowie einer Operngala mit Domingo aufwartete, waren diese Vorstellungen ein Highlight, wahrscheinlich ebenso ein Verdienst von Caballé, die in einem ausladenden weißen Seidenpyjama, mit Turban und purpurroter Straußenfeder auftrat, wie von Juan Pons.

Montserrat Caballés Terminkalender bestand in den nächsten 14 Wochen aus einer Aneinanderreihung von Soloauftritten in Europa und Konzerten in Spanien: Eine Oper stand erst Ende November mit dem Probenbeginn für die Wiederaufnahme der *Walküre* im Liceo auf dem Programm, die sie wie gewohnt zum Ende des Jahres geben wollte. Doch zunächst reiste sie nach Dubrovnik und zum Edinburgh Festival, wo sie im zweiten Jahr ihrer Teilnahme das zahlreich erschienene Publikum in der Usher Hall förmlich elektrisierte. Dann unternahm sie im September eine kurze Solo-Tournee durch Skandinavien, und im Oktober reiste sie nach London, um zusammen mit José Carreras eine CD mit ausgewählten Opernduetten für Philips aufzunehmen – das erste Duett-Projekt des Opern-Paars, denn die gemeinsamen Aufnahmen in der Vergangenheit waren stets Gesamtaufnahmen von Opern gewesen. Das Repertoire hatten die beiden Sänger unter Berücksichtigung ihrer Karrieren sorgfältig ausgewählt, darunter das Mutter-Sohn-Duett aus dem Prolog zu *Lucrezia Borgia*, die Saint-Sulpice-Szene aus *Manon*, die Arie »Già nella notte densa« aus *Othello*, praktisch den ganzen *André*

Chénier, den 4. Akt und das Kerker-Duett aus *Hérodiade*. Das Philharmonie-Orchester dirigierte Jacques Delacôte, und die Aufnahme wurde von dem erfahrenen Erik Smith in der Blackheath Concert Hall produziert. Doch die CD kam nie auf den Markt, weil der Klang auf der ein paar Monate später fertiggestellten Aufnahme indiskutabel war, und Carreras, damals exklusiv bei Philips unter Vertrag stehend, lehnte es ab, sie zum Verkauf freizugeben. So schlummert Montserrats erste Schallplattenaufnahme nach einer fünfjährigen Pause in irgendeinem Tresor.

Während Montserrat im November 1990 Konzerte und Soloabende in Madrid, Lissabon und – vor einem immer hoffnungsloseren politischen Hintergrund – in Belgrad gab, bereitete das Liceo für die Weihnachtsvorstellung eine Wiederaufnahme der *Walküre* vor, in der sie im Mai 1986 in Madrid gesungen hatte. Wie damals hatte sie sich dafür entschieden, die Rolle der Sieglinde zu übernehmen, und die übrige Besetzung war hochrangig, mit Simon Estes als Wotan, Robert Schunk als Siegmund, Marjana Lipovšek als Fricka und Johanna Meier als Brünnhilde. Das Problem waren die Kulissen des Regisseurs Hugo de Ana. In Madrid hatten sie Caballé keine Schwierigkeiten bereitet, denn obwohl es dort eine steile Schräge gegeben hatte, ließ diese der Sopranistin im Bereich der flachen Vorbühne noch viel Raum. Aber im Liceo, dessen Bühne im Gegensatz zu Madrid schon in sich leicht geneigt ist, begann die Schräge ganz vorne am Souffleusenkasten: Während einer Besprechung zwischen dem Regisseur und dem Technischen Direktor des Liceo, Josep Maria Folch, wurde darauf hingewiesen, daß der steile Anstieg der Bühne Schwierigkeiten für Caballé mit sich bringen könnte. Deshalb beschloß man, eine Art Laufsteg um dem vorderen Bereich der Bühnendekoration zu legen, um so die Schräge umgehen zu können.

Caballé kam von Filmaufnahmen für eine ZDF-Dokumentation zurück, um an der ersten Orchesterprobe für die *Wal-*

küre teilzunehmen. Wie gewohnt ging sie davon aus, daß diese in Form einer Sitzprobe* stattfinden würde. Aber als sie im Theater ankam, war der Vorhang oben und die Bühne schon vollständig in Hundings Wohnung umgebaut, die sie durchqueren mußte, um in ihre Garderobe zu gelangen. Als sie hinüberging, bemerkte sie die steile Bühnenschräge und erfuhr, daß sie diese nur über die Seitenflügel über drei Stufen erreichen konnte. Sofort entbrannten Diskussionen mit dem Spielleiter, der erklärte, daß ein Stück Fußbodenbelag eingefügt worden war, um den Zugang der Sopranistin zur Bühne einzuebnen. Aber Montserrat sah damit das Problem noch immer nicht als gelöst an. Doch dies hier war schließlich eine Sitzprobe, und sie hatte nicht vor, einen Streit über die Bühne vom Zaun zu brechen. Sie wollte sich allein auf die Orchesterprobe konzentrieren. Und deshalb setzte sie sich in die erste Sitzreihe hinter den Dirigenten Uwe Mund, weil es nicht möglich war, in gewohnter Sitzprobenart auf der Vorderbühne zu sitzen. Nachdem die Probe für den 1. Akt beendet war, kam de Ana in Begleitung des Intendanten Busquets zurück, und sie versuchten, Montserrat von der problemlosen Begehbarkeit der Bühne zu überzeugen: Insgesamt sei die Kulisse genauso wie in Madrid. Aber Caballé wußte, daß es nicht so war, und sagte das auch. Sie verwies auf das Video der Madrider *Walküre*, auf dem man sich vom Gegenteil überzeugen konnte. Dann verließ sie das Theater, nachdem sie ihren Musikerkollegen gedankt und Busquets angekündigt hatte, daß sie nicht in dieser Inszenierung auftreten werde.

Alles hatte sich im Vergleich zu Madrid geändert, nicht nur szenisch, sondern auch musikalisch, und zwar über-

---

* Der Vorhang ist unten, und die Solisten sitzen ungeschminkt und ohne Kostüme in einer Stuhlreihe unmittelbar auf der Vorderbühne, mit Orchester und Dirigent im Orchestergraben.

haupt nicht zum Besseren. Der Dirigent in Madrid [Gustav Kuhn] war ausgezeichnet, aber in Barcelona gab es keine Farbe, keine Nuancierung, kein Gefühl. Und dann die Änderungen an den Kulissen. Wie sollte ich die Rolle der Sieglinde, die so leidenschaftlich und kompliziert ist, auf einem Stück Eisen singen, das noch nicht einmal so breit war, daß Siegmund und ich uns zur selben Zeit darauf aufhalten konnten? Sie kannten alle die Probleme, die ich seit 1969, seit dem Unfall in New York mit meinem linken Bein habe, und hatten meine Schwierigkeit mit Schleppen und Stufen in den früheren Inszenierungen immer berücksichtigt. Aber jetzt, nach den Problemen und Enttäuschungen mit den *Salomes* 1988 und der *Flamme* 1989, machte mich dies wirklich wütend. Seit drei Jahren hatte ich es mit inadäquaten Inszenierungen zu tun, die unnötige Probleme schafften. Und ich schenkte den Versprechungen einfach keinen Glauben mehr, denn kein einziges der vorherigen Versprechen der Direktion war jemals eingehalten worden. So beschloß ich schließlich auszusteigen, zum erstenmal in 28 Jahren hatte ich die Arbeit in einer Liceo-Inszenierung hingeschmissen.

In den Presseerklärungen, die Busquets gleich darauf abgab, stand zu lesen, Caballé sei aus gesundheitlichen Gründen gezwungen gewesen abzusagen. Aber die Sopranistin ist äußerst stolz auf ihre nahezu lückenlosen Auftritte im Liceo und weigerte sich, dieses Täuschungsmanöver mitzumachen. Nachdem sie alle Berichte in den Zeitungen der folgenden Tage gelesen hatte, beschlich sie das Gefühl, Opfer einer scheußlichen Betrügerei geworden zu sein und widersprach Busquets Presseerklärungen.

Als ich 1962 in Deutschland arbeitete, war ich nahe daran, meine Karriere aufzugeben, weil ich bemerkte, daß alles, was dort zu erreichen war, die immerzu gleiche und stumpfsinnige Routine war. Ich liebe das Liceo sehr, und ich wünsche dem Theater viel Glück, aber ich habe das Gefühl, daß die dort vorherrschende Atmosphäre der vor Jahren in Deutschland herrschenden sehr ähnlich ist.[4]

Das Theater beschloß, nicht nachzugeben, und verbreitete statt dessen, Montserrat sei nicht in der körperlichen Verfassung gewesen, die Rolle anzutreten – eine Behauptung, die die Leitung des Liceo mit keinem ärztlichen Attest belegen konnte (sie hatte Caballé noch nie nach einem Attest gefragt). Diese Unterstellung machte Caballé äußerst wütend, weil sie nicht der Wahrheit entsprach.

Am 26. Mai 1991 erschien in der katalanischen Tageszeitung *El Periódico* ein Artikel über und ein Interview mit der Sopranistin, die sich zu dieser Zeit wegen eines Opernkonzerts in der Royal Festival Hall in London aufhielt. Nach ihrer Beziehung zum Liceo gefragt, antwortete sie: »Kein Kommentar. Machen Sie daraus, was Sie wollen.« Anschließend bestätigte sie, daß sie in der kommenden Spielzeit nicht am Liceo singen werde – sie hatte ein anderes Angebot angenommen: eine Wiederholung der Elektra in *Idomeneo*, die sie in diesem Jahr schon in einer Madrider Neuinszenierung gesungen hatte – und daß ihre Gründe von einer »künstlerischen Empfindlichkeit« bestimmt würden.

Schließlich veröffentlichte sie mit Erlaubnis des Empfängers einen Brief, den sie am 28. Mai an Busquets mit je einer Kopie an Jordi Pujol – den Präsidenten von Katalonien – und Pasqual Maragall – den Bürgermeister von Barcelona – in ihrer Funktion als Präsident bzw. Vizepräsident des Consorcio del Liceo gesandt hatte. Darin machte sie darauf aufmerksam, daß während der vergangenen drei Spielzeiten an drei ihrer Inszenierungen Änderungen vorgenommen wurden, die nicht Gegenstand des Vertrags gewesen seien und entweder wider besseren Wissens oder aus Inkompetenz geschehen seien. Es sei Sache Busquets als Geschäftsführer, sich darum zu kümmern.

Das ganze Medieninteresse wirbelte nur noch mehr Staub auf. Auslöser waren diesmal Carlos' Aktivitäten als musikalischer Berater bei den anstehenden Olympischen Spielen, eine Aufgabe, die er sich nicht ausgesucht hatte, sondern zu der er ernannt worden war, so wie man José Carreras einige Zeit später zum Musikdirektor ernannte. In Übereinstimmung mit der ursprünglichen Zielsetzung, aus dem Ereignis eine *Kultur*-Olympiade zu machen, traf das zehn Personen umfassende Festkomitee (mit dem Namen OBS) unter dem Vorsitz von Lluis Bassat die Entscheidung, für die spektakuläre Eröffnungsfeier spanische Opernstars zu engagieren, die speziell zusammengestellte Melodien singen sollten. Sie entschieden sich für ein Sextett und wählten schließlich Aragall, Berganza, Caballé, Carreras, Domingo und Pons aus. Der altgediente Tenor Alfredo Kraus war empört, auch wenn seine eigenen, von den Medien verbreiteten Verlautbarungen, die ein Konzert der drei Tenöre in Rom im Jahr 1990 als vulgäre Opern-Prostitution verurteilt hatten, die Entscheidung gegen ihn zweifellos besiegelte. Dies veranlaßte ihn dazu – er hatte vermutlich seine Meinung über Open-Air-Opernfeste in großem Stil revidiert –, sich gegenüber der Presse über seine Behandlung durch die »Carlos-Caballé-Mafia«, wie er sie bezeichnete, zu beklagen: »José Carreras hat mir den Krieg erklärt ... Natürlich würde ich nicht darauf eingehen, wenn man mich jemals darum bitten sollte, etwas ähnliches auf die Beine zu stellen.«[5]

Carreras zog durch seine Funktion als Musikdirektor erstaunlich viele Attacken auf sich, auf die er äußerst gelassen reagierte, obwohl es nicht sehr ermutigend war, daß das Festkomitee schwieg und nicht zu den gemeinsamen Überzeugungen stand. Kraus' Tiefschlag zog dagegen eine Antwort des Olympischen Komitees nach sich: Es legte die horrenden finanziellen Forderungen gewisser Künstler offen (die Stars des Sextetts bekamen jeweils eine Pesete), versuchte aber, ihn mit einem Solo-Auftritt während der Zeremonie zu besänftigen. Und Carlos, der zum erstenmal direkt auf die Anschuldigungen reagierte, bemerkte im Verlauf eines Interviews mit der Zeitung *ABC*: »Wenn ich deshalb ein Mafioso bin, weil ich meinen Landsleuten helfe, dann bin ich sehr stolz darauf, einer zu sein.«[6] Einige Tage später nahmen Carlos und Alfredo Kraus an einer live übertragenen Radiosendung teil, bei der die Hörer anrufen konnten, und Kraus entschuldigte sich öffentlich für seine »Mafia«-Anschuldigung.

Allerdings kam es durch die brodelnde Gerüchteküche in den Medien zum Thema »Die Macht der Caballés« zu weiteren Anklagen, wenn sie auch bezeichnenderweise alle anonym vorgebracht wurden. Einige Sänger, die nicht genannt werden wollten, beklagten sich in den Medien, daß sie durch den Einfluß der Caballés jahrelang aus dem Liceo ausgeschlossen gewesen seien. Zumindest ebenso wahrscheinlich ist, daß sie in den Pámias-Jahren aus Geldgier nicht am Liceo auftraten, ganz zu schweigen von ihren gesanglichen Qualitäten. Indirekt verwies Montserrat in einem Interview für die französische Zeitschrift *Le Monde de la Musique* auf diesen Punkt:

> Ich war immer damit einverstanden, [am Liceo] sehr viel weniger zu verdienen als an anderen Opernhäusern, weil der Intendant Stimmen liebte und mit einem sehr begrenzten Budget die größten Gesangsstars auf die Bühne bringen wollte. Damals weigerten sich die meisten Agenten, mit dem Liceo zusammenzuarbeiten, weil für sie finanziell nichts dabei heraussprang ... Aber 1981 starb Pámias (sic!) und das Liceo wurde umstrukturiert ... und zum erstenmal vom Staat subventioniert. Die Agenten änderten schlagartig ihre Meinung. Die Gagen gingen nach oben wie eine Rakete ... das Opernhaus hatte es finanziell geschafft, und das Ende vom Lied ist, daß es jetzt mit 60 000 000 Francs [20 000 000 DM] in den roten Zahlen

steht. Ich möchte ganz deutlich feststellen, daß meine eigenen Gagen nicht um einen Centime gestiegen sind.[7]*

Inzwischen hatte der Streit mit dem Liceo eine plötzliche Wendung erfahren. Am 30. November 1991 erschien in *El País* ein ganzseitiger Artikel unter der Überschrift »El Liceo busca la paz con Montserrat Caballé« [»Das Liceo will mit Montserrat Caballé Frieden schließen«]. Darin äußerte sich Busquets dahingehend, daß das Management des Theaters Montserrat in Anbetracht des nahenden 30jährigen Jubiläums ihres Debüts – am 7. Januar 1992 – eine Ehrengala angeboten habe. Er bat sie außerdem, während der Olympischen Spiele im Juli einen Termin für ein Solokonzert freizuhalten. Zudem werde das Theater ihr weiterhin Angebote machen. Auch wenn im Dezember – die traditionelle Auftrittszeit von Caballé im Liceo – schon der *Lohengrin* auf dem Programm stehe, fügte Dr. Hänseroth hinzu, so gebe es viele Tage zwischen den Aufführungen, die man bewußt freigehalten habe: Wenn sie singen wolle, würden sie die Termine arrangieren. In der Zeitung war weiterhin zu lesen, daß die Sopranistin unerreichbar sei, da sie in Nizza ein Solokonzert gebe, aber ihre Agentur habe kategorisch bestrit-

---

* Sie hätte vielleicht noch hinzufügen können, daß sie dem krisengeschüttelten Theater gelegentlich selbst unter die Arme griff. Ein Beispiel ist die *Ariadne auf Naxos* im Jahr 1984. Der Tenor in der Oper erfuhr von seinem Agenten Vladarski, daß das Opernhaus in ernsthaften finanziellen Schwierigkeiten sei und wahrscheinlich nicht in der Lage wäre, die Künstler nach der Vorstellung an diesem Abend zu bezahlen. Deshalb weigerte er sich, in der eigentlichen Oper zu singen, wenn er nicht in der Pause nach dem Prolog ausbezahlt würde. Heimlich, still und leise sandte Montserrat ihren Chauffeur Rafa auf einer halsbrecherischen Fahrt zu ihrer Wohnung in der Infanta Carlota und wieder zurück, wo die Sopranistin etwas Bargeld liegen hatte. Rafa kam mit dem notwendigen Geld zurück, und die Vorstellung wurde wie geplant beendet. Das Theater erstattete ihr das Geld drei Tage später zurück.

ten, daß bei ihr ein Dokument mit solchen Angeboten oder Vorschlägen eingegangen sei.

Die Lage blieb das restliche Jahr über gespannt. Der 7. Januar 1992 kam und ging – das Opernhaus blieb an diesem Abend dunkel – ohne Caballé. Am folgenden Tag druckten fast alle führenden spanischen Zeitungen den vollständigen Text eines Briefes von Montserat an Busquets ab, den die Sopranistin zehn Tage vorher als Antwort auf ein Fax vom 27. Dezember geschrieben hatte. Darin war sie offiziell eingeladen worden, am 7. Januar im Liceo zu singen. In ihrem Brief lehnte sie sein Angebot mit der Begründung ab, daß sie für diesen Tag schon vor einiger Zeit einen Aufnahmetermin für die bevorstehenden Olympischen Spiele angenommen habe. Dann ging sie auf etwas anderes ein: Kürzlich sei in den Zeitungen zu lesen gewesen, daß das Liceo ihr Einladungen für die laufende und zukünftige Spielzeiten geschickt habe.

> Das ist nicht der Fall, Herr Busquets, und Sie wissen das ganz genau. Sie sollten nicht versuchen, die Medien auf diese Art und Weise zu mißbrauchen. Die einzige konkrete Einladung ist in Form eines Faxes gekommen, und zwar für eine Vorstellung in zehn Tagen. Das kann nicht Ihr Ernst sein.

Der Brief schloß mit der Aufforderung an Busquets, die Presse nicht weiter mit falschen Informationen zu füttern, und sie gab ihm die Erlaubnis, ihren Brief zu veröffentlichen, wenn er es wünsche.

Damit war die Tür mit einem lauten Knall zugefallen: Nach solch einem Brief gab es praktisch keinen Handlungsspielraum mehr. Seltsamerweise brodelte der Streit weiter, weil Josep Maria Folch, der Technische Bühnendirektor, ohne Hänseroths Wissen oder Erlaubnis der Zeitung *El País* ein geharnischtes Interview gab, in dem er behauptete, im Namen des Theaters zu sprechen: Caballé, so sagte er, müsse in dieser Angelegenheit nachgeben.[8] Dr. Hänseroth erfuhr erst davon, als ihn seine Sekretärin am Tag darauf auf den Artikel in *El País* aufmerksam machte. Als Folch zu dem aufgebrachten Künstlerischen Direktor gerufen wurde, sagte dieser, er habe aus Loyalität zu dem in die Enge getriebenen Direktor gehandelt. Hänseroth war beschämt. Seine Worte: »Auf diese Art ›Hilfe‹ kann ich verzichten.« Vielleicht dachten sie, Caballé verfolge eine bestimmte Taktik oder verfahre nach der Politik des äußersten Risikos. Aber ihr war nicht nach Spielchen zumute. Das Liceo war das Theater, dem sie einen Großteil ihrer Karriere gewidmet hatte, es war ihre künstlerische Heimat, in der sie 28 Jahre lang ohne Unterbrechung 47 verschiedene Rollen in 191 Vorstellungen gesungen hatte.* Die Intensität und Dauer dieser Beziehung zwischen einer Primadonna und einem Opernhaus ist in diesem Jahrhundert beispiellos, eine Tatsache, auf die die Barcelonier zu recht stolz sind.

Die Inszenierung von *Die Flamme*, die am 26. Dezember 1989 am Liceo aufgeführt worden war, sollte bis heute Caballés letzter Auftritt auf der Bühne des Gran Teatro del Liceo sein. Eine Tragödie für Caballé, das Liceo und das Publikum gleichermaßen.

---

* Diese Zahlen verstehen sich ausschließlich der beiden Vorstellungen von Casals' Oratorium *El Pessebre* sowie den neun Konzerten bzw. Galas, an denen sie teilnahm.

15. Kapitel
1990–1993: Silber und Diamanten

Der endgültige Bruch mit dem Liceo wurde Ende 1990 eingeleitet, als Caballé in der Wiederaufnahme der *Walküre* hätte singen sollen. Aufgrund ihres Rückziehers in letzter Minute hatte sie, außer zwei schon länger geplanten Solokonzerten in Spanien und einigen Plattenaufnahmen zeitgenössischer katalanischer Lieder von Antoni Parera Fons mit dem Titel »Somnis i Records« [»Träume und Erinnerungen«], erst Anfang Februar 1991 wieder ein Engagement. Dies war eine Neuinszenierung von *Idomeneo* am Teatro de la Zarzuela in Madrid, das anläßlich der Feierlichkeiten zu Mozarts 200. Todestag auf dem Programm stand, und zwar in Zusammenarbeit mit dem Liceo, das das Werk etwas später auf den Spielplan setzen würde. Caballé sollte zum erstenmal die Elektra singen, die Rolle der eifersüchtigen und rachelüsternen, aber nicht weniger liebestrunkenen Tochter Agamemnons. In den anderen Rollen waren zu hören: Diana Montague als Idamante, Gøsta Winbergh in der Titelrolle und Isabel Rey, die »Entdeckung« der Caballé-Meisterkurse zwei Jahre zuvor, als Ilia, und Michael Schønwandt dirigierte. Doch all diese fünf Vorstellungen erwischten Montserrat sowohl persönlich als auch beruflich auf ihrem Tiefpunkt. Sie hatte sich allmählich immer mehr zurückgezogen: Sie fühlte sich permanent unwohl, und ihre Gedanken wurden von einem düsteren Fatalismus bestimmt. Bei der letzten Vorstellung am 3. März weigerte sie sich sogar, einen Vorhang zu nehmen.

Aber ein unerwarteter Lichtstrahl erhellte die Dunkelheit.

Montsita, Montserrats mittlerweile 19jährige Tochter, hatte seit 1988 bei Maija Plissezkaja Ballettunterricht in Madrid genommen. Wenn sie dort war, wohnte sie als Gast bei Cristina Ordovás, der Condesa de Ruiz de Castilla, die seit langer Zeit Fan und Freundin ihrer Mutter war. Zufällig hörte Cristina Montsita im Haus singen, und sie war überzeugt, daß das Mädchen eine gute Stimme habe. Sie hatte dies Montserrat schon seit einiger Zeit erzählen wollen.

Im Sommer 1990 zog sich Caballés Tochter eine Sehnenverletzung zu und mußte ihre Zukunftspläne, Tänzerin zu werden, aufgeben. Cristina beschloß, mit Carlos über Montsitas Talent zu sprechen, und sie verabredeten, daß es vorläufig am besten sei, den Eltern nichts zu sagen. Carlos war anfangs höchst skeptisch, als er Cristinas Erzählungen hörte, aber nur so lange, bis er selbst nach Madrid reiste und seine Nichte zum erstenmal singen hörte. Auch wenn sie zunächst zu schüchtern war, um vor ihm aufzutreten, so merkte er schon bald, daß er es mit einem Talent zu tun hatte, und er begann in den nächsten drei Monaten, Montsita erste Grundlagen des Gesangs, so zum Beispiel Atmung und Tonbildung, beizubringen. Seit Ende des Jahres 1990 nahm Montserrats Tochter in Madrid bei Isabel Prnagos, einer bekannten Lehrerin und früheren Sopranistin, Unterrichtsstunden und machte auffallende Fortschritte.

Als sich Montserrat und ihr Mann für die Vorstellungen von *Idomeneo* zwei Monate später in Madrid aufhielten, beschloß Carlos seiner Schwester und seinem Schwager zu erzählen, daß es eine junge Sängerin gebe, die sie seiner Meinung nach hören sollten und zu der er gerne ihr Urteil hören wolle. Sie waren erstaunt über diese Bitte. Aber da sie meinten, es müsse wohl sehr wichtig sein, weil Carlos sich ansonsten nicht zuerst an sie gewandt hätte, erklärten sie sich bereit, an einem Nachmittag zur Probebühne des Teatro de la Zarzuela zu kommen. Als sie eintrafen, entdeckten sie Montsita, Penagos, Carlos und Cristina mit ihren drei Hausangestellten.

Alle unterhielten sich eine Weile miteinander und setzten sich dann hin. Montserrat fragte: »Und wo ist das Probesingen?«

»Hier!« antwortete Carlos.

»Und wo ist die Sängerin?«

»Auch hier.« Daraufhin trat Montsita nach vorne, stellte sich an das Klavier und begann Glucks »O del mio dolce ardor« zu singen. Ihre Eltern waren völlig verblüfft, aber als das junge Mädchen ein sicher angestimmtes und ausdrucksvoll phrasiertes »O mio babbino caro« hinlegte, fingen alle Anwesenden an zu weinen, einschließlich der drei Angestellten Cristinas. Montsita schaute in die Runde und fragte: »War es wirklich so schlecht?« Es war aber alles andere als schlecht und die einzige rundum positive Erfahrung, die Montserrat in dieser Zeit machte.

Im folgenden Monat wurde Caballé in der Clínica Quirón erneut untersucht und behandelt. Mitte April 1991 schließlich lief alles wieder planmäßig, zumindest was ihren Vorstellungskalender betraf, und sie sang auf einer UNESCO-Gala in Paris und gab etwas später ein Opernkonzert, um die neue Oper in Athen einzuweihen. Kaum 14 Tage später trat sie noch einmal aufgrund eines solchen Anlasses auf, diesmal in Sevilla, wo sie zusammen mit all ihren spanischen Kollegen und Kolleginnen an der Gala Lírica teilnahm, bei der das neue Opernhaus, das Teatro Maestranza, eingeweiht wurde. Bei ihrem Solo »Pleurez, mes yeux« aus Massenets *Le Cid*, war sie in weit besserer Stimmverfassung als bei ihren jüngsten Bemühungen in Madrid – zweifellos auch auf die positiven Auswirkungen dieser sehr emotionsgeladenen Zusammenkunft zurückzuführen. Während alle anderen Programmpunkte entweder von L. García Navarro, E. M. Asensio oder Edmon Colomer dirigiert wurden, betätigte sich bei Montserrats Beiträgen ein Sängerkollege als Dirigent: Plácido Domingo. Nach so vielen Jahren beruflicher Entfremdung war es äußerst bewegend zu sehen – und, wenn auch hier in einer ganz anderen Zusammensetzung als sonst, zu hören –, daß das Paar wieder gemeinsam auftrat. Und bei der Schluß-Aufstellung für das unvermeidliche »Brindisi« aus *La Traviata* wurde Caballé auf der einen Seite von Carreras und auf der anderen Seite von Domingo eingerahmt, in der erhobenen Hand das Glas Champagner, um vielleicht nicht nur auf das neue Opernhaus anzustoßen. Das Publikum wäre wahrscheinlich noch hingerissener gewesen, wenn es die anschließende Party in der Bar des Hotels Colón mitbekommen hätte. Sie dauerte bis sechs Uhr morgens und bot so unvergeßliche musikalische Schätze wie Domingo als Klavierspieler und Caballé, die mit seiner Begleitung eine *sevillana* tanzte.

Durch diese von der Öffentlichkeit so lang herbeigesehnte Annäherung bekam Montserrat neuen Schwung, und sie reiste voller Elan zunächst nach Paris, um dort ihr alljährliches Solokonzert in der Reihe »Les Lundis Musicaux« zu geben, diesmal in der Salle Gaveau. Dann flog sie nach London, wo zwei wichtige »Premieren« vor ihr lagen. Am 18. Mai sang sie drei Rossini-Arien auf einer Benefiz-Gala, die Alan Sievewright, Impresario und früherer Mitarbeiter von Denny Dayviss, sowohl für die British Youth Opera als auch für das englische Nationalballett organisiert hatte. Ehrengast war Prinzessin Diana, und das Konzert fand in dem historischen Banqueting House in Whitehall statt, das Inigo Jones entworfen hatte und dessen Decken von Rubens bemalt worden waren. Es war auch der Ort, wie die treue Monarchistin Montserrat erfahren mußte, an dem Karl I. 1649 öffentlich hingerichtet worden war.

Fünf Tage später kehrte Caballé in die Royal Festival Hall zurück, wo sie zum erstenmal in London ein Konzert mit Opernarien unter Orchesterbegleitung gab. In der ersten Hälfte sang Caballé neben dem »Lied von der Weide« und dem »Ave Maria« wie so oft einige Raritäten, diesmal Arien aus einer Studenten-Oper Bellinis und aus Mercadantes *Le due illustri rivali*. Der Artikel in der *Times* sagt einiges über die Form, in der Montserrat an diesem Abend war:

Die Stimme wand sich in Nellys »Dopo l'oscuro nembo« aus Bellinis *Adelson e Salvini* langsam gleitend nach oben und spann sich zu einem langen feinen Faden, und die kleinen pathetischen Kadenzen verwoben sich mit ›Dove sono‹ aus Mercadantes *Le due illustri rivali*. Bei Verdis Vertonung von Desdemonas »Lied von der Weide« warf Caballé mit perfekter Atemstütze und Stimmlage ... jede Note, jede Phrase in den See der Erinnerung. Ihr »Ave Maria« war sehr intim, doch glühend vorgetragen: Das war der Höhepunkt.[1]

Langsam und aus keinem vordergründig erkennbaren Grund begann sich Montserrat etwas besser zu fühlen. Sie gewann ihren gewohnten Elan bei den Auftritten zurück und sang sich in Spanien ohne Zwischenfälle oder Absagen durch ein streßfreies Konzert-Programm. Dann, gegen Ende Juli, während eines routinemäßigen Besuches in der Klinik in Barcelona hatte sie eine folgenreiche Unterredung mit ihren Ärzten. Bei der fortgesetzten Hormonsubstitutions-Therapie hatte man plötzlich die richtige Zusammensetzung gefunden. Es gab deutliche Zeichen, daß das Drüsensystem auf die Behandlung ansprach, was sich an einem geringen, aber entscheidenden Gewichtsverlust zeigte. Das war das erste Mal seit über zehn Jahren, daß sie Gewicht verlor, und das bedeutete zugleich, daß sich ihr allgemeiner Zustand verbesserte. Verständlicherweise war Montserrat darüber glücklich und fasziniert davon, daß sie durch die vorsichtig eingestellte medikamentöse Behandlung ein Kilo nach dem anderen verlor. Es kam eine Verjüngungsprozeß in Gang, der bis heute anhält: Sie begann, sowohl ihr Leben als auch ihre Kunst noch einmal neu zu genießen.

Diese deutlich spürbare Verbesserung ihres Gesundheitszustandes erlaubte es ihr zum erstenmal nach so vielen Jahren, etwas optimistischer in die Zukunft zu blicken und entsprechende Pläne zu schmieden. Sie verlor keine Zeit und nahm den Faden einer Karriere wieder auf, die zwar nicht unterbrochen, aber nach und nach ins Leere gelaufen war. Das erste und bedeutendste Ergebnis davon war ein neuer Plattenvertrag mit ihrer alten Plattenfirma RCA, die mittlerweile der Bertelsmann Musikgruppe gehörte. Ihre erste größere Unternehmung nach der Sommerpause war eine Reise nach London, wo sie Mitte September innerhalb von 14 Tagen eine Reihe von Arien und Liedern aufnahm, die zusammen mit wiederveröffentlichtem Archivmaterial in einer CD-Serie unter dem Titel »Eternal Caballé« erscheinen sollte. Vom musikalischen Standpunkt her war das ein ungewöhnliches Unterfangen, denn hier wurden neu aufgenommene Lieder Seite an Seite mit fast 25 Jahre alten Stücken veröffentlicht. Es ist schwer vorstellbar, daß die Stimme irgendeines Sängers nach so langer Zeit den Vergleich mit seiner eigenen Stimme standhält. Dennoch wollte man das Silberjubiläum dieser Zusammenarbeit – und gleichzeitig Caballés lange stimmliche Lebensdauer – feiern, indem man zum Beispiel die erste *belcanto*-Arie ihrer Plattenkarriere »Al dolce guidami« aus *Anna Bolena* im Jahr 1964 einer neuen Aufnahme von »Com'è bello« aus *Lucrezia Borgia*, dem Werk, mit dem sie zum erstenmal internationalen Ruhm gefeiert hatte, gegenüberstellte. Enthalten waren auch die neue Version des alten Favoriten »O mio babbino caro«, die erste kommerzielle Aufnahme eines ihrer liebsten Schlachtschiffe, der Schlußszene aus *Maria Stuart*, sowie Ausflüge in neues Repertoire, darunter Arien aus *Carmen*, *Samson und Dalila*, *Le Cid* und sogar *The Phantom of the Opera*. Insgesamt ein risikoreiches Unterfangen, da es zu unfairen Stimmvergleichen einlud. Wie gründlich (und schnell) sich Montserrats Gesundheit und ihre ganze Einstellung verändert hatten, ist an den neuen Aufnahmen zu hören, die es mit den alten durchaus aufnehmen können.

Der Rest des Jahres war mit großzügig verteilten Konzerten und Recitals gefüllt, und die häufigen Lücken zwischen den Terminen waren die Nachwirkungen ihres allmählichen

Rückzugs von der Bühne während der frühen Phase ihrer Krankheit. Ende September fuhr sie nach Paris zu einem Konzert mit Opernausschnitten in der Salle Pleyel. Im Oktober gab sie gemeinsam mit Carreras Konzerte in Turku (Finnland) und Stockholm sowie Recitals in Zürich und Spanien. Außerdem nahm die Zusammenrbeit mit dem Fernsehen nach dem internationalen Erfolg ihres Albums »Barcelona« immer weiter zu, darunter auch ein eindrucksvoller Beitrag für die BBC über die Bedeutung des Palau de la Música für sie und ihren Vater am Beginn ihrer Karriere.

Unmittelbar nach Weihnachten 1991 steckte Caballé, anstatt ihr 30jähriges Jubiläum am Liceo vorzubereiten, in der letzten Phase ihres in der Öffentlichkeit ausgetragenen Streits mit der Theaterleitung. In dieser Zeit waren auch drei Aufnahmetage eingeplant, bei denen sie zusammen mit ihren Kollegen das 14minütige Medley mit Opernmelodien zusammenstellte, das Teil der Eröffnungsfeier der Olympischen Spiele werden sollte. Am Ende des Monats, als sie noch einmal in der Salle Gaveau in Paris auftrat, war ihr Terminkalender schon wieder so mit Konzerten zugepackt, daß sie Schwierigkeiten haben würde, im Laufe des Jahres einige dringend notwendige Ruhetage einzuschieben. Am 30. Januar kehrte sie nach Madrid zurück, um mit den Proben zu einer Aufführungsform zu beginnen, die sie früher häufig, aber in jüngster Zeit kaum noch im Programm gehabt hatte: eine konzertante Darbietung einer selten aufgeführten Donizetti-Oper. *Sancia di Castiglia* stand am 1. und 9. Februar im Teatro de la Zarzuela auf dem Programm und wurde von ihrem inzwischen häufigen Mitstreiter José Collado dirigiert. Nach einem zähen Start begann das Publikum zu reagieren, und am Schluß der Oper, die mit einer langen Sterbeszene der Königin von Kastilien endet, bekam Caballé einen langen Applaus:

> Montserrat Caballé hatte sich ihr Willkommen verdient, das zwar anfangs etwas reserviert war, dafür aber den

Vorteil hatte, daß es sich im Laufe des Abends zu wahrer Leidenschaft steigerte und für die Sängerin mit einem persönlichen Triumph in einer langen und schwierigen Rolle endete, die sie zum erstenmal sang ... Außer den harten Kanten einiger *fortissimo* gesungenen hohen Töne (die sie in diesen Tagen besser vermeiden sollte) zeigte Montserrat auf bewundernswerte Art und Weise ihre Stärken, wie Farbigkeit, Phrasierung, Sanftheit und ausgezeichnete *pianissimi*. Jede Sängerin, die wie Caballé Intensität, Ausdruck und Timbre der Beicht-Arie »L'adoro« so geschickt und sicher modulieren kann, ist eine Sängerin par excellence, die all die Begeisterung verdienen würde, die Caballé selbst auslöste.[2]

Fast den ganzen folgenden Monat verbrachte sie damit, ihre Verpflichtungen im Rahmen ihres neuen RCA / BMG-Vertrags zu erfüllen. In den letzten Februartagen kam sie nach London, um die beiden zusätzlichen Arien aufzunehmen, die jeder Künstler, der an dem kurzen olympischen Potpourri teilnahm, zu der ganzen Platte beitrug. Alle Sänger waren gebeten worden, ein altes Lieblingsstück und etwas Neues vorzubereiten, so daß Montserrat einerseits »Casta Diva« und andererseits »Il est doux, il est bon« aus *Hérodiade* zum besten gab. Im Anschluß daran ging es auf eine teilweise alptraumartige Promotion-Tour, um für das Erscheinen ihrer CD *Eternal Caballé* zu werben, die sie innerhalb von neun Tagen nach London, Rom, Athen, Amsterdam, Paris und Sevilla führte. Daneben schaffte sie es auch noch, ein zweites Konzert mit Opernarien in der Royal Festival Hall (anläßlich des 200. Geburtstags Rossinis), Solokonzerte im Opernhaus in Rom und im Palau de la Música und ein gemeinsames Konzert mit José Carreras im Victoria-Saal in Genf einzuschieben, das der Leukämie-Stiftung des Tenors zugute kommen sollte und eine schwindelerregende Summe von 500 000 Schweizer Franken einspielte.

Verständlicherweise ruhte sich Montserrat eine Woche lang aus, bevor sie zum erstenmal seit drei Jahren auf eine kurze Tournee nach Nordamerika flog, mit Stationen in Pittsburgh, Miami, Toronto und New York. Aber in ihrem Terminkalender standen zunehmend Veranstaltungen in Spanien, für das sie 1992 »alles tat«. Madrid war in diesem Jahr Kulturhauptstadt Europas, und die Aufführungen der Oper *Sancia di Castiglia* waren in diesem Rahmen Teil des Madrider Veranstaltungskalenders gewesen. Jetzt erwartete man sie in Sevilla, wo 1992 die Weltausstellung (EXPO 1992) stattfand, um auf dem riesigen Ausstellungsgelände in dem eigens zu diesem Zwecke errichteten Konzertgebäude zu singen.

Da sie bei der Eröffnungswoche der EXPO ununterbrochen eingespannt war und jeden Abend auftrat, war es ihr nicht möglich, an der Gedenk-Gala für Freddie Mercury im Wembley-Stadion teilzunehmen. Der Rockstar war Ende November des vergangenen Jahres an Aids gestorben, und obwohl man Caballé fest für die Veranstaltung eingeplant hatte, waren die zeitlichen Probleme schließlich doch nicht zu lösen. Zunächst hatte sie sich verpflichtet, bei den musikalischen Zwischenspielen in dem Stück *La Gallarda* des neunzigjährigen Rafael Alberti aufzutreten, und zwar an drei aufeinanderfolgenden Abenden, die mit dem Konzert im Wembley-Stadion zusammenfielen. Und Versuche, sie hinter der Bühne in Sevilla während einer der Pausen aufzunehmen und in London live einzuspielen, scheiterten, weil die Mercury-Gala selbst weltweit live übertragen wurde und deshalb keine Verbindung via Satellit in die Stadt zu bekommen war. So konnte Montserrat genausowenig an der Gedenk-Gala teilnehmen, wie Freddie und sie nicht mehr gemeinsam bei den Eröffnungsfeierlichkeiten für die Olympischen Spiele auftreten würden, wie es geplant gewesen war.

Mercurys Tod hatte Montserrat Caballé tief erschüttert. Obwohl sie seit ihren ersten gemeinsamen Aufnahmen von seiner Krankheit gewußt hatte, hatte sie nicht damit gerechnet, daß er so schnell sterben würde. Beide hatten sogar noch Pläne für eine Zusammenarbeit in der Zukunft geschmiedet, in deren Zentrum ein Bühnenwerk stand, das Freddie schreiben wollte. Schließlich machte die unerbittliche Verschlechterung seines Zustandes all diese Ideen zunichte. Und nun war Montserrat entschlossen, mit ihrer Arbeit Aids-Hilfsorganisationen zu unterstützen. So war auf ihren Konzerten häufig die rote, auf Aids hinweisende Banderole zu sehen – die bewundernswerte Haltung einer Frau, die an der Spitze einer Berufsgruppe steht, die im allgemeinen nicht gerade durch ihr Eintreten für die Probleme des »wirklichen« Lebens bekannt ist.

Ende April 1992 traf Montserrat wieder mit Marilyn Horne zusammen, und beide gaben ein gemeinsames Konzert in der Alten Oper in Frankfurt. Weitere Solokonzerte führten Caballé nach Oviedo, Rom, Lyon und in die Kathedrale von Chartres sowie zu zwei *zarzuela*-Galas in die Maestranza, die neue Oper von Sevilla. Ende Mai trat sie bei den Festspielen in Evian auf, die die Witwe von Pablo Casals organisiert hatte und wo sie endlich ein Stück sang, das sie vor Jahren zwar einstudiert, aber dessen geplante Vorstellungen sie schließlich alle abgesagt hatte: Berlioz' Kantate *La Mort de Cléopâtre* unter musikalischer Leitung Rostropowitschs. Dann war sie wieder in London, wo sie seit elf Jahren zum erstenmal wieder an einer Inszenierung im Royal Opera House teilnahm. Noch bemerkenswerter ist, daß dies die erste Neuinszenierung, keine Wiederaufnahme, ihrer Karriere war – die in London auch schon über 20 Jahre währte –, die ihr von Covent Garden angeboten worden war. Das Werk hieß *Il viaggio a Reims*, Rossinis Pariser Gedankenspiel, das hier erst seine zweite Inszenierung erlebte, denn alle vorangegangenen Aufführungen – in Pesaro, Mailand, Wien und Tokio – waren Wiederaufnahmen von Luca Ronconis ursprünglicher Inszenierung aus dem Jahr 1984 gewesen. Montserrat hatte 1988 und 1989 in dieser Inszenierung während der zwei Vorstellungsfolgen in Wien sowie bei der Tour durch Japan gesungen, so daß sie eine feste Vorstellung von der Herangehensweise an die Rolle – und an die Oper natürlich auch – hatte. Erstaunlicherweise hatte Covent Garden beschlossen, alle anderen Rollen des Werkes mit Debütanten zu besetzen, so daß Montserrat die einzige Person mit Bühnenerfahrung war. Dadurch nahm sie eine recht ungewohnte Stellung ein, auf die der Regisseur John Cox durch seine Entscheidung, Caballé in der Oper wie eine Bienenkönigin in den Mittelpunkt des szenischen Interesses zu rücken, ein weiteres Schlaglicht warf.

Die Probephase unter dem Dirigenten Carlo Rizzo verlief reibungslos, obwohl sie stumme Zeugin eines Koordinationsproblems zwischen Sylvia McNair wurde, die die Rolle der Corinna sang, und dem Harfensolisten, der sie begleiten sollte. Die Sängerin mußte ihre erste Strophe wie vorgeschrieben aus dem Off singen und konnte deshalb den Harfenisten nicht sehen. Montserrat hörte sich die verschiedenen Lösungsmöglichkeiten an, bis sie es nicht mehr aushielt und schließlich ausrief: »Du singst. Er folgt Dir einfach!«

Die Premiere am 4. Juli wurde mit Trommelwirbel und Fanfarenklängen eröffnet, denn mit ihr wurde der Beginn des EG-Vorsitzes von Großbritannien gefeiert. Die Kritiken über diese Produktion sollten sich jedoch als böses Vorzeichen für den nicht minder schlecht bewerteten EG-Vorsitz Großbritanniens herausstellen. Alles, John Cox' Inszenierung und Mark Thompsons Bühnenbild und Kostüme, wurde verrissen. Nach den rituellen »Schlägen« für die Vorstellung war Caballé an der Reihe. Sie bekam die schlechtesten Kritiken ihrer gesamten Karriere – die meisten im Ton eher bedauernd als ärgerlich –, die weniger auf ihre Gesangsleistungen (die bei der Premiere sehr durchwachsen waren) als auf ihre hyperaktiven Mätzchen auf der Bühne abzielten. Schlecht fanden alle Kritiker ihre Gesprächseinlagen mit Dirigent und Souffleuse, die sich durch die Oper zogen, doch kein einziger Kritiker erklärte ihren Sinn.

Cox hatte in seiner Inszenierung aus Madame Corteses Hotel eine Gesundheitsfarm gemacht. Deshalb tauchten bei allen Bühnenhandlungen, textlich durch das Libretto unterstützt, Äpfel auf. Die Drehtür aus Glas und Stahl zum Hotel wurde von einem riesigen grünen Exemplar gekrönt. Und gleich im 1. Akt sieht man sie an ihrem Frisiertisch, ihre tägliche Apfelration essen. Dann verteilt Madame Cortese im 3. Akt, als die verschiedenen Gäste es sich am Simmingpool des Hotels bequem machen, an jeden ihrer Gäste, wie es sich gehört, einen gesundheitsspendenden Apfel. Bei der Generalprobe war in Caballés Korb noch cin Apfel übrig gewesen, und sie hatte sich ganz spontan dazu entschlossen, ihn in hohem Bogen Carlo Rizzi zuzuwerfen. Alle Zuschauer hatten sich königlich darüber amüsiert. Nicht so die Direktion des Hauses. Am Abend der Premiere lag in Montserrats Garderobe nicht die traditionelle Glückwunschbotschaft, sondern ein offizieller Brief, in dem sie dafür getadelt wurde, daß sie durch ihren Wurf die Orchestermitglieder und deren Instrumente gefährdet habe, und sie möge dies doch bitte in den bevorstehenden Vorstellungen unterlassen. Wie vorherzusehen war, erwies sich dieser hausinterne Disziplinierungsversuch als Bumerang. Diesmal hielt Caballé in der Szene des 3. Aktes, in der sie die Äpfel verteilt, bewußt einen Apfel zurück, und ging plötzlich zu den Rampenlichtern, hob ihre Hand und sagte: »Ich wollte hier eigentlich etwas tun, aber ich habe einen Brief bekommen, den ich Ihnen statt dessen vorlesen werde.« Das Publikum staunte, als sie den Brief der Musiker-Gewerkschaft verlas und mit einem Achselzucken und einem kommentierenden »So ...« den Apfel fast senkrecht in die Höhe warf, wo er dann von einem ausgestreckten Arm aus dem Souffleusenkasten aufgefangen wurde. Das Publikum jubelte, auch wenn die Kritiker zusammenzuckten.

Wie einer oder zwei von ihnen schrieben, amüsierten sich die zahlenden Kunden an diesem Abend tatsächlich königlich.

Doch nachdem die Kritiken mit ihren strengen Urteilen erschienen waren, traute sich das Publikum nicht mehr, sich zu amüsieren. Erst bei der letzten Vorstellung am 17. Juli war es schließlich möglich, die überschäumende Stimmung der Premiere zu wiederholen. In einem wichtigen Punkt war sie sogar noch besser: In der Zwischenzeit hatte Montserrat ihre Stimmform wiedergefunden, und nach dem schwindelerregenden Prasseln ihrer Eröffnungsarie meisterte sie die überaus wichtigen Ensembles nicht nur körperlich, sondern auch musikalisch. Während der zweiwöchigen Vorstellungsfolge hatte die Presse weiterhin aus dem vollen geschöpft, und eine Sonntags-Boulevardzeitung ging sogar so weit, einen imaginären Skandal um eine verrückte Diva zu konstruieren, die einen bemitleidenswerten Dirigenten mit Äpfeln bewirft.[3] Diese Geschichte ärgerte Carlo Rizzi, und er versicherte Montserrat, daß er nicht nur nichts gegen ihre Apfel-Werferei habe, sondern sie sogar noch ausbauen wolle. So deponierte er im Laufe der Vorstellungsreihe Äpfel bei den Zuschauern und forderte sie auf, sie im passenden Moment wieder zurückzuwerfen. Bei der letzten Vorstellung wurden Montserrat und Rizzi allerdings von der Leitung des Royal Opera House gewarnt, daß an diesem Abend wahrscheinlich eine Claque anwesend sein werde, um einem neuen Skandal Stoff zu geben. Das spornte Caballé nur noch mehr an: Außer daß sie sehr gut sang, baute sie mit einer Verteidigungsstrategie vor. So entrollte sie zum Beispiel ein großes handgeschriebenes Poster mit dem Satz »Ich liebe Euch«, das sie zuerst dem Dirigenten und dann dem Publikum zeigte. Und als der Moment des Apfelwurfes im 3. Akt gekommen war, unterbrach Rizzi das Rezitativ Caballés und rief aus: »Aber Montserrat, wo ist mein Apfel?« Die Sopranistin stand mit leeren Händen da, schaute einen Augenblick lang verblüfft drein und begann dann ihr Kleid abzuklopfen. Langsam und mit einem schüchternen Lächeln hob sie den vorderen Teil ihres Kostüms bis zum Knie in die Höhe und enthüllte eine ganze Anzahl von

Äpfeln, die an Schnüren herunterhingen. Wenn irgend jemand an diesem Abend vorgehabt hatte, sie auszubuhen, so wagte dies inmitten der Lachsalven, die das Theater erschütterten, niemand mehr.

Nach der letzten Vorstellung reiste Caballé zusammen mit ihrer Familie, die extra nach London gekommen war, um sie in dieser Lieblingsrolle zu sehen, nach Hause, um mit den Proben für die Eröffnungsfeier zu den Olympischen Spielen zu beginnen. Diese sollte am 25. Juli stattfinden und von drei Millarden Menschen in über 200 Ländern live am Fernsehen verfolgt werden. Aber es gab noch ein Engagement, das Montserrat vor einiger Zeit eingegangen war. Zwar überschnitt es sich nicht mit den Eröffnungsfeierlichkeiten, mußte aber doch mit in die Terminplanung einbezogen werden. Am 24. Juli 1992 schloß das Opernhaus in Glyndebourne mit einer Abschieds- und Benefiz-Gala seine Tore – danach sollte es abgerissen werden –, und viele der Ehemaligen waren eingeladen worden zu singen. Hier hatten Luciano Pavarotti, Mirella Freni, Ruggero Raimondi und Samuel Ramey entweder ihr Debüt in Großbritannien oder in Europa gegeben, und so hätte man vielleicht mehr Stars erwarten können, als dann im Endeffekt da waren. Keiner der genannten Künstler nahm teil. Aber Montserrat trat auf, auch wenn es wegen der bevorstehenden Eröffnungszeremonie nötig war, einen Privatjet zu mieten, um dem Olympischen Komitee damit zu gewährleisten, daß sie rechtzeitig wieder in Barcelona wäre. Sie bestritt zwei Stücke des Programms, das in England live im Fernsehen übertragen wurde: das »Lied von der Weide« und Cimènes Arie aus *Le Cid*. Der Herausgeber der Zeitschrift *Opera*, einer der schärfsten Kritiker von *Viaggio a Reims* in Covent Garden, bemerkte: »Montserrat Caballé gab hier ihr Debüt in Großbritannien ... ihre erstaunlich frische Interpretation des ›Liedes von der Weide‹ und des ›Ave Maria‹ ließ erfreulicherweise weniger glückliche Ereignisse in einem anderen Opernhaus verblassen.«[4]

Dann ging es zurück zur Olympiade und dem effektvollen Rummel, den sich Abermillionen Menschen auf der ganzen Welt anschauten. Zunächst sangen Caballé und Carreras zusammen eine frischkomponierte *Sardana*, den katalanischen Nationaltanz, mit einem Willkommenstext: »Benvinguts«. Die Zeremonie ging in ihrer Wagnerschen Länge reibungslos über die Bühne und fand ihren Höhepunkt in einem äußerst spektakulären, lauten Feuerwerk. Das Ereignis wurde zum Wunderwerk der Präzision und der Organisation, worauf die Spanier mit recht sehr stolz sein konnten. Und Carlos, der gezwungen gewesen war, die Leitung der Festspiele in Peralada aufzugeben, um sich zwei Jahre lang fast ausschließlich den Olympischen Spielen zu widmen (für die fürstliche Gage von einer Peseta), konnte sich schließlich zurücklehnen und mit stillem Stolz vor sich hinlächeln.

Für Montserrat muß es ein seltsames Gefühl gewesen sein, nur wenige Tage später wie gewöhnlich Konzerte und Recitals weitab von den Trampelpfaden der Oper zu geben, nämlich in Perpignan, Antibes, Ajaccio, Marbella und Vic. Besser paßte es da schon zu ihrem neuen Status, daß sie für ein Konzert am 3. August nach Rom reiste, und zwar an den Ort, die Caracalla-Thermen, der durch das Spektakel der drei Tenöre im Jahr 1990 international bekannt geworden war. Dort wurde sie von einem 8 000köpfigen Publikum bei ihrem Vortrag von Opernarien als Berühmtheit gefeiert. Kurz darauf unternahm sie eine Stippvisite zu den Festspielen in Peralada, bevor sie wieder nach England reiste. Ihre erste Station war Liverpool, wo Alan Sievewright an den Hafendocks eine Gala zur Feier des 500. Jahrestages der Entdeckung Amerikas durch Kolumbus ausgerichtet hatte, die von Peter Ustinov geleitet und in Anwesenheit von König Juan Carlos und Königin Sofia veranstaltet wurde. Montserrat sang drei Arien: »O mio babbino caro«, »Pleurez, mes yeux« und »Casta Diva«. Obwohl es Mitte August war, betrug die Temperatur am Abend des Konzerts gerade mal fünf Grad Celsius, und während der Proben am vorangegangenen Tag hatte es die ganze Zeit geregnet. Montserrat war direkt von Marbella angereist, wo die Temperatur um die 35 Grad gelegen hatte. Unnötig zu sagen, daß sie sich durch den Temperatursturz eine Erkältung eingehandelt hatte, und dies beeinträchtigte ihren Auftritt, besonders den Bellini-Teil. Nur 36 Stunden später wurde sie in London erwartet, wo sie im Ballsaal des Hyde Park Hotels ein nichtöffentliches Solokonzert geben sollte, das Produzenten des britischen Fernsehens für einen Dokumentarfilm arrangiert hatten. Schließlich gab sie, obwohl sie hinter der Bühne kaum ein Wort herausbrachte, eine bemerkenswerte Vorstellung, mit makellosem Englisch in der Arie »O sleep« aus Händels *Semele* und erstaunlich flinken Koloraturen in »Agita da due venti« aus Vivaldis *La Griselda*.

Anfang September kam es zu einer Wiederholung des Olympia-Auftritts, als sie bei der Eröffnungsfeier der Paralympics sang. Im Anschluß daran ging sie auf Deutschland-Tournee, mit Stationen in Düsseldorf, Bielefeld, Mannheim und Hamburg. Danach hatte sie, abgesehen von ein paar wenigen Solokonzerten in Spanien, fast einen ganzen Monat lang frei – den sie sich in ihrem 60. Lebensjahr wohl verdient hatte –, bevor sie nach Rußland abreiste, um dort zwei Recitals am Bolschoi-Theater in Moskau und dem Kirow-Theater in St. Petersburg zu geben. Carlos, in seiner jüngsten Rolle als Medienzar, hatte sichergestellt, daß die gesamte Reise von Filmkameras festgehalten wurde, um später ein Dokumentar-Video daraus zu machen. Montserrat wurde von der russischen Regierung so hofiert, wie man es sonst nur bei Besuchen von Staatsoberhäuptern kennt. Ihre Führungen in beiden Städten wurden von Wagenkolonnen begleitet, und überall, wo sie hinkam, umringten sie Menschenmassen. Als sie um sieben Uhr morgens mit dem Zug in St. Petersburg ankam, wurde sie von allen Würdenträgern der Stadt begrüßt, begleitet von einer großen Militärkapelle, die mit viel Humtatah den »Triumphmarsch« aus *Aida* blies. Und was am wichtigsten war: Sie war ausgezeichnet bei Stimme, wie das Video *Montserrat Caballé: From Russia with Love* beweist.

Anfang Dezember kehrte sie zu einem kurzen Aufenthalt nach London zurück, um an einer der Institutionen britischer Wohltätigkeits-Unterhaltung teilzunehmen, der alljährlich stattfindenden Royal Command Performance, die dieses Jahr in Anwesenheit von Prinz Charles und Prinzessin Diana im Dominion Theatre gegeben wurde. Sie war der erste berühmte Opernstar, der bei diesem Ereignis auftrat, denn ansonsten bestand das Programm größtenteils aus populärer, leichter Unterhaltungsmusik. In Spanien war sie natürlich schon häufig in Fernsehshows mit ähnlichem Programm aufgetreten, aber diese Veranstaltung war für sie insofern etwas Neues, als sie zur Unterhaltungskultur eines fremden Landes gehörte. Das erste Stadium dieser Entwicklung war in diesem Jahr der Auftritt in der letzten Ausgabe einer dreimal wöchentlich ausgestrahlten Talkshow gewesen, durch die Terry Wogan fast zehn Jahre lang im Hauptkanal des BBC-Fernsehens geführt hatte. Diese Entwicklung setzte sich fort, als sie von dem Sänger Michael Ball eingeladen wurde, in seiner Fernsehshow aufzutreten und mit ihm ein Duett aus Andrew Lloyd Webbers *Phantom of the Opera* zu singen. Bei dieser Gelegenheit landete Caballé einen Spruch, der eine ähnliche Qualität wie Ernestine Schumann-Heinks berühmter Kommentar hatte, als sie vom Dirigenten gebeten wurde, einen kleinen Umweg zu machen, damit sie nicht die Notenständer der Violinisten umstieß: »Maestro, bei mir gibt es keine Umwege.« Während des Duetts wurden Ball und Caballé vom Zauber des Augenblicks derart hinweggetragen, daß Ball irgendwann das Gefühl hatte, er habe mit der Sopranistin etwas zu intensiv Tuchfühlung aufgenommen. Er entschuldigte sich dafür, sie so oft angefaßt zu haben. Caballé schaute an sich hinunter und antwortete: »Aber Darling, es gibt Platz genug zum Anfassen.«

Montserrat begann das neue Jahr im großen Stil. Am 5. Januar 1993 nahm sie an der Gala de Reyes im Auditorio Nacional in Madrid teil. Dieses Ereignis fand jedes Jahr unter künstlerischer Leitung Plácido Domingos statt, um König Juan Carlos' Geburtstag zu feiern, und zwar ausschließlich mit spanischen Künstlern und spanischem Repertoire. Domingo nutzte die Gelegenheit und lud Montserrat ein: In einem Konzert, das in ganz Spanien live im Fernsehen übertragen wurde, bestritten Domingo und Caballé das gesamte Programm, und sie sangen sowohl einzeln als auch, was noch wichtiger war, im Duett. Nach mehr als zwölf Jahren, nach dem New Yorker Verdi-*Requiem* im Jahr 1980, war dies das erste Mal, daß das Paar wieder zusammen sang. Beide waren prächtig bei Stimme und stachelten sich gegenseitig an, ihr Bestes zu geben. Montserrat lieferte eine ausgezeichnete Interpretation eines Liedes, das von ihrem katalanischen Kollegen Federico Mompou auf dem Klavier begleitet wurde. Und auch die Kraft, die hinter ihren *forte* gesungenen *zarzuela*-Stücken stand, war faszinierend. Domingo war wie in früheren Zeiten eine vokale Stütze von anscheinend altersloser Zuverlässigkeit. Zusammen erinnerten sie auf überwältigende Weise nicht nur daran, wie es einmal gewesen war, sondern auch daran, was durch menschliche Fehlbarkeit unwiederbringlich verlorengegangen war. Aber zumindest existiert dieses eine wertvolle Beispiel ihrer späten Zusammenarbeit auf Film. Domingo äußerte sich kürzlich äußerst bewundernd über die Sopranistin:

> Ich glaube, Montserrat ist eine der bedeutendsten Sängerinnen aller Zeiten. Es ist schwierig, bestimmte Eigenschaften herauszugreifen, da es viele Dinge gibt, die sie so unnachahmlich machen. Aber vielleicht ist es die Schönheit ihres schwebenden Tones, die einfach unglaublich ist, und ihre Atmung in den Phrasen – zum Beispiel im Duett des 3. Aktes von *Aida* , das sehr orientalisch und mit einer sinnlichen Melodie komponiert ist. Ihre Atmung ist makel-

los, und ihre Phrasen sind endlos: Man weiß nie, wann ihr Atemzug beginnt und wann sie das nächste Mal atmet. Ich weiß nicht, wie sie es schafft, den Klang und die Schönheit ihrer Stimme über so unendlich lange Phrasen zu halten. Ich erinnere mich daran, daß ich sie in der Scala als Norma gesehen habe. Es war ein Privileg, sie zu hören, weil sie unglaublich war, und die Reaktion des Publikums war so, wie sie gewesen sein muß, als Maria Callas *Anna Bolena* oder eines der anderen Werke sang, für die sie wirklich berühmt war. Andererseits sah ich sie in der Inszenierung von *Viva la Mamma* in Peralada vor einigen Jahren. Und sie war einfach zum Schreien komisch, mit ihrem ausgesprochenen Sinn für Humor. Wir haben viele Male zusammen auf der Bühne gesungen, aber vielleicht waren die *Aidas* und *Ein Maksenball* am Liceo die großartigsten Aufführungen. Es gab so viele schöne Momente in unserer Zusammenarbeit, und das waren die, an die ich mich besonders erinnere, und ich habe eine große Sehnsucht nach diesen wunderbaren Zeiten.

Aus Montserrats Sicht wurde ihr die größte Anerkennung von den Franzosen zuteil, die ihr, obwohl sie keine große Lust hatte, ihren 60. Geburtstag öffentlich zu feiern, ein Angebot machten, das sie nicht ablehnen konnte. Im Namen der französischen Regierung lud Jack Lang, der Minister für Kultur, sie offiziell ein, ihren 60. Geburtstag mit dem Pariser Publikum zu feiern. Pierre Bergé, der Präsident der Opéra de Paris, wurde beauftragt, das Nötige zu veranlassen. Er nahm Kontakt mit der Sopranistin auf, um ihr eine simple Frage zu stellen: In welchem der zahlreichen Pariser Häuser würde sie gerne singen? Sie wählte sofort das Palais Garnier aus, wo sie 1972 ihr Bühnendebüt als Norma gegeben hatte und wohin sie neun Jahre später als Turandot zurückgekehrt war. Für sie war das Haus so voller Operngeschichte, daß sie es ganz spontan, ohne großes Nachdenken auswählte.

In ihrer Funktion als Ehrenbotschafterin der UNESCO beschloß sie, die Einnahmen aus dem Solokonzert der Fondation Mondiale pour Recherche et Prévention SIDA, der weltweiten Aids-Organisation für Forschung und Prävention, zur Verfügung zu stellen. Professor Luc Montagnier, Vorsitzender der Organisation, war in den frühen 80er Jahren der erste Wissenschaftler gewesen, der das HIV-Virus als Verursacher von Aids isoliert und identifiziert hatte, und seitdem waren all seine Bemühungen auf die weitere Erforschung der Krankheit gerichtet. Montserrat meinte, daß es für sie keine bessere Art gäbe, ihren Geburtstag zu feiern, als ihren Beitrag zu solch einer wichtigen Sache zu leisten.

Während der Pause flitzten eifrige Jugendliche umher, um Flugblätter zu verteilen. Darauf stand zu lesen, daß Montserrats Begleiter Manuel Burgueras* am Ende, also dann, wenn Montserrat eigentlich mit ihren Zugaben beginnen wollte, drei einleitende Akkorde spielen werde; beim vierten sollten alle in das Lied »Joyeux Anniversaire« [»Zum Geburtstag viel Glück«] einfallen. So geschah es dann auch, mit erstaunlich vielen Menschen im angeblich französischen Publikum, die es vorzogen, »Happy Birthday to you« zu singen. Montserrat versuchte tapfer, nicht die Fassung zu verlieren, war aber offensichtlich nahe daran, in Tränen auszubrechen. Sie hielt eine kurze Dankesrede und nahm dankbar eine kunstvolle Kristallskulptur entgegen, die eigens für diesen Anlaß in Auftrag gegeben worden war, und versuchte, einige Zugaben zu geben. Aber sie schaffte es nur, »Io son l'umile ancella« zu singen, und ließ sich dann endlich vom Publikum hochleben. An diesem Punkt ihres Lebens, auf dem Höhepunkt einer großen Karriere, die schon über 35 Jahre andauerte,

---

* Der junge argentinische Pianist hatte zum erstenmal 1992 mit Caballé zusammengearbeitet, nachdem sich Miguel Zanetti wegen Krankheit von der Konzerttätigkeit zurückgezogen hatte.

mußte sie keine Leistungen mehr bringen: Für das Publikum reichte es, daß Montserrat Caballé vor ihnen stand.

Sechs Monate später geschah in der Royal Festival Hall in London ähnliches. Anlaß war das Silberjubiläum ihres Londoner Debüts, das am 4. Oktober 1968 im selben Saal stattgefunden hatte. Obwohl ihre Solokonzerte in Europa gewöhnlich nur kraft ihres Namens ausverkauft sind, hatte es sich zumindest in London immer als ratsam gezeigt, das Programm im Vorfeld anzukündigen. Nicht so bei dieser Gelegenheit. Da es schlicht als Jubiläumskonzert angekündigt wurde, bei dem Überraschungsgäste auftreten würden, war es dem Publikum überlassen, sich »blind« für eine Eintrittskarte zu entscheiden. Daß sie es – in Massen – taten, ist ein sicherer Gradmesser für die Wertschätzung, die das Londoner Publikum Caballé entgegenbringt. Sie wurden mit etwas völlig Unerwartetem und ziemlich Außergewöhnlichem belohnt. Noch nicht einmal das Abendprogramm gab den leisesten Hinweis darauf, was Caballé vorhatte. Nur in einer kleinen Notiz wurde erwähnt: »Sie hat beschlossen, das Programm persönlich anzusagen, da sie das Londoner Publikum besonders schätzt und so eine inoffizielle und intimere Atmosphäre schaffen will.« Eine schwere Aufgabe, könnte man denken, in einem Saal von der Größe der Royal Festival Hall. Aber die Sopranistin, mit dem Mikrofon in der Hand, schlug das Publikum schnell in ihren Bann, als sie die Gründe für die Auswahl jedes Titels erklärte und dazu noch einen kleinen musikalischen Abriß lieferte. Besser noch, sie hatte eine ausgezeichnete Stimme und sang einige Donizetti- und Rossini-Stücke in höchster Vollendung.

Niemand war allerdings darauf vorbereitet, daß Montserrat für das nächste Stück, das idealerweise eine jüngere Stimme erforderte, die Bühne einer jungen Studentin, Montserrat Martí, überließ. Als Schlußbemerkung fügte sie noch hinzu: »Oh übrigens, sie ist meine Tochter.« Als Caballé die Bühne verließ, nahm Montsita, groß und schlank und in einem eleganten weißen Kleid, furchtlos ihren Platz ein und sang die Arie der Giulietta aus dem 1. Akt von *I Capuletti e i Montecchi*. Auch wenn ihre Stimme in Gewicht oder Klangfülle kaum der Stimme ihrer Mutter ähnelte, gab es mehr als genug Anhaltspunkte, die zeigten, wessen Tochter sie war: Ihre Atmung war mühelos, und ihre Phrasierung hatte genau den feinen Schliff, der den Gesang ihrer Mutter ausmachte. Eine andere Überraschung folgte mit Marilyn Horne, die zusammen mit Caballé die erste Hälfte mit einem lebhaften Vortrag von »Serbami ognor« aus *Semiramide* zu einem stürmischen Abschluß brachte (erstaunlicherweise das erste Mal, daß die beiden Diven zusammen in London sangen). Die festliche Atmosphäre setzte sich in der zweiten Hälfte mit Beiträgen von Michael Ball und José de Udaeta fort und klang mit einigen Zugaben aus. Highlight war das von Mutter und Tochter gemeinsam gesungene urkomische und lautmalerisch überzeugende Katzen-Duett, das die beiden in verschiedenen Rossini-Opern aufgestöbert hatten.

Plácido Domingo hat wahrscheinlich recht: Montserrat ist eine der größten Sängerinnen, nicht nur unserer Zeit, sondern auch des 20. Jahrhunderts. Allein ihr auf Platten erhältliches Repertoire ist Beweis genug. Aber Domingo steht mit seiner Meinung ganz und gar nicht alleine da. Sie wird bis heute nicht nur von vielen ihrer Zeitgenossen zutiefst bewundert, sondern wurde es auch von berühmten Vorgängerinnen, wie es das Geschenk von Maria Callas wenige Tage vor ihrem Tod exemplarisch zeigt. Ihr folgt nun die nächste Generation, die die Bühne erobert und für die Caballé ein Vorbild ist: June Anderson hat gesagt, wieviel sie als *belcanto*-Spezialistin Montserrats unermüdlichen Anstrengungen verdankt, dieses Repertoire wiederzubeleben; während für Cheryl Studer – Caballé mit ihrem breitgefächerten Repertoire wahrscheinlich am nahestehendsten – Montserrats *Salome*-Aufnahme die erste Opernerfahrung war, die den Ehrgeiz der jungen Sängerin richtig entfachte. Natürlich hat Caballé ihre Gegner. Aber das ist eher ein Zeichen ihres Formats, daß jene, die sie nicht mögen, dies intensiv und schon lange tun. Nur die größten Künstler sind fähig, solche extremen Reaktionen hervorzurufen: Mittelmäßigkeit bleibt immer unbeachtet. Und Maßhalten liegt dem künstlerischen Credo einer Frau fern, die fast 4000mal in der Öffentlichkeit aufgetreten ist und fast 90 verschiedene Sopranrollen in fast allen Opernhäusern der Welt gesungen hat.

Auch wenn es eine Übertreibung wäre zu behaupten, daß ihr Leben duch den Ruhm und die Reichtümer, die ihr ihre Stimme eingebracht haben, unberührt geblieben sei, hat Montserrat im tiefsten Inneren doch ihren etwas zurückgezogenen, melancholischen Charakter ihrer Kindheit behalten, wenn auch gepaart mit einem unerschütterlichen, eisernen Willen. Sie könnte überall auf der Welt leben, zieht es aber vor, in derselben Wohnung zu bleiben, in der sie schon wohnte, bevor sie 1965 in New York gefeiert wurde. Und zweifellos ließ sie ihr eiserner Wille den Kampf gegen zahlreiche kräfteverzehrende Krankheiten gewinnen. Während ihres ganzen Lebens hat sie über eine Serie von Widrigkeiten triumphiert, politischer, gesellschaftlicher, wirtschaftlicher, persönlicher, beruflicher und gesundheitlicher Natur. Rückblickend gehört Montserrat weniger zu den geborenen Überlebenskämpferinnen, als zu denen, die keine andere Wahl hatten. Solche Menschen sind selten und sollten in Ehren gehalten werden. Die letzten Worte sollen ihr selbst gehören:

> Wenn der Tag kommt, an dem ich nicht mehr singen kann, braucht niemand das geringste Mitleid mit mir zu haben. Ich werde vollkommen glücklich sein. Meine Karriere war aufregend, und mit dem Gefühl dazustehen, daß das Publikum durch mich mit großartiger Musik in Kontakt gekommen ist, hat mir als Künstlerin absolute Erfüllung gegeben. Außerdem habe ich alles bekommen, was man sich mate-

riell erhoffen konnte. Aber die Dinge, die ich auf diesem Wege bekommen habe, sind nur ein Zugabe in meinem Leben. Was mir letztlich wirklich wichtig ist, das ist meine Familie. Sie ist alles, was ich immer gebraucht habe.

Wahrhaftig eine Casta diva.

Epilog

Am 31. Januar 1994 wurden die Bühne und der Zuschauerraum im Gran Teatro del Liceo durch ein Feuer zerstört. Innerhalb von nur drei Stunden wurden 150 Jahre Operngeschichte in Schutt und Asche gelegt. Seit über vier Jahren hatte Montserrat nicht mehr am Liceo gesungen; aber wie im Leben der Tod alle Schulden und Feindseligkeiten an Bedeutung verlieren läßt, so entstand aus dem Untergang eines historisch solch bedeutsamen Gebäudes eine versöhnliche Stimmung.

Das Feuer brach um sieben Uhr morgens aus, als Funken eines Schweißbrenners, der für Reparaturarbeiten am eisernen Vorhang des Theaters eingesetzt worden war, den vorderen Samtvorhang versehentlich in Brand setzten. In wenigen Minuten standen die Proszeniumslogen in Flammen, und das Feuer breitete sich unkontrolliert aus. Montserrat erfuhr über Carlos davon. Er war durch die Presse alarmiert worden und hatte vom Balkon seiner im neunten Stock gelegenen Wohnung im Sarrià-Viertel riesige, schwarze Wolken in den klaren Himmel aufsteigen sehen. Am frühen Mittag stürzte das Dach des Theaters mit ohrenbetäubendem Krachen ein, worauf Rauchwolken und Trümmer mehrere hundert Meter weit durch die Luft flogen. Um zwei Uhr nachmittags hielt es Montserrat nicht länger aus und ließ sich von ihrem Chauffeur zu dem chaotischen Schauplatz an den Ramblas fahren. Zufällig kam sie gerade an, als Josep Maria Caminal, der neue Intdendant des Theaters, ein Fernsehinterview gab.

Presse- und Fernsehleute ließen Caminal stehen und scharten sich um die Sopranistin. Der Intendant hatte zunächst die Ursache der »Massenflucht« hinter sich nicht mitbekommen. Doch in dem Augenblick, als er Caballé ausmachte, kehrte er den Fernsehkameras den Rücken zu. Er duckte sich unter den Plastikabsperrungen hindurch und fiel der Sopranistin in die Arme. Caminals Interview endete kommentarlos mit diesen beiden Menschen, die an der Schulter des jeweils anderen schluchzten.

Montserrat war wie gelähmt vor Schreck: Die Ereignisse der vergangenen Jahre wurden von den Gefühlen hinweggefegt, die sie überkamen, als sie an die fast ununterbrochene, nahezu 30 Jahre währende Verbindung mit diesem Haus dachte. Dort hatte sie einige ihrer hervorragendsten Vorstellungen gegeben und war in fast 50 verschiedenen Bühnenrollen aufgetreten. Außerdem hatte sie hier die Jahre ihrer Ausbildung zur Musikerin verbracht und ihren Vorbildern gelauscht. Nur wenige Stunden später begann die Liceo-Leitung in Zusammenarbeit mit Carlos Caballé, nicht nur Pläne für den Wiederaufbau des Theaters und die Verlegung der kommenden Spielzeiten an einen anderen Ort zu entwickeln, sondern auch Gala-Konzerte zu planen, die Gelder für den Wiederaufbau einspielen sollten. Ferner wurden alle Betroffenen durch die Angebote ermutigt, die sofort von anderen Opernhäusern auf der ganzen Welt eingingen, darunter vor allem die Deutsche Oper in Berlin, die Wiener Staatsoper, die Mailänder Scala und die Metropolitan Opera in New York.

Am folgenden Tag kehrte Montserrat auf die eilige Einladung des Liceo-Managements und mit Unterstützung des spanischen Fernsehens an den Ort der Verwüstung zurück. In Begleitung des ersten Cellisten des Liceo-Orchesters sang sie Casals melancholischen »Cant dels Ocells« von einer der ausgebrannten Logen herab. Als sich ihre Stimme in dem nun taghell erleuchteten Zuschauerraum erhob, dessen Mauerwerk weitgehend den Verwüstungen standgehalten hatte, war sie nicht die einzige, die bemerkte, daß die Akustik keinen Schaden genommen hatte, auch wenn die Bausubstanz an der Oberfläche zerstört worden war.

Von einiger Bedeutung ist, daß das erste Liceo-Gebäude 1847 eröffnet wurde und 1997 sein 150. Geburtstag ansteht. Alle Bemühungen sind zur Zeit darauf gerichtet, das Theater rechtzeitig zu diesem Termin wiederaufzubauen. Montserrat hat immer daran geglaubt, daß die Macht der Musik die Seele anrührt, Menschen zusammenbringen und damit die große Familie der Menschheit vereinen kann. Aber wie sie immer wieder betont: Eine Familie braucht ein Heim, ein Dach über dem Kopf. Auch jetzt hält sie wieder ihr Wort und setzt sich in vorderster Reihe für den Wiederaufbau des Liceo ein. Der offizielle Startschuß für den Wiederaufbau des Liceo fiel in Barcelona am 17. März 1994 mit einer Operngala im Palau San Jordi vor 13 000 Zuschauern, zu der die meisten der führenden Opernstars entweder selbst erschienen oder per Video Grüße sandten. Und Caballés Beitrag war ... »Casta diva«.

[illegible]

[illegible]

Qui
la Voce Sua Soave

Kommentierte Diskographie
Einleitung

Diskographien können von knappen, kommentarlosen Werklisten bis hin zu nervtötenden Zahlen- und Buchstabenkolonnen ganz unterschiedliche Formen annehmen. Keine der beiden genannten Arten ist allerdings ein interessanter Lesestoff, und in beiden Fällen hat man Schwierigkeiten, die Verbindung zur betreffenden Musik oder zum jeweiligen Künstler herzustellen. Die vorliegende Diskographie hat es sich dagegen zum Ziel gesetzt, eine repräsentative Aufstellung der Aufnahmen Montserrat Caballés zu liefern, sowohl von regulär im Handel erhältlichen als auch von nicht autorisierten Fassungen und ihre Gesangsleistungen darauf zu kommentieren. Diese »kommentierte Diskographie« erhebt keinen Anspruch auf Vollständigkeit: Zum einen würde eine komplette Auflistung den Rahmen dieses Buches sprengen, zum anderen sind viele Aufnahmen nicht mehr lieferbar oder allein als nicht autorisierte Fassungen erhältlich. Nur mit Hilfe eines Experten und eines gut gefüllten Geldbeutels ist es möglich, an nicht autorisierte Schallplatten heranzukommen, und viele sind nur als LP erhältlich. So haben wir uns hauptsächlich auf die Aufnahmen konzentriert, die mittlerweile auf CD überspielt wurden. Im übrigen können wir nur darauf warten, daß solche Glanzstücke wie Caballés *Manon* in Barcelona (1968) oder ihr *Othello* an der Met (1967) auf CD erscheinen, und begnügen uns derweil damit, auf ihre Existenz hinzuweisen.

Die nicht autorisierten Aufnahmen wurden nur deshalb berücksichtigt, um Caballés künstlerischem Schaffen einigermaßen gerecht werden zu können. Sicher, sie hat 34 Opern und 34 verschiedene Rollen im Studio aufgenommen, eine Zahl, die keine ihrer Vorgängerinnen je erreicht hat oder mit der eine ihrer heutigen Kolleginnen mithalten könnte. Aber die nicht autorisierten Aufnahmen umfassen weitere 50 Gesamtaufnahmen von 37 verschiedenen Werken. 32 dieser Rollen sind nicht auf regulär vertriebenen Tonträgern erhältlich, so zum Beispiel die Leonore im *Troubadour* und Adriana Lecouvreur in der gleichnamigen Oper. Alle Aufnahmen zusammen bilden die größte und bunteste Werksammlung, die eine Sopransängerin jemals auf Platte gebannt hat. Übrigens: Für Caballé ist eine Studioaufnahme nicht prinzipiell wertvoller als eine nicht autorisierte Fassung. Daß sie die *Adriana Lecouvreur* niemals im Studio aufgezeichnet hat, was soll es; die nicht autorisierte Fassung aus Tokio tut es auch.

Methodisch haben wir das Material unter der losen Klammer von »Epochen« zusammengefaßt, auch wenn es dabei zu ein paar Ungereimtheiten kommt. Boitos *Mefistofele* haben wir beispielsweise an den Anfang des *verismo*-Kapitels gestellt, aber eigentlich ist diese Oper schwer einordbar. In den einzelnen Kapiteln besprechen wir die Aufnahmen in der Reihenfolge ihrer Einspielung und nicht ihrer Komposition. Denn schließlich soll es hier vor allem um Montserrat Caballé und nicht um die Komponisten gehen. Einige Ausnahmen von dieser Regel gab es, wenn in ein und derselben Rolle vor der Studioaufnahme schon nicht autorisierte Fassungen existierten. In diesem Fall haben wir den Studioaufnahmen den Vorzug gegeben. Aufnahmen mit Konzerten eines einzigen Komponisten wurden der entsprechenden Epoche zugeordnet. Aufnahmen mit Werken verschiedener Komponisten sind alle im VII. Kapitel zu finden. Wo das Datum der jeweiligen Aufnahme bekannt ist, wurde es angegeben – doch nach so langer Zeit war dies nicht immer möglich.

Schließlich sollte noch erwähnt werden, daß Montserrat Caballé zwar alle biographischen Kapitel dieses Buches genauestens gelesen und jede Seite des letztlich autorisierten Entwurfs abgezeichnet hat. Doch sie lehnte es ab, den Inhalt dieses Abschnittes zu kontrollieren. Alle in der Diskographie geäußerten Meinungen – im Gegensatz zu den anekdotischen Informationen im vorderen Buchteil – stammen deshalb von den Autoren und decken sich in einigen Fällen nicht mit der Meinung der Sopranistin.

I. BAROCK UND KLASSIK

1. Wolfgang Amadeus Mozart

Don Giovanni
Lissabon, nicht autorisierte Aufnahme, Januar 1960: Legato

Eine bemerkenswerte Live-Aufnahme (in klarem und frischen Klang) aus dem Teatro São Carlos in Lissabon vom Beginn des Jahres 1960. Es war die erste überall im Handel erhältliche Aufnahme der damals 26jährigen Montserrat Caballé, aber vielleicht erscheinen ja in Zukunft noch einige ihrer früheren Basler Aufführungen (1956 und 1959) auf CD. In allen Hauptrollen waren Gesangsstars der Wiener Staatsoper zu hören. Mit einer Ausnahme: Die Rolle der Donna Elvira sang nicht Elisabeth Schwarzkopf, sondern die junge Caballé. Diese Aufnahme ist ein wichtiges Dokument, nicht nur als frühestes Zeugnis ihrer Stimme, sondern weil sie in einem Repertoire zu hören ist, mit dem man sie später, nach ihrem Durchbruch als international gefeierte Sängerin, nicht mehr so sehr in Verbindung brachte.

Obwohl sie neben erfahrenen Mozart-Sängern zu hören ist, zum Beispiel Eberhard Wächter in der Titelrolle und Erich Kunz als Leporello, klingt Caballé in keiner Weise unter- oder fehlbesetzt. Allerdings geht sie die Rolle mit einer erstaunlichen – und einige werden denken untypischen – Wildheit an. So nimmt sie die erste Verszeile »Ah, chi mi dice mai quel barbaro dov'è?« sehr wörtlich. Am Ende des *recitativo accompagnato*, in dem sie droht, ihrem Verführer das Herz herauszureißen, legt sie auf alle Wiederholungen des Wortes »cor« einen giftig-fauchenden Ton. Und in dem folgenden – klavierbegleiteten – Rezitativ betont sie im italienischen Text jeden End-Reibelaut und steigert sich in eine ausgesprochene

Wut hinein. Die Händelschen Stilelemente in »Ah, fuggi il traditor!«, als Elvira die Bäuerin Zerlina beschwört, sich Giovannis Annäherungsversuchen zu widersetzen, lassen ahnen, wie die Caballé erst in einer Händel-Rolle, etwa als Ginevra in *Ariodante*, geklungen haben muß. Der Höhepunkt der Aufführung ist ihre ausgezeichnete Interpretation des berühmt-berüchtigten »Mi tradì« und des vorhergehenden Rezitativs, das sie mit langem Atem, volltönend, mühelos und vollkommen melodiesicher singt. Das alles, und dazu noch ein bißchen *appogiatura* als Krönung.

Così fan tutte
London, Studioaufnahme, 22. bis 31. April 1974: Philips

Dieses mit Preisen überhäufte Werk ist eine der besten Studioaufnahmen Caballés, und es würde unter den *Così*-Aufnahmen den ersten Platz einnehmen, wären die Rollen der beiden Liebhaber mit Ganzarolli und Gedda nicht so blaß besetzt. Die drei Sängerinnen Cotrubas, Baker und Caballé dagegen bilden zusammen das berühmteste und unverwechselbarste Trio einer Plattenaufnahme (in direkter Konkurrenz zu Klemperers Ensemble mit Margaret Price, Yvonne Minton und Lucia Popp). Gleich zu Beginn der ersten gemeinsamen Schwestern-Szene »Ah, guarda, sorella« treffen Caballé und Baker den richtigen Ton, wenn auch nicht so, wie es die meisten – in dieser Besetzung – erwartet hätten. Caballés Fiordiligi ist erstaunlich mädchenhaft, lebhaft und fast kokett verglichen mit Bakers eher nüchterner Dorabella, genau andersherum, wie man es sonst hört. Ebenso erstaunlich ist, daß die ansonsten so unterschiedlichen Stimmen der beiden Frauen im Duett und in den Ensembles vollendet zusammenpassen. Das Terzett im 1. Akt, »Soave sia il vento«, hat auf Platte selten so anmutig schön geklungen. Die Stimmen schweben mühelos dahin. Trotzdem fehlt es in den entscheidenden Augenblicken nicht an Vitalität oder Härte: Fiordiligis Gelöbnis, sich selbst zu töten, wenn sie ihren Verlobten betrügen sollte – »Lasciami questo ferro« –, ist mit dem genau richtigen Maß an herrischer und gespreizter Einfältigkeit gesungen. Und »Come scoglio« wird mit einer technischen Geschicklichkeit ausgeführt, die den unmißverständlichen Vorwurf Fiordiligis an die angeblich albanischen Liebeswerber in der Art der *opera seria* widerspiegelt. In Caballés Händen (oder vielmehr aus ihrer Kehle) klingen die Zwei-Oktaven-Sprünge in ihrer frechen Leichtigkeit fast lustig – vermutlich war das auch Mozarts Intention, als er sie schrieb. Nur die recht zittrigen und flachen Triller sind ein Makel.

In der Arie »Per pietà« des 2. Aktes läßt Caballé ihre Mädchenhaftigkeit hinter sich und entpuppt sich als Frau. Vielleicht sind Mozarts Anforderungen, was die weiten Tonsprünge betrifft, in dieser Arie noch größer als in »Come scoglio«, wenn auch hier in einem gemächlicheren Tempo. Aber sie meistert die Tonabstiege – bis zum tiefen A –, ohne die Legato-Bögen zu vergessen, mit denen sie die ersten beiden langsamen Teile verbindet. (Trotzdem kommt es zur üblichen »stummen« Pause zwischen den zwei Strophen, wo Mozart eine dezente, schmückende Vokalbrücke erwartet hätte.) Am Ende hat Caballés Fiordiligi unendlich viel an Persönlichkeit gewonnen und sich von einem unschuldigen Kind zu einer ernüchterten, vielleicht auch skeptischen Erwachsenen entwickelt. Auf der Schallplatte opfert sie ihre charakteristische Reinheit jedoch nie der Beibehaltung der Mozartschen Tonfolge: Es gibt kein Anzeichen, daß die Primadonna die Stilmittel des frühen – und noch viel weniger des späten – 19. Jahrhunderts verwendet hat. Obendrein ist das Dirigat Colin Davis' und das Spiel des London Symphony Orchesters von Anfang bis Ende eine Freude und in makelloser Tonqualität eingefangen. Es ist schade, daß dies Caballés einzige Studioaufnahme einer Mozart-Oper geblieben ist.

Arie Antiche des 18. Jahrhunderts
Barcelona, Studioaufnahme, 1978: (**Vivaldi**: Vieni, vieni o mio Diletto, Chiare onde, Un certo non so che, Sposa son disprezzata, Da due venti, Agitata da due venti; **Lotti**: Pur dicesti; **Paisiello**: Nel cor più non mi sento; **Benedetto Marcello**: Quella fiamma che m'accende; **Pergolesi**: Se tu m'ami; **Costanzi**: Lusinga la speme; **Giordani**: Caro mio ben) **Decca; Dischi Ricordi; Forlane*; RCA / BMG**

Die zwölf Arien auf dieser Sammelplatte waren bereits unter verschiedenen Labels und in verschiedenen Kombinationen erschienen, ein Schicksal, das alle Aufnahmen Caballés ereilte, die sie in den späten 70er Jahren ursprünglich für Discos Columbia S. A. in Barcelona eingespielt hatte. Nun findet man sie vollständig – zusammen mit den Salon-Arien der *belcanto*-Meister – auf dem RCA / BMG-Album wieder, das im April 1993 anläßlich Caballés 60. Geburtstag in Frankreich erschienen ist. In der ursprünglichen LP-Fassung waren auf der ersten Seite sechs Vivaldi-Arien zu finden und auf der zweiten *arie antiche* verschiedener Komponisten, die alle im ersten Band von Alessandro Parisottis Anthologie italienischen Liedguts des späten 19. Jahrhunderts enthalten sind.

Die Aufnahme ist sehr dicht und ohne Nebengeräusche, was den Klang des Klaviers spröde und klimpernd macht und der Stimme eine ungewohnte Schärfe verleiht. Diese technischen Unzulänglichkeiten sind auf der CD-Fassung noch stärker hörbar. Die Stücke liegen fast ausnahmslos innerhalb der

---

* Auf der Forlane-CD fehlen drei Stücke des ursprünglichen Soloprogramms – Vivaldis »Da due venti« sowie das Lotti- und das Costanzi-Stück –, dafür sind zehn Arien aus den Donizetti- und Bellini-Platten hinzugekommen (siehe unten).

Notenlinien – nur selten reichen sie darüber hinaus – und stellen keine außerordentlichen Ansprüche an die traditionelle Gesangskunst dar. Grundsätzlich scheinen es eher Übungen innerhalb des üblichen Rahmens und die geschmackvolle Darbietung nicht allzu exzessiver Gefühle zu sein. Da sie sich tendentiell immer am unteren Rand der Notenlinie bewegen, fallen sie heute eigentlich in die Stimmlage einer Mezzosopranistin, und wahrscheinlich waren Teresa Berganza (Deutsche Grammophon) und Cecilia Bartoli (Decca) in der letzten Zeit ihre erfolgreichsten Vertreterinnen. Was macht also eine Sopranistin daraus, die im wesentlichen dem Stil des 19. Jahrhunderts verhaftet ist? Viel, lautet die Antwort. Caballé meistert hervorragend die Wiederholungen der Strophen, die frei hingetupften Verzierungen, die hohen Töne und ihre geliebten blitzschnellen, sehr leisen chromatischen Auf- und Abstiege, wo immer sich die Gelegenheit bietet. (Letztere sind beim Pergolesi-Stück am besten gelungen.) Aber die charakteristische Leichtigkeit und die Identifikation mit den verschiedenen Notlagen der Heldinnen – die meisten Arien sind Opern entnommen – sind nicht so sehr spürbar. Auf die spritzige Lautmalerei der Paisiello-Arie geht sie nicht ein – »mi pizzichi, mi stuzzichi, mi pungichi, mi mastichi«; statt dessen entscheidet sie sich für einen sehr weitschweifigen Gesang mit vielen überladenen Ausschmückungen. Auch die Kokketterie, die bei Pergolesi die neckende Art des liebeskranken jungen Schafhirten veranschaulichen soll, klingt nüchtern, auch wenn sie mit dekorativen Läufen gespickt ist. Stimmvirtuosität dient der gehobenen Stimmung.

Wesentlicher Kritikpunkt an den Vivaldi-Arien ist, daß die Sopranistin zu viele Skrupel hat, die Stücke in eine höhere Stimmlage zu transponieren, die ihr besser liegen würde. In der ursprünglichen Tonlage belassen, klingt bei manchen schnelleren, gehauchten Läufen zusätzlich noch ein »W« an – aus »huh, huh, huh« wird »wuh, wuh, wuh«. Andererseits erreicht ein ernstes Stück, wie das von Marcello, unerwartete

Gefühlstiefe und bekommt, mitten im energischen und kraftvollen Vortrag, durch Caballés Interpretation eine sehr spanisch anmutende Sinnlichkeit. Die besten Stücke sind die Vivaldi-Arie »Sposa, son disprezzata« aus *Bajazet*, die mit makelloser *messa di voce* und nahtlos ineinander übergehenden Phrasen aufwartet, und »Caro mio ben«, das mit einer erstaunlichen Bandbreite von Klangfarben und dynamischen Abstufungen gesungen ist. Vielleicht gewinnt diese schlichtere Barockmusik an Tiefe, wenn man sie wie hier mit einer stark von der Romantik geprägten Sichtweise konfrontiert.

WEITERE BAROCK- UND KLASSIKAUFNAHMEN

Iphigenie auf Tauris [*Iphigénie en Tauride*] (C. W. Gluck)
Lissabon, nicht autorisierte Aufnahme, 3. Februar 1961: Voce

Julius Cäsar [*Giulio Cesare*] (G. F. Händel)
a) New York, nicht autorisierte Aufnahme, 21. März 1967: MRF; b) Barcelona, Videoaufnahme, 12. Juni 1987 (Ausstrahlung im spanischen Fernsehen auf TV_3)

Caballé singt Mozart – 1965–75
mehrere, nicht autorisierte Aufnahmen von 1965–75: Historical Recorded Enterprises [= HRE]

Agnese di Hohenstaufen (G. Spontini)
Rom, nicht autorisierte Aufnahme, April 1970: a) Memories; b) Hunt; c) Foyer

Medea (L. Cherubini)
a) Barcelona, nicht autorisierte Aufnahme, Januar 1977: MRF; b) Mérida, Videoaufnahme (Ausstrahlung im spanischen Fernsehen auf TV_1)

Démophoon (L. Cherubini)
Rom, nicht autorisierte Aufnahme, November 1985: Legendary Recordings [= LR]

La Vestale (G. Spontini)
Barcelona, nicht autorisierte Aufnahme, 29. Dezember 1982: LR

Les Danaïdes (A. Salieri)
Perugia, nicht autorisierte Aufnahme, September 1983: Legato

Mozart per Africa
Peralada, 18. Juli 1987: (Sechs Notturni mit dem Quintett vocal de Catalunyà; Ave Verum; La libertà [KV 532]; Wiegenlied; Vado, ma dove? [KV 583]; Caro mio druck und schluck [KV 571a]; Nun Lieber Weibchen [KV 625]) **Catalunya Música**

II. BELCANTO

1. Gioacchino Rossini

Wilhelm Tell [*Guillaume Tell*]
London, Studioaufnahme, 2. Juli bis 1. August 1972 und 7. September 1972: EMI; LP Querschnitt bei Pathé Marconi

Diese Aufnahme entstand in der turbulentesten Zeit der Karriere Caballés, während unzähliger Touren durch die Konzertsäle und Opernhäuser dieser Welt. Nichtsdestotrotz verbrachte sie praktisch den ganzen Sommer 1972 in Studios in und um London und nahm vier Opern als Gesamtaufnahmen sowie eine *zarzuela* in Spanien auf. Wie die *Jungfrau von Orléans*, die im folgenden Monat eingespielt wurde, war dies eine Oper, die Caballé noch nie auf der Bühne gesungen hatte (und auch nicht singen würde). Im nachhinein überrascht es ein wenig, daß die EMI sich dazu entschloß, das Werk in der französischen Originalsprache aufzunehmen, da es überall in der italienischen Übersetzung unter *Guglielmo Tell* bekannt war. Noch mehr überraschte es allerdings, daß die Oper ungekürzt eingespielt wurde. Auch heute noch gibt es, obwohl Rossini-Werke boomen, immer noch keine weitere Aufnahme des Werks in der Originalfassung, so daß diese EMI-Einspielung nach wie vor einzigartig ist.

Technisch gesehen ist die Aufnahme nicht brillant, weil die großen Massenszenen in allen vier Akten die Hauptdarsteller überlagern, so daß sie fast nicht zu hören sind, wenn die Wellen ganz hoch schlagen. Am schlimmsten macht sich dies am Schluß bemerkbar, wo man – mit der vor sich liegenden Partitur und gespitzten Ohren – gerade noch ausmachen kann, daß Mady Mesplé und Caballé singen; aber das sind wohl kaum die beiden brillanten hohen Cs, mit denen Rossini seine

Freiheitshymne und damit die ganze Oper krönen wollte. An sanfteren Stellen leistet die EMI-Aufnahme allerdings sehr gute Dienste und dies nirgendwo so gut wie in der magischen Szene zu Beginn des 2. Aktes, in der die habsburgische Prinzessin Mathilde eingeführt wird. Hoch oben auf dem Rütli, oberhalb des Vierwaldstätter Sees, ist es ihr gelungen, sich von ihrer Jagdgesellschaft zu trennen, und in einem vom Orchester begleiteten Rezitativ, mit erregten Streicher- und Holzbläsereinsätzen, fragt sie sich, ob sie hier ihren geliebten Arnold Melchthal treffen wird. In der berühmten Arie – »Sombre forêt« – vergleicht sie die Stille der Wälder mit dem hohlen Pomp des höfischen Lebens, den sie so verachtet. Die Partitur des Stückes ist einfach und stellt, abgesehen vom Legato und einer sicheren Phrasierung, keine großen Anforderungen an die Gesangstechnik. In Caballés Interpretation sind die wesentlichen Eigenschaften ihrer Stimme zu hören: Wärme, Fraulichkeit, Feinkörnigkeit, Harmonie, ein nie schwülstig werdender Klang, der sich immer vollkommen rein und mühelos anhört. Außerdem regt ihr Gesang die Phantasie an: Das Rezitativ weckt Besorgnis, und die eigentliche Arie – die mit einigen wenigen Atempausen auskommt – ist in Phrasierung und Dynamik königlich ausgeführt. Obendrein scheint das hohe As, zu dem die Arie immer wieder zurückfindet, aus dem Nichts zu kommen: ob *pianissimo* oder *fortissimo*, es gibt keinen Anhaltspunkt, wo sie herkommen – ob sie angehoben oder sogar bewußt »plaziert« werden; die Töne sind einfach da.

Das folgende Duett, ein langes dreigeteiltes Stück, dessen äußere schnellen Bewegungen unruhig dahineilenden Begleitungen gegenübergestellt sind, ist nicht so geglückt, zum Teil, weil Caballé mit der französischen Aussprache Probleme zu haben scheint, zum Teil, weil die Melodie oft sehr tief liegt. Außerdem tritt ein Problem auf, das sehr typisch ist, wenn Tenöre und Sopranistinnen in Sexten singen: Der Tenor hat die dominierende Melodie in den hohen Stimmlagen, während die Sopranistin auf den darunterliegenden Kontrapunkt begrenzt ist. Aber im 3. Akt steht die Sopranistin im Vordergrund, und in dem langen Gespräch mit Arnold in der baufälligen Kapelle interpretiert Caballé das dramatische, vom Tonumfang weitgefaßte Arioso »Pour notre amour« mit enormem Feuer und Hingabe. Auch die Szene, nachdem Tell von dem tyrannischen Geßler dazu gezwungen wurde, seinem Sohn Gemmy den Apfel vom Kopf zu schießen, beherrscht sie meisterlich. Mathilde rauscht heran, stellt Gemmy unter ihren Schutz und beschimpft Geßler als einen Barbaren: »Au nom du Souverain.« Hier ist deklamatorischer *spinto*-Ausdruck gefordert, und Caballé zeigt sich dieser Herausforderung gewachsen. Obwohl die Szene im Klang unvorteilhaft ausbalanciert ist, versucht sie, ihr Spannung zu geben, großartig unterstützt durch Gardellis schwungvolles Dirigieren. Wenn sie im 4. Akt weniger Dynamik zeigt, so ist das in erster Linie auf die Dramaturgie der Rolle zurückzuführen: Mathilde hat nichts weiter zu tun, als Gemmy zu seiner Mutter Hedwig zurückzubringen, was sich gesanglich in einem kurzen Solo niederschlägt, dann in ein Duett mit Gemmy übergeht und zusammen mit Hedwigs Stimme zu einem Terzett wird. Da Gemmy eine Hosenrolle ist, ist dieses Terzett reine Frauensache, und es ist für die Stimmen sehr kompliziert zu singen. Es ist Kompliment genug für die Sängerinnen, wenn man feststellt, daß sie es ohne Zwischenfall bewältigt haben.

Elisabeth, Königin von England [*Elisabetta, Regina d'Inghilterra*]
London, Studioaufnahme, Juli 1975: Philips

Diese Oper war das erste Werk, das Rossini 1815 für das Teatro San Carlo aufgrund seines neuen Vertrages in Neapel komponierte. Und es war die erste Titelrolle, die Rossini der herausragenden Primadonna jener Zeit auf den Leib schrieb, der aus Spanien stammenden Isabella Colbrán, die später seine Frau werden sollte. Da Rossini vermutlich weder mit einer neuen Primadonna noch mit dem Publikum ein musikalisches Risiko eingehen wollte, stammte viel von der Musik in dieser Oper aus seinem früheren Werk *Aureliano in Palmira*. Außerdem beschloß er, die vieldiskutierte Frage des improvisierten stimmlichen Schmuckwerks zu lösen, indem er es in die Partitur hineinschrieb und dadurch den Starsängerinnen und -sängern wenig Gelegenheit für Improvisationen bot.

Zum ersten Mal begegnen wir Königin Elisabeth I. in ihrem Thronsaal, wo sie voller Ungeduld die Rückkehr des Earl of Leicester erwartet, der die Schotten in einem erfolgreichen Feldzug besiegt hat. Aber die Ungeduld der Königin hat mehr mit den Gefühlen zu tun, die sie im geheimen für den Earl hegt, als mit seiner Fortüne im Krieg. Entsprechend handelt die erste Strophe ihrer *cavatina* zwar vom Gemeinwohl des Staates, aber in der zweiten schildert die Königin auf ergreifende Weise, wie ungeduldig sie ist, ihren »caro oggetto« zu sehen. Diese zweite Strophe ist zu derselben Musik wie Rosinas »Io son docile« aus dem *Barbier von Sevilla* geschrieben, und alle Elisabeth-Interpretinnen versuchen, diese Passage möglichst majestätisch klingen zu lassen. Caballé gelingt dies wohl besser als den meisten anderen, denn ihr Ton ist gleichzeitig befehlend, sehr konzentriert, doch mit einer Spur von Verletzlichkeit. Die einzige Einschränkung wäre bei den häufig wiederkehrenden, in tiefe Tonlagen reichenden chromatischen Kaskaden zu machen, mit denen Rossini Elisabeths Musik spickt. Caballé dämpft die einzelnen Noten konsequent und »verwischt« sie. Zugegeben, andere Sängerinnen, die diese Kaskaden gestochen scharf singen – zum Beispiel Cecilia Bartoli (Decca) – nehmen dafür gewöhnlich eine recht haarsträubende Atmung in Kauf.

Aber Caballé ist ganz in ihrem Element, als sie erfährt, daß Leicester heimlich verheiratet ist, und zwar, was noch schlimmer ist, mit der Tochter – so schamlos greifen italienische Opern in die Geschichte Großbritanniens ein – der schottischen Königin Maria. Der Zorn der englischen Königin kennt keine Grenzen. Auch die Melodieführung nicht, die, auch wenn Colbrán häufig als Sopranistin mit tiefer Stimmlage beschrieben worden ist, wiederholt zum hohen H aufsteigt, aber ebenso Ausflüge in tiefere Stimmlagen unternimmt. Im Duett mit Norfolk ist die Sopranistin gut in Form, und das tiefe B auf »l'indegno« [»der Unwürdige«] spuckt sie regelrecht aus. Nicht weniger eindrucksvoll ist sie in dem folgenden *recitativo accompagnato*, in dem sie ihr Schicksal als Frau und als Königin beklagt (»Che penso desolata Regina«). In dem sich anschließenden Katz-und-Maus-Spiel mit Leicester – sie gibt vor, nichts von seiner Ehe zu wissen, und bietet ihm statt dessen die englische Krone als ihr Gemahl an – stünde Caballé etwas mehr Sarkasmus gut zu Gesicht, obwohl die höchst schwierige Koloratur an dieser Stelle wahrscheinlich nicht viele feine Abstufungen zuläßt.

Auf der anderen Seite ist in dem Stimm-Vokabular der Sopranistin viel Ärger herauszuhören, und die beiden *strettas*, mit der der 1. Akt und die Konfrontation zwischen Elisabeth und Leicesters Frau zu Beginn des 2. Aktes enden, sind unübertreffliche Demonstrationen wahrer Stimmkraft. Das Duett (»Non bastan quelle lagrime«) ist ein Vorbote von »Mira, o Norma« aus Bellinis sehr viel späterer Oper, und Caballé und Valerie Masterson singen sehr schön, letztere in Vertretung der kranken Ileana Cotrubas. Der Herzog von Norfolk wird mit einer schönen *spinto*-Deklamation verbannt, und Caballé trägt die Szene, in der sie in Leicesters Verlies hinuntersteigt, um ihn vor seiner Hinrichtung entkommen zu lassen, und er sie statt dessen vor der Tötung durch Norfolk rettet, mit beeindruckender Melodiebeherrschung vor. »Fellon, la pena avrai« besiegelt das Schicksal des verräterischen Herzogs, steigt immer wieder zum hohen H auf, mit sehr schnellen – wenn auch etwas vorsichtigen – Triolen. Aber all das ist nur die Vorbereitung auf den Höhepunkt der Aufnahme: Caballés Interpretation von »Bell'alme generose«, in der die Königin dem herumirrenden Leicester und seiner Frau vergibt. Das ist eine umfassende Darbietung der Fähigkeiten der Diva, die ihren fast intuitiven Sinn für Licht, Schatten und Klangfarbe einem Arsenal vokaler Verzierungen gegenüberstellt. Ihr Gesang nähert sich auf größtmögliche Art und Weise Elisabeths königlichem Charakter an. Kein Wunder also, daß die Aufnahme im allgemeinen als eine der Kronjuwelen der immer weiter ausufernden Rossini-Diskographie betrachtet wird.

Semiramide
Aix-en-Provence, nicht autorisierte Aufnahme, August 1980: a) HRE, IMS / HRE; b) Legato; c) Querschnitt bei IMS

Diese nicht autorisierte Aufnahme der Premiere der Vorstellungsserie in Aix-en-Provence ist sowohl auf CD als auch auf Video erhalten geblieben, da sie gleichzeitig im französischen Hörfunk und im Fernsehen ausgestrahlt wurde. Beim französischen Fernsehsender Antenne 2 war zwischen Filmaufnahme und Ausstrahlung ein Cutter am Werk gewesen und hatte ganze Passagen mit begleiteten Rezitativen weggeschnitten, die die Handlung vorantreiben – mit der Folge, daß in Fernseh- und Radiofassung die Handlung kaum zu verstehen ist. Die ursprünglich fast dreieinhalbstündige Vorstellung in Aix ist auf weniger als zweieinhalb Stunden zusammengeschrumpft.* Dennoch ist das Dokument von unschätzbarer

* Doch selbst die Fassung auf diesem Festival war gekürzt. 1992 führte das Festival in Pesaro anläßlich der Feierlichkeiten zu Rossinis 200. Geburtstag als Hauptbeitrag zum erstenmal in der Öffentlichkeit die ungekürzte kritische Ausgabe auf. Sie dauerte drei Stunden und 56 Minuten, was bedeutet, daß *Semiramide* Rossinis längste Oper ist.

Bedeutung, da es die Partnerschaft von Caballé und der großartigen Marilyn Horne dokumentiert.

Mit der Eröffnungsszene im Tempel hat die Oper einen herrlichen Start. Caballé hat in dieser ziemlich seltsamen Sequenz wahrlich nicht gerade viel zu singen – eine *belcanto*-Heldin kann gewöhnlich eine längere Auftritts-Arie ganz für sich allein erwarten –, aber die wenigen Phrasen, die sie vorträgt, zeigen, daß sie in Spitzenform ist. Aber nicht nur Caballé: Sowohl Marilyn Horne als auch Samuel Ramey sind in Bestform, so wie wahrscheinlich auch Francisco Araiza, so weit man das von dem wenigen, was nach der zweifachen Kürzung (erst in Aix, dann von Antenne 2) von seinem Gesang geblieben ist, beurteilen kann. Die Essenz der Titelrolle ist in der Cavatina, der Arie »Bel raggio lusinghier« und drei Duetten, zwei mit Arsace – »Serbamiognor se fido« im 1. Akt und »Ebben ... a te, ferisci ... Giorno d'orrore!« im 2. Akt – und einem mit Assur, das den 2. Akt eröffnet, enthalten. Die Cavatina war für Sopranistinnen der Nachkriegszeit ein beliebtes Stück in ihrem *belcanto*-Repertoire: Die Callas sang sie schon 1954 auf einer Soloplatte (EMI) und kehrte im Verlauf ihrer Karriere häufig zu ihr zurück; Sutherland sang sie mit atemberaubender Gewandheit auf ihrer ersten Aufnahme (Decca); und aufgrund der Tatsache, daß die Rolle für die sich stimmlich im Abstieg befindende Colbrán komponiert worden war, haben drei Mezzosopranistinnen, mit der Fähigkeit, in höheren Stimmlagen zu singen, das Stück aufgenommen – Marilyn Horne (Decca), Teresa Berganza (Decca) und Cecilia Bartoli (Decca).

Ohne Zweifel sind das alles herausragende Leistungen, die jeweils aufgrund unterschiedlicher musikalischer und interpretatorischer Nuancierungen ihren eigenen Stil haben. Was aber Caballés Aufnahme von den anderen Einspielungen unterscheidet, ist ihr Narzißmus. Während Callas' Stimme ganz klar die einer Mörderin ist und Bartoli mit wahnsinniger Wildheit Kapriolen um hyperaktive Verzierungen dreht, spielt

Caballé die Königin und singt sich auf unbeschreibliche Weise selbst ein Ständchen. Träge und sinnlich läßt sie die Töne mühelos wirbeln (außer einigen *fortissimo*-Bögen bei schnellen Läufen), und in ihren *dolce* gesungenen Gedanken um den Namen ihres Geliebten in spe, Arsace, trifft sie genau den richtigen Ton koketter Dekadenz. Die Koloratur ist außerdem präzise und volltönend artikuliert: Es ist kaum zu glauben, daß diese Sopranistin vor und nach dieser Serie in Aix die Turandot sang.

Die Duette mit Horne verbreiten Spannung und gewähren uns gleichzeitig einen Blick darauf, wie aufregend diese Werke gewesen sein müssen, als sie noch von richtigen Diven (und nicht von Mediengebilden) gesungen wurden. Allerdings verbesserten die beiden im Verlauf der Vorstellungen ihre Koloratur in den zweiten Strophen immer mehr, und Berichten zufolge begingen sie keinen einzigen Fehler mehr. Trotz ihrer völlig unterschiedlichen Technik und Klangfarben passen die beiden Sängerinnen wunderbar zusammen, und es ist kein Wunder, daß diese Vorstellungen zum Inbegriff des stimmlichen Hochgenusses wurden. In dem längeren und komplizierteren zweiten Duett, in dem die verliebte Semiramide die Wahrheit über Arsaces Herkunft erfährt, müssen Horne und Caballé wegen der breiten Gefühlspalette des Stücks ihr Können noch mehr unter Beweis stellen. Besonders schön ist das verstörte »Ebben, ferisci« der Sopranistin, gefolgt von einem einschmeichelnd sanften »La madre rea punisce« [»bestraft diese schuldige Mutter«], das ahnen läßt, daß diese Königin genau das Gegenteil von dem fühlt und bezweckt, was sie in diesen Zeilen sagt. Und hier, wie im übrigen bei der ganzen Aufnahme, halten das aufgeweckte Dirigieren von Jesús López-Cobos und das gepflegte Spiel des Scottish Chamber Orchestra die Dramatik auf dem Siedepunkt.

Vielleicht ist die Konfrontation zu Anfang des 2. Aktes mit dem langen giftigen Gespräch zwischen den beiden Königsmördern Semiramide und Assur die allerschönste Passage. Hier spornen sich Ramey und Caballé gegenseitig zu Höhen spöttischer Virtuosität an, besonders während der Cabaletta – »la forza primera« –, die leider auf eine Strophe heruntergestutzt wurde. Eine gute Neuigkeit ist allerdings, daß das Französische Klangarchiv vor kurzem die Erlaubnis aller beteiligten Künstler und Künstlerinnen eingeholt hat, um ein Video der Fernsehübertragung auf den Markt bringen zu können.

Der Türke in Italien [*Il Turco in Italia*]

London, Studioaufnahme, August 1981: Fonit Cetra; Lizenz an CBS Masterworks; neu aufgelegt bei Sony

Rossini komponierte diese Oper 1814 für das Teatro alla Scala in Mailand als Folgeprojekt zu einem Werk, das im Jahr zuvor in Venedig seinen Namen und seinen Erfolg begründet hatte: *Die Italienerin in Algier* [*L'Italiana in Algeri*]. Wie schon die beiden Titel andeuten, ist die Handlung der späteren Oper eine Umkehrung der Verhältnisse der vorhergehenden. Diesmal wird die übliche Klischeesammlung – seniler und / oder impotenter Ehemann, frustrierte und kokette jüngere Ehefrau, Liebhaber in Hülle und Fülle, einige blöd, die anderen exotisch, manche vernünftig – jedoch durch den Dichter Prosdocimo belebt, der die Handlungsstränge kommentiert. Auf diese Weise trifft sich dank des Textes von Felice Romani (der später als Librettist Bellinis berühmt wurde) die *commedia dell'arte* des 18. Jahrhunderts mit dem anti-illusionistischen Theater eines Pirandello. Man sollte im Hinterkopf behalten, daß Rossini die Rolle der Fiorilla – die einzige ausgereifte Partie in der Oper – für Francesca Maffei Festa komponiert hatte, deren anderes großes Engagement in der Scala-Spielzeit 1814 Mozarts Donna Anna war. Daraus kann man den Schluß ziehen, daß der Komponist nicht von vornherein etwas dagegen gehabt hätte, eine Caballé in dieser Partie zu sehen, in der sie als gelangweilte Ehefrau mit einem orientalischen Potentaten flirtet, mit diversen Liebhabern schäkert, mit ihrem Mann streitet, beschließt, durchzubrennen, versetzt wird und reumütig zu ihrem Ehemann zurückkehrt, der ihr verzeiht.

Die Oper ist eine köstliche, reife und ziemlich ungewöhnliche Komödie. Deshalb ist es sehr bedauerlich, daß niemand daran dachte, dies den Spielleitern, Riccardo Chailly oder irgend jemand anderem aus der Besetzung mitzuteilen, denn die Aufnahme kommt »bierernst« daher. Vielleicht sind zumindest einige der Schwierigkeiten auf die ungünstigen Umstände der Aufnahme zurückzuführen, denn Caballé sprang in letzter Minute für Renata Scotto ein. Da sie sich als äußerst geschickte Vom-Blatt-Sängerin betätigt, scheint es seltsam, daß der / die Spielleiter nicht versuchten, die richtige Atmosphäre zu schaffen, in der sie ihre zweifellos vorhandenen komödiantischen Gaben hätte entfalten können. Doch dies soll nicht die Bedeutung dieser ersten Gesamtaufnahme von Rossinis Partitur aus musikwissenschaftlicher Sicht schmälern.

Die Fonit-Cetra-Aufnahme erwischt Caballé bei guter, voller Stimme; kaum verwunderlich, wenn man bedenkt, daß sie vorher in *André Chénier* aufgetreten war und zwischen den Aufnahmeterminen und *Tosca*-Aufführungen in Ravenna hin- und herpendelte. Aber man muß schon suchen, um in ihrer Interpretation der Rolle Zeichen von Leben zu finden. Um zu hören, was fehlt, muß man sich nur die Aufnahme der Callas anhören oder das freche, aber unwiderstehliche kleine Biest, das Graziella Sciutti leicht dahinwirft (auf einer Raubkopie einer RAI-Live-Aufnahme in Mailand). Dennoch ist Caballés Arie »No si da follia maggiore« [»Was gibt es Verrückteres, als treu zu sein«], die man als Fiorillas Credo bezeichnen könnte, gelungen, und in der langsamen Passage des Duetts mit ihrem Mann ist ihre Interpretation von »No, mia vita, mio tesoro« ausgezeichnet und mit tiefem Gefühl gesungen. Die Ironie der Geschichte ist, daß dieses Stück auf seiten der intrigierenden Fiorilla eine kalkulierte Dreistigkeit besitzt und so seine dramatische Funktion (im Gegensatz zur rein musikalischen Funktion) verliert, wenn es wie hier einfach heruntergesungen wird. In dem folgenden Ausbruch »Minacciarmi, maltrattami» [»Du bedrohst, quälst mich«] macht Caballé wenig aus den Worten. Ganze Passagen des Rezitativs ziehen ohne bedeutende Änderungen des Tonfalls vorbei, sogar als der Charakter eigentlich fürchterlich wütend sein soll. Andererseits liest sie den Brief ihres Ehemannes, in dem er sie schließlich hinauswirft, in schwärzestem Lady-Macbeth-Ton vor. Aber das Werk sollte ja eigentlich eine Komödie sein.

Was letztlich Caballés Darbietung schmälert, ist nicht das fehlende Einfühlungsvermögen, sondern die durchgängig spürbaren stimmlichen Unzulänglichkeiten: unsaubere Triolen, gehauchte Läufe, einige häßliche Tonbögen, und insgesamt bekommt man den Eindruck, daß die Sopranistin mit einer Stimme ringt, die ihr nicht ganz gehorchen will. Daß sie mit ihren Reserven haushält, um den Klang ihrer Stimme heller zu machen, ist theoretisch bewundernswert, wirkt sich in der Praxis aber eher weniger günstig aus. Das normalerweise volltönende Mittelregister wird dicht und kompakt gehalten, was einen Verlust der Klangfarbe zur Folge hat. Und zuweilen klingt es, als gehe sie vorsichtig über Eierschalen. Da sie die Aufnahme nur aus Gefälligkeit übernahm, wäre es kleinlich, zu kritisch zu sein, und es sollte nicht vergessen werden, daß sie sich in ihren parallelen Verpflichtungen auf der Bühne und im Aufnahmestudio auf *verismo*-Repertoire konzentrieren mußte. Unter solchen Bedingungen stößt auch eine so flexible Sängerin wie Caballé an ihre Grenzen.

Ermione

1) Pesaro, nicht autorisierte Aufnahme, 22. August 1987: IMS; außerdem Live-Übertragung im italienischen Fernsehen

2) Madrid, nicht autorisiertes Video, April 1988: Übertragung im spanischen Fernsehen

Anders als die *Semiramide* hat *Ermione* eine dramatische Prägnanz von überraschender Kraft und Schwung. Wie immer bei Rossinis neapolitanischen Opern wurde die Titelrolle für Isabella Colbrán komponiert, und sie ist zusammen mit *Armida* die forderndste von allen. Sowohl auf der CD von IMS mit der 1987er Vorstellung in Pesaro als auch auf dem Video der 1988er Inszenierung in Madrid wird deutlich, daß Caballé, von zeitweiligen Schwächen abgesehen, vom Temperament und von der Stimme her die Rolle absolut beherrscht. Darin hebt sie sich von den wenigen Sopranistinnen ab, die sich an einigen, in Cecilia Gasdias Fall allen Stücken Ermiones versucht haben. Letztere ist auf der einzigen kommerziellen Studioaufnahme dieses Werkes (Erato) zu hören, eine etwas laue Einspielung, ohne den erforderlichen Schwung oder die Leidenschaft, und obwohl Gasdia sehr ordentlich singt, sind ihr heller Ton und ihre mädchenhafte Klangfarbe für diese große tragische Königinrolle ungeeignet. Erst Caballé konfrontiert uns mit Racines tragischer Heldin: Das aggressive Duett »Non proseguir« mit Pyrrhus läßt von Anfang an die gesamte Bandbreite ihres Könnens erstehen. Was sie an einigen Stellen an punktgenauer Gewandtheit in den *fioriture* vermissen läßt, macht sie mit Spott und kraftvollem Deklamieren mehr als wett. Im unisono gesungenen Teil des Duetts »Più straziata un'alma« werden die Qualen der zwei verzweifelten Unzufriedenen von Caballé und Merritt hinreißend dargestellt, mit kraftvollen *spinto*-Sequenzen, die in weichere Töne übergehen, ein Spiegelbild der sicheren und geschickten Modulationen in Rossinis Partitur. Das Duett wird nach Pyrrhus' höchst schwieriger Arie – von Chris Merritt mit Brillanz hingelegt – wiederaufgenommen, aber nun, durch das feine dramatische Gespür Rossinis nicht einstimmig, sondern von zwei unabhängigen und unterschiedlich strukturierten vokalen Tonfolgen. Jetzt hat die Sopranistin ganz zu ihrem Rhythmus gefunden, auch wenn das anschließende Duett mit Orest – das Rockwell Blake in Pesaro genauso überzeugend sang wie Merritt – durch einige schrille Ausreißer *in alt* geschmälert wird. Trotzdem werden wir am Ende des 1. Aktes mit Macht daran erinnert, wer der Hauptcharakter diese Werkes ist, als sie das Finale mit einigen Ensemble-dominierenden hohen Cs beendet, die gegen eine musikalische Progression gesetzt sind, die Rossini später in *Il viaggio a Reims* an die gleiche Stelle der Partitur setzte.

Die Essenz der Rolle findet sich im 2. Akt, wo die Sopranistin endlich allein und nicht in Ensembles und Duetten zu Wort kommt. Heroisches Deklamieren in der höchsten Tonlage emotionalen Ausdrucks bestimmt die *gran scena*: Ermione hat gerade erfahren, daß Pyrrhus sie verlassen hat, und sie ist gezwungen, sich seinen Hochzeitszug mitanzusehen. In einem wütenden *allegro* weist sie ihren zerknirschten Bewunderer Orest an, Pyrrhus zu töten, und gibt ihm einen Dolch, mit dem er den Mord begehen soll. Die Tat wird außerhalb der Bühne vollbracht, wenn auch nicht von Orest selbst, und er kehrt zurück, um sich der Dankbarkeit seiner Angebeteten zu vergewissern. Doch haben sich in der Zwischenzeit ihre Gefühle geändert, und sie beschimpft Orest wegen seiner Teilnahme an dem Mord. Vor den Furien fliehend, die ihm Ermione auf den Hals gehetzt hat, macht er seinen Abgang, und sie bleibt voller Entsetzen zurück, als der Vorhang fällt. (In der Madrider Inszenierung faßte man den dramaturgisch überzeugenden, wenn auch mythologisch unsauberen Entschluß, Ermione am Ende von eigener Hand sterben zu lassen.)

Caballé legt die dramatischen Rezitative im 2. Akt mit Temperament und hochmütiger Entrüstung hin. Außerdem übertrifft sie sich in ihren vielfältigen Klangfarben und ihrer dynamischen Vielseitigkeit selbst, darunter auch ein außerordentlich wirkungsvoller, ungläubiger Vortrag der Passage, als sie den Hochzeitsmarsch im Off hört. Aber dafür mußte man – zumindest bei der Premiere in Pesaro – einige unsaubere Koloraturen und hastige Triller-Passagen in »Amata, l'amai« in Kauf nehmen, die sie zu einem wenig entgegenkommenden, wenn auch faszinierenden *allegro* unter dem furiosen Dirigat Gustav Kuhns sang. Das folgende Duett mit Orest hat sicherlich seine guten Augenblicke – hat Rossini jemals eine anspruchsvollere und dramatisch kraftvollere Musik komponiert? –, aber Caballé zeigt mittlerweile Ermüdungserscheinungen, und das Ende der Oper erreicht sie mehr durch eisernen Willen als durch Stimmressourcen. Bei den folgenden Vorstellungen lernte sie, ihre Kräfte besser einzuteilen, und hatte weitaus weniger Schwierigkeiten. Als sie die Rolle im nächten Jahr in Madrid übernahm, hatte sie die meisten Fallstricke Ermiones gemeistert, wie das Video zeigt. Alles in allem also eine von Caballés bemerkenswertesten Übernahmen in jüngster Zeit und eine, die wahrscheinlich zur Wiederaufnahme der Oper – als einem wirklich großen Werk des 19. Jahrhunderts – ins Repertoire führen wird.

Rossini-Rarities
Rom, Studioaufnahme, Juni 1967: (*Die Frau vom See* [*La donna del lago*] – Tanto affetti; *Otello* – O tu, del mio dolor ... Assisa a'piè d'un salice; *Stabat Mater* – Inflammatus; *Armida* – D'amore al dolce impero; *Tancredi* – O Patria dolce ... Di tanti palpiti; *L'assedio di Corinto* – L'ora fatal s'appressa ... Giusto Ciel!) **RCA; BMG (in Spanien bei Ariola erschienen)**

Diese Soloplatte wurde vom ersten Tag ihres Erscheinens im Jahr 1968 als Klassiker gehandelt. Es war die erste Soloplatte mit Rossini-Stücken, auch wenn die eine oder andere Arie von Sängerinnen als Einzelstück vorher aufgenommen worden war. Die Auswahl hatte Caballé zusammen mit dem Musikwissenschaftler Randolph Mickelson selbst getroffen, und als die Originalaufnahme erschien, fiel dies mit dem 100. Todesjahr des Komponisten zusammen. Die Aufnahme hat im Laufe des Rossini-Booms in den letzten Jahren nichts an ihrer Bedeutung verloren und ist noch heute ein Höhepunkt der allgemeinen Diskographie. Als die Rossini-Koryphäe Richard Osborne die lang überfällige CD-Neuerscheinung für die BBC im Radio besprach, stellte er fest, daß er, wenn er nur eine Rossini-Platte auf die sprichwörtliche einsame Insel mitnehmen dürfe, ohne Zweifel diese Soloplatte wählen würde, da auf ihr genau die Gesangskunst zu hören sei, die den Komponisten entzückt hätte.

Von den unbeschwerten Koloratur-Feuerwerken in »Tanti affetti« zum bronzegetönten Deklamieren in »Inflammatus«, bis hin zur ausgezeichneten *legato*-Verfeinerung in »Giusto ciel!« – man hört immer schlichte, makellose Meisterschaft. Nirgendwo gibt es einen Mangel an Einfühlungsvermögen, denn jedes Stück wird durch die geschickte Veränderung der Klangfarbe überzeugend interpretiert. Es ist schwer zu glauben, daß dieselbe Sängerin, die einen so monumental-kraftvollen Auszug aus dem *Stabat Mater* singt, im folgenden eine so ehrfurchtseinflößende Interpretation von Armidas ganz anders gelagerter Arie aus dem 2. Akt abliefert und weder in Klang noch in Technik hinter den legendären Aufnahmen der Callas (EMI) zurückbleibt. Möglicherweise könnte man sich für Desdemonas Klage eine natürlicher daherkommende melancholische Klangfarbe vorstellen (Frederica von Stade fällt einem sofort ein [Philips]); und der berühmte Auszug aus *Tancredi* läßt die surreale Ebene der Virtuosität vermissen, die Marilyn Horne erreicht (Decca). Aber dann konnte von Stade nicht die erforderlichen Höhen von »Inflammatus« erklimmen, genausowenig wie Horne es schaffte, die klare

Sopran-Tonfolge von »Giusto Ciel!« auf ihrer eigenen hervorragenden Soloplatte ertönen zu lassen. Caballés Leistung auf dieser Platte ist, daß sie all diese unterschiedlichen Dinge durch ihr außerordentliches Können meistert.

2. Vincenzo Bellini

Il pirata
1) Florenz, nicht autorisierte Aufnahme, 13. Juni 1967: Nuovo Era; neu aufgelegt bei Memories
2) Florenz, nicht autorisierte Aufnahme, 15. Juni 1967: Melodram
3) Rom, Studioaufnahme, Juli 1970: EMI

Der Erfolg dieser Oper, die ihre Premiere 1827 an der Scala feierte, legte für den 26jährigen Bellini den Grundstein für seinen Ruf als Komponist und markierte den Beginn seiner Zusammenarbeit mit dem Librettisten Felice Romani. Außerdem begründete sie das typischste Merkmal der romantischen italienischen Oper im 19. Jahrhundert – die Wahnsinnsszene der Heldin, mit der die Oper endet. Mit ihren zahlreichen Nachfolgerinnen wurde *Il pirata* zu einer der wichtigsten Opern für die großartigen Sopranistinnen des *primo ottocento*. Die Oper handelt von Imogene, die dazu gezwungen wurde, sich von ihrer großen Liebe Gualtiero loszusagen und statt dessen Ernesto, den Herzog von Caldara, zu heiraten, um das Leben ihres Vaters zu retten. Gualtiero, ein politisch Verfolgter, der von seinen Feinden als Pirat angesehen wird, erleidet mit seinen Männern vor der Küste, die zu Ernestos Herrschaftsbereich gehört, Schiffbruch und versucht, von allen – außer Imogene – unerkannt, sie zurückzugewinnen. Aber sie ist nun Mutter und widersteht, obwohl sie innerlich zerrissen ist. Das Paar wird bei einem gefühlvollen Tête-à-tête erwischt, Gualtiero und Ernesto duellieren sich, Ernesto wird dabei getötet, Gualtiero landet auf dem Schafott, und Imogene wird wahnsinnig.

Caballé übernahm diese Bellini-Rolle 1966 als Teil einer AOS-Serie in der Carnegie Hall; erstaunlicherweise ist keine unautorisierte Aufnahme dieser Vorstellung aufgetaucht. Offensichtlich fand Caballé Gefallen an der Rolle, denn das Werk tauchte in den nächsten fünf Jahren regelmäßig in ihrem Repertoire auf: in Philadelphia, Cincinatti, London und Barcelona sowie bei den Vorstellungen in Florenz und auf der Studioaufnahme in Rom.

Als sie ihr eigentliches Italien-Debüt gab, eroberte Caballé die Florentiner im Sturm – was die nicht autorisierte Nuova Era / Memories-Fassung aus den Archiven des Maggio Musicale demonstriert. Sie gibt während des langen und anspruchsvollen Parts alles, darunter auch eine erstaunliche Zahl von hohen Bs, Hs und Cs, alle *fortissimo* gesungen, wie in der Partitur angegeben. Kaum vorstellbar, daß man sie schon einmal mit vollerer Stimme gehört hat – was auf der ausgezeichneten Aufnahme von Nuova Era / Memories sehr gut zu hören ist (sehr viel besser als bei der Ausgabe der Konkurrenz Melodram, die zwei Abende später entstand, ohne den erkrankten Dirigenten Franco Capuana, der durch Erasmo Ghiglia ersetzt wurde).

Die EMI-Studioaufnahme wurde aufgenommen, nachdem Caballé zum erstenmal die Norma gesungen hatte. Verständlicherweise ist die Stimme in ihrem Tonumfang um einiges kräftiger, besonders im tieferen Register, das in der Zwischenzeit fast zu viel an dunklem Gewicht bekommen hat. Deshalb klingt die Aufnahme, um mit Imogenes Worten zu sprechen, sehr erhaben – »Sorgete!« [»Erhebt Euch!«] –, das weniger wie eine mitfühlende Bitte an eine Gruppe halbertrunkener Seeleute klingt, sich nicht vor ihr niederzuwerfen, als ein vollmundiger Befehl, sofort aufzustehen. Nach diesem mißverständlichen Einstieg, kommt Caballé in Form, und die Darstellung der liebeskranken und ausgenutzten Imogene, leidend und jammervoll, schält sich durch die feinsten Manipulationen von Dynamik und Klangfarbe heraus. Man würde gerne denken, zumindest in den zwei Duetten von Sopranistin und Tenor, daß diese Sicherheit auf das subtile Zusammenspiel zwischen Caballé und ihrem Ehemann Bernabé Martí als Gualtiero zurückzuführen ist. Aber tatsächlich macht Flaviano Labò auf der Florentiner Aufnahme den wärmeren und gleichmäßigeren Eindruck. Ohne Zweifel aber besitzt Martí eine mühelose und nachdrückliche Kraft *in alt*, einschließlich eines sicher plazierten und langgehaltenen hohen D im *allegro moderato* seiner Eröffnungsarie. Wie erwartet, ist der krönende Abschluß dieser Aufnahme die Schlußszene, die die Sopranistin in bester Form zeigt und die sich abwechselnd machtvoll, besorgt und pathetisch anhört. Die haarsträubende Koloratur, die sich zwischen den Cs auf beiden Seiten über zwei Oktaven erstreckt, wird mit außerordentlichem Schwung hingeworfen, gepaart mit der angemessenen Emotionalität. Diskret verändert Caballé die wortwörtlichen Wiederholungen der zweiten Strophe der Caballetta, eine ganz berechtigte Praxis, der die ursprüngliche Imogene – die glänzende Henriette Méric-Lalande – mit Sicherheit zugestimmt hätte.

Norma

1) Barcelona, nicht autorisierte Aufnahme, 11. Januar 1970: Melodram

2) London, Studioaufnahme, August 1972: RCA

3) Orange, Live-Film vom 20. Juli 1974: Classic Video Dreamlife

4) Wien, nicht autorisierte Aufnahme, 17. März 1977: Exclusive

Diese Rolle – Caballés großartigste – wurde nicht nur als Studioaufnahme, sondern auch in drei Live-Vorstellungen in den 70ern festgehalten. Die nicht autorisierte Aufnahme ihrer

Vorstellung in Barcelona ist zugleich ihre erste öffentliche Aufführung der Oper; der Film zeigt Caballés legendären Auftritt in den Chorégies d'Orange, wo alles, sogar das Wetter, stimmte; und die nicht autorisierte Aufnahme von Exclusive stammt von der Premiere einer Serie, die einen der größten Skandale in der Nachkriegsära an der Wiener Staatsoper heraufbeschwor. Der Klang auf der Melodram – offensichtlich mit einem tragbaren Gerät im Zuschauersaal aufgenommen – ist mittelmäßig, besonders was das Orchester betrifft. Aber wenn die Stimmen hinzukommen, kann man klar und deutlich hören, was gesungen wird. Von der Vorstellung in Orange gibt es Raubkopien der Original-Übertragung im französischen Fernsehen, und eine auf einem Stereogerät abgespielte Kopie gibt Klang und Bild ausgezeichnet wieder. Die nicht autorisierte Aufnahme aus Wien ist eine echte Entdeckung, mit einem Klang, der von einer guten Studioaufnahme nicht zu unterscheiden ist.

Die RCA-Studioaufnahme entstand in London, nachdem die Sopranistin 1972 wie ein Wirbelwind in nur wenigen Wochen drei andere Gesamtaufnahmen hinter sich gebracht hatte. Diese letzte Aufnahme der Reihe sollte eigentlich das Kronjuwel werden, denn keine der drei anderen aufgenommenen Rollen – Liù in *Turandot*, Mathilde in *Wilhelm Tell* und Verdis *Die Jungfrau von Orléans* – war so bedeutend, wie es die Titelrolle in *Norma* unbestreitbar ist. Ironie des Schicksals ist, daß die Beiträge zu den anderen Opern in jedem Fall als »endgültig« bezeichnet werden können. Das gleiche kann man jedoch nicht von ihrer kommerziellen Aufnahme des Bellini-Meisterwerks sagen. Vielleicht ist es das einzige Beispiel in ihrer Karriere, wo sie ihren Grundsatz, eine Rolle niemals zweimal aufzunehmen, hätte brechen sollen. Es gibt klitzekleine Fehler, wie der kleine »Verwackler« beim Plazieren des hohen As auf »mieto« genau vor der Einleitung zu »Casta diva« und die leicht merkwürdig klingenden *gruppetti* zu Beginn der Arie. An sich sind das banale

Details, aber dennoch enttäuschend bei einer Sängerin, die bei Live-Auftritten so nah an die stimmliche Vollkommenheit herankam, wie es in dieser Rolle möglich ist. Dennoch hatte die RCA-Fassung immer ihre Bewunderer. Richard Osborne bemerkte in *Gramophone*: »Caballés Gesang ist von klassischer Reinheit, deren Zurückhaltung einen zu Tränen rührt ... Es ist eine Interpretation der Oper, der Hauptrolle vor allen Dingen, an der kein Liebhaber des Bellinischen großartigen Werks (und kein Liebhaber des großen Gesangs) vorbeikommt.«[1] Und wenn man einen weiteren Rahmen wählt und den Ausrutscher außer acht läßt – wie es alle Bewunderer von Maria Callas bei dieser Rolle zu tun pflegen –, dann kommt Caballé tatsächlich an ein theoretisches Ideal heran.

Bei der Vorstellung in Orange müssen keine Einschränkungen gemacht werden. Hier ist ihre »Casta diva« so außerordentlich gesungen, daß das Publikum von diesem Erlebnis einfacher, transzendentaler Schönheit, das man nur einmal im Leben macht, in Bann geschlagen wird. Die Aufnahme zeigt außerdem, wie Caballés gelassene Haltung auf dem Video ihrer Interpretation der Norma eine weitere Dimension hinzufügt, die der Höreindruck allein nicht vermitteln kann. Man hört und schaut begeistert ihren spektakulären Koloratur-Salven in der Cabaletta »Ah bello a me ritorna« zu und wie sie dann ihrem *spinto*-Temperament im Schluß-Terzett des 1. Aktes mit Pollione und Adalgisa (hier von Jon Vickers und Josephine Veasey gesungen) freien Lauf läßt. Aber wie bei allen ihren Bühnenauftritten als Norma schöpft Caballé im 2. Akt mit »Dormono entrambi« ihre Ausdauer- und Kraftreserven voll aus. Später in diesem Akt, während der unheilvollen Konfrontation mit Pollione, »In mia man alfin tu sei« singt sie mit erstaunlich abgedunkeltem Brustregister und vermittelt so auf grimmige Art und Weise ihre Verachtung für den früheren Geliebten. Ihr vergeblicher Versuch, ihn dazu zu bringen, Adalgisa zu verlassen, ist musikalisch und dadurch auch psychologisch brillant dargestellt: Der erste Befehl

»Giura!« ist machtvoll, aber der zweite nach Polliones Weigerung klingt eher verzweifelt. Doch nachdem sie vor den versammelten Priestern ihren Betrug zugegeben hat, klingt ihre Stimme, als ob das Gewicht der Schuld von ihr genommen sei, und sie kehrt zu einem reinen, fast jungfräulichen Ton in »Qual cor tradisti« zurück, das eher bedauernd als zornig gesungen ist. Ganz am Ende, als sie ihren Vater bittet, sich um ihre Söhne zu kümmern, ist ihr Vortrag am schönsten. In der Eröffnungsphrase »Un prego ancor« scheint die Zeit stillzustehen, bevor die ausgezeichnet geformte letzte Bitte »Deh! non volerli vitime« auf ununterbrochenen Klangströmen dahinschwebt. Hier erlangt Caballés Norma, die durch ihre Selbstanklage ihre Autorität als Priesterin verloren hat, die ganze tragische Statur der Frau und Mutter.

Die anderen Vorstellungen auf Platte sind gegenüber dieser Meisterleistung weniger beeindruckend, aber sie haben alle ihre Schönheiten. Es ist natürlich interessant, Caballés erste Interpretation der Titelrolle in der Barcelonier Vorstellung zu hören, und es ist ein gelungener Vortrag: Sicherlich hatte keiner der an diesem Abend Anwesenden den geringsten Zweifel, daß er eine der großartigsten Normas des Jahrhunderts vor sich hatte. Aber die Melodram-Aufnahme hat eine so miserable Qualität, daß sie dieses Ereignis nur schlecht wiedergibt. Auf der Wiener Aufnahme kann man deutlich hören – welche Blödsinnigkeiten in Faggionis Inszenierung auch immer vorhanden gewesen sein mögen –, daß Caballé im 2. Akt dieser schrecklichen Premiere richtig in Schwung gekommen war, abgesehen von fehlenden *pianissimi* und einigen holprigen Phrasierungen.

Die nicht autorisierte Aufnahme von Orange ist die beste; aber in vieler Hinsicht kommt die Studioaufnahme ganz knapp dahinter, nur daß ihr als letzter Schliff die theatralische Unbekümmertheit fehlt. Da die RCA-Aufnahme überall erhältlich ist und die Orange-Aufnahme nicht, ist es das einfachste, sich mit der käuflichen Fassung zufriedenzugeben, auch deshalb, weil auf die übrige Besetzung – Domingo, Cossotto und Raimondi – Verlaß ist. Aber hier bekommt man das Gefühl, daß Caballés Schicksal einmal mehr dem der Callas ähnelt, denn keine Studioaufnahme der griechischen Sopranistin hat das eingefangen, wozu sie in dieser Rolle wirklich fähig war. Callas nimmt von Natur aus die eher listigen Aspekte von Norma auf: die Möchtegern-Kindesmörderin, die Befehlshaberin über rebellierende Horden. Caballés Neigung hingegen zur mütterlichen Seite Normas zeigt sich immer wieder in anrührend schönen Phrasen. Was immer man sonst zu ihrer Interpretation sagen könnte, sie steht anderen Interpretinnen dieser Rolle in nichts nach. Und durch ihre einmalige Art, diese Rolle zu singen, weiht sie uns Ende des 20. Jahrhunderts in die wahre Bedeutung des *belcanto* des frühen 19. Jahrhunderts ein.

Die Puritaner [*I Puritani*]
London, Studioaufnahme, 19. Juni bis 5. Juli 1979: LP; EMI; Decca

Die Puritaner war Bellinis zehnte und letzte Oper. Ihre Premiere feierte sie am 24. Januar 1835 in Paris mit spektakulärem Erfolg. Neun Monate später starb der Komponist im Alter von 34 Jahren an Amöbenruhr. Für solch ein berühmtes Werk ist die Aufnahme- und Aufführungsgeschichte erstaunlich spärlich: Seit 1945 wurde das Werk fünfmal im Studio aufgenommen, und zwar mit Callas, Sutherland (zweimal), Sills und Caballé. Letztere ist die einzige, die die Rolle niemals auf der Bühne verkörperte. Callas' Aufnahmen sind immer stark gekürzte Fassungen – auf ihrer »Gesamt«aufnahme (EMI) fehlen über anderthalb Stunden der Bellini-Partitur –, und Sills mochte die Rolle, wie sie selbst zugab, nicht, sang sie aber in den frühen 70ern über eine Drei-Jahres-Periode, dafür aber recht selten. Erstaunlicherweise spielte

Caballé die Partie parallel zur Santuzza in der *Cavalleria rusticana* unter Leitung Riccardo Mutis ein. Normalerweise geht man davon aus, daß eine Stimme, die für die eine Rolle paßt, nicht für die andere geeignet ist: Doch hier zeigt sich Caballés Virtuosität, die ebenso wie Callas vor ihr, eine so phänomenal breite Palette an Rollen abdeckte.* Sie bemüht sich hier, ihre Stimmlage aufzuhellen, um dem Hörer Elviras Jugendlichkeit zu suggerieren – eine beachtliche Leistung, wenn man bedenkt, daß zu ihrem Repertoire vor und nach diesen Aufnahmen Normas, Toscas, Salomes und Giocondas gehörten. Und auch wenn ihr Erfolg hier nur bruchstückhaft ist, so klingt keine der anderen Sängerinnen (vielleicht mit Ausnahme Sills') besonders mädchenhaft. Eigentlich ist es etwas seltsam, daß diese Rolle heutzutage von solchen Stimmen gesungen wird, wo ihr besser mit hellen Stimmen gedient wäre – wie der von Kathleen Batle oder besser noch dem modernen Äquivalent von Olympia Boronat (HMV) oder Antonia Nezhdanova (Court Opera Classics).

Elviras Eröffnungsduett mit ihrem mitfühlenden Onkel gelingt gut, und Caballé fängt meisterhaft die traurige Klangqualität ein, die ihr Partner anschlägt. Es kommt aber auch zu einigen kantigen Tönen und gelegentlich zu einem unsauberen Übergang zwischen Mittel- und Brustregister. Diese Fehler treten jedoch nicht in der anschließenden Polacca »Son vergin vezzosa« auf, die Caballé sehr flink und lebhaft vorträgt: Meisterhaft umschifft sie die Kanten der chromatischen Läufe und der gestochen scharfen *staccati in alt*. Nur der verschwommene Triller verdirbt den Gesamteindruck, und selbst hier ist recht gut zu hören, daß sie wie immer wenigstens etwas tut, anstatt sich wie viele andere Sängerinnen auf

---

* Als Callas 1949 zum erstenmal die Elvira sang, war sie mitten in einer Serie von Brünnhildes in der *Walküre*. Und Sutherlands zweite Aufnahme 1975 (Decca) wurde drei Jahre nach ihrer Turandot gemacht.

das Mittel ihres natürlichen Vibratos zu verlassen. Im *largo concertato* des 1. Aktes läßt sie hinreißende Phrasen wirbeln und erweckt die praktisch in Vergessenheit geratene Kunst des stilistisch einwandfreien *portamento* zu neuem Leben. Aber die *stretta* ist leider ein lärmendes Chaos, die der Dirigent grausam hart vorantreibt und in der es nur gelegentlich möglich ist, auszumachen, wer eigentlich gerade singt.

Der Höhepunkt des 2. Aktes ist natürlich »Qui la voce sua soave«, wobei die ersten Zeilen aus dem Off gesungen werden. Die Arie erinnert an die langsamen Bewegungen eines reifen Mozartschen Klavierkonzertes. Hier erreicht Caballés legendäre Atemstütze neue Höhen, und ihre Interpretationskunst würde so manchen unvoreingenommenen Zuhörer dazu verleiten anzunehmen, daß sie diese Musik immer schon gesungen hat. Kein Wunder, daß der Gesang in dieser Arie folgendermaßen beschrieben wurde: Er habe eine »Leuchtkraft und fast unbeschreibliche Intensität, der sie zur vollendetsten Elvira der jüngsten Zeit macht«.[2] In ihrem Vortrag werden die detaillierten Anmerkungen in der Partitur – *pianissimo*, *crescendo*, *decrescendo*, *Akzente*, *tenuti* – sorgfältig beachtet, im Rahmen eines flexibel gehaltenen und entgegenkommenden Tempos, denn hier gibt Muti der Sopranistin zumindest etwas Freiheit im Ausdruck. Das lange Duett im 3. Akt konzentriert sich mehr auf den Tenor als auf die Sopranistin, und Alfredo Kraus, der Caballé erst zum zweiten Mal auf einer Platte begleitet, ist ausgezeichnet bei Stimme. Doch er meidet das einsame hohe F, das der Komponist in die Partitur aufnahm, nachdem der erste Tenor dieser Rolle, Rubini, ein weiteres hohes D falsch interpretiert hatte, und das auf der zweiten Sutherland-Aufnahme von Luciano Pavarotti so meisterlich ausgeführt wird. Während des Duetts, in dem Elvira zwischen Wahnsinn und Klarheit hin und herschwankt, setzt Caballé ihre Stimme mit großer Sorgfalt ein, reduziert ihre von Natur aus vollen Töne auf einen vibratolosen *fil de voce*, als ob die fragile Klanglinie der Faden sei, an dem Elviras geistiges Gleichgewicht hängt. Alles in allem legt sie in einer Rolle, die in ihrer Aufnahme-Karriere ein spätes Datum für eine leichte Rolle zu sein scheint, einen ihrer glänzendsten Auftritte hin: intensiver empfunden und charakterisiert als die einmalig gut singende Sutherland; und schöner und jugendlicher als Callas, die selbst 1952 zu dunkel klingt und deren instinktive interpretatorische Meisterschaft nicht dagegen ankommt, daß sie stimmlich nicht für die Rolle geeignet ist. In vielen Punkten bietet Caballé die beste aller Interpretationen, die auf Platte existieren.

3. Gaetano Donizetti

Lucrezia Borgia
1) New York, nicht autorisierte Aufnahme, 20. April 1965: VOCE; IMS
2) Rom, Studioaufnahme, Mai 1966: RCA
3) Mailand, nicht autorisierte Aufnhme, 2. März 1970: Hunt

Lucrezia Borgia ist die Oper, die Caballé international berühmt machte, und die nicht autorisierte Aufnahme von IMS ist genau die Vorstellung, mit der sie den Durchbruch schaffte. Die RCA-Studioaufnahme folgte erst über ein Jahr später, als die Sopranistin im sechsten Monat schwanger war, während die nicht autorisierte Scala-Version ihr verschobenes Debüt als Hauptdarstellerin im Februar 1970 einfing. Alle drei Vorstellungen basieren auf leicht unterschiedlichen Texten. Das Werk, nach einer Vorlage von Victor Hugo, hatte 1833 seine Premiere an der Scala gefeiert. Die damalige Lucrezia – Henriette Méric-Lalande – trieb den Komponisten fast zum Wahnsinn, weil sie darauf bestand, daß er eine protzige Cabaletta für das Ende der Oper schrieb, nachdem die Heldin durch ein Mißgeschick ihren eigenen Sohn vergiftet hat. Seltsamerweise wird die Cabaletta in der New Yorker Fassung ausgespart; statt dessen zieht Caballé einen Schrei vor – den sogenannten *grido straziante* –, der einen Toten zum Leben erwecken könnte. Die anderen beiden Versionen sind mit Cabaletta und beziehen außerdem noch Material späterer Revisionen Donizettis mit ein. Die RCA-Studioaufnahme ist die einzige, die noch mit einer weiteren Cabaletta für Lucrezia – »Sì, voli il primo a cogliere« – aufwartet, die der Komponist an das Ende der Eröffnungs-Romanza »Com'è bello« setzte, wahrscheinlich auf Wunsch Giulia Grisis bei der Premiere in Paris (1840). Caballé führte diese Cabaletta niemals wieder auf, aus dem einfachen Grund, weil die Musik schlecht ist und vom Komponisten nicht dafür vorgesehen war, als Zusatz zu den beiden Strophen des vorangehenden »Com'è bello« gesungen zu werden.

Wenn man der New Yorker Vorstellung lauscht, ist es schwer zu glauben, daß dies die erste Gelegenheit für Caballé war, bei der sie ein *belcanto*-Werk sang, noch viel weniger, daß sie in den vergangenen Jahren im Verborgenen gearbeitet hatte. Aber das Niveau auf dieser Platte zeigt, daß ihre langen Lehrjahre sich gelohnt hatten und sich eine der perfektesten Gesangstechniken mit einer Stimme von seltener natürlicher Schönheit verbunden hatte. Allein in den zehn Minuten, in denen sie Eröffnungsrezitativ und -arie singt, kann man hören, daß ein Star geboren wird. Die anschließende Ovation war anscheinend genauso lang wie die vorangegangenen Stücke, und die einzige Kritik, die man bei dieser Aufnahme anbringen kann, ist die, daß der Applaus, der historisch gesehen mittlerweile selbst Teil der Vorstellung ist, abrupt abgewürgt wird. Der Dirigent Perlea, in bester Erinnerung von dem Björling / Albanese-*Manon Lescaut* bei RCA, ist äußerst kompetent, wenn nicht sogar außerordentlich dynamisch: Caballé erinnert sich daran, wie erstaunt sie anfänglich über den zurückhaltenden Stil des Maestros war, weil sie nicht wußte, daß eine Körperseite von ihm nach einem Schlaganfall gelähmt war. Und Vanzo ist in der Rolle des Gennaro so gut, daß es bedauerlich ist, daß die musikalische Dreingabe für den Tenor hier nicht berücksichtigt wurde.

Auf der RCA-Studioaufnahme trägt Caballé zwei ausgezeichnete Cabalettas vor, die in New York weggelassen worden waren. Wenn man sie mit überkritischen Ohren anhört, kann man eine gewisse Vorsicht in ihrer Annäherung an die alarmierenden Seiten der Zwei-Oktaven-Läufe, Triller und hohen Töne hören. Hieran zeigt sich, daß ihre Koloratur-Technik nicht ganz auf demselben Niveau wie ihre anderen Stimmleistungen sind, wie zum Beispiel ihre Phrasierung, ihre breite Klangfarbenpalette, Atemstütze und ihr weicher Gesang.* Vielleicht ist Caballés fortgeschrittene Schwangerschaft ein kritischer Faktor gewesen, denn nur dieses eine Mal ist ihre Intonation auf Platte gelegentlich suspekt, wie zum Beispiel in der zweiten Strophe von »Com'è bello«. Andererseits ist das nicht ganz werktreue, aber schwindelerregende, 19 Sekunden lange *pianissimo* auf dem hohen As, das sich über das Ensemble-Finale des Prologs erhebt, genauso hervorragend vorgetragen wie in New York. Die Live-Aufnahmen bestätigen, daß es keiner RCA-Techniker bedurft hätte, um Caballés *tour de force* gegen das Orchester, den Chor und einige andere Solisten perfekt hörbar zu machen.

Die 1970er Aufführung in der Scala hat ein ebensolches Niveau. Die Qualität dieser nicht autorisierten Aufnahme verbannt die Hauptdarsteller leider in den ewigen Mittelgrund, aber der gewichtige Klang und der dunkle Farbton in Caballés Stimme – sie bereitete sich gleichzeitig auf ihre erste Norma vor – ist der Rolle höchst zuträglich. Wie oft bei Live-Aufführungen gehen Sänger und Sängerinnen hier Risiken

---

* Nur Callas vereinte eine wuchtige und dunkle Stimme mit einer wirklich erstaunlichen Koloratur-Technik; aber dafür fehlte ihr Caballés Klangschönheit und Sicherheit *in alt*, gleichgültig ob laut oder leise gesungen.

ein, von denen sie im Aufnahmestudio nicht einmal träumen würden (oder es nicht dürfen). Die spektakulärste dieser Improvisationen ist das eingeschobene hohe Des der Diva ganz am Ende des Prologs. Von da an ist offensichtlich, daß sie die Mailänder im Sturm erobern will. Zu diesem Zwecke werden Noten ewig gehalten, sowohl laut als auch, um einiges häufiger, leise. Sie fängt fulminant an, denn »Tranquillo ei posa« wird dreimal so lange wie in der Partitur. Lucrezias vergiftetes Gespräch mit Alfonso gelingt besonders gut. Die Schluß-Cabaletta – wieder beide Strophen – legt sie nun mit einem Selbstvertrauen und Elan hin, die auf der RCA-Aufnahme etwas gefehlt haben, und die letzte Note, bei der sie tatsächlich ihr letztes gibt, verklingt unter stürmischem Applaus des Publikums. Bei etwas besserem Klang wäre diese Aufnahnme die Ergänzung zur Studioaufnahme, die für sich selbst spricht, auch wenn Gianni Raimondi nicht mit Alfredo Kraus mithalten kann. Doch bei diesen Mängeln ist die nicht autorisierte Aufnahme aus der Carnegie Hall die bessere Wahl, trotz der textlichen Lücken, zumal sie einen großen Teil von Caballés *Roberto Devereux* enthält, den sie im gleichen Jahr ein paar Monate später für die AOS gab. Echte Fans werden natürlich alle drei Aufnahmen haben wollen.

Roberto Devereux
1) New York, nicht autorisierte Aufnahme, 16. Juli 1965: MRF
2) Aix-en-Provence, nicht autorisierte Aufnahme, August 1977: Legato; neu aufgelegt bei HRE; Querschnitt bei IMS

Das Interesse an den drei Werken, die Donizettis »Tudor-Zyklus« ausmachen – *Anna Bolena* (1830), *Maria Stuart* (1834) und *Roberto Devereux* (1837) –, ist in den letzten Jahren gestiegen. Maria Callas erweckte 1957 neue Aufmerksamkeit für *Anna Bolena* und gab so den Anstoß für eine wachsende Aufnahmebereitschaft an den ernsten Werken des Komponisten. Leyla Gencer stellte sich dann der Herausforderung mit einer solchen Entschlossenheit, daß einige von diesen Werken in ganz Italien auf die Bühne gebracht wurden. Seit 1965 war es jedoch Caballé, die sich am meisten dafür einsetzte, die seriösen Werke Donizettis zu rehabilitieren, und sie spielte die Hauptrolle bei der Wiederaufnahme von zehn seiner Opern (darunter die drei des »Tudor-Zyklus«) in ganz Europa und in den Vereinigten Staaten.

Interessanterweise lief ihre Verbindung mit den Tudor-Werken genau entgegengesetzt zu ihrer Entstehungszeit: Die Anna Bolena sang sie das erste Mal 1982, nachdem sie 1967 als Maria Stuart und 1965 als Elisabeth in *Roberto Devereux* debütiert hatte. Das erstaunt vielleicht, da die Rolle der Elisabeth als die forderndste angesehen wird und im Schwierigkeitsgrad in vielerlei Hinsicht mit Bellinis *Norma* vergleichbar ist. Und von allen Donizetti-Königinnen ist die Elisabeth bei weitem die komplexeste und ausgereifteste, denn sie bekommt es hier mit dem Betrug jenes Mannes zu tun, der ihr den historischen Fakten nach am ehesten den Beinamen »jungfräuliche Königin« streitig machen könnte. Die Handlung dreht sich um den Konflikt zwischen Liebe und Pflicht, der durch die Liebe Elisabeths zu Robert, den Grafen von Essex (der Roberto Devereux, der der Oper den Titel gibt), ausgelöst wird. Als sie erfährt, daß er sie hintergangen hat, läßt sie ihn verhaften, wird aber von den Ereignissen, die zu seiner Hinrichtung führen, aus der Bahn geworfen. In der Schlußszene, in der sie die Bilder des blutgetränkten Blocks verfolgen, auf dem Essex enthauptet wurde, reißt sie sich den Ring – königliches Machtsymbol – vom Finger und dankt ab.

Die beiden nicht autorisierten Aufnahmen von *Roberto Devereux* datieren von Dezember 1965 und Juli 1977. Die frühere Aufnahme ist eine konzertante Aufführung der American Opera Society, mit der Caballé als unbestreitbarer Star in die Carnegie Hall zurückkehrte, acht Monate nach ihrem sensationellen Debüt in Nordamerika mit *Lucrezia Borgia*. Von Anfang an ist hier eine echte Persönlichkeit zu spüren – vielleicht durch das Bewußtsein ihres Selbstwertes –, die sich im Engagement, mit dem Caballé die Elisabeth interpretiert, widerspiegelt. Aus dem Rezitativ nach der Eröffnungsarie ist der emotionale Aufruhr dieses Charakters herauszulesen, denn Donizetti legt unter die Worte »la mia vendetta« eine Tonfolge, die sich zwischen dem hohen A und dem tiefen C auf- und abbewegt, und Caballé macht die Sprunghaftigkeit, die dieses Feuerwerk ausdrücken soll, meisterhaft deutlich. In Arie und Cabaletta hat die Stimme eine Festigkeit und Flexibilität, die sie fast mühelos mit den beträchtlichen Anforderungen der Partitur fertig werden lassen. Die Schlenker nach oben und die schnellen Wechsel zur *cantilena*, in der Elisabeth aus tiefstem Inneren ihre zärtlichen Gedanken und die aufblitzenden Wutausbrüche ausdrückt, verlangen eine Sängerin, die mit absoluter Sicherheit beide Enden ihres Stimmumfangs beherrscht. Genau das macht Caballé 1965 so beeindruckend. Das einzige Manko ist die Handhabung der Koloraturen. Besonders in den Cabalettas – und in dieser Oper sind sie zahlreich – muß Cabllé noch die notwendigen Fähigkeiten erwerben, mit denen sie den Verzierungen dramatische Bedeutung verleiht. Das ist etwas, was sowohl Beverly Sills (auf der einzigen kommerziellen Studioaufnahme (HMV) und Leyla Gencer in ihren Porträts der gequälten Königin am besten beherrschten.

Als Caballé die Rolle 1977 auf dem Festival in Aix-en-Provence (woher die zweite nicht autorisierte Aufnahme stammt) sang, hatte sie die unübertroffene Sicherheit in den hohen Stimmlagen zeitweilig verlassen. Gleich zu Beginn wird die gleiche Phrase »la mia vendetta«, die 1965 so sicher vorgetragen wurde, durch einen ungeschickten Wackler auf dem hohen A verdorben. Und gelegentlich gibt es das Problem des Ausgleichs zwischen den verschiedenen Stimmregistern. Aber trotz allem erreicht Caballé selbst im 1. Akt, in dem die Probleme am offenkundigsten sind, eine Größe, die der Oper vollkommen gerecht wird. Während der *largo*-Passage in dem Terzett des 2. Aktes, »Alma infida«, hat die Stimme eine dunkle Klangfarbe und einen rauchigen Ton, die Elisabeths Qualen verdeutlichen. Hier rückt Donizettis Komposition in die Nähe der nackten Wut, die Bellinis Norma in dem Terzett ausdrückt, das den ersten Akt der Oper beschließt. Im 3. Akt hat Caballé die Kontrolle über die Rolle, die ihr zu Beginn der Aufführung gefehlt hatte. In der Arie »Vivi ingrato« zeigt sie die breite Palette ihrer Phrasierung und die Geschmeidigkeit ihrer Stimme, die immer schon das Kennzeichen ihres *cantabile*-Gesangs gewesen sind, und die Schluß-Cabaletta »Quel sangue versato« fasziniert durch ihre Kraft. Hier geben die hohen Noten (die manchmal das hohe H erreichen) keinen Grund zur Beschwerde. Obwohl es während der Aufführung einige Beispiele schlecht getroffener und verunglückter Töne gibt, lenken diese selten vom generellen Eindruck absoluten dramatischen Engagements ab. Die Aixer Aufführung ist auch als Video der Antenne-2-Übertragung erhalten. Und darauf ist zu sehen, daß Caballé, zumindest was die dramatische Spannung betrifft, eine ebenso ausgezeichnete Vorstellung hinlegt wie als Norma in Orange.

Maria Stuart [*Maria Stuarda*]

1) New York, nicht autorisierte Aufnahme, 6. Dezember 1967: MRF

2) Mailand, nicht autorisierte Aufnahme, 20. April 1971: Myto

3) Paris, nicht autorisierte Aufnahme, 26. März 1972: a) FOY; b) Fono; c) CD

Dieses mittlere Werk der Tudor-Trilogie ist die Oper, mit der Caballé am meisten in Zusammenhang gebracht wird. Zum erstenmal hatte sie die Maria Stuart im Dezember 1967 in New York gesungen und danach bei unzähligen Gelegenheiten im Konzert und auf der Bühne. Es ist erstaunlich, daß es bis jetzt noch keine CD-Übertragung der Debüt-Rolle in New York gibt, und leider war es unmöglich, an die Aufnahme heranzukommen, die MRF vor vielen Jahren auf den Markt gebracht hat. Ausschnitte aus dem AOS-Konzert haben jedoch ihren Weg auf zahlreiche nicht autorisierte Sammel-CDs gefunden, und diese zeigen – wie der 1965er *Roberto Devereux* –, welche harmonische Verbindung Caballés Talente und Donizettis Königin eingehen. Neben ihrem edlen Klang hatte Caballé außerdem das technische Rüstzeug, um mit der Mischung aus prächtigen Koloraturen und nahtloser *cantilena* klarzukommen, die der Komponist dieser tragischen Gestalt gegeben hat, um ihre Wut und ihre Gequältheit auszudrücken. Die Rolle der Maria, der schottischen Königin, verlangt eine Sängerin, die den langen, klagenden Zeilen in Marias Musik den nötigen dramatischen Pathos verleihen kann. Doch wir müssen zugleich das Gefühl bekommen, daß diese königliche Person der scharfzüngigen Elisabeth in ihrem hochmütigem Stolz in nichts nachsteht. Das – historisch nicht belegte – Treffen zwischen den beiden Charakteren muß vor lauter Entrüstung überkochen, denn im Gegensatz zu Verdi (und später Puccini) hatte Donizetti keine Vorbehalte, zwei Primadonnen gemeinsam auftreten und sich einen darstellerischen »Entscheidungskampf« liefern zu lassen. Wo Aida vor Amneris zurückweicht, als eine Auseinandersetzung unvermeidlich zu sein scheint, verschwendet Donizetti bei den Beschimpfungen, die Elisabeth und Maria austauschen – in Marias verächtlicher Stichelei »Figlia impura di Bolena« gipfelnd –, keinerlei Gedanken an Höflichkeit, und es müssen die letzten Reserven des kraftvollen Brustregisters bemüht werden, um die Salve von Beleidigungen ausstoßen zu können.

Die beiden Vorstellungen auf den nicht autorisierten CDs stammen aus den Jahren 1971 und 1972. Die Myto-Fassung ist die letzte aus einer Serie von fünf Vorstellungen, die Caballé in einer Inszenierung von Margherita Wallmann gab und die sie als eine der schönsten betrachtet, in der sie jemals aufgetreten ist. Aufgrund ihrer Begeisterung für diese Inszenierung und der Tatsache, daß sie gut eingespielt war, hätte man erwarten können, daß Caballé in Bestform ist. Leider ist sie das nicht. Ihre Eröffnungsarie »Oh! nube che lieve per l'aria ti aggri«, in der Maria an ihr geliebtes Francia denkt, hat einen rastlosen Klang, so als ob sie es schwierig fände, sich an diesem Abend auf die Vorstellung einzulassen. Ihrer Phrasierung haftet etwas Oberflächliches an: Das Ende der Tonfolgen wird beispielsweise nicht mit der gewohnten Sorgfalt ausgeführt. Auch wenn keine auffallenden Makel ihrem Gesang anzumerken sind, so scheint doch einiges zu fehlen, was im Vergleich mit der Legato / Memories-Aufnahme der konzertanten Aufführung in der Salle Pleyel knapp ein Jahr später noch auffälliger wird. Hier findet die Sopranistin in den Arien von Bellinischer Schlichtheit eine reichhaltige Palette klanglicher und dynamischer Variationen; jedesmal wenn sie von »al suolo beato che dì mi nudrì« [»dies gesegnete Land, das mich einst ernährte«] singt, verleiht sie der Musik sanfte Farb- und Betonungswechsel, die jede Rückkehr zu der Phrase noch schmerzlicher klingen lassen.

Ein anderer Aspekt, der die Vorstellung in Paris von der in Mailand unterscheidet, ist das Zusammenspiel Caballés mit José Carreras als Leicester. Er verleiht der Rolle eine Glut und jugendliche Leidenschaft, mit der es Ottavio Garaventa nicht aufnehmen kann. Im Duett »Da tutte abbandonata« des 2. Aktes passen die Stimmen der beiden Spanier perfekt zusammen, meilenweit entfernt von Garaventas bohrendem, harten Klang und von der Trägheit in Mailand, die die Sopranistin in der ersten Hälfte der Rolle heimzusuchen schien. Selbst die große Auseinandersetzung zwischen den beiden Königinnen – der dramatische Höhepunkt der Oper – erreicht nicht die Intensität der Pariser Aufführung. Die Scala-Aufnahme ist großes Theater, und natürlich weiß Caballé ganz genau, was an diesem Punkt von ihr verlangt wird, und zwar so, daß sie das Publikum fast zur Raserei bringt. Ein oder zwei Details sind besser gelungen als in Paris. Zum Beispiel, als Maria Elisabeth anfährt, weil sie deren Demütigungen nicht mehr erträgt, schafft es Caballé, das Brustregister so weit nach oben zu führen, daß sie keine Schwierigkeiten mit der zornig zu singenden Zeile »Meritrice indegno osena« hat, die ein plötzliches Anheben der Stimme aus der Tiefe erfordert, aber den vollen dunklen Klang der tiefen Stimme beibehält. Doch trotzdem: Die Aufführung in Paris ist alles in allem die bemerkenswertere. Dieser Eindruck mag zum Teil auch deshalb entstehen, weil die Auseinandersetzung zwischen den beiden Königinnen fast immer besser gelingt, wenn beide von hohen Stimmen gesungen werden. In Mailand singt Caballé zusammen mit der Mezzosopranistin Shirley Verrett. Aber in der Salle Pleyel begeistert eine weniger versierte Sängerin – Michèle Vilma. Auch wenn sie nicht Verretts natürlich schöne Stimme hat und ihre Tonhöhe gelegentlich das Mischregister streift, ist ihre Interpretation unbestreitbar aufregender und paßt besser zu der hohen Stimmlage der Rolle.

Die beiden Aufführungen nähern sich im letzten Akt an, denn hier ist Caballé ganz in ihrem Element. Nachdem sie sich in die Höhen dramatischer Wut hinaufgesungen hat, kommt nun der mitfühlende Zug von Marias Charakter zum Einsatz. In der Szene mit Talbot, die mit einem langen Arioso beginnt und schließlich zu der Arie »Quando il luce rosea« führt, porträtiert Caballé in beiden Versionen Maria mit langen, ununterbrochenen Strömen von samtenem Klang. In Paris ist ihre Atmung erstaunlich. Ihre Triller auf »sorride« sind nicht so spärlich, wie sie es sonst manchmal sind, und ihre Phrasen sind sehr phantasievoll. So singt sie zum Beispiel *sostenuto*, um die beiden Strophen der Arie zu verbinden, und beendet das Stück mit einer schlichten Kadenz, die das Wesentliche von Marias Tragödie einfängt. Ihr Gebet zum Schluß, das wie so viele Stücke der Heldin in einfachen, schmucklosen langen Melodien komponiert ist, hat genau die Art von *mestizioso*, von der Donizetti geträumt haben muß. Hoch oben über den Chorstimmen läßt Caballé das schlichte »Ah« auf einem G schweben, das sie, wie vorgeschrieben, sechs Takte lang hält, bevor sie in einem schön austarierten Crescendo zu einem B aufsteigt, und zwar immer noch in einem Atemzug. Unterstützt durch den hervorragenden Dirigenten Nello Santi ist das der krönende Moment einer Donizetti-Rolle, die – belegt durch diese beiden Aufführungen – am besten zu Caballés Talenten paßt.

Parisina d'Este
New York, nicht autorisierte Aufnahme, 6. März 1974: IMS

Das Werk wurde eine der populärsten tragischen Opern Donizettis, nachdem sie mit Beethovens Lieblingssängerin Caroline Unger 1833 in Florenz erfolgreich Premiere gefeiert hatte. Innerhalb weniger Jahre hatten die Rolle so legendäre Diven wie Eugenia Tadolini, Henriette Méric-Lalnde und Giulia Grisi verkörpert, ein Hinweis darauf, welche Anziehungskraft diese Rolle gehabt haben muß. Das Libretto von Felice Romani ist nach einer Vorlage von Byron entstanden und handelt von der unter einem schlechten Stern stehenden Liebe der Heldin für Ugo, den Adoptivsohn ihres Ehemanns, Graf Azzo von Ferrara. Die Leidenschaft wird erwidert, bleibt jedoch unerfüllt. Das hält Azzo jedoch nicht davon ab, das Paar öffentlich des Ehebruchs zu bezichtigen. Erst in letzter Minute wird er davon abgehalten, Ugo zu töten, weil er erfährt, daß der junge Mann sein Sohn aus einer früheren Ehe ist. Aber seine Hand hält nicht lange still: Parisina, voller Furcht in eine höchst ungewisse Zukunft blickend, wird von Azzo zu den Fenstern des Palastes geführt. Dort richtet er ihren Blick auf Ugos leblosen, auf einer Totenbahre liegenden Körper. Sie stirbt aus Gram.

In dieser konzertanten Einzelaufführung, die am 6. März 1974 in der Carnegie Hall unter der Schirmherrschaft des Opera Orchestra of New York gegeben wurde, sang Caballé das erste Mal die Rolle vollständig. Sie kehrte fast vier Jahre später in inszenierten Auffürungen zu ihr zurück, zunächst in Nizza und dann in Barcelona, und bei allen Gelegenheiten war Eve Queler der Dirigent. Von den inszenierten Aufführungen ist kein Dokument erhalten, aber man kann sich kaum vorstellen, daß es eine bessere Version als dieses elektrisierende New Yorker Konzert geben könnte, das einen sehr klaren Stereo-Klang hat. Von ihrem Eröffnungs-Rezitativ am Beginn der zweiten Szene des 1. Aktes an ist klar, daß Caballé in äußerst beeindruckender Form ist. Sie setzt unendlich viele Farbschattierungen ein, mit denen sie die Qualen der unglücklich verheirateten Parisina darstellt, und gibt dann der Eröffnungsarie – »Forse un destin che intendere« – eine heldische Stimmskala, behält aber auch vollständige Kontrolle über die gelegentlichen Verzierungen, mit der die Melodie durchsetzt ist. Noch besser ist die folgende Cabaletta »V'era un dì«, in der sie eine Reihe makelloser, schnell ansteigender Triller singt und es in der zweiten Strophe schafft, eine völlig neue Ausdruckspalette zu finden, um die Wiederholung zu variieren. Am Ende ist das Publikum außer Rand und Band. Damit ist der Maßstab für den ganzen Abend gesetzt. Im Duett mit Ugo im 1. Akt singt Caballé großartig, einschließlich einer berauschenden Unbekümmertheit in den schnelleren Koloratur-Passagen der Cabaletta. Im Ensemble, das den Akt beschließt, erreicht sie einige der konzentriertesten Töne, die jemals auf Platte eingefangen wurden, und beherrscht die *stretta* mit kraftvollen hohen Noten und flinken *fioriture*. Im 2. Akt geht ihre schöne Klage »Ma fugace lampo« höchst unerwartet in »Sogno talor di correre« über, ein melancholisches *larghetto*, das einige recht überraschende Tonartenwechsel bereithält. Das Ganze wird begleitet von einem perfekt ausgeführten An- und Abstieg, der wiederum von einem Parade-Triller und einem makellos gehaltenen hohen B in vollendetem *pianissimo* gekrönt wird. Das Publikum rast schier vor Begeisterung; die beiden Männer, die am nächsten zu den Mikrophonen stehen, können kaum glauben, was sie soeben gehört haben. Doch es kommt noch besser. In dem anschließenden erbitterten Duett mit ihrem Ehemann, der gehört hat, wie sie im Schlaf Ugos Namen murmelte, klingt Caballé zunächst zaghaft und ängstlich, sammelt aber ihre Kräfte, um die aufsässige Cabaletta hinzulegen, als der Druck unerträglich wird und sie schließlich ihre schuldbeladene Liebe gesteht.

Parisinas großartiges Solo .immt den ganzen 3. Akt ein. (Diese Sequenz ist auch auf Caballés *Donizetti-Raritäten* enthalten.) Die Arie »Ciel sei tu che in tal momento« bringt die gleichen harmonischen Abstiege, wie sie auch schon den 2. Akt belebt haben, und man fragt sich, ob Donizetti bei dieser durchweg schwierigen Komposition an die gesanglichen Talente der Caroline Unger dachte: Auf alle Fälle ist die Partitur von höchster Güte, ohne jene typische Routine, die vielen anderen Werken des Komponisten anzumerken ist. Caballé genießt die Möglichkeiten, die ihr die Rolle im Überfluß bietet, und sie singt sich unerschütterlich ihren Weg durch die Schlußklage, die mit kraftvollem, tragischen Deklamieren beginnt und behutsam in ein *allegro* voller herabstürzender Koloraturen übergeht. Die Kadenz vor der Wiederholung in der zweiten Strophe kommt mit sehr wenig Atem aus: Sie nimmt einen Abstieg über zweieinhalb Oktaven und den stufenweisen Anstieg danach zu einem endlos verlängerten hohen B in einem einzigen Atemzug, bevor sie ins Zentrum der Stimmlage zurückkehrt. Nicht sehr verwunderlich, daß die Schlußtakte in einem Jubel untergehen, den man normalerweise nur in Sportstadien hört. Das ist Gesang in seiner höchsten Vollendung.

Lucia di Lammermoor
London, Studioaufnahme, Juli 1976: Philips

Die Kritiker waren sich über Caballés Leistungen auf dieser Aufnahme nie einig. Als die Schallplatte im September 1977 auf den Markt kam, fand *Gramophone*, sie habe einen harten und stumpfen Klang,[3] während *Records and Recording* sie als eine ihrer besten Schallplattenaufnahmen ansah.[4] Bei der Wiederveröffentlichung als CD 1990 hatte *Gramophone* die Meinung geändert und »genoß« die Aufnahme »in vollen Zügen«,[5] während *Opéra International*[6] die Ansicht vertrat, Caballé sei nicht in der Lage, dieses Repertoire zu singen, da es für eine »dramatico d'agiltà« komponiert worden sei. Tatsächlich war die Rolle für Fanny Persiani (geborene Tacchinardi) geschrieben und 1835 zum erstenmal am Teatro San Carlo in Neapel aufgeführt worden. Donizettis Partitur und das Repertoire der meisten Sopranistinnen, die die Rolle in Angriff genommen haben, lassen recht deutlich werden, daß die Rolle für eine Sopranistin mit hoher Stimmlage und großer Flexibilität gedacht war, mit anderen Worten, für eine Koloratur-Sopranistin. (Persianis andere große Rollen waren die Amina in *Die Nachtwandlerin* und Linda di Chamounix: Sie war berühmt für ihre brillanten Koloraturen *in alt*, mit einer Stimme, die mühelos bis zum hohen F kam.) Und während der vielen Jahrzehnte, in denen dies die einzige ernste Donizetti-Oper war, die im Repertoire überlebte, waren es die Koloraturen, die dies bewirkten. Erst in der Nachkriegszeit haben sich dramatischere, dunklere und – was die musikalische Dramaturgie anbelangt – ungeeignetere Stimmen wie Maria Callas, Renata Scotto und Leyla Gencer daran versucht.

Lucia ist ein unschuldiges Mädchen, »nicht von dieser Welt«, das sich romantischen Träumen hingibt und verrückt wird, als sie durch die politischen Intrigen ihres Bruders nicht den Mann heiraten kann, den sie liebt. Wenn die Stimme zu offensichtlich die einer Frau ist, bricht die Glaubwürdigkeit, die dieses Stück erfordert, in sich zusammen. So macht die Entscheidung von Jesús López-Cobos (dem Dirigenten dieser Aufnahme), bei Lucias Passagen zur höheren Tonlage von Donizettis Urfassung zurückzukehren, um den mädchenhaften, jungfräulichen Charakter zu betonen, zumindest theoretisch Sinn. Dann ist es allerdings rätselhaft, warum Caballé für diese Rolle ausgewählt wurde, denn das Resultat der Urtext-Basteleien des Dirigenten ist, daß sich der Stimmumfang außerhalb der für die Sopranistin bequemen Stimmlage befindet, mit einem sträflichen Beharren auf hohen Hs, Cs und sogar Des-Tönen. Zweifellos hätte Caballé dies zu Beginn ihrer Karriere ohne größere Schwierigkeiten bewältigen können; aber bei einer Frau, die sich zu dieser Zeit einem ganz anderen und um einiges dramatischeren *spinto*-Repertoire zugewandt hatte, sind die Probleme hörbar.

Der Start ist gelungen: »Regnava nel silenzio« und das Rezitativ davor sind phantasievoll gesungen, denn sie lassen Lucias nervöse Unsicherheit spüren. Hier gibt es einige beeindruckende Beispiele ihrer langen, ununterbrochenen Phrasierung. Aber die Triller sind nicht mehr als Annäherungen, und in der Cabaletta »Quando, rapito in estasi« gehen sie völlig daneben (der auf »corre« reicht noch nicht einmal bis zur nächsten Note). Wir bekommen beide Strophen zu hören, aber merkwürdigerweise wiederholt die Sopranistin die Noten exakt – eine ganz und gar untypische Praxis –, außer einem Versuch, den sie besser gelassen hätte, die ansonsten *legato* gesungenen hohen Cs und Hs auf »il ciel per me« als *pianissimi staccati* zu singen. Und wenn die anderen hohen Cs und Hs schrill klingen, so sind die drei Des-Töne in den letzten Takten dieser Cabaletta vollkommen verunglückt.

Dieses Muster setzt sich im großen und ganzen fort: Auf eine gelungene Passage wie ihre erste Strophe des Liebesduetts »Verrano a te« mit Carreras (der durchweg hervorragend ist) folgen sehr schrille Klänge *in alt*. Der absolute Höhepunkt jeder *Lucia* ist normalerweise die Wahnsinnsszene. Auf dieser Aufnahme bleiben wir von der zweifelhaften Katz-und-Maus-Kadenz für Flöte und Sopran verschont, die so sehr Teil des Reizes dieser Oper zu sein scheint. Caballé be'innt hervorragend mit einem hinreißenden »Il dolce suono mi colpì« und verschätzt sich vielleicht nur mit dem Gewicht des Brustregisters, das sie für die wiederholten Rufe »il fantasma« einsetzt. Wundervoll auch die Passage nach »sparse di rose«, als Lucia sich einbildet, sie höre Hochzeitsmusik, und die Sängerin vollführt in diesem Schneckentempo-Vortrag von »Ardon gli incensi« wahre Wunder der Atemtechnik. Außerdem beherzigt sie die Anweisung *rallentando e portando la voce* auf »pregherò per te al giunger tuo« perfekt. Aber die Triller sind dürftig, und die *acuti* wieder mit zu viel Druck gesungen.

Um zu hören, zu was diese Musik sonst imstande ist, muß man sich die erste Sutherland-Aufnahme (Decca) oder die der Gruberová zu Gemüte führen oder besser noch an Beverly Sills' 1970er Aufnahme kommen (EMI), die es schafft, einen routinierten Koloratursopran mit psychologischer Tiefe anzureichern. Großartige Normas können diese Musik jedenfalls nicht so gut zum Leben erwecken.

Donizetti Rarities

London, Studioaufnahme, Juli 1970: (*Belisaro* – Plauso! Voci di gioia ... Sin la tomba è a me negata!; *Parisina* – No, più salir non ponno ... Ciel, se tu che in tal momento ... – Ugo è spento; *Torquato Tasso* – Fatal Foffredo! ... Trono e corona; *Gemma di Vergy* – Lascia, Guido, ch'io possa vendicare ... Unda voce al cor ... Egli riede) **RCA; RCA / BMG**

Das war der letzte »Flügel« von Caballés legendärem *belcanto*-Raritäten-Triptychon und der erste, den sie in London produzierte. Eine zweite Platte mit Donizetti-Szenen war geplant und zwei der vier vorgesehenen Stücke wurden aufgenommen. Doch diese Platte wurde nie vollendet, und so gerieten die aufgenommenen Ausschnitte aus *Marin Faliero* und *Fausta* in Vergessenheit. Nichtsdestotrotz wäre es kleinlich, sich zu beklagen, denn das, was wir haben, sind der Schätze genug. Auf dieser durchweg ausgezeichneten Aufnahme ist die Sopranistin in absoluter Höchstform. Keine technischen Anforderungen, die sie nicht bewältigt, und alles wird mit scheinbar absoluter Mühelosigkeit ausgeführt. Nach der ersten Veröffentlichung der Schallplatte wurden alsbald Lobeshymnen auf sie gesungen, und als die Aufnahme nach 22 Jahren sehr verspätet als CD erschien, wurde sie sogar mit noch mehr Begeisterung aufgenommen. Vivian Loff schrieb: »Die Stimme wird wie ein schönes Instrument eingesetzt, die Phrasierung ist häufig ehrfurchtsgebietend, und die Musik erlangt durch eine natürliche Musikalität und tiefen Respekt vor der Partitur pulsierendes Leben ... ein brillantes Beispiel der höchsten Leistungen der echten *belcanto*-Sopranistin in der zweiten Hälfte dieses Jahrhunderts.«[7]

Die *Parisina*- und *Gemma*-Ausschnitte – beides Werke, die Caballé als Gesamtaufnahme einspielen sollte – sind musikalisch viel anspruchsvoller als die Sequenzen aus *Belisario* und *Torquato Tasso*, die der Sopranistin unglaublich banale Cabalettas am Ende ihrer großen Arien aufbürden. Das hält Caballé nicht davon ab, eine beeindruckende Darstellung daraus zu machen, indem sie die melodramatische Schlußszene der *Belisario*-Arie, die Donizetti so übertrieben angelegt hat, daß sie fast schon lächerlich wirkt, sehr eindringlich singt. Die *scena* aus *Torquato Tasso* handelt von Eleonora d'Estes Todessehnsüchten, wenn sie nicht den Dichter ihrer Träume in die Arme schließen kann. Caballé legt zu den Worten »m'acenda« und »necessità« zwei Kadenzen hin – wie die meisten auf dieser Platte von dem Musikwissenschaftler Michael Aspinall eigens für sie komponiert –, die hinsichtlich Atemreserven und Verfeinerung des *pianissimo*-Klangs schlicht unglaublich sind.

Aber in den beiden längeren Ausschnitten ist sie ganz in ihrem Element. Die *preghiera* aus der *Parisina scena* – »Ciel, sei tu« – wartet mit makellosem *legato* auf, und die Stimme scheint selbst dann noch im Ohr nachzuschwingen, wenn die Sängerin still ist. Die zweite Strophe ist in ihrer ätherischen Leichtigkeit noch beeindruckender, bis die Sopranistin beim Klang des Trauermarsches aus dem Off abrupt abbricht. In der folgenden Auseinandersetzung mit ihrem Ehemann Azzo ist sie majestätisch. Erst als sie den toten Körper ihres Stiefsohns erblickt, sackt ihre Stimme vor lauter Schrecken in sich zusammen. Aber in der wütenden Cabaletta »Ah, scenda, indegno«, in der Parisina ihren Mann mit ihrem Zorn überhäuft, stößt Caballé ihre Worte mit beißender Schärfe aus und bietet gleichzeitig einen kraftvollen Angriff und einen pointierten Vortrag. Zwar ist die vier Jahre später entstandene Gesamtaufnahme von größerer dramatischer Überzeugungskraft, teils durch den Einsatz eines stark abgedunkelten Brustregisters, aber diese Aufnahme der Schlußszene bleibt ein Klassiker für sich. In dem *Gemma*-Ausschnitt legt Caballé glänzende Koloratur-Läufe hin. Der Freudenschrei auf »sposa«, mit dem Gemma ihrer Freude über die baldige Rückkehr ihres Mannes Ausdruck verleiht, ist so ausladend und sicher, wie man es seit den glorreichen Zeiten Renata Tebaldis im italienischen Repertoire nicht mehr gehört hat; und in der Einleitung zur zweiten Strophe der Cabaletta »Egli riedi« singt sie eine Kadenz von beeindruckender Virtuosität, bevor sie der ganzen Szene mit einem Trommelfeuer aus vollkommen sicher und *fortissimo* gesungener Töne den letzten Schliff gibt.

Stimmenliebhaber und Opernkenner müssen wohl nicht extra von der Qualität dieser Aufnahme überzeugt werden, aber für alle, die Caballés Künste noch nicht so gut kennen und wissen wollen, womit sie beginnen sollen, gibt es keine schönere Schatztruhe ihrer großartigsten Leistungen als diese RCA-Aufnahme. Auf zwei weiteren CDs sind ebenfalls ihre hervorragenden Rossini- und Verdi-Solos enthalten.

Presenting Montserrat Caballé
London, Studioaufnahme, August 1965: (*Norma* – Casta diva; *Il pirata* – Oh! S'io potessi ... Col sorriso d'innocenza; *Roberto Devereux* – E Sara in questi orribili momenti ... Vivi, ingrato; *Lucrezia Borgia* – Tranquillo ei posa ... Com'è bello!; *Der Graf von Chalais* [*Maria di Rohan*] – Infausto Imene ... Havvi un dio.) **RCA; RCA / BMG**

La straniera (V. Bellini)
New York, nicht autorisierte Aufnahme, 26. März 1969: HOPE; IMS

Die Frau vom See [*La donna del lago*] (G. Rossini)
Turin, nicht autorisierte Aufnahme, April 1970: a) HOPE; b) BJR; c) FOY; d) IMS; e) Melodram; f) Myto

Caterina Cornaro (G. Donizetti)
1) London, nicht autorisierte Aufnahme, 10. Juli 1972: FOY
2) Paris, nicht autorisierte Aufnahme, 25. November 1973: Rodolphe; RPC

Gemma di Vergy (G. Donizetti)
1) New York, Liveaufnahme, 14. März 1976: CBS
2) Paris, nicht autorisierte Aufnahme, 20. April 1976: Rodolphe
3) Neapel, Liveaufnahme, Dezember 1975: UORC

Canzone (G. Rossini, V. Bellini und G. Donizetti)
Madrid, Studioaufnahme, Juni 1980: (Rossini: *La regata Veneziana*: I – Anzoleta avanti la regata; II – Anzoleta co passa la regata; III – Anzoleta dopo la regata; Mi lagnero tacendo (1); L'invito; Mi lagro tacendo (2); **Bellini:** Vaga

luna che inargenti; Per pietà, bell'idol mio; Ma rendi pur contento; Almen se non poss'io; Malinconia, ninfa gentile; L'abbandono; L'allegro marinaro; **Donizetti:** Ah, rammenta, o bella Irene; Le Crépuscule; La zingara; Una lagrima; Me voglio fa'na casa; Amore e morte) **Discos Columbia SA. veröffentlicht bei Dischi Ricordi; RCA / BMG**

Norma (V. Bellini) (in der Rolle der Adalgisa)
London, Studioaufnahme, November bis Dezember 1984: Decca

Petite Messe Solennelle (G. Rossini)
Peralada, Live-Aufnahme, 29. Juli 1988: (Caballé in chorus – Benefizkonzert für die Fundación Internacional José Carreras per la lluita contra la luecémia) **Catalunya Musica**

III. GIUSEPPE VERDI

1. DIE LYRISCHEN ROLLEN

La Traviata

1) Dallas, nicht autorisierte Aufnahme, 13. Juni 1965: Melodram
2) Rom, Studioaufnahme, Juni 1967: RCA
3) London, nicht autorisierte Aufnahme, 28. Juni 1972: FOY
4) Philadelphia, nicht autorisierte Aufnahme, 13. April 1973: Melodram

Die Rolle der Violetta – nach Alexandre Dumas' (dem Jüngeren) autobiographischem Roman und Schauspiel *Die Kameliendame* – hat auf erstaunlich viele Sopranistinnen einen großen Reiz ausgeübt, auf solche, die wie Callas, Caballé und Scotto erfolgreich die Gioconda gesungen haben, bis zu denjenigen, die die Königin der Nacht verkörpert hatten, wie Sills und Studer. Die Bandbreite der Frauen, die die Rolle interpretiert haben, hat zu der Ansicht geführt, daß ihr keine Sopranistin gerecht werden kann, denn idealerweise erfordert der 1. Akt eine Koloratur-Sopranistin, der 2. Akt eine *lirico-spinto* und der 3. Akt einen lyrischen Sopran. So komponierte Verdi die meisten seiner Sopranrollen in der ersten Hälfte seiner Karriere, vermutlich mit der Erwartung, daß die Darstellerinnen mit den an sie gestellten Anforderungen fertig werden. Auf der zweiten RCA-Aufnahme – erst die zweite Gesamtaufnahme in der Geschichte des Werks – fällt Caballé durch ihre glanzvolle Beherrschung von Verdis mitleiderregender Heldin auf. Als Violetta nach dem Fest Alfreds Liebeserklärung überdenkt, singt sie das einleitende Rezitativ und die beiden Strophen von »Ah fors'è lui« äußerst grüblerisch. Die wiederholten Schreie »Gioir!«, die die Cabaletta einleiten, sind nicht nur wegen ihrer punktgenauen Schärfe, sondern auch wegen ihrer dynamischen Bandbreite bemerkenswert. Das hohe Des bei dem dritten Ausruf des Wortes taucht aus dem Nichts heraus auf und geht in ein perfekt plaziertes *pianissimo* über, ohne daß die Stimme den Ton »suchen« muß, und wird auf dem Atemstrom, der vom vorangegangenen eingestrichenen Es herrührt, gehalten. Hier zeigt sich Caballés ganze Virtuosität.

In beiden Szenen des 2. Aktes ist genug *spinto*-Kraft da, um den intensiven Vortrag zu unterstreichen, den »Amami Alfredo« erfordert, und das große Ensemble in der Casino-Szene anzutreiben. Allerdings käme die dramatische Spannung zwischen Caballé und Sherrill Milnes als Georg Germont, Alfreds Vater, noch viel besser zur Geltung, wenn Georges Prêtre nicht so schlecht dirigieren würde. Er zeigt eine höchst merkwürdige Herangehensweise an das *rubato*, voller willkürlicher, unmotivierter Sprünge und Ausfälle, die die Darsteller an mehreren Stellen zeitweilig aus dem Gleichgewicht bringen. Dennoch ist der gramvolle Tonfall, mit dem sie »Dite alla giovine« singt und dann Germont wie betäubt fragt, was sie tun muß, ein Höhepunkt der Vorstellung. Der 3. Akt ist die Quintessenz der frühen Caballé auf Platte: klar, doch volltönend, mit vielfältigen Klangfarben spielend und ein auf natürliche Weise ergreifender Klang der Stimme. Und um die *pianissimi*, die sie berühmt gemacht haben, nicht zu vergessen: Die hohen As-Töne, die beide Strophen von »Addio del passato« beschließen, sind ein kleines Wunder. Als Ende 1968 eine Schallplatte mit den Höhepunkten aus *La Traviata* veröffentlicht wurde, schrieb kein geringerer als Andrew Porter: »Caballés Violetta ist seit langer Zeit das Schönste, was es auf Platte gibt ... Man könnte eine Essay über die Interpretation der Heldin schreiben: bewegend, ungekünstelt, gefühlvoll, aber immer beherrscht ... Die schön geschwungenen, weichen, hohen Töne, die empfindlichen *portamentos*, der freie und einfühlsame Gebrauch des *rubato* –

und alle klingen spontan, nicht wie ›angewandter‹ Ausdruck.«[8]

Die anderen drei Versionen, auf denen Caballé live als Violetta zu hören ist, sind eigentlich nur interessante Ergänzungen zur Studioaufnahme, da alle einen schlechten, »hauseigenen« Klang haben und unter den üblichen Kürzungen und Schnitten leiden. Doch alle drei sind von historischem Interesse, wenn auch vielleicht nur aus mehr oder weniger belanglosen Gründen. Die Aufnahme von Dallas – bisher noch nicht auf CD erschienen – ist die Aufführung, die die Sopranistin international berühmt gemacht hätte, wäre nicht die *Lucrezia Borgia* in der Carnegie Hall unerwartet dazwischengekommen. Diese Ansicht jedenfalls vertritt Carlos Caballé. Und tatsächlich, ihre Stimmform, oder das, was man davon ausmachen kann, klingt in jeder Hinsicht nach einer wirklich guten und selbstsicheren Künstlerin. Die Londoner Aufnahme stammt aus einer Vorstellungsserie, die das Debüt Caballés am Royal Opera House war, und obwohl ihre Auftritte mit lauen Kritiken bedacht wurden, gibt ihr Gesang keinen Anlaß zu einer solchen Reaktion. Ihre stimmliche Leistung wurde von der in den Zeitungskolumnen ausgiebig kommentierten und – ach so – schockierenden Entscheidung der Diva überschattet, ihre eigenen Kostüme tragen zu wollen. Doch allein beim kurzen Hineinhören in die Aufnahmen merkt man, daß Caballés Violetta sich auf einem vollendeten Niveau bewegt, das an die legendären Diven des 19. Jahrhunderts denken läßt. Und man kann sich kaum mehr vorstellen, daß sich die Kritiken hauptsächlich auf die Garderobe konzentrierten.

Die nicht autorisierte Aufnahme aus Philadelphia ist ein echtes Sammlerstück. Nach einem makellosen, nur einstrophigen »Ah fors'è lui« singt Caballé ein ausgezeichnetes hohes Des auf »Gioir!« und verlängert die Note, ohne Luft zu holen, zu einer jener Ewigkeiten, für die sie bei ihren Aufführungen berühmt war. Aber in der schnellen Tonleiter-Figuration von »Sempre libera« – kurz vor Alfreds Einwurf aus dem

Off – läßt sie den letzten Lauf nach unten aus, was eine erstaunliche Lücke hinterläßt. Die hohen Cs und Des der anschließenden Kadenz-Verzierung sind alle an ihrem Platz, aber in der zweiten Strophe der Cabaletta schleichen sich Fehler ein: Zwei Takte und die ganze Tonleiter-Passage werden nicht gesungen. Doch das hält das Publikum nicht davon ab, ihr eine Ovation zu geben. Noch merkwürdiger klingt Caballés nächster Auftritt im 2. Akt, nachdem Carreras' hervorragend gesungener Alfred die Bühne verlassen hat. Einige Zuschauer jubeln und applaudieren stürmisch, bevor sie eine Note hervorbringen kann. Das unschuldige Ohr wird sich möglicherweise fragen, was eine solche Reaktion verdient haben könnte. Die Antwort ist: Caballé war wieder auf der Bühne. Zwischen dem 1. und 2. Akt hatte es eine lange Pause gegeben, während der dem Publikum mitgeteilt worden war, daß Caballé von einem Stimmausfall heimgesucht worden sei. Das Publikum in Philadelphia brachte nun seine Erleichterung darüber zum Ausdruck, daß die Vorstellung weiterging.

Luise Miller [*Luisa Miller*]

1) New York, nicht autorisierte Aufnahme, 17. Februar 1968: Fono

2) London, Studioaufnahme, Juni 1975: Decca

Luise Miller markiert in Verdis Werk einen Wendepunkt. Er wendet sich ab vom stürmischen *Risorgimiento* hin zu einem einfühlsameren, personenbezogeneren Stil. Das Werk, für das Teatro San Carlo in Neapel geschrieben, feierte dort 1849 seine Premiere. Vorlage für das Libretto war Schillers bürgerliches Trauerspiel *Kabale und Liebe*. Die Oper stellte, zumindest was die Vertonung betrifft, eine Abkehr vom sonstigen Handwerkszeug des Komponisten dar. Die Handlung dreht sich um die unter einem schlechten Stern stehenden Liebe zwischen Luise, einem einfachen Mädchen aus einem

Schweizer Dorf, und Rudolf, dem naiven Sohn des hinterhältigen Grafen von Walter, der sich seinen Weg nach oben durch Morden gebahnt hat. Der Graf plant für seinen Sohn eine dynastische Hochzeit und ist entschlossen, die Liebe seines Sohnes zu dem Bauernmädchen zu zerstören. Zu diesem Zweck wird Luise überredet, zur Rettung ihres Vaters Rudolf zu verstoßen. Da er glaubt, sie sei ihm untreu geworden, vergiftet er sich und seine frühere Geliebte. Im Angesicht ihres Todes gesteht Luise Rudolf den wahren Sachverhalt.

In der Eröffnungsszene fällt kein nennenswerter Unterschied zwischen Caballés Stimmverfassung bei der Live-Aufnahme von 1968 und der Studioaufnahme von 1975 auf, außer daß bei dem Auftritt an der Met zahlreiche kleinere Kürzungen vorgenommen worden waren. Technisch gesehen, hat sie in der Kavatine »Lo vidi e'l primo palpito« keine Probleme: Die Triolen sind sauber ausgeführt und die schön ausgeführten Triller da, wo sie der Partitur nach hingehören. 1975 versucht sie, ihre Stimme heller klingen zu lassen. Trotzdem ist Caballé keine ideale Darstellerin der Luise, denn eigentlich sollte sie sich wie die Unschuld vom Lande anhören. Doch ihre Stimme klingt auf beiden Aufnahmen sehr fraulich – und nur Anna Moffos Stimme ist auf Schallplatte wahrscheinlich der Rolle angemessen.

Die Triller in der Eröffnungsszene sind weit entfernt von den langsam dahinplätschernden *spinto*-Klängen, die die Sopranistin später im selben Akt benötigt, als ihre Melodie in einem dramatischen Ensemble selten unter die obere Notenlinie abfällt. In der Studioaufnahme ist Caballés Stimme schön ausbalanciert und schwelgt in den natürlich warmen Tönen ihres Mittelregisters. Nur auf dem dramatischen hohen H auf »non m'abbia l'oppressor« [»der Tyrann soll mich nicht bekommen«] beherrscht sie das Ensemble nicht, und ihre Stimme geht völlig unter. In der gleichen Passage der Live-Aufnahme von 1968 wagt es Caballé, die Eröffnungsphrase »Ad immagin tua creata, o Signore« *pianissimo* zu singen, und erringt doch einen großen Erfolg, denn man kann sie weiterhin hören. Was den Höhepunkt des Ensembles betrifft, ist es wegen der verzerrten Aufnahme schwierig zu sagen, wer gerade was singt. Aber das Publikum – das vermutlich besser in der Lage war, das zu hören – schien tief beeindruckt gewesen zu sein. Erst zu Beginn des 2. Aktes, als fast die erste Hälfte der Oper vorbei ist, kann die Sopranistin mit ihrer Hauptarie »Tu puniscimi, o Signore« auftrumpfen, auch wenn sie sehr erhaben klingt. Das ist so, als ob sich das einfache Schweizer Landmädchen des 1. Aktes in eine Tiroler Tosca verwandelt hätte.

Während des einleitenden Rezitativs vor der Arie schießt das hohe H auf »invano« in der Studioaufnahme wie ein Pfeil hervor und trifft die Note mitten ins Herz und hält sie an ihrem Platz, bis die Oktave abstürzt. Wenn man nur die Stimme betrachtet, ist das faszinierend, obwohl es scheint, als gebe sie in Erhabenheit und Ausdruckskraft eher den Ton für das folgende *andante agitato* an. Der Dirigent Peter Maag nimmt es in einem relativ flotten Tempo, und die Begleitung ist mit unbeirrbar rhythmischer Akkuratesse gespielt. Nach dieser Vorgabe singt Caballé die Arie in entsprechend strenger und abgehackter Form: Man bekommt eher den Eindruck, daß sie Gott gründlich die Meinung sagt, als daß sie ihn um Hilfe bittet. Da ihre Gesangsleistungen so sicher klingen, mögen diese Einwände nörglerisch klingen, aber man muß sich nur der Live-Aufnahme zuwenden, um den Unterschied zu hören: Der Ton ist weicher, deutlich flehender, und hier wird viel weniger der Eindruck einer Star-Diva vermittelt, die hält, was sie versprochen hat. Ironischerweise klingt die Live-Vorstellung vor 4000 Leuten intimer als der »öffentliche« Vortrag bei Decca. Oder zumindest bis zur Kadenz des *andantes*, wo die frischgebackene Berühmtheit ihr Publikum an der Met mit ihrer Spezialität beglückt: ein unendlich langgezogenes *pianissimo in alt*. Die Kadenz ist 1975 alles in allem einfacher in ihren dynamischen Konturen und meidet dieses Element der vokalen Überspitzung. Der entschlossene spätere Angriff Caballés mit »Tu puniscimi, o Signore« findet ein passendes Ventil in der Cabaletta, in der ihr lautes Deklamieren besser zum sprunghaften Rhythmus und zur dramatischen Situation paßt.

Im 3. Akt – wahrscheinlich Verdis schönste Leistung als Komponist – schwingen sich beide Aufführungen zur Höchstform auf. Die Musik ist nicht protzig; doch praktisch der ganze Akt wird von Ensembles bestritten, darunter zwei lange Duette mit Luise – das erste mit ihrem Vater und das zweite mit Rudolf – und ein Schluß-Terzett mit allen dreien. Im ersten Duett (mit Milnes, sehr schön als ihr verstörter Vater) schafft Caballé gekonnt den schwierigen Rückfall zu Klein-Mädchen-*staccati* in »La tomba è un letto«. Aber die große Herausforderung kommt mit dem anhaltenden Gesang, der in dem überstürzten »Ah! In quest'amplesso« erforderlich ist, und dann in dem *andante* gesungenen »Adrem, raminghi e poveri«, als Vater und Tochter beschließen, das Dorf zu verlassen. Caballé singt letzteres nur mit einem Bruchteil ihres sonstigen Stimmvolumens, um die traurige, melancholische Stimmung des Stückes zu betonen. Auf der Decca-Aufnahme wäre es vollendet gelungen, wäre da nicht das hohe C mit dem Triller ganz am Ende, denn keines von beidem taugt so recht etwas (das gelingt in der Live-Version an der Met insgesamt besser). Auch das zweite Duett (mit Pavarotti in vorzüglicher Form bei Decca und mit Tucker, der nur ein bißchen zu laut singt, auf der nicht autorisierten Aufnahme) ist höchst beeindruckend. Ihr Vortrag von »Ah, piangi« ist das beruhigendste Gegenmittel zu dem Gift, das Luise unwissentlich genommen hat, und Caballé streichelt jede Tonfolge, fast als ob sie sich trösten wolle. Die Cabaletta »Ah! maledetta« schwebt wie ein Lufthauch dahin und ist faszinierend interpretiert. Das schöne Schluß-Terzett »Padre, ricevi l'estremo addio« wird von Luise eingeleitet, als das Gift zu wirken beginnt, und hier mildert Caballé in beiden Fassungen ihren

Ton ab und läßt bewußt zeitweilige Schwächen in ihren Gesang einfließen, indem sie ihr natürliches Vibrato glättet. Es ist als Live- und als Studioaufnahme eine kraftvolle Vorstellung, die berührt. Kein Wunder, daß die Luise, vielleicht eher unerwartet, eine ihrer großen Rollen war.

Die Jungfrau von Orléans [*Giovanna d'Arco*]
London, Studioaufnahme, Juli bis September 1972: EMI

Oft scheitern Versuche, fast vergessene Werke wieder auszugraben, weil die engagierten Sänger und Sängerinnen entweder nicht die erforderlichen gesanglichen oder technischen Fähigkeiten mitbringen, um aus ihnen das Beste herauszuholen. Doch niemand kann behaupten, daß Verdis siebtes Werk in den Nachkriegs-Wiederaufführungen unterbesetzt gewesen wäre: Auf den zwei allgemein erhältlichen Aufnahmen singen Renata Tebaldi und Montserrat Caballé die Titelrolle (mit Carlo Bergonzi bzw. Plácido Domingo als Partner). Während der letzten 20 Jahre haben andere bekannte Sängerinnen die Herausforderung der Johanna angenommen, darunter Katia Ricciarelli, Margaret Price und, vielleicht die beeindruckendste, Susan Dunn. Doch trotz dieser Sängerinnen hat das Werk es nicht geschafft, Eingang ins allgemeine Repertoire zu finden. Warum das so ist, wird auf der nicht autorisierten Live-Aufnahme einer Tebaldi-Aufführung (1951, mit Orchester und Chor der RAI, Mailand, unter musikalischer Leitung Alfredo Simionettos [Melodram]) und einer Studioaufnahme Caballés für EMI, dirigiert von James Levine (in seiner ersten Opernaufnahme überhaupt), deutlich. Bei Johanna macht sich die stimmliche Mühe, die man aufwenden muß, nicht bezahlt, und in Tebaldis und Caballés Fall ist sie beträchtlich. Es gibt zahlreiche Beispiele für die fast komisch zu nennenden Unzulänglichkeiten in der Vertonung, von denen der Geisterchor und das ihn begleitende keuchende Harmonium nur die bizarresten sind. Andererseits stellt die Titelrolle beträchtliche Anforderungen an die Sopranistin, und wenn *Die Jungfrau von Orléans* irgendwelche Entwicklungen in Verdis Stil enthält, so in der Musik der Heldin und in der Art, wie er ihre beiden Charaktereigenschaften porträtiert: das schlichte Mädchen vom Lande und die kriegerische Jungfrau. Erstere wird melodisch durch die Kantilenen und in langsamen Bewegungen charakterisiert, für deren Einsatz Bellini bekannt war; und letztere durch treibende Rhythmen, hüpfende Intervalle und kraftvolles Deklamieren.

Auf dieser Aufnahme, die im August 1972 in den Abbey Road Studios eingespielt wurde und Caballé auf der Höhe ihrer stimmlichen Kräfte zeigt, besitzt sie das, was für die Rolle nötig ist. In Johannas Kavatine im Prolog »Sempre all'alba ed alla sera«, in der sie die Jungfrau Maria anfleht, sie möge ihr Schwert und Helm geben, um ihr Land gegen die Unterdrücker verteidigen zu können, treten all die gewohnten Fähigkeiten der Sopranistin in langen Melodien zutage; und als Johanna von einem Takt auf den anderen kriegshungrig wird, werden die Worte »spada« und »crimier« mit dieser typischen Angriffslust gesungen, die die wahre Verdi-Sopranistin ausmacht. In der 1. Akt-Romanze »O fatidica foresta« liegt die Betonung auf den besinnlichen Eigenschaften der Hauptdarstellerin. Dementsprechend ist der Tonfall süß und mädchenhaft, mit hell eingefärbten Triolen. In dem folgenden Sopran-Tenor-Duett – das nebenbei bemerkt die beste Musik der Partitur ist und auf die epische Bandbreite des Liebesduetts im 2. Akt von *Ein Maskenball* hindeutet – können es Caballé und Domingo in jeder Hinsicht mit Tebaldi und Bergonzi auf der nicht autorisierten Live-Aufnahme aufnehmen. Caballé hat plötzlich eine Eindringlichkeit in ihrer Stimme, als sie gegen Carlos flehentliches Bitten ankämpft, und in der Phrase »La mia mente ... va smarrita« [»Mein Verstand ... irrt umher«] drückt sie die Verzweiflung der Hauptdarstellerin durch einen *fil de voce* im ersten und einen tiefen Sprung ins Brustregister im zweiten Teil der Phrase aus. Die hohen Hs und Cs, die über die ganze Partitur verteilt sind, bereiten ihr keine Schwierigkeiten, so zum Beispiel, wenn sie – wie im *Maskenball* – das ekstatische »T'amo, si t'amo« schließlich aus der widerstrebenden Heldin herauspreßt. Johannas Bemühungen, ihre Gefühle für Carlo zu unterdrücken, souffliert durch Ermahnungen des Engelschors, halten die Antriebskräfte des Duetts auf einem hohen Niveau. In der Sequenz, die mit »Pur dessi gli angeli« beginnt, ist es, als ob sie aufsteigende Tränen unterdrücken muß; der wiederholte Befehl »Lasciami« steht zugleich für Johannas ernsthaften Versuch und ihr anhaltendes Widerstreben; und als sie nach dem Fluch (»Son maledetta!«) verzweifelt, wird die einfache Kadenz in der Partitur in einen herzzerreißenden Schrei verwandelt, der *forte* angesungen wird und dann im Volumen abnimmt, als ob der Lebenswille des Mädchens gebrochen wäre. Das sind die Momente, die Caballés Johanna besonders wertvoll machen. Auch wenn die Musik unsere Aufmerksamkeit nicht besonders beansprucht, weder klanglich noch die technischen Anforderungen betreffend, tritt Caballé – und fairerweise sollten auch ihre Kollegen Domingo und Sherrill Milnes nicht unerwähnt bleiben – so leidenschaftlich auf, daß man dies leicht übersehen kann. Wenn es etwas an ihren Leistungen zu bemängeln gibt, dann, daß sie die Ensembles nicht so beherrscht, wie es sein sollte. Aber in diesem Fall hätte selbst Tebaldi Schwierigkeiten gehabt, den wild treibenden, lauten und zuweilen harten Stil des Dirigenten James Levine zu überbieten.

Die Begeisterung der Kritik über diese Aufnahme hat sich immer auf Caballés Leistung konzentriert. Selbst diejenigen, die das Gefühl haben, daß Caballé nicht immer das lebt, was sie singt, oder stimmlich nicht für das Material geeignet ist, sind von der Intelligenz und dem hohen Niveau ihres Gesangs beeindruckt. Sogar der Herausgeber der französischen Zeitschrift *Opéra International*[9], der kein großer Bewunderer von ihr ist, verlieh der Aufnahme bei der Wiederveröffentlichung auf CD die Auszeichnung »Timbre de Platine«.

Die Räuber [*I masnadieri*]
London, Studioaufnahme, August 1974: Philips

Verdis *Räuber* war auf Veranlassung des Londoner Opernhauses Her Majesty's Theatre entstanden – und dort 1847 uraufgeführt worden. Die Oper fiel damals durch, trotz der Besetzung der Amalia mit Jenny Lind, deren häufig öffentlich geäußerte Pietät sie von den Opernhäusern fernhielt (hier war aber wohl die Anziehungskraft des Geldes stärker als ihre moralischen Skrupel). Das Werk hat zu keiner Zeit Eingang in das Repertoire gefunden, wahrscheinlich ebenso wegen seiner ungeheuerlichen Handlung – eine werktreue Adaption von Schillers erstem Schauspiel »Die Räuber« – wie den offensichtlichen Schwächen in Verdis Musik. Wahrscheinlich hat Verdi, um Jenny Lind entgegenzukommen, bei der Partie der Amalia stets deren helle, hohe und flexible Stimme sowie ihre altmodischen Geschmacksvorstellungen im Kopf gehabt. Dies würde jedenfalls erklären, warum die Sopranistin in diesem Melodram eine so seltsame Figur abgibt. Die Handlung ist eine Neuauflage des verwickelten Gloucester-Edmund-Edgar-Nebenstranges aus *King Lear* (hier mit den Namen Maximilian, Frank und Karl), zusätzlich angereichert mit der verwaisten Nichte Amalia, die von beiden Brüdern geliebt wird, wobei sie natürlich nur dem guten der beiden zugetan ist.

Caballé nahm die Rolle im August 1974 in St. John's Smith Square, London, auf, nur ein paar Wochen nach ihrer Fiordiligi für die gleiche Gesellschaft und wenige Tage nach ihrer legendären Norma in Orange. Es erscheint seltsam, daß eine Weltklasse-Norma eine Jenny-Lind-Rolle angeboten bekam, für die sich damals Sutherland oder Sills besser geeignet hätten. Aber keine dieser Sopranistinnen war bei Philips unter Vertrag (die eine ganze Serie von seltenen Frühwerken Verdis in Angriff nehmen wollte), oder sie hatten erst jüngst mit der Platten-Premiere einer anderen Verdi-Rarität, mit der *Jungfrau von Orléans*, einen großen Coup gelandet. Wahrscheinlich ging man wie so häufig davon aus, daß Caballé die Rolle, sofern sie im Violinschlüssel stünde, singen könnte – und wahrscheinlich auch singen würde. Tatsächlich singt sie die Amalia hervorragend.

Amalias Auftrittsszene ist durch sagenhafte Gesangskunst gekennzeichnet, nicht zuletzt in dem Rezitativ, in dem Caballés Vortrag der langen, hohen *melisma* auf dem Wort »corrucciarmi« umwerfend ist. Die eigentliche Arie »Lo sguardo avea degli angeli« plätschert und tänzelt dahin, und das makellose *legato* der Sopranistin schafft es, ihr größere Kohärenz zu geben, als sie eigentlich besitzt (man höre zum Vergleich in die Konkurrenzaufnahme von Decca hinein, wo die Koloraturbeilage zum wichtigsten Teil wird. Und die Schluß-Kadenz – eine schnelle, tonleiterartige Passage in *sotto voce* – ist allein vom Klang so außerordentlich gut, daß man die Wiederholungstaste drückt, um sich zu überzeugen, sich nicht verhört zu haben. Ihr sanfter Gesang im folgenden Duett mit Ruggero Raimondi (hervorragend als Maximilian) ist sehr schön, mit einem silbrigen, melancholischen Zug, den man bei einer von Natur aus goldgefärbten Stimme nicht oft hört. Diese Klangfarbe geht in ein recht banales Quartett über, das den 1. Akt beschließt. Die erste Szene des 2. Aktes gehört der Sopranistin, die an Maximilians Grab trauert und dann erfährt, daß er und ihr für vogelfrei erklärter Liebhaber Karl gar nicht tot sind, wie ihr Frank gesagt hatte. Letzterer betritt die Szenerie und bedrängt Amalia, zunächst mit Drohungen, dann mit roher Gewalt, bis sie ihn mit seinem eigenen Dolch verjagt. (Es gibt eine Menge Dolche in diesem Werk.) Die »Grab-Arie« – »Tu del mio Carlo« – zeigt Caballés technische Fähigkeiten, als sie fast ein ganzes Stück mit sehr viel weniger als halber Stimme singt, zusammen mit einem überraschenden chromatischen Abstieg auf dem leisesten Ton. Es ist nicht ihr Fehler, daß die anschließende Cabaletta so ein Gefasel ist, eine schamlose Variante von »Ah non giunge« aus *Die Nachtwandlerin* (wobei dies wahrscheinlich Linds Forderungen zu verdanken ist). Doch die Koloraturen sind brillant ausgeführt, wenn auch nicht ganz makellos in den schnellsten, hochfliegenden Passagen, in denen Sutherland natürlich ganz in ihrem Element ist. Außerdem kann man Caballé nicht vorwerfen, sie mache nicht viel aus einer Sequenz, die eigentlich das hochkarätige Duett zwischen Amalia und Frank sein sollte, wenn die unisono gesungene Passage aus gegenseitigen Drohungen und Beschuldigungen zu einer dümmlichen kleinen Humtatah-Walzermelodie gesungen wird. Die Cabaletta im Duett, nachdem sie den Dolch gezückt hat, ist kaum besser komponiert. Doch selbst in Caballés Händen wird kein Gold daraus, und Cappuccilli als Frank klingt, als habe er keine Lust zu singen: Schund bleibt Schund, egal wie man sich anstrengt.

Der 3. Akt eröffnet mit Amalia, die geflohen ist, und nun Karl in die Arme läuft, dessen fröhlicher Banditenhaufen und Chor über »Raub, Plünderung, Brandstiftung und Tod« der Heldin einen schweren Schlag versetzen. Im Augenblick der Vereinigung der beiden Liebenden hebt ein knalliges, vollkommen unmotiviertes *allegro* an. So vollendete und fähige Sänger wie Caballé und Bergonzi in solch einem Stoff zu hören ist ein desillusionierendes »Erlebnis«. Musikalisch gesehen wird es in der gemeinsamen Passage »Ma un 'iri di pace« besser, über die die Sopranistin einige beeindruckend hohe Noten legt. Aber die Duett-Cabaletta ist ein weiterer Fehlschlag, in der Sopranistin und Tenor jeweils in den beiden unnötigerweise wiederholten Strophen über die Triller stolpern. Amalia erscheint ganz am Ende des 4. Aktes noch einmal kurz zur Wiedervereinigung, nur um – auf ihre eigene Bitte hin – von ihrem Geliebten erstochen zu werden (so als ob er sie vor dem Horror, ihn zu lieben, bewahren müßte). Kein Wunder, daß dies das erste und letzte Mal war, daß London eine Auftragsarbeit an einen italienischen Komponisten vergab.

Rarities

Rom, Studioaufnahme, 1967: (*Einen Tag König* [*Un giorno di regno*] – Ah! Non m'hanno ingannata! ... Grave a core innamorato; *Die Lombarden beim ersten Kreuzzug* [*I Lombardi alla prima crociata*] – Qual prodigio! ... Non fu sogno!; *Die beiden Foscari* [*I due Foscari*] – No, mi lasciate ... Tu al cui sguardo onnipossente; *Alzira* – Riposa. Tutte, in suo dolor vegliante ... Da Gusman, su fragil barca; *Attila* – Liberamente or piangi ... Oh! nel fuggente nuvolo; *Der Korsar* [*Il corsaro*] – Egli non riede ancora! ... Non so le terre immagini; *Aroldo* – Oh, cielo! Dove son'io! ... Ah! dagli scanni eterei) **RCA; RCA / BMG**

Die ersten beiden Stücke auf dieser Soloplatte sind für Caballés Stimme nicht besonders gut geeignet. Die komische Arie aus *Einen Tag König* wirkt unsicher im Ausdruck, und der schwache Triller behindert den Fortgang der äußerst beschwingten Cabaletta, während das tragische Stück aus *Die Lombarden* mit einer Flut von Koloraturen verziert ist, die idealerweise eine Stimme von weit geringerer Substanz und Gewicht erfordern als Caballés. Aber die Szene aus *Die beiden Foscari* hat einen anderen Stellenwert: Das einleitende Rezitativ ist beeindruckend, mit geschwungenen Phrasen in großartigen *pianissimi*, die zu ihren besten gehören; und die Arie bietet eines der schönsten Beispiele auf Schallplatte, welch hohe Töne Caballé in *pianissimo* singen kann – Töne, die schwerelos über dem begleitenden Chor schweben. Die *Alzira*-Arie, eine Traumszene, ist ein ungewöhnlich schönes Stück, das wie auf sie zugeschnitten ist und in dem sie vorsichtig ihre Stimme heller macht, um den Zuhörern die phantasievollen Vorstellungen, die die Arie beschreibt, besser zu suggerieren, auch wenn die Musik der Cabaletta recht banal ist. Odabellas herausragende Arie aus dem 1. Akt des *Attila* wird angemessen vorgetragen. Sie ist nicht nur in einem schmelzend schönen Tonfall gesungen, sondern auch mit einem *legato*, das den Eindruck erweckt, das ganze Stück werde in einem einzigen, ununterbrochenen Atemstrom gesungen. Die Arie aus *Der Korsar*, in der sich Caballé an der Rolle der Medora versucht (in der Gesamtaufnahme für Philips ist sie natürlich die Gulnara), ist mit ihrer hinreißenden Kadenz anmutig schön. Dann setzt Caballé in der *gran scena* aus *Aroldo* eine dramatischere Klangfarbe ein, was äußerst aufregend klingen könnte, wenn Guadagno nicht kontraproduktiv dirigieren würde. Dennoch gibt es am Ende des Rezitativs eine Caballé-Rarität, ein langes, *fortissimo* gesungenes hohes D auf »soccorri«. Obwohl Caballé bei späteren Auftritten in dieser *scena* (1974 und 1979 zum Beispiel) eine größere dramatische Spannung erreicht, hat sie es nicht noch einmal gewagt, das Publikum mit dieser Note zu erfreuen.

2. DIE »DONNA-DI-FORZA«-ROLLEN

Der Troubadour [*Il trovatore*]
1) New Orleans, nicht autorisierte Aufnahme, 14. März 1968: Melodram
2) Florenz, nicht autorisierte Aufnahme, 2. Dezember 1968: a) Hunt; b) Legato; c) Melodram; d) Nuova Era, Wiederveröffentlichung bei Memories
3) Philadelphia, nicht autorisierte Aufnahme, 1. Dezember 1970: MRF

In allen drei nicht autorisierten Aufnahmen von Caballés Leonore im *Troubadour* ist authentische Verdische Gesangskunst zu hören – damals nicht außergewöhnlich, heute jedoch beinahe eine Seltenheit. Caballés Live-Aufnahmen aus New Orleans (1968), Florenz (1968) und Philadelphia (1970) vermitteln den Eindruck von der traditionellen Gesangskunst des *lirico-spinto*, die einst die Opernhäuser mit Amelias, *Forza*-Leonoren und -Aidas erfüllte. Um den Anforderungen dieser Rollen gerecht zu werden, muß die Sopranstimme die Stimme einer Frau sein, nicht matronenhaft, aber voll und stark, eine Stimme, die eher Lebenserfahrung als Unschuld ausdrückt.

Diese Eigenschaft trifft bei Caballés Leonore zu. Die weitangelegte Phrasierung in »Tacea la notte« ist hervorragend, wenngleich sie in Florenz am spektakulärsten ist, wo sie mit Hilfe des einfühlsamen Dirigenten Schippers all den Raum bekommt, den sie braucht, einen unvergeßlichen Eindruck zu hinterlassen. Den polierten Klang, den sie in »dolci s'udiro e flebili gli accordi d'un liuto« hineinlegt, enthüllt den melancholischen Zug dieser Musik, wobei der samtene Klang häufig in einen seidigen übergeht, wie zum Beispiel auf dem hohen B, das Leonores Begeisterungsausbruch (»e versi me lan conconci« und »la terra un ciel«) begleitet. Die einzelne Strophe der anschließenden Cabaletta »Di tale amor« birgt wenige Probleme für eine so erfahrene Sängerin, die die Anforderungen der *belcanto fioriture* kennt (obwohl Schippers geringfügig langsameres Tempo, verglichen mit den anderen beiden Aufnahmen, dazu führt, daß die Sopranistin kurz Luft holen muß). Durch diese Mischung aus Leichtigkeit und Gewicht hat Caballé etwas, was so illustre Verdi-Sängerinnen wie Milanov und Price nicht haben: So großartig sie in den gemächlicheren Passagen sind, die Agilität, um die schnelleren Teile der Partitur mit Leichtigkeit zu bewältigen, fehlt ihnen (nicht aber Caballé und Callas).

Caballé hält ihre Gesangskünste im 2. und 3. Akt auf allen drei nicht autorisierten Aufnahmen auf gleichbleibend hohem Niveau. Aber für die Sopranistin führen alle Wege zum 4. Akt. Und hier kann man Caballés subtilen Einsatz der verschiedenen Gesangselemente bewundern und sich gleichzeitig über die durchgängig waltende Konsequenz bei ihrer Verwendung wundern. Bei der Aufführung in Philadelphia wird fast jede Phrase von »D'amor sull'ali rosee« in einer gedämpften *mezza voce* gesungen, was verdeutlicht, daß dies keine öffentliche Liebeserklärung an Manrico ist, sondern die persönlichen Gedanken einer gequälten Seele. Der Schmerz in den Wiederholungen von »le pene« mit dem Anstieg auf das hohe C in *tenuto*, leicht wie eine Feder gesungen, ist herzzerreißend. Nur die »Panne« am Ende der letzten Kadenz und das Flattern auf der zu lang gehaltenen letzten Note verderben die ansonsten fehlerlose Interpretation etwas. Im anschließenden »Miserere« ist Caballés Leonore drängender und entsetzter als in den beiden anderen Vorstellungen, und die einzelne Strophe der Cabaletta »Tu vedrai« ist so fließend ausgeführt, daß man ihre Kürzungen auf CD bedauert (eine gängige Vorgehensweise bei Live-Aufführungen).

Die besonderen Merkmale des 4. Aktes zeigen sich in New Orleans im »Miserere«, das etwas trübe beginnt. Aber Caballé steht über diesen Dingen, und ihr Vortrag ist beinahe noch schöner als in Philadelphia, ganz in der Met-Tradition einer lauten, volltönenden Bruststimme à la Zinka Milanov. Die hohen Cs auf »di te scordami« sind hervorragend und kraftvoll; sie sind, ebenso wie am Schluß der vorangegangenen Arie, der Grund für erneuten Applaus.

Die Cabaletta fehlt, und es geht flink auf das Duett mit dem Grafen Luna zu. So flink geht es weiter, und trotz Knud Anderssons dahinrasender Dirigierkünste halten Caballé und Enzo Sordello (der Mann, den Maria Callas aus der Met geschmissen hatte, weil er eine Note länger als sie gehalten hatte) immer den Takt. Sie scheinen diesen melodramatischen Vortrag zu genießen, der seinen Höhepunkt in der Duett-Cabaletta »Vivrà! Contende il giubilo« erreicht und fast doppelt so schnell dahinrast wie zum Beispiel die Aufnahme mit Price und Milnes unter dem Dirigenten Mehta (RCA). Diese

Geschwindigkeit dient dem musikalisch-dramatischen Zweck, Leonores manischen Kommentaren eine Intensität zu verleihen. In der Euphorie eines heiligenähnlichen Martyriums erfreut sie sich an dem Gedanken, Manrico im Todeskampf (sie hat sich vergiftet) zu sagen: »Salvo tu sei per me!«

Doch trotz der großartigen Verdischen Gesangskunst in den New Orleans- und Philadelphia-*Troubadouren* ist Caballés Aufführung in Florenz die schönste. Nicht nur deshalb, weil die Aufführung den besten Klang hat, sondern weil sie, in Ermangelung einer Studioaufnahme, der Fassung am nächsten kommt, die wahrscheinlich unter Studiobedingungen entstanden wäre. Nirgends kommt das deutlicher zum Ausdruck als im 4. Akt. Die Stimm-Magie beginnt gleich am Beginn in der Rezitativ-Einleitung »D'amor sull'ali rosee« zu wirken, als sie die gesamte Phrase »deh pietosa gli arreca i miei sospiri« in einem einzigen Atemstrom singt. Das *dolcissimo* gesungene hohe B auf »pietosa« ist so zart, das es fast transparent klingt. In der Arie setzt sie all ihr technisches Können ein. Eine Sängerin ohne ihr unvergleichliches *legato* würde das Stück nicht durchhalten, so langsam nimmt sie es, mit stillschweigendem Einverständnis von Schippers. Doch genau dieses *legato* bewirkt einen Vorwärtsschwung in den äußerst ätherischen Momenten der lang gehaltenen *pianissimi* und sogar über Augenblicke der Stille hinweg. Wenn sie so singt, dann versteht man, was André Tubeuf damit meinte, als er Caballé als eine »langsame Stimme« beschrieb, die »sich ausbreitet wie die stille See«. Kein Wunder, daß das Florentiner Publikum in ohrenbetäubenden Applaus und Zugabe-Rufe ausbrach. Als die Ruhe wiederhergestellt ist, folgt das »Miserere«, und wir hören sofort eine andere Stimmfarbe, durchtränkt von Leonores Verzweiflung, als sie durch die Grabgesänge der Mönche und das mysteriöse Läuten der Glocke in die Realität zurückgeholt wird. Jeden Schrei aus den Worten »di te scordami« betont und gewichtet sie klanglich anders, so daß die zahlreichen Wiederholungen jeweils eine andere Facette von Leonores Qualen enthüllen. Nur große Künstler schaffen es, neue Ausdrucksmöglichkeiten für solche Musik zu finden, die uns schon so vertraut geworden ist.

Ein Maskenball [*Un ballo in maschera*]
1) Rom, nicht autorisierte Aufnahme, RAI-Aufzeichnung 23. bis 28. April 1969: Melodram / GDS
2) London, Studioaufnahme, Juli 1978: Philips

Von allen Verdi-Opern wurde dieses Werk am kritischsten von der überwachsamen italienischen Zensur begutachtet: Sie konnte sich schlecht mit der Darstellung eines frivolen, ausschweifenden Hoflebens und dem Königsmord am Schluß anfreunden. Deshalb wurde das Werk nicht, wie ursprünglich geplant, in Neapel aufgeführt, sondern es feierte seine Premiere nach vielen Änderungen am 17. Februar 1859 am Teatro Apollo in Rom. Die Rolle der Amelia, zwischen der Pflicht für den Ehemann und der Liebe zum König hin- und hergerissen, stellt all die vertrauten Verdischen Ansprüche an eine Sopranistin, die von ihr einen Stimmumfang von über zwei Oktaven (vom hohen C zum tiefen As) mit einer im allgemeinen tiefen *tessitura* und einer deutlichen Disparität zwischen den *spinto*- und den lyrischen Extremen verlangen. Ihre beiden Solos werden einmal von dem einen und dann von dem anderen Extrem dominiert, und da beide jeweils unterschiedliche stimmliche und dramatische Anforderungen stellen, ist es nicht verwunderlich, daß nur wenige Sopranistinnen beidem gleich gut gerecht werden.

Amelia erscheint zum erstenmal (und dann auch nur kurz) gegen Ende des 1. Aktes. Wir sind bei der Wahrsagerin Ulrica, zu der sie gekommen ist, um sich von der Liebe, die sie quält, heilen zu lassen. Auf der 1969er RAI-Aufnahme sind die Gefühle unter Bartolettis unbeirrbarer Regie etwas allgemein gefaßt: Obwohl in Caballés »si, qual esso sia« [»ja, wenn es sein muß«] Entschlossenheit und in »Mio Dio qual loco« [»Oh Gott, was für ein Ort«] Schrecken zu hören sind, so wird dies unter der entschlosseneren musikalischen Leitung von Davis, neun Jahre später, sehr viel deutlicher betont. Auch wenn Caballés Stimme 1978 hörbar schwerer klingt, so paßt sie ihre Dynamik Verdis Melodie genau an. Ihr Volumen schwillt dann allmählich an, wenn die Noten ansteigen, und nimmt umgekehrt wieder ab, wenn die Noten absteigen. Mit einem kleinen stimmlichen Detail erreicht sie 1978 eine ganze Menge mehr.

Zu Beginn des 2. Aktes erscheint Amelia am Fuße des Galgenbergs, zu dem Ulrica sie geschickt hat, um das Kraut zu sammeln, das sie von ihrer verbotenen Liebe heilen soll. Kompositorisch betrachtet ist dies eine der schwersten Sopran-Szenen Verdis. In der 1969er Fassung hat Caballé stets eine prächtige Stimme, die mühelos mit der tiefen Lage des Rezitativs zurechtkommt und deutlich die qualerfüllten Selbstvorwürfe des Charakters darstellt. Aber der kühle *belcanto*, den sie uns – mit Einverständnis des Dirigenten – vorträgt, bringt die dramatischen Umstände im Rezitativ nicht zum Ausdruck. In der Studioaufnahme ist das nicht der Fall: Davis stellt in Tempo und Dynamik hohe Anforderungen an sie. Das Rezitativ ist so schnell, das es sie fast aus der Fassung bringt, und Caballé hat große Schwierigkeiten, die Töne hervorzubringen. Erst als das Tempo mit »S'inoltri« [»Vorwärts«] in ruhigere Bahnen gelenkt wird, beginnt sich ihr Gesang einzupendeln, und man bekommt das Gefühl, daß sie ihre Stimme nun unter Kontrolle hat. Der Schrecken von »Perire!« wird durch eine krasse Reihung der Register nachhaltig beschworen. In der Arie »Ma dall'arido stelo divulsa« bietet Caballé dann in den längeren Notenwerten eine abwechslungsreichere Palette von Klang und Dynamik und schafft dadurch eine Atmosphäre, die eher an ein Selbstgespräch erinnert als die gleiche Sequenz in der früheren Aufnahme.

Bei dem dramatischen Höhepunkt der *scena* – der Passage,

die auf das Glockenläuten um Mitternacht folgt – entfacht Davis eine solche Geschwindigkeit und ein solches Volumen, daß die Sopranistin fast gezwungen ist, zum Sprechgesang überzugehen. Sie legt eine Reihe von halbgesungenen und halbgesprochenen Schreckensheulern hin, die in einem nachklingenden hohen H gipfeln. Manche werden diese Art des Vortrags vielleicht bemängeln, egal, ob sie aus interpretatorischen Gründen oder aus stimmlicher Notwendigkeit gewählt wurde. Aber nicht zu leugnen ist die Urangst, die durch den Auftritt vermittelt wird. Das abschließende Gebet in der RAI-Version ist ausgezeichnet vorgetragen, steigt in den ersten beiden Phrasen mühelos nach oben (»deh, mi reggi, m'aita, o Signor ...«) und erreicht auf der dritten mit einem klingenden hohen C den Höhepunkt. Auf der Philips-Einspielung hat dieser hohe Ton eine harte, gläserne Qualität, aber Caballé macht das mit dem (unmarkierten) Abstieg zum *portamento* gesungenen eingestrichenen D wieder gut, das sie makellos hinlegt.

Gleich darauf folgt das berühmte Liebesduett mit Riccardo (»Teco io sto«). Auf der 1978er Studioaufnahme fällt Caballés größere Identifikation mit der Rolle auf, bedingt durch die lange Beschäftigung mit dieser Partie, ganz zu schweigen von ihrer insgesamt engeren Verbindung mit einem Künstler von Carreras' Kaliber (Flaviano Labò auf der früheren Aufnahme von 1969 war etwas überfordert). Ihren letzten Versuch, ihn zurückzuweisen (»va, Riccardo!«), singt sie mit einer Mischung aus Bedauern und wankender Entschlossenheit, kaum fähig, die Töne loszulassen. Dann, nach dem widerstrebenden Geständnis (»Ebben: si t'amo«), schwebt ihr Appell »Ma tu nobile ...« auf einem warm klingenden, weiten Bogen dahin, während die Wiederholung von »mi difendi dal mio cor« in einem ununterbrochenen Atemstrom gesungen ist und die melodische Kontur mit jeder Wiederholung immer schwächer wird. Die Phrase endet auf einem perfekt gesetzten eingestrichenen E, das bis an die Grenze der Hörbarkeit bis zum

Doppelstrich gehalten wird. Carreras singt »O qual soave brivido« mit einem ansteckenden rhythmischen Brio, aber der eigentliche emotionale Höhepunkt des Duetts – Amelias Schrei »si t'amo!« – ist gewaltig, sowohl stimmlich als auch orchestral. Die einstimmige Wiederholung des Hauptthemas des Duetts glüht vor Leidenschaft, obwohl Caballés letztes hohes H weniger konzentriert als in der früheren Aufnahme und das hohe C – gemessen an ihren Möglichkeiten – schrill klingt. Aber das sind die einzigen Störfaktoren in einer ansonsten faszinierenden Interpretation des Duetts.

Die klagende Arie im 3. Akt – »Morrò, ma prima in grazia ...« [»Ich soll sterben, aber zuerst ein Gefallen ...«] – stellt an jede Sopranistin die Herausforderung, mit phantasievollem stimmlichen *chiaroscuro* zu »malen«. Auf der RAI-Aufnahme hat Caballé keine technischen Probleme mit dem Stück, und ihre unglaubliche Atemstütze ermöglicht es ihr, über ganze Phrasen hinweg durchzuhalten, wo die meisten anderen die Partitur in mundgerechtere Häppchen unterteilen müssen. Alles wird mühelos gehalten – ein Stück herrlicher Gesangskunst. Doch Caballé scheint Schwierigkeiten zu haben, sich mit Amelias Zwangslage zu identifizieren: Das Gefühlsleben wirkt wenig differenziert, die Stimme klingt eintönig. 1978 hat sie ihre interpretatorische Herangehensweise vollkommen neu überdacht, ebenso viele Details, die sie anders betont. Ein erstaunlicher Wandel in Klang und Volumen ist zu bemerken. Während die 1969er Vorstellung in einem relativ unveränderten *mezzoforte* gesungen wird, beginnt die Arie auf der Philips-Fassung mit einer zurückgenommenen Halbstimme, die würdevoll, aber resigniert klingt. Die Endphrasen der ersten beiden Zeilen sind in *diminuendo* gesungen und werden vor lauter Kummer immer schwächer. »L'unico figlio mio« ist sogar noch einfühlsamer gezeichnet, als ob allein die Tatsache, ihren einzigen Sohn erwähnen zu müssen, Amelia unaussprechliche Qualen bereitet. Trotz der Anstrengungen und Belastungen, die gelegentlich auf der

Philips-Aufnahme zu hören sind, bleibt Amelia eine ihrer bemerkenswertesten Verdi-Rollen, die von der Kritik nie angemessen beachtet wurde. Noch erstaunlicher ist, daß dies die letzte Verdi-Rolle war, die sie aufgenommen hat.

Don Carlos
1) Verona, nicht autorisierte Aufnahme, 2. Juli 1969: Melodram
2) London, Studioaufnahme, August 1970: EMI
3) New York, nicht autorisierte Aufnahme, 22. April 1972: FOY

Caballé spielte die EMI-Aufnahme von Verdis ehrgeizigster Oper im Sommer 1970 in den Londoner Abbey Road Studios ein – ein Jahr nach ihrem sensationellen Auftritt in dieser Rolle in der Arena di Verona (auf Melodram festgehalten) und ein Jahr vor ihrem Vortrag an der Metropolitan Opera (auf FOY festgehalten). Ihr klarer Sopran paßt bestens zu Elisabeths frühen Einsätzen, vor allem zur ausgezeichneten Romanze »Piangere, mia compagna« im 2. Akt, als sie die Hofdame tröstet, die der König auf demütigende Weise ins Exil geschickt hat. Ohne Atempause singt sie »Ti seguira mio cor, ah ti seguira«, trotz eines *pianissimo* gesungenen Tonanstiegs. Und dann phrasiert sie, nur um zu zeigen, daß sie kein Mensch mit eingefahrenen Gewohnheiten ist, die zweite Strophe völlig anders, mit größerer Ausdruckskraft und mehr Volumen, und krönt das alles mit einem der schönsten *pianissimi*, das auf Platte zu hören ist. In dem vorangestellten Duett mit ihrem Stiefsohn Don Carlos – »Io vengo a domandar« – muß die Sopranistin mit einigen der tiefsten Töne in dieser Rolle fertig werden. Auf der Phrase »Nel'oblio« [»in Vergessenheit«] legt sie ein perfektes *diminuendo* in voller Länge hin.

In Verdis zweiter Fassung der Oper hat die Königin keine

Solopartie im 3. Akt; und ihr Beitrag im 4. Akt besteht hauptsächlich darin, eine dramatische Startrampe für das »O don fatale« der Mezzosopranistin zu schaffen. Aber der 5. Akt gehört der Sopranistin. Er beginnt mit einem Musikstück, das Verdis großartigste Einzelarie ist: »Tu che le vanità«, in der Caballés Stimme kräftig von dem vollen *pastoso*-Klang verstärkt wird, der das Markenzeichen ihres kürzlichen Debüts in der Rolle der Norma gewesen war. In der Arie stellt sie den größtmöglichen dynamischen Kontrast zwischen dem ersten Thema – sie wendet sich an das Grab Karls V. – und dem zweiten – ein allgemeiner Appell, im Himmel erhört zu werden – her. Das Wort »Francia« ist auf einem absteigenden *glissando* gesungen, beinahe wie eine Feder, die über die Wange streicht; doch am Ende, auf der Phrase »La pace del avel« (»der Frieden des Grabes«], setzt Caballé einen Brustton voller Abscheu ein. In den wenigen Takten der Koda wendet sie ihre einzigartige Fähigkeit an, ein hohes *pianissimo* exakt und ohne Unsauberkeiten zu plazieren. In dem folgenden Duett mit Carlos wird kurz ein Thema aus dem 1. Akt wiederaufgenommen, bevor die Musik kriegerische Anklänge bekommt, mit klingenden Harfen und arpeggierten Trompeten. Aber mit dem Beginn des eigentlichen Duetts »Ma lassù ci vedremo«, in dem Elisabeth davon träumt, sich mit ihrem Geliebten in einer besseren Welt wiederzusehen, singt Caballé in halber Stimme, die voller Resignation und Traurigkeit ist. Bei dem schwebenden hohen B auf »Il sospirato ben« bleibt einem beinahe das Herz stehen.

Die herbste Kritik, die man an dieser Aufnahme anbringen muß, betrifft nicht die Gesangsleistungen, sondern EMIs Präsentation der CD. In dem Begleitheft ist die Reihenfolge der Akte bis zum Unverständnis verschlüsselt, und der Seitenwechsel zwischen der ersten und zweiten CD zeugt von großer Inkompetenz.

Aida
London, Studioaufnahme, Juli 1974: EMI

Seit ihrer Premiere 1871 in Kairo ist *Aida* eine der populärsten Opern. Doch ist es nicht unwahrscheinlich, daß das Werk aufgrund des Mangels an *lirico-spintos*, die der Rolle gerecht werden, bald schon wie die *Norma* von den internationalen Opernbühnen verschwunden sein wird. Sollte diese Entwicklung eintreten, so können wir zumindest auf diese Aufnahme zurückgreifen, um zu hören, wie man die Aida singen könnte. Keine Sängerin, die die Rolle auf Platte aufgenommen hat, kann mit einem so umfassendem Können aufwarten wie Caballé, auch wenn Maria Chiara durchaus dazu in der Lage gewesen wäre, hätte sie die Rolle in einem früheren Stadium ihrer Karriere gesungen. Und auf früheren Aufnahmen haben nur Leontyne Price und Renata Tebaldi das gleiche Niveau wie Caballé erreicht.

Die EMI-Aufnahme entstand im Sommer 1974, einige Wochen nach ihrer epochemachenden Norma in Orange. Ihre Stimmform ist in dieser Zeit erstaunlich, um so mehr, wenn man bedenkt, daß sie kurz vor einer Operation stand. Von den ersten Tönen im Terzett des 1. Aktes bis zu den letzten wunderbaren Takten des Duetts im 4. Akt ist ihre Aida eine der wirklich großen Interpretationen. Caballé gelingt es sogar, aus dem passiven Charakter der äthiopischen Prinzessin etwas stimmlich Positives herauszuholen: »Pavento« [»Ich fürchte mich«] im Terzett des 1. Aktes wird auf einem ihrer klassischen langgezogenen *diminuendi* gesungen und ist zum Schluß kaum noch hörbar, etwas, was Caballé sich bei Miguel Fleta abgehört hatte. Mit dem Schrei »Sventurato!« in dem Rezitativ vor »Ritorna Vincitor!« setzt sie ihre großartigen *spinto*-Fähigkeiten ein. Höhepunkt ist hier »numi pietà«, dessen Wiederholungen mühelos auf makellosen *legato*-Ketten schweben. Im Duett des 2. Aktes mit Amneris – von Cossotto hervorragend gesungen – erzeugt Caballé eine sagenhaft sanfte Klangfarbe, als sie sich, anstatt sich gegen ihre Rivalin zu wehren, für eine pathetische Strategie entscheidet. Und leicht beherrscht sie das große Ensemble, das die Triumphszene krönt.

Im 3. Akt kommt jede Aida in Form: Caballés abwechslungsreiche Dynamik im Rezitativ »Qui Radamès verrà« ist bis heute einzigartig. Doch in der Arie »O patria mia« widersteht sie der Versuchung, das Pathos, das in dem wiederholt gesungenen »mai più« liegt, zu übertreiben: Nicht das kleinste Schlucken oder Schluchzen unterbricht die makellos gehaltene Tonfolge. Und natürlich gibt es das berühmte hohe C in der zweiten Strophe, das Generationen von Sopranistinnen zur Verzweiflung gebracht hat, das aber Caballé singt, als sei es die einfachste Sache der Welt. (Vermutlich ist es das auch, denn sie hält die Note, *dolce*, in zeitloser Spannung und singt die Phrasen bis zum Ende des folgenden »vedrò« in einem einzigen Atemstrom.) Als ob das alles nicht genug wäre, wartet der letzte Takt der Arie noch einmal mit einer unglaublichen Stimmbeherrschung, Klangschönheit und Ausdruckskraft auf. Am Ende des anstrengenden Duetts mit Amonasro klingt sie niedergeschmettert, aber sie kommt wieder zu sich, als Radamès erscheint, und nun klingt sie wie eine verschmähte Frau. Doch als sie sich rächen will – oder vielmehr ihren Vater –, erzeugt sie in »Là ... tra foreste vergine« die verführerischsten Klänge, die man sich vorstellen kann. Als die beiden Geliebten sich in dem abgeschlossenen Grabgewölbe in die Arme fallen und auf ihren sicheren Tod warten, befolgt Caballé in dem Vers »Morire! Si pura e bella!« mit ihren ätherisch ununterbrochenen Phrasen genau Verdis Anweisung »vaneggiando« [»träumend«]; und »O terra addio« ist ein herzzerreißender Abschied. Riccardo Muti – der mit diesem Werk seine erste Plattenaufnahme einspielte – bemerkte viele Jahre später: »Ich glaube, daß in diesem Jahrhundert Stimmen wie die Caballés äußerst selten sind. Allein aus diesem Grund möchte ich ihr für all das danken, was sie der

Welt der Musik gegeben hat. Aber davon abgesehen, möchte ich, daß sie weiß, wie sehr ich sie liebe und bewundere.«

WEITERE VERDI-AUFNAHMEN

Othello [*Otello*]
New York, nicht autorisierte Aufnahme, 11. März 1967: Great Opera Performances

Ernani
Mailand, nicht autorisierte Aufnahme, 20. bis 27. November 1968: BJRS; als CD erschienen bei a) Nuova Era Reprints; b) Frequenz

Messa di Requiem
London, Studioaufnahme, 18. und 30. August 1969 und 25. Januar 1970: EMI

Verdi-Arien
London, Studioaufnahme, 8. bis 11. Juni 1971: (*Die Macht des Schicksals* [*La forza del destino*] – 1) Pace, pace, mio Dio, 2) La Vergine degli angeli; *Aida* – 1) Qui Radamès verrá! ... O patria mia, 2) Ritorna vincitor!; *Macbeth* – Vegliammo invan due notti ... Una macchia è qui tutt'ora; *Othello* – Era piu calma ... Das Lied von der Weide und Ave Maria) **EMI**

I vespri siciliani
1) New York, nicht autorisierte Aufnahme, 9. März 1974: Great Opera Performances
2) Barcelona, nicht autorisierte Aufnahme, 2. Januar 1975: IMS

Der Korsar [*Il corsaro*]
London, Studioaufnahme, August 1975: Philips

Die Macht des Schicksals [*La forza del destino*]
Mailand, nicht autorisierte Aufnahme, 10. Juni 1978: IMS

Aroldo
New York, Live-Aufnahme, 8. April 1979: CBS; Sony

Canzone
Madrid, Studioaufnahme, Juni 1980: (Lo spazzacamino; Nell'orror di notte oscura; La zingara; In solitaria stanza; Stornello; Ad una stella; Perduta ho la pace) **Discos Columbia SA, veröffentlicht auf Dischi Ricordi; RCA / BMG**

Messa di Requiem
New York, Live-Aufnahme, Februar 1981: CBS

IV. GIACOMO PUCCINI

Manon Lescaut
London, Studioaufnahme, 7. bis 15. Juli 1971: EMI

Der Februar 1893 war für Opernliebhaber ein wichtiger Monat. Am 8. Februar feierte Verdis *Falstaff* in Mailand seine Premiere, und einige Tage zuvor, am 1. Februar, war *Manon Lescaut* am Teatro Regio in Turin zum erstenmal aufgeführt worden. Mit dieser Oper setzte sich Puccini endgültig als Opernkomponist durch. Das Libretto – sieben Männer waren daran beteiligt, darunter der Komponist, sein Verleger, ein konkurrierender Musiker und die halbe Literaturwelt Mailands – ging auf die gleichnamige Vorlage des französischen Schriftstellers Abbé Prévost zurück, die bereits Massenet 1884 als Vorlage zu seiner Oper benutzt hatte. Wahrscheinlich bestimmte der Wunsch, direkte Vergleiche mit Massenet zu vermeiden, die dramatische Struktur von Puccinis Werk. Wenn Massenets Oper episodisch und überlang ausgefallen ist, so ist Puccinis Werk telegrammartig zu nennen. Doch ihm gelingt es trotzdem, ein abgerundetes Porträt von Manon zu zeichnen, jener prototypischen Heldin Puccinis, die liebt (1. und 2. Akt), leidet (3. Akt) und stirbt (4. Akt).

Die EMI-Aufnahme wurde im Sommer 1971 in der Londoner Kingsway Hall eingespielt. In technischer Hinsicht ist sie enttäuschend: die Stimmen gedämpft, die Höhepunkte abgeschnitten und der Klang dumpf. Zum erstenmal begegnet uns Manon an einer neben einem Wirthaus gelegenen Postkutschenstation. Auf Geheiß ihres Vaters ist sie auf dem Weg ins Kloster. Statt dessen brennt sie mit dem schneidigen Studenten Des Grieux durch, doch schon im 2. Akt wird sie als Geliebte eines anderen Mannes vorgestellt. Caballés erste Zeilen sind eine wunderbare Mischung aus Unschuld und Berechnung, und der helle, mädchenhafte Klang verbindet sich mit einer höchst verführerischen Phrasierung, so in »Vo'ricordarvi. Il nome vostro?« Als Manon wieder auftaucht, um die Verabredung mit Des Grieux einzuhalten, hat sich Caballés Stimme entsprechend der Entwicklung von Manons Charakter verändert, und sie spinnt Netze kühler Koketterie um Domingo als glühenden Freier. Diese Flucht Manons ist eher gute Planung als Zufall, ebenso wie ihre Flucht zwischen dem 1. und 2. Akt zu einem älteren Mann. In Gerontes Palast dirigiert Caballés Manon ihre *maquillage* mit großer Autorität und erträgt die Vergnügungen mit kaum verhohlener Langeweile. »In quelle trine morbide« – Manons Sehnsucht nach ihrem früheren Geliebten ausdrückend – zeigt Caballé ihr ganzes Können. Das Stück ist mit vollem, strahlenden Ton und unendlicher Süße gesungen. Das große Duett »Tu, tu, amore? Tu?«, als Des Grieux unangekündigt erscheint, um sie mit Vorwürfen zu überschütten, ist höchst leidenschaftlich, auch wenn die Aufnahme klingt, als lägen mehrere Stoffschichten über den Stimmen der Sänger.

Die Rolle wird zum erstenmal wirklich tragisch, als Manon die Juwelen und Reichtümer betrachtet, die sie als Preis für ihre erneute Verbindung mit Des Grieux wird zurücklassen müssen. Die dadurch verzögerte Abreise führt zu Manons Verhaftung und im 3. Akt zu ihrer Deportation als Hure nach Amerika. Der originellste Teil dieser abwechslungsreichen Oper kommt, als Manon ihre ganzen stimmlichen Fähigkeiten einsetzen muß, um das Ensemble in der Einschiffungsszene zu übertrumpfen – eine Aufgabe, die Caballé mit Leichtigkeit bewältigt, auch wenn die Techniker eine sehr nachlässige Arbeit geleistet haben. Aber wie das mit tragischen Heldinnen so ist, kommt die Sopranistin erst im letzten Akt voll zur Geltung – in der Sterbeszene an der äußersten Grenze von New Orleans mitten in einer weiten, öden Landschaft. Die Szene fällt mit der besten Musik, düster und sehr dramatisch, der Partitur zusammen, was die lyrischen Sopranistinnen regelmäßig stolpern läßt. Doch für Caballé stellt das keine

Probleme dar. Selbst in diesem relativ jungen Stadium ihrer Plattenkarriere liefert sie einen ausgereiften *lirico-spinto*, für den »Sola, perduta, abbandonata« komponiert wurde. Besonders auffallend ist ihre breite Ausdruckspalette, und zwar mehr ihre *belcanto*-Fähigkeiten in Melodieführung, Phrasierung und Klangfarbe als ihre *verismo*-Mittel wie Schlucken, Schluchzen und Schreien. Und ihr unübertroffenes *pianissimo* macht die immer schwächer werdende Dynamik von Manons Todesqualen musikalisch überzeugend: Caballé haucht ihr Leben vor unseren Ohren aus.

Nebenbei bemerkt waren nicht nur die Techniker dieser Aufnahme nachlässig. Das CD-Cover ist mit einem Bild von Caballé und Domingo in mittelalterlichen deutschen Kostümen geschmückt – nicht benutzte Kostüme für *Mefistofele*. Sie sehen aus, als wären sie gerade einer *Meistersinger*-Aufführung entsprungen.

Turandot (in der Rolle der Liù)
London, Studioaufnahme, 20. bis 25. August 1972: Decca

Die Rolle der Liù ist Puccinis letzte große Schöpfung: Mit ihrem Tod schwand das Interesse des Komponisten an der Erzählung. Franco Alfonos Ergänzungen zeigen, daß auch er keine Lust verspürte, für Kalaf und Turandot ein Ende zusammenzustoppeln, deren Schicksal das Publikum doch kaltließ. So ist es nicht verwunderlich, daß eine phantastische Liù gewöhnlich einer Turandot die Schau stiehlt. Sängerinnen, die beide Rollen interpretieren können, sind sehr rar, und diejenigen, die – wie Caballé – beide erfolgreich ausfüllen, sind noch seltener. Diese Aufnahme wurde im August 1972 in der Londoner Kingsway Hall eingespielt und war das Debüt Caballés bei Decca. Gleichzeitig war es ihre erste Zusammenarbeit mit Pavarotti und Sutherland – die bei Decca unter Exklusiv-Vertrag standen – für eine Schallplattenaufnahme, obwohl sie beide schon seit mehreren Jahren kannte. Mit Nicolai Gjiaurow als Timur, Peter Pears als Altoum und Zubin Mehta als Dirigent der Londoner Philharmonie hatte Decca offensichtlich beschlossen, eine unübertreffliche Fassung zu schaffen.

Montserrat interpretiert ihre Rolle zauberhaft schön. Von Anfang an spürt man, daß man etwas ganz Besonderes erlebt: Sie singt »Perchè un dì, nella reggia, m'hai sorriso« in einer vor Liebe gebrochenen halben Stimme und läßt das hohe B auf einem immens langen, perfekten *pianissimo* schweben. Ungläubiges Staunen überkommt einen beim erstmaligen Hören. Mühelos bahnt sie sich ihren Weg durch die pentatonische *chinoiserie* von »Signor, ascolta!«, und sie hält die letzte Note 13 Sekunden lang in *pianissimo*. (Eigentlich sollte man für diese perfekt dargebotene Gesangskunst einen neuen Begriff kreieren.) Sie überflügelt das dicht komponierte Ensemble, das zu Kalafs Entscheidung führt, den Gong zu schlagen, ohne irgendeine hörbare Anstrengung. Und selbst in diesem frühen Stadium weiß man bereits, daß sie ebensogut die Titelrolle hätte singen können.

Als sich Liù im 3. Akt in die Schußlinie von Turandots Zorn begibt, findet Caballé genau die richtige *voce soffocata* – auf der ganzen Aufnahme immer wieder zu hören –, um ihre Appelle zu phrasieren, doch sie wird geknebelt, damit ihr blinder Meister ihre Schreie unter der Folter nicht hören kann. Bei »Tanto amore segreto«, wo Liù noch ein letztes Mal ihre Liebe und ihre Bereitschaft bekundet, dafür zu sterben, fehlen einem die Worte, um diese Gesangskunst zu beschreiben: Die Passage »Ah! Come offerta suprema dell mio morte« wird als einzige Tonfolge gesungen, die scheinbar schwerelos dahinschwebt. Eine temperamentvollere Prinzessin, als Sutherland sie darzustellen vermag, hätte sich davon nicht so an die Wand drücken lassen, ganz zu schweigen von der anschließenden Arie »Ti che di gel sei cinta«, bei der es Caballé anscheinend überhaupt nicht mehr nötig hat zu atmen, so aus »einem Guß« wirkt ihre Phrasierung. Und schließlich ist auf dieser Aufnahme auch Pavarottis berühmtes »Nessun dorma« zu hören und daneben noch weitere, ebenso großartige Schätze.

La Bohème

London, Studioaufnahme, 27. Juli bis 4. August 1973: RCA

Diese im Sommer 1973 in London entstandene Aufnahme hat nie Caballés Gefallen gefunden. Aber obwohl einige berühmte Kollegen auf dieser Platte Montserrats Meinung teilen, sehen Sänger immer nur die eine Seite der Medaille. Die Verantwortung für die Oper, der übergeordnete dramatische Zusammenhang, von dem der Beitrag eines jeden Starsängers nur ein Mosaiksteinchen ist, liegt letztlich beim Dirigenten. Aus den sich häufig bekämpfenden Fraktionen bei einer Inszenierung oder bei einer Schallplattenaufnahme kann eine überraschende Synthese zwischen Sängern und Dirigenten entstehen. Und so ist es hier. Trotz Montserrats Zweifeln ist dies eine der *Bohèmes* auf Schallplatte, und zwar genau deshalb, weil großartige Stimmen und ein großartiger Dirigent eine solch inspirierende Synthese eingegangen sind.

Von ihren ersten Tönen an hellt Caballé ihre Stimme auf, um die Mädchenhaftigkeit der Rolle zum Ausdruck zu bringen; und in der Arie »Mi chiamano Mimi« im 1. Akt gibt sie eine klassische Demonstration des Puccinischen *portamento*, mildert die Konturen der Töne ab und verbindet ganze Phrasen mit ihrem legendären übergangslosen *legato* miteinander. Wie so häufig bei ihren schönsten Gesangsleistungen ist dies zudem eine *tour de force* dynamischer Abwechslung und Klangfarbe. Beim Duett »O soave fanciulla« klingt sie wie eine junge, verliebte Frau, und die Gefühlswelle, die herüberschwappt, ist überwältigend. Am Ende des Aktes singt sie nicht nur das sicherste hohe C in *pianissimo*, das man je von einer Mimi auf Platte gehört hat, sondern sie vollbringt dies, ohne eine Atempause seit der vorhergehenden Phrase.

Im 3. Akt ist ihr überzeugender Husten das bemerkenswerteste Merkmal, vermutlich ein Andenken an all jene Mimis der späten 50er und frühen 60er Jahre aus der Schweiz und aus Deutschland. In ihrem Dialog mit Marcel, als sie seinen Rat wegen ihrer Beziehung zu Rudolf sucht, klingt Caballé völlig verzweifelt. Aber in der Szene mit ihrem Liebhaber, »Donde lieta uscì«, spinnt sie mit all ihrer klanglichen Magie ein Netz aus reinster stimmlicher Schönheit. Kein Wunder, daß die Geliebten ihre geplante Trennung verschieben. Als das wiedervereinte Paar im 4. Akt allein ist – »Sono andati?« –, ist Caballés Gesang von vollkommener Größe, makelloser Technik, hinreißendem Klang und Komplexität. Ihre Erinnerungen auf dem Totenbett »Che gelida manina« sind äußerst bewegend, und ihre absterbende Rezitation auf einem Ton, düster und gequält vor unterdrücktem Schmerz, krönen ihre Darstellung. Das ist eine der besten Aufnahmen Caballés.

Madame Butterfly
Barcelona, Studioaufnahme, 29. Juni bis 2. Juli 1976: Spanish Columbia, erschienen bei Decca

Als diese Aufnahme 1978 zum erstenmal erschien, waren die Kritiker einstimmig voll des Lobes für Caballés Darstellung und ablehnend gegenüber fast allem anderen, besonders gegenüber der Leistung des Dirigenten. Gattos Problem ist nicht so sehr das Tempo wie der *ennui*, den der Dirigent ausstrahlt, weil er weder gewillt ist, die Aufmerksamkeit auf sich zu lenken noch die Höhepunkte von Puccinis Orchestrierung zu betonen. Vielmehr hatte er es sich zur Aufgabe gemacht, zur Vermehrung des Ruhms der Sopranistin beizutragen. Doch dies erwies sich als Bumerang und sorgte dafür, daß eine ansonsten bemerkenswerte Leistung nicht genügend Anerkennung erfuhr und als einzige von Caballés Opernaufnahmen noch nicht als CD erhältlich ist (auch wenn das vielleicht mit vertraglichen Schwierigkeiten zusammenhängen könnte, denn diese Aufnahme wurde für Columbia in Spanien gemacht und nur als Lizenz von Decca veröffentlicht).

Niemand würde Caballé, ebensowenig wie die Callas, als eine ideale Besetzung für Cho-Cho-San ansehen. Bei Maria Callas wird die Art, wie sie diese Partie gesungen hat, als eine ihrer großartigsten Leistungen angesehen. Caballé war ebenfalls geschickt darin, die richtige Klangfarbe zu finden, und so ist diese Aufnahme ein klassisches Beispiel ihres Könnens. Durch ein Anheben der Stimme und das Hineinfühlen in den Text präsentiert sie eine Geisha von bezauberndem Charme, deren Tragödie in eine weichkörnige *morbidezza* verpackt ist, die für ihre Stimme in Puccini-Rollen charakteristisch ist. Als Butterfly kurz vor der Hochzeitszeremonie Linkerton mitteilt, daß es ihr Schicksal sei, ihn zu heiraten – »io seguo il mio destino« –, entfaltet Caballé die Phrase auf einem dieser langsamen, verträumten Klangbahnen, in denen sie so gerne schwelgt. Und selbst das ekstatische hohe, wenn auch kraftvolle A auf »Amore mio« paßt gut zur Verkörperung der »kleinen Frau«. In dem großartigen Duett, das den 1. Akt beschließt – auf dieser Aufnahme zusammen mit ihrem Ehemann Bernabé Martí –, entstammen die langen Bögen der sinnlichen Phrasierung wie immer ihrer Atemstütze.

Die Arie im 2. Akt bewegt sich auf einem ähnlich hohen Niveau, obwohl es fast den Anschein erweckt, als würde ihre Stimme durch das ständige Dämpfen gehemmt. »Un bel dì vedremo« zum Beispiel ist hübsch gesungen, aber wirkt sehr zurückgenommen, zu beherrscht. An den herrlichen Gesang auf ihrer Platte mit den Puccini-Arien (siehe S. 641 f.) reicht sie hier nicht heran. Doch zweimal läßt Caballé die Maske fallen und zeigt die wahren Dimensionen ihrer Stimme. Das geschieht zum Beispiel, als sie zu Sharpless sagt, daß das amerikanische Gesetz Vernachlässigung nicht als Scheidungsgrund akzeptiere. »E il magestrato: ›Ah, mascalzone, presto in prigione‹« wird mit einer dramatischen Intensität intoniert, die eher zu Medea paßt. In solchen Momenten, wo ihre eigentlichen Stärken sich als Schwäche erwiesen, beschleicht einen das Gefühl, daß die Rolle besser für einen lyrischen Sopran geeignet ist, vielleicht für Freni oder de los Ángeles, die beide außergewöhnlich gute Voraussetzungen für die Butterfly mitbringen (außer daß für die letztere Sängerin der Stimmumfang gelegentlich zu fordernd ist).

Aber Caballés Darstellung im letzten Akt ist umwerfend. Man konnte bereits ahnen, daß ihre Interpretation einer Phrase wie »Tu sei con Dio ed io col mio dolor« die Herzen höher schlagen läßt – und so ist es auch (die Anweisung in der Partitur, daß die Stimme bei der Vokalisierung von »dolor« immer mehr verblassen soll, ist vollkommen ausgeführt). Doch ihre Herangehensweise an andere wichtige Episoden ist ebenfalls beeindruckend. Ihre wiederholten Rufe nach Suzuki und das folgende »E qui, è qui ... Ecco il Console« klingt hysterisch, während andere Sängerinnen wie die Callas ihre Butterfly bei guter Laune halten. Caballés Interpretation ist begründet, denn warum sollte Cho-Cho-San ruhig sein, wenn sie glaubt, ihr so lang abwesender Ehemann sei endlich zurückgekehrt? Durch die niederschmetternde Erkenntnis, daß nicht Linkerton, sondern seine neue Frau Kate gekommen ist, wird sofort ein scharfer Kontrast in ihrer Stimme deutlich. In dem kurzen anschließenden Dialog ist eine resignierte, aber edle Würde, die sehr natürlich klingt, und zugleich ein ergreifender, tränenrührender Klang in ihrer Stimme. Beim letzten verzweifelten »Tu, tu, tu ... piccolo iddio« kann sie endlich die Fesseln sprengen und der Flut von *spinto*-Kraft freien Lauf lassen, die schon die ganze Zeit unter der Oberfläche gegärt hatte. Klar und deutlich formuliert sie jedes Wort eines der meisterlichsten Texte Puccinis, so daß man die kleine Butterfly vor dem geistigen Auge förmlich zu einem Turm anwachsen sehen kann, als sie ihr Kind zwingt, seiner Mutter ein letztes Mal ins Gesicht zu blicken. Der Abwechslungsreichtum ihres Gesangs in *forte* ist herausragend: Wie gut sie zwischen der *allargando*-Phrase »il materno abbandono«, die mit gequälter Intensität ausgebreitet wird, und dem gleich anschließenden »O a me, sceso dal trono dell'alto Paradiso« [»zu mir vom Thron des Paradieses gesandt«] differenziert, das mit einer Art brennender lyrischer Ekstase gesungen wird. Ein glänzendes Ende für eine wunderbare Leistung, und bei wem auch immer die Rechte liegen mögen: Er sollte die Aufnahme schnellstmöglich als CD veröffentlichen.

Tosca
London, Studioaufnahme, 4. bis 11. Juli 1976: Philips

Die Rolle der Tosca gehörte von Anfang an zu Caballés Repertoire. Ursprünglich sollte sie diese Oper in den frühen 70ern mit Luciano Pavarotti und Peter Glossop, unter musikalischer Leitung Herbert von Karajans, aufnehmen. Aber wie die anderen Caballé / Karajan-Projekte kam es wegen einer Vielzahl komplizierter Zusammenhänge nicht dazu. Pavarottis Cavaradossi wurde statt dessen kurze Zeit später bei Decca aufgenommen (mit Mirella Freni und Nicola Rescigno als Dirigenten); Karajans zweite Aufnahme der Oper – die erste mit Leontyne Price ist wesentlich besser – wurde gegen Ende des Jahrzehnts eingespielt (mit Ricciarelli und Carreras); und Caballés Tosca wurde bei Philips verwirklicht: Im Sommer 1976 begannen in London die Aufnahmen, nachdem Caballé die *Madame Butterfly* in Barcelona abgeschlossen hatte.

Im wesentlichen ist die Besetzung der Covent-Garden-*Tosca* die gleiche wie auf der Philips-Aufnahme, wenn auch ohne solche Größen wie Sam Ramey als Angelotti oder Ann Murray als Hirtenjunge. Doch bei den drei Hauptrollen und dem Dirigenten landet die Aufnahme einen Volltreffer: Carreras mit frischer und glühender Stimme, Wixell als gelungene Verkörperung des Scarpia, Davis, der die Partitur mit den ihm typischen und in diesem Fall ansonsten fälschlicherweise nicht sehr geschätzten Tugenden Sorgfalt und Intelligenz behandelt, und Caballé in einer ihrer großartigsten Darstellungen auf Platte. Weniger raubtierhaft als andere Interpretinnen präsentiert sie ihre Tosca von Anfang an nicht so sehr als eine vor Eifersucht aus dem Gleichgewicht geworfene Frau, sondern als ein%, die ihren Gefühlen bis in den Tod ausgeliefert ist und sich ihrer selbst sehr wohl bewußt ist. Das wird gleich bei den Rufen »Mario« aus dem Off klar, die nicht dem üblichen Sirenengesang entsprechen als vielmehr einer kategorischen Aufforderung, ihr Aufmerksamkeit zu schenken. Erst mit Caballés schmelzendem Ton auf »innanzi la Madonna«, als Cavaradossi versucht, sie zu küssen, geht Tosca aus sich heraus. Danach wechselt sie vollendet zwischen den extremen Seiten ihres Charakters – kokette Verführung, tiefe Religiosität und scharfzüngiges Befehlen – und spielt mit Carreras' Helden wie eine Katze in Vorfreude auf ihr Mahl. Ihre Eifersucht kommt deutlich zum Ausdruck, als sie das Porträt der Attavanti zu erkennen meint: Sie spuckt die Worte »occhi cilestrini« [»himmelblaue Augen«] förmlich aus. Im Duett mit seinen Wiederholungen »dilla ancora« [»sag das nochmal«] sind beide Protagonisten bei prächtiger Stimme, mit einem abschließenden Seitenhieb von Tosca – »Ma falle gli occhi meri« [«aber mach ihre Augen schwarz!«] –, der sowohl als zärtlicher Gruß als auch als letztes Wort der Auseinandersetzung eingesetzt wird. Bei ihrem daran anschließenden Zusammentreffen mit dem lasziven Scarpia, der mit ihr genauso spielt wie sie mit ihrem Geliebten, zeigen sich Toscas schwankende Gefühle, die hier durch Caballés scharfen Kontrast bei der Verwendung von Volumen, Klangfarbe und Stimmeinsatz zum Ausdruck kommen. »Presago sospetto!« [»genau wie ich vermutete«] – all dies ist Kasperletheater einer Diva, die selbst nicht merkt, wie sie übertreibt. Selbst ihre Tränen sind übertrieben theatralisch.

Im 2. Akt spielt Caballé die Tosca wieder als berühmte Dame des Theaters. Ihre Antwort auf Scarpias Zusicherung, sie brauche keine Angst zu haben, »Sgomento alcun non ho« [»Ich habe keine Angst«], ist reiner Bluff, zur größtmöglichen Wirkung kokett intoniert. Ihr wirkliches Wesen deutet sich an, als die wiederholten Fragen des Polizeichefs sie durcheinanderbringen: »Solo! Si!« ist ein heftiger Temperamentsausbruch. Die anschließende Szene, in der man der Diva zusetzt, ist aufgrund von Davis' zu vorsichtiger Herangehensweise nicht überwältigend, und so fehlt dem Drama an dieser Stelle die nötige aufwühlende Stimmung. Außerdem stört Philips unverständliche Entscheidung, den Akt über zwei Platten zu verteilen. Aber die traurige Schönheit von Caballés »Vissi d'arte« ist mehr als eine Entschädigung dafür, auch wenn man auf den scharfen Atemzug nach »altar« verzichten könnte. Die Sequenz mit dem hohen B, As und Ges am Ende von »Signore« ist wie in allen ihren Plattenaufnahmen dieser Arie ohne Atempause und als allmähliches *diminuendo* gesungen, von dem faszinierenden B in *fortissimo* bis zu einem fadendünnen Ges. Das ist in der Partitur nicht so markiert, aber es ist unwahrscheinlich, daß Puccini etwas dagegen gehabt hätte. Andere Aufnahmen hören sich nach dieser Darbietung enttäuschend flach an. Und Caballés freizügiger Einsatz des Brustregisters, als Scarpia zu ihren Füßen stirbt, ist ein stimmlicher Leckerbissen (um so mehr als »E avanti a lui tremava tutta Roma«, das bereits gesprochen wirkungsvoll ist, hier, wie in der Partitur angewiesen, gesungen wird).

Das Duett im 3. Akt mit Cavaradossi gelingt gut, obwohl das hohe C auf »lama«, als Tosca ihrem Geliebten die Ereignisse der Nacht erzählt, schrill klingt. Als Caballé sich ihr

---

* Caballés einzige Vorgängerin, die sich dieses Stilmittels auf Platte bedient hat, scheint Giannina Arangi-Lombardi (1932) gewesen zu sein (Columbia).

gemeinsames zukünftiges Leben nach der vorgetäuschten Hinrichtung ausmalt, singt sie in den süßesten Tönen: »Nuovole leggere« klingt fast wie ein Tagtraum und »Mille baci« wie eine Garantie für dessen Erfüllung. Aber Cavaradossi wird erschossen. (Nebenbei bemerkt, sind die Gewehr- ebenso wie die Kanonenschüsse im 1. Akt schlecht plaziert und uneffektiv. Die besten Toneffekte sind auf der ansonsten schwachen Sony-Aufnahme zu hören.) Und Caballés lauter Gesang bei Toscas letzten Worte, bevor sie von der Hinrichtungsstätte in die Tiefe springt – »Scarpia, avanti a Dio« – klingt, als werde ihr der Baron im Jenseits noch einiges zu erklären haben.

Turandot
1) Straßburg, Studioaufnahme, 22. bis 31. August 1977: EMI
2) San Francisco, nicht autorisierte Aufnahme, 29. Oktober 1977: HRE

Leider hat Caballé die Studioaufnahme der Turandot nicht um einige Monate verschoben, bis sie in dieser Rolle etwas Bühnenerfahrung gesammelt hatte. Außerdem lag die EMI-Aufnahme in der Hand unfähiger Techniker, die nicht in der Lage waren, den Ton im Straßburger Palais de la Musique angemessen auszusteuern.* Diese beiden Faktoren sind der Grund, warum die Studioaufnahme nicht so glänzend ausfiel, wie sie es eigentlich hätte sein können. Um in den vollen Genuß zu kommen, muß man auf die nicht autorisierte Aufnahme von

* Auf der Querschnitt-CD von EMI ist der Klang etwas besser. Apropos technische Leistungen: Was die schlechte Qualität der ursprünglichen Aufnahme betrifft, die in zahlreichen späteren Sitzungen in London überarbeitet wurde, so waren sowohl Carreras als auch Caballé davon überzeugt, daß sie durch einen Sabotageakt verstimmter Angestellter zustandegekommen war.

HRE (leider bis jetzt noch nicht als CD veröffentlicht) zurückgreifen, auf der in ausgezeichneter Tonqualität nicht nur ihre erste Bühnenaufführung als Turandot festgehalten ist, sondern auch Pavarottis Debüt als Kalaf. Daneben gibt es ein klanglich wie visuell sehr gelungenes Raubvideo einer Übertragung des französischen Fernsehens von der Aufführung in der Pariser Oper (1981).

Es wäre jedoch falsch anzunehmen, daß sie auf der EMI-Aufnahme nicht gut singt. Tatsächlich ist ihr Vortrag von so hoher Qualität, daß dem Rumoren in gewissen Kritiker-Kreisen, sie habe nicht das Talent, in diesem Werk die Hauptrolle zu übernehmen, der Wind aus den Segeln genommen wurde. Ihre Darstellung wurde in *Gramophone* als ein »herausragendes Porträt, das sich ins Gedächtnis eingräbt«, begrüßt, und es gibt viel, was diese Turandot von anderen abhebt. Von ihren ersten Tönen in der narrativen Eröffnung »In questa Reggia« an singt Caballé nicht mit der Kraft, die dramatischen Sopranistinnen wie Eva Turner und Birgit Nilsson eigen ist, sondern mit zurückgenommener halber Stimme. An entscheidenden Stellen setzt sie schwerelose *pianissimi* ein als ein Mittel, sich die Geschichte »einzuverleiben« und gleichzeitig einen ausdrucksstarken Eindruck von der grenzenlosen Besessenheit Turandots zu liefern. Das geschieht zum erstenmal, als sie »Lo-u-Ling« erwähnt, und dann noch einmal kurze Zeit später, als sie behauptet, die königliche Vorgängerin lebe in ihr weiter: »oggi rivivi in me«. So erzielt Caballé den Effekt, daß Turandots Charakter mit einer geheimnisvollen, jenseitigen Aura umgeben wird, ganz im Gegensatz zur sonst gängigen Vorstellung von einer despotischen, eiskalten Prinzessin, die eine Schreckensherrschaft errichtet hat. Im Verlauf der Handlung verlagert sich die Stimmlage immer mehr nach oben, und hier sind auf der Studioaufnahme bei Caballés hohen Bs und dem hohen C einige leichte Schärfen auszumachen. Dies ist um so bedauerlicher, als weder in San Francisco noch vier Jahre später in

Paris irgend etwas anderes zu hören ist als vollkommene Stimmsicherheit, müheloser Ausdruck und reiner Klang. Doch dieser Makel kann kaum davon ablenken, daß unter Lombards bleiernem Taktstock eine zwar nicht so sehr leidenschaftliche, dafür aber monumentale Aufnahme entstanden ist und mit Caballé und Carreras ein Höhepunkt erreicht wird, der alle vorherigen Aufnahmen vergessen läßt.

Im 3. Akt ist das bemerkenswerteste an Caballés Turandot ihre blanke, brutale Gehässigkeit in der Auseinandersetzung mit Liù (hier reichlich blaß von Mirella Freni gesungen und kein Vergleich mit Caballé in dieser Rolle). Als die unglückselige Sklavin gefoltert wird, zeigt sich die eiskalte Prinzessin nur noch boshafter und unnachgiebiger in ihren Forderungen, und die wiederholten Schreie »Parla!« nehmen eine wahnsinnige Gesangsintensität an, die nicht mehr zu hören war, seit Callas Anfang der 50er Jahre die Rolle aus ihrem Repertoire verbannt hatte. Dann schafft sie es, den Handlungsstrang, der gewöhnlich den enttäuschendsten Eindruck von der Oper hinterläßt, mit »Del primo pianto« nicht nur ausgesprochen schön klingen zu lassen – so schön, wie man es eigentlich auch erwartet hatte –, sondern auch aufrichtig; und auch überzeugend als das letzte Stadium des lang hinausgezögerten Tauwetters bei der Eis-Prinzessin. Das Schlußduett, aufgrund von Alfanos Ergänzungen und Toscaninis Eingriffen eine sehr zweifelhafte Musik, wird von Caballé und Carreras auf eine solche beeindruckende Weise gesungen, wie sie seit Nilssons und Corellis Auftritt 1961 an der Met nicht mehr zu hören war. Doch die Klänge, die Caballé und Pavarotti in San Francisco, unter Riccardo Chaillys faszinierender musikalischer Leitung, erzeugen, sind von so hinreißender Brillanz, daß man sich wünscht, auch Alfanos Ergänzungen, einschließlich der peinigenden Ausflüge in die höheren Regionen der Tonleiter für den Tenor, wären zur Aufführung gekommen. Bleibt nur zu wünschen, daß diese Aufnahme bald als CD erscheint. Bis dahin wird man mit der EMI-Aufnahme – selbst nur als

Querschnitt-Version auf CD übertragen und ohne Alfanos Schluß – als zweitbester Lösung auskommen müssen.

Puccini-Arien
London, Studioaufnahme, Juni 1969: (*Turandot* – 1) Signore, ascolea!; 2) Tu che di gel sei cinta; *Madame Butterfly* – 1) Un bel dì vedremo; 2) Tu, tu piccolo iddio; *Manon Lescaut* – 1) In quelle trine morbide; 2) Sola, perduta, abbandonata; *Gianni Schicchi* – O mio babbino caro; *Tosca* – Vissi d'arte; *La Bohème* – 1) Mi chiamano Mimì; 2) Donde lieta uscì; *Le Villi* – Se come voi piccina; *La Rondine* – Chi il bel sogno di Doretta) **EMI**

Diese Platte wurde 1969 in der Londoner Kingsway Hall aufgenommen. In jenem Jahr sang Caballé – Ironie des Schicksals – überhaupt keinen Puccini auf der Bühne. Es lohnt sich, die Fakten der Aufnahme noch einmal anzuführen, da die Übertragung auf CD, die von der amerikanischen EMI-Tochtergesellschaft Angel vorgenommen wurde, keinerlei Informationen über die Aufnahme gibt und nur das irreführende Produktions- und Copyright-Datum 1987 nennt (was nur das Jahr der CD-Veröffentlichung ist). Das Programm eröffnet mit Liùs Arien aus *Turandot*, in denen Caballé eine volltönendere Stimme hat als auf der Gesamtaufnahme von Decca, die drei Jahre später eingespielt wurde und im Ausdruck nicht ganz so differenziert klingt. Aber alle Ausschmückungen in den Phrasen und die Klangfarbe sind schon präsent, einschließlich des *pianissimo* auf dem hohen B ganz am Ende von »Signore, ascolta«, das 15 Sekunden gehalten wird und klingt, als wolle es niemals enden. An den gefürchteten »bamboleggiamente«-Sequenzen in den beiden *Madame Butterfly*-Arien ist nichts auszusetzen: Sie sind volltönend gesungen, schön ausgefeilt, mit einem überwältigenden gesanglichen Höhepunkt auf »Un bel dì vedremo«. Der gleiche warme und volltönende lyrische Klang ist in den Arien aus *Manon Lescaut* zu hören. Hier verzichtet die Sopranistin wieder darauf, die Mädchenhaftigkeit an den Tag zu legen, die sie in der Gesamtaufnahme erfolgreich zuwegebringt. Statt dessen zieht sie es vor, »In quelle trine morbide« und »Sola, perduta, abbandonata« als großangelegte öffentliche Vorstellungen zu geben.

Die Arie aus *Gianni Schicchi* läßt trotz aller Schönheit Laurettas Schauspielerei vermissen, mit der sie das erreicht, was sie will. Das Stück aus *Tosca* zeichnet sich durch Caballés einzigartige Fähigkeit aus, die Drei-Noten-Sequenz auf »Signore« ohne Atempause zu singen. Ihre Mimi ist eine außergewöhnlich volltönende und entschlossene junge Frau, reichlich scharfzüngig in ihrer Bemerkung »Lei m'intende?« und mit einem absolut gewaltigen gesanglichen und (orchestralen) Höhepunkt in »Ma quando vien lo sgelo«. Aber die beiden schönsten Gesangsbeispiele – und Interpretationen – sind die am wenigsten bekannten Stücke: die Arien aus *Le Villi* und *La Rondine*. Bei ersterer Arie macht Caballé etwas Einmaliges aus den ansonsten recht langweiligen Wiederholungen der Phrase »Non ti scordar di me«, die mit einem Ton endet, der so leise gesungen ist, wie ihn noch niemand vor ihr gesungen hat, und dessen Volumen an der Grenze dessen liegt, wo eine Sängerin noch vollkommene Kontrolle über ihre Stimme behalten kann. Und in dem letzten Stück »Chi il bel sogno« ist die Länge, Reinheit und geschmeidige Transparenz ihrer Phrasierung schlicht schwindelerregend. Mit dieser Aufnahme stellt Caballé neue Standards der Gesangskunst auf. Schade nur, daß die CD-Version von EMI-Angel eine so schlechte Tonqualität aufweist, denn der Nachhall einiger Arien wurde einfach abgeschnitten und das untadelige ursprüngliche Bandgeräusch durch tödliche Stille ersetzt. Die CD sollte von der Muttergesellschaft neu aufgelegt und sofort wieder auf den Markt gebracht werden.

Der Bajazzo [*I Pagliacci*] (R. Leoncavallo)
London, Studioaufnahme, 3. bis 6. August 1971: RCA

Die Rolle der Nedda gehörte bereits in Caballés erster Basler Spielzeit zu ihrem Repertoire, und nur etwa ein Jahr später trat sie darin in Wien auf. Doch erst auf dieser Aufnahme in Starbesetzung, die im Sommer 1971 in der Walthamstow Town Hall eingespielt wurde, war Caballé wieder in dieser Rolle zu hören. Die Originalausgabe als LP, zwei Platten in einem Karton, war eine lobenswerte Veröffentlichung: Die Oper nahm drei Seiten ein, und auf der vierten sangen die Hauptdarsteller des *Bajazzo*, Caballé, Domingo und Milnes, jeweils zwei Arien aus anderen unbekannten Werken Leoncavallos. Aber da Plattenfirmen heutzutage von Buchhaltern beherrscht werden, für die Produkt gleich Produkt ist, hat man auf der CD auf die Raritäten verzichtet und das Werk statt dessen mit Puccinis *Der Mantel* [*Il tabarro*] aufgestockt, ein mundgerechtes Stück aus der Backlist, das bei BMG gerade zufällig herumlag.

Nedda ist keine dankbare Rolle für eine Sopranistin, die viel Arbeit in ein Werk investieren muß, das doch immer eine Tenor-Oper bleiben wird. Einige sind dieser Herausforderung besser gewachsen als andere, und Caballés würdevoller, ja majestätischer Ton läßt sie nicht als die Idealbesetzung für diese Rolle erscheinen. Aber ihre Stimme ist hier in vollendeter Verfassung, und die sinnliche Schönheit, die sie in einen Vers wie »O che bel sole di mezz'agosto« legen kann, mit wunderbar spitz zulaufendem, sanften Gesang, läßt diese Schallplatte unter den anderen Nedda-Aufnahmen einen speziellen Platz einnehmen. Selbst die beiden kleinen imitierten Vogelgesänge, die kurz vor «Stridono lassù« kommen, sind als Geräusch hinreißend einfach, während die Arie mit unwiderstehlichem Schwung vorwärtstreibt. Das unangenehme Gespräch mit dem buckeligen Tonio enthüllt einen grausamen Zug in Neddas Charakter. Hier färbt Caballé ihre Stimme mit beißendem Spott ein, und kokett macht sie sich über ihren ungebetenen Freier lustig. Und dieses eine Mal klingen die Lacher – die sowohl in die Musik hineingeschrieben als auch extra hinzugefügt wurden – ausgesprochen überzeugend. Dank nachlässiger Produzenten hören wir nicht den Peitschenschlag, den sie Tonio (hervorragend von Milnes verkörpert) beifügt, aber er liegt in ihrer Stimme, der bittersten aller Bruststimmen, als sie ihn als »difforme, lurido« bezeichnet.

Das Duett mit Silvio ist durch den ziemlich trockenen Ton des Baritons schwach, aber wie auf der ganzen Aufnahme vollbringt der Dirigent Nello Santi wahre Wunder. Und Caballé läßt dem Ton hier freien Lauf, denn sie genießt die vielen Passagen prä-puccinischer *sviolinata.** Die Verachtung, die Nedda im zweiten Gespräch gegenüber Tonio an den Tag legt, kommt schwach zum Ausdruck – genau die Passagen, in denen Renata Scotto über sich hinauswächst –, auch wenn sie sich Domingos übermächtigem Canio mit stählerner Kraft stellt. Als Nedda in der Komödie als Columbine auftritt, setzt Caballé ihre hellere, mädchenhaftere Stimme ein, auf die sie vielleicht schon für die Nedda hätte zurückgreifen sollen, außer sie hätte in dieser Harlekinade, die zu Anfang ausgezeichnet dargestellt ist, stimmlich keine Alternative mehr gehabt. Aber als das Stück ins Fahrwasser der Tragödie gerät, kommt Caballés satter, voller Klang zum Einsatz, und die Columbine tritt zunehmend vor einer Nedda in den Hintergrund, die um ihr Leben bangt. Dieser *Bajazzo* ist bis heute die beste Aufnahme des Werkes.

---

* Die exakte Verdopplung der Gesangszeile durch den Streichersatz des Orchesters.

Mefistofele (A. Boito)
London, Studioaufnahme, 16. bis 25. Juli 1973: EMI

Diese Oper wurde 1868 an der Scala uraufgeführt und war einer der denkwürdigsten Mißerfolge in der Geschichte des Hauses. Berichten zufolge betrug ihre Spielzeit ursprünglich fast vier Stunden, und so wurde die Oper unterteilt und das ganze Werk an zwei aufeinanderfolgenden Abenden aufgeführt. Aber die Ablehnung, die das gewagt moderne Stück sowie Boitos avantgardistisches Gedankengebäude in Mailand auf sich zog, führten zur Absetzung vom Spielplan. Erst sieben Jahre später wurde das Werk in Bologna in einer überarbeiteten Fassung wiederaufgeführt, in der ganze Teile (und Akte) des Originals fehlten. Diese Version aus dem Jahr 1875 ist bis heute die Grundlage für Aufführungen und Aufnahmen. Da die Oper nicht zum Repertoire der großen Opernhäuser gehört, sind wir allein auf diese und eine Handvoll anderer Aufnahmen angewiesen. Aber selbst die gekürzte Fassung des Mefistofele hat ihre Längen und Passagen von sehr unterschiedlicher Wirkung, ein Manko, das sie mit den meisten anderen Werken teilt, die Goethes *Faust* zur Vorlage haben.

Caballé, die die Margarete erst 1987 zum letzten Mal auf der Bühne sang, nahm diese Aufnahme im Juli 1973 in den Abbey Road Studios der EMI auf. (Die großen Chorszenen, die dem Werk den Rahmen und Rhythmus geben und an denen die Heldin nicht teilnimmt, wurden in der Kingsway Hall eingespielt.) Zum erstenmal tritt sie im 2. Akt in der Gartenszene auf, in dem der verjüngte Faust Margarete den Hof macht. Caballés Ton ist recht fraulich für die von ihr selbst verkündete »fanciulla del villaggio«, und das vornehme Pseudoantike der Musik bietet ihr kaum etwas Handfestes. Aber die Dinge konkretisieren sich, als Faust und Margarete ihre Hauptunterredung »Dimmi se credi« beginnen. Merkwürdig ist nur, daß auf einer solchen Aufnahme nicht Caballés nachlassender Ton auf dem Wort »filo« – sie erklärt, welche Vorkehrungen sie zu Hause getroffen hat – korrigiert wurde. Eigentlich ist dies irrelevant, wo doch ihr Gesang in der daran anschließenden kurzen Passage sehr schön ist – aber der Makel ist nun einmal da. Dann folgt ein äußerst merkwürdig heruntergehaspeltes Quartett in *prestissimo*, das klingt, als rasten alle Sänger in blinder Panik umher. Man wünscht sich, Boito hätte dies besser – sehr viel besser – komponiert als in dieser lauen Szene. Und was soll man von den dramaturgischen Fähigkeiten eines Librettisten (Boito selbst) halten, der Margarete erst im 2. Akt in der unscheinbaren Gartenszene einführt, um sie dann gleich im 3. Akt im Gefängnis sterben zu lassen?

Doch gerade die Gefängnisszene ist das Beste an der Partitur und endlich einmal etwas Lohnendes für die Sopranistin. Die Eröffnungsarie »L'altra notte« ist ein einfaches, langsames, zweistrophiges Stück mit einer etwas verkümmerten Koloratur, die dieser Sequenz, die eigentlich eine Wahnsinnsszene ist, angemessen ist. Und da eine traurige, lyrische *cantabile* Caballés Stärke ist, sind die Ergebnisse zufriedenstellend, auch wenn ihr der Atem bei der dezenten Erweiterung, die sie der Koloratur der zweiten Strophe hinzufügt, beinahe ausgeht. Margaretes Beichte ihrer Sünden, als Faust auftaucht, um sie zu retten, ist hervorragend interpretiert, und ihre blassen, ausgelaugten Töne stehen für Wahnsinn und Verwirrung. Diese Sequenz geht in das Duett »Lontano, lontano« über, ein sehnsüchtiges, höchst ungewöhnliches Stück für eine italienische Oper, in dem Caballé und Domingo sanft säuseln, als sie sich ihr gemeinsames Leben, irgendwo weit weg ausmalen. Ihre Darstellung ist fast unerträglich rührend. Ihr weicher Gesang in der folgenden »Spunta ... l'aurora pallida« (nachträglich für eine Wiederaufnahme im Jahr 1876 hinzugefügt) ist äußerst beeindruckend: Zumindest sieht diese Margarete ihrem Tod mit vollendetem Stil entgegen. Wenn ihr der Komponist bloß eine bessere Partie gegeben hätte, bevor sie stirbt.

Cavalleria rusticana (P. Mascagni)
London, Studioaufnahme, 19. bis 22. Juni 1979: EMI

Die Aufnahme wurde im Juni 1979 in der Londoner Kingsway Hall eingespielt, kurz bevor *Die Puritaner* [*I puritani*] mit ähnlicher Orchesterbesetzung und demselben Dirigenten, Riccardo Muti, auf dem Programm stand. Caballé war nicht glücklich mit der Art und Weise, wie ihr vorgeschrieben wurde, die Rolle der Santuzza zu singen, und zwar nicht etwa vom Dirigenten selbst, sondern von seiner Frau, die eifrig Vorschläge machte. Es ist zwar eine Rolle, die Caballé nie auf der Bühne gesungen hat, aber sie hatte sehr klare Vorstellungen von ihr und wie sie diese umsetzen wollte. Caballé hatte sich darauf eingestellt, ihr eine dunkle *verismo*-Klangfarbe zu geben – Santuzza wurde häufig von Mezzosopranistinnen gesungen –, doch sie wurde dazu angehalten, ihrer Stimme eine hellere Klangfarbe zu geben, um die Mädchenhaftigkeit des Charakters zu betonen. Das hat vielleicht einen dramaturgischen, aber nicht viel musikalischen Sinn. Und Caballé, die ihr Bestes tat, sich zu dieser Darstellungsweise zu zwingen, ist mit dem Ergebnis nicht zufrieden. So sollte die Santuzza ihrer Meinung nach nicht gesungen werden.

Dennoch klingt sie meistens gut, und die relativ helle Klangfarbe zu Beginn läßt Caballé im Laufe des Dramas genug Raum für Ausweichmanöver. Gleich bei »Sono scomunicata« schafft sie es, Gewicht in die Stimme zu legen und genau die Verzweiflung anklingen zu lassen, ohne in irgendeiner Weise die Melodie zu stören oder die üblichen *verismo*-Sünden wie das Vermischen der Register zu begehen. Ihre Darbietung der Osterhymne ist strahlend schön, auch wenn der weitere Verlauf sehr von den Gnaden des Stardirigenten abhängt, und er formt und formt. In der Versatzstück-Arie »Voi lo sapete« zeigt sie die Bandbreite ihrer Gefühle mit einer breiten Farb- und Intensitäts-Palette und hüllt alle in ihr gewohnt makelloses *legato* ein.

Mittelpunkt des Werks ist das Duett zwischen Santuzza und Turiddu, das sich unmittelbar daran anschließt, und hier sind Caballé und Carreras in ausgezeichneter Form. Die Dringlichkeit in ihrem wiederholten »Debbo parlati« läßt keinen Zweifel daran, welcher Art ihre Qualen sind, und sie hört sich die Zurückweisung durch ihren früheren Liebhaber – Carreras beeindruckend schamlos – höchst niedergeschmettert an. Santuzzas Vers »gli diceva che oggi è Pasqua« soll nach dem Willen des Komponisten »tetra« [»grimmig«] gesungen werden, und Caballé führt es wie gewünscht aus, so daß aus diesem Osterfest eher ein Hexensabbat wird. Seltsamerweise singt sie die anschließende spöttische Bemerkung zu Lola nicht »con amarezza« [»verbittert«] – für diese Art scharfzüngiger Grausamkeit muß man sich Renata Scotto (RCA) anhören. Auf der anderen Seite gelingt niemandem sonst so hervorragend die langgliedrige *mezza voce*, in der sie »Santuzza piange e t'imploro« singt, das sie mit weitem Atem in die folgende Zeile hineinphrasiert. Es muß schon ein brutaler Turiddu sein, der davon nicht weich wird. Zwar hat Caballé gelegentlich Schwierigkeiten, den Ein- und Austritt des Brustregisters richtig zu treffen – besonders in der Unterredung mit Alfio »Turiddu mi tolse l'onore« –, aber selbst hier gibt es zarte Details, mit der eine von Natur aus dunklere Stimme niemals aufwarten könnte und die einer ansonsten häufig eindimensionalen Rolle ein größere Tiefe verleiht.

Adriana Lecouvreur (F. Cilea)
Tokio, nicht autorisierte Aufnahme, 21. September 1976: HRE; Legato

Cileas Oper ist das herausragende Stück, das Puccini nie schrieb und das ohne weiteres die dünnen und bemühten Elaborate von Schreiberlingen wie Giordano hinter sich läßt. Und, zumindest in einem wichtigen Aspekt, übertrifft es sogar den Meister selbst, da Puccini unfähig war, kraftvolle Mezzo-Rollen und noch viel weniger Streitszenen zwischen zwei erwachsenen Frauen zu komponieren. Es ist erstaunlich, daß ein Werk, das berühmte Sopranistinnen wie Ponselle, Muzio, Cigna, Olivero, Tebaldi, Caballé und Margaret Price sowie eine vergleichbar illustre Palette von Tenören angezogen hat, bei den Kritikern so in Ungnade gefallen ist – mit der Folge, daß die Oper sowohl auf der Bühne eine Rarität ist, als auch in den Aufnahmestudios, was uns die Gelegenheit nimmt, Caballé und ihren idealen Moritz, José Carreras, in zwei ihrer besten Rollen unter optimalen Bedingungen zu hören. So müssen wir uns mit dieser akzeptablen, wenn auch dumpfen, nicht autorisierten Stereoaufnahme begnügen, die von einer Aufführung in der NHK-Halle in Tokio (1976) stammt.

Wie in der anderen »Diva«-Oper *Tosca* ist Caballé hier in ihrem Element, vielleicht um so mehr, als Adriana eine intelligentere Persönlichkeit ist und bei der Arbeit mit ihren Kollegen an der Comédie viel Schlagfertigkeit an den Tag legt. (Tosca ist eine einzelgängerische *diva assoluta*, von der man sich kaum vorstellen kann, daß sie Freunde hat, während Adriana nur so von ihnen umgeben ist.) Genau wie der Tenor in *Aida* ins kalte Wasser geworfen wird und sofort mit seiner großen Arie beginnen muß, so muß Adriana fast unmittelbar zu Anfang ihr bekanntestes Stück »Io son l'umile ancella« singen. Vorneweg hat sie die gesprochenen Zeilen aus Racines Schauspiel »Bajazet«, das sie gleich spielen wird, vorgetragen, ein ausgesprochen wirkungsvoller Kunstgriff in der Oper (man denke nur an Lady Macbeths ersten Auftritt) sowie eine Hommage an die großen Schauspielerinnen – Bernhardt und Duse unter anderem. Caballé trägt die Worte in einer kraftvollen *mezzo*-Sprechstimme voller Autorität vor und schließt ihre kurze Arie in einem unglaublich langsamen und nachklingenden Tempo an, jede Note, jede Phrase wird in einem unwahrscheinlich sanften *legato* geliebkost (auch wenn sie die letzte Silbe von »fedeltà« merkwürdig explosiv betont.) In dem anschließenden Dialog mit dem heimlich in sie verliebten Regisseur Michonnet (ausgezeichnet gesungen von Attilio d'Orazi) klingt Caballé in ihren Antworten so wenig engagiert und träge, daß wir sofort wissen, daß Adriana ihre Gefühle jemand anderem zugewandt hat. Moritz tritt auf – Carreras, ein Ausbund jugendlicher Leidenschaft –, und es folgt ein kurzes Duett, in dem Caballés stimmliche Trägheit in Vernarrtheit umschlägt.

Im ereignisreichen 2. Akt findet Adriana die wahre Identität ihres Geliebten heraus (kein Fähnrich aus dem Gefolge des Grafen von Sachsen, sondern der Graf selbst) und streitet sich mit der mächtigen Fürstin von Bouillon, die ebenfalls in Moritz verliebt ist. Das kurze, äußerst spannungsgeladene Duett der beiden Geliebten entfacht einen Sturm der Begeisterung (sind das wirklich die zurückhaltenden Japaner?), und die Konfrontation zwischen Caballé und Cossotto, die beide Moritz als ihren alleinigen Liebhaber beanspruchen, steigert den Beifall noch einmal. Leider ist Caballé am Ende des Aktes zu sehr im Hintergrund der Bühne und zu weit von den Mikrophonen entfernt, als daß man ihre offenbar laute Anschuldigung an die Fürstin richtig hören könnte. Die gegenseitigen Beschimpfungen der beiden Diven werden im 3. Akt wiederaufgenommen: Provoziert durch die spöttischen Bemerkungen der Fürstin, rezitiert Adriana einen Monolog aus Racines *Phaedra* und richtet den Text ganz offensichtlich gegen ihre gedemütigte Gastgeberin. Wie im 1. Akt spricht Caballé den Text, aber hier sind es 14 Zeilen einer erstklassigen Tirade, die Caballé mit schamlos überzogener und augenrollender Hingabe, in der Art Magda Oliveros, rezitiert. Nur die letzten vier Worte »che mai debba arrossir« [»sie sollte für immer rot anlaufen«] sind gesungen, und zwar mit solchem *spinto*-Ausdruck, daß Caballé wieder eine spontane Ovation bekommt.

Adrianas Triumph ist von kurzer Dauer. Im 4. Akt erhält sie ein Geschenk von Unbekannt – natürlich von der Fürstin:

verwelkte Veilchen, die mit Gift getränkt wurden. Da sie dies nicht bemerkt und statt dessen denkt, der treulose Moritz habe sie ihr als Beleidigung geschickt, singt Adriana ihre zweite Haupt-Arie »Poveri fiori«. Wieder trägt sie das Stück sehr langsam vor, was Caballés erste drei Zeilen, in nur einem Atemstrom gesungen, um so unglaublicher macht; genau wie ihr *diminuendo* auf »senza ritorno«, bei dem das Stimmvolumen in makellosem Klang unmerklich vom *fortissimo* zum *pianissimo* reduziert wird. Dieser Vortrag läßt die Handlung zum Stillstand kommen, als das Publikum – berechtigterweise – explodiert, denn solch eine Stimmbeherrschung ist in diesen Tagen eine aussterbende Kunst. Moritz taucht auf, um die vorangegangenen Mißverständnisse aufzuklären und um die Hand Adrianas anzuhalten. Aber es ist zu spät: Ein zärtliches, ausgesprochen schönes Versöhnungs-Duett bricht ab, als ihr übel wird. Caballés Gesang ist nun von unbeschreiblicher Süße mit melancholischen Zwischentönen. Und »Ei m'ama, ei m'ama« ist im Rahmen einer Live-Aufführung schier unglaublich, so vollkommen hält sie die Stimme in den langen, hohen *pianissimi*. Doch sofort folgt eine waschechte *verismo*-Darbietung, als Adriana zu delirieren beginnt. Caballé deklamiert »Scostati profani! Melpomene son io!« mit Betonungen, die Tote zum Leben erwecken würden, bevor sie ihre letzten Klänge in einer allmählichen Abnahme des Volumens aushaucht, die schon fast nicht mehr hörbar sind. Es darf bezweifelt werden, daß die Rolle jemals zuvor mit einer vergleichbaren Mischung aus uneingeschränktem Engagement und Stimmverfeinerung dargeboten wurde.

André Chénier [*Andrea Chénier*] (U. Giordano)
London, Studioaufnahme, 16. bis 24. August 1981: Decca

Chénier ist eine Ansammlung abgekupferter musikalischer Versatzstücke. Doch die Verlockung ist für Tenöre aufgrund der glamourösen und starken Zurschaustellung des Titelhelden, die die Diva in den Hintergrund treten läßt, nahezu unwiderstehlich. Deshalb hat das Stück als Beispiel für *verismo*-Gesangskunst im Repertoire überlebt. Die Hauptaufnahmen wurden in der Londoner Walthamstow Town Hall im August 1981 eingespielt, obwohl die Aufnahmen aus vielerlei Gründen (unter anderem der Erkrankung des Dirigenten Riccardo Chailly) erst im Juni 1984 beendet werden konnte. Caballés Beitrag als adelige Madeleine von Coigny wurde bei früheren Terminen aufgenommen, unmittelbar nach der Fertigstellung von *Der Türke in Italien* für Fonit Cetra, und zwar während des schwierigsten und unangenehmsten Jahres ihrer Karriere.

Die Madeleine, die wir im 1. Akt, kurz vor der Französischen Revolution treffen, ist eine leicht verzogene, sehr selbstsüchtige junge Frau. In den drei weiteren Akten, die einige Jahre später unter der Schreckensherrschaft von Robespierre spielen, durchleben die Hauptdarsteller Schmerz und Leid, und die Heldin erscheint als eine bewundernswert entschlossene und reife Frau, die bereit ist, zusammen mit ihrem verurteilten Geliebten den Todeskarren zu besteigen. Auch wenn die Musik mittelmäßig ist, so geht das Potential der Charakterentwicklung doch weit über die meisten Abziehbild-Heldinnen jener Zeit hinaus und ist in mancher Hinsicht ein Geschenk für eine Sängerin mit Sinn für eine kraftvolle und lebhafte Erzählweise. Bei ihrem ersten Auftritt betont Caballé Madeleines Weltfremdheit und ihren Überdruß, als sie die üblichen Vorbereitungen für einen großen Ball trifft. Sie klingt nicht sehr mädchenhaft, wird aber klugerweise zusammen mit Astrid Varnay als Gräfin eingesetzt, deren Stimme weniger reif als vielmehr spröde klingt, wodurch das Stimmgleichgewicht zwischen Mutter und Tochter wiederhergestellt wird. Ihr Herumhacken auf dem Dichter Chénier ist mit gut dosiertem Witz vorgetragen, obwohl seine Reaktion – Pavarotti ist im Ausdruck recht unerbittlich – sie dazu bringt, sich zu entschuldigen. Im 2. Akt, der fünf Jahre später spielt, befinden wir uns in der Zeit der Terrorherrschaft in Paris: Spione spionieren Spione aus, und Denunziationen sind an der Tagesordnung. Madeleine, um ihr Leben fürchtend und wie eine arme Näherin gekleidet, geht zu Chénier, um ihn um seinen Schutz zu bitten (Duett: »Ecco l'altare«). »Proteggermi volete?« [»Wirst Du mich beschützen?«] ist mit einer schmelzenden Halbstimme gesungen, der kein Mann widerstehen könnte. Und der Beschluß der Liebenden – »Fine alla morte insiem« [»Zusammen bis in den Tod«] – läßt die gesangliche Faszination erstehen, von der dieses Werk lebt.

Der 3. Akt führt uns in den Sitzungssaal des Revolutionstribunals, wo Chénier von Madeleines früherem Bediensteten Gérard, der nun einer der führenden Köpfe der Revolution ist und selbst ein Auge auf sie geworfen hat, angeklagt wird. Sie taucht auf, um für Chénier zu bitten, entdeckt aber, daß Gérard sie besitzen und ihren Geliebten hinrichten lassen will. Aber in ihrer großen narrativen Arie »La mamma morta« malt sie solch ein lebendiges Bild von ihren Leiden und ihrer Leidenschaft, daß Gérard sich erweichen läßt (vergebens, wie sich herausstellt). Caballés Vortrag des berühmtesten Stückes der Oper ist bemerkenswert, weil es durch seinen intensiven erzählerischen Ausdruck Bilder vor unserem geistigen Auge erstehen läßt: Durch sie scheinen wir das Schloß in Flammen zu sehen und den Niedergang in der Zeit danach zu erleben. »Porta sventura a chi bene mi vuole« wird ausgezeichnet phrasiert. Hingebungsvoll beschreibt sie ihre Liebe und läßt plötzlich ein Fauchen im Brustregister ertönen (gefolgt von engelhaft sanftem Gesang unmittelbar danach), als sie sich ihren eigenen Tod ausmalt. Höhepunkt des Werks ist der letzte Akt, als das Liebespaar zusammen im Gefängnis auf die Hinrichtung wartet (»Vicino a te«). Ihre erste Strophe klingt ein wenig gepreßt und gedämpft, zumindest im Vergleich zu Pavarottis lauthals gesungener Interpretation, aber im Laufe von »La nostra morte è il trionfo dell'amor« wird sie lebhafter, findet aber immer noch Raum, die Einzelzeile »Col sole che le indova« zu phrasieren. So stellt Caballé ihre *belcanto*-Fähigkeiten in den Dienst dieses *verismo*-Flaggschiffes, und nicht zu dessen Nachteil.

WEITERE VERISMO-AUFNAHMEN

André Chénier (U. Giordano)
Philadelphia, nicht autorisierte Aufnahme, 5. April 1966: HRE

Adriana Lecouvreur (F. Cilea)
Barcelona, nicht autorisierte Aufnahme, November 1972: MRF

La Gioconda (A. Ponchielli)
1) Genf, nicht autorisierte Aufnahme, 6. Dezember 1979: IMS
2) London, Studioaufnahme, 17. bis 29. Juni 1980: Decca

Mefistofele (A. Boito) (Caballé als Helena)
London, Studioaufnahme, 12. bis 14. Juli 1980: Decca

VI. WEITERES REPERTOIRE

1. Deutsch

Salome (R. Strauss)
London, Studioaufnahme, 21. bis 30. Juni 1968: RCA

In Anbetracht der Anforderungen an diese Rolle (nachdem Salome einmal die Bühne betreten hat, verläßt sie sie auch nicht mehr) und des kolossalen Ausmaßes der Strausschen Orchestrierung, ist die ironische Anweisung des Komponisten, Salome solle von einem 16jährigen Mädchen mit der Stimme einer Isolde gesungen werden, nicht realisierbar. Viele Jahre später änderte Strauss seine Meinung und beklagte sich über die großen germanischen Zitterer, die ein Monopol auf diese Rolle erheben würden. Er hegte sogar die Hoffnung, eine Elisabeth Schumann für die Partie gewinnen zu können, nachdem er ihr versprochen hatte, die Orchestrierung zu reduzieren. Dieses Vorhaben wurde nie verwirklicht, wirft aber ein klares Licht auf Strauss' stimmliche Vorliebe für diese Rolle: Brünnhildes und hoffnungsvolle Mezzosopranistinnen brauchen sich für die Salome nicht zu bewerben.

Caballé nahm diese Lieblingsrolle ihres Lieblingskomponisten in Juni 1968 in der Londoner Walthamstow Town Hall auf. (RCA hätte *Lohengrin* mit Caballé als Elsa vorgezogen – übrigens ein Vorhaben, das nie realisiert wurde.) Die Besetzung ist hochkarätig, mit Größen wie James King als Narraboth und Julia Hamari als Page. Nur Leinsdorfs Dirigat und das Orchester sind kritisiert worden – im letzteren Fall berechtigt, in ersterem eher weniger. Caballés Prinzessin Salome ist von Anfang an ein bockiges, forderndes Wesen. Doch nachdem sie die Römer und Judäer verflucht hat, die an Herodes' Tafel sitzen, von der sie sich gerade angewidert entfernt hat, senkt sie ihre Stimme zu einem unschuldigen

Flüstern, als sie den Mond bemerkt. Ihre schamlose Bitte an Narraboth, den eingekerkerten Jochanaan zu ihr heraufkommen zu lassen, ist eine brillante Mischung aus sachlicher Methodik – das Ergebnis ist ihrerseits schon vorherbestimmt – und mädchenhafter Bettelei. Als sie Jochanaan gegenübersteht, bringt sie ihren ersten Schrecken sehr ausdrucksstark zur Geltung; aber bald schon schmilzt sie dahin, und Caballé legt die Zeile »ein Bildnis wie Elfenbein. Gewiß ist er keusch wie der Mond« auf einen filigranen silbrigen Klangfaden, so daß wir nicht nur meinen das Mondlicht zu sehen, sondern auch die erwachende sexuelle Besessenheit heraushören können. Aber Jochanaan läßt sich nicht so leicht umgarnen wie Narraboth, und sein unnahbares Wesen reizt Salomes Sinnlichkeit, sie will seinen weißen Körper, sein schwarzes Haar berühren und schließlich seinen roten Mund küssen. Als sie sich halb wahnsinnig an das Haar von Jochanaan wendet, strotzt Caballés Stimme nur so vor sexueller Hingabe, echte *spinto*-Kraft ist in den hohen Tönen zu hören und eine Art keuchender Sehnsucht schwingt in den tiefen mit. Die Ansprache an seinen Mund ist gesangstechnisch perfekt vorgetragen, klingt aber volkommen manisch, und Narraboths Selbstmord stört in keiner Weise ihre wie wahnsinnig, in einem faszinierenden *fortissimo* wiederholten Bitten – »Laß mich küssen deinen Mund«. Ihre letzten Schreie, bevor er in die Zisterne zurückkehrt, sind hochgradig verwirrt. Das Schicksal des Täufers ist besiegelt, und als sie Herodes in der süßesten Kleinmädchen-Stimme darüber informiert, daß sie seinen Kopf auf einem Silbertablett serviert haben will, ist ihre Seele stahlhart geworden. Als Caballé ihre Forderung wiederholt, liegt in ihrer Stimme erbitterte Entschlossenheit, der auch Herodes zum Scheitern verurteilte Versuche, sie umzustimmen, nicht beikommen können. Ihre Darbietung der Schlußszene läßt alle Fäden zusammenlaufen. Nervös und hysterisch, während sie darauf wartet, daß ihr der Kopf gebracht wird; boshaft und schlechtgelaunt, als sie ihn verspottet;

und schließlich verklärt, von einer Art triumphalen, jenseitigen Freude. Diese Salome ist eine von Caballés herausragendsten Aufnahmen.

Salomés Schlußszene u. fünf Lieder mit Orchester (R. Strauss)
Paris, Studioaufnahme, 5. bis 7. Mai 1977: Deutsche Grammophon [= DG]

Diese Strauss-Aufnahmen wurden in den Hauptstudios des ORTF-Gebäudes in Paris in der Zeit eingespielt, als Caballé und Bernstein die Schlußszene aus *Salome* in einem öffentlichen Konzert am Théâtre des Champs-Élysées gaben. Neun Jahre nach ihrer Gesamtaufnahme für RCA fällt als erstes das viel bessere Klangbild auf, mit einer klar fokussierten Stimme. Hinzu kommt die kreative Interpretation des Dirigenten Bernstein – selbst damals noch eigenwillig und aufreizend –, die den meisten anderen Maestri fehlt. Was Caballé betrifft, so wird keine der Schönheiten der früheren Gesamtaufnahme geopfert, aber es kommt eine rohe Kraft an beiden Enden des Registers, besonders im tiefen Bereich, hinzu. Und Bernsteins einfühlsames Dirigat paßt sich der Herangehensweise der Sopranistin genau an, mal schnell wie eine Giftspritze, mal träumerisch-träge. Die post-orgastischen Momente, feucht mit einem schimmernden, leuchtenden Nachglühen, sind die aufwühlendsten der Platte. Diese Aufnahme ist schlicht überwältigend.

Die Lieder mit Orchesterbegleitung erfahren eine ähnliche Behandlung, so daß sich *Cäcilie* recht laut und geschraubt anhört. Aber das *Wiegenlied* – durchgängig mehr oder weniger *piano* gesungen – ist ein hinreißender Hörgenuß, um so mehr, als das Hauptgewicht nicht so sehr auf dem Text als auf dem *legato*-Ton liegt, der die Essenz dieses Schlummerliedes zum Ausdruck bringt. *Ich liebe dich*, eine sprunghafte und manische Umsetzung eines reichlich seltsamen Gedichts, läßt

Caballé gleich in der ersten Strophe stolpern, denn »nachtens der Blitz« geht im Tosen des Orchesters unter, und die hohen Töne sind abgeschnitten. Aber bei dem unvermeidlichen *Morgen!* ist sie wieder in ihrem Element, hoch schwebende Töne – »Wogenblauen« – und die ganze zweite Hälfte mit weitem Atem und in einem Atemstrom gesungen. Das letzte Lied, *Zueignung*, war 1977 eine Platten-Premiere, auch wenn die Deutsche Grammophon weder auf der Platte noch auf der CD-Überspielung auf diese Tatsache aufmerksam macht. Es wurde ursprünglich 1883 als erstes der zehn Lieder von Opus acht geschrieben: Die Orchesterversion, die bis zum damaligen Zeitpunkt aufgeführt und aufgenommen worden war, ist die von Robert Heger. Aber auf dieser Aufnahme hören wir zum erstenmal die Orchestrierung des Komponisten, die er 1940 Viorica Ursuleac gewidmet hatte, der er damit für ihre Bemühungen um seine schlecht aufgenommene *Ägyptische Helena* danken wollte. Daher die zusätzliche Zeile »Du wunderbare Helena« am Ende – die die Deutsche Grammophon in Text und Übersetzung nicht aufführt, die Caballé aber laut und deutlich singt – und die neukomponierte Koda. In dieser Form ist es ein viel beeindruckenderes Stück, und Caballé singt es gut dosiert aus voller Kehle zu Bernsteins etwas zu entspanntem Tempo. Seltsam, daß trotz allem eine Strauss-Premiere 1977 unbemerkt blieb und es heute immer noch ist, vermutlich, weil noch niemand bei der Deutschen Grammophon sich das Stück als fertiges »Produkt« angehört hat.

2. Französisch

Montserrat Caballé singt französische Opernarien
London, Studioaufnahme, August 1970: (*Faust* – Il était un Roi de Thulé ... Ah! Je ris de me voir si belle en ce miroir; *Mireille* – Voici la vaste plaine et la désert de feu*; *Romeo und Julia* [*Roméo et Juliette*] – Je veux vivre dans le rêve;

Die Hugenotten [*Les Huguenots*] – O beau pays de la Touraine; *Louise* – Depuis le jour; *Carmen* – C'est des contrebandiers ... Je dis que rien ne m'épouvante; *Thaïs* – Ah! me voilà seule ... O mon miroir fidèle*) **DG; Wiederveröffentlichung auf CD (mit Ausnahme der mit * markierten Stücke)**

Auf dieser interessanten und ungewöhnlichen Soloplatte ist die Sopranistin in einem halben Dutzend Rollen zu hören, die sie zuvor noch nie auf der Bühne gesungen hat. Die einzige Ausnahme ist das erste Stück, Margaretes Szene aus dem 2. Akt von *Faust*, die mit einer Caballé in frischer, brillanter Stimmform den Maßstab für die ganze Platte setzt. Sie arbeitet hart an ihrem Französisch – nur die Nasallaute bringen sie, wie die meisten nicht-frankophonen Sänger und Sängerinnen, zu Fall –, und sie hebt ihre Stimme in fast allen Stücken so gut es geht an, denn fünf der sieben Protagonistinnen sind Mädchen und keine Frauen. Dennoch ist es ein kleiner Schock, eine so volltönende Stimme in Arien zu hören, die meist von französischen Sopranistinnen vorgetragen werden. So schön das *Faust*-Stück gesungen ist, Caballés warmer Gesang paßt schlecht zu dem spröden Funkeln, das zu »Ah! Je ris de me voir« zu gehören scheint und das Sängerinnen mit sehr viel bescheideneren Gaben natürlicher vortragen können. Das ist auch in der Arie aus *Romeo und Julia* der Fall, deren stimmliche Anforderungen Caballés einzigartige Talente unterfordern, während sie ihre etwas mangelhafte Technik in den schnellen, hohen Koloraturen, die nicht alle mit der nötigen Hingabe gesungen werden, schonungslos aufdecken (auch wenn die letzte Kadenz vollkommen gelungen ist). Die Micaëla-Arie aus dem 3. Akt der *Carmen* gelingt besser, auch wenn der *spinto*-Ausdruck, den sie in den Hauptteil hineinlegt, eher vermuten läßt, daß die Schmuggler und Lumpen am Berg in dieser Nacht lieber aufpassen sollten; und wie so oft, wenn italienisch beeinflußte Stimmen französisch singen, neigt die Sprache dazu, den Klang auf den allgegenwärtigen »en«-, »an«- und »on«-Klängen zu entstellen.

Die Sterbeszene aus *Mireille* verwandelt sich – trotz ihres atmosphärischen Beginns – vor ihrem schmelzenden und visionären Hauptteil mit dem Solotrompeten-*obbligato* in ein kriegerisches Stück. Caballé interpretiert die höchst unterschiedlichen Musikteile mit großer Sorgfalt und läßt sogar narrative Dramatik einfließen, bevor sie die erste Strophe wiederaufnimmt und auf einem hohen H endet. Das Meyerbeer-Stück, das komplett mit dem einleitenden Flöten-Concerto aufgenommen wurde, ist ein Höhepunkt, mit unerschütterlicher Haltung und Linienführung (trotz der hohen Stimmlage) und einem wirklich guten Triller, da wo er unbedingt hingehört, vorgetragen. Die zweite Hälfte, ein brillantes *allegro*-Stück, kommt gut an, mit einem prächtig erweiterten *crescendo* auf der vorletzten Note. Die »Spiegel«-Arie aus *Thaïs* wird von der Sopranistin zu Beginn mit nahezu keuchender Stimme gesungen, so als ob ihr Spiegelbild sie sexuell erregen würde. Häufig ist Caballé in Szenen, in denen sie mit sich selbst spricht, in Bestform, und im Mittelteil zeigt sie große dramatische Kraft sowie die erwarteten Verfeinerungen im Ausdruck (selbst wenn bei dieser Gelegenheit kein gelungener Triller dabei ist).

Aber das Beste von allem ist die Arie aus *Louise*, mit atemberaubender Beherrschung der weit schwebenden sanften Phrasen gesungen. Das Stück gleitet im glanzvollsten Kommen-und-Gehen dahin, das jemals auf Platte gebracht wurde. Die letzten *pianissimi* auf »heureuse« wären kaum zu glauben, wenn man sie nicht selbst gehört hätte, und zum Schluß ist die Heldin wahrscheinlich nicht die einzige, deren Zustand mit »tremblant délicieusement« beschrieben werden kann. Hier wurden weder technische Finessen angewandt noch ist die Aufnahme das Ergebnis stundenlanger Sitzungen, denn neun Jahre später gibt Caballé genau das gleiche – vielleicht sogar noch aufreizend langsamer und klanglich zurückgenommener – in einer Live-Aufführung in der Salle Pleyel zum besten (Rodolphe). Im übrigen hat die Deutsche Grammophon hier Schelte verdient: Bei ihrer erst sehr spät vorgenommenen Neuveröffentlichung der LP als CD innerhalb ihrer Ramsch-Serie »Große Stimmen« hat die Gesellschaft nicht nur auf alle Erläuterungen, Texte und Übersetzungen verzichtet, sondern ohne große Umschweife auch die Arien aus *Mireille* und *Thaïs* fallengelassen. Auch wenn dafür die *Salome*-Schlußszene mit Bernstein eingefügt wurde – unnötigerweise, da sie schon auf einer anderen CD von der Deutschen Grammophon erhältlich ist –, sind nur mal knapp 61 Minuten auf der CD ausgenutzt, so daß eine Menge Platz für die verbannten Stücke gewesen wäre. (Um das Ganze noch schlimmer zu machen, waren es genau diese Stücke, die Alan Blyth in seiner *Gramophone*-Kritik[10] zur ursprünglichen Fassung als die schönsten auf der Platte bezeichnet hatte.)

3. Spanisch

Enrique Granados: Lieder
Barcelona, Studioaufnahme, 1964: (*Canciones amatorias:* Descúbrase el pénsamiento; Mañanica era; Llorad, corazón; Mira que soy niña; No lloreis, ojuelos; Iban al pinar; Gracia mia. *Tonadillas:* La maja dolorosa Nos 1–3; El tra, la, la y el punteado; El mirar de la maja; Callejeo; Amor y odio; El majo discreto; El majo tímido; La maja de Goya) **Vergara; RCA**

Romanzas de Zarzuela
Barcelona, Studioaufnahme, 22. bis 26. April 1974: (Luna: *El niño judio* – De España vengo*; **Caballero:** *Chateau Margaux* – Romanza de Angelita*; *Gigantes y cabezudos* – Romanza de Pilar; *El Señor Joaquin* – Ballada y aubada; **Giménez:** *El barbero de Sevilla* – Polenesa*; **Barbieri:** *Jugar con*

fuego – Romanza de la Duquesa*; **Chapí:** *Las Hijas del Zebedero* – Carceleras*; *La patria chica* – Canción de berger; **Barbieri:** *El barberillo de Lavapies* – Canción de Paloma; **Serrano:** *El carro del sol* – Canción Veneziana) **Spanish Colombia, Wiederveröffentlichung bei Anacrouse; Decca (nur mit * markierte Stücke)**

Spanische Lieder (vol. 1) (in Begleitung von M. Zanetti) **Barcelona, Studioaufnahme, August 1977 (de Falla:** *Siete canciones populares Españolas*; **Turina:** Anhelos; Farruca; Cantares; Si con mis deseos; **Granados:** Elegia eterna; La maja y el ruiseñor; Cançó d'amor; L'ocell profeta) **Spanish Columbia, Wiederveröffentlichung bei Decca**

Spanische Lieder (vol. 2) (in Begleitung von M. Zanetti) **Barcelona, Studioaufnahme, November 1978: (Granados:** La maja dolorosa Nos. 1–3; **de Falla:** Tus ojillos negros; Oración de las madres que tienen a sus hijos en brazos; Albéniz: Besa el aura; Del salón; **Obradors:** Del cabello más sutil; El molondrón; El vito; Aquel sombrero de monte; **Vives:** *Canciones epigramáticas* – (a) El amor y los ojos, (b) El retrato de Isabela, (c) Válgame Dios, que los ánsares vuelan; **Rodrigo:** *Cuatro madrigales amatorias*) **Spanish Columbia, Wiederveröffentlichung bei Decca**

Lieder von Turina und Montsalvatge (in Begleitung von A. Weissenberg)
Paris, Studioaufnahme, 27. April bis 5. Mai 1975: (Turina: *Canto a Sevilla*; **Montsalvatge:** *Cinco canciones negras*) **EMI**

Montserrat Caballé à la UNESCO (in Begleitung von R. Sabater)
Paris, Live-Aufnahme, 23. März 1981: (Granados: Elegia eterna; Cançó d'amor; L'ocell profeta; **Mompou:** Damunt de

tu només les flors; Aquesta nit un mateix vent; Jo et pressentia com la mar; **Toldrà:** Canticel; Platxèria; Maig; Romanç de Santa Llúcia; Cançó de bressol) **PDI (nur in Spanien veröffentlicht)**

Die Anziehungskraft, die spanische Musik heutzutage auf das Publikum ausübt, geht größtenteils auf spanische Sängerinnen und Sänger zurück, die auf den internationalen Opernbühnen zu Hause sind. Künstler und Künstlerinnen wie Teresa Berganza, Pilar Lorengar, José Carreras und Alfredo Kraus haben sich dafür eingesetzt, außerhalb Spaniens das Bewußtsein für die Vielfalt spanischer Vokalmusik zu wecken, angefangen bei sevillanischen Monodien aus dem 13. Jahrhundert über die *tonadilla* des Barock und des 18. Jahrhunderts bis hin zur bemerkenswerten Fülle der Kunstlieder aus dem 20. Jahrhundert. Vielleicht wäre die spanische Musik ohne dieses letztere Genre, bei dem sich die Komponisten von dem reichhaltigen Angebot des spanischen Volksliedes inspirieren ließen, eine nationale Eigenheit geblieben. So aber hat sie sich zu einer in aller Welt geschätzten Kunstform entwickelt. Zwei Sängerinnen haben sich besonders für die spanische Musik eingesetzt: Victoria de los Ángeles und Montserrat Caballé. Wie die meisten spanischen (nicht aber italienischen) Sänger haben sie das Solokonzert mit Klavierbegleitung zu ihrer liebsten öffentlichen Auftrittsform erkoren. Die Bandbreite des Solo-Repertoires dieser beiden Sängerinnen ist legendär, und bereits von Beginn ihrer beiden Karrieren an setzten sie sich für das spanische Lied ein. Wenn die *canción*-Zyklen von Turina, Obradors, Rodrigo, Mompou, Montsalvatge und Toldrà heute außerhalb wie innerhalb Spaniens gleichermaßen häufig vorgetragen werden, so ist es in großem Maße das Verdienst dieser beiden großartigen Sopranistinnen.

Aber selbst das erklärte Engagement von Sängern wie Caballé, Berganza, Domingo und Aragall hat es nicht geschafft, der spanischen Unterhaltungsform schlechthin, der *zarzuela*, zum Durchbruch zu verhelfen. Hartnäckig widersetzt sie sich den Bestrebungen, außerhalb Spaniens zum Leben erweckt zu werden. Als Ausschnitte sind die Arien im Konzert und auf Platte für Zuhörer auf der ganzen Welt von großem Unterhaltungswert, aber das musikalische Genre an sich schafft es nicht, die spanischen Grenzen zu überschreiten. Stücke aus *zarzuelas* waren in Caballés Konzerten und Recitals häufig Programmpunkte, und sie hat vier Gesamtwerke auf Platte aufgenommen. Zusätzlich hat sie bereits 1964 zwei *zarzuela*-Platten eingespielt. die eine mit Arien, die andere mit Duetten (zusammen mit ihrem Mann Bernabé Martí). Auf beiden ist sie in sagenhafter Stimmform und vermittelt ein Gefühl für die Leidenschaft und den Humor, durch den sich die besten *zarzuela*-Kompositionen auszeichnen. Da keine dieser Platten im Moment außerhalb Spaniens erhältlich ist – und viele noch nicht einmal dort – können wir auf sie hinweisen, und hoffen, daß sich über kurz oder lang eine rührige Plattenfirma findet, die sie international herausbringt.

Caballés am besten zugänglicher Beitrag zur Musik ihres Heimatlandes sind die verschiedenen Lieder-Zyklen, die sie einerseits vor ihrem internationalen Durchbruch und andererseits in den späten 70er Jahren aufnahm.* In diesen Liedern sind stets typische Stimmerkmale zu hören, die man im allgemeinen für Charakteristika der spanischen Stimmfärbung – im Gegensatz zum übrigen Europa – hält. Der warme, volle Ton, der sich auf das Mittelregister gründet, läßt eher an Samt als an Seide denken; eine Stimme, die in ihrem ganzen Umfang

* Obwohl sie sehr viele Stücke des spanischen Lieder-Repertoires aufnahm, gibt es natürlich noch viel mehr, die sie nicht aufnahm. Besonders bedauerlich ist es, daß sie nicht die vier Lieder einspielte, die L. Martínez Palomo (geb. 1938) unter dem Titel *Recuerdos de juventud* extra für sie komponierte. Caballé sang sie zum erstenmal am 27. Februar 1987 auf einem Solokonzert in der New Yorker Carnegie Hall.

in eine etwas dunklere Klangfarbe getaucht ist, als man sie von französischen oder italienischen Sopranistinnen gewöhnt ist; und ein kaum merklicher Anschlag für die dramatische und emotionale Betonung. Das ist der typische iberische Klang, der häufig die Grenze zwischen Sopran und Mezzosopran verwischt. Und dieser Klang wurde zum Beispiel in Werken von Granados oder de Falla eingefangen. Außerdem reagiert Caballé ganz natürlich auf den Rhythmus des spanischen Tanzes und spanischer Volkslieder, während bei Nichtspaniern Nuancenreichtum und Subtilität häufig einem aufgesetzten Postkartenkitsch zum Opfer fallen.

Mit Caballés Vorliebe für die spanische Musik machte man zum erstenmal auf den Aufnahmen für Vergara zwischen 1963 und 1964 Bekanntschaft. Darauf zu hören sind die Liederzyklen *Tonadillas* und *Canciones amatorias* von Enrique Granados (1895–1962) und Frederic Mompou (1893–1987), letztere in Begleitung des Komponisten selbst. Es ist schon erstaunlich, daß nicht eine einzige der zehn verschiedenen Aufnahmen, die sie in dieser Zeit für Vergara aufnahm, auf CD überspielt und international vertrieben wurde. Vielleicht werden sich RCA / BMG, die nun die Rechte für all diese Aufnahmen besitzen, daranmachen und sie als Sammelausgabe neu veröffentlichen. Was sofort auffällt, ist ihre üppige, gut fokussierte und äußerst flexible Stimme zu jener Zeit und eine bemerkenswerte Mischung aus Geschmeidigkeit und Klarheit in ihrer Klangfarbe, die in den Liedern von Granados wohl am beeindruckendsten ist. Im *Tonadillas*-Zyklus, der die Werbungsrituale des 18. Jahrhunderts zwischen *majos* und *majas* – dem Madrider Proletariat – darstellt, gelingt es Caballé hervorragend, die Melancholie dieser einsamen und betrogenen Liebenden herauszustellen. Besonders wirkungsvoll ist das dritte Lied des »Maja dolorosa«-Triptychons, wo genau die richtige Art der lyrischen Schattierungen angewandt wird, um das Stück ins Gedächtnis einzuprägen. Und in »El majo discreto« ist die Sopranistin äußerst kokett, und leicht ordnet sie sich dem trippelnden Rhythmus der zweiten Strophe unter. Als sie »Sería indiscreto cantarlo yo« singt [»Es wäre indiskret, wenn ich es erzählte«] hat sie ein laszives »Augenzwinkern« in der Stimme. Aber trotz aller Schönheiten dieser 1964er Aufnahme hat sie den Nachteil, daß sie recht opernhaft gesungen ist. In »Callejo« zum Beispiel hätte ein flinkerer, wortbewußterer Ansatz bessere Resultate gezeigt, und in »El majo tímido« fehlen ihr die Keckheit und Verzweiflung, die zum Beispiel Conchita Badía so geschickt einsetzte, um die Frustriertheit dieser *maja* in Anbetracht ihres allzu schüchternen Geliebten darzustellen.

Eine verinnerlichtere und engagiertere Interpretation der Granados-Lieder bietet Caballés Soloplatte aus dem Jahr 1977 (aufgenommen für Spanish Columbia und veröffentlicht bei Decca). Hier ist die Palette ihrer Stimmfärbung und Lebhaftigkeit so präsent wie auf der 64er Aufnahme, aber diesmal ist ihre Interpretation intimer und dadurch um so wirkungsvoller. Bei denselben Sitzungen wurden auch *Siete Canciones Populares Españolas* aufgenommen, die de Falla 1914 komponiert hatte. Diese Lieder sind von der so verschiedenartigen Volkslied- und Tanztradition Spaniens inspiriert und stellen damit eine Anthologie des spanischen Liedguts dar. In »El paño moruno« fängt die Sopranistin den Klang Südspaniens ein: unterdrücktes Feuer, das gekonnt auf die Tragödie hinweist, die unter dem oberflächlichen Brio brodelt. Unübertroffen ist sie in den traurigen, kurzen Liedern, die fast wie Vokalisen komponiert wurden (»Asturiana« zum Beispiel), oder in Stücken wie »Nana« (Wiegenlied), wo die Klangtiefe erstaunlich ist. In letzterem ist der Schmerz so tiefempfunden, daß wir nicht im Zweifel gelassen werden, daß dies nicht nur ein Gutenachtlied, sondern zugleich die Klage einer trauernden Mutter ist. Unter der Oberfläche einiger dieser sieben Lieder brodelt der dunkle, leicht kehlige Tonfall, der so typisch für den südspanischen Gesang ist: Aber schließlich läßt Caballé in »Polo« den *Cante jondo*-Klang absoluter Verzweiflung voll durchbrechen. Die Bandbreite der Ausdrucksformen, die hier zwischen »Nana« auf der einen und »Polo« auf der anderen Seite zum Einsatz kommt, erfordert eine meisterliche Stimmbeherrschung.

Wenn wir uns Joaquín Turinas *Canto a Sevilla* zuwenden (dessen sieben Teile aus vier Liedern und drei Intrumentalsätzen bestehen), dann gehen wir einen weiten Weg von Granados' zurückhaltender über de Fallas gefühlsseliger zu Turinas »besessener« Komposition. Trotz seines Ruhms ist dies nicht das beste Werk des Komponisten, und wenn man Caballés Aufnahme von 1979 in Begleitung Alexis Weissenbergs (EMI) hört, gewinnt man den Eindruck, daß sie diese Stücke noch nicht verinnerlicht hat. Nicht daß es irgendwelche Stimm- oder Technikprobleme gäbe: Die Stimme ist in bester Verfassung, und obwohl Turinas Komposition technisch gesehen komplex ist und von der Sängerin exotische Modulationen und den Einsatz höherer Stimmlagen als in den meisten anderen spanischen Werken erfordert, hat Caballé in dieser Hinsicht mit keinerlei Problemen zu kämpfen. In allen vier Liedern ist die Besessenheit des Komponisten für Sevilla offensichtlich, und »Besessenheit« ist kein zu starkes Wort, denn zwischen Text und Musik herrscht eine Art neurotischer Spannung. »Semana Santa« zum Beispiel thematisiert die Feierlichkeiten um die Osterprozessionen, und obwohl die religiösen mit den weltlichen Aspekten vermischt werden, ist die Musik selbst höchst kunstvoll, häufig laut und unbeirrbar. Im zweiten Lied »Las fuentecitas del parque« [»Die kleinen Brunnen im Park«] löst die schöne Phrase »O entre el mago silencio de la noche estrellada« [»Oder in der wunderbaren Stille der sternenhellen Nacht«] nicht die weichkörnige musikalische Entsprechung aus, die man vom Text erwarten würde. Zwar hat Caballés Stimme die Kraft, die Turina hier erwartet. Aber es fehlt ein gewisses Feingefühl, und das ist nicht Caballés Fehler, sondern auf den übersteigerten Ehrgeiz des Komponisten zurückzuführen.

Einen sehr viel ansprechenderen Einsatz des *sevillanismo* – in Turinas Werk allgegenwärtig – ist in den vier Liedern auf der 1977 entstandenen Aufnahme zu hören. »La estrella de Sevilla« vermittelt eine fröhlichere Stimmung, als man es sonst von diesem Komponisten gewohnt ist, und diese weniger brütende Atmosphäre hat die Sopranistin, deren Ton entsprechend kristallen und klar klingt, schön eingefangen. Aber die vorangegangenen drei Lieder »Anhelos« (aus dem Zyklus *Tres sonetos* von 1930), »Farruca« (aus der *Tríptico*-Komposition von 1929) und die frühe Komposition »Cantares« (aus *Poema en forma de Canciones* von 1918) sind voller brodelnder andalusischer Leidenschaft. Auch wenn sie aus dem Norden stammt, so fühlt sich Caballé sehr gut in die besessene Leidenschaft dieser leidenden südlichen Liebenden ein, die alle ein »absolutes Verschmelzen« mit dem Objekt ihrer Liebe erflehen. Eine Art dunkles südländisches Schuldgefühl schwingt in diesen Stücken mit, das die Sängerin hervorragend zum Ausdruck bringt, indem sie sie durch ihre Zurückhaltung nur noch ergreifender macht.

Wenn sie beim Zyklus *Canto a Sevilla* nicht ganz bei der Sache zu sein scheint, so ist es andererseits kaum möglich, ihre Interpretation des Liederzyklus von Montsalvatge *Cinco canciones negras* auf derselben EMI-Soloplatte zu verbessern. Inspiriert vom Interesse des Komponisten an der *habaneras* und anderen volkstümlichen südamerikanischen Motiven (die in die lokale Volksliedkultur durch die Rückkehr katalanischer Matrosen eingegangen ist), fand die karibische Kultur – mit Montsalvatges Worten ausgedrückt – »einen Platz an der Peripherie unserer Traditionen als eine neue, undeutliche, evokative Ausprägung musikalischer Dichtkunst«. Das erste Lied »Cuba dentro de un piano« [»Kuba in einem Klavier«] ist bei Solokonzerten eines der Lieblingsstücke der Sopranistin. So schwül und träge ist der Vortrag, daß es das Bild einer rauchgeschwängerten Bar in Havanna um die Mittagszeit heraufbeschwört. »Chévere« drückt eine Energie und

Bedrohlichkeit aus, die vollkommen im Gegensatz zu »Punto de Habanera« steht. In letzterem fängt sie das sinnliche Leben auf Kuba auf betörende Weise ein: Sie ist das hübsche Mädchen im weißen Kleid, der die Matrosen nachsehen, als es vorüberschlendert. Das bekannteste Lied »Canción de cuna« formt sie aus hinreißenden, traurig gefärbten Zeilen, mit Ausflügen in das charaktervolle lateinamerikanische Brustregister. Wiegenlieder, seien sie von Mozart oder von Montsalvatge, üben auf Caballé einen besonderen Reiz aus. Das rumbaähnliche »Canto negro« setzt sich aus vielen lautmalerischen Sequenzen zusammen. De los Ángeles und Berganza gestalten sie unbeschwert und fröhlich. Doch Caballé entscheidet sich für eine ernsthaftere Interpretation. Intellekt und Feuer sind da; aber ebenfalls ein Hauch von Gefahr.

Joaquín Rodrigos reizvolle *Cuatro Madrigales Amatorias* lehnen sich an die spanische Musik des 16. Jahrhunderts an; es sind aktuelle Adaptionen von Liedern, die Juan Vásquez 1551 schrieb. Caballé wählte diesen Zyklus für ihre 1978 aufgenommene Soloplatte (Decca) aus. Zunächst scheint ihr volltönender Klang, mit dem sie »De dónde venís, amore?« anstimmt, für diese Art von Musik als ungeeignet erscheinen, da das glockenähnliche Klimpern der Komposition etwas mehr spröde Schärfe in der Stimme verlangt. Aber all diese Zweifel verschwinden angesicht der Meisterschaft, mit der sie »Vos me matastes niña eb cabello« [»Du hast mich getötet, Mädchen mit dem wehenden Haar«] und »De los álamos vengo, madre« [»Ich komme von den Pappeln, Mutter«] interpretiert. Die Melancholie des einen ist meilenweit von der Lebhaftigkeit des anderen Liedes entfernt. Die kleinen Koloratur-Einsprengsel, die sie in diesem letzten Lied einsetzt, werden dem eigentlichen Volumen ihrer Stimme nicht gerecht. Doch vermittelt Caballé hier weniger den Eindruck einer Opernsängerin als einer Sängerin, die sich ganz in der reinen Freude über den ansteckenden Rhythmus des Liedes verliert.

Schließlich muß noch etwas über Caballés Aufnahme von drei hervorragenden katalanischen Komponisten gesagt werden, zu denen sie eine besondere Affinität hat. Die Stücke von Fernando Obradors (1897–1945) wird jeder kennen, der die Solokonzerte der Sängerin in den letzten Jahren besucht hat. Sie verkörpern – auf eine weniger schicksalshafte Art als bei Turina – alles, was man mit spanischer Musik assoziiert. Die Lieder auf der 1978er Soloplatte sind dem ersten von vier Bänden unter dem Titel *Canciones Clásicas Españolas* entnommen. »Del caballo más sutil« wird mit hinreißendem Duktus und großer Sanftheit gesungen, was einen hübschen Kontrapunkt zur perlenden Klavierbegleitung bildet. Und in »El vito«, das in einem Caballé-Konzert häufig das I-Tüpfelchen ist, mit dem sie das Publikum auf Wolken schwebend nach Hause entläßt, legt sie all den Schwung hinein, den man erwartet hat. Um einen Eindruck von ihren ausgezeichneten Miniaturen Frederic Mompous und Eduardo Toldràs zu bekommen, nimmt man am besten die Aufnahme des Solokonzerts der UNESCO aus dem Jahr 1981 zur Hand (PDI). Die lyrische Anmut, mit der sie diese drei Mompou-Lieder aus dem Zyklus *Combat del Somni* singt, ist schön vorgetragen. Aber einen tieferen Eindruck hinterläßt die Ausdrucksstärke der Musik, was um so überraschender ist, als Mompous Kompositionen »eine Kunst en miniature« sind, die alles Ostentative vermeidet. Seine unprätentiöse Musik erfordert ein Feingefühl, das man kaum von einer Sopranistin erwarten konnte, die zu jener Zeit als Turandot und Gioconda auf der Bühne stand. Aber Caballés Interpretation dieser Lieder, in die der Komponist seine Kindheitserinnerungen an das heimische Katalonien hat einfließen lassen, ist so einnehmend, daß das Publikum in der Live-Vorstellung applaudiert, als erlebe es die sensationelle Aufführung irgendeines Verdi-Stückes. Die fünf Stücke, die sie dann anschließend von ihrem geliebten Toldrà singt, erinnern uns wie bei Mompou an etwas sehr Wesentliches von Montserrat Caballé: Sie sind katalanisch.

Und Katalanisch ist immer noch die Sprache, die Caballé zu Hause spricht.

WEITERE AUFNAHMEN

1. Deutsch

Armida (A. Dvořák)
Bremen, nicht autorisierte Aufnahme, 19. Februar 1961: FOY

14 Lieder (R. Strauss) (in Begleitung von M. Zanetti)
Barcelona, Studioaufnahme, 1964: (lch liebe dich; Ruhe, meine Seele; Ich schwebe; Traum durch die Dämmerung; Zueignung; Wie sollten wir geheim sie halten; Wiegenlied; lch trage meine Minne; Freundlich Vision; Schlechtes Wetter; Morgen!; Befreit; Die Nacht; Cäcilie) **Vergara, Wiederveröffentlichung bei RCA; als CD nur in Spanien erhältlich**

Der Rosenkavalier (R. Strauss) (Gesamtaufnahme in der Rolle der Feldmarschallin)
Glyndebourne, nicht autorisierte Aufnahme, 14. August 1965: HRE

Ein Deutsches Requiem (J. Brahms)
Boston, Studioaufnahme, 17. Februar 1969: RCA

Arabella (R. Strauss)
Rom, RAI-Aufnahme, 27. November bis 1. Dezember 1973: HRE

Liebestod (aus *Tristan und Isolde*) (R. Wagner)
Straßburg, Studioaufnahme, 8. September 1976: Erato

Vier letzte Lieder (R. Strauss)
Straßburg, Studioaufnahme, 9. September 1977: Erato

Lieder (R. Strauss) (in Begleitung von A. Weissenberg)
Paris, Studioaufnahme, 27. April bis 6. Mai 1979: EMI

Arien aus den Opern *Tristan und Isolde*, *Götterdämmerung*, *Der fliegende Holländer* und *Tannhäuser*
New York, Studioaufnahme, 1. bis 2. Oktober 1982: (*Tristan und Isolde* – Liebestod; *Der fliegende Holländer* – Sentas Ballade; *Tannhäuser* – Dich, teure Halle; *Götterdämmerung* – Brünnhildes Aufopferung) **CBS; Sony**

2. Französisch
Manon (J. Massenet)
Barcelona, nicht autorisierte Aufnahme, Dezember 1968: MRF

Faust (C. Gounod)
Straßburg, Studioaufnahme, 26. August bis 7. September 1976: Erato

La Damoiselle Élue (C. Debussy) / *Poème de l'amour et de la Mer* (E. Chaussoll)
London, Studioaufnahme, Juni 1977: Symphonica, Wiederveröffentlichung bei Collins

Hérodiade (J. Massenet)
Barcelona, nicht autorisierte Aufnahme, 2. Januar 1984: MRF

Clovis et Clotilde (G. Bizet)
Lille, Studioaufnahme, 8. bis 9. September 1988: Erato

3. Spanisch

Memoires (M. de Falla)
Genf, Live-Aufnahme, 3. April 1963: Cascavelle

Canciones de Eduardo Toldrà
Barcelona, Studioaufnahme, 1963: Vergara

Canciones de Federico Mompou (in Begleitung von Mompou)
Barcelona, Studioaufnahme, 1963: (Damunt de tu només les flors; Aquesta nit un mateix vent; Jo et pressentia com la mar; Fes me la vida transparent; Aureana do Sil; Cançó dc la fira; Pastoral; Dalt d'un cotxe; Margot la Pie; J'ai vu dans la lune; Aserrín aserrán; Petite fille de Paris; Pito, pito, colorito; Cantar del alma; Sant Marí; Neu; Llueve sobre el río) **Vergara**

Canciones de Xavier Montsalvatge i Joaquín Rodrigo (in Begleitung von M. Zanetti)
Barcelona, Studioaufnahme, 1964: (Montsalvatge: *Canciones para niños*; Cançó amorosa; Oraçao; **Rodrigo**: Aire y donaire; La Espera; Coplillas de Belén; Coplas del pastor enamorado; Canción del grumete; Canticel; Muy graciosa es la doncella; Serranilla) **World Records; EMI**

Duos de Zarzuela (mit Bernabé Martí)
Barcelona, Studioaufnahme, Januar 1965: (Guridi: *El caserio* – Buenos días; **Vives:** *La Generala* – Mi dulce sueño de adolescente; **Soutullo:** *Le leyenda del beso* – Amor, mi raza sabe conquistar; **Torroba:** *Luisa Fernanda* – Caballero del alto plumero; **Bretón:** *La Dolores* – Dolores mía . . . Aqui tu; **Caballero:** *El dúo de la Africana* – Comprende lo grave de mi situación)

Romanzas de Zarzuela
Barcelona, Studioaufnahme, 1965: (**Serrano:** *La canción del olvido* – Marinela, Marinela; **Chapí:** *El Rey que rabia* – Mi tío se figura; *El Barquillero* – Cuando está tan hondo!; **Vives:** *Los Bohemios* – No quiero que aquí vengo yo; **M. Fernandez:** *El cabo primero* – Yo quiero a un hombre; **Arietta:** *Marina* – Pensar en él; **Luna:** *El niño judío* – De España vengo; **Guerrero:** *La rosa del Azafrán* – No me duele que se vaya; **Penella:** *Don Gil de Alcalá* – Bendita Cruz) **Vergara; RCA**

El pájaro azul (R. Millán)
Barcelona, Studioaufnahme, 26. bis 29. Juli 1972: Spanish Columbia

La Villana (A. Vives)
Barcelona, Studioaufnahme, 16. bis 19. Januar 1972: Spanish Columbia

Maruxa (A. Vives)
Barcelona, Studioaufnahme, 16. bis 19. April 1974: Spanish Columbia

Canço d'amor i de guerra (M. Martínez Valls)
Barcelona, Studioaufnahme, 1974: Spanish Columbia

Somnis i Records (A. Pereira Fons)
Madrid, Studioaufnahme, 15. bis 20. Januar 1991: in Deutschland unter Dreams and Memories bei C-Five und Polskie Nagrania

VII. RECITALS UND GEMISCHTES PROGRAMM

1. Kommerzielle Aufnahmen

Recital – XII Festival de Granada
Barcelona, Studioaufnahme, Juli 1963: (Stücke von Franz Schubert, Richard Strauss, Claude Debussy und Manuel de Falla) **Vergara**

Duos de Amor (mit Bernabé Martí)
Barcelona, Studioaufnahme, 1964: (Duette aus *Madame Butterfly*, *La Bohème*, *Manon*, *Don Carlos* und *André Chénier*) **Vergara**

Los Encores de Montserrat Caballé (in Begleitung von M. Zanetti)
Barcelona, Studioaufnahme, 1964: (Stücke von Händel, Costanzi, Mozart, Beethoven, Schumann, Brahms, Wolf, Respighi, Castagnero, Ginastera, Gálvez, Montsalvatge, Rodrigo, Obradors und Padilla) **Vergara**

Große Opernarien
Barcelona, Studioaufnahme, 28. bis 31. Dezember 1964: (**Verdi:** *Othello* – Das Lied von der Weide; Ave Maria; *Ein Maskenball* – Ecco l'orrido campo ... Ma dall'arido stelo divulsa; **Donizetti:** *Anna Bolena* – Piangete voi? .. Al dolce guidami;* **Charpentier:** *Louise* – Depuis le jour; **Puccini:** *Tosca* – Vissi d'Arte) **RCA**

---

* Das Stück aus *Anna Bolena* ist das einzige, das bisher auf CD überspielt wurde (auf: *Montserrat Caballé singt Bellini & Donizetti*, RCA / BMG und *Eternal Caballé* RCA / BMG).

Große Opernduette (mit Shirley Verrett)
London, Studioaufnahme, 1969: (**Rossini:** *Semiramide* – Serbami ognor ... Alle più calde immagini; **Donizetti:** *Anna Bolena* – Sul suo capo aggravi un Dio; **Bellini:** *Norma* – Mira, o Norma; **Offenbach:** *Hoffmanns Erzählungen* – Barcarolle; **Verdi:** *Aida* – Silenzio! Aida verso noi s'avanza; **Puccini:** *Madame Butterfly* – Blumenduett; **Ponchielli:** *La Gioconda* – L'amo come il fulgor del creato) **RCA**

Große Opernduette (mit Bernabé Martí)
London, Studioaufnahme, Januar 1970: (**Verdi:** *Ein Maskenball* – Teco io sto; **Meyerbeer:** *Die Hugenotten* – Oh ciel! où courez-vous?; **Giordano:** *André Chénier* – Vicino a te; **Puccini:** *Manon Lescaut* – Tu, tu amore? Tu?; **Donizetti:** *Poliuto* – Ah! Fuggi da morta) **EMI**

Metropolitan Opera Gala Honouring Sir Rudolf Bing
New York, Liveaufnahme, 22. April 1972: (**Puccini:** *Manon Leseaut* – Tu, tu, amore? Tu? [mit Plácido Domingo] und anderen Künstlern) **DG**

Opernarien
Barcelona, Studioaufnahme, 12. bis 28. Juni 1974: (**Verdi:** *Rigoletto* – Caro nome; *Der Troubadour* – Dell'amor sull'ali rosee; *I Vespri Siciliani* – (a) Arrigo! ... Ah parli a un core, (b) Mercè, dilette amiche; *Ein Maskenball* – Morrò, ma prima in grazia; **Cilea:** Adriana Lecouvreur – Io son l'umile ancella; **Bellini:** *Die Nachtwandlerin* – Ah! se una volta sola ... Ah, non credea mirati ... Ah, non giunge; **Puccini:** *Schwester Angelica* – Senza mamma) **Spanish Columbia, erschienen bei Decca; Forlane***

---

* Bei Forlane unter dem Titel *L'Art de Montserrat Caballé: Les Maîtres Italiens de l'Art Lyrique Vol. 2* erschienen.

Montserrat Caballé au Château du Thôlonet
Thôlonet / Aix-en-Provence, Liveaufnahme, 25. Juli 1974: (**Donizetti:** *Roberto Devereux* – Vivi ingrato; **Bellini:** *Il pirata* – Col sorriso d'innocenza; **Rossini:** *Die Frau vom See* – Tanti affetti; **Verdi:** *Der Korsar* – Non so le tetre; *Aroldo* – O, dagli scanni eterei) **Rodolphe**

Die großen Liebesduette – Montserrat Caballé und Giuseppe di Stefano
Madrid, Studioaufnahme, 2. bis 5. September 1974: (**Massenet:** *Manon* – Et je sais votre nom; **Bizet:** *Les pêcheurs de perles* – Ton cœur n'a pas compris; **Zandonai:** *Francesca di Rimini* – E così vada; **Massenet:** *Werther* – Il faut nous séparer; **Gomes:** *Il guarany* – Sento una forza indomita; **Donizetti:** *Der Liebestrank* [*L'elisir d'amore*] – Una parola, o Adina) **Fono**

Opernarien
Barcelona, Studioaufnahme, 12. bis 16. Juli 1976: (**Verdi:** *Macbeth* – Nel dì della vittoria ... Ambizioso spirto ... Veni! t'affretta ... Or tutti sorgette; *Der Troubadour* – Che più t'arresti ... Tacea la notte ... Di tale amor; **Mascagni:** *Cavalleria rusticana* – Voi lo sapete; **Puccini:** *Turandot* – In questa Reggia; **Catalani:** *La Wally* – Ebben, ne andrò solo e lontana; **Ponchielli:** *La Gioconda* – Suicidio!; **Giordano:** *André Chénier* – La mamma morta) **Spanish Columbia, erschienen bei Decca**

Bernstein: Sinfonie Nr. 3 (Kaddish); Dybbuk: Suite Nr. 2
New York, Studioaufnahme, September 1977: DG

Montserrat Caballé und José Carreras in Paris
Paris, Liveaufnahme, 19. März 1979: (**Rossini:** *Die Frau vom See* – Tanti affetti; **Charpentier:** *Louise* – Depuis le jour; **Donizetti:** *Poliuto* – Questo pianto favelli;* **Verdi:** *Die*

Macht des Schicksals [*La forza del destino*] – Pace, pace, mio Dio; **Giordano:** *André Chénier* – (a) La mamma morta, (b) Vicino a te*) (mit * markierte Stücke sind mit Carreras) **Rodolphe / INA**

Madrid Masterclasses (6 CDs)
Madrid, Liveaufnahme, 23. bis 27. Oktober 1988: (Vorträge zur Gesangstechnik und Meisterkurse für Studenten) **Zafiro**

Eternal Caballé
Madrid / London, Studioaufnahme, September u. Oktober 1991: (**Cano** – Hijo de la Luna; **Quiroga** – Ojos verdes; **Serrat** – Paraules d'amor; **Mostazo** – El día que nací yo; **Rodrigo** – En Aranjuez con tu amor; **Donizetti:** *Lucrezia Borgia* – Tranquillo ei posa ... com'e bello; *Maria Stuart* – Schlußszene; *Roberto Devereux* – Vivi ingrato; *Anna Bolena* – Al dolce guidami;* **Massenet:** *Le Cid* – Pleurez, pleurez mes yeux; **Bizet:** *Carmen* – Habanera; **Saint-Saëns:** *Samson und Dalila* – Mon cœur; **Puccini:** *Gianni Schicchi* – O mio babbino caro; **Rossini:** *L'Assedio di Corinto* – L'ora fatal s'appressa ... Giusto ciel!;* **Bellini:** *Norma* – Casta diva;* **Verdi:** *I vespri Siciliani* – Mercè, dillette amiche; *Rigoletto* – Caro nome;* *La Traviata* – E'strano ... sempre libera;* *Der Troubadour* – D'amor sull'ali rosee;* **Cilea:** *Adriana Lecouvreur* – Io son l'umile ancella;* **Luna:** *El niño judío* – De España Vengo; **Lloyd-Webber:** *The Phantom of the Opera* – Wishing you were somehow here again) (mit * markierte Stücke sind bereits erschienenen Platten entnommen) **RCA / BMG**

Opera for Africa
Verona, Liveaufnahme, 18. Juli 1985: (**Bellini:** *Norma* – Casta diva; **Verdi:** La Traviata – Brindisi*) (mit * markierte Stücke zusammen mit José Carreras) **Opera for Africa / DG**

Barcelona (mit F. Mercury)
London, Studioaufnahme, 1987: (Barcelona; La Japonaise; The Fallen Priest; Ensueño; The Golden Boy; Guide me Home; How can I go on?; Ouverture piccante) **Mercury Songs Ltd; Polydor**

Barcelona (mit F. Mercury)
London, Studioaufnahme, 1987: (Barcelona [Originalversion]; Exercises in Free Love; Barcelona [Maxi-Version]) **Polydor**

Gala Lírica
Sevilla, Liveaufnahme, April 1992: (**Massenet:** *Le Cid* – Pleurez, pleurez mes yeux; **Verdi:** *La Traviata* – Brindisi*) (mit * markierte Stücke zusammen mit Carreras, Domingo, Kraus, Berganza u. a.) **RCA / BMG**

Barcelona (From the Official Barcelona Games Ceremony)
Barcelona, Studioaufnahme, 7. bis 9. Januar 1992: (Bellini: *Norma* – Casta diva; **Massenet:** *Hérodiade* – Il est doux, il est bon; Ausschnitte aus *Hoffmanns Erzählungen*, *La Bohème*, *Norma*, *Aida*)* **RCA**

2. Nicht autorisierte Aufnahmen

Montserrat Caballé und Gianfranco Cecchele
Philadelphia, 3. Februar 1967: (Donizetti: *Anna Bolena* – Al dolce guidami; *Roberto Devereux* – Vivi, ingrato; **Verdi:** *Aida* – O terra, addio*) (mit * markierte Stücke mit Cecchele) **Melodram**

---

* Ausschnitte in Form eines Opernmedleys, arrangiert von Tony Parera.

Gala Operatic Concert (mit Franco Corelli und Bonaldo Giaiotti)
New York, März 1967: (**Donizetti:** *Lucrezia Borgia* – Com'è bello; **Rossini:** *Die Frau vom See* – Tanti affetti; **Verdi:** *Aroldo* – Ah! dagli scanni eteri; **Puccini:** *Manon Lescaut* – In quelle trine morbide; **Giordano:** *André Chénier* – La nostra morta ... Vicino a te*) (mit * markierte Stücke mit Corelli) **Legato; Melodram**

Konzert in Houston (in Begleitung von M. Zanetti)
Houston, 21. Oktober 1967: (**Händel:** *Julius Cäsar* – Piangeró la sorte mia; V'adoro pupille; **Schubert:** Du bist die Ruh; Ungeduld; **Strauss:** Allerseelen; Ständchen; **Rossini:** *Tancredi* – Di tanti palpiti; *Die Frau vom See* – Tanti affetti; **Debussy:** Beau soir; Mandoline; Air de Lia (aus *Der verlorene Sohn* [*L'enfant prodigue*]); **Montsalvatge:** Punto de habanera; Canto negro; Granados: Llorad, corazón; Gracia mía; **Rodrigo:** De donde venis amor; De los álamos vengo; **Galvez:** Variantes de petenera; **Schweizerisches Volkslied** – Schätzeli; **Verdi:** *La Traviata* – Addio del passato) **Voce**

Un bel dì vedremo
mehrere Orte, 1965–1970: (Stücke aus *Der Troubadour*, *Il pirata*, *Luise Miller*, *Agnese di Hohenstaufen*, *Ein Maskenball*, *Die Frau vom See*, *Ernani*, *Don Carlos*, *Manon*, *Madame Butterfly*) **Foyer; Deja Vu***

---

* Auf der CD von Deja Vu sind außerdem Stücke aus *La Traviata*, *Tosca*, *André Chénier* und Beethovens Konzertarie »Ah perfido«, letztere von einem Konzert in New York am 16. Juli 1967. Einige der Arien auf den Foyer- und Deja Vu-CDs sind auch auf zwei CDs zu finden, die bei The Opera Society erschienen sind, und auf einer weiteren, von Frequenz herausgebrachten CD. Fast alle diese Stücke wurden anderen nicht autorisierten Gesamtaufnahmen von Opern entnommen, die an den entsprechenden Stellen dieser kommentierten Diskographie besprochen wurden.

ANMERKUNGEN UND QUELLENANGABEN

3. Kapitel (Basel und anderswo)

1 *Le Chant Retrouvé: Sept divas – renaissance de l'Opéra*, Paris 1979.

4. Kapitel (Blut, Schweiß und Tränen)

1 *Bremer Nachrichten*, 8. September 1959.
2 *Opera*, Bd. 12/4, April 1961, S. 261.
3 *La Vanguardia*, 9. Januar 1962.

5. Kapitel (Erfüllung)

1 Hugo von Hofmannsthal: *Arabella*, 1. Akt.
2 John Walsh, in: *Opera*, Bd. 12/2, Februar 1965, S. 130.
3 ebd., Nr. 3, März 1965, S. 209.

6. Kapitel (Ein Star wird geboren)

1 Bernard Jacobson, in: *Opera*, Bd. 12/5, Mai 1965
2 Harold Rosenthal, in: *Opera*, Ausgabe der Herbstfestspiele 1965, S. 26.
3 Raymond Ericson, in: *The New York Times*, 23. Dezember 1965.
4 *Opera*, Bd. 17/3, März 1966, S. 204.
5 *Opera*, Bd. 17/6, Juni 1966, S. 455.

7. Kapitel (Amerika ruft)

1 *Opera*, Bd. 18/5, April 1967, S. 295.
2 ebd., Bd. 19/2, Februar 1968, S. 142.

3 ebd., Nr. 3, März 1968, S. 210.
4 ebd., Nr. 5, Mai 1968, S. 371.
5 The London Weekend Television *South Bank Show*, Sendung vom 31. Januar 1993.
6 Frank Granville-Barker, in: *Music and Musicians*, Bd. 17, Dezember 1968, S. 47.
7 Roger Alier i Aixalà / Francesc X. Mata: El Gran Teatro del Liceo. Barcelona 1991, S. 319.
8 *Opera*, Bd. 20 / 2, Februar 1969, S. 115f.
9 Allen Hughes, in: *The New York Times*, 11. April 1969.
10 *Opera*, Bd. 20 / 8, August 1969, S. 739.
11 *Music and Musicians*, Bd. 17, August 1969, S. 44.

8. Kapitel (Prima Donna Assoluta)

1 Frank Granville-Barker, in: *Music and Musicians*, Bd. 18, März 1970, S. 23.
2 Alan Blyth, in: *Opera*, Bd. 21 / 5, Mai 1970, S. 472.
3 Roger Dettmer, in: ebd., Nr. 11, November 1970, S. 1115.
4 *Opera News*, 12. Dezember 1970, S. 30.
5 Michael Scott: *Maria Meneghini Callas*. London 1991, S. 92.
6 Catherine Clément: *Opera, or the Undoing of Women*. London 1989.
7 *Opera*, Bd. 22 / 5, Mai 1971, S. 447.
8 *Music and Musicians*, Bd. 19, Juli 1971, S. 57.
9 John Greenhalgh, in: ebd., S. 58.
10 Gilbert Price, in: ebd., Bd. 21 / 4, April 1970, S. 359.
11 Mario Messinis, in: *Il Gazzetino*, 11. Februar 1972.
12 Max Wyman, in: *The Vancouver Sun*, 5. Mai 1972.
13 *Opera*, Bd. 23 / 9, September 1972, S. 862.
14 *Opera on Record* (Bd. 1), hg. von Alan Blyth. London 1979, S. 169.
15 Lorenzo Arruga: *La Scala*. New York 1976, S. 232.

9. Kapitel (Triumphe, Schwierigkeiten und Übergang)

1 Harold C. Schonberg, in: *The New York Times*, 14. Februar 1973.
2 Andrew Farkas, in: *Opera*, Bd. 24/7, Juli 1973, S. 600.
3 Roger Alier i Aixala/Francesc X. Mata: El Gran Teatro del Liceo. Barcelona 1991, S. 363.
4 Luis Angel Catoni, in: *Opera News*, 2. März 1974, S. 24.
5 In privater Korrespondenz mit Montserrat Caballé, 27. April 1973.
6 *The New York Times*, 2. Februar 1974.
7 *Music and Musicians*, Bd. 22, August 1974, S. 33f.
8 Mai 1975 auf Decca SXL-R 6690.
9 Harold Rosenthal, in: *Opera*, Bd. 26/6, Juni 1975, S. 566.
10 *Opera on Record* (Bd. 3). London 1984, S. 107.
11 *The Gramophone*, Bd. 52/624, Mai 1975, S. 2019.
12 Ebd., Bd. 64/762, November 1986, S. 751.
13 Duilio Courir, in: *Corriere della Sera*, 29. Januar 1975.
14 William Ashbrook: *Donizetti and his Operas*. Cambridge 1982, S. 365.

10. Kapitel (Bewerberin ums Schwergewicht)

1 Leighton Kerner, in: *Opera*, Bd. 27/8, August 1976, S. 716.
2 Joseph Wechsberg, in: ebd., Nr. 11, November 1976, S. 1034.
3 Siehe 8. Kapitel, S. 234.
4 Luis Angel Catoni, in: *Opera News*, 2. April 1977, S. 42 f.
5 Peter Taylor, in: *Musical Opinion*, Bd. 100, April 1977, S. 370.
6 *Opera*, Bd. 28/6, Juni 1977, S. 560.
7 *Music and Musicians*, Bd. 26, Februar 1978, S. 45.
8 Janos Gereben, in: *San Jose Mercury*, 16. Oktober 1978.

9 *The Last Prima Donnas*. New York 1990, S. 384.
10 Ebd., S. 247.
11 *Opera*, Bd. 30 / 7, Juli 1979, S. 667f.
12 Ebd., Ausgabe der Herbstfestspiele, 1979, S. 88.

11. Kapitel (Volle Kraft voraus: Plötzlicher Schiffbruch)

1 *Nouvel Observateur*, Juli 1980.
2 *Opera*, Ausgabe der Herbstfestspiele, 1980, S. 69.
3 Tony Mayer, in: ebd., Bd. 32 / 5, Mai 1981, S. 506.
4 Gérard Mannoni, in: *Le Quotidien de Paris*, 26. April 1981.
5 Ebd., 18. Mai 1981.
6 *Opera*, Bd. 32 / 10, Oktober 1981, S. 1050.
7 Ebd., Nr. 12, Dezember 1981, S. 1234.
8 Ebd., Bd. 33 / 4, April 1982, S. 408
9 *Monsalvat*, Januar 1987.
10 Robert Buning in einem Brief an die Autoren.

12. Kapitel (Das unentdeckte Land)

1 Charles Pitt, in: *Opera*, Ausgabe der Herbstfestspiele, 1983, S. 91f.
2 Ebd., S. 117.
3 André Tubeuf, in: *Opéra de Paris*, Nr. 9, 15. Mai 1983.
4 Oleg Kerensky, in: *Music and Musicians*, Juni 1984, S. 45.
5 Tim Page, in: *The New York Times*, 18. April 1984.
6 Luigi Bellingardi, in: *Opera*, Bd. 36 / 6, Juni 1985, S. 679.

13. Kapitel (Mercury betritt die Bühne)

1 *Opera*, Ausgabe der Herbstfestspiele 1985, S. 63.
2 Marco Vallora, in: ebd., Bd. 36 / 12, Dezember 1985, S. 1376.
3 Michael Redmond, in: *The Star Ledger*, 25. September 1985.

4 Luigi Bellingardi, in: *Opera*, Bd. 37 / 2, Februar 1986, S. 201.
5 Ebd., Nr. 8, August 1986, S. 966.
6 *Le Monde de la Musique*, November 1986.
7 V. Molina-Foix, *Opera*, Bd. 38 / 11, November 1987, S. 1312.
8 Ebd., Bd. 37, Ausgabe der Herbstfestspiele 1987, S. 112 ff.
9 *The Times*, 26. August 1987.

14. Kapitel (Das letzte Kapitel am Liceo)

1 *La Vanguardia*, 24. Februar 1989.
2 Bert Wechsler, in: *Daily News*, 3. April 1989.
3 Gerald Larner in: *Guardian*, 19. August 1989.
4 *El País*, 6. Dezember 1990.
5 *The Times*, 20. Februar 1992.
6 *ABC*, 14. Februar 1992.
7 *Le Monde de la Musique*, 1992, S. 75.
8 *El País*, 15. Januar 1992.

15. Kapitel (Silber und Diamanten)

1 Hilary Finch, *The Times*, 25. Mai 1991.
2 Antonio Fernández-Cid, in: *ABC*, 9. Februar 1992.
3 *Mail on Sunday*, 12. Juli 1992.
4 Rodney Milnes, in: *Opera*, Ausgabe der Herbstfestspiele 1992, S. 13.

Kommentierte Diskographie

1 *Gramophone*, Bd. 53 / 630, November 1975, S. 893 f.
2 Richard Fairman, in: *Opera on Record* (Bd. 2), hg. von Alan Blyth. London 1983, S. 124.
3 Alan Blyth, in: *Gramophone*, September 1977, S. 475.
4 Frank Granville-Barker, in: *Records and Recording*, September 1977.

5 Alan Blyth, in: *Gramophone*, Januar 1991, S. 1409.
6 Sergio Segalini, in: *Opéra International*, November 1990, S. 70.
7 Vivian Liff, in: *American Record Guide*, Bd. 55/6, November/Dezember 1992, S. 258.
8 Andrew Porter, in: *Gramophone*, Bd. 46/548, Januar 1969, S. 1055.
9 Sergio Segalini, in: *Opéra International*, September 1989, S. 66f.
10 *Gramophone*, September 1971, Bd. 59/590, S. 496

AUSWAHLBIBLIOGRAPHIE*

Budden, Julian: Verdi. Leben und Werk. Stuttgart 1987

Carner, Mosco: Puccini. Eine Biographie. Frankfurt / M. o. J.

Carreras, José: Singen mit der Seele. München 1989

Celletti, Rodolfo: Geschichte des Belcanto. Kassel 1989

Hughes, Robert: Barcelona. Stadt der Wunder. München 1995

Kesting, Jürgen: Maria Callas. Düsseldorf 1992

Millington, Barry: Das Wagner-Kompendium. München 1995

Osborne, Richard: Rossini. Leben und Werk. München 1992

Scott, Michael: Caruso. München 1993

Stendhal: Rossini. München 1992

* Aus der sehr umfänglichen Bibliographie der britischen Autoren wurden nur die Titel ausgewählt, die auf dem deutschen Buchmarkt erhältlich sind.